7·9급 공무원 시험대비

박문각 공무원

브랜드만족 1위 박문각

2024

오현준 핵심교육학

핵심 요약집

오현준 편저

합격까지! 교육학 만점 요약서

PREFACE

이 책의 차례

Chapter 01 교육의 이해

Chapter 02 한국교육사

Chapter 03 서양교육사

Chapter 04 교육철학

오현준
핵심교육학

Chapter 05 교육과정

Chapter 06 교육심리학

Chapter 07 교수 - 학습이론

PREFACE

이 책의 차례

오현준
핵심교육학

Chapter 13 교육행정학

Chapter 14 교육사회학

박문각
공무원

핵심 요약집

오현준

핵심교육학

CHAPTER

01

교육의 이해

01 교육의 개념
02 교육과 구별되는 개념
03 교육목적
04 우리나라의 교육목적
05 교육학
06 평생교육
07 가정교육
08 학교교육
09 영재교육
10 특수교육
11 대안교육
12 다문화 교육
13 교육제도
14 학교제도
15 교사론

Chapter 01

교육의 이해

핵심 체크노트

1. **교육의 개념 정의 :** 비유적 정의(주형, 성장, 만남), 현상적 정의(조작적 정의, 규범적 정의)
2. **교육목적의 유형 :** 내재적 목적, 외재적 목적
3. **우리나라의 교육목적 :** 「헌법」 제31조와 「교육기본법」 제2조(교육이념)
4. **교육의 형태 :** 평생교육, 영재교육, 대안교육, 다문화교육
5. **학교제도 :** 복선형 학제와 단선형 학제, 우리나라의 학제(보통학제, 특별학제)
6. **교직관의 유형 :** 성직관, 노동직관, 전문직관, 공직관

01 교육의 개념

1. 어원(語源)적 정의

(1) 동양적 어원 : 교사와 학생의 수직적 인간관계를 전제, 교사 중심적 활동(아동은 수동적 존재)

① 교육(教育) : 성숙자가 미성숙자에게 모종의 가치 있는 것을 전달하고 그것을 본받게 하는 활동 → 『맹자』의 '진심장(盡心章)'

㉠ 교(教) : "윗사람이 베풀고 아랫사람은 본받는다." → 주형(鑄型)의 비유에 해당

㉡ 육(育) : "자녀를 길러 착하게 만든다.", "자녀를 착하게 살도록 기른다." → 성장(成長)의 비유에 해당

더 알아보기

■ **군자삼락**(君子三樂)

천명(天命)을 받은 왕이 인의(仁義)를 통한 왕도정치(王道政治)를 통해 가정윤리(仁)와 사회질서(義)를 확립해야 함을 강조

1. 부모가 모두 생존해 계시며 형제가 무고한 것 : 천명(天命) 사상
2. 위로는 하늘에 부끄럽지 않으며 아래로는 사람들에게 창피하지 않은 것 : 도덕적 존재로서의 인간의 기준인 성선설(性善說)에 토대를 둔 수신(修身)의 자세로 입명(立命)의 실천 강조
3. 천하의 영재를 얻어 교육(教育)하는 것 : 도덕적 이념인 인의[仁義 : 인(仁, 측은지심의 발현, 내면적 도덕성) / 의(義, 수오지심의 발현, 사회적 도덕성)]를 통해 사회적 혼란을 극복

② 가르치다 : 어른이 지시를 통해 아이들의 분별력을 기름. → '교(教)'에 해당

③ 기르다 : 길들이는 일, 크게 하는 일, 자라나게 하는 일 → '육(育)'에 해당

(2) 서양적 어원 : 주형(鑄型)과 성장(成長)의 비유를 모두 포함

① pedagogy : 고대 그리스의 '교복(教僕, paidagogos)'에서 유래 → 주형의 비유, 헤르바르트(Herbart) 이후 '교육학'의 의미

② education : 에듀카레(educare) 또는 에듀케레(educere)

㉠ 에듀카레 : 양육하다(bring up) → 주형(鑄型)의 비유

㉡ 에듀세레(에듀케레) : '이끌어내다(draw out)' → 성장(成長)의 비유, 교사와 학생의 수평적 인간관계를 전제, 아동 중심적 활동(교사는 보조자, 안내자, 조력자)

교육의 어원적 의미 비교

교육개념	어원	
교육(教育)	•『맹자(孟子)』의 '진심장' • 교(教)=효(爻)+자(子)+복(攴)	육(育)=자(子)+육(肉)
가르치다	가르다(言)+치다(値, 用)	
기르다		크게 하는 일, 자라나게 하는 일
pedagogy	paidas(아동)+agogos(이끌다)[교복(教僕)] *㊀ Pädagogik(페다고긱)	
education	㉣ educare(에듀카레, bring up)	㉣ educere(에듀세레 / 에듀케레, draw out) *㊀ Erziehung(에어지훙)
관련 비유	주형(鑄型)	성장(成長)
의미	성숙자의 의도대로 미성숙자를 이끄는 일	미성숙자의 잠재성이 발현되도록 돕는 일
특징	• 교사 중심 정의 • 아동은 수동적 존재 • 교사와 아동 간 수직적 관계를 전제	• 아동 중심 정의 • 아동은 능동적 존재 • 교사와 아동 간 수평적 관계를 전제

✔ 오늘날 주로 pedagogy는 학문으로서의 '교육학'을, education은 활동으로서의 '교육'을 의미하는 말로 쓰인다.

2. 비유적 정의

(1) **주형(鑄型)** : 교사 중심의 전통적 교육관, 교육내용 중시

① 교육은 '장인(교사)'이 '쇳물(아동)'을 일정한 모양의 틀에 부어 모양을 만들어 내는 일 → '무엇을 가르칠 것인가'에 관심

② 로크(Locke)의 형식도야설, 행동주의자, 주입의 비유가 해당

더 알아보기

■ **로크**(Locke) : 형식도야설

• "아동의 마음은 백지(tabula rasa)와 같아서 아동이 어떤 경험을 하고 교사가 어떤 형태의 감각자료를 제공해 주느냐에 따라 달라질 수 있다." → 수동적 백지설

• "운동을 통해 근육을 단련하듯 교과를 통해 몇 가지 마음의 능력(心筋)인 지각, 기억, 상상, 추리, 감정, 의지를 단련해야 한다." → 형식도야설(능력심리학에 토대)

■ **왓슨**(Watson) : 교육(환경)만능설

"나에게 12명의 아동을 다오. 건강한 신체를 가진 아이와 적절한 장소를 주기만 하면 자신이 원하는 어떤 전문가든지 만들어 낼 수 있다. 의사나 교사 등 원하는 대로 만들어 주겠다."

③ 문제점

㉠ **교사와 학생의 관계에 대한 오해**: 교사는 일방적으로 가르치는 존재로, 학생은 일방적으로 받아들이는 수동적 존재로 이해될 수 있다.

㉡ 실제 교육상황에서 잘못된 권위주의나 도덕적 문제를 유발할 수 있다.

(2) **성장(成長)**: 아동 중심의 낭만주의적 교육전통, 교육방법 중시

① 교육은 아동의 잠재성을 자연스럽게 조성하는 일 → '무엇을 가르칠 것인가'보다 '누구를 가르칠 것인가'에 관심

② 루소(Rousseau), 진보주의, 아동 중심 교육(새교육운동)에 해당

③ 교육사적 의의

㉠ 아동의 요구나 흥미, 잠재능력 그리고 심리적 발달단계에 관심

㉡ 교육의 강조점을 기존의 '무엇을 가르칠 것인가'에서 '누구를 가르칠 것인가'로 전환

④ 문제점

㉠ 교과와 가르치는 교사의 역할을 과소평가하는 경향이 있다.

㉡ 교육은 아동 마음대로 하는 것이 아니라 적절한 권위를 가진 교사에 의해 지도되어야 한다는 사실을 간과하고 있다.

(3) **예술, 성년식**: 주형과 성장에 대한 대안적 비유

① **예술(藝術)**: 교사(예술가)와 학생(재료)의 상호 작용적 관계 중시

예 • **교학상장(敎學相長)**: 가르치고 배우면서 성장함.
• **줄탁동시(啐啄同時)**: 병아리가 알에서 나오려면 어미닭이 밖에서 쪼면서 도와주어야 함.

② 성년식(成年式): 교육내용과 교육방법을 모두 중시

(4) **만남의 비유**: 의도적 교육(주형, 성장, 예술, 성년식)에 대한 대안적 비유 → 단속적·비약적인 교육의 측면 중시, 실존주의

① 교육은 인격적인 만남을 통해 이루어지는 단속적이고 비약적인 성장 과정

② 의의: 교육의 외연을 확장

③ 문제점

㉠ 교육의 일반적인 모습으로 보기 어렵다.

㉡ 비약적이고 갑작스러운 변화를 기대하다 보면 요행주의로 흐를 위험성이 있다.

교육의 비유적 의미 비교

교육 개념	관련 예	특징
주형(鑄型)	• 로크(Locke)의 형식도야: 수동적 백지설 • 행동주의: 왓슨(Watson) → 교육만능설 • 주입(注入) • 도야(陶冶)	• 교사 중심의 전통적 교육관, 상식적인 교육관 • 교사와 아동 간 수직적 관계를 전제 → 아동은 수동적 존재 • 교육내용 중시 • 단점: 교사와 학생의 관계에 대한 오해, 권위주의 교육풍토 조성

성장(成長)	• 루소(Rousseau): '자연에 따라서(according to nature)' • 진보주의: "우리는 교과를 가르치는 것이 아니라 아동을 가르친다(We teach children, not subjects)."	• 아동 중심 교육관(새교육운동) → 교사는 안내자, 교육의 강조점이 '무엇을 가르칠 것인가'에서 '누구를 가르칠 것인가'로 전환 • 교사와 아동 간 수평적 관계를 전제 → 아동은 능동적 존재 • 교육방법 중시 • 단점: 교과와 교사의 역할을 과소평가
예술(藝術)	• 교학상장(教學相長) • 줄탁동시(啐啄同時)	• 주형과 성장의 대안적 비유 • 교사와 아동 간 상호 작용적 관계
성년식	피터스(Peters): 교육은 미성년자인 학생을 '문명화된 삶의 형식(인류 문화유산)에 입문시키는 일'	• 주형과 성장의 대안적 비유 • 교육내용과 교육방법 모두 중시
만남	• 실존주의, 인본주의 교육 • 볼노브(Bollnow): "만남은 교육에 선행한다."	• '주형, 성장, 예술, 성년식'(의도적 교육을 가정)의 대안적 비유 • 단속적이고 비연속적인 교육(비의도적 교육) 중시

3. 개념적(현상적) 정의: (1)은 과학적 정의, (2), (3), (4)는 일반적 정의

(1) 조작적 정의: 교육개념의 추상성을 제거하고, 관찰(측정) 가능하고 객관적인 방식으로 정의

예 교육은 인간 행동의 계획적 변화이다.

(2) 기술적 정의: 서술적 · 관행적 · 사전적 · 객관적 · 보고적 정의

① 교육개념을 설명할 때나 교육현상을 객관적으로 묘사할 때 사용

예 교육은 학교에서 하는 일이다.

② 교육의 외재적(수단적) 가치가 개입되는 문제 발생

③ 서술적 정의의 예시

- **행동 변화로서의 교육**: 교육을 인간행동의 계획적인 변화로 정의, 교육에 심리학적 방법을 적용하려는 학자들의 정의 방식
- **문화 전달 · 계승으로서의 교육**: 교육은 바람직하고 가치 있는 것을 교육과정에 담아 다음 세대에 전수하는 일임을 강조
- **경험 개조로서의 교육**: 교육을 '경험의 형성 과정' 또는 '경험의 개조(경험의 재구성)' 그 자체로 이해
- **습관 형성으로서의 교육**: 교육은 바람직한 습관을 보호, 필요한 습관을 형성 · 개조 · 변화시키는 과정
- **지식 획득으로서의 교육**: 교육은 지식의 전달 과정

(3) 규범적 정의: 강령적 · 목적적 · 가치지향적 정의

① 교육활동 속에 내포된 가치나 주장을 드러낼 때 사용

예 교육은 교육의 개념 속에 붙박여 있는 가치를 의도적으로 전달하는 행위이다.

② 교육의 내재적 가치를 강조 → 피터스(Peters)의 준거적 정의

더 알아보기

■ **피터스(Peters)의 교육관**: 「윤리학과 교육」(1966)

1. **성년식으로서의 교육**: "교육은 미성숙한 아동을 인간다운 삶의 형식 안으로 입문시키는 성년식이다." → 공적 전통(public tradition)에 입문하는 것을 말하며, 공적 전통이란 '삶의 형식(form of life)' 또는 '지식의 형식(form of knowledge)'으로, 인류가 오랫동안 공동의 노력으로 이룩한 전통(자유교육; liberal education)이다.
2. 교육개념의 성립 준거 → 준거적 정의
   (1) 규범적(당위적) 준거: 교육목적 → 교육 그 자체가 목적, 내재적 가치(예 바람직성, 규범성, 좋음) 실현
   cf '외재적 가치' 추구는 교육이 아니다.

   외재적 가치를 추구할 때의 문제: 정당화의 문제, 대안의 문제, 도덕의 문제가 수반
   1. **정당화의 문제**: 외재적 가치는 '필요(need)'를 수반하는데, 이 경우 '무엇을 위한 필요인가?'라는 의문이 제기됨. → '필요'는 '무엇'의 가치에 의해 결정되므로 '무엇'이 어떤 점에서 가치 있는가를 규명해야 할 필요가 있다.
   2. **대안의 문제**: '그 필요를 충족시키는 수단이 꼭 교육이어야만 하는가?' 하는 문제
   예 국가발전을 기업투자로 할 수 있지 않는가?
   3. **도덕의 문제**: 국가발전이 가치 있는 일이고(정당화), 그것이 교육을 통해서밖에 할 수 없다고 하더라도(대안), '국가발전을 위해서 피교육자를 조형해도 좋은가?'라는 도덕적 문제는 여전히 남아 있음. → 인간은 어떤 경우에도 인간으로서 존중받아야 하기 때문이다.

   (2) 인지적 준거: 교육내용 → 지식의 형식(지식, 이해, 지적 안목) → 사물 전체를 조망할 수 있는 포괄적이고 통합된 안목의 형성이란 점에서 '계명(啓明)'으로서의 교육 강조
   cf 제한된 기술이나 사고방식을 길러 주는 전문화된 훈련(training)은 교육이 아니다.
   (3) 과정적 준거: 교육방법 → 도덕적으로 정당한 방법(학습자의 의지와 자발성, 흥미에 근거)
   cf 조건화(conditioning)나 세뇌(brain-washing)는 교육이 아니다.
   ✔ (일반적) **교육활동의 성립 조건**: 의도성, 계획성, 가치지향성(핵심), 전인성
3. 교육받은 사람(educated man): 합리성과 자율성을 추구하는 '자유인'
   (1) 교육개념 속에 함의된 교육목적에 대한 논의는 '교육받은 사람(educated man)'이며, 이는 내재적 가치에 목적을 두고 있는 사람이다. 즉, 교육이 가치 있는 것이라면 교육받은 사람도 당연히 가치 있는 일에 헌신하는 사람이어야 한다.
   (2) 교육받은 사람은 그가 '무엇을 하는가?'보다는 그가 '무엇을 보는가?' 또는 '무엇을 파악하는가?'에 달려 있다. → 계명(啓明)으로서의 교육 강조
4. 인격의 3대 기능
   (1) 입법적 기능: 자신의 생활에 규범을 정하는 기능
   (2) 집행적 기능: 자신의 신념에 따라 의무를 이행하는 기능
   (3) 심판적 기능: 집행적 기능이 실패했을 때 자신에 대해 징벌을 가하는 기능

피티스(Peters)와 정범모의 교육개념 비교

구분		피터스(Peters)	정범모
기본 관점		• 행위자의 관점에서 정의 • 분석철학적 · 규범적 관점	• 관찰자의 관점에서 정의 • 행동과학적 · 공학적 접근
교육개념의 정의		마음의 획득 혹은 계발, 공적 전통에 입문하는 성년식	인간행동의 계획적 변화
교육개념의 준거		• 규범적 준거: 내재적 가치 • 인지적 준거: 지식의 형식(지식, 이해, 안목) • 과정적 준거: 규범적 흥미, 학습자의 자발성	• 인간행동: 내면적 및 외면적인 모든 행동 • 변화: 인간행동의 육성, 교정, 개조에 의한 변화 • 계획적: 교육목표, 교육이론, 교육과정을 만족시키는 변화
교육 개념의 평가	개념적 측면	• 교육의 세 가지 준거의 타당성의 문제: 과정적 준거는 인지적 준거에 포함됨. • '교육'의 개념과 '교육받은 사람'의 관계의 동일성의 문제: 교육은 '교육받은 인간'과 동일시하기보다는 아동의 양육 과정을 일컫는 포괄적인 의미로 이해되어야 함. • 내재적 가치와 외재적 가치를 명백히 구분할 수 있는가의 문제: 실제적 가치와 내재적 가치를 동시에 추구하는 것도 가능함.	• '바람직하지 않은 인간행동의 변화'도 교육인가? 예 유능한 소매치기를 양성하기 • '가치중립적' 혹은 '바람직한' 인간행동의 계획적 변화 중 교육이라고 볼 수 없는 경우도 있다. 예 선전(propaganda), 치료(therapy)
	결과적 측면	• 표면상 주지주의 교육을 띨 수밖에 없기 때문에 교육의 모든 측면을 포괄하기 어렵다. → 정의적 측면의 중요성 간과함. • 실제 삶과 유리된다. • 현학적인 엘리트 교육을 대변한다.	• 교육을 잘 받았다는 것이 어떤 것인지 분명하지 않다는 문제가 남는다. → 교육이 성공적으로 일어났다고 하더라도 그것이 정말 중요한지에 대한 문제는 남아 있다. • 평가가 교육의 목적을 지배하는 결과를 초래한다.
	전제적 측면	분석철학적 전제가 지닌 한계로 인해 교육의 가치문제나 교육실천의 문제를 적극적으로 다루거나 제시하지 못함.	교육의 과학화, 체계화라는 미명하에 가치중립적인 행동과학으로 교육을 대체시킴으로써 교육의 본말을 전도시킴.

Tip **오크쇼트**(M. Oakeshott)**의 교육개념**: 피터스(Peters)의 교육개념 형성에 영향을 줌.

1. **문명**(文明, 비물질적인 인류의 문화적 성취)**의 입문**(入門)**으로서의 교육**
2. **초월과정**(超越過程)**으로서의 교육**: 교육은 즉시적이고 현재적인 것을 넘어서 영원하고 보편적인 것으로 안내
3. **대화**(對話)**로서의 교육**: 교육은 교사와 학생의 교류이자 대화 → 학생들에게 풍성한 상상력과 미적 경험을 제공하는 시적(詩的) 대화를 중시

Tip **피터스**(Peters)**와 허스트**(Hirst)

1. **피터스**(Peters): 분석철학적 입장에서 교육학을 규범적 학문으로 이해 → 지식의 형식 중시(내재적 가치 & 선험적 정당화를 근거로 자유교육 강조)
2. **허스트**(Hirst): 분석철학적 입장에서 실제적 교육철학으로 선회 → 교육학은 실제적 질문(예 교사평가제도, 고교평준화)에 판단을 내리고 교육실제를 합리적으로 정당화하는 일을 하는 규범학문이다.

③ 규범적 정의의 예시

- 주입(注入): 지식 · 진리의 투입(input) → 전통적 교육, 교사 중심 교육관
- 주형(鑄型): 바람직한 인간형의 형성, 교육만능설, 행동주의 심리학에 토대, 교육의 능률성 중시
  예 Watson("나에게 12명의 아동을 다오. 의사나 교사 등 원하는 대로 만들어 주겠다."), 사회화(평균인의 양성)
- 파형(破形): 교육을 통한 사회체제의 변혁 → 교육의 진보적 기능, 재건주의 교육
- 도야(陶冶): 교육은 인간의 제반 정신능력을 계발, 내면적 요소의 계발(output)
  예 Locke의 형식도야설(능력심리학) → 교과 형식(7자유과) 중시
- 계명(啓明): (인간과 세상을 보는) 안목 또는 관점의 형성 → 교육목적이나 형식보다 교육내용(예 지식 · 규범 · 원리) 중시
  예 Platon(이데아), 19세기 신인문주의 교육(Pestalozzi, Herbart), Bruner(지식의 구조), Peters & Hirst (지식의 형식)
- 성장: 아동의 잠재성과 성장력의 자연스런 조성
  예 Rousseau, Fröbel, Dewey, 신교육운동(아동 중심 교육사상), 민주주의 교육원리
- 자아실현: 교육은 내면적(적극적) 자유의 실현
  예 실존주의, 인본주의 심리학 → 가장 보편화된 교육관
  cf Rousseau: 소극적 자유(외적 간섭의 부재) 강조

(4) 약정적 정의

① 교육개념에 대한 합의가 필요할 때, 보편적인 정의 방식에서 벗어나 새롭게 정의할 때 사용

예 교육을 훈련이라고 하자.

② 언어의 경제성과 논의의 편리성을 위해 사용 → 한시적 정의

교육의 개념적 의미 비교

교육 개념	관련 예	특징
조작적 정의	교육은 인간행동의 계획적 변화이다(정범모).	• 개념을 과학적으로 정의하는 방식 • 관찰할 수 없는 것을 관찰 가능한 반복적 조작에 의해 객관적으로 정의 • 교육개념의 추상성을 제거하고 교육활동을 명백히 규정하려 할 때 사용
기술적 정의	• 교육은 학교에서 하는 일이다. • 교육은 가르치고 배우는 일이다. • 서술적 정의, 가치중립적 정의, 사전적 정의, 관행적 정의, 보고적 정의, 객관적 정의	• 하나의 개념을 이미 알고 있는 다른 말로 설명함으로써 그 개념이 무엇인지를 알려주는 정의 • 누가 어떤 맥락에 사용하는가에 관계없이 일반적으로 통용되는 의미를 규정하려는 것, 가치중립적 정의 → 외재적 가치가 개입될 가능성이 있음. • 교육개념을 전혀 모르거나 생소한 사람에게 교육의 개념을 설명하거나 교육현상을 객관적으로 정확하게 묘사할 때 사용 → 교육과학자들이 선호하는 방식
규범적 정의	• 교육은 성년식이다(Peters). • 강령적 정의, 목적적 정의, 가치지향적 정의	• 하나의 정의 속에 '어떻게 해야 하는가, 어떻게 하는 것이 옳은가'와 같은 규범 내지 강령이 들어 있는 정의 → 교육의 가치 지향성 중시 • 가치의 맥락에서 교육적 의미를 밝힐 때, 내재적 가치를 강조할 때 사용

약정적 정의	교육을 훈련이라고 하자.	• 의사소통을 위해 복잡한 현상을 무엇이라고 부르자고 약속하는 정의 방식 • 교육에 관한 여러 시각들을 조정하거나 보편적 정의 방식에서 벗어나 새로운 방식으로 한시적으로 정의할 때 사용 → 언어의 경제성과 논의의 편리성 도모

4. 사상적 배경에 따른 정의 – 사상가별 정의

중점 사상	사상가	교육관
도덕성	칸트	교육은 인간을 인간답게 하는 작용이다. 교육을 통해 인간은 sein적(현실적) 존재에서 sollen적(당위적) 존재로 변화한다. → 교육 가능설, 보편설, 인격설
	헤르바르트	교육은 도덕적 품성(5도념 예 내면적 자유, 완전성, 호의, 정의, 보상)을 도야하는 과정이다. → pedagogy[교육학(아동교육학)의 아버지, 윤리학+표상심리학]
	피터스	교육은 미성숙한 아동을 '인간다운 삶의 형식'(지식의 형식) 안으로 입문시키는 성년식이다.
자연성	루소	교육은 인간의 자연적 발전을 위한 모든 조성적 활동이다. 식물은 재배에 의해 성장하고 사람은 교육에 의해 인간이 된다(교육가능설 → 주관적·심리적 자연주의, 정원사로서의 교사).
	엘렌 케이	20세기는 아동의 세기이다. 교육의 비결은 교육하지 않는 데 있으며, 주지주의 교육은 정신적 살인이다. → 자유주의 교육
문화성	스프랑거	교육의 본질은 문화의 번식(전파)에 있다. → 문화전승, 문화전계, 문화화
	딜타이	인간은 자연(문화적 환경)의 학생이고 지구는 인류의 학교이다. → 무의도적 교육 강조
	파울젠	교육은 문화의 전달이다.
종교성	코메니우스	교육은 천국생활을 준비하는 과정이다(천국 준비설). cf Spencer : 교육의 목적은 지상에서 완전한 생활을 준비하는 데 있다(생활 준비설).
	프뢰벨	인간에게 내재된 신성(神性)을 계발하는 것이 교육의 목적이다. → 신성(종교적) 계발주의
사회성	페스탈로치	교육은 사회개혁의 수단이다. 민중을 깨우쳐서 인간성을 개혁하면 이는 곧 사회개혁이 된다(아래로부터의 교육－민중교육). cf Platon : 위로부터의 교육(귀족교육, 엘리트 교육)
	뒤르껭	교육의 본질은 곧 사회화이다. → 보편적 사회화(도덕적 사회화)와 특수적 사회화
	나토르프	인간은 사회를 만들고 사회는 인간을 만든다. → 사회적 교육학(성인교육학 : 윤리학, 심리학+논리학, 미학)
	듀이	교육은 생활이다. 교육은 사회적 과정이다. 교육은 계속적인 경험의 재구성이다. 교육은 성장이다. → 진보주의
	브라멜드	교육은 사회적 자아실현이다. → (문화)재건주의 cf 정약용의 '수기위천하인(修己爲天下人)'과 유사

02 교육과 구별되는 개념

1. **교육과 훈련**: 피터스(R. S. Peters)의 구분 → 「윤리학과 교육」(교육 개념 성립의 인지적 준거를 중시)

교육(education)	훈련(training)
• 광의의 신념체계(태도, 가치관, 성격)의 변화 • 전인적 변화 • 지적 · 정의적 · 자발적 참여 중시 • 가치지향적인 활동 • 장기간에 걸쳐 나타남. 예 체육 교육	• 제한된 특수 기술이나 기능, 지식의 변화 • 인간 특성 일부의 변화 • 기계적 · 반복적 연습의 중시 • 가치중립적 활동 • 단기간에 걸쳐 나타남. 예 태권도 훈련

2. **교수**(instruction)**와 교화**(indoctrination): 그린(T. F. Green)의 구분

(1) **교수**: ① 지식 · 신념의 전달, ② 근거 · 이유를 제시, ③ 이해활동 → 증거적 교수

(2) **교화[敎化, 위교(僞敎) 또는 맹교(盲敎)]**: ① 지식 · 신념의 전달(주입), ② 근거 제시는 부차적, ③ 암기(정답의 강요) → 비증거적 교수 예 암탉이 울면 집안이 망한다. 과학적 지식은 항상 참이다.

03 교육목적

1. **교육목적의 개념**: ① 교육을 통해 달성하고자 하는 바람직한 상태, 이상적 인간상, ② 교육이 지향하는 기본적 방향, ③ 학습자가 도달해야 할 미래의 바람직한 상태(도착점행동)

2. **교육목적의 위계**: 교육이념 > 교육목적 > 교육목표

(1) **비교**

교육이념(ideology)	교육목적(aims)	교육목표(objectives)
• 가장 높은 수준 • 가치적 · 철학적 · 이론적 준거 • 국가 수준 • 홍익인간, 민주주의	• 중간 수준 • 매개적 준거: 이념과 목표의 조정 • 사회 수준 • 생활인, 인격인, 과학인	• 가장 낮은 수준 • 현실적 · 기술적 준거 • 개인 수준(도착점행동) • 책임감, 협동성, 준법성

(2) **교육이념의 유형**

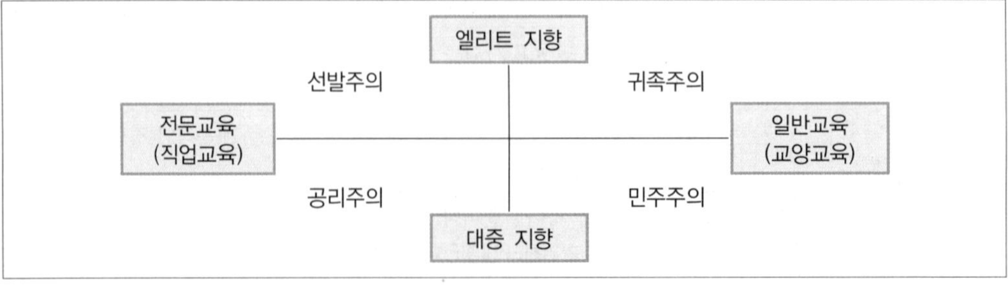

3. 교육목적의 유형

(1) 내재적(본질적) 목적

① 교육과정이나 개념 속에 존재하거나 교육활동 그 자체가 지니는 목적 → 교육활동에 있어서 내려온 오랫동안의 공적 전통을 수용하는 것과 관련된 목적

예 인격 완성, 자아실현, 합리적 마음의 계발, 위기지학(爲己之學), Peters(내재적 가치), Dewey(교육은 현재 생활 그 자체)

② 교사의 역할은 현재 가르치고 있는 교육내용을 그 의미가 충분히 살아나도록 가르치는 일

(2) 외재적(수단적) 목적

① 교육활동 외부에 존재하는 목적 → 교육은 다른 것을 달성하기 위한 수단

예 정치발전 · 경제발전 · 입시 수단, 구교육사회학(기능이론, 갈등이론), 위인지학(爲人之學), 경세지학(經世之學), Spencer(생활 준비설), Langford(교육은 목표달성 수단), Green(교육은 도구)

② 교사의 역할은 사회의 현실과 필요를 적극적으로 수용해서 가르치는 일

내재적 목적과 외재적 목적의 비교

내재적(본질적) 목적	외재적(수단적) 목적
교육과정이나 교육개념 속에 존재하는 목적	교육활동 외부에 존재하는 목적
교육활동 그 자체가 목적	교육활동은 목적 달성을 위한 수단(도구)
교육과 목적이 개념적 · 논리적으로 관계를 형성	교육과 목적이 경험적 · 사실적으로 관계를 형성
합리성의 발달(합리적 마음의 계발), 지식의 형식 추구, 자율성 신장, 자아실현, 인격 완성 등	국가발전, 경제성장, 사회통합, 직업 준비, 생계 유지, 출세, 입시수단 등
현실 그 자체를 중시	미래생활 대비를 중시
교육의 가치지향적 입장 중시	교육의 가치중립적 입장 중시
위기지학(爲己之學, 자기성찰과 수신, 인격 완성으로서의 공부) 강조	위인지학(爲人之學, 출세 · 입신양명을 위한 공부), 경세지학(經世之學, 사회변혁으로서의 공부) 강조
• 소크라테스(Socrates, "너 자신을 알라") • 듀이(Dewey, 교육 그 자체가 목적) • 피터스(Peters, 성년식)	• 스펜서(Spencer, 생활 준비설) • 그린(Green, 교육은 도구) • 랭포드(Langford, 교육은 주어진 목표달성 수단)

4. 교육의 정당화: 교육받아야 할 이유

(1) 정당화(justification)의 개념: 어떤 사람의 행동이나 판단이 옳다는 것을 입증하는 것 → 합리성과 공적 근거를 전제

(2) 교육의 정당화

① 수단적 정당화(도구적 정당화): 교육받아야 할 이유를 외부에서 찾음.

② 비도구적 정당화(내재적 정당화): 교육받아야 할 이유를 지적 활동 안에서 찾음.

선험적 정당화 (Peters)	‘경험을 초월함’을 뜻하는 것으로, 개인의 의식적인 사고에 의하여 받아들여지는가 아닌가와 무관하게 성립하는 정당화 → 논리적 정당화 ① 권태의 결여: 지적 활동은 매력적이고 신비한 것이어서 학습자를 몰입하게 만들어 권태로부터 벗어나게 해 줌. ② 이성의 가치: 지적 활동은 이성적 삶을 향유하도록 해 줌.
윤리적 정당화	인간 존중의 차원에 따른 정당화로 자기 자신의 윤리적 의무를 다하고 타인과 공동체의 발달을 위해 교육이 필요함. ① 자기 자신을 위한 교육: 자신의 마음 계발을 위한 교육 ② 타인을 위한 교육: 타인과 공동체 존중을 위한 교육 ③ 화이트(J. P. White): 피터스의 자유교육 개념을 확장 ⇨ 내재적 가치 추구를 넘어서 집단이나 전체의 위협에서 ‘개인이 자유롭고, 자율적인 선택’을 할 수 있게 하는 개인의 자율성(personal autonomy, 자기결정성 + 비판적 숙고능력) 함양이나 개인의 좋은 삶, 곧 웰빙(well-being)에 두어야 한다고 강조
공리주의적 정당화	쾌락과 유용성을 위해 교육이 필요함. → ②는 도구적 정당화에 해당 ① 쾌락: 비수단적인 것으로 쾌락(몰입) 그 자체를 추구함. ② 유용성: 수단적인 가치와 관련 → 교육을 통해 획득한 지식은 개인과 공동체에 큰 이익을 가져다 줌. ③ 화이트헤드(Whitehead): 유용성(utility)을 일상적(실용적) 의미가 아닌 지적 탐구를 가능하게 하기 위한 유용성(삶의 지혜를 획득하기 위한 지식의 활용법)의 의미로 중시

04 우리나라의 교육목적

1. **「헌법」(제31조)상의 교육 조항**: 교육이념에 대한 언급이 없음.

「헌법」 제31조
1. 모든 국민은 능력에 따라 균등하게 교육을 받을 권리를 가진다.
2. 모든 국민은 그 보호하는 자녀에게 적어도 초등교육과 법률이 정하는 교육을 받게 할 의무를 진다.
3. 의무교육은 무상으로 한다.
4. 교육의 자주성·전문성·정치적 중립성 및 대학의 자율성은 법률이 정하는 바에 의하여 보장된다.
5. 국가는 평생교육을 진흥하여야 한다.
6. 학교교육 및 평생교육을 포함한 교육제도와 그 운영, 교육재정 및 교원의 지위에 관한 기본적인 사항은 법률로 정한다.

(1) **기회균등(제1항)**: 국민의 교육권(학습권, 수익권적 교육권) 보장 → 교육기회의 허용적 평등

cf 「경외학교절목」: “아동교육은 신분의 고하를 가리지 않는다.”

(2) **의무교육(제2항)**: 취학의 의무(만 6세, 학령아동의 법적 보호자) → ‘초등교육과 법률이 정하는 교육을 받게 할 의무’

cf 「교육기본법」 제8조(의무교육): “의무교육은 6년의 초등교육과 3년의 중등교육으로 한다.”

① 의무교육 실시: 제안(미군정기), 시작[초등(6년) – 1950, 중등 – 1992(유상)]

② **현행 의무교육**: 초 1부터 중 3까지(9년)

ⓒⓕ **북한은 12년**: 유치원 높은 반 1년, 소학교 5년, 중학교 6년(초급중학교 3년+고급중학교 3년)

(3) **무상 의무교육**(제3항): 교육기회의 보장적 평등(입학금, 수업료, 학교운영지원비, 교과용 도서 구입비 무상) → 중학교 무상의무 완성(2002~2004)

✔ 고등학교 무상교육 전면 시행(2021학년도 이후)

(4) **교육의 자주성 · 전문성 · 정치적 중립성 및 대학의 자율성**(제4항)

(5) **평생교육 진흥**(제5항)

(6) **교육에 관한 법률 제정 조항**(제6항): 학교교육 및 평생교육을 포함한 교육제도와 그 운영, 교육재정 및 교원의 지위에 관한 기본적인 사항

2. 교육이념(「교육기본법」 제2조): 홍익인간의 이념

(1) **직접적 목적**: ① 인격도야(인격교육, 개성교육), ② 자주적 생활능력(생활교육), ③ 민주시민으로서의 자질(시민교육)

(2) **간접적 목적**: ① 인간다운 삶 영위, ② 민주국가의 발전, ③ 인류공영의 이상 실현

✔ 밑줄 친 부분은 '외재적 목적'에 해당한다.

ⓒⓕ **북한의 교육이념**(사회주의 헌법 제43조): 지 · 덕 · 체를 고루 갖춘 주체형의 새 인간 양성

더 알아보기

■ 「교육기본법」

1. 편성 체계

- 제1장(총칙, 제1조~제11조): 목적, 교육이념, 학습권, 교육의 기회균등, 교육의 자주성, 교육의 중립성, 교육재정, 의무교육, 학교교육, 평생교육, 학교 등의 설립
- 제2장(교육당사자, 제12조~제17조): 학습자, 보호자, 교원, 교원단체, 학교 등의 설립자 · 경영자, 국가 및 지방자치단체
- 제3장(교육의 진흥, 제17조의2~제29조): 양성평등 의식의 증진, 학습윤리의 확립, 안전사고 예방, 평화적 통일 지향, 특수교육, 영재교육, 유아교육, 직업교육, 과학 · 기술교육, 기후변화 환경교육, 학교체육, 교육의 정보화, 학교 및 교육행정기관 업무의 전자화, 학생정보의 보호 원칙, 학술문화의 진흥, 사립학교의 육성, 평가 및 인증제도, 교육 관련 정보의 공개, 교육 관련 통계조사, 보건 및 복지의 증진, 장학제도, 국제교육

2. 주요 내용

- 제1조 【목적】 이 법은 교육에 관한 국민의 권리 · 의무와 국가 및 지방자치단체의 책임을 정하고 교육제도와 그 운영에 관한 기본적 사항을 규정함을 목적으로 한다.
- 제2조 【교육이념】 교육은 홍익인간의 이념 아래 모든 국민으로 하여금 인격을 도야하고 자주적 생활능력과 민주시민으로서 필요한 자질을 갖추게 하여 인간다운 삶을 영위하게 하고 민주국가의 발전과 인류공영의 이상을 실현하는 데에 이바지하게 함을 목적으로 한다.
- 제3조 【학습권】 모든 국민은 평생에 걸쳐 학습하고, 능력과 적성에 따라 교육받을 권리를 가진다.
- 제4조 【교육의 기회균등】 ① 모든 국민은 성별, 종교, 신념, 인종, 사회적 신분, 경제적 지위 또는 신체적 조건 등을 이유로 교육에서 차별을 받지 아니한다.
  ② 국가와 지방자치단체는 학습자가 평등하게 교육을 받을 수 있도록 지역 간의 교원 수급 등 교육 여건 격차를 최소화하는 시책을 마련하여 시행하여야 한다.

③ 국가는 교육여건 개선을 위한 학급당 적정 학생수를 정하고 지방자치단체와 이를 실현하기 위한 시책을 수립·실시하여야 한다.

- 제5조 【교육의 자주성 등】 ① 국가와 지방자치단체는 교육의 자주성과 전문성을 보장하여야 하며, 국가는 지방자치단체의 교육에 관한 자율성을 존중하여야 한다.
  ② 국가와 지방자치단체는 관할하는 학교와 소관 사무에 대하여 지역 실정에 맞는 교육을 실시하기 위한 시책을 수립·실시하여야 한다.
  ③ 국가와 지방자치단체는 학교운영의 자율성을 존중하여야 하며, 교직원·학생·학부모 및 지역주민 등이 법령으로 정하는 바에 따라 학교운영에 참여할 수 있도록 보장하여야 한다.
- 제6조 【교육의 중립성】 ① 교육은 교육 본래의 목적에 따라 그 기능을 다하도록 운영되어야 하며, 어떠한 정치적·파당적 또는 개인적 편견의 전파를 위한 방편으로 이용되어서는 아니 된다.
  ② 국가 및 지방자치단체가 설립한 학교에서는 특정한 종교를 위한 종교교육을 하여서는 아니 된다.
- 제7조 【교육재정】 ① 국가와 지방자치단체는 교육재정을 안정적으로 확보하기 위하여 필요한 시책을 수립·실시하여야 한다.
  ② 교육재정을 안정적으로 확보하기 위하여 지방교육재정교부금 등에 관하여 필요한 사항은 따로 법률로 정한다.
- 제8조 【의무교육】 ① 의무교육은 6년의 초등교육과 3년의 중등교육으로 한다.
  ② 모든 국민은 제1항에 따른 의무교육을 받을 권리를 가진다.
- 제9조 【학교교육】 ① 유아교육·초등교육·중등교육 및 고등교육을 하기 위하여 학교를 둔다.
  ② 학교는 공공성을 가지며, 학생의 교육 외에 학술 및 문화적 전통의 유지·발전과 주민의 평생교육을 위하여 노력하여야 한다.
  ③ 학교교육은 학생의 창의력 계발 및 인성 함양을 포함한 전인적 교육을 중시하여 이루어져야 한다.
  ④ 학교의 종류와 학교의 설립·경영 등 학교교육에 관한 기본적인 사항은 따로 법률로 정한다.
- 제10조 【평생교육】 ① 전 국민을 대상으로 하는 모든 형태의 평생교육은 장려되어야 한다.
  ② 평생교육의 이수(履修)는 법령으로 정하는 바에 따라 그에 상응하는 학교교육의 이수로 인정될 수 있다.
  ③ 평생교육시설의 종류와 설립·경영 등 평생교육에 관한 기본적인 사항은 따로 법률로 정한다.
- 제11조 【학교 등의 설립】 ① 국가와 지방자치단체는 학교와 평생교육시설을 설립·경영한다.
  ② 법인이나 사인은 법률로 정하는 바에 따라 학교와 평생교육시설을 설립·경영할 수 있다.

05 교육학

1. 성립

(1) **전통적**(사변적) **교육학**: 헤르바르트(Herbart) → 철학(윤리학)+심리학(표상심리학)

(2) **객관적**(실증적) **교육학**: 뒤르껭(Durkheim) → 교육사회학의 성립

2. 교육학의 학문적 성격

(1) 경험과학으로 보는 입장

① 오코너(O'Connor), 뒤르껭(Durkheim)

㉠ 가치중립적 입장으로, 경험적 학문으로서의 교육학을 주장

㉡ 가치판단의 기준을 객관적으로 밝힐 수 없다면 교육이론에 포함시킬 수 없다.

② **정범모**: 규범적 요소를 제외한 과학적 교육학의 정립을 강조하였다. → 행동과학에 토대를 둔 교육학의 체계 확립 주장

(2) **규범과학으로 보는 입장**

① 피터스(Peters)와 허스트(Hirst)

㉠ 가치 지향적 입장으로, 규범적 학문으로서의 교육학을 주장

㉡ 가치판단의 기준을 과학적 인식의 대상으로 삼는 데 한계가 있어도 가치판단의 문제를 교육이론에서 배제해서는 안 된다.

② 허스트(Hirst)

㉠ 교육학은 '실제적 이론'이라는 점에서 과학이론에 비해 종속되거나 열등한 것은 아니다.

㉡ 사회적 실제에의 입문으로서의 교육학(education as initiation as into social practices, 실제적 교육철학): 교육학은 실제적 질문(예 교육평가 문제, 교원성과급 문제, 교육평등과 학교선택문제, 외국어교육 문제, 성교육 문제, 국가교육 문제 등)에 판단을 내리고 교육 실제를 합리적으로 정당화하는 일을 하는 학문이다.

㉢ 실제적 교육(철)학의 사상적 토대는 포스트모더니즘(post-modernism)과 마르크스주의(Marxism)이다.

(3) **학문적 성격을 둘러 싼 논쟁**: 오코너(O'Connor)와 허스트(Hirst)의 논쟁

① 오코너(O'Connor): "교육이론의 전형은 자연과학이며, 자연과학 이론은 어떤 현상을 관찰, 기술, 설명, 일반화, 예언하는 가설 연역 체계를 갖추고 있다. 그런데 교육학은 엄밀한 의미에서 이러한 이론적 체계를 갖추고 있지 못하며, 이 점에서 교육이론은 기껏해야 '예우상의 칭호'에 불과하다. 교육학이 가치판단의 기준을 객관적으로 밝힐 수 없다면 교육을 과학적 이론에 포함시키는 것은 잘못이다." → 과학적 이론(경험과학) 모형

② 허스트(Hirst): "교육이론은 과학적 지식이나 방법뿐만 아니라 형이상학적 신념, 도덕, 종교 등의 가치판단을 포함하고 있다. 그러므로 가치판단의 기준을 과학적 인식의 대상으로 삼는 데 한계가 있다 하더라도, 가치판단의 문제를 교육이론에서 배제해서는 안 된다." → 실제적 이론(규범과학) 모형

06 평생교육(life-long education)

1. 개요

(1) **등장**: 랭그랑(Lengrand)이 처음 사용(1965) → 「평생교육론」(1965)

① 삶과 앎의 통합

> "인간은 태어나 죽을 때까지 평생을 통해 교육받을 권리가 보장되어야 한다. 그리고 이것('삶과 앎의 통합')을 위해 새로운 교육제도들이 만들어져야 한다."

✔ 「평생교육에 대한 입문」(랭그랑, 1970): 평생교육의 필요성 제시 → '국제교육의 해'로 UNESCO 지정

② 수직적 교육과 수평적 교육의 통합

수직적 교육	요람에서 무덤까지, 태내·유아·노인교육 → 교육기회의 통합(전생애적 통합)
수평적 교육	모든 기관(예 학교, 직장, 대중매체, 도서관 등)과 모든 장소(예 가정, 학교, 사회, 직장 등)에서의 교육 → 교육자원의 통합(전 사회적 통합), 학교 본위의 교육관 지양

(2) 필요성

내적 필요성	① 학교교육 문제점(예 경직성, 폐쇄성) 보완, ② 인간교육의 필요성, ③ 개인의 평생학습권 보장
외적 필요성	① 지식과 정보의 폭발적 증가, ② 기술혁신과 직업사회의 변화, ③ 가치관 및 생활양식의 변화, ④ 소외집단의 증대, ⑤ 고령화 사회, ⑥ 환경문제

(3) 궁극적 목적: 개인적・사회적 차원의 '삶의 질' 향상

「평생교육법」 제1조(목적)
"이 법(평생교육법)은 「헌법」과 「교육기본법」에 규정된 평생교육의 진흥에 대한 국가 및 지방자치단체의 책임과 평생교육제도와 그 운영에 관한 기본적인 사항을 정하고, 모든 국민이 평생에 걸쳐 학습하고 교육받을 수 있는 권리를 보장함으로써 모든 국민의 삶의 질 향상 및 행복 추구에 이바지함을 목적으로 한다."

2. 개념 모형 및 접근 방법

(1) 개념 모형

① **다베(Dave)와 스캐거(Skager)**: 삶(life)・평생(lifelong)・교육(education)의 세 가지 개념 사용 → '삶의 질' 향상이라는 평생교육의 목적 실현을 위해 기회(opportunity)・동기(motivation)・교육 가능성(educability) 등의 전제조건 제시

② **스폴딩(Spaulding)**: 수평적(횡적) 확장 모형 제시 → 형식적 교육(예 전통적 학교, 혁신적 학교)+비형식적 교육(예 학교와 대학의 평생교육, 지역사회 개발 및 사회운동)+무형식적 교육(예 클럽 및 자원단체, 대중매체 및 정보제공 시설)

③ **파킨(Parkyn)**: 수직적(종적) 확장 모형 제시 → 영유아교육, 초등교육, 중등교육, 고등교육 및 이후 성인사회교육 등 5단계 제시

④ **크로플리(Cropley)**: 평생학습(비제도화된 교육)과 평생교육(제도화된 교육)을 통합 → 학습자의 주도성 강조

평생교육과 평생학습의 비교

평생교육	평생학습
UNESCO(국제연합 교육과학문화기구)가 주로 사용	OECD(경제협력개발기구)의 보고서, 「순환교육: 평생학습을 위한 전략」(1973) 이후 사용
전인적 자아실현 중시	경제발전 및 평생고용 가능성 중시
교육자 중심	학습자 중심
의도적, 조직적, 구조적	우발적, 무형식적
가치판단을 필연적으로 요구	가치판단을 전제하지 않음.
강제적 강요	필요에 따라 자기에게 적합한 수단과 방법을 선택
학습자의 학습에 대한 환경 조성과 다양한 지원활동	학습자의 자발적・자립적인 학습활동

⑤ **「평생교육법」상 개념**: 학교의 정규 교육과정을 제외한 학력보완교육, 성인 문자해득교육(문해교육), 직업능력 향상교육, 인문교양교육, 문화예술교육, 시민참여교육 등을 포함하는 모든 형태의 조직적인 교육활동을 말한다(제2조).

평생교육의 영역

영역	내용
학력보완교육	「초·중등교육법」과 「고등교육법」에 따라 학력인정을 받기 위해 필요한 이수단위 및 학점 취득과 관련된 평생교육 예 검정고시 강좌(중입, 고입, 대입), 독학사 강좌, 학점은행제 강좌, 시간제 등록제 강좌, 대학의 비학점 강좌 등
문자해득교육	일상생활을 영위하는 데 필요한 기초능력이 부족하여 가정·사회 및 직업생활에서 불편을 느끼는 자들을 대상으로 문자해득(文字解得) 능력을 갖출 수 있도록 하는 조직화된 평생교육 프로그램 예 기초문해교육, 생활문해교육
직업능력 향상교육	직업 준비 및 직무역량 개발을 목적으로 하는 교육 → 직업생활에 필요한 자격과 조건을 체계적으로 준비하고, 주어진 직무와 역할을 효과적으로 수행할 수 있도록 지원하는 평생교육 예 직업준비 프로그램, 자격인증 프로그램, 현직 직무역량 프로그램
인문교양교육	인문교육과 교양교육을 결합한 용어 → 전문적인 능력보다는 전인적인 성품과 소양을 계발하고 배움 자체를 즐길 수 있는 신체적·정신적 건강을 겸비하는 것을 지원하는 평생교육 예 건강심성 프로그램, 기능적 소양 프로그램, 인문학적 교양 프로그램
문화예술교육	상상력과 창의력을 촉진하고 창작 활동에 필요한 기능을 익힐 수 있도록 지원하거나, 생활 속에서 문화예술을 향유할 수 있는 능력을 개발하는 평생교육 예 레저생활 스포츠 프로그램, 생활문화예술 프로그램, 문화예술향상 프로그램
시민참여교육	사회적 책무성과 공익성 활용을 목적으로 민주시민으로서 갖추어야 할 자질과 역량을 개발하며, 사회통합 및 공동체 형성과 관련된 시민들의 참여를 촉진하고 지원하는 평생교육 예 시민책무성 프로그램, 시민리더역량 프로그램, 시민참여활동 프로그램

⑥ 일반적 개념: 전 생애에 걸친 교육(수직적 교육)과 개인 및 사회 전체의 교육(수평적 교육)의 통합 → 학습사회(learning society) 건설을 통해 최대한의 자아실현과 사회 발전 능력의 향상 도모

(2) 접근 방법

① 학습사회론적 접근(UNESCO): 모든 이에게 실질적인 교육권 보장이 목적

㉠ 학습사회의 개념

ⓐ 사회 자체가 변화에 대해 총체적이고 장기간에 걸쳐 자기혁신을 통해 새로운 생존방식을 추구하는 일련의 작동기제

ⓑ 학습의 총량이 증대됨에 따라 해당 사회가 정체되지 않고 스스로 자기주도적 성장을 도모할 수 있는 여건을 조성하는 사회

ⓒ 평생학습이 일상화되고 사회 곳곳에 편재된 사회 → 학습혁명의 사회

학습생태계: 교육의 모든 구성요소가 상호 의존적 관계로 유기적으로 통합되어 있음. → 인간 생태계에서 지적이고 정신적인 면이 만들어 내는 각종 요소, 그것들이 상호 관계를 맺는 방식과 그 과정들의 연쇄고리로 그 안에서 인간은 생존하고 발전함.

㉡ 대표적 주장

허친스 (Hutchins)	「학습사회」(1968) → 미래의 인간(manhood) 형성을 위해 자유교양교육이 사회 곳곳에 편재된 사회
포르(Faure)	「존재를 위한 학습(learning to be)」(1972)을 통해 '완전한 인간(complete man)' 육성 강조
카네기 고등교육 위원회	「학습사회를 지향하여」(1973) → 노동과 직업교육에 중심을 두는 학습사회화 주장
에드워즈 (Edwards)	학습사회의 진화 과정을 '교육된 사회(계몽주의형) ⇨ 학습시장(시장 중심형) ⇨ 학습망(시민 주도 네트워킹형)'의 3단계로 제시

㉢ 평생학습도시(lifelong learning city)

ⓐ 학습공동체 건설을 위한 총체적 도시 재구조화 운동 → 1979년 일본의 가케가와시가 최초, 우리나라는 1999년 광명시가 최초로 선언 & 2001년부터 국가가 지정

ⓑ 유형

경제발전 중심	산업혁신형	기업체가 주도, 산업복합단지의 혁신 목적
	학습 파트너형	교육훈련 제공자와 학습자를 위한 협력 체제 구축
시민사회 중심	지역사회 재생형	변화에 알맞은 지역사회의 재생 및 혁신 전략 구현
	이웃 공동체 건설형	이웃을 위한 교육 제공을 통해 시민정신 고양

ⓒ 우리나라(「평생교육법」 제15조): 특별자치시, 시·군 및 자치구를 대상으로 국가가 지정 및 지원 → 지역사회의 평생교육 활성화 목적

Tip 21세기 평생교육을 위한 4가지 기둥(4 pillars) - 「학습: 내재된 보물」(1996)

들로어(Delors)가 21세기 교육의 핵심인 '생활을 통한 학습(learning throughout life)'을 4가지 원리로 제시

1. **알기 위한 학습**(learning to know): '학습하기 위한 학습'으로, 전 생애를 거쳐 교육의 혜택을 받을 수 있게 해 줌 → 가장 기본적인 학습
2. **행동하기 위한 학습**(learning to do): 공식적·비공식적인 사회경험과 직무경험을 통해 획득되며, 학교의 지식이 사회의 작업장으로 전이되는 과정으로, 앎으로서의 학습에서 행동으로 옮기는 실천의 학습
3. **존재하기 위한 학습**(learning to be): 교육 본연의 목적인 개인의 잠재력을 실현하는 학습 → 가장 궁극적인 목적
4. **함께 살기 위한 학습**(learning to live together): 다원주의·상호 이해·평화의 가치를 존중하는 정신으로 타인들과 함께 공동과업을 수행하고 갈등을 관리하는 법을 배우면서 획득되는 학습

② 순환교육론적 접근: 전 생애에 걸친 교육기회 보장

㉠ OECD가 제안(1973): 성인들에 대한 계속적인 재교육 기회 → 「순환교육: 평생학습을 위한 전략」

㉡ 직업-교육, 일-여가를 반복(가역적 생애주기)하는 교육정책 예 유·무급 학습휴가제

㉢ 순환교육의 원리(OECD)

ⓐ 의무교육과정에 진로선택 교육과정 설치

ⓑ 의무교육 이후에 교육기회 부여

ⓒ 교육시설의 확충
ⓓ 일과 사회적 경험의 중시
ⓔ 학업과 직업을 교대할 수 있는 생애 과정 구성
ⓕ 학습휴가제 실시
ⓖ 교육에서 학습자 집단의 특성 고려
ⓗ 학위나 증서보다 평생교육의 과정 지도와 인격발달 중시

㉣ OECD(1996), 「만인을 위한 평생학습(Lifelong Learning for All)」
ⓐ **배경**: 지식기반경제의 도래, 정보통신기술의 활용 및 영향 확대, 인구의 노령화 등 다양한 사회경제적 변화 발생
ⓑ **논리적 근거**: 경제적 필요 및 사회적 목표와 결합시킴. → "평생학습은 심화되는 글로벌 지식경제와 사회 시스템에 의하여 제기된 도전에 대한 응전, 민주적 전통 증진, 사회적 결속을 저해하는 위협에 대한 대응, 개인의 인성적 발달을 조성함으로써 OECD 사회의 미래를 형성하는 수단이다."
ⓒ **목적**: 개인의 (잠재력) 발달, 사회적 양극화를 차단하는 사회적 결속, 경제 성장과 일자리 창출 제고

㉤ OECD가 제시한 학교교육 재구조화 권고안에 따른 여섯 가지 시나리오(2001)

미래학교 유형	가상 시나리오	특징
현 체제 유지 (학교의 유지)	1. 관료제적 학교체제의 유지	변화의 거부와 기존 학교체제의 획일성 지속
	2. 시장 모델의 확대	시장 기제에 따라 다양한 교육기회가 제공되나 불평등이 심화됨.
학교의 재편 (학교의 재구조화)	3. 핵심적 사회센터로서의 학교	종합적 사회통합기관으로 학교 기능의 확대 예 공공재로서 학교에 대한 지원 증가, 지식 전달을 넘어 시민성 함양, 덜 관료적이고 다양한 학교조직, 취약지역에 대한 국가지원 확대, 교사 역할의 다양화
	4. 집중된 학습조직으로서의 학교	평생학습의 다양한 기능 수행
학교의 해체	5. 학습 네트워크와 네트워크 사회	학교의 독점이 없어지고 다양한 학습망과 사회화망 등장
	6. 교사들의 탈출로 학교 붕괴	교사들이 교직을 떠나 교사 수의 부족으로 인해 발생

㉥ 세계은행(World Bank, 2003), 「지구 지식경제에서의 평생학습(Lifelong Learning in the Global Knowledge Economy)」
ⓐ **평생학습 개념**: '지식경제(Knowledge Economy)'를 위한 교육
ⓑ **목표**: '더 나은 세계'를 위한 지식과 학습 촉진을 구현
ⓒ **특징**: 경제정책과 빈곤감소, 지속가능한 발전, 역량개발, 국경운영 등의 분야에서 저개발 국가들을 지원

③ **대안교육론적 접근**: 제3세계를 중심으로 인간해방 추구

㉠ **일리치(Illich)**: 「탈학교사회(Deschooling Society, 1970)」 → 학교제도(의무교육기관) 자체의 폐지의 대안으로 학습망(learning web)을 통한 학습 강조

예 교육자료에 대한 참고자료망, 기술교환망, 동료연결망, 교육자에 대한 참고자료망 등 4개의 학습(기회)망 제시

> 일리치는 학교 제도에 의해서 나타나는 반교육적 현상을 비판하고, 교육이 본연의 모습과 기능을 되찾기 위해서는 현재와 같은 학교제도가 폐지되어야 한다고 주장하였다. 이러한 관점에서 일리치는 훌륭한 교육제도가 되기 위해서는 다음과 같은 세 가지의 목적을 지녀야 한다고 주장하였다.
> 첫째, 누구든지 학습을 원한다면 연령에 관계없이 필요한 수단이나 교재를 이용할 수 있게 해야 한다.
> 둘째, 자기가 알고 있는 것을 다른 사람과 나누어 가지려는 어떠한 사람에 대해서도 그 사람으로부터 그 지식을 배우려는 다른 사람을 연결시켜 주어야 한다.
> 셋째, 일반 대중에 대해서 문제를 제기하려는 모든 사람들에게 그 기회를 제공해 주어야 한다.
> 이러한 세 가지의 목적을 달성하기 위하여 일리치는 '기회의 망(網, opportunity web)'이라는 네 가지의 네트워크를 제안한다. 즉, ① 교육적 자료검색을 위한 참고 업무(reference service to educational object), ② 기능교환(skill exchanges), ③ 동료의 선택(peer-matching), ④ 넓은 의미에서의 교육자를 위한 참고업무(reference service to educators-at-lange)이다.
> 여기서 일리치가 주장하는 것은 다음과 같다. 즉, 보통의 경우에 있어서는 교육의 목표와 교육을 위한 자원이 교육자의 커리큘럼 목표에 따라 결정되고 분류되지만, 그가 주장하는 학습사회에서는 학습자 자신이 자기의 목표를 명확하게 설정하고, 또 그 목표달성을 위한 교육자원까지도 학습자 스스로 자유롭게 이용할 수 있게 된다는 것이다.

㉡ **겔피(Gelpi)**: '모든 이를 위한 교육(education for all)' 구상

㉢ **프레이리(Freire)**: '비판적 문해교육(문제제기식 교육, 의식화 교육)'을 통한 인간해방

④ **영속교육(Permanent education)적 접근**: 유럽의회(EC)가 제안

㉠ Schwartz가 쓴 보고서 「영속교육」에서 비롯(1974)

㉡ 모든 사람의 능력과 연관되어 교육적·문화적 열망을 충족시키기 위해 설계된 종합적이고 일관되며 통합적 교육체제 → 순환교육은 영속교육의 구현방안

㉢ **기본원칙**: 직업과 교육 간의 순환성(recurrency)이 가능한 유연한 제도

㉣ **교육목적**

ⓐ **사회**: 보다 확대되고 통합된 사회, 다양화된 사회, 평등한 사회

ⓑ **인간**: 육체적·지적으로 충분한 자질을 가진 사람, 독립적·창의적·사회적으로 잘 융화되는 사람

3. 이념

(1) **다베(Dave)와 스캐거(Skager)**: 전체성, 통합성, 융통성, 민주성은 4대 이념에 해당 → 「평생교육과 학교 교육과정」(1973)

<table>
<tr><td>전체성
(총체성, totality)</td><td colspan="2">학교교육과 학교 외 교육(예 가정, 학원, 사회교육 등)에 중요성과 정통성을 부여한다. → 학교 외 교육도 공인함을 강조</td></tr>
<tr><td rowspan="3">통합성
(integration)</td><td colspan="2">다양한 교육활동의 유기적 · 협조적 관련성을 중시한 것으로, 수직적 교육과 수평적 교육을 평생교육으로 통합한다. → 보완적 의미를 강조</td></tr>
<tr><td>수직적 교육</td><td>요람에서 무덤까지, 태내 · 유아 · 노인교육 → 교육기회의 전생애적 통합</td></tr>
<tr><td>수평적 교육</td><td>모든 기관(학교, 직장, 대중매체, 도서관 등)과 모든 장소(가정, 학교, 사회, 직장 등)에서의 교육 → 교육자원의 전사회적 통합</td></tr>
<tr><td>융통성
(유연성, flexibility)</td><td colspan="2">어떤 환경과 처지에서도 학습이 가능하도록 다양한 여건과 제도를 조성한다.
예 원격교육, E-learning, U-learning, M-learning</td></tr>
<tr><td>민주성
(democratization)</td><td colspan="2">학습자가 원하는 종류와 양의 교육을 자유롭게 받을 수 있도록 뷔페(buffet)식의 다양한 교육과정을 제공한다. → 학습자(수요자) 중심 교육, '모두를 위한 교육'</td></tr>
<tr><td>교육 가능성
(교육력, educability)</td><td colspan="2">학습이 효율적으로 전개되도록 학습방법, 체험의 기회, 평가방법 등의 개선에 주목하고 자기주도적 학습을 도모한다.</td></tr>
</table>

(2) **「평생교육법」상의 이념**(제4조): ① 기회균등(능력에 따라 ×), ② 자율성, ③ 중립성, ④ 상응한 사회적 대우(자격 및 학력인정 등)

1. 모든 국민은 평생교육의 기회를 균등하게 보장받는다.
2. 평생교육은 학습자의 자유로운 참여와 자발적인 학습을 기초로 이루어져야 한다.
3. 평생교육은 정치적 · 개인적 편견의 선전을 위한 방편으로 이용되어서는 아니 된다.
4. 일정한 평생교육과정을 이수한 자에게는 그에 상응하는 자격 및 학력인정 등 사회적 대우를 부여하여야 한다.

4. 평생교육의 방향

(1) **아동 중심 교육(pedagogy)에서 성인 중심 교육(andragogy)으로의 변화**

cf geragogy[노인교육학, 라벨(Label)]

페다고지와 안드라고지의 비교: 노울즈(M. S. Knowles)

기본 가정	페다고지	안드라고지
학습자	• 학습자는 의존적 존재 • 교사가 학습내용, 시기, 방법을 전적으로 결정	• 인간은 점차 자기주도적으로 성숙 • 교사들은 이러한 변화를 자극시키고 지도할 책임을 짐. • 상황에 따라 의존적일 수 있지만 자기주도적이고자 하는 강한 욕구 소유
학습자 경험 및 학습방법	• 학습자 경험을 중요시하지 않음. • 학습방법은 강의, 읽기, 과제부과, 시청각 자료 제시 같은 전달식 방법	• 인간의 경험은 자신뿐만 아니라 다른 사람에게도 학습자원으로 활용 가능 • 학습방법에는 실험, 토의, 문제해결, 모의게임, 현장학습 등 활용

학습 준비도	• 사회가 학습해야 한다고 요구하는 것을 학습 • 같은 연령이면 동일한 내용을 학습 • 같은 연령의 학습자들이 단계적으로 학습해 나갈 수 있도록 교육과정을 표준화	• 실제 생활에 관련된 문제를 대처해 나갈 필요성을 느낄 때 학습 • 학습프로그램은 실제 생활에의 적용을 중심으로 조직되고 학습자의 학습 준비도에 따라 계열화
교육과 학습에 대한 관점	• 교육은 교과내용을 습득하는 과정 • 교과과정은 여러 가지 교과가 논리적으로 체계 있게 조직된 것 • 교과목 중심의 학습	• 교육은 학습자가 자신의 잠재력을 계발하는 과정 • 학습경험은 능력개발 중심으로 조직

① 성인교육의 기본 가정

㉠ 성인들의 학습동기가 성인학습 활동을 조직하는 출발점이다.

㉡ 성인들의 학습은 주제 중심이 아닌 삶(상황 중심)에 초점을 두어야 한다.

㉢ 경험은 성인학습에 가장 중요한 자원이므로 성인교육의 핵심은 경험의 분석이 되어야 한다.

㉣ 성인들은 자기주도성이 강하므로 교사는 자신의 지식을 전수하기보다 성인학습자들과의 상호작용을 통해 교사의 역할을 수행해 나가야 한다.

㉤ 성인교육에서는 학습양식, 시간, 장소, 학습속도 등의 학습자의 개인차에 대해 적절하게 대비하여야 한다.

② 성인학습자의 특징

㉠ 성인들은 학습을 시작하기 전에 왜 배우려고 하는지 알고 있다.

㉡ 성인들은 자신의 삶을 책임져야 한다는 것을 알고 있기에 자기 스스로 학습하고자 하는 심리적 욕구를 가지고 있다.

㉢ 성인들은 아동기 때의 다양하고 많은 경험을 바탕으로 학습에 임한다.

㉣ 성인들은 자신들이 알고 싶은 것을 배우려고 준비가 되어 있고, 배운 것을 자신들의 실제 생활에 효율적으로 적용시킨다.

㉤ 아동기의 교과서 중심적인 학습과 달리 성인학습은 실제 생활 중심의 학습으로 이루어진다.

㉥ 성인들은 외적 동기에 따라 학습하기도 하지만, 내적 동기를 충족시키기 위해 학습에 참여하는 경향이 강하다.

(2) **학습자 중심의 교육**

(3) **학습의 다양성**: 다양한 형태의 교육과정 개설

(4) **자기주도적 학습**(Knowles): 학습자 스스로 학습목표, 계획, 내용, 방법의 선택, 평가 등 실시 → 메타인지 중시

(5) **열린 학습사회 지향**: 학습사회화(the learning society)

(6) **평생학습능력의 신장**: ① 자기주도적 학습능력의 신장, ② 메타인지적 학습(학습하는 방법의 학습), ③ 기초·기본능력의 강화(문해교육 예 3R's 등 기초문해, 삶을 영위할 수 있는 생활문해)

(7) 평생교육제도의 모형

시장 모형	교육이 상품으로 인식되어, 교육기관은 공급자로, 학습자는 수요자로 규정되는 형태를 말한다. 교육을 사유재(private good)로 인식하고, 교육의 공급과 수요가 자유화되어 시장 원리에 의해 지배당하며, 개인이 선택하고 비용을 부담한다.
통제 모형	국가가 교육 전반을 독점적으로 운영하는 시스템으로, 국가가 교육의 내용과 형식을 통제하지만 비용은 학습자 스스로 부담하게 하는 형태이다.
복지 모형	국가가 교육의 비용을 부담하고 교육의 목적도 국가주의를 지향하지 않고 각 개인의 자아실현에 중점을 두는 형태다. 교육을 일종의 공공재(public good)로 인식하고, 교육과정도 지방과 학교 자율로 결정하며, 교육의 최종 책임을 국가 및 공공영역에 두고 있다.
사회주의 모형	국가가 교육목적과 내용에 대한 통제를 담당할 뿐만 아니라 그 비용까지 국가가 부담하는 형태다.

5. 특징

(1) 개인 차원 및 사회 공동체 차원에서 삶의 질을 향상함이 교육목적

(2) 교육을 수직적(태아에서부터 무덤에 이르기까지의 전생애에 걸친) 및 수평적(모든 기관과 모든 장소에서 이루어지는)으로 통합

(3) 일반교육과 전문교육의 조화와 균형 유지

(4) 계획적 학습과 우발적 학습을 모두 포함

(5) 발달과업(developmental task)에 따른 계속적 학습 중시

- **발달과업**(Havighurst): 개인의 특정한 발달단계에서 반드시 성취해야 할 일

(6) 국민 전체의 평생에 걸친 교육기회의 균등화 및 확대에 노력

(7) 학교교육을 평생교육의 관점에서 재해석 → 학교의 교육 독점 탈피

(8) 사회를 교육적 환경으로 만들기 위해 노력 → 학습사회

(9) 개인과 사회의 필요에 적극 대처하고 누구나 쉽게 접근 가능

6. 구현 방안: 「평생교육법」과 「평생교육법 시행령」

(1) 평생교육기관

① 「평생교육법」에 따라 인가·등록·신고된 시설·법인 또는 단체

② 「학원의 설립·운영 및 과외교습에 관한 법률」에 따른 학원 중 학교교과 교습학원을 제외한 평생직업교육을 실시하는 학원

③ 기타 법령에 따라 평생교육을 주된 목적으로 하는 시설·법인 또는 단체

(2) 평생교육과정과 공공시설의 이용

① 학습자의 필요와 실용성을 존중하여 평생교육을 실시하는 자가 결정 → 민주성의 이념

② 평생교육을 위하여 공공시설을 그 본래의 용도에 지장이 없는 범위 안에서 이용 가능

(3) 평생교육 진흥 계획 수립: 기본계획(교육부 장관, 매 5년마다), 시행계획(시·도지사, 매년)

(4) 평생교육 추진 체계

구분	행정기구	심의·협의기구	전담·지원기구
국가 수준	교육부 장관	평생교육진흥위원회 (20명 이내)	• 국가 평생교육진흥원 • 국가 장애인 평생교육지원센터
광역 수준	시장, 도지사	시·도 평생교육협의회 (20명 이내)	시·도 평생교육진흥원
기초 수준	시장, 군수, 구청장	시·군·자치구 평생교육협의회 (12명 이내)	시·군·자치구 평생학습관 (시·도 교육감)

(5) 다양한 학습지원제도

① **유·무급 학습휴가 실시(제8조)**: 순환교육의 형태 → 국가·지방자치단체와 공공기관의 장 또는 각종 사업의 경영자는 소속 직원의 평생학습기회를 확대하기 위하여 유급 또는 무급의 학습휴가를 실시할 수 있음.

② **공공학습비(도서비·교육비·연구비) 지원**: 학습자에게 직접 지원(예 평생교육이용권, 국민내일배움카드제 – 직업능력 개발 계좌제 –) → Voucher system

③ **평생교육사업의 조사·분석(제9조의2)**

㉠ **평생교육사업**: 국가 및 지방자치단체가 국민과 주민의 평생교육을 위하여 예산 또는 기금으로 조직적인 교육활동을 직·간접적으로 지원하는 사업

㉡ 교육부장관은 매년 국가 및 지방자치단체에서 추진하는 평생교육사업에 대한 조사·분석을 하여야 한다.

④ **경비보조 및 지원(제16조), 평생교육이용권의 발급(제16조의2)**

㉠ 국가 및 지방자치단체는 ⓐ 평생교육기관의 설치·운영, ⓑ 평생교육사의 양성 및 배치, ⓒ 평생교육프로그램의 개발, ⓓ 평생교육이용권의 발급 등 국민의 평생교육의 참여에 따른 비용의 지원, ⓔ 그 밖에 국민의 평생교육 참여를 촉진하기 위하여 수행하는 사업 중 어느 하나에 해당하는 평생교육진흥사업을 실시 또는 지원할 수 있다.

ⓛ **평생교육이용권의 발급**: 평생교육이용권은 평생교육프로그램을 이용할 수 있도록 금액이 기재(전자적 또는 자기적 방법에 따른 기록을 포함한다)된 증표를 말함.

ⓐ 국가 및 지방자치단체는 모든 국민에게 평생교육의 기회를 제공할 수 있도록 신청을 받아 평생교육이용권을 발급할 수 있다.

ⓑ 교육부장관은 평생교육소외계층에게 우선적으로 평생교육이용권을 발급할 수 있도록 대통령령(「평생교육법 시행령」 제7조의2)으로 신청자의 요건을 정할 수 있다. → ❶ 「국민기초생활 보장법」 수급자 또는 차상위계층, ❷ 「장애인복지법」에 따른 장애수당을 지급받는 사람, ❸ 「장애인연금법」에 따른 수급자, ❹ 그 밖에 교육부장관이 평생교육 관련 지원이 필요하다고 정하여 고시하는 기준에 해당하는 사람

⑤ **평생교육종합정보시스템의 구축·운영(제18조의2)**: 교육부장관 → 평생교육 관련 정보의 체계적·효율적 관리 및 국민의 평생교육 참여 확대 목적

⑥ **전문인력(강사) 정보은행제(제22조)**: 강사에 관한 인적 정보를 수집하여 제공·관리하는 제도

⑦ **학습계좌제(제23조)**

㉠ **개념**: 국민의 개인적 학습경험을 종합적으로 집중·관리하는 제도(성인용 평생학습 기록부) → 국민의 평생교육 촉진 및 인적 자원의 개발·관리가 목적

ⓛ **운영**: ⓐ 교육부 장관이 운영(www.all.go.kr), ⓑ 본인 또는 본인의 위임을 받은 자가 신청하면 개설·정보열람 및 증명서 발급 신청 가능, ⓒ 학습과정을 대통령령에 정한 바에 따라 평가·인정

✔ **인적자원개발**(HRD): 인간과 조직의 성장과 효과성을 최적화하기 위해 학습에 기반을 둔 개인개발, 조직개발, 경력개발을 통해서 개인, 집단, 조직의 학습능력을 향상시키는 과정 → 평생학습의 결과가 지닌 경제적·사회적 가치를 극대화하려는 학습활동

⑧ **평생교육사**: 평생교육 담당 전문인력

자격 및 자격요건	1급·2급·3급(1·2급은 승급 과정, 2·3급은 양성 과정) → 교육부 장관이 부여	
	1급	2급 자격증 취득 후 평생교육 관련업무 5년 이상 종사
	2급	❶ 대학원에서 평생교육 관련과목 중 필수과목을 15학점 이상 이수하고 석사 또는 박사학위를 취득한 자, ❷ 대학(또는 동등기관)에서 관련과목을 30학점 이상 이수하고 학위를 취득한 자, ❸ 3급 자격증을 보유하고 관련업무에 3년 이상 종사
	3급	❶ 대학(또는 동등기관)에서 관련과목을 21학점 이상 이수하고 학위를 취득한 자, ❷ 관련업무에 2년 이상 종사하고 진흥원(또는 지정양성기관)에서 평생교육사 3급 양성과정 이수, ❸ 관련업무에 1년 이상 종사한 공무원 및 교원으로서 평생교육사 3급 양성과정 이수
직무범위	• 평생교육 프로그램의 요구 분석·개발·운영·평가·컨설팅 • 학습자에 대한 학습정보 제공, 생애 능력개발 상담·교수 • 그 밖에 평생교육 진흥 관련 사업계획 등 관련업무	
배치	• 평생교육 진흥원(국가) 및 평생교육 진흥원(시·도): 5명 이상 반드시 배치(1급 평생교육사 1명 이상 포함) • 평생학습관(시·군·구): 직원 20명 이상일 때는 2명 이상 & 20명 미만일 때는 1명 이상 반드시 배치 • 평생교육시설(학력인정 평생교육시설은 제외), 「학점인정 등에 관한 법률」에 따른 교육훈련기관, 평생교육시설·법인·단체: 1명 이상	

(6) 다양한 평생교육시설 운영

구분	교육부 장관	교육감	관할청
인가	• 사내대학(종업원 수 200명 이상, 고용주가 부담) • 원격대학(방송대학, 방송통신대학, 사이버대학)		
등록		학교 형태 평생교육시설	
신고		• 사업장 부설(종업원 수 100명 이상) • 시민사회단체 부설(회원수 300명 이상) • 언론기관 부설 • 지식·인력개발 사업 관련 평생교육시설 • 원격교육 형태 시설(10명 이상, 30시간 이상 교수)	
보고			학교부설 평생교육 시설

7. 학점, 학력 등의 인정(「평생교육법」 제41조)

(1) 각급 학교 또는 평생교육시설에서 각종 교양과정 또는 자격취득에 필요한 과정을 이수한 자

(2) 산업체 등에서 일정한 교육을 받은 후 사내 인정자격을 취득한 자

(3) 국가·지방자치단체·각급 학교·산업체 또는 민간단체 등이 실시하는 능력측정검사를 통하여 자격을 인정받은 자 → 직업능력 인증제

(4) 「무형문화재 보전 및 진흥에 관한 법률(무형문화재법)」에 따라 인정된 국가무형문화재의 보유자와 그 전수교육을 받은 사람 → 문하생 학력인증제

(5) 대통령령으로 정하는 시험에 합격한 자

✔ **평생학습 인증 시스템**: 학습계좌제, 학점은행제, 문하생 학력인증제, 직업능력 인증제, 민간자격 인증제, 독학학위제, 사내대학, 원격대학 → 특별학제에 해당함.

8. 평생학습 방법론

적응적 학습(경험과 반성을 통한 학습), 예견적 학습, 메타학습, 실천학습 등 중시

(1) 콜브(Kolb)의 경험학습

① 듀이(Dewey) 이론에 토대, 구체적 경험 ⇨ 반성적 관찰 ⇨ 추상적 개념화 ⇨ 능동적(활동적) 실험의 4단계를 거쳐 진행

② 정보지각방식(perception)과 정보처리방식(processing)에 따라 확산형, 동화형, 수렴형, 적응형(조절형)의 4가지 학습유형

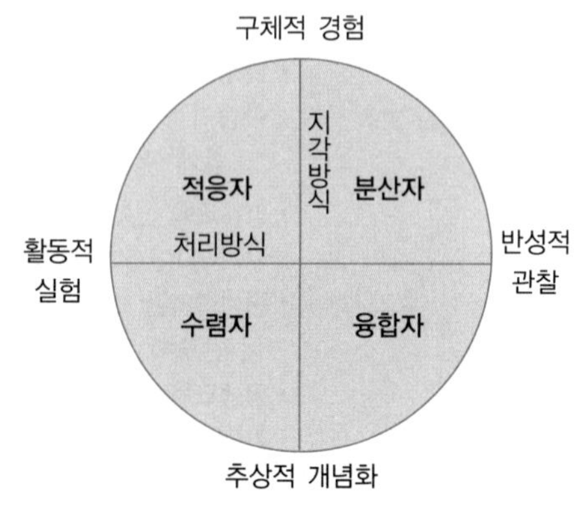

(2) **아지리스와 쉔**(Argyris & Schön)**의 이중고리 학습**: 경험학습+비판적 반성(성찰)

(3) **메지로우**(Mezirow)**의 관점 전환 학습**: 다양한 표피적 형태(의미도식)가 아닌 원리 혹은 관점인 '의미관점'을 바꾸는 학습 예 원효의 일화

(4) **로마클럽 6차 보고서의 혁신학습**
① 유지형 학습(사회화)보다 미래를 위한 학습 강조
② 선견형 학습(anticipatory learning)과 참여를 통한 학습 중시

(5) **레반즈**(Revans)**의 실천학습**(action learning): 실제의 업무 중에 발생한 문제해결 학습 중시

(6) **노울즈**(Knowles)**의 자기주도적 학습**: 학습의 통제권이 학습자 자신에게 있는 학습, 학습의 전 과정(예 학습주제 설정, 학습목표 설정, 학습전략 수립, 실행, 성취평가)을 학습자 스스로 진행 → 메타인지 중시

9. 평생학습사회를 위한 실현방안

학점은행제	「학점인정 등에 관한 법률」에 따라 학교 및 학교 밖에서 이루어지는 다양한 형태의 학습경험 및 자격을 학점으로 인정하고, 학점이 누적되어 일정한 기준이 충족되면 학위취득도 가능하게 한 제도 → 전문학사 80학점 이상, 학사 140학점, 기술사 45학점, 기능장 39학점 이상
독학학위제	「독학에 의한 학위취득에 관한 법률」에 따라, 고교 졸업자 중 국가가 시행하는 단계별 시험(예 1단계 교양과정 인정시험 ⇨ 2단계 전공기초과정 인정시험 ⇨ 3단계 전공심화과정 인정시험 ⇨ 4단계 학위취득 종합시험)에 합격하면 학사학위를 취득할 수 있는 제도
대학 시간 등록제	전일제 대학생 외에 추가적으로 학생들을 모집하여 대학입학자격이 있는 사람에게 대학교육을 제공 → 성인들에 대한 대학 교육기회 확대
평생학습 중심 대학	기존의 정규 대학들의 문호를 성인들에게 더 개방해 대학을 평생교육기관으로 변모시키려는 정책 → 대학의 평생교육 기여를 비형식교육 프로그램 제공 중심에서 학위 수여로 확대
민간자격 인증제	「자격기본법」에 따라 국가 외의 법인·단체 또는 개인이 운영하는 민간자격 중에서 사회적 수요에 부응하는 우수한 민간자격을 국가에서 공인해 주는 제도
직업능력 인증제	직업인으로서 갖추어야 할 기초 직업능력(직무 기초 소양 및 직업 수행능력)을 분야별·수준별로 기준(예 NCS: 국가직무능력표준)을 설정하고, 객관적 측정을 통하여 해당 능력의 소지 여부를 공식적으로 인증해 주는 제도 → 학력 중심 사회 극복, 취업과 승진의 근거로 활용
직업능력 (개발)계좌제	구직자(신규실업자, 전직실업자)에게 일정 금액을 지원해, 그 범위 이내에서 자기주도적으로 직업능력 개발훈련에 참여할 수 있도록 하고, 훈련이력 등을 개인별로 통합 관리하는 제도 → 평생교육 복지제도에 해당(학력인증 방안 ×), 국민내일배움카드제에 통합됨.

✔ **국민내일배움카드제**: 고용노동부가 직업훈련을 원하는 국민에게 일정 금액의 훈련비(5년간, 300~500만원) 지원 → 직업능력 개발 훈련

07 가정교육

1. 가정환경과 학업성취도

문화환경 결핍론(Coleman) → 가정배경(예 경제적 자본, 인적 자본, 사회적 자본)이 아동의 학업성취에 영향을 줌.

지위환경[1] (물리적 환경)	가정의 사회·경제적 지위와 상태, 객관적 환경, 정적 환경(예 가족 상황, 주택 종류, 문화시설, 직업, 수입 등) → 학업성취도와 $r = 0.50$의 상관관계
구조환경[1)+2)]	지위환경과 과정환경의 혼합, 일정한 규칙에 의해 조직되어 체제화되어 있는 환경(예 가정의 문화적 상태, 가치지향성, 강화체제, 학습체제, 언어 모형)
과정환경[2] (심리적 환경)	가정 내 부모와 자녀 간 상호 작용, 주관적 환경, 동적 환경(예 성취압력, 학습조력, 가정에서 강조하는 생활습관) → 학업성취도와 $r = 0.80$의 상관관계

2. 부모의 양육태도와 아동의 성격 형성

(1) **시몬즈(Symonds) 모형**: 거부적·복종적·과보호적·지배적 태도에서 중용(中庸)의 도를 지키는 수용적 태도가 가장 이상적

(2) **바움린드(Baumrind) 모형**: 부모의 관심(수용 및 책임감 수준)과 기대(통제 및 요구)수준에 따른 구분 → 맥코비와 마틴(Maccoby & Martin)이 확대

상호 작용 방식	특징	부모의 성격	자녀의 성격
권위 있는 (authoritative, 민주적인)	높은 관심, 높은 기대	• 자녀에게 확고하나 세심하게 배려함. 예 엄부자모 • 규칙에 대해 이유를 설명하고 일관성 있게 이를 적용함. • 기대가 높음.	• 자아존중감이 높음. • 확신이 있고 안정적임. • 도전적이고 학교생활이 성공적임.
권위주의적인 (authoritatian, 전제적인)	낮은 관심, 높은 기대	• 자녀가 압력에 순응하도록 요구함. • 초연하고 규칙에 대해 설명하지 않으며 대화를 주고받으려 하지 않음.	• 움츠러들어 있음. • 문제해결보다 부모를 만족시키는 일에 대해 더 많이 걱정함. • 반항적이고 사회적 기술이 부족함.
허용적인 (permissive)	높은 관심, 낮은 기대	• 자녀에게 무제한의 자유를 허용함. • 제한적으로 기대하고 자녀에게 요구하는 바가 거의 없음.	• 미성숙하고 자기통제가 부족함. • 충동적이고 동기가 없음.
무관심한 (uninvolved)	낮은 관심, 낮은 기대	자녀의 삶에 거의 관심과 기대가 없음.	• 자기통제와 자기 목표가 부족함. • 쉽게 좌절하고 비순종적임.

08 학교교육

1. 개요

(1) **개념**: 의도적·공식적·형식적 교육기관 → 2차적 사회화 기관

(2) **순기능**: 기능이론가의 관점
① 개인적 측면: 자아실현(Self-realization)
② 사회적 측면: 사회화, 사회개혁, 사회통합

(3) **역기능**: 갈등이론가의 관점
① 불평등한 계급 구조를 재생산: 보울스와 진티스(Bowles & Gintis)의 경제적 재생산 이론
② 본질적 목적(예 전인교육, 학습욕구 충족) 구현 실패
㉠ 라이머(Reimer)의 「학교는 죽었다(School is dead)」: 학교 사망론(허위신화를 통한 체제 순응적 인간 양성) → 학교 개혁 주장
㉡ 일리치(Illich)의 「학교 없는 사회(Deschooling society)」: 학교 무용론 → 탈학교 운동 주장[의무교육제 폐지, 학습망(learning network)을 통한 학습, 학력 위주의 고용제도 폐지]
㉢ 프레이리(Freire)의 「페다고지(억압 받는 이들을 위한 교육학)」: 은행저금식 교육(체제순응적 인간 양성) → 해방적 교육 주장(문제제기식 교육을 통한 자율적 인간 양성)
㉣ 실버맨(Silberman)의 「교실 안에서의 위기」: 학교의 위기적 상황(질서, 통제, 억압, 강제를 통해 학생의 순종 강요) 경고 → 인간교육으로의 방향 전환 주장
㉤ 홀트(Holt)의 「아이들은 왜 실패하는가(How children fail)」: 정답주의만을 강요하는 학교(아이들의 실제 삶과 유리된 획일적 교육과정, 주입식 교육 등) → 홈스쿨링(Home schooling, 등교 거부) 운동과 언스쿨링(Un-schooling, 교육과정 개혁) 운동 주장

2. 학교 개혁 운동

학교 내 개혁	① 효과적인 학교 연구, ② 교육의 재구조화와 학교선택론, ③ 혁신학교 운동
학교 밖 개혁	① 대안학교 운동, ② 재가학교, ③ 탈학교론, ④ 평생교육 운동

(1) **효과적인 학교 연구**: 교육과정(process) 부분의 중점적 연구를 통한 학교 효과 증대
① 효과적인 학교(effective school): 학교의 인적·물적 투입여건(예 학부모의 사회경제적 지위, 학생의 학업능력 등 학교가 통제할 수 없는 것)은 비슷한데, 학생이 얻게 되는 지적·비지적인 산출이나 결과가 다른 학교보다 더 높게 나오는 학교 → 학교 자체의 특성에서 생기는 효과
② 효과적 학교의 특성: ㉠ 교장과 교사의 강한 지도력, ㉡ 학생의 학업성취에 대한 교사의 높은 기대, ㉢ 분명한 교수 – 학습목표, ㉣ 학교의 학구적 분위기와 그에 따른 교직원 연수, ㉤ 학생의 학업 진전 상황의 주기적 점검, ㉥ 학부모들의 적극적 참여, ㉦ 동질집단의 구성

(2) **교육의 재구조화와 학교선택론**: 신자유주의에 입각한 시장경제 원리 도입, 학교 간 경쟁을 통한 교육의 효율성 증대

① **교육의 재구조화**: 교육의 질 개선을 위한 노력
㉠ **총체적 질 관리기법(TQM)**: 수요자 중심 교육 → 교육 서비스 질 향상, 고객만족 향상
㉡ **단위학교 책임경영제(SBM)**: 학교의 자율성과 책무성 강화

② **학교선택론**
㉠ **자석학교(magnet school)**: 특성화된 프로그램(예 영재교육) 운영, 학부모의 학교선택 유도
㉡ **헌장학교(협약학교, charter school)**: 설립은 정부 재원으로, 운영은 민간기구에 위탁
㉢ **교육비 지급 보증제(voucher system)**: 정부가 학령아동의 부모에게 교육비 지급 보증서(voucher) 지급 → 학부모의 학교선택권 강화 및 학교 간 경쟁 유도

(3) **혁신학교 운동**: 교육과정 개혁 운동(학교의 일상성 회복) → '작은 학교 살리기 운동'에서 비롯

(4) **대안학교 운동**: 학교교육의 역기능(예 지식의 주입, 경쟁 위주) 극복 및 대안적 이념(예 인간 중시 · 학생 중심 교육, 공동체 가치, 노작교육 · 현장 중심 교육, 생명 존중과 사회적 협동 이념 등) 지향하는 교육

(5) **재가학교(home school)**: 공교육제도와 취학의 의무는 수용하되 실제 교육은 가정에서 부모에 의해 직접 실시되는 학교

(6) **탈학교론**: 교육 본래적 기능 회복을 위해 학교제도 폐지 주장

(7) **평생교육 운동**

09 영재교육

교육의 질적 수월성 확보와 고급인력 양성(≠교육 기회균등 정신 위배) → 「영재교육진흥법」

1. 개념

렌줄리의 영재 개념

(1) **렌줄리(Renzulli)**: 일반정신능력(IQ)+창의력+과제집착력 → 3개의 고리 모델(회전문 모형)

(2) **펠트후젠(Feldhusen)**: 높은 수준의 일반적 능력, 긍정적 자아개념, 동기 및 창의성의 상호 작용의 결과 → 영역 특수능력의 소유자

(3) **피르토(Pirto)**: 발생적 측면(유전인자, 기본적 요인), 정서적 측면(열정, 호기심, 자기효능감 등), 인지적 측면(최소한의 지적 능력), 재능적 측면(개인이 소유한 특수한 재능), 환경적 측면(학교환경 중시) → 교과목을 빠르게 학습할 수 있는 능력

(4) **「영재교육진흥법」**(제2조, 제5조): 재능이 뛰어난 사람(예 일반지능, 특수학문적성, 창의적 사고능력, 예술적 재능, 신체적 재능)으로서 타고난 잠재력을 계발하기 위해 특별한 교육을 필요로 하는 사람

2. 영재의 유형: 베츠와 나이하트(Batts & Neihart, 1988)

성공적인 유형 (the successful)	대부분 판별이 되어 영재교육에 투입되어 있는 아동 → 지능은 높지만 창의력이 높지 않은 아동이 많음(지능검사와 학업성취도로 판별된 집단).
발산적인 유형 (the divergently gifted)	창의성이 높은 영재 → 친구 사이에 인기가 많지만 학교나 권위에 도전적이며 시스템에 순종하지 않는 경향이 있어 칭찬이나 인정을 거의 받지 못함.
잠복되어 있는 유형 (the underground)	우수한 여자 중학생 영재 → 또래집단과의 관계('소속')를 유지하기 위하여 자신의 높은 잠재능력을 스스로 퇴보시킴.
중도 탈락 유형 (the dropout)	자신의 요구가 학교나 부모로부터 거부되고 무시된 아동 → 학교에 대한 적개심이 높음. 영재로 판별되는 시기가 매우 늦음.
중복 낙인 유형 (the double-labeled)	신체적 · 정서적 장애를 지닌 영재 → 지능은 매우 높으나 학업성취도는 낮음(학습에 실패한 영재). 실패 회피욕구가 강하며 방어기제가 발달함.
자율적인 학습자 유형 (the autonomous learner)	지능과 창의력이 모두 높은 영재 → 자아존중감이 매우 높고 자기조절 학습능력이 뛰어난 집단. 자율적인 아동으로서 가장 성공 가능성이 높음.

3. 방법

(1) **풍부화**(다양화): ① 사사 프로그램, ② 토요 프로그램, ③ 개별 탐구학습, ④ 영재학교(「영재교육진흥법」, 분리교육) · 영재학급(「초 · 중등교육법」, 통합교육) · 영재교육원 설립 → 심화학습 프로그램

(2) **가속화**: ① 월반제도, ② 상급학교 조기입학제도, ③ 조기이수제도, ④ AP(선이수제도, 고교 2 · 3학년 과목 수강을 대학 학점으로 인정) → 교육과정 압축(curriculum compacting) 프로그램

✔ **교육과정 압축**: 교육과정의 내용 중에서 보다 중요하고 핵심적인 내용을 중심으로 교육과정을 재구성(또는 핵심화)하는 것

(3) **렌줄리**(Renzulli)**의 영재학습 모형**(심화학습 3단계 모형): 1 · 2단계는 일반학생 대상으로 초등학교 저학년부터 실시

제1단계 (전체 학생 중 20% 선정)	일반적인 탐구활동 예 주제 발견하기 → 인식의 지평을 확대해 주는 내용 중심 탐구활동
제2단계	소집단 단위의 학습활동(집단훈련활동) 예 창의성과 문제해결력 향상하기 → 학습방법 중심의 활동
제3단계(핵심)	개인 또는 소집단 단위의 실제적인 문제해결 및 연구활동 → 연구를 위한 기술이나 영재의 잠재력 계발

10 특수교육

1. 개념

특수교육 대상자의 교육적 요구를 충족시키기 위하여 특성에 적합한 교육과정 및 특수교육 관련 서비스 제공을 통하여 이루어지는 교육(「장애인 등에 대한 특수교육법」 제2조)

2. 대상자(제15조)

시각장애, 청각장애, 지적 장애, 지체장애, 정서・행동장애, 자폐성 장애, 의사소통장애, 학습장애, 건강장애, 발달지체, 그 밖에 대통령령으로 정하는 장애가 있는 사람 중 특수교육을 필요로 하는 사람으로 진단・평가된 사람

3. 장애의 유형

지적 장애	개념적・사회적 그리고 실제적 적응 기술들로 표현되는 적응행동 및 지적 기능에 있어서의 심각한 제한(IQ가 −2 표준편차 이하 예 IQ 70 이하)을 특징으로 하는 장애 → 간헐적 지원 수준, 제한적 지원 수준, 확장적 지원 수준, 전반적 지원 수준 등으로 분류
학습장애	지능수준이 낮지 않으면서 특정 학습에 어려움을 나타내는 장애 → ① 주의력 결핍, ② 목적 없는 행동 및 산만한 경향, ③ 하나의 일을 지속적으로 하지 못하여 과제를 끝까지 수행해 내지 못함. ④ 불균등한 수행(예 한 영역에서는 잘 수행하는 반면, 다른 영역에서는 극단적으로 낮은 수행을 보임.), ⑤ 몸의 균형과 신체기관 간 협응의 결여 등의 특성을 보임. ⑥ 차이모델(discrepancy model)로 발견, ⑦ 적응적 교수(adaptive instruction)를 통해 치료
정서・행동장애	사회적 갈등, 개인적 불행, 그리고 학교에서의 실패와 연관된 심각하고 지속적이며 나이에 맞지 않는 행동으로 나타나는 장애 → 외현화, 내현화
의사소통장애	다른 사람으로부터 정보를 이해하고, 자신의 생각을 표현하는 능력에 심각한 제한을 가지고 있는 상태 → 말하기 장애(표현장애)와 언어장애(수용장애)
주의력 결핍/잉행동장애(ADHD)	집중할 수 있는 능력의 제한으로 주의를 유지하기 어려운 특성을 갖는 일종의 학습문제로, 학습장애와 연관된 장애유형 → ① 과잉행동, ② 주의력 부족, 쉽게 다른 곳으로 관심을 돌림. 집중하는 데 어려워함. 과제를 끝마치는 데 실패함. ③ 충동성(예 생각하기 전에 행동하기, 차례를 기다리기 어려움, 수업 중 빈번하게 큰 소리로 떠듦.), ④ 잘 잊어버림. 감독의 필요성이 과도하게 높음 등의 특성으로 나타남.

✔ **학생 정서・행동특성검사**: 초1~4학년, 중1, 고1 대상 온라인으로 실시 → 정상군과 관심군으로 분류

4. 실천 방법

(1) **교육과정 운영**(제20조): 장애의 종별 및 정도를 고려하여 교육부령으로 정함.

(2) **통합교육**(제21조): 특수교육 대상자가 일반학교에서 장애 유형・장애 정도에 따라 차별을 받지 아니하고 또래와 함께 개개인의 교육적 요구에 적합한 교육을 받는 것 → 비고츠키(Vygotsky)의 영향

(3) **특수학급**(제27조): 일반학교 내에 설치 → 유치원(4인 이하), 초등학교・중학교(6인 이하), 고등학교(7인 이하인 경우 1학급 설치)

(4) **특수교육제도**(제3조): ① 유치원·초등학교·중학교 및 고등학교 과정의 교육은 의무교육(만 3세부터 만 17세까지), ② 전공과(고등학교 졸업 이후의 진로 및 직업과정, 1년 이상)와 만 3세 미만의 장애영아교육은 무상

(5) **특수교육 실태조사**(제13조): 교육부 장관은 3년마다 실시

11 대안교육

1. 개념

(1) 학교교육의 역기능을 극복하고, 대안적 이념(예 노작교육, 공동체 가치, 생명존중, 사회적 협동, 생태친화)을 추구하는 교육

(2) **추구하는 이념에 따른 대안학교 유형**

고유이념 추구형	① 발도르프 학교(독일), ② 풀무원 농업기술학교
자유학교형	① 써머힐(영국), ② 자유대안학교(독일)
재적응 학교형	성지학교(학교 부적응아 대상)
생태학교형	① 작은 학교(영국), ② 간디 청소년 학교

2. 사례

(1) **독일의 발도르프**(Waldorf) **학교**: 슈타이너(Steiner)가 설립

① 남녀평등교육
② 보통교육(12년, 8년간 담임교사제+4년간 교과담임제)
③ 유급과 평가 ×
④ 교과서·시청각 매체 ×
⑤ 주기집중수업(Epoch 수업)
⑥ 오이리트미 수업(Eurythmie, 동작예술)
⑦ 포르멘(Formen, 선과 형태 표현활동)
⑧ 조기 외국어교육 실시(인종과 국가적 편향성 극복)
⑨ 국가의 간섭 없이 자율적 운영(교장·교감 ×, 자체적인 교사양성 교육, 사립이나 정부가 학교운영비의 60% 내외 지원, 가정의 경제적 배경을 고려하여 학생들에게 등록금을 차등적으로 징수)

(2) **영국의 써머힐**(Summerhill) **학교**: 닐(Neill)이 설립 → 루소(Rousseau)와 인본주의 심리학에 토대한 자유방임형 자율학교 예 1인 1표주의

(3) **프랑스의 프레네**(C. Freinet) **학교**: 프레네(C. Freinet)가 설립 → 공립학교의 개혁운동 실시

① 시민교육을 위한 교육개혁운동 실천
② 프레네 기술들(Techniques Freinet): 시민교육의 방법론
㉠ 자기책임 아래 학습하는 도구들과 기술들: 학급용 학습카드, 학습총서(總書), 일(학습) 계획
㉡ 협력과 교류에 토대를 둔 도구들과 기술들: 학급신문 만들기, 학급 나들이, 대자보와 집회

3. 자율학교(「초 · 중등교육법」 제61조, 「초 · 중등교육법 시행령」 제105조)

(1) **개념**: 신자유주의 철학에 기초

① 국립 · 공립 · 사립의 초등학교 · 중학교 및 고등학교를 대상으로 학교 또는 교육과정을 자율적으로 운영할 수 있는 학교

② 교육감이 지정 · 운영하되, 다만 국립학교 및 교육감이 입학전형을 실시하는 지역의 후기학교(일반계 고교)를 자율학교로 지정하고자 하는 경우에는 미리 교육부 장관과 협의해야 한다.

(2) **유형**

① 학습부진아 교육
② 개별 학생의 적성 · 능력 개발을 위한 다양하고 특성화된 교육과정 운영
③ 창의력 계발 또는 인성 함양 등을 목적으로 특별교육과정 운영
④ 특성화 중학교
⑤ 산업수요 맞춤형 고등학교 및 특성화 고등학교
⑥ 「농어업인 삶의 질 향상 및 농어촌지역 개발촉진에 관한 특별법」 제3조 제4호에 따른 농어촌학교
⑦ 그 밖에 교육감이 특히 필요하다고 인정하는 학교

유형	내용
특성화 중학교	교육과정의 운영 등을 특성화하기 위한 중학교(「초 · 중등교육법 시행령」 제76조) → 학생의 지원에 의해 선발(선발시험 ×)
산업수요 맞춤형 고등학교	특수목적 고등학교 중 산업계의 수요에 직접 연계된 맞춤형 교육과정을 운영하는 고등학교 ✔ **특수목적 고등학교**: 특수 분야(예 과학고, 외국어고, 국제고, 예술고, 체육고, 산업수요 맞춤형 고교)의 전문적인 교육을 목적으로 하는 고등학교 → 외국어고, 국제고 삭제(2025. 3. 1. 시행, 일반계 고교로 분류)
특성화 고등학교	소질과 적성 및 능력이 유사한 학생을 대상으로 특정 분야의 인재 양성을 목적으로 하는 교육 또는 자연 현장실습 등 체험 위주의 교육을 전문적으로 실시하는 고등학교(「초 · 중등교육법 시행령」 제91조)
농어촌학교	농어촌에 소재한 학교(「초 · 중등교육법」 제2조)
자율형 사립고교	학교 또는 교육과정을 자율적으로 운영할 수 있는 사립고등학교(「초 · 중등교육법 시행령」 제91조의3) → ① 국가 또는 지방자치단체로부터 「지방교육재정교부금법 시행령」에 따른 교직원 인건비 및 학교 · 교육과정 운영비를 지급받지 아니할 것, ② 교육부령으로 정하는 법인전입금기준 및 교육과정 운영기준을 충족할 것 ✔ 교육부 장관은 신입생 충원 기준을 충족하지 못하는 고교를 학교법인의 신청을 받아 '학교 운영 정상화 지원대상 학교'로 지정하여 필요한 재정지원 가능
자율형 공립고교	학교 또는 교육과정을 자율적으로 운영할 수 있는 공립고등학교(「초 · 중등교육법 시행령」 제91조의4) → 교육부 장관 및 교육감의 재정지원을 받음.

cf **고등학교의 구분**: 일반고교, 특수목적 고교, 특성화 고교, 자율고교

✔ 자율형 사립고교, 자율형 공립고교 조항 삭제(2025. 3. 1. 시행, 일반계 고교로 분류)

(3) **운영**

① 교육감은 학생의 학력향상 등을 위하여 특히 필요하다고 인정되는 공립학교를 직권으로 자율학교로 지정할 수 있다.

② 자율학교는 5년 이내로 지정·운영하되, 교육감이 정하는 바(시·도 교육규칙)에 따라 연장 운영할 수 있다.

③ 교육부 장관 또는 교육감은 자율학교의 운영에 필요한 지원을 하여야 한다.

④ 기타 자율학교의 지정 및 운영에 필요한 사항은 교육감이 정하여 고시한다.

⑤ 교육감의 자문에 응하여 자율학교 등의 지정·운영에 관한 사항을 심의하기 위하여 교육감 소속으로 '자율학교 등 지정·운영위원회'를 둔다.

4. 대안학교(「초·중등교육법」 제60조의3): '각종 학교'에 포함 → 특별학제에 해당

(1) **대상**: 학업을 중단하거나 개인적 특성에 맞는 교육을 받고자 하는 학생

(2) **특징**: 체험 위주 교육, 인성 위주 교육, 소질·적성 개발 위주 교육 등 다양한 교육을 실시

(3) **운영**: ① 교육감이 설립 인가, ② 수업일수는 매 학년 180일 이상, ③ 교육과정은 대안학교의 장이 학칙으로 정함.

12 다문화 교육(multi-cultural education)

1. 개념

(1) 다양한 인종(race), 민족(ethnicity), 성(gender), 사회계층(status), 문화(culture) 집단의 학생들이 균등한 교육적 기회를 보장받고, 긍정적인 문화교류적인 태도와 인식, 그리고 행동을 발달시키도록 돕는 것을 목표로 하는 교육

(2) 특정 문화로 동화되도록 하는 문화적 용광로(melting pot)의 아이디어(예 동화주의)를 거부하고 다양성에 가치를 두는 사회, 즉 문화의 '샐러드 그릇(salad bowl)'을 지향

2. 유형

(1) **국제결혼 가정**(국내출생 자녀, 중도입국 자녀), **외국인 근로자 가정**(외국인 가정 자녀), **새터민**(북한이탈주민) **가정**

(2) **「다문화 가족 지원법」상의 개념**: 결혼이민자, 출생 시부터 대한민국 국적을 취득한 자, 귀화허가를 받은 자로 이루어진 가족

3. 다문화 교육의 목적: 뱅크스(J. Banks)

(1) 다문화 교육은 자기 이해의 심화를 추구한다. 다문화 교육은 개인들로 하여금 다른 문화의 관점을 통해 자신의 문화를 바라보게 함으로써 자기 이해를 증진시키고자 한다.

(2) 다문화 교육은 주류 교육과정에 대안을 제시하는 것을 목표로 한다. 주류와 소수의 교육과정과 학교문화 간 차이를 줄이고자 노력한다.

(3) 다문화 교육은 모든 학생들이 다문화 사회에서 요구되는 지식과 기능, 태도를 습득하는 것을 목표로 한다. 예를 들어 미국의 경우 주류 백인 학생들은 흑인 영어의 독특함과 풍부함을 배우고, 흑인 학생들은 표준영어를 말하고 쓸 수 있어야 한다.

(4) 다문화 교육은 다문화 가정 자녀들이 인종적·신체적·문화적 특성 때문에 겪는 고통과 차별 (예 학습부진, 정체성 혼돈, 집단따돌림)을 감소시키는 것을 목표로 한다.

(5) 다문화 교육의 목표는 학생들이 전지구적인 테크놀로지 세계에서 살아가는 데 필요한 읽기, 쓰기, 그리고 수리적 능력을 습득하도록 돕는 것이다.

(6) 다문화 교육은 학생들이 자신의 공동체에서 제구실을 하는 데 필요한 지식, 태도, 기능을 다양한 집단의 학생들이 습득하도록 도와주는 것이다.

한국 다문화 교육의 개념화 모형(양영자, 2008)

구분	한국 다문화 교육 유형	관점	Banks의 다문화 교육과정 개혁 모형
단기	소수자 적응 교육	동화주의자	주류 중심 모델
	소수자 정체성 교육	다문화주의자	문화 첨가적 모델
	소수자 공동체 교육		다문화 모델
중기	다수자 대상의 소수자 이해 교육		
장기	모두를 위한 교육		
	다문화 교육과 국제이해 교육의 연대	문화다원주의자	전지구적 모델

✔ 다문화주의는 주류문화를 인정하지만, 문화다원주의는 문화 간 평등성에 기초한다. 최근에는 두 개념을 바꾸어 사용하는 경향이 있다.

4. 다문화 교육의 영역과 차원: 뱅크스(J. Banks)

영역	내용	
내용 통합	교사들이 자신의 교과나 학문 영역에 등장하는 주요 개념, 원칙, 일반화, 이론을 설명하기 위해서 다양한 문화 및 집단에서 온 사례, 사료, 정보를 가져와 활용하는 정도를 지칭한다.	
	기여적(contribution) 접근법	소수집단이 주류 사회에 기여한 점을 부각시켜 그들의 영웅, 명절, 특별한 문화적 요소에 강조를 두는 것이다. 예 중국, 일본 등의 명절에 대해 공부한다.
	부가적(additive) 접근법	교육과정의 기본구조는 변경하지 않고 민족적 내용, 주제, 관점을 교육과정에 첨가(예 단원, 부록)하는 것이다.
	전환적(transformation) 접근법	교육과정의 구조를 바꾸어서 학생들이 다양한 민족적 문화적 집단의 과정에서 개념, 문제, 사건, 주제를 볼 수 있게 하는 방법이다. 학생들에게 다양한 관점에서 관찰에 근거한 비판적이고 타당한 일반화를 개발하도록 격려한다.
	사회적 활동(social action) 접근법	학생들은 중요한 사회적 문제를 결정하고 그것을 해결하기 위해 행동을 취하는 것을 의미한다.
지식 구성 과정	특정 학문 영역의 암묵적인 문화적 가정, 준거틀, 관점, 편견 등이 해당 학문 영역에서 지식이 형성되는 과정에서 어떠한 영향을 미치는지를 의미한다.	

편견 감소	학생들의 인종적 태도의 특징들을 구별하고 그것이 교수법이나 교재에 의해 어떻게 변화될 수 있는가에 중점을 둔다.
공평한 교수법	교사가 다양한 인종, 민족, 사회계층 집단에서 온 학생들의 학업성취도를 향상시키기 위하여 학생들의 학습양식에 맞춰 수업을 수정하는 것을 말한다.
학생의 역량을 강화하는 학교문화와 조직	모든 집단의 학생들을 유능하게 하는 학교문화를 만들기 위해 집단구분과 낙인의 관행, 스포츠 참여, 성취의 불균형, 인종과 민족 경계를 넘나드는 교직원과 학생의 상호 작용 등을 검토하는 것을 말한다.

13 교육제도

1. 개념

(1) 국가 교육정책을 실현하기 위한 법적 기제 일체

(2) 교육정책이 법규에 의해 구체화된 것 예 의무교육제도, 학교제도, 대학입시제도

2. 교육제도의 원리

(1) **공교육의 원리**: 국가가 모든 국민이 교육을 받을 수 있는 기회를 공적으로 보장 → 의무성, 무상성(無償性), 중립성을 전제로 함.

의무성	국민을 가정이나 직장으로부터 자유롭게 교육기관에 접근시키는 의무이다.
무상성	교육에 필요한 경비를 모두 공비(公費)로 처리함으로써 경제적인 문제에서 벗어나 자유롭게 교육기관에 접근할 수 있음을 의미한다.
중립성	정치적(파당적)·종교적(종파적) 또는 개인적 가치관 등의 문제가 교육기관에의 접근을 방해해서는 안 된다.

(2) **기회균등의 원리**: 어떠한 조건에 구애됨이 없이 모든 사람에게 교육을 받을 기회를 제공해 주어야 한다.

(3) **의무교육의 원리**: 모든 부모는 자녀에게 취학시킬 의무가 있으며, 국가와 지방자치단체는 학교를 설립할 의무가 있다.

14 학교제도

1. **학교제도의 유형**: 복선형 ⇨ 분기형(통일학교운동) ⇨ 단선형 학제

(1) **복선형**(계급형) **학제**: ① 계통성 중시, ② 두 가지 이상의 학교 계통이 병존 → 유럽형 학제

(2) **단선형**(계제형) **학제**: ① 단계성 중시, ② 하나의 학교 계통만이 존재 → 미국형 학제

- **통일학교운동**[독일 바이마르 헌법(1918), 프랑스의 꽁파뇽 협회(1937)]: 학제 민주화 운동(복선형 학제 ⇨ 단선형 학제)

(3) **분기형 학제**(Hilker, 민주적 복선형): 기초교육은 단선형, 중등교육 이상은 복선형(능력 중시)

복선형 학제와 단선형 학제 비교

구분	복선형 학제(dual system)	단선형 학제(single system)
교육관	능력주의 교육관	평등주의 교육관
강조점	계통성(계급, 신분) → 계급형 학제(cast system), 비민주적 복선형	단계성(연령, 발달단계) → 계제형 학제(ladder system), 민주적 단선형
역사	유럽형 학제 (예) 영국, 프랑스	미국형 학제 (예) 미국, 한국, 일본
사회이동	후원적 이동	경쟁적 이동
장점	• 사회계층에 대한 교육의 계획적 통제가 가능 • 사회직능에 부합되는 인간 양성	• 교육의 기회균등 보장 → 민주주의 교육이념 구현 • 일관된 교육정책 시행 • 수평적 학교이동(전학)이 용이
단점	• 전학이 불가 • 계급의식 조장, 사회분열 조장 • 교육적 차별 인정(기회균등 이념 구현 ×) • 비민주적인 제도	• 사회계층에 대한 교육의 계획적 통제가 불가능 • 기술혁신적인 매카니즘에 적응하는 인간 양성이 어려움.

2. 우리나라의 학교제도

구분	학교제도		학교 외 제도
개념	교육부 산하의 학교		교육부 이외의 부처가 관장하는 학교
학제	보통(기간, 정규) 학제	특별(방계) 학제	• 국방대학원(국방부) • 기능대학(고용노동부) • 경찰대학(경찰청) • 사법연수원(법무부) • 중앙공무원교육원(행정안전부)
	유치원		
	초등학교(6년)		
	중학교(3년)	고등공민학교(1~3년)	
	• 고등학교(3년) • 특수목적고, 특성화고, 일반고	• 고등기술학교(1~3년) • 방송통신고교	
	대학교(4년) • 전문대학(2년) • 교육대학 • 종합교원양성대학 • 대학	• 방송통신대학 • 산업대학 • 기술대학	
		특수학교	
	자율학교	각종 학교(대안학교)	

- **일반고등학교**(「초·중등교육법 시행령」 제76조의3) : 특정 분야가 아닌 다양한 분야에 걸친 일반적인 교육을 실시하는 고등학교 → 특수목적 고등학교, 특성화 고등학교에 해당하지 않는 고등학교((예) 자율고교, 외국어고교, 국제고교)를 포함
- **공민학교** : 2019. 12. 3. 법률 개정으로 폐지

15 교사론

1. 교직관

(1) 유형

성직관	소명의식(사랑과 봉사정신), 성인군자적 교사 → 교사의 종교성(윤리성) 중시, 교직기술 경시, 교사의 정치성 · 노동자성 부정, 물질적 대우 요구를 경시 예 군사부일체, 교직은 천직(天職), 비전과 헌신(오천석의 「스승」)
노동직관	노동에 대한 정당한 보수와 처우 개선 → 교사의 정치성 · 경제성 중시
전문직관	교직기술 중시, 자율성(학문의 자유)과 윤리의식 강조
공직관	국가공무원 신분에 근거한 것, 사회의 공동선(共同善) 실현을 위한 공직자의 자세 → 국 · 공립학교 교원 및 그에 준하는 사립학교 교원에게도 요구되는 관점

(2) 전문직의 특성 – 리버만(Lieberman)

① 심오한 이론적 배경(예 진보주의, 실존주의)을 가지고 있다.
② 고도의 지성을 요구하는 정신적 활동을 위주로 한다.
③ 장기적인 훈련 기간이 필요하다.
④ 엄격한 자격기준(예 교사 자격증 제도)이 있다.
  cf 교수, 산학겸임교사, 명예교사, 강사는 자격증이 필요없는 교원에 해당
⑤ 표준 이상의 능력신장을 위하여 계속적인 이론 규명(예 현직교육)이 있어야 한다.
⑥ 사회봉사적 기능이 강하며, 자체의 행동을 규율하는 윤리강령(예 사도헌장, 사도강령, 교원윤리강령)을 가지고 있다.
⑦ 자신들의 전문성 제고(예 교원전문직 단체)와 사회적 · 경제적 지위 향상을 위한 전문적 단체(예 교원노조)를 가지고 있다.

2. 교원의 권리와 권위

(1) 교원의 권리

적극적 권리(조성적 권리)	소극적 권리(법규적 권리)
• 교육자율권 • 생활보장권 • 근무조건 개선 • 복지 · 후생제도 확충	• 신분보장 • 쟁송제기권 • 불체포 특권(단, 현행범 제외) • 교직단체 활동권

(2) 교원의 권위: ①과 ②는 합리적(합법적) 권위에 해당

① **내적 권위(전문적 권위)**: 교사 자신에게 내재한 능력과 자질로, 교사 스스로가 갖추어야 할 조건
  ㉠ **지적 권위**: 교과지식의 탐구 및 지적 판단능력을 소유한 것으로 인정되는 권위
  ㉡ **기술적 권위**: 교육방법에 유능한 것으로 인정되는 권위 → 전문가로서의 권위
② **외적 권위(통제적 권위)**: 제도적 권위 → 교사들 외부에서 작용하는 권위로, 교사가 학교생활을 통제할 수 있도록 법에 의해서 부여받은 권위

③ **도덕적 권위**: 체벌이나 훈육과 같이 학생의 잘못을 바로잡으려는 교사의 노력과 관련된 권위
예 사랑의 매, 페스탈로치(Pestalozzi)의 조건부 체벌 허용론

3. 교권(敎權)

(1) **광의의 교권**: 교육을 할 권리와 교육을 받을 권리(학습권)를 모두 포함하는 개념 → 교육권

① 수익권으로서의 교육권(학습자의 권리): 「헌법」 제31조 제1항

② 친권으로서의 교육권(학부모의 권리): 자연법적 권리

③ 위탁권으로서의 교육권(교사의 권리)

④ 교육의 독립권(제4권으로서의 교육권): ㉠ 국가나 지방자치단체가 행하는 교육행정 기능의 정치적 중립 보장, ㉡ 부당한 외부로부터의 지배 혹은 간섭의 배제, ㉢ 일반행정에 대한 교육의 우위성 보장

(2) **협의의 교권**: 교사의 권리

① 일반 행정당국으로부터 교육당국의 독립

② 교육활동의 자유 보장

③ 교육과정의 제정 및 운영과정에의 참여 보장

④ 부당한 지배로부터의 보장 예 신분보장권

⑤ 교육학 연구에의 학문적 자유 보장

⑥ 자주적인 단체 결성의 자유 보장 → 교직단체 활동권

4. 교사의 자질

교육사상	교사의 자질
전통주의	인격적 동일시의 대상, 문화유산의 전달자, 사회통제자, 권위자
소크라테스	진리의 산파, 진리의 동반자
범애주의	정열을 가지고 참고 인내할 줄 아는 사람, 성실하고 열정을 가진 사람
몬테소리	수동적 방임자(on-looker), 향도자(director), 관리자
진보주의(자연주의)	아동 성장의 조력자 · 안내자 · 정원사
항존주의	영혼의 조련사, 이성을 계발하는 지적인 훈육가
실존주의	아동 각자의 실존(개성)에 맞는 만남을 준비하는 사람
인본주의(Patterson)	수용(아동 존중), 공감적 이해, 진실성
홀리스틱 교육	영적(靈的)인 치유자
구성주의	학습의 안내자 · 촉진자 → 비계 설정(scaffolding) 제공
브루너(Bruner)	지식의 전달자, 학문의 모범, 동일시의 모형, 수업의 주된 교구
가드너(Gardner)	교육과정 연계자(broker)
온스타인 & 밀러 (Ornstein & Miller)	감독자 ⇨ 문제해결자(아동의 성장에 조력) ⇨ 학자(탐구과정의 전문가) ⇨ 인본주의 · 인도주의적 교사 등으로 교사의 역할관이 변화

MEMO

박문각
공무원

핵심 요약집

오현준

핵심교육학

CHAPTER

02

한국교육사

한국교육사

핵심 체크노트

1. **삼국시대의 교육**: 고구려(태학, 경당), 신라(화랑도)
2. **통일신라시대의 교육**: 국학, 독서삼품과
3. **고려시대의 교육**: 국자감, 학당, 향교, 12공도, 서당(경관, 서사), 과거제도
4. **조선시대(전기)의 교육**: 성리학 교육
   (1) 교육제도: 성균관, 사학, 향교, 잡학, 서원, 서당, 과거제도, 법규(학령, 권학사목, 학교사목, 학교모범)
   (2) 교육사상가: 권근, 이황, 이이
5. **조선시대(후기)의 교육**: 실학교육 → 유형원, 이익, 이덕무, 홍대용, 정약용, 최한기
6. **근대(개화기)의 교육**
   (1) 교육제도: 학무아문고시, 홍범 14조, 교육입국조서
   (2) 근대 학교교육: 관학(육영공원, 한성사범학교), 민족사학(원산학사), 선교계 사학(배재학당)
7. **일제 강점기의 교육**
   (1) 조선통감부의 교육정책: 보통학교령, 사립학교령
   (2) 조선총독부의 교육정책: 조선교육령(제1차~제4차)
   (3) 민족교육운동의 전개

01 전통교육의 흐름(삼국~조선)

설립 주체		관학				사학		
설립 수준		초등	중등(중앙 : 지방)		고등	초등	중등	고등
삼국시대	고구려				태학	←·······	경당	·······→
	백제	기록이 없고 명칭만 전함. → 박사, 사도부, 내법좌평, 도당유학						
	신라	화랑도(비형식적 교육, 사설단체, 국가가 보호 육성)						
남북국시대	발해				주자감			
	신라				국학			
고려시대			학당(동서학당 ⇨ 5부학당)	향교	국자감	서당(경관, 서사)		12공도
조선시대			사학, 종학, 잡학	향교	성균관	서당	서원	·······→

※ [음영] 는 문묘를 설치한 교육기관 (국학, 향교, 국자감, 성균관)

02 한국교육사의 특징

1. **문묘(文廟)를 설치한 교육기관**: 국학(통일신라) / 국자감, 향교(고려) / 성균관, 향교(조선)

2. **기술과(잡과)를 교육했던 고등교육기관**: 국학, 국자감 → 조선시대에는 중등교육기관 수준에서 잡학 담당(10학, 해당 관청 주관, 과거는 음양과, 의과, 율과, 역과만 실시)

3. **문무일치 교육**: 경당(고구려, 송경+습사), 화랑도(신라), 국자감(고려, 문무 7재), 원산학사(문예반+무예반), 원광, 이색(과거에 '무과' 설치 주장)

4. **순수한 교육(강학)기관**: 학당(고려), 사학(조선)

5. **최초의 공립학교**: 향교(고려~조선)

6. **성균관의 축소형 학교**: 조선의 향교(성균관과는 독립된 학교)
   cf 사학(四學, 성균관 부속학교)

7. **서인(庶人)의 입학을 허용한 고등교육기관**: 국자감(고려)

8. **신분에 따른 엄격한 차등입학 및 교육 실시**: 국자감(고려)

9. **최초의 사립대학**: 12공도 → '해동공자' 최충이 설립한 9재 학당(문헌공도)이 효시

10. **군왕 교육서**: 「화왕계」(설총), 「수창궁재상서」(권근), 「성학십도」(이황), 「성학집요」(이이), 「곽우록」(이익), 「원론」(정약용)

11. **인재 선발방법**: 화랑도(인물 본위), 독서삼품과(시험 본위), 과거제[고려(문과・잡과・승과), 조선(문과・무과・잡과)], 공거제(유형원), 과천합일제(이익), 현량과(조광조)

12. **우리나라 고유의 교육적 전통을 지닌 교육기관**: 경당(고구려), 화랑도(풍류사상+외래사상)

13. **전인교육의 전통**: 화랑도(신라, 상마이도의+상열이가락+유오산수 무원부지), 서당(조선), 고종의 교육입국조서(덕・체・지), 이기(체・덕・지)

14. 기타

   (1) **평생교육 주장**: 이이 - 「자경문」("수양공부는 죽은 뒤에 그만둘 것")

   (2) **평화 애호 교육 강조**: 원효의 '화쟁(和諍)사상'

   (3) **소크라테스식 문답법 중시**: 이익의 서독질의(書牘質疑), 안창호

(4) **여성교육 중시**: 발해[여사(女師)제도 – 왕실 여성교육], 이기, 이덕무[「사소절」 중 부의(婦義)], 안정복[여범(女範)], 유길준, 근대 기독교 사학(이화학당, 정신여학교), 일제시대 천도교의 여성부 운동(「부인」, 「신여성」 발간)

(5) **공교육(官學) 진흥책**: 예종(고려) → 문무 7재, 양현고(장학재단, 안향의 섬학전 제도), 국자감 위상 강화(과거 응시자격을 국자감 의무수학 3년으로 제한)

(6) **5단계 교수법**: 이색(고려), 본문강의 ⇨ 의문논란 ⇨ 이동(異同)분석과 판별 ⇨ 이치절충 ⇨ 주지(主旨)합치

03 삼국시대의 교육

삼국시대 교육의 특징
- 관리선발 교육: 엘리트 교육 → 민중교육 외면
- 유교 경전 중심 교육: 주입식, 암기식 교육
- 중국식 학제의 모방: 단, 경당, 화랑도는 우리 고유의 전통 유지
- 문무 일치 교육: 경당, 화랑도

1. 고구려의 교육

(1) **태학(太學)**: 최초의 관학(官學) & 고등교육기관 → 학교교육의 효시

① **입학자격**: 상층 계급의 귀족 자제 → 15세 입학, 9년간 수학

② **교육목적**: 유교교육에 의한 관리 양성

③ **교육내용**: 오경(시경, 서경, 예기, 춘추, 주역), 삼사(사기, 한서, 후한서)

(2) **경당(扃堂)**: 최초의 사학(私學) → 우리 고유의 학교 전통

① **입학자격**: 일반인의 미혼 자제

② **교육내용**: 통경(通經, 경서 읽기)과 습사(習射, 활쏘기) → 문무 일치 교육(신라 화랑도와 유사)

③ **의의**: ㉠ 서당의 전신(초등교육 담당), ㉡ 중세 수도원 학교와 유사(초등~고등교육 담당)

> 일반 민중이 독서를 좋아하여 가난한 서민들까지도 각기 네거리마다 큰 집(扃堂)을 짓고 …… 미혼 자제들이 밤낮으로 여기 모여 글읽기와 활쏘기를 익힌다(俗愛讀書 至於衛門四養之家 各於家衛造大屋 …… 子弟未婚之前 晝夜於比讀書習射). 그들이 읽은 책에는 오경(시경, 서경, 예기, 춘추, 주역), 삼사(사기, 한서, 후한서), 삼국지, 진춘추(晋春秋), 옥편(玉篇), 자통(字統), 자림(字林), 문선(文選) 등이 있었는데, 특히 「문선(文選)」을 중시하였다. – 『구당서』 동이 고려조(舊唐書 東夷 高麗條)

2. 백제의 교육: 학교에 관한 직접적 기록이 없고 명칭만 전승

(1) **박사제도**: 교사(敎學之任) → 유학에 정통한 학자들(예 오경박사), 후에 기술교육을 담당하는 잡학박사도 등장

(2) **내법좌평**: 교육을 담당하는 중앙관직(교육부 장관)

(3) **사도부**: 교육부

(4) **외국과의 교류 활발**: ① 도당유학, ② 일본에 박사 파견(왕인 → 『논어』와 『천자문』 전래)

3. 신라의 교육

(1) **화랑도(花郎徒)**: 고유의 풍류사상(낭가사상)+외래사상(유·불·선)

① 명칭: 원화(源花), 국선도(國仙徒), 풍월도(風月徒), 풍류도(風流徒), 선랑(仙郎), 부루교단

② 성격: 비형식적 사설 교육기관 → 진흥왕 때 조직화(국가 보조)

③ 조직: 국선화랑 ⇨ 화랑(귀족 출신) ⇨ 문호(門戶) ⇨ 낭도(평민 자제도 참여 가능)

④ 특징: ㉠ 문무일치 교육(원광의 세속오계), ㉡ 전인교육[상마이도의(지), 상열이가락(덕), 유오산수 무원부지(체)]

⑤ 의의: ㉠ 고구려 경당과 유사(문무일치 교육), ㉡ 중세 기사도 교육, ㉢ 신교육운동기 후조(候鳥)운동, ㉣ 경험 중심 교육과정

(2) **원효**: 중도인(주체적 의식인) 양성

① 일심(一心)사상: 유심연기 사상 → 존재의 근본

㉠ 생멸문[生滅門, 현실적 마음, 불각(不覺)의 상태]과 진여문[眞如門, 본래적 마음, 각(覺)의 상태]을 포괄: 교육은 생멸문에서 진여문으로 나아가 일심(一心)을 깨닫는 것

㉡ 자학자습에 의한 내적 자각 강조: 자기주도적 학습(Knowles), 비연속적 교육(Bollnow), A-ha 현상(통찰, Köhler), 잠심자득(潛心自得, 이황)

② 화쟁(和諍)사상: 평화애호사상, 종파적 대립을 지양하고 융합을 시도

예 통불교, 원융불교 → 『십문화쟁론』

③ 무애(無碍)사상: 성속(聖俗)의 차별적 대립을 타파하려는 대자유의 실천

예 「무애가」: 시청각적 교육방법, 민중교화(불교의 대중화)

④ 교육방법: ㉠ 비유법, ㉡ 대기법[수기설법, 차제설법 → 개인차 고려한 수업(예 응병여약)], ㉢ 문답법(대화법), ㉣ 교육적 감화법[훈습(薰習, working through, 배어듦], ㉤ 실천궁행(實踐躬行)

(3) **설총**: 「화왕계」 → 군왕교육, 비유적 방법, 유덕선정(有德善政)의 왕도정치 이념(왕은 유덕인, 신하는 정직인 강조)

(4) **최치원**: 유교·불교·도교 종합 수용 → 화랑도 사상(낭가사상) 계승

04 남북국시대의 교육

1. 통일신라

(1) **고등교육기관**: 국학(國學) → 예부(禮部)에서 관리

① 국립 유교대학(신문왕 2년, 682): ㉠ 문묘 최초 설치, ㉡ 귀족 자제[15~30세, 무위자(無位者)로부터 대사(大舍, 12등급)]만 입학, ㉢ 당나라제도 모방, ㉣ 수업연한은 9년

② 교육내용: 유학과(「논어」·「효경」 필수, 3분과제로 운영), 기술과(의학·율학·산학·천문학) 설치

유학과	교양과목	「논어」, 「효경」 → 필수교과
	전공과목	• 제1분과: 상경 – 「예기」, 「주역」 • 제2분과: 중경 – 「춘추좌씨전」, 「모시」 • 제3분과: 하경 – 「상서」, 「문선」
기술과(잡과)	「논어」, 「효경」 + 의학, 율학, 산학, 천문학	

③ 의의: 국내 역사 기록에서 운영규정을 확인할 수 있는 최초의 대학

(2) **독서삼품과(독서출신과, 원성왕 4년, 788)**: 과거제도의 예비, 국학의 졸업시험, 문관등용법 → 우리나라 최초의 평가제도

① 중국의 향거이선제와 9품 중정제의 영향

② 유학의 독서능력(유학지식의 고·하)에 따라 특품(超擢)과 상·중·하품으로 구분

특품	오경, 삼사, 제자백가에 모두 능통한 자
상품	「춘추좌씨전」, 「예기(곡예)」, 「문선」에 능통하고 「논어」와 「효경」에 밝은 자
중품	「예기」, 「논어」, 「효경」을 읽은 자
하품	「예기」, 「효경」을 읽은 자

③ 의의: ㉠ 인물 본위에서 실력·학벌 본위로 인재등용방식의 변화, ㉡ 문무권력의 교체

2. 발해

(1) **주자감**: ① 관학, ② 고등교육기관(귀족 자제 대상), ③ 당(唐)의 영향으로 설립, ④ 의부(義部)에서 관할

(2) **여사(女師)제도**: 왕족의 여성교육을 담당한 여자 스승

05 고려시대의 교육

1. 개관

(1) **유관불심(儒冠佛心)의 시대**: 유교는 통치윤리, 불교는 민간신앙 → 불교이념 전파를 차단하려고 향교(鄕校, 공립학교의 시초) 설립

(2) **신라와 당나라의 교육제도 답습 · 모방**

(3) **문치주의(文治主義)**: 무과(武科) 교육은 거의 실시하지 않음.

(4) **과거제도를 통한 관리 양성이 교육 목적**

(5) **사립학교 설립 활성화(공교육보다 사교육이 우위)**: 12공도, 서당 → 공교육 활성화 방안 추진(예종의 관학진흥책)

(6) **외국(송)과의 학문 교류 활발**: 유학생 파견 → 주자학 도입(안향)

2. 학교제도: 관학(국자감, 학당, 향교, 십학), 사학(12도, 서당, 서재)

(1) **국자감(國子監)**: 국립종합대학, 국학향사(國學享祀)의 효시 → 인재 양성이 목적

① **설립**: ㉠ 경학(京學, 개경의 학교 → "태조가 학교를 세웠다는 기록")에서 비롯, ㉡ 성종 11년 창립(992), ㉢ 예종과 인종 때 발전, ㉣ 성균관으로 개칭(충렬왕, 공민왕)

② 철저한 문치주의 원칙과 신분에 따라 입학자격을 엄격히 제한 → 경사(京師) 6학(신분에 따른 구분, 초기 시행 → 17대 인종代 학식 정비 후 체제 확립)

③ **교육내용**: 초기는 유학과 위주, 후기에 잡학과 설치 → 경사 6학 체제(초기), 문무 7재(예종, 내용에 따른 구분), 9재(공민왕)

구분	학교명	입학자격	교육내용	교사	정원	수업연한
유학과(경학)	국자학	문무관 3품 이상 자손	• 공통필수: 논어, 효경 • 전공과목: 주역, 상서, 주례, 예기, 의례 등 9경	• 박사 • 조교	각각 300명 (시대에 따라 증감)	9년
	태학	문무관 5품 이상 자손				
	사문학	문무관 7품 이상 자손				
잡학과(기술과)	율학	문무관 8품 이하 자손, 서민 자제	율령(律令): 법률 집행	박사	율학 40명, 서 · 산학 각 15명	6년
	서학		팔서(八書): 문서 정리			
	산학		산수(算數): 회계 관리			

④ **관학 진흥책**

㉠ **성종(6대)**: 도서관(수서원, 비서원) → 학술 진흥

㉡ **숙종(15대)**: 출판 전담기관 서적포 설치

㉢ **예종(16대)**: ⓐ 문무 7재(유학 6재+무학 1재), ⓑ 양현고(장학재단), ⓒ 학문연구소(청연각, 보문각), ⓓ 국자감 위상 강화(3년 의무수학 후 과거 응시자격 부여)

구분	재(전문강좌)명과 강의 분야	인원
유학(6재)	여택재(주역), 대빙재(상서), 경덕재(모시), 구인재(주례), 복응재(대례), 양정재(춘추)	70명
무학(1재)	강예재 → 북방민족인 여진족 침입 대비로 개설	8명

㉣ **인종(17대)**: 식목도감(式目都監) 설치, 학식(學式) 정비 → 국자감 학규(學規), 경사6학(京師六學) 체제 확립

㉤ **공민왕(31대)**: 9재 설치

(2) **학당(學堂)**: ① 문묘 없음(순수 교육기관), ② 동서학당 ⇨ 5부학당(정몽주의 건의)

(3) **향교(鄕校)**: ① 공립학교의 시초 → 통치이념(유교)의 전파를 목적으로 지방에 설립, ② 문묘 설치, ③ 서인에게 입학 허용

(4) **십학(十學)**: 기술학 교육 담당

① **등장**: 국자감의 명칭이 성균관으로 변경되면서 국자감의 율・서・산학이 해당 관서로 이동(34대 공양왕, 1389)

② **종류**: 율학(전법사), 서학(전교시), 산학(판도사), 의학(태의감, 전의시), 풍수음양학(태사국, 서운관), 역학(통문관)

(5) **12공도**: ① 사립대학, ② 9재학당(문헌공도, 최충)이 최초, ③ 정부의 보호(무단 전학 방지)

(6) **서당(書堂)**: ① 초등 단계의 사설 교육기관, ② 서민의 미혼자제 교육 담당, ③ 「고려도경」(서긍이 저술, '경관'과 '서사', '향선생'이 지도)

(7) **서재(書齋)**: 사대부의 개인 독서실

① **성격**: 초기는 가내(家內)에 한정된 폐쇄적 형태의 가학(家學) → 고려 후기에는 외부인에게 개방・확대된 교육기관의 성격을 지닌 사학 교육기관으로 변화

② **유형**: ㉠ 교화형 서재(유학의 기본교육이나 유교 도덕교육 실시), ㉡ 과업형 서재(문과시험 준비), ㉢ 위학형 서재(성리학의 이론 탐구)

③ **의의**: ㉠ 여말 관학교육 기능이 약화된 향촌사회의 유학교육 보강, ㉡ 과업(科業)교육의 수행에 주도적 역할 담당, ㉢ 성리학 발달에 공헌

3. 과거제도: 광종(4대) 때 쌍기의 건의로 실시

(1) **과목**: 문과(명경과<제술과)・승과・잡과 실시 → 무과 없음.

(2) **방법**

① **초기**: 단층제(1차 시험)

② **후기**: 3층제 실시(공민왕 때 이색의 주장) → ㉠ 원나라의 제도 모방, ㉡ 향시(鄕試, 지방)・감시(監試 또는 會試, 서울)・전시(殿試, 국자감)의 3단계로 실시

(3) 특징

① **좌주문생제도**: 지공거(은문)와 문생(급제자)이 부자(父子)의 예를 갖춤. → 문벌(門閥) 형성의 배경

② 과거제도의 예외

구분	내용
음서제도(蔭敍制度)	• 조상의 음덕(蔭德)으로 그 자손이 관리가 될 수 있게 한 제도 → 문벌(文閥) 형성의 배경 • 5품 이상인 관리의 자제들을 과거 없이 관직에 등용한 제도
천거제도(薦擧制度)	학식과 재능, 덕행이 뛰어났으면서도 가세(家勢) 등이 미약하여 벼슬에 오르지 못하고 있는 인물을 추천에 의해 특별히 등용하는 제도
성중애마(成衆愛馬)	내시(內侍)와 숙위(宿衛) 등 왕을 가까이 모시는 특수 직책을 이용해 고위관직으로 진출할 수 있게 하는 보선(補選)제도
남반(南班)·잡로(雜路)	하급관리가 고위직으로 진출할 수 있게 한 제도 → 고려 후기의 신분제 동요에 따른 상황을 반영한 제도

③ **별칭**: 동당감시(東堂監試) → '동당'은 예부(과거 관장), '감'은 국자감

4. 교육사상가

사상가	교육 목표	교육 사상
최충	성신(聖臣), 양신(良臣), 충신(忠臣), 지신(智臣), 정신(貞臣), 직신(直臣)의 6정신상 → 신하의 올바른 태도	• 해동공자(海東孔子)라 불림. • 각촉부시(刻燭賦詩): 속작시(速作詩), 흥미 유발 방법, 모의과거 • 조교제도 • 하과(夏課): 계절에 따른 절기 수업, 승방(僧房)에서 실시
안향	극치성경인 양성	• 흥학양현(興學良賢): 국학 부흥+장학→ 주자학(『주자전서』) 도입, 섬학전(양현고 기금 확충, 기부금을 통한 재원 마련) 제도 • 지행합일설: 실천적 윤리 강조
이색	문무겸비인 양성	• 불심유성동일사상(佛心儒性同一思想) • 과거에 무과(武科) 설치 주장 • 5단계 교수법: 본문강의 ⇨ 의문논란 ⇨ 이동(異同)의 분석과 판별 ⇨ 이치(理致) 절충 ⇨ 주지(主旨)에 합치
정몽주	충군신의인 양성	• 『중용』과 『대학』 중시 • 박학심문(博學審問): 해박한 지식을 바탕으로 논리적으로 교수
지눌	진심인 양성 → 공부는 마음을 닦아 진심(眞心 또는 自心)을 찾는 과정, 반조(返照)의 논리 강조	• 돈오(頓悟, 비연속적 교육)+점수(漸修, 연속적 교육) • 정혜쌍수(定慧雙修): 선(禪, 실천문)을 닦는 선정(禪定)과 교(敎, 지식·이론문)를 공부하는 혜학(慧學)을 함께 중시 cf 학사병용(學思竝用) – 공자

06 조선시대의 교육(Ⅰ): 조선 전기의 교육(성리학 교육)

조선시대의 교육이념: 성리학(性理學)

1. 개념: 우주의 근원(이기론)과 인간의 심성 문제(심성론, 4단 7정론)를 형이상학적으로 해명하려는 철학

이(理)	• 사물 생성의 근본 원리, 보편, 원론, 자연법칙, 도덕법칙, 절대적이며 영원한 것이다. • 이(理)의 최고 형태는 태극(太極)이다.
기(氣)	• 사물 생성의 근본 재료, 형상, 개별적이며 가변적인 것이다. • 기(氣)의 최고 형태는 음양(陰陽)과 오행(五行)이다.
본연지성	• 모든 인간의 마음속에 본래 존재하고 있는 이(理)로서, 도덕적으로 선한 본성을 의미한다. • 사단(四端)은 인간의 본성에서 우러나오는 마음씨, 즉 선천적이며 도덕적인 능력을 말한다. 예 측은지심(惻隱之心), 수오지심(羞惡之心), 사양지심(辭讓之心), 시비지심(是非之心)
기질지성	• 인간 형성에 관여하는 기(氣)에 의해 형성된 것으로, 육체와 감각적 작용으로 나타나는 인간 본능을 의미한다. • 칠정(七情)은 인간의 본성이 사물을 접하면서 표현되는 인간의 자연적인 감정이다. 예 희(喜, 기쁨), 노(怒, 노여움), 애(哀, 슬픔), 구(懼, 두려움), 애(愛, 사랑), 오(惡, 미움), 욕(欲, 욕망)

2. 궁극적 목표: 성인(聖人)이 되는 것 → 현실적으로는 군자(君子)
3. 실천방법
   (1) 존심양성(存心養性, 선한 마음으로 천부의 본성을 기름.)
   (2) 궁리[居敬窮理, 경(敬)의 자세로 지식을 확실히 함.]
4. 교육내용: 소학(小學)과 사서오경(사서 > 오경) → 「대학(大學)」, 「논어(論語)」, 「맹자(孟子)」, 「중용(中庸)」의 순서로 학습
5. 교육적 인간상: 선비 → 과거는 선비를 선발하는 절차, 성균관은 선비 양성 기관

1. **학교제도**: 관학(성균관, 사학, 향교, 종학, 잡학), 사학(서원, 서당)

   (1) **성균관(成均館)**: 국립 고등교육기관 → 인재 및 고급관리(선비) 양성, 유교이념(성리학)의 보급

   ① **입학 자격**: 생원과 진사(소과 합격자)만 입학[200명 정원, 미달 시 사학(四學) 성적 우수자 – 음서제도(2품 이상)]

   ② **학습 순서**: 구재지법(단계적 학습) → 「구재학규」
   예 대학 ⇨ 논어 ⇨ 맹자 ⇨ 중용 ⇨ 예기 ⇨ 춘추 ⇨ 시경 ⇨ 서경 ⇨ 역경

   ③ **교육내용**: ㉠ 강독, ㉡ 제술, ㉢ 서체(書體, 해서체)

   ④ **평가제도**
   ㉠ 일고(日考)·순고(旬考)·월고(月考)·연고(年考) 등의 정기시험
   ㉡ 대통, 통, 약통, 조통, 불통 등의 단계로 성적 평가 → 조통 이하는 벌(罰)함.

   ⑤ **자치활동 인정**: ㉠ 재회(長 → 장의), ㉡ 유소(長 → 소두), ㉢ 권당(단식투쟁, 시험거부), ㉣ 공재(철야농성, 수업거부), ㉤ 공관(동맹휴학)

   ⑥ **특징**
   ㉠ **소학 – 대학계제론**: 사학과 향교에서 「소학」(실천 중시 예 쇄소, 응대, 진퇴) 학습 후 성균관에서 「대학」(철학서, 3강령 8조목 예 **3강령**: 명명덕, 신민, 지어지선 / **8조목**: 격물치지, 성의정심, 수신제가치국평천하) 학습

ⓛ **강제시비(講製是非)**: 대과 초시 초장의 시험방법에 관한 논쟁 → 강경(구술, 면접시험)+제술(논술시험)

ⓒ 오경(五經)보다 사서(四書)를 중시

⑦ **법규**

㉠ **학령**: 성균관의 학칙, 일과, 상벌, 퇴학규정

ⓛ **원점절목**: 출석점수 규정, 300점 이상이면 문과 대과 응시 가능 → 학교교육의 정상화 도모

ⓒ **구재학규**: 학습순서 → 교육과정 규정

㉣ **제강절목**: 학생 정원 규정, 200명

㉤ **진학절목**: 교원의 취임・전직과 학생의 근면・결석 규정

㉥ **학교절목**: 신입생, 결석생, 학과, 자격 등에 관한 규정

(2) **사학(四學)**: 성균관 부속 중등학교(동・서・남・중부학당, 북부학당 ×), 관급(官給), 전원 기숙사 생활

① **「소학」 필수**: 권근의 「권학사목」

② **교관의 구임법(근속법)**: 30개월 간 장기 근속 → 교육의 계속성 확보

③ **문묘 없음**: 순수 교육기관

④ **승급 제도**: ㉠ 사학합제(四學合製, 소과 초시에 해당), ⓛ 승보시(陞補試, 「소학」에 능통한 자에게 소과 초시 면제)

(3) **향교(鄕校)**: 성균관과는 독립된 중등학교 → 성균관 축소형 학교

① **성격**: 지방 재원으로 설립(공립학교), 서울을 제외한 전국에 설립

② **입학 대상**: 양반과 양인(良人) 자제 입학 → 16세 이상 40세 이하를 원칙(「경국대전」)

③ **기능**: ㉠ 교육, ⓛ 종교교육(문묘 있음), ⓒ 향풍순화(향음례, 향사례, 양노례), ㉣ 실업교육(농업, 양잠업)

④ **국가의 재정 지원**: 학전(學田) → 관찰사 또는 수령이 향교교육을 감독[수명학교(修明學敎, 일종의 '장학')라 불림.]

⑤ **구성**: 교관+교생

㉠ **국가에서 교관 파견**: 교수관(6품 이상, 정교사), 훈도관(7품 이하, 부교사), 교도(생원과 진사), 학장(임시 교사, 지방에서 자체적으로 확보한 교관)

✔ **제독관**(提督官 또는 교양관): 장학관 → 학장을 감독

ⓛ **교생**: 무상교육 및 군역 면제의 특권 → 향교 교생고강제(校生考講制, 군역 면제 목적의 불법적 향교 입학 통제 정책, 「소학」과 사서 등 기본 경전 시험) 실시

⑥ **정기 시험**: 공도회(公都會) → 매년 6월 실시, 우수자에게 소과 복시에 응시할 기회 부여

⑦ **쇠퇴**: 조선 중기 이후 서원(書院)의 등장으로 교육 기능 쇠퇴하고 종교 기능만 수행 → 제궁(祭宮)이라 불림.

(4) **종학(宗學)**: 왕실 종친 자제 교육, 종부시 관할 → 조선 후기 '종인학교' 설치, 서양 중세의 '궁정학교'와 유사

(5) **잡학**(雜學): ㉠ 해당 관청에서 주관, ㉡ 중인계급 대상, ㉢ 10학[4학만 과거 실시 → 초시 · 복시, 2차시로 진행(초시는 담당 관청에서, 복시는 담당 관청과 예조에서 공동 관할)]

과목	목표	담당 관청	비고(과거)
의학	의원 양성	전의감, 혜민서	의과
율학	법률 집행 관리	형조	율과
음양학	천문, 지리	관상감	음양과
역학	통역관	사역원	역과
산학	회계 관리	호조	
도학	노장사상 연구	소격서	천민 입학 허용
악학	악사(樂士)	장악원	천민 입학 허용
화학	화공 양성	도화서	천민 입학 허용
유학	하급관리	예조	양반층 업무
무학	무인	병조	양반층 업무

(6) **서원**(書院): 사립 중등교육기관 → 전학후묘(前學後墓), 강학소+사묘(사우)

① **설립**: 사림(士林)이 주도, 최초는 백운동 서원(주세붕이 설립, 안향 추모 → 이황의 건의로 국가적 공인, '소수 서원' 개칭)

② **교육적 의의**: 거경궁리(居敬窮理)의 공간

거경(居敬)	주일무적(主一無適)	홀로 앉아 명상에 잠김. → 동재와 서재
	우유함영(優遊涵泳)	자연을 소일하며 유유자적함. → 정자
궁리(窮理)	독서궁리(讀書窮理)	책을 읽고 그 의미를 숙고함. → 동재와 서재
	격물치지(格物致知)	일이나 사물의 이치를 탐구함. → 강당

③ **특징**: ㉠ 경학(經學) 중시, ㉡ 면세 · 면역의 특권, ㉢ 향교 쇠퇴의 원인

(7) **서당**(書堂): 범계급적 사설 초등교육기관

① **교육 목적**: ㉠ 사학과 향교 입학 준비, ㉡ 서민 대중의 문자교육 및 도덕교육

② **설립**: 개인 서당에서 공동체 서당으로 발전

㉠ **개인 서당**: ⓐ 유지 독영 서당(동냥공부), ⓑ 훈장 자영 서당

㉡ **공동체 서당**: ⓐ 유지 조합 서당, ⓑ 향촌 공영 서당(원산학사의 모태)

③ **구성**: ㉠ 훈장－접장(接長)－학도, ㉡ 접장제도(학도 신분으로 수업 담당 → 보조교사제 ≒ 영국 산업혁명기의 조교제도와 유사)

④ **교육내용**: ㉠ 강독(講讀), ㉡ 제술(製述), ㉢ 습자(習字, 해서체)

⑤ **교육방법**: ㉠ 주입식 · 암기식 교육, ㉡ 개별학습(무학년제 → 교육과정에 따른 수준별 교육), ㉢ 전인교육, ㉣ 체벌 사용(교사 중심 교육, 아동의 흥미 중시 ×), ㉤ 계절에 따라 교육내용이 다름.

⑥ **서당 진흥책**: 송준길의 「향학지규」(훈장 사기 앙양, 학도 표창)

⑦ **교재**

천자문	중국 양나라의 주흥사가 저술, 문자 학습서 → (정약용의 비판) 아동들의 발달단계 및 이해수준 고려 ×, 문자 배열이 비체계적 등
천자문 대체서	유합: 최초로 편찬, 작자 미상(서거정 說), 1,523자로 구성 신증유합: 유희춘 著, 유합을 보완·편찬 훈몽자회: 최세진 著, 3,360자, 글자와 사물 대응, 한자에 한글 독음(讀音) 기록 아학편: 정약용 著, 2,000자, 유형자에서 무형자로 학습, 유별 분류체계, 4글자의 상대적 문구
동몽선습	박세무 著, 유학 내용(오륜)과 우리나라 역사 서술
아희원람	장혼 著, 서민들의 일상생활 내용, 백과사전적 성격 → '18세기 서당설'의 근거

2. 과거제도

(1) 시험의 종류

종류	구분	단계	특징
문과	소과 • 생원과: 명경(明經) 시험 • 진사과: 제술(시·부) 시험	초시(각 700명/지역 할당) ⇨ 복시(회시, 각 100명/사학합제·승보·공도회에 합격한 자)	• 예조에서 주관 • 백패(白牌) 수여 • 성균관 입학시험(오늘날의 대입수능시험)
	대과(동당시)	• 초시(240명/지역 할당) ⇨ 복시(33명 선발) ⇨ 전시 • 초시와 복시는 삼장제(三長制)	• 예조에서 주관 • 홍패(紅牌) 수여 • 성균관 졸업시험(문관 등용 시험)
무과	단일과	초시(190명/지역 할당) ⇨ 복시(28명) ⇨ 전시	• 병조에서 주관 • 무관 등용 시험 • 홍패 수여
잡과	단일과(역과, 의과, 음양과, 율과)	초시 ⇨ 복시(회시)	• 해당 관청(초시) • 해당 관청 & 예조(복시) • 기술관 등용

cf 초시·복시·전시는 시험단계, 초장·중장·종장은 시험과목의 구분

(2) 실시 시기

① **식년시**: 정기시험, 매 3년마다, 문과·무과·잡과 모두 실시

② **특별시**: 부정기 시험 → 증광시, 별시, 알성시, 춘당시, 황감과, 도기과(원점과)

(3) 과거제도의 예외 인정: ① 음서제도(문무관 2품 이상), ② 취재제도(하급관리 선발), ③ 천거제도(현량과)

3. 교육 법규

학규명(學規名)	제정 시기 및 제정자	내용
학령(學令)	세종 19년(1437)	성균관 최초의 학칙, 유생의 일과 및 상벌·퇴학 등 학교생활 규정
구재학규(九齋學規)	세조 9년(1463)	성균관 교육과정(4서 5경)의 학습 순서
제강절목(制講節目)	영조 18년(1742)	성균관(관학) 유생의 정원 규정
원점절목(圓點節目)	정조	성균관 출석 점수, 300점 이상 시 문과 대과에 응시
학교절목(學校節目)	인조 7년 / 조익	성균관·4학·향교 유생들의 면학(勉學)에 관한 규정
경외학교절목(京外學校節目)	명종 원년(1546) / 예조	전국 학교에 적용 → 교육의 기회균등 사상("아동교육은 신분의 고하를 가리지 않는다."), 학교의 교원임용, 독서일수, 성적평가, 상벌 등 규정
진학절목(進學節目)	성종 원년(1470) / 예조	교원(성균관, 4학)의 임용·전출, 유생의 근면·출결
흥학절목(興學節目)	조현령	향교 중심의 관학진흥책, 총 14조
권학사목(勸學事目)	태종 代 / 권근	「소학(小學)」 선강(先講)의 원칙 제시
향학사목(鄕學事目)	태종 代 / 권근	관학(官學)과 사학(私學)의 차별 철폐
학교사목(學校事目)	선조 15년(1582) / 이이	총 10항 → 교사와 학생에 관한 학규, 교사 채용·승진과 학생 선발 및 정원, 독학(장학) 규정
학교모범(學校模範)	선조 15년(1582) / 이이	총 16항 → 학생 훈육과 학생 수양을 위한 규칙, 「학령(學令)」의 미비점 보완한 '조선시대 교육헌장'
권학조례(勸學條例)	중종 3년(1537) / 김안로	과거제의 쇄신을 통한 학교교육의 진작
학제조건(學制條件)	선조 17년(1584) / 김우현	학생에 관한 인사문제 → 이이의 「학교사목」과 유사
향학지규(鄕學之規)	효종 10년(1656) / 송준길	서당교육 진흥책 → 훈장 사기 앙양, 우수학도 표창
사소절(士小節)의 '동규(童規)'	이덕무	서당교육을 포함 아동교육 일반에 관해 서술 → 교육기회균등, 보통교육, 초등교육과정 제시

4. 교육사상가

(1) **권근**: 인재양성[인간의 행동규범을 밝히는 명인륜(明人倫)과 공·근·관·신의 수양지침 중시]이 목적 → 양지양기(養志養氣) 주장

① 「소학(小學)」 교육 중시(「권학사목」), 사학(私學) 교육 권장(관학과 사학의 차별 철폐 → 「향학사목」)

② **시청각적 교수법, 직관의 원리** : 「입학도설」(1390) → 대학과 중용 등 성리학 입문서, 40여 종의 도표(예 천인심성합일지도)로 설명

cf 코메니우스(Comenius)의 「세계도회」(1658)

③ 근소(近小)에서 원대(遠大)로 나아가는 교육원리 제시

(2) 이황과 이이

구분	이황	이이
세계관(이기론)	• 이기이원론적 주리론(이상 중시) • 이귀기천(理貴氣賤) : 이 > 기	• 이기일원론적 주기론(현실 중시) • 이기지묘(理氣之妙), 이통기국(理通氣局)
인간관(심성론)	이기호발설(理氣互發說)	기발이승일도설(氣發理乘一途說)
핵심 사상	경(敬) 사상(≒ Spranger의 도야)	성(誠) 사상
교육관	• 입지(立志) ⇨ 작성(作聖) • 거경, 궁리, 잠심자득(潛心自得) • 궁행(躬行, 개인적 실천) • 위기지학(爲己之學) : 내적 인격 수양 • 지행병진(지행호진) • 발달단계에 따른 교육 : 태교 ⇨ 유아기(효경, 가례) ⇨ 소년기(소학, 대학) ⇨ 청년기(심경, 주자서절요)	• 입지(立志) ⇨ 작성(作聖) • 거경, 명지(궁리) • 역행(力行, 사회경장 사상 → 민본주의 개혁, 진보주의의 생활 중심 교육사상) • 위인지학(爲人之學) : 외적 실천 • 지행일치(지행합일) • 독서교육 중시 : 소학 ⇨ 대학 · 근사록 ⇨ 사서(논어 ⇨ 맹자 ⇨ 중용) ⇨ 5경 ⇨ 역사서 · 성리학서
향약(鄕約)	예안향약 : 향리 교화와 협동정신	서원향약, 해주향약
군왕 교육	성학십도	성학집요
주요 저서	천명도설서, 주자대전(교육내용으로 중시)	소아수지(아동교육), 학교모범(청소년 교육지침), 격몽요결(일반대중 교육, '소학'에 해당) → 평생교육 사상
영향	위정척사, 의병운동, 메이지 유신 시대의 교육이념 형성, 도산서원 설립	실학, 개화사상 → 성리학과 실학의 가교(架橋) 역할

(3) 조식

① 실천유학의 정립, 엄격한 '출처(出處)의 윤리'에 기초한 선비정신의 표상

② **하학상달(下學上達)을 통한 성현(聖賢)의 경지에 도달함을 교육목적으로 강조** : 실천윤리로 성(誠) · 경(敬) · 의(義)를 강조

③ 민본주의(民本主義)에 의한 위민(爲民)정치의 강조, 강직한 상소(上疏)를 통한 사림(士林)의 언로(言路) 개척, 교육을 통한 인재 양성 중시

④ **교육방법** : ㉠ 자해자득(自解自得), ㉡ 개성 존중 수업, ㉢ 도설(圖說) 및 명문(銘文)을 활용한 교수, ㉣ 하학상달(下學上達)의 방법

07 조선시대의 교육(II): 조선 후기의 교육(실학교육)

1. 교육이념: 실학(實學) → 성실인, 근로인, 유용인, 자주인 양성

(1) **등장배경**: ① 피폐해진 조선의 실정, ② 성리학적 세계관에 대한 성찰, ③ 양명학과 고증학의 유입, ④ 서양문물(예 서학-천주학)의 유입

(2) **특징**: ① 교육기회 개방확대론(교육의 기회균등, 개인차를 고려한 능력별 교육), ② 학제개혁론(공교육 중시, 단계적 학제), ③ 민족지향적 교육의식(민족 주체성 확립), ④ 무실론(務實論)적 실학교육론

cf **18세기의 조선**: 벽(癖)과 치(痴)의 시대 → 조선인의 자의식의 성장

2. 교육사상가

(1) **유형원**: 덕행인·능력인 양성 → 교육의 기회균등(신분제 타파)

① 4단계 학제개혁안: 서울과 지방으로 학교제도 이원화

② 공거제: 과거제 대안(일종의 '천거제'), 학교교육과 관리 선발을 일원화 → 학교교육은 취재(取才)의 과정

구분	초등		중등		중등		고등	서울과 지방 이원화 • 초등은 국민보통교육 • 중등 이후는 능력주의(양반에 한함)
서울	방상	⇨	사학	⇨	중학	⇨	태학 ⇨ 진사원	
지방	향상	⇨	읍학	⇨	영학			

③ 향약(鄕約, 사회교육)과 학교교육의 분리

(2) 이익

① 교육목적: 양사(養士)가 목적 → 주체성 있는 역사의식인

② 교육이념: 숭례(崇禮) 중시, 근검과 남녀유별(男女有別)의 이념

③ 교육방법: 일신전공(日新全功)의 교육방법 – 득사(得師), 호문(好問), 서독질의(書牘質疑) → 소크라테스의 대화법

④ 교육과정 개혁: 「동사강목」과 「퇴계집」 → 한국학을 본 궤도에 올려놓음.

⑤ 학교제도 개혁: 4단계 학제개혁안

서민	향학(鄕學) ⇨ 태학 ⇨ 전강(殿講, 과거) ⇨ 사제(賜第, 관리선발)
사대부	사학(四學) ⇨ 태학 ⇨ 전강(殿講) ⇨ 사제(賜第)

⑥ 과거제도 개혁: 과천합일제 → 식년시 5년마다 & 별시는 폐지+지방관리의 추천(향거이선제)

⑦ 사회 개혁(노비, 과거, 문벌 등 6좀 타파), 가정교육 중시

(3) **안정복**: 실학시대의 최고 역사가 → 「동사강목」[국사의 독자성 강조, 야사(野史)도 수용], 「하학지남」(초학자들 대상, 고전 입문서), 「여범」(여성의 행동규범)

(4) **이덕무**: 「사소절」 저술 → 「소학」을 한국 실정에 맞게 저술, 사전(士典)·부의(婦儀)·동규(童規)로 구성, 국민독본

cf 「격몽요결」: 이이가 저술, 「소학」에 상응하는 유학 입문서

① **사전(士典)**: 5권, 선비들의 윤리와 행실
② **부의(婦儀)**: 2권, 부녀자들의 도리
③ **동규(童規)**: 1권, 아동교육 방법 → ㉠ 교육의 기회균등(서민 자녀도 교육), ㉡ 보통교육 강조, ㉢ 초등교육과정 제시[최세진의 「훈몽자회」와 이만운의 「기년아람」, 연간 수업일수 300일(150일 경전교육, 150일 역사교육)]

(5) **홍대용**: 기(氣)철학적 인간평등론 → 실용교육과 과학기술교육
① **신분차별 철폐**: 능력에 따라 적재적소에 인물 배치
② **관(官)주도의 의무교육제도 실시**: 8세 이상의 아동은 신분 구별 없이 초등교육기관인 재(齋)에 입학하게 함.
③ **주요 저서**: 「임하경륜(林下經綸)」, 「주해수용(籌解需用)」

(6) **정약용**: 수기위천하인(≒ Brameld의 사회적 자아실현인) 양성 → 실학의 집대성
① **학문의 근본으로 성의(誠意)와 신독(愼獨) 강조**: 지식교육보다 사람만들기 교육(정의교육, 인격교육) 중시 → EQ 후에 IQ 교육(공자, 루소)
② 덕행[德行, 인간됨의 근거 → 孝(임금), 悌(어른), 慈(대중) 중시], 경술(經術, 10경의 지식을 국가 관리에 활용), 문예(文藝, 6예 중 書와 數 강조), 기예(技藝, 과학기술교육)를 강조
③ 국학[國學, 국사와 우리나라 선현의 글(예 고려사, 반계수록, 서애집, 성호사설, 퇴계집, 율곡집, 이충무공전서, 연려실기술)]과 「아학편」(「천자문」을 대체한 아동문자 학습서, 2000자문, 아동 발달단계를 고려 주제별 구성, 이해 위주)
④ **오학론(五學論)**: 당시 학문적 경향 비판

성리학	공리공론(空理空論)의 이기설(理氣說)에 너무 편중되어 있다.
훈고학	경전(經典)의 자의(字意)와 훈독(訓讀)에 너무 치중되어 있다.
문장학	문자적 유희나 미사여구(美辭麗句)에 치중되어 있다.
과거학	실생활을 외면하고 사변적인 일에만 허송하게 하고 있다. 과거시험방식, 시험과목, 시험 실시시기 등 모든 면에서 개혁이 필요하다.
술수학	도선의 비결(秘訣)이나 정감록 등의 사설(邪說)이 백성을 미혹(迷惑)케 한다.

cf **정약용의 '선비론'**: 참된 선비는 무엇을 하느냐가 중요한 것이 아니라 어떻게 어떤 태도로 하느냐가 중요 → 선비는 생업(生業) 속에서 도덕과 학문을 실천하는 사람

⑤ **불가독설(不可讀說)**: 「천자문」, 「사략」, 「통감절요」의 독서 금지

천자문	문자가 체계적으로 배열 ×, 암기 위주의 학습, 아동들의 이해수준 고려 ×
사략(史略)	중국 역사의 요약본으로 허구적 내용(예 천황의 존재) 포함
통감절요	강용이 편찬한 역사서로 중국에서도 인정하지 않음.

⑥ **주요 저서**: 「경세유표」(국가기구 개혁), 「목민심서」(지방관 도리), 「흠흠신서」(법과 형옥 개혁)

(7) **최한기**: 실학과 개화사상의 가교(架橋) 역할

① **사상**: 기일원론적 기학(氣學), 통기(通氣: 기로써 객관적 대상물을 접촉하여 인식하는 것)와 추측(감각적 경험을 분별하고 헤아리는 추리작용) 중시

기(氣)	우주의 궁극적 실재 → 운화기(運化氣, 활동·변화하는 작용 측면), 형질기(形質氣, 운화기 활동의 결과)
이(理)	기(氣)에 예속 → 유행지리(流行之理, 객관적 자연법칙), 추측지리(推測之理, 인간의 사유활동, 공부의 기본 원리)

② 인간관

㉠ 후천적 노력에 의해 발전하는 존재

㉡ **인간평등과 존엄**: 누구나 평등 → 기를 바탕으로 대상물을 인식, 추리 능력이 있어 동물보다 우수

㉢ **염습론(染習論)**: 경험은 지식과 사고의 근간, 유아기의 경험과 습관은 "흰 비단에 물을 들이는 것과 같다." → 로크의 백지설과 흡사

③ 교육관

㉠ **교육목적**: 인도(人道)의 구현 → 교양인과 실용인의 조화

㉡ **교육내용**: 경험 중심 교육 → 경험을 통해 지식이 생긴다(행을 통해 지가 생김).

㉢ **교육방법**: ⓐ 경험을 통한 학습(감각 ⇨ 기억 ⇨ 추리의 학습과정), ⓑ 추측을 통한 사고력 증진, ⓒ 개인차 존중

④ **특징**: ㉠ 아동교육의 중시(염습론), ㉡ 생활 중심 교육, ㉢ 수학교육(만물의 근원적 출발이 되는 교과) 중시

(8) **박지원**

① 교육적 인간상: 높은 도덕적 의식을 가진 경제인

② 법고창신(法古創新), 이용후생(利用厚生) 중시

③ 민족주체성 강조: 「천자문」, 「사략」, 「통감절요」 등 불가독설 주장

3. 교육사적 의의와 한계

(1) **의의**: 교육을 통치자들이 아닌 민중의 입장에서 처음으로 사고하기 시작함.

① 새로운 학문과 교육철학으로 사회구조와 지배 질서를 개편하려 시도함.

② 교육제도의 쇄신(예 과거제도의 개선)과 새로운 사회 윤리의 확립을 시도함.

③ **평등사상과 신학문의 수용**: 실학자들이 주장한 민족주체사상, 평등사상, 근대지향의식, 민권의식, 진취성, 과학성, 자주성, 개방성 등은 현대교육의 기반이 됨.

(2) **한계**: 교육개혁에 대한 주장이 실학자들 내부의 논의에만 그침으로써 보다 사회적인 힘으로 작용하지 못함.

08 근대의 교육: 개항(1876) ~ 한일합방(1910) 이전

cf 근대교육의 준거: ① 교육기회의 보편화, ② 교육의 세속화(교육의 국가 주도화), ③ 민족주의 교육

1. 특징

(1) **유교 경전 중심 · 관리 양성 중심의 전통교육 지양**

(2) **근대 학교 성립**(관학, 민족사학과 기독교 사학): 개항 초기는 민족사학(중등학교)이, 식민지 지배 직전에는 기독교 사학이 대부분을 차지

(3) **교육기회균등 실현**: 남녀평등교육 실현, 특수교육의 발달 → 기독교 사학의 공헌점

2. 근대교육이념의 형성

위정척사(衛正斥邪)운동	유학의 순수성 수호 운동, 성리학적 이념(선비정신의 발현)에 충실한 전통교육의 회복 중시 → 구미 열강 침략에 대항한 민족적인 저항운동과 의병운동의 토대
개화(開化)사상	개화파들이 주도, 근대적 제반 개혁을 수행할 인재 양성 중시 → 근대교육을 직접적으로 뒷받침한 사상, 구교육과 신교육의 가교 역할
동학(東學)사상	서학(西學) 및 유교이념의 한계를 극복하고자 한 민중종교 → 인간존중, 인간평등의 근대적 인간관 제시

3. 근대교육의 전개: 갑오개혁(1894) 이후의 교육개혁

규정	내용
학무아문고시(1894. 7.)	교육개혁에 대한 대내적 선포 ① 영재교육 ② 소학교와 사범학교 설립 ③ 교육의 기회균등 원칙 ④ 대학교와 전문학교 설립 취지 제시
전고국조례(1894. 8.)	과거제 폐지
홍범 14조(1895. 1.)	교육개혁에 대한 대외적 선포: 준자제 선발 해외 파견(제11조)
교육입국조서(1895. 2.)	(1) 구교육과 신교육의 분기점: 법제화를 통한 근대적 학제 확립에 기여 ① 전인교육(덕 · 체 · 지 3육론) ② 교육의 기회균등(교육 의무화 계몽) ③ 자주적 · 근대적 교육과정(국사, 국문, 실용지식 보급) ④ 교육 구국운동(충군애국인 양성) 기치 ⑤ 중도 퇴학생 발생을 법적으로 규제(학비환입조규) (2) 의의: ① 민주주의 교육이념 구현, ② 교육의 사회적 기능, ③ 국민교육 중시

4. 근대 학교의 성립

(1) 근대 학교의 전신(前身)

베론(성 요셉) 신학당(1856)	최초의 서구식 학교, 마이스트레(Maistre) 신부가 충북 제천에 설립 → 가톨릭 사제 양성
동문학 (통변학교, 1883)	묄렌도르프(Möllendorf)가 설립 → 최초의 외국어학교, 영어 통역관 양성이 목적, 외아문 소속 학교
광혜원(1885)	알렌(Allen)이 설립, 의학 실습 교육 → 최초의 국립 의료기관
연무공원 (鍊武公院, 1887)	군관(초급 장교) 양성 → 군사교육기관
경학원 (經學院, 1887)	고종 24년(1887) 성균관을 개칭, 문묘(文廟) 기능 폐지 → 유교교육기관

(2) 근대 학교의 성립에 관한 논쟁

① **근대교육은 서구교육의 이식이라는 주장**: ㉠ 배재학당설(오천석), ㉡ 원산학사설(신용하), ㉢ 식민지 교육설(식민사학자들)

② **근대교육은 자생적인 근대교육의 형성이라는 주장**: 18세기 서당설(정순우) → ㉠ 교육 주체의 변화(일반 서민이 서당 설립), ㉡ 계층별 교육의 실시와 교육내용의 변화(장혼의 「아희원람」이 교재), ㉢ 훈장의 변화(몰락양반과 유랑지식인이 교육 담당)

5. 근대 학교의 전개

(1) 근대적 신학제의 수립: 교육입국조서 공포 이후~1905년

학교관제	제정·공포일	학교관제	제정·공포일
① 한성사범학교 관제	1895. 4. 16.	⑧ 보조공립소학교 규칙	1896. 2. 20.
② 외국어학교 관제	1895. 5. 10.	⑨ 의학교 관제	1899. 3. 24.
③ 성균관 관제	1895. 7. 2.	⑩ 중학교 관제	1899. 4. 4.
④ 소학교령	1895. 7. 19.	⑪ 상공학교 관제	1899. 6. 24.
⑤ 한성사범학교 규칙	1895. 7. 23.	⑫ 외국어학교 규칙	1900. 6. 27.
⑥ 성균관 경학과 규칙	1895. 8. 9.	⑬ 농상공학교 관제	1904. 6. 8.
⑦ 소학교 규칙 대강	1895. 8. 12.		

(2) 근대 학교 교육의 전개: 관학, 민족사학, 기독교사학

학교 구분	내용
관학	[교육 중점] 외국어교육, 사범교육, 실업교육 ① 육영공원(1886): 최초의 근대적 관학(민영익의 건의), 영어교수가 목적, 좌원(연소한 문무관리, 10명 정원)+우원(과거에 미급제한 양반가문의 자제, 20명 정원) ② 한성사범학교(1895. 4.): 최초의 사범학교(소학교 교원 양성) ③ 소학교(1895. 7.): 「소학교령」에 의거, 만 8~15세, 국민교육 • 관립소학교: 한성 내 11개 학교 설립, 학부가 직접 관리, 학부의 참서관이 교장 겸직 • 공립소학교: 전국적으로 설립, 관료와 주민들이 자금을 모아 설립, 교장은 해당 지역 군수가 겸직, 학부에서 교원을 파견, 교원의 봉급은 국가지원 & 운영은 해당 지방에서 담당 • 교육내용: (심상과) 수신, 독서, 작문, 습자, 산술, 체조, 본국역사, 도화, 외국어+(고등과) 외국 지리, 외국 역사, 이과 • 특징: 복식학급(3년제 심상과와 2~3년제 고등과)과 개별화 수업, 공립소학교에 대한 국가보조금 법적으로 강화(「보조공립소학교규칙」, 1896. 2, 초등교육 발전 도모) ④ 한성중학교(1900): 실업교육은 공통 필수, 후에 한성고등학교로 개칭(1906) ⑤ 한성고등여학교(1908): 예과와 본과로 구분 ⑥ 성균관은 그대로 유지: 경학과(經學科) 설치, 3년 과정의 근대적 학교로 개편 ⑦ 관립 외국어학교(1895): 일어, 영어, 한어, 아어(러시아어), 덕어(독어), 법어(불어) 학교 등 6개 학교로 분리·설립, 후에 관립 한성외국어학교로 통합(1908) ⑧ 관립 의학교(1899): 수업연한 3년, 중학교 졸업자 이상 입학 ⑨ 관립 실업교육기관: 상공학교, 광무학교, 법관 양성소, 전무학당, 우무학당, 잠업 양성소 등 설립 → 상공학교만 학부 소관
민족사학	[교육 중점] 민족지도자 양성, 민족의식 고취, 항일 애국사상 함양 → 당시 대부분을 차지, 중등학교가 대부분 ① 원산학사(1883): 최초의 근대적 학교, 외국의 도전(일본 상인의 침투)에 대항 목적, 관민 협동으로 설립(서당을 개량), 정부의 인가, 문예반+무예반, 초등~중학교 ② 흥화학교(1895): 민영환 설립 → 교육입국조서 이후 최초 ③ 점진학교(1899): 안창호 설립, 남녀공학의 소학교 ④ 양정의숙(1905): 엄주익 설립 ⑤ 보성학교(1905): 이용익 설립, 전문학교 ⑥ 현산학교(1906, 중등), 모곡학교(1919, 초등): 남궁억 설립 → 모곡학교의 경우 토론과 변론술(웅변대회) 교육 ⑦ 대성학교(1907): 안창호 설립 → 이상촌 건설 ⑧ 오산학교(1907): 이승훈 설립 → 이상촌 건설, 서민정신 ⑨ 서우사범학교(1907): 서우학회 설립 → 사범 속성학교 1년 과정
기독교 사학 (선교 사학)	[교육 중점] 교육의 기회균등(여성교육, 특수교육), 근로·노작교육, 특별활동(운동회, 토론회, 봉사활동) 등 교육과정의 다양화 ① 배재학당(1885): 아펜젤러 설립(감리교) → 최초의 근대적 선교 사학 ② 이화학당(1886): 스크랜튼 설립(감리교) → 최초의 근대적 여성교육기관 ③ 경신학교(1886): 언더우드 설립(장로교) → 전문학교 ④ 정신여학교(1887): 엘러스 설립(장로교) → 기독교적 조선 여성 육성이 목적 ⑤ 전개: 1910년 당시 전국적으로 확대되어 823개교가 설립 ⑥ 한계: 문화제국주의 첨병 역할 → 문화식민지 교육의 한계를 탈피하지 못함.

09 일제 강점기의 교육

1. 조선통감부 시기(1905~1910)

(1) **보통학교령**(1906): ① '소학교'의 명칭을 '보통학교'로 개칭, ② 수업연한을 6년에서 4년으로 단축, ③ 심상과와 고등과를 통합

(2) **사립학교령**(1908): 민족사학 탄압이 주 목적

(3) **학회령**(1908): 애국 계몽 운동을 주도하는 학회 탄압이 주 목적

(4) **모범교육 실시**: 사립학교에 일본인 교원 배치 → 민족사학 탄압

2. 조선총독부 시기(1910~1945)

(1) **일제교육의 기본 방향**

① 관학 육성과 사학의 탄압: 교육에 대한 중앙집권적 통제
② 초등교육의 확충과 고등교육의 배제: 조선인의 우민화 정책
③ 일본어교육 강화: 민족혼(民族魂) 말살 정책
④ 저급한 실업교육 실시: 우민화 정책, 경제침탈, 교양교육 배제

(2) **교육정책의 변화 –「조선교육령」의 변화과정**

구분	식민지 정책	교육정책
제1차 조선교육령 (1911. 8.)	무단통치기	• 식민지 교육의 기본방침 제시: 충량(忠良)한 일본신민의 양성, 시세(時勢)와 민도(民度)에 맞는 교육, 일본어 보급 • 성균관의 폐쇄(1911) •「사립학교규칙」 공포(1911) 및 개정(1915): 민족사학 탄압 강화 • 한성사범학교 폐지 •「서당규칙」 공포(1918): 서당 개설 인가제 • 보통학교: 6면 1교주의 정책 ⇨ 후에 3면 1교주의로 변화(1918)
제2차 조선교육령 (1922)	문화정책기	• 민족차별교육 실시: 복선형 학제 실시 → 소학교(일본인)와 보통학교(조선인) • 교육기간의 연장: 보통학교(4년 ⇨ 6년), 고등보통학교(4년 ⇨ 5년), 여자고등보통학교(3년 ⇨ 4년), 실업학교(2·3년 ⇨ 3·4년) → 일본과 동일하게 운영(외형상) • 조선인과 일본인의 공학(共學)을 원칙으로 한다(외형상). • 조선어(국어)와 조선 역사(국사)를 필수 과목으로 지정 • 보통학교의 확대: '3면 1교주의'에서 '1면 1교주의'로 변화(1929) → 보통학교(초등 교육)의 양적 확대 • 간이학교제 도입: 수업연한 2년, 1개 학급(80명 정도)만 설치한 미니 학교 → 조선인들의 교육열 차단이 목적 • (일제)사범학교 신설: 남자 6년제, 여자 5년제 • 대학 설치 규정 신설: 경성제국대학 설립(1924) → 민립대학 설립운동 봉쇄정책의 일환

제3차 조선교육령 (1938)	황국신민화 정책기 (1936~1945, 국체명징, 내선일체, 인고단련) • 중 · 일 전쟁(1937) • 육군 특별 지원병령 (1938) • 태평양 전쟁(1941)	• **민족정신 말살정책**: 조선어와 조선 역사 사실상 폐지(심상과 ⇨ 수의과), 신사참배, 창씨개명, 궁성요배 강요 • **일본과 동일한 학제 적용**: 학교 명칭 개정 →'보통학교'에서 '심상소학교'로, '고등보통학교'에서 '중학교'로, '여자고등보통학교'에서 '고등여학교'로 개칭 • **복선형 학제 폐지**: 일본과 동일한 학제 적용 → 민족차별교육 형식상 폐지 • 사립중학교 설립 불허 • **국민학교령(1941) 공포**: '심상소학교'를 '국민학교'로 개칭
제4차 조선교육령 (1943)	황국신민화정책기 (대륙침략기)	• **군사 목적에 합치된 교육**: 수업연한의 단축(중학교, 고등여학교, 실업학교를 모두 4년으로), 대학 및 전문학교 전시체제 개편 • **사범학교 교육의 확장**: 황국신민 양성 목적 실현 → 전국에 16개의 관립사범학교 설립 • 조선어와 조선역사 교육 금지

(3) 민족교육운동의 전개

① 노동자와 농민, 도시 빈민을 위한 노동 야학 운동 전개

② **문맹퇴치 및 문자보급운동 전개**: 언론기관, 조선어학회, 신간회(민족주의 진영과 사회주의 진영의 연합) 등이 주도

㉠ **동아일보의 브나로드(Vnarod)운동**: '민중 속으로' 들어가 문맹 타파 및 생활 개선 운동

㉡ **신간회**: 사회교육, 문자보급운동, 식민지교육 철폐 운동

㉢ **근우회**: 전국적 단일 여성단체, 남녀평등과 여성의 자유 및 해방 주장, 여성 계몽을 위한 대토론회 전개

③ **조선민립대학 설립운동 추진**: 조선교육회가 주도 → 조선민립대학 기성회를 조직, 조선인 1인당 1원씩 1천만 원 갹출 운동 전개

④ 조선 본위 교육(조선교육회), 아동 본위 교육(방정환, 천도교), 인간 본위 교육(선교사 Fisher) 운동 전개

⑤ **과학 대중화운동 전개**: 고등과학교육과 과학의 일상화 운동 → 발명학회, 과학문명 보급회, 과학지식 보급회 주도

⑥ **국학진흥운동 전개**: 국어(조선어학회), 국사(민족주의 사학)

신채호	고대사 연구(「조선상고사」), 국수(國粹) 중시
박은식	국사 및 독립운동사 연구(「한국통사」, 「한국독립운동지혈사」), 국혼(國魂) 중시
정인보	「조선사연구」 저술, 민족의 '얼' 중시

⑦ **비밀결사운동(농민운동, 노동운동, 학생운동) 전개**: 사회주의 진영의 교사와 학생이 주도

⑧ **서당 및 국외(간도, 블라디보스토크 등)에서의 민족교육운동**: 일제는 「서당규칙」(1918)을 제정 · 공포하여 서당교육 탄압

(4) 교육사상가

사상가	교육사상
남궁억	• 교육입국론(教育立國論): 교육은 국가와 민족 발전의 중핵 • 모곡학교(초등), 현산학교(중등) 설립 • 「교육월보」 발간: 미취학 청소년을 위한 순한글로 된 통신강의록 → 사회교육 • 실업교육(노작활동), '무궁화 동산' 건설 운동
안창호	• 교육이념: 자아혁신, 무실역행, 점진공부 → 민족개조(힘을 기르소서) • 일인일기(직업교육), 빙그레 운동(정서교육), 소크라테스식 문답법, 대공(大公)주의, 주인정신, 지력(知力)주의 강조 • 점진학교(최초의 남녀공학 소학교), 대성학교(대이상향 설계), 흥사단(무실·역행·충의·용감)
이승훈	• 서민정신과 오산정신(참과 헌신의 정신) 강조 → 성(誠)·애(愛)·경(敬) • 강명의숙(소학교), 오산학교(대이상향 설계 → 이상촌 건설 운동)

(5) 일제하 교육의 영향

문제점	식민지배의 이데올로기적 성격으로 인해 왜곡적인 교육이 진행 • 관료주의적 교육행정: 교육보다 행정을 우선하는 중앙집권적·관료 편의주의적 행정 • 전체주의적 훈육: 개인의 자유와 존엄보다 집단의 도덕과 가치를 강제 • 도구주의적 교육관: 교육이 다른 목적을 위한 도구로 전락
의의	• 전통적 교육기관(예 서당)에서 근대적 학교(예 보통학교)로 학생층이 이동 • 한국민의 교육열에 의한 보통학교교육의 확대

10 현대의 교육: 해방 이후~현대

1. 미 군정기의 교육(1945~1948)

(1) **일제의 '학무국'을 인수, 미 군정 '학무국(문교부)'으로 개칭**: 산하 자문기구로 '(조선)교육심의회(교육정책 심의)'와 '(조선)교육위원회(인사문제 심의)'를 설치

① **홍익인간의 교육이념 설정(1946. 3. 7.)**: 법으로 명문화된 것은 「교육법」 제정(1949) 이후

② 교수 용어로 '한국어'를 사용

③ **민주교육의 이념 보급**: 일본식 잔재 청산 목적 → 교원강습회 개최

④ **교육제도의 민주화**: 미국식 단선형 학제(6-3-3-4제) 실시 → 재정상의 어려움으로 6-6-4제를 병행 실시

⑤ **교육과정의 민주화 정책**: '새교육운동(진보주의)' 전개 → 아동 중심 교육, 경험(생활) 중심 교육 중시

⑥ 초등학교 교과서 편찬사업 및 보급에 주력

⑦ 문맹퇴치를 위하여 전국적으로 성인교육(사회교육) 실시

⑧ **초등학교의 의무교육제 실시 논의**: '의무교육 실시 요강안' 작성 → 예산상의 이유로 의무교육을 미실시(1950년부터 6년 의무교육 실시)

(2) **'국립 서울대 설치령'을 둘러싼 민족주의 진영과 사회주의 진영 간의 논쟁 전개**

2. 대한민국 정부 수립 이후의 교육

공화국 구분	주요 교육정책
제1공화국 시기 (1948~1960)	• 교육법의 제정・공포(1949. 12. 31.): 홍익인간(弘益人間)의 교육이념 명문화 • 초등의무교육 실시 및 완성(1950. 6. 1.~1959) • 교육자치제 실시(1952): 시・군 단위의 기초자치제 → 교육행정의 민주화
제2공화국 시기 (1960~1961)	• 교육의 민주화 추진(1960): 학원 민주화, 지방분권적 체제로의 전환 • 대여장학금법 제정(1961. 4.): 대학과 실업계 고교 재학생 대상
제3공화국 시기 (1961~1972)	• 교육대학의 설립(1961) • 교육자치제 폐지(1962): 교육행정을 내무행정에 예속 • 사립학교법 제정(1963) • 국민교육헌장 제정・공포(1968): 반공 이데올로기 확산 • 중학교 무시험 입학제도 실시(1969): 추첨을 통한 학군별 배정 • 대학예비고사 실시(1969)
제4공화국 시기 (1972~1980)	• 방송통신교육체제 도입(1972): 방송통신대학과 방송통신고등학교 개설 • 고교평준화 정책 실시(1974): 고교별 입시 폐지 → 교육 여건의 평등
제5공화국 시기 (1980~1988)	• 7・30 교육개혁 실시(1980): 교육 정상화 및 과열 과외 해소 방안 → 대학 본고사 폐지, 대학 입학정원 확대 및 졸업정원제 실시, 과외 금지, 교육대학 수업연한 연장 • 과학고등학교 설립(1983): 과학 영재교육 실시 • 중학교 의무교육 부분 실시(1985): 특수학교 전 학년 및 도서벽지 중학교 1학년 학생 대상으로 실시
제6공화국 시기 (1988~)	• 지방교육자치제의 실시(1991): 광역시・도 이상 실시 → 광역자치제 • 중학교 의무교육 읍면지역까지 확대 실시(1992-규정 마련, 1994-시행)/중학교 무상 의무교육 실시(2002) • 대입 수능시험 실시(1994): 1995년부터 표준점수제 도입 • 5・31 교육개혁(1995): 고교 생활기록부 도입, 학교운영위원회 설치, 교장 및 교사 초빙제 실시, 교육과정 평가원 신설 • 제7차 교육과정 실시(2000~2004) • 2009 개정 교육과정 시행(2011) • 2015 개정 교육과정 시행(2017) • 2022 개정 교육과정 총론 고시(2021)

박문각
공무원

핵심 요약집

오현준

핵심교육학

CHAPTER

03

서양교육사

서양교육사

핵심 체크노트

1. **그리스 시대의 교육**: 소피스트, 소크라테스, 플라톤, 아리스토텔레스
2. **르네상스기**(인문주의) **교육**(14C): 개인적 인문주의, 사회적 인문주의, 키케로주의
3. **실학주의 교육**(17C): 로크, 코메니우스
4. **계몽주의 시대의 교육**(18C): 자연주의(루소)
5. **낭만주의 시대의 교육**(19C): 신인문주의 교육
   (1) 계발주의: 페스탈로치, 헤르바르트, 프뢰벨
   (2) 과학적 실리주의: 스펜서

01 서양교육사의 흐름

시대 구분		교육(교육사상)	교육사상가
고대	그리스 시대(B.C. 10C)	스파르타	
		아테네	소피스트(이소크라테스), 소크라테스, 플라톤, 아리스토텔레스
	로마 시대 (B.C. 7C~A.D. 5C)	왕정	
		공화정(가정교육 중심)	카토, 키케로
		제정(학교교육 중심)	세네카, 퀸틸리아누스
중세	전기: 교부 철학	기독교 교육	아우구스티누스
	후기: 스콜라 철학	세속교육(시민교육)	토마스 아퀴나스
근대	르네상스(14~15C)	(구)인문주의(Humanism)	
		개인적 인문주의	비토리노
		사회적 인문주의	에라스무스
		키케로주의	
	종교개혁(16C)	신교(Protestant)	루터, 칼뱅, 멜란히톤
		구교(Catholic)	로욜라, 라살
	인식론(17C) / 과학혁명의 시기	실학주의(Realism)	
		인문적 실학주의	라블레, 밀턴, 비베스
		사회적 실학주의	몽테뉴, 로크
		감각적(과학적) 실학주의	코메니우스
	계몽주의(18C) / 시민혁명의 시기	자연주의	루소
		범애주의	바제도우, 잘쯔만
		합리주의	칸트, 볼테르
	낭만주의, 실증주의(19C) / 산업혁명의 시기	(신)인문주의	
		계발주의	페스탈로치, 헤르바르트, 프뢰벨
		국가주의	피히테, 크리크, 슐라이어마허
		과학적 실리주의(실증주의)	스펜서

현대	프래그머티즘(20C)	새교육운동	
		진보주의	듀이, 킬패트릭, 올센
		본질주의	배글리, 브리그스, 브리드
		항존주의	허친스, 아들러, 커닝햄, 마리땡
		(문화)재건주의	브라멜드

02 고대 그리스의 교육

1. 특징

인문주의(humanism, 교양교육), 자유교육, 개성 존중, 심미(審美)주의

(1) **스파르타**: ① 군인 양성, ② 리쿠르구스(Lycurgus) 법전에 기초, ③ 보수적 · 상무적 교육, ④ 여성교육 중시, ⑤전체주의 교육

가정교육기 (어머니의 아들 시기: 출생~6세)	남아는 국가시험장(Lechse)에서 건강진단 → 합격 시 가정교육
국가교육기 (나라의 아들 시기: 7~30세)	소년기(7~17세, 신체적 기초훈련) ⇨ 본격적 군사훈련(18~20세) ⇨ 현역 복무(20~30세) ⇨ 시민권 획득(30세), 병역의무는 50세까지 이행

(2) **아테네**: ① 자유민 양성, ② 솔론(Solon) 헌법에 기초, ③ 진보적 · 인문적 교육, ④ 여성교육 소홀, ⑤ 민주주의 교육 → Paidagogos(교노 또는 교복, 초등교육) 담당, 소피스트(중등교육) 담당

전기	• 심신이 조화로운 국가적 시민(자유민) 육성 → 교양교육 • 교육단계: 가정교육(출생~7세) ⇨ 교복 교육기(7~16세, 체육과 음악 중심) ⇨ 자유교육(16~18세, 소피스트가 담당) ⇨ 군사교육(18~20세)
후기	• 개인적 발전을 위한 입신양명이 주된 교육 목적 → 개인주의로 전환 • 교육사상가: 소피스트, 소크라테스

2. 교육사상가

(1) **소피스트**(sophist): 최초의 직업 교사(보수 받음, 중등교육 담당), 아테네 바깥에서 아테네로 온 외국인들, 거리의 철학자 → '지혜로운(to live well) 자(智者)'

① 기본 사상: ㉠ 주관적 · 상대적 진리관(감각적 경험과 유용성 중시), ㉡ 개인주의 · 실용주의, ㉢ 처세 및 정치적 수단으로서의 교육, ㉣ 교육내용으로 웅변술과 수사학 중시, ㉤ 주입식 · 암기식 교육 → '욕망의 자기주장'

② 대표적 사상가

㉠ 프로타고라스(Protagoras): 인간(I)은 만물의 척도 → 상대적 진리관

㉡ 이소크라테스(Isocrates)

ⓐ 아테네 출신의 소피스트

ⓑ 소크라테스에 영향을 받음.

ⓒ 수사학교 설립, 웅변가 양성 및 교양교육 함께 강조

ⓓ 수사학적 인간도야(수사학의 목적은 영혼의 도야)를 강조

ⓔ 강의 ⇨ 시범 ⇨ 연습의 3단계를 통한 체계적 교육

(2) 소크라테스(Socrates)

① **인간관**: 보편적 이성(영혼) 소유 → 교사는 "아테네의 등에(쇠파리, 영혼의 각성자)"

② **진리관**: 객관적·절대적 진리(상기설) → 사회 혼란은 상대적·주관적 인식론에서 야기

③ **교육관**

㉠ **교육목적**: 지덕복 합일(知德福合一)의 도덕적 인간 양성 → 악(惡)은 무지의 결과, "덕은 가르칠 수 있다."(주지주의 & 지행합일)

㉡ **교육방법**: 대화법(반어법+산파법)을 통한 보편적 진리 획득

반어법	소극적 대화(파괴 단계)	무의식적 무지 ⇨ 의식적 무지
산파법	적극적 대화(생산 단계)	의식적 무지 ⇨ 객관적 진리

㉢ **계발주의 교육**: 교육은 지식의 주입(input)이 아닌 사고력의 계발 과정(output)

㉣ 교사는 진리의 산파(産婆)이자 동반자적 존재, 아동은 스스로 탐구할 수 있는 능력을 갖춘 존재

(3) **플라톤**(Platon): 이상주의(관념론), 이원론적 세계관, 철학자가 교육적 인간상

① 이데아의 실현(회상설), 4주덕(지혜, 용기, 절제+정의) → 교육단계론(「국가론」)

이데아	이(理)	보편자	본질	마음(4단)	이성	허수	개념
현상	기(氣)	개별자	실존	감정(7정)	경험	실수	사례

② **플라톤의 교육단계설**: 제 1·2기는 기초교육(국민교육), 제 3·4기는 고급(엘리트)교육, 고급교육은 남녀동등교육

개인	덕	사회	교육 단계
머리(이성)	지혜	지배계급(철학자)	(35세~) 행정실무 경험
			제4기(30~35세) 변증법, 철학
가슴(의지)	용기	수호계급(군인)	제3기(20~30세) 4과[음악, 기하학, 산수(수학), 천문학]
허리 이하(욕망)	절제	생산계급(노동자)	제2기(18~20세) 군사훈련
			제1기(~18세) 체육, 음악, 3R's
세 부분의 조화	정의	세 계급의 조화	

③ **이데아에 이르는 과정**: 분선이론(line theory) 예 동굴의 비유

인식의 대상	가시계(可視界): 현상		예지계(睿智界): 실재	
	그림자	시각적 사물	수학적 지식(개념)	형상(이데아)
마음의 상태	환상(상상, 추측)	믿음(신념)	사고(오성)	지식(지성·이성)
	견해		지식	

④ **특징**: ㉠ 최초의 여성교육 옹호자 & 공교육 지지자, ㉡ 귀족교육론(위로부터의 교육, 서민교육 부정), ㉢ 아카데미아(무상교육), 주관적·내성적·연역적 방법

⑤ **의의**: 중세 교부(教父)철학, 19C 신인문주의 교육에 영향

(4) **크세노폰**(Xenophon): 민주주의 체제 부정, 실용적 교육 중시, 좋은 습관을 지닌 행동하는 시민 양성이 목적

(5) **아리스토텔레스**(Aristoteles): 현실주의(실재론), 일원론적 세계관(이상은 현실 속에 내재), 자아실현으로서의 교육 강조

✔ **자아실현(self-realization)**: 가능태(matter, 질료 예 대리석)가 '운동(또는 발달)'에 의해 현실태(form, 형상 예 조각상)로 변화되는 과정

① '행복(eudaimonia)'이 교육목적 → 교육의 3요소로 몸(본성), 습관, 이성(중용의 덕), 즉 체육, 덕육, 지육 중시

② **특징**: ㉠ 여성교육 및 서민교육 부정, ㉡ 리케이온(소요학파) 대학 설립, ㉢ 과학적·객관적·변증법적·귀납적 방법 중시, ㉣ '자유교육(liberal education)'의 주창자

③ **의의**: 중세 스콜라 철학과 17C 실학주의 교육, 20C 항존주의 철학에 영향

더 알아보기

■ **자유교육**(liberal education)**의 의미**

1. 합리성 혹은 지식 추구의 교육(Aristoteles, Peters, Hirst): 무지와 편견과 같은 마음의 속박에서 해방
2. 정치적 자유주의 교육(Rousseau): 외부의 구속을 받지 않는 상태
3. 개인의 자율성 함양 교육(White): 집단이나 전체의 위협에서 개인이 자유롭고 자율적인 선택을 할 수 있고 그에 따른 책임을 지는 교육

03 고대 로마의 교육

실용주의(실용인·웅변인 양성), 그리스 모방 및 국가 보조 교육 → 실용성 중시(주의주의)

cf 그리스(주지주의), 중세(주정주의)

1. 제정시대: 학교교육 중심

수준	학교	수학기간	교육내용	특징
초등	루두스 (Ludus, 문자학교)	6~12세	12동판법, 3R's, 체육	사립(학생들의 수업료로 운영)
중등	문법학교 (Grammaticus) • 그리스어 문법학교 • 라틴어 문법학교	12~16세	• 7자유과(교양과목): 3학(논리학, 문법, 수사학)+4과(음악, 기하학, 산수, 천문학) • 호머의 시, 문학, 역사	• 고등교육 준비 교육 • 모두 사립(국가 보조로 운영) • 제정시대 교육의 핵심
고등	• 수사학교(Rhetor) • 철학학교(Stoa학파) • 법률학교	16~18세	• 수사학, 라틴어, 그리스어, 문법 • 윤리학, 논리학 • 법학	• 웅변가 양성이 목적 • 수사학교가 대부분을 차지 • 정부 지원과 보조금으로 운영

2. 교육사상가

(1) **키케로**(Cicero): 인문적 교양을 지닌 웅변가 양성, 성선설, 「웅변론」 저술 → 르네상스 시대의 인문주의 교육(키케로주의)에 영향

(2) **세네카**(Seneca): 성악설 → 도덕교육론

(3) **퀸틸리아누스**(Quintilianus): 세계 최초의 공립학교 교사 → 아동 중심 교육사상(체벌 금지, 독서·언어 등 조기교육, 흥미를 유발한 심리적 교수법), 「웅변교수론」

① **개성 존중 교육**: "새는 날 수 있게 세상에 태어났으며, 말은 달릴 수 있게 세상에 태어났고, 인간은 배우며 이해할 수 있게 태어났다." →학생의 개인차를 고려한 교육 중시

② **학교교육 우위론**: 공교육 중시, 교육의 3단계(가정교육 ⇨ 문법학교 ⇨ 수사학교)

③ **조기교육론**: 어릴 때의 기억이 오래감.

④ **외국어 교육론**: 외국어(그리스어)를 모국어교육보다 먼저 실시

⑤ **체벌 금지론**: 체벌은 자유민에 대한 모독, 교육방법에의 실패, 학생에게 열등감이나 정신적 불안을 조성하는 행위

⑥ **교사론**: ㉠ 교사는 부모와 같은 따뜻한 정을 지닐 것, ㉡ 스스로 악한 짓을 해서는 안 됨. ㉢ 너무 엄격해서는 안 됨. → 체계적인 교사상 제시

04 중세의 교육

1. 전기의 교육(기독교 교육): 기독인 양성(내세의 준비)

(1) **사상적 배경**: 교부 철학(Platon 철학을 바탕으로 교리를 체계화, 신앙 > 이성) → 대표자는 아우구스티누스(Augustinus)

(2) **학교제도**

문답학교		초등교육	이교도의 교화와 세례 준비	
고급문답학교		중(고)등교육	문답학교 교사 양성 사범학교	
본산학교		고등교육	성직자 양성 대학	
수도원 학교	내교	고등교육	수도사 양성 대학	• 고구려 경당과 유사 • 지역사회학교(Olsen)의 원형
	외교	초·중등교육	지역주민을 위한 교육	

2. 후기의 교육(비종교적 세속교육)

(1) **사상적 배경**: 스콜라 철학(Aristoteles 철학을 바탕으로 신앙과 이성의 조화 도모) → 대표자는 토마스 아퀴나스(T. Aquinas), 대학의 발달과 르네상스·실학주의·항존주의에 영향

(2) **학교제도**

① **학교 외 교육**: 기사도 교육(기독교적 무인 양성), 도제교육(직업교육) → 비형식적 교육

② 학교교육(시민학교): 초·중등교육은 복선형 학제 → ㉠ 교육의 자주성(교회로부터 독립), ㉡ 교육의 대상이 서민까지 확대, ㉢ 아래로부터의 필요에 의한 교육, ㉣ 실생활 위주의 현실교육

구분	교육 대상	교육 목적	학교의 종류
초등교육	하류 시민 계급 자제	직업 준비 교육	• 독일: 습자학교, 모국어 학교 • 영국: 조합학교(Guild school)
중등교육	상류 시민 계급 자제	대학 준비 교육	• 독일: 라틴어 학교(Latin school) • 영국: 공중학교(Public school), 문법학교(Grammar school)

③ 대학: 르네상스의 원동력 → 지적 도야 중시

㉠ 등장 배경: ⓐ 십자군 원정으로 이후 동방의 사라센 문화 유입, ⓑ 스콜라 철학으로 인한 학구열 고조, ⓒ 도시의 발달과 시민계급 형성으로 인한 세속적인 학문의 필요성 증대

㉡ 특권: 면세·면역 특권, 대학 내 자치재판권, 학위수여권, 총장·학장 선출권, 자유여행권 → 남자들만의 특권, 연구보다 교수 중시

㉢ 발달: 단과대학(college)에서 종합대학(university)으로, 유럽 남부(이탈리아)에서 유럽 북부로 발달

예 살레르노(의학) ⇨ 볼로냐(법학, 유럽 대학 발달의 모델) ⇨ 파리(신학) ⇨ 옥스퍼드(종합대학)

05 근대의 교육(Ⅰ): 인문주의(humanism) 교육(14~15세기)

1. 개관

인본주의, 개인주의, 현세주의, 이성주의, 고전주의 → 인간 존중교육(전인교육), 교양교육(고전·인문·자유교육), 귀족주의 교육

(1) **교육목적**: 자유교육을 통한 개성 있는 인간의 완성 → 전인교육(현세에서 '인간다운 삶' 또는 '교양 있는 삶'을 누릴 수 있는 '교양 있는 활동가' 양성)

(2) **교육내용**

① 고전공부를 위한 언어 교육(예 라틴어, 고대 그리스어) 중시

② 수사학 중시: 상대방을 효과적으로 설득하기 위한 언어적 설득력 및 표현력의 습득

③ 체육·음악·유희 중시: 육체와 정신의 조화로운 발달 도모

(3) **교육방법**

① 고전 저자들에게서 발견되는 용례(用例)를 강조하는 주석서(註釋書)를 이용한 고전교육

② 인간적인 교육방법 실시: 현세 긍정적 태도와 개별적 감성 중시, 놀이가 강조되는 수업

2. 유형

(1) **개인적 인문주의**: 개인적·귀족적·심미적 교육, 남부 유럽의 상류층 중심으로 전개 → 자유인 양성 예 비토리노

(2) **사회적 인문주의**: 사회적·대중적·도덕(종교)적 교육, 북부 유럽의 하류층까지 확대 → 사회개혁인 양성 예 에라스무스

(3) **키케로주의**: 고전 자체를 목적시, 암송 위주 → 타락한(형식화된) 인문주의

(4) **교육사상가**

① 비토리노(Vitorino): 최초의 근대적 교사, 궁정학교의 교장

㉠ 철저한 아동 중심주의 교육: 자유교육, 자발교육, 생활교육, 개성 존중 교육

㉡ "학교는 즐거운 집이다": 체벌과 강제 반대

② 에라스무스(Erasmus)

㉠ 특징: ⓐ 교육의 3요소(자연 · 훈련 · 연습), ⓑ 교사교육 최초로 주장, ⓒ 교육의 기회균등(남녀 차별 없는 교육 실시), ⓓ 조기교육 중시, ⓔ 아동 중심의 교수법

㉡ 저서: 「학습방법론」, 「아동 자유교육론」, 「우신예찬(愚神禮讚)」

06 근대의 교육(II): 종교개혁기의 교육(16세기)

기독교의 개혁 운동 → 성서 중심의 신앙해방운동

1. **교육 특징**: 근대적인 기독교인 양성 → 종교(합리적 신앙)와 도덕(사회적 도야)의 조화

(1) **초등교육의 의무화를 선언한 대중교육운동**: 모국어 교육 중시

(2) **공교육제도의 기초 확립** cf **공교육제도 확립**: 19C 국가주의 교육사조의 영향

(3) **교사양성교육 중시**(여교사의 출현): 여성의 교육적 지위 향상

2. **신교**(新敎, Protestantism)**의 교육사상가**

(1) **루터**(Luther): ① 교육의 국가 책임론(공교육제도 기초 확립 → 초등 의무교육), ② 풍부한 교육과정, ③ 교직 중시(교사 면허제, 여교사 채용) → 고타 교육령(1642, 독일)

(2) **칼뱅**(Calvin): 교사채용 시험제도 → 매사추세츠 교육령(1642, 미국)

구분	고타 교육령(1642)	매사추세츠 교육령(1642)
차이점	• 독일, 중앙집권적 · 전제적 성격 • 구체적 제시(지도 요령적 성격) • 시행령적 법령 • 취학 의무 규정, 교과과정, 교수법, 학교관리 • 학교 설치 · 유지에 관한 언급 없음. • 루터의 영향 → 세계 최초의 근대적 의무교육령	• 미국, 지방분권적 · 민주적 성격 • 포괄적 제시(근본 원칙만 제시) • 헌법적 법령 • 교육세에 의한 무상교육제도 • 지방자치단체가 학교의 설치 · 유지 의무를 지님. • 칼뱅의 영향
공통점	아동의 취학 의무 규정	

(3) **멜란히톤**(Melanchton): ① 교과서 편찬 사업, ② 삭소니 교육령(3급 제도 → 학년 제도의 시초), ③ 초등교육보다 중등교육을 강조

3. 구교(舊敎, Catholic)의 교육사상가

(1) **로욜라**(Loyola): 반종교개혁운동(엄격한 군대식 교육, 기숙사 교육, 강의와 반복의 교수법) → 교육의 보급을 통한 구교 확산

(2) **라살**(La Salle): 최초의 사범학교(라살의 사범학교) 설립 → 현대 사범학교의 기원

Tip 시대와 교육

- **중세 후기 스콜라 철학, 르네상스**: 고등교육(대학)의 발달에 영향
- **종교개혁** ┌ 신교 → 초등교육의 발달
  └ 구교 → 중등교육과 교사 양성 교육(사범교육) 발달에 영향

07 근대의 교육(III): 실학주의(realism) 교육(17세기)

1. 개관

현실의 객관적 관찰 위에 실질도야(실용성, 현실성) 중시 → 합리적 사회인 양성

(1) **교육목적**: 실용성(utility)·실천성·현실성 중시 → 합리적 사회인 양성

(2) **교육내용**: 실제적·구체적인 것 → 실질 도야

① 실용적인 지식: 실생활에 필요한 교과 예 상업, 언어, 역사, 정치, 법률, 자연과학 등

② 광범위한 교육과정: 신학과 고전교육 중심에서 모국어, 외국어, 수학, 사회, 과학 교육 중심으로 변화 → 백과사전적 지식(25~30개 교과목)

(3) **교육방법**

① 감각교육: '모든 지식은 감각으로부터' → 아리스토텔레스(Aristoteles)의 영향

㉠ 실물교육: 언어 이전에 사물(things before words), 언어가 아니라 사물(things, not words)

㉡ 시청각교육: 모든 교육은 5관을 통해야만 한다.

② 직관교육: 직접적 경험 중시 → 기억·상상보다 여행·수행·시범·관찰·실험 중시

(4) **유형**: ① 인문적 실학주의, ② 사회적 실학주의, ③ 감각적 실학주의

2. 인문적(언어적) 실학주의

고전을 통한 현실 생활의 간접적 이해 → 고전은 현실 이해의 수단

(1) **밀턴**(Milton): 고전을 통한 종교적·현세적 도야, 「실락원」

(2) **라블레**(Rabelais): 고전을 통한 백과사전적 지식 획득 → 자유주의 교육 「팡타그뤼엘 이야기」, 「가르강튀아 이야기」

(3) **비베스**(Vives): 교육을 심리학적 관점에서 이해하고자 했던 최초의 교육사상가 → 감각 활동이 지적 활동의 첫 단계("감각은 우리의 최초의 교사이며, 마음은 감각의 집", "공부는 감각에서 시작하여 상상에 이르는 길을 따라 진행"), 「소녀를 위한 공부방법」

3. 사회적 실학주의

고전·서적 교육 반대, 직접적인 현실 경험(사교, 여행) 중시 → 교양 있는 신사(gentleman, 사회인) 양성

(1) **몽테뉴**(M. Montaigne): 가정교사(tutor)에 의한 교육 강조 → 신사 양성이 교육 목적

① 삶의 지혜와 학문적 지식을 구분하고 삶의 지혜를 우선적으로 갖출 것을 강조

② **"세상은 가장 훌륭한 교과서다."**: 여행과 역사 공부를 통한 세계 이해 및 삶의 지혜 육성 강조

(2) **로크**(Locke)

① **사상**: ㉠ 수동적 심의백지설(tabula rasa → 교육 가능설), ㉡ 경험적 인식론[생득관념으로서의 이성 부정 → 외적 경험(감각)+내적 경험(성찰)], ㉢ 형식도야설(능력심리학, 교과를 도구로 일반정신능력 도야를 위한 훈련 강조 → 교과 중심 교육과정)

② **교육사상**: 「교육론」(1693)

㉠ **교육목표**: 체·덕·지가 조화된 교양 있는 신사(gentleman) 양성

㉡ **신체적 단련주의(건강 제일주의)**: "건강한 신체에 건전한 정신이 깃든다." → 경교육(hard education)

㉢ 사교나 여행 등 직접 경험 중시

㉣ 가정교사(tutor)에 의한 가정교육 중시

㉤ 감각, 기억, 추리의 3단계 학습과정 중시

4. 감각적(과학적) 실학주의

감각·과학적 지식을 통한 지식 획득, 자연과학적 지식과 연구방법을 교육에 도입하여 인간생활과 사회생활의 합리적 향상 도모, '말보다 사물(things before words)' → 직관교육, 실물교육, 시청각교육 중시

(1) **베이컨**(Bacon): 귀납적 교수를 통한 4대 우상(종족·동굴·시장·극장의 우상) 타파

(2) **코메니우스**(Comenius): 근대교육의 아버지(「대교수학」), 시청각교육의 선구(「세계도회」) → 세계 평화 실현으로서의 교육

① **교육목적**: 천국생활 준비(신학적 자연주의) → 플라톤(관념론)의 영향

② **교육대상**: 전인 취학학교(보편적 학교) → 루터의 영향

③ **교육내용**: 자연의 책(博識), 이성의 책(有德), 성경(敬虔)

④ **교육방법(「대교수학」)**: 합자연의 원리(객관적 자연주의) → 베이컨(경험론)의 영향

㉠ **개별교수보다 학교교육 중시**: 6명씩 소집단 교수 → 독단과 편견에서 탈피

㉡ **훈육(訓育) 중시**: "학교에서 훈육이 없으면 물 없는 물레방아와 같다." → 교사의 질책과 충고가 필요

㉢ **아동 중심 교육**: "교사는 천성(天性)의 하인일 뿐 그 주인은 아니다."

㉣ **4단계 학교교육론**: 단선형 학제론

시기(연령)	학교	특징	비고(현대의 교육)
유아기 (1~6세)	모친학교(어머니 무릎학교)	사적(私的)인 학교 → 외적 감각의 개발	• 가정교육 • 유치원교육
아동기 (7~12세)	모국어학교: 3R's, 모국어	• 무상·의무교육 → 내적 감각(상상과 기억)의 개발 • 각 마을마다 설치	초등교육

청소년기 (13~18세)	라틴어 학교(김나지움): 7자유과	• 이해와 판단의 개발 • 각 도시마다 설치	중등학교
청년기 (19~24세)	청년학교(대학교) 및 외국여행	• 국가 및 교회 지도자 양성 → 의지의 개발 • 각 주(州)마다 설치	대학교 (선발시험 실시)

ⓜ **평화 애호 사상**: 세계 평화 실현으로서의 교육 강조

ⓑ 통합교육(「범지학」) 및 평생교육 강조

⑤ 저서: 「대교수학」(1632), 「어학입문」(1631), 「세계도회」(1658)

08 근대의 교육(Ⅳ): 계몽주의 교육(18세기)

1. 개관

이성(理性)을 통해 절대주의를 타파하고 민주주의를 확립하려는 인간 이성의 해방운동

(1) **특징**: ① 합리주의, ② 기계주의, ③ 개인주의, ④ 반역사 · 반국가 · 반민족주의, ⑤ 자연주의 → 상류층 중심 교육 중시

(2) **교육 현황**

① 자선사업으로서의 교육 확대(영국)

㉠ 벨과 랭카스터(Bell & Lancaster): 조교제도(보조교사 제도) → 대량교수법, 서당의 접장 제도와 유사

㉡ 오웬(Owen): 유아학교 설립, '공장법' 제정 → '초등교육법' 제정에 영향

② 국민교육제도 구상(프랑스): 국가에 의한 교육 강조

상피에르	국가관리 교육 주창
샤로테	국가에 의한 국민의 교육 강조
롤랑	교육 기회균등 원칙 강조
콩도르세	「공교육 조직 계획안」 → 인류 불평등 극복을 위한 국민교육 구상, 여성교육 옹호, 취학의 의무 ×, 민주적 교육개혁의 모델
탈레랑	공립 무상교육 강조

2. 자연주의

(1) **특징**

① **주관적 · 심리적 자연주의**: 교육은 '아동의 이해'에서 출발 → 전통적 교육(교사 중심 교육)에서 새교육(아동 중심 교육)으로의 코페르니쿠스적 전환의 계기

② **원시적 자연주의**: 타락한 문명사회 극복을 위한 선(善)한 본성의 회복 중시 → "자연으로 돌아가라."

(2) 루소(Rousseau)

> 1. **합리적**(계몽적) **루소**: 일반의지 구현체로서의 국가 → 「사회계약론」
> 2. **낭만적 루소**: 인간의 조화로운 발달 → 「에밀」

① 특징

㉠ 교육 가능설: "인간은 교육에 의해 성장한다." → 교육은 아동의 자발적 조성 작용

㉡ 합자연의 원리: 주관적・심리적 자연주의(예 유전적 차이, 개인적 차이, 연령 차이, 성별 차이에 따른 교육) → 아동의 흥미・욕구, 발달단계 등 중시

㉢ 주정주의(主情主義): 먼저 느끼는 교육 → 낭만주의

㉣ 소극적 교육: 사회악으로부터 아동의 선성(善性)을 보호, 아동이 필요와 흥미를 느낄 때 교육 예 학습(교육)보다 발달을 중시하는 교육

㉤ 교육은 (아동의) 현재생활 그 자체

㉥ 경험 중심 교육: 언어(지식)보다 경험을 중시

㉦ 아동 중심 교육: 아동은 성인의 축소판이 아님 → 교육은 '아동의 이해'로부터 출발

㉧ 교사의 역할: 정원사(庭園師) → 안내자, 보조자

② 「에밀(Emile)」의 교육사상

㉠ 교육목적: 고상한 야인(noble savage, 도덕적 자유인) → 선성(善性) 회복(원시적 자연주의), 일반도야(인간도야)

㉡ 교육원리: 성선설, 교육 3요소(자연・인간・사물), 주관적(심리적) 자연주의(아동의 흥미, 욕구 중시)

구성	발달단계	교육 중점	세부 내용
제1편	유아기(1~2세) → 동물적 시기	신체단련	• 사는 것은 활동하는 것이다. • 지육과 덕육은 불필요, 친모(親母)가 직접 양육 • 자유로운 신체활동에 대한 일체의 구속 거부 → 맨발, 냉수목욕, 견디는 훈련
제2편	아동기(3~12세) → 야만인의 시기	감각교육 → 소극적 교육의 시기	• 5감각기관(눈, 귀, 코, 혀, 피부)의 단련 • 언어의 습득 → 독서 금지, 사회로부터 격리(소극적 교육) • 자연벌: 실학적 단련주의(자연벌)
제3편	소년기(13~15세) → 농부의 시기	지식교육	• 지적 호기심을 이용한 자기활동: 필요 ⇨ 활동 ⇨ 경험 ⇨ 지식 • 실질도야: 생활에 유용한 것 교수 → 노작교육 • 독서 불필요: 「로빈슨 크루소」
제4편	청년기(16~20세) → 합리적 사고의 시기	도덕・종교교육 → 적극적 교육의 시기	• 사회생활 준비: 「플루타크 영웅전」 → 사회 타락 과정을 이해 • 훈화교육 금지 • 인간관계와 사회제도에 대한 지식 습득과 성충동 억제 교육
제5편	결혼기 → 사회인의 시기	여성교육론 (男女別學)	현모양처 강조, 소극적, 무용론의 입장: 여자의 1차 임무는 남자를 즐겁게 하는 것

③ 교육사적 의의
㉠ 장점: ⓐ 교육을 내적·자연적 과정(성장)으로 이해, ⓑ 아동심리에 대한 이해 강조, ⓒ 지식 교육보다 감정 도야 중시, ⓓ 시민 도야나 직업 도야보다 일반 도야 강조
㉡ 비판점: ⓐ 사회·학교교육 경시(대안교육에 대한 논의의 출발 제공), ⓑ 자유주의적 방임주의 경향, ⓒ 국가주의 교육체제 부정, ⓓ '자연'의 개념이 불명확(예 흥미, 자유)

3. **범애주의**: 세계주의, 현실적 실리주의 교육

(1) **개념**: 루소(Rousseau)의 사상+기독교적 인류애 실현(묵자의 겸애설) – 보편교육론, 학교교육의 개혁운동 → 학교제도 개혁(국가의 학교관리)에 선구적 역할

(2) **특징**: ① 교과의 유용성(어린이들의 삶에 유용한 교육내용), ② 즐겁고 행복하게 배울 수 있는 교육방법(놀이 & 여행, 견학, 실물, 회화 등 직관교수), ③ 정열을 가지고 참고 인내할 줄 아는 교사상

(3) **대표자**
① 바제도우(Basedow): 초등교육의 개혁과 교재의 근본적인 개정을 시도
㉠ 「초등교수서」 저술: 코메니우스의 「세계도회」와 루소의 자연주의 사상의 영향 → 18C의 세계도회
㉡ 범애학교 설립: 아동의 수준에 맞는 교육, 실물에 관한 지식, 실제적 활동(유희, 운동, 수공)을 학교교과에 도입, 모국어의 중시, 교과의 유용성 강조 → 종파적으로 중립된 기숙학교
② 잘쯔만(Saltzman): 범애학교 교사 → 동로(同勞)조합(슈네펜탈 학교)

4. **합리주의**

칸트(Kant): 교육만능설, 교육보편설(교육은 초국가적 사업), 교육의 인격성 중시(예 양육, 훈육, 교화, 개화, 도덕화) → 도덕적 자연주의

09 근대의 교육(V): 신인문주의 교육(낭만주의, 19세기)

1. **개관**

(1) **개념**: 정의적(情意的) 측면을 바탕으로 인간의 조화로운 발달과 국가를 중심으로 그리스의 이상 실현을 도모
① 특징: ㉠ 주정주의, ㉡ 정의(情意)주의, ㉢ 국가·민족·역사주의 → 하류층 중심 교육 중시
② 그리스 고전 중시: 플라톤(Platon)의 이데아 실현

구인문주의와 신인문주의 비교

구인문주의	로마 문화	형식 중시(언어, 문장)	고전의 기계적 모방	모방적, 이상적
신인문주의	그리스 문화	내용 중시(세계관, 인생관)	고전의 자각적인 비판	자각적, 비판적, 현실적

(2) **유형 및 현대교육에의 영향**: ① 계발주의(교육방법의 발달), ② 국가주의(공교육제도 확립), ③ 과학적 실리주의(현대 교육과정 형성)

2. 계발주의

심리학적 방법을 통해 교육방법을 인간발달법칙에 합치

예 페스탈로치(3H의 계발 → 사회적 계발주의), 헤르바르트(다면적 흥미의 계발 → 심리적 계발주의), 프뢰벨(신성의 계발 → 종교적 계발주의)

(1) **페스탈로치**(Pestalozzi): 교성(教聖)

① **교육목적**: 3H[덕(Heart)・지(Head)・체(技, Hand)]의 조화, 즉 전인교육 실현을 통해 불평등한 사회개혁 → 능력심리학에 토대

② **교육내용**: 수・형・어 → 실물교육, 직관교육

③ **교육방법**

㉠ **합자연의 원리**: ⓐ 자발성, ⓑ 방법(발달단계에 따른 교수), ⓒ 사회 또는 생활공동체(안방교육의 원리), ⓓ 조화적 발전의 원리(통합의 원리, 도덕성 중시의 원리)

㉡ **직관(수・형・어)의 원리**: 막연한 감각인상에서 명확한 관념으로 진행

㉢ **노작교육의 원리**(learning by doing): 노작교육은 전인교육의 한 방법

④ **특징**: ㉠ 아래로부터의 교육(민중교육, 평등교육), ㉡ 가정교육과 학교교육 및 사회교육 중시, ㉢ 적극적 교육론, ㉣ 생활도야론, ㉤ 개인과 사회의 조화로운 발달 강조, ㉥ 교사의 적극적 역할론

루소(Rousseau)**와 페스탈로치**(Pestalozzi)**의 비교**

루소(Rousseau)	페스탈로치(Pestalozzi)
소극적 교육관: 교육은 아동 개인의 직접적 경험의 결과	적극적 교육관: 교육을 통한 아동 능력 계발 가능
학교교육을 부정	학교교육을 긍정: 좋은 가정교육의 연장
개인 중심 교육	개인과 사회의 조화로운 발달 강조
일상적인 삶이 가지는 교육적 가능성 부정: 최선의 교육을 위해서는 탁월한 능력과 인격을 갖춘 부모를 둔 이상적인 가정이 반드시 필요	일상적인 삶이 가지는 교육적 가능성 긍정: 평범한 농부의 가정도 인간적인 유대와 일거리가 있는 한 훌륭한 교육의 장이 될 수 있고, 그를 통해 최선의 교육이 가능 → 생활 도야
정원사로서의 교사: 아동 성장의 협조자, 안내자	교사의 적극적 역할론 강조: 교사는 '교육의 대기술'을 가지고 아동과 사회를 매개하고 아동을 성인 수준으로 육성하는 자

⑤ **저서**: 「은자(隱者)의 황혼」(평등교육 이념 강조), 「린하르트와 게르트루트」(생활도야론 전개, 어머니로서의 교사상 제시)

⑥ **교육적 의의**: ㉠ 보통교육, ㉡ 사회적 이상주의 교육(Natorp), ㉢ 퀸시 운동(Parker)과 오스웨고 운동(Scheldon), ㉣ 생활교육, ㉤ 노작교육

(2) **헤르바르트**(Herbart)

① **교육학의 체계 확립**: (사변적) 교육학의 아버지

㉠ **교육목적**: 윤리학(Pestalozzi, Kant의 실천철학) → 도덕적 품성, 즉 5도념의 도야[예 내면적 자유, 완전성, 호의(好意), 정의(正義), 보상(報償, 또는 균형)]

㉡ **교육내용과 방법**: 표상심리학 → 표상[이미지(image)]에서 마음(사고권)으로 발전

② **교육내용**: 다면적 흥미의 조화로운 계발 강조

㉠ **흥미(interest)의 개념**: 교육적 활동을 적극적으로 하게 마음이 일어나는 것, 영속성 · 직접성 · 다면성을 지닐 것

㉡ **흥미의 성립 조건**: 전심(專心, concentration)과 치사(致思, correlation)를 통해 형성

㉢ **흥미의 종류**: 신체적 흥미를 제외

지적(인식적) 흥미	경험적 흥미, 사변적 흥미, 심미적 흥미 → 사물에 대한 흥미
정의적(교제적) 흥미	공감적 흥미, 사회적 흥미, 종교적 흥미 → 인간에 대한 흥미

③ **교육방법**

㉠ **관리**: 교수를 위한 준비 → 소극적 관리, 적극적 관리

㉡ **교수**: 교재(서적)를 매개로 한 교육목적 달성을 위한 활동

ⓐ **교육적 교수**: 교육목적(도덕적 품성도야) 달성

ⓑ **비교육적 교수**: 지식과 기능만 전달

✔ **교육적 교수 4단계**: 명료 ⇨ 연합 ⇨ 계통 ⇨ 방법

교수 단계	의미	정신 작용	Ziller	Rein
명료 (clearness)	대상에 대한 뚜렷한 인식, 개개의 관념의 명확한 구별 → 정적 전심	전심(專心): 일정한 대상에 몰입되어 명확한 관념을 파악하는 것	분석	예비
			종합	제시
연합 (association)	신 · 구 관념의 결합 → 동적 전심		연합	비교
계통 (system)	연합된 관념을 체계적으로 조직 → 정적 치사	치사(致思): 파악된 개념을 통합하여 반성을 통해 통일하는 작용	계통 (체계)	개괄 (총괄)
방법 (method)	체계화된 지식을 활용하고 응용 → 동적 치사		방법	응용

㉢ **훈련(훈육)**: 교재 없이 교육목적 달성을 위한 직접적 활동

예 보존적 훈련(교사의 시범 · 모범), 규정적 훈련(규칙 준수), 결정적 훈련(자율성), 후원적 훈련(교사의 후원)

④ **교육을 통각(統覺, association)으로 이해**: 통각은 관념(표상)과 관념(표상)의 연합

(3) **프뢰벨**(Fröbel): 유치원(Kindergarten)의 창시 → 플라톤의 관념론, 루소의 소극적 교육론, 코메니우스의 '어머니 무릎학교'에 영향 받음. 몬테소리의 '아동의 집' 창설에 영향을 줌.

① **교육목적**: 아동의 신성(神性) 계발 → 창조성, 활동성

② **교육내용**: 종교, 자연, 언어, 수학, 예술 등 5개 영역 중시

③ **교육방법**: ㉠ 통일의 원리(신 · 인간 · 자연의 조화), ㉡ 자기활동의 원리, ㉢ 놀이와 작업의 원리(은물, 恩物), ㉣ 연속적 발달의 원리(발달에는 비약이 없음.)

④ **은물(恩物)**: 상징적 실물수업(자연계에 속하는 성질 · 형상 · 법칙을 상징(예 공, 나무, 6면체, 원통), 발달단계별로 구상화 → 형이상학(관념론)적 원리라는 비판을 받음.

3. 국가주의 교육

교육의 국가 관리, 의무교육 → 공교육제도의 확립(최초의 의무교육 제도 실시: 프로이센)

예 피히테(「독일 국민에게 고함」 → 도덕교육 중시), 슐라이어마허, 크리크(무의도적 교육 중시), 호레이스만(교육은 위대한 평등장치)

더 알아보기

■ 서양 의무교육의 전개 과정

1. 근대 이전: 카알(Karl) 대제의 제3회 지령(802)
   세계 최초의 의무교육령(실천에 이르지는 못함.) → "국민으로서 모든 아동은 교육받지 않으면 안 된다."
2. 근대 이후: 독일, 미국, 프랑스, 영국
   (1) 독일
      ① 고타교육령(1642, 독일): 세계 최초의 근대적 의무교육령, 루터(Luther, 최초의 의무교육 주창자)의 영향
      ② 빌헬름 1세의 '의무취학령'(1713, 프로이센): 세계 최초로 의무교육을 실시한 국가
      ③ 프리드리히 2세의 '프로이센의 학교 규정'(1763): 유럽 최초의 초등학교 시행령, 보통교육제도의 기초 형성
      ④ 프로이센 법전(1803): 종교와 교육을 분리, 국가 교육체제 확립
      ⑤ 훔볼트(Humbolt): 복선형 학교제도 정착 → 베를린 대학 창설('고독과 자유'라는 근대 대학이념 제시)
      ⑥ 바이마르 헌법(1918): 단선형 학교제도 확립 → 통일학교 운동
   (2) 미국
      ① 매사추세츠 교육령(1642, 미국): 칼뱅(Calvin)의 영향, 취학의 의무
      ② 호레이스만(Horace Mann): 매사추세츠 교육법(1852) → 의무교육 실시
      ③ 19C 초 모든 주에 의무교육 실시
   (3) 프랑스
      ① 콩도르세(Condorcet)의 '공교육의 일반 조직에 관한 보고 및 법안'(1792): 민주적 교육체제 확립에 기여, 무상교육 실시 주장 → 프랑스 공교육제도의 기본적인 틀 확립(실천에 이르지는 못함.)
      ② '초등교육법'(1833)을 거쳐 1882년 무상의 보통교육제도 확립
   (4) 영국
      ① 초등교육법(Forster법, 1870): 민중교육을 기반으로 하는 공교육제도 확립
      ② 교육법(1944): 단선형 학제 완성

4. 과학적 실리주의(실증주의)

(1) **개념**: 과학적 지식을 통한 실생활 준비, 인류의 행복 실현 → 과학교육론

(2) **대표자**: 스펜서(Spencer)
   ① **교육목적**: 지상에서 완전한 생활 실현 → 생활준비설
   ② **교육내용**: 체・덕・지의 3육론 → 현대적 교육과정 제시

직접적인 자기 보존에 필요한 지식 (생명의 안전과 건강을 위한 지식)	생리학, 위생학 → 체육
간접적인 자기 보존에 필요한 지식 (생필품 확보를 위한 지식)	논리학, 수학, 천문학, 생물학, 사회학 → 직업교육, 자연과학, 사회과학
자녀의 양육과 교육에 필요한 지식	가사, 육아법, 심리학
정치적・사회적 관계 유지에 필요한 지식	역사학, 공민학 → 시민교육
여가생활에 필요한 지식	문학, 미술 → 예술

   ③ **교육방법**: 자연의 법칙에 따르는 체계적인 과학의 방법
   ④ **의의**: ㉠ 국가 교육체제 도입 반대(교육은 본질상 개인의 관심사), ㉡ 사회유기체설(미국 프래그머티즘에 영향)

10 현대의 교육(20세기): 신교육운동(아동 중심 교육운동)

1. 엘렌 케이(Ellen Key)

(1) 20세기는 아동의 세기, 지식교육은 아동의 정신 살해 행위 → 주지주의 교육 비판, 자유방임주의의 교육 주창

(2) 「아동의 세기」 저술

2. 몬테소리(Montessori)

(1) 로마의 빈민 자제를 대상으로 한 '아동의 집' 유치원 창설

(2) **철저한 자유방임주의 교육**: "교육의 출발은 새로운 아동의 발견으로부터"

(3) 유아기는 학습이 최대로 가능한 민감기(sensitive period)

(4) 교사는 향도자(director)·수동적 방임자(on-looker)·관리자

(5) **교육론의 특징**: ① 노작이론, ② 정상화 이론(자유, 정리된 환경, 감각교육 중시) → 달톤 플랜(Dalton Plan)에 영향

몬테소리(Montessori)**와 프뢰벨**(Fr bel)**의 비교**

몬테소리	유아기의 지적 활동 옹호, 감각교육을 추구
프뢰벨	유아기의 지적 활동 반대, 은물(恩物)을 이용한 상징교육 추구

3. 닐(Neill)

써머힐(Summerhill) 설립, 자유주의 교육운동 → 사랑·자유(성선설에 입각한 일체의 구속 탈피)·감성교육 중시, 남녀공학, '행복'이 교육 목적

4. 스프랑거(Spranger): 문화적 교육학

(1) **교육의 본질은 문화의 번식**

(2) **교육은 도야의 과정**: 기초적 도야 ⇨ 전문적 도야 ⇨ 일반적 도야

(3) **교육은 각성의 과정**: 내면적 세계 각성 ⇨ 인격적 자아 각성 ⇨ 문화적 책임 각성을 통한 인간 영혼의 전향술

5. 케르센슈타이너(Kerschensteiner)

국민교육론 주장 → 노작교육, 초등교육 중시(현장 체험학습), 노작학교 설립

박문각
공무원

핵심 요약집

오현준

핵심교육학

CHAPTER

04

교육철학

01 교육철학의 기초

02 지식의 이해

03 현대의 교육철학(Ⅰ): 20세기 전반 교육철학

04 현대의 교육철학(Ⅱ): 20세기 후반 교육철학

05 동양의 교육철학

핵심 체크노트

1. **교육철학의 기능** : 분석적 기능, 사변적 기능, 규범적 기능, 통합적 기능
2. **지식의 종류** : 명제적 지식(사실적, 규범적, 논리적), 방법적 지식
3. **현대의 교육사조(I)** : 진보주의, 본질주의, 항존주의, 재건주의
4. **현대의 교육사조(II)** : 실존주의, 분석철학, 비판이론, 포스트모더니즘

01 교육철학의 기초

1. 개념

교육철학(education+philosophy)은 철학적 방법으로 교육의 본질을 추구하는 학문이다.

2. 영역: 탐구대상(내용)에 따른 구분

(1) **형이상학(존재론, 사변철학)**: 존재의 근원(궁극적 실재) 탐구 → "무엇이 실재하는가?(What is real?)" 예 불변적 실재(관념론, 실재론), 변화하는 실재(프래그머티즘)

(2) **인식론**: 진리(지식)의 본질과 근거 탐구 → "무엇이 진리인가?(What is true?)"
예 절대론(독단론), 상대론(오류 가능론), 회의론(불가지론)

실증주의	인식 주체와 인식 대상을 분리 → 객관주의 경향
현상학	인식 주체와 인식 대상을 통합(인식 주체의 경험 중시) → 구성주의 경향
해석학	인식 주체와 인식 대상을 통합(인식 대상의 이해 중시) → 구성주의 경향
구조주의	탈주체를 강조 → 인식 주체를 부정
포스트모더니즘	지식의 주관성 · 상대성 · 가변성 가정 → 구성주의 경향

(3) **가치론(규범철학)**: 가치의 본질과 근거 탐구 → "무엇이 가치 있는가?(What is valuable?)"
예 윤리학(도덕적 가치), 미학(예술적 가치)

(4) **논리학**: 결론에 도달하기까지의 사고 과정의 타당성 검증, 사고 과정의 규칙 탐구 → 철학의 방법론 예 논리실증주의, (일상언어) 분석철학

활동으로서의 철학의 측면

종합하는 것 (synthesizing)	포괄적이고 일관된 인생관을 갖고자 하는 인간의 욕구와 필요에 부응하는 것으로서 이러한 인생관을 통해 사람들은 생각들을 통합하고 열망의 근거를 마련하며 경험들을 해석할 수 있게 된다.
사변하는 것 (speculating)	인간이 가진 지식의 한계와 관련이 있는 것으로서, 알려진 것에서부터 미지의 것으로의 합리적 도약을 인정하고, 자신감을 가지고 지금까지 규정되지 않은 것으로 나아가는 것을 허용하는 기능을 한다.

규정(처방)하는 것 (prescribing)	행동 및 예술과 관련된 가치들을 평가하기 위한 준거를 수립하는 일이다. 본질적으로 규정(처방)하는 일에는 좋고 나쁨, 옳고 그름, 아름답고 추함이 의미하는 바를 정의내리는 과정이 포함된다. 그럼으로써 어떠한 행위와 어떠한 질이 가장 가치로운 것인가를 결정하기 위한 원리들을 발견하고 밝히는 것이다.
분석하는 것 (analyzing)	인간의 언어와 우리가 이를 사용하는 방식을 검토하는 일에 초점을 맞추는데, 이는 우리가 문제들을 어떻게 이해하고 해법을 모색하는가를 명료히 하려는 의도 아래 이루어진다.

3. 교육철학의 기능

(1) **분석적 기능**: 1차적 기능

① **언어의 의미 명료화**: 언어의 애매성 · 모호성 · 논리적 모순 제거

예 '안다'는 의미는 '~을/를 할 줄 안다'와 '~임을 안다'로 구분된다.

② 언어가 사용된 맥락(context) 분석

(2) **사변적(구성적 · 형이상학적) 기능**: 핵심적 기능

① 교육 문제 해결의 대안(가설, 방향, 제언) 제시

② 교육목표 설정

(3) **평가적(규범적) 기능**

① 어떤 기준(규준이나 준거)에 비추어 교육에 관한 가치판단, 교육적 실천 · 이론 · 주장 · 원리의 만족도를 밝힘.

② 평가 대상과 평가 기준을 명확히 하는 것이 중요

(4) **통합적(종합적) 기능**: 가장 고유한 기능

① **교육의 일관성 유지**: 전인교육 중시

② **전체적 · 종합적으로 교육을 이해**: 교육을 보는 안목 또는 관점 형성

02 지식의 이해

1. 지식의 종류: 지식의 표현 형태에 따라 라일(Ryle)이 구분

(1) **방법적 지식**: 절차적 지식, 묵시적 지식, 동적 지식 → 어떤 과제의 절차와 방법에 관한 지식 (Know how, '~을 할 줄 안다'로 진술)

예 컴퓨터를 다룰 줄 안다. 배영을 할 줄 안다. 덧셈을 할 줄 안다.

① 특정한 능력(ability)에 관한 지식, 명제적 지식을 포함하는 지식

② **산출(production) 형태로 표상화**: 조건(if) – 행위(then) 규칙

③ 문제해결학습, 발견학습, 구안법, 자기주도적 학습, 수행평가 등에서 중시

(2) **명제적 지식**: 선언적 지식, 명시적 지식, 정적 지식 → 탐구 결과로 생성된 명제에 관한 지식 (Know that~, '~임을 안다'로 진술)

① 신념(belief)에 해당하는 지식

② 도식(schema)의 형태로 저장

③ **성립요건**: 신념조건, 진리조건, 증거조건(Platon의 「Menon」)+방법조건(Ryle)

㉠ **강한 의미의 앎**: 증거조건, 방법조건을 구비 예 사실적 지식

㉡ **약한 의미의 앎**: 증거조건, 방법조건을 구비 × 예 사변적(형이상학적) 지식

④ **종류**: 사실적(경험적) 지식, 규범적(평가적) 지식, 논리적 지식

사실적 지식	객관적 사실이나 현상을 기술 → 가설적·개연적 지식, 귀납적 지식 예 독도는 대한민국의 영토이다. 지구는 둥글다.
규범적 지식	주장이나 가치판단(예 좋다, 나쁘다, 옳다, 바람직하다 등)을 내포 → 준거 또는 근거에 의해 정당화 예 거짓말은 나쁘다. 모나리자의 미소는 아름답다.
논리적 지식	문장 요소들 간의 의미상 관계를 나타내는 지식, 의미에 관한 사고(경험적 정보 제공 ×) 및 무모순성과 일관성의 조건이 요구됨. → 분석적 지식, 형식적 지식 예 할머니는 어머니의 어머니이다. 1 더하기 1은 2이다.

2. 지식을 잘 가르친다는 것의 의미

(1) **단순히 어떤 명제나 진술을 암기하거나 기억하게 하는 것이 아니라 탐구의 과정으로서 가르쳐야 한다**: '과정으로서의 지식' 혹은 '교과언어(subject language)'로 가르쳐야 한다.

(2) **지식은 그것의 성격에 충실하게 가르쳐야 한다**: 경험적 지식은 경험적 지식답게, 규범적 지식은 규범적 지식답게, 논리적 지식은 논리적 지식답게 가르쳐야 한다.

(3) **지식의 조건인 신념, 진리, 증거 및 방법 조건에 맞게 가르쳐야 한다**: 지적 정직성(intellectual honesty, 지적 윤리성)의 문제

03 현대의 교육철학(Ⅰ): 20세기 전반 교육철학

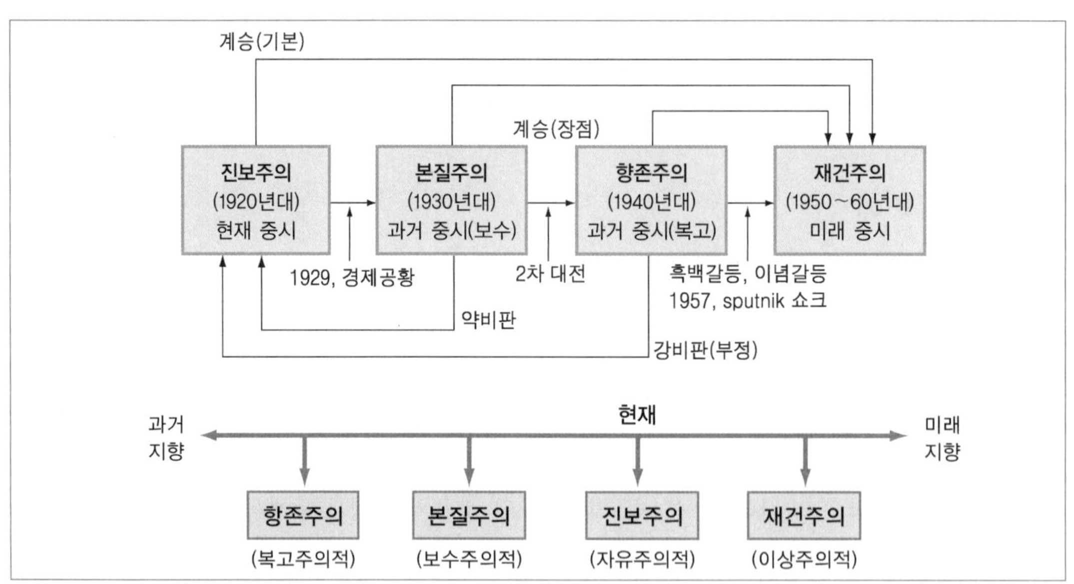

1. 진보주의(Progressivism, 1920년대)

(1) **역사**: 미국의 신교육운동

① **기원**: 자연주의(아동 중심 사상)+프래그머티즘(유용성)

② **발달**: 실험학교(Dewey), 진보주의 교육협회(PEA), 8년 연구(Aikin), 구안법(Kilpatrick), 지역사회학교(Olsen)

더 알아보기

■ **프래그머티즘**(pragmatism): 행동과 경험, 실용에 중점을 두는 철학
1. 경험과 변화가 유일한 실재
2. 상대적 진리관 또는 가치관(지식의 현실 적합성, 가치의 유용성 중시)
3. 생물학적 또는 사회적 인간관(충동, 습관, 지성)
4. 생활양식으로서의 민주주의
5. 비판적 지성, 즉 반성적 사고 중시(지식은 문제해결의 도구)

(2) **교육원리**

① **교육은 아동의 현재 생활 그 자체**: '개인의 필요 충족'
② **지식은 실생활의 문제해결을 위한 도구**: 상대적 진리관 · 가치관
③ **아동 중심 교육**: 아동의 흥미, 욕구 등 중시
④ 교육의 목적은 아동의 성장과 전인교육
⑤ **경험 중심 교육과정**: '경험을 통한 학습', 교재의 심리적 조직
⑥ **교육방법**: 문제해결학습, 구안법(project method)
⑦ 교사는 조력자 · 안내자
⑧ 학교는 경쟁의 장이 아니라 협력의 장

(3) **대표자**: 듀이, 파커(진보주의의 아버지), 킬패트릭, 올센

더 알아보기

■ **듀이**(Dewey)
1. 교육은 ① 생활, ② 성장(계속적 경험의 재구성), ③ 사회적 과정, ④ 학생들의 자발적이고 능동적인 참여 과정, ⑤ 전인적 과정이다.
2. 경험 중심 교육(경험의 상호 작용성과 계속성), 문제해결학습, 축소사회로서의 학교
3. **흥미**(interest): '사이에 있는 것' → 어떤 사물에 몰입한 상태, 목표달성의 수단
4. **반성적 사고**(reflective thinking)**의 과정**: 제안(suggestion, 암시) ⇨ 지성화(intellectualization, 문제 파악) ⇨ 가설(hypothesis, 대안) 설정 ⇨ 추리작업(reasoning, 미래 예측) ⇨ 행동에 의한 가설 검증(verification) ⇨ 전망
5. **대표적 저서**: 「나의 교육신조(1897)」, 「학교와 사회(1899)」, 「민주주의와 교육(1916)」, 「경험과 교육(1938)」

(4) **영향**: ① 새교육운동, ② 민주주의 교육, ③ 재개념주의 운동, ④ 구성주의

(5) **비판**: ① 사회적 요구 무시, ② 1차적 지식의 중요성 간과로 기초학력 저하

2. **본질주의**(Essentialism, 1930년대)

(1) **개요**: 진보주의 비판(약), 민주주의 수호 사상, 진보주의(교육방법)와 항존주의(교육내용)의 절충적 입장

(2) **역사**: 미국교육 향상을 위한 본질파위원회(1938), 기초교육위원회, 매사추세츠 우즈호울 회의(1959, 학문 중심 교육과정), '기초로 돌아가자(back to basics)' 운동

(3) **교육원리**

① **인류의 본질적 문화유산 전수가 교육의 주된 목적**: 교육내용으로서 인문과학이나 자연과학 중시
② **교사의 통제와 주도성**: 교사의 권위 회복(교육의 주도권은 성숙된 교사에게 있음.), 아동의 자발성은 인정

③ **학습의 훈련성**: 아동의 흥미보다 노력과 훈련 중시 → 학교는 전통적인 학문적 훈련방식(계통학습)을 계속 유지해야 함.
④ **교육과정의 핵심은 소정의 교과를 철저하게 이수하고 자기 것으로 만드는 일**: 개인적 경험보다 민족적 경험이나 사회적 유산 중시, 교과는 문화유산을 논리적으로 조직한 것, 교사는 문화유산의 전달자
⑤ 사회적 요구와 관심에 부응하는 교육
⑥ 교과 중심 교육과정(전기, 논리적 조직)+학문 중심 교육과정(후기, 절충적 조직)
⑦ **교수방법**: 강의법, 발견학습, 탐구학습

Tip 본질주의의 슬로건

1. 교육은 인류가 쌓아 놓은 과거의 문화유산에서 가장 기본적이며 '본질적인 것(essentials)'을 간추려서 다음 세대에 전달함으로써 역사 발전의 원동력을 기르는 것이다.
2. 사려 깊게 교육받은 인간이라면 누구나가 알아야 할 본질적인 요소가 있다.

(4) **대표자**: 데미아쉬케비치(Demiashekevich, 용어 사용), 배글리(Bagley), 브리그스(Briggs), 브리드(Breed, "보존 없는 진보 없다." → 양극이론)

본질주의와 진보주의 비교

본질주의	아동의 노력과 훈련, 교사의 자발성, 민족의 경험, 교과의 교재(원리), 교재의 논리적 조직, 미래의 목적
진보주의	아동의 흥미와 자유, 아동의 자발성, 개인의 경험, 아동의 활동(경험), 교재의 심리적 조직, 현재적 목적

(5) **영향**: ① NCLB(No Child Left Behind, 낙오 학생 방지법, 2002 → 학력평가 강화), ② 표준교육과정 운동(standard movement)

(6) **비판**: ① 문화의 동적 관점 무시(문화적 보수성), ② 절대적 진리에는 소홀, ③ 미래의 전망과 사회혁신의 자세가 결여

3. 항존주의(영원주의, Perennialism, 1940년대)

(1) **역사**: 진보주의 전면 부정, 현대문명의 위기 극복을 위한 참된 인간성 회복 교육 → 고대의 관념론과 실재론에 토대, 복고적 성격

(2) **주장**: "이 하늘 아래 새로운 것은 하나도 없다."(전도서 1장 9절), "영원불변하는 진리의 세계로 돌아가자.", "인간의 본질(이성)은 불변하기 때문에 교육의 본질(이성의 도야)도 불변한다."

(3) **교육원리**

① 인간은 서로 다른 환경에 놓여 있다 하더라도 그 본성은 언제 어디서나 동일하다. 따라서 교육도 언제 어디서나 동일해야 한다. → 인간의 동일성(보편성) 강조
② 이성(理性)은 인간의 최고 속성이다.
③ 교육의 과업은 인간을 현실세계에 적응시키는 일이 아니라, 영원불변하는 진리에 인간을 적응시키는 일이다. → 절대적・객관적・보편적 진리관
④ 교육은 생활 그 자체나 모방이 아니라 미래의 이상적 생활의 준비다. → 미래생활 대비 교육
⑤ 학생들은 세계의 영원성에 익숙하게 하는 기본적인 과목들을 배워야 한다. → 인간성(도덕성) 회복을 위해 자유교육(교양교육)을 통한 이성과 지성의 훈련・계발 강조, 학교는 지성의 훈련장, 철저한 교사 중심 교육, 교과 중심 교육 강조

⑥ 학생들은 문학, 철학, 역사, 과학과 같이 여러 시대를 거쳐 인간의 위대한 소망과 성취를 나타낸 위대한 고전들(The Great Books)을 읽어야 한다. → 고전적 인문주의(신토미즘, Neo-Thomism)

(4) **대표자**: 허친스(Hutchins, 「위대한 책들」, 고전독서론, 교양교육), 아들러(Adler, 파이데이아 교육과정), 마리땡(Maritain, 인격도야), 커닝햄(Cunningham)

(5) **영향**: 산업혁명과 과학발달의 영향으로 절대적 가치를 상실하고 방황하는 시대 상황 속에서 인간의 본성과 절대적 가치를 심어 줌으로써 인간 삶의 지표를 확고히 함.

(6) **비판**: ① 주지주의적 엘리트 교육, ② 귀족교육, ③ 전인교육에 위배

항존주의와 진보주의 비교

항존주의	① 영구적·불변적 가치, ② 진리의 절대성(항존성), ③ 영원한 실재, ④ 미래의 준비, ⑤ 고전 중심 교육과정, ⑥ 정신(이성)주의, ⑦ 일반도야, ⑧ 초자연적인 신의 세계
진보주의	① 일시적·변화적 가치, ② 진리의 상대성(진화성), ③ 변화하는 실재, ④ 현재 생활의 충실, ⑤ 생활(경험) 중심 교육과정, ⑥ 물질(과학)주의, ⑦ 직업도야, ⑧ 현실적인 인간의 경험 세계

4. (문화) **재건주의**(Reconstructionism, 1950~60년대)

(1) **역사**: 진보주의 계승(사회 중심주의)+본질주의(계통적 지식, 문화)와 항존주의(합리성)의 장점 수용 → 사회문화적 위기(예 인종 갈등, 사회적 불평등, 권위 상실 등)를 교육을 통해 재구성

(2) **주장**: 학교는 새롭고 더 평등한 사회창조를 위해 지도적 역할을 수행해야 한다. 교육을 수단으로 현 사회를 개혁하고 새로운 사회질서를 수립해야 한다. → 교육의 능동적 역할에 대한 신뢰

(3) **교육원리**

① **교육개혁을 통한 사회문화의 재건 중시**: 교육은 문화의 기본적 가치를 실현시키는 새로운 사회질서를 창조하는 일(破型)에 전념해야 하며, 동시에 현대 세계의 사회적·경제적 세력과 조화를 이루어야 한다.

② **복지사회의 이상 추구**: 새로운 사회는 진정으로 민주적인 사회가 되어야 하며, 이러한 사회는 민주적인 방법으로 실현되어야 한다. → 재건주의는 민주적인 질서가 자리잡고 부(富)의 공정한 분배가 이루어지는 복지사회를 이상으로 추구

③ **사회적 자아실현인 추구**: 아동, 학교, 교육 등은 사회적·문화적 세력에 의해 확고하게 조건지어진다. → 정약용의 '수기위천하인'의 인간상과 유사

④ **민주적인 교육방법 중시**: 교사는 재건주의자들이 제시하는 새로운 사회건설의 긴급성과 타당성을 학생들에게 민주적인 방법(예 참여와 의사소통, 토론 등)으로 확신시켜 주어야 한다.

⑤ **미래지향적 교육**: 학교는 학생들의 미래를 준비하도록 도야하는 미래지향적 교육을 해야 한다.

⑥ **행동과학 강조**: 교육의 목적과 수단은 문화적 위기를 극복할 수 있도록 철저하게 개조되어야 하고, 행동과학의 연구가 발견해낸 제 원리들에 맞아야 한다.

(4) **대표자**: 브라멜드(Brameld), 카운츠(Counts), 러그(Rugg)

(5) **교육적 의의**

① 교육의 힘에 대한 신뢰

② 이상사회로서 복지사회 추구

③ 교육을 통한 사회문화적 위기 극복 중시

(6) 비판

① 교육의 역할과 민주주의에 대한 지나친 기대
② 미래사회의 바람직한 가치관에 대한 논증 결여
③ 행동과학을 지나치게 중시

5. 현대 미국의 교육사조 비교

구분	진보주의	본질주의	항존주의(영원주의)	재건주의
1. 시기	1920년대	1930년대	1930~1940년대	1950~1960년대
2. 개념	전통교육의 문제점을 극복하기 위한 교육개혁운동(신교육운동)	진보주의의 교육적 한계를 극복하려는 교육개혁운동	• 진보주의를 전면 부정 • 현대문명의 위기극복을 위한 참된 인간성 회복 교육	사회문화적 위기를 교육을 통해 극복하려는 사상
3. 철학배경	자연주의(아동중심사상)+프래그머티즘(유용성)	• 단일한 철학적 배경은 없다. • 진보주의(교육방법)와 항존주의(교육내용)의 절충적 입장 • 민주주의 체제 수호 철학	관념론, 실재론, 스콜라철학 → 복고적·고전적 인문주의, 신토미즘('문화로부터의 역행'이라는 비판을 받음)	진보주의(듀이의 사상을 사회중심주의로 계승) 토대+본질주의(계통학습)와 항존주의(합리성)
4. 전개과정	실험학교, 진보주의 교육협회(PEA, 1918), 8년연구, 구안법, 지역사회학교	미국 교육의 향상을 위한 본질파 위원회(1938), 기초교육위원회, 매사추세츠 우즈호울 회의(1959)	허친스(Hutchins)의 시카고 플랜, 아들러(Adler)의 파이데이아 교육과정	경제공황의 위기적 상황에서 전위적 사상가 출현, 브라멜드(Brameld)에 의해 체계화
5. 대표자	듀이(J. Dewey), 파커(Parker), 킬패트릭(Kilpatrick), 올센(Olsen)	데미아쉬케비치(Demiashkevich), 배글리(Bagley), 브리드(Breed, 양극이론), 브리그스(Briggs)	허친스(Hutchins), 아들러(Adler), 커닝햄(Cunningham), 마리땡(Maritain)	브라멜드(Brameld), 카운츠(Counts), 러그(Rugg)
6. 주장	• 아동 개인의 필요 충족(meeting individual needs) • 경험을 통한 학습(learning by doing)	• 교육은 인류가 쌓아 놓은 과거의 문화유산에서 가장 기본적이며 '본질적인 것(essentials)'을 간추려서 다음 세대에 전달함으로써 역사 발전의 원동력을 기르는 것이다. • 사려 깊게 교육받은 인간이라면 누구나가 알아야 할 본질적인 요소가 있다.	• "이 하늘 아래 새로운 것은 하나도 없다" (전도서 1장 9절) • "영원불변하는 진리의 세계로 돌아가자" • "인간의 본질(이성)은 불변하기 때문에 교육의 본질(이성의 도야)도 불변한다."	• 학교는 새롭고 더 평등한 사회창조를 위해 지도적 역할을 수행해야 한다. • 교육을 수단으로 현 사회를 개혁하고 새로운 사회질서를 수립해야 한다.

7. 교육원리	① 아동의 현재생활중시 ② 지식은 문제해결의 도구 ③ 상대적 진리관 · 가치관	① 과거의 본질적 문화유산 중시, 미래 생활 대비 교육 ② 교사의 통제와 주도성 중시(아동의 자발성은 인정) ③ 학습의 훈련성 강조 ④ 교과의 철저한 이수 강조 ⑤ 사회적 요구에 부응하는 교육	① 인간본성의 동일성(이성적 존재) ② 교육은 인간을 영원불변하는 진리에 적응시키는 일 ③ 교육은 생활 그 자체나 모방이 아닌 미래의 이상적 생활의 준비 ④ 이성(지성)의 도야를 위한 자유교양교육 중시	① 교육개혁을 통한 사회문화의 재건 ② 복지사회 이상추구 ③ 아동 · 교육 · 학교 등은 사회적 · 문화적인 힘에 의하여 재구성되어야 한다. ④ 미래지향적인 학교교육
8. 교육목적	① 현재 생활에 적응할 수 있는 전인 양성 ② 성장: 경험의 계속적 재구성	① 인류의 본질적인 문화유산 전달 ② 미래 생활 준비로서의 교육	이성(지성)의 도야를 통한 참된 인간성(도덕성)의 회복	개인의 사회적 자아실현(= 정약용의 수기 위천하인)과 사회의 민주적 개혁
9. 교육내용	현실생활의 경험(실질도야) → 경험중심 교육과정	① 전기: 교과중심 교육과정 ② 후기: 학문중심 교육과정	고전(「위대한 책들, The Great Books」), 교양교육 → 교과중심 교육과정	사회적 자아실현을 위해 가치있는 경험들 → 행동과학적 경험 중시
10. 교육내용 조직원리	심리적 배열	① 전기: 논리적 배열 ② 후기: 절충적 배열	논리적 배열	절충적 배열(심리적 배열+논리적 배열)
11. 교육방법	문제해결학습, 구안법, 협력학습	강의법, 발견학습, 탐구학습	교사중심 수업	협동학습, 지역사회 연계 활동
12. 영향(의의)	① 해방 이후의 새교육운동 ② 민주주의 교육이념 보급 ③ 재개념주의 교육과정 운동 ④ 구성주의 학습 ⑤ 열린교육	① 기초로의 회귀운동(1980년대) ② 문화적 문해 중시 ③ 기준교육과정 운동 ④ NCLB(낙오학생방지법) ⑤ 수월성 향상을 위한 교육 강조	① 실존주의 철학에 영향을 줌. ② 1980년대 신보수주의자들의 주장(고전 읽기 강조) ③ 절대적 가치를 상실하고 방황하는 시대에 인간 삶의 지표를 제시	① 현대사회의 문화적 위기 속에서 교육을 통해 새롭고 민주적인 세계를 수립할 수 있다는 낙관론 ② 미래사회에 대한 개혁적 전망 제시
13. 비판	① 교육의 사회적 요구 무시 ② 1차적 지식의 중요성 간과 ③ 가치의 절대성 · 교육의 방향성 상실	① 문화의 동적 관점 무시(문화적 보수성) ② 절대적 진리에는 소홀 ③ 미래의 전망과 사회혁신의 자세가 결여	① 주지주의적 엘리트 교육, 귀족적 교육, 상류층교육 ② 전인교육에 위배 ③ 자유시민 육성에 부적절함. ④ 고전을 통한 교육은 인문주의에 빠지기 쉬움.	① 교육의 역할과 민주주의에 대한 지나친 기대 ② 미래사회의 바람직한 가치관에 대한 논증 결여 ③ 행동과학을 지나치게 중시 ④ 지나치게 미래지향적

04 현대의 교육철학(II): 20세기 후반 교육철학

현대의 교육철학 – 20세기 후반 유럽을 중심으로

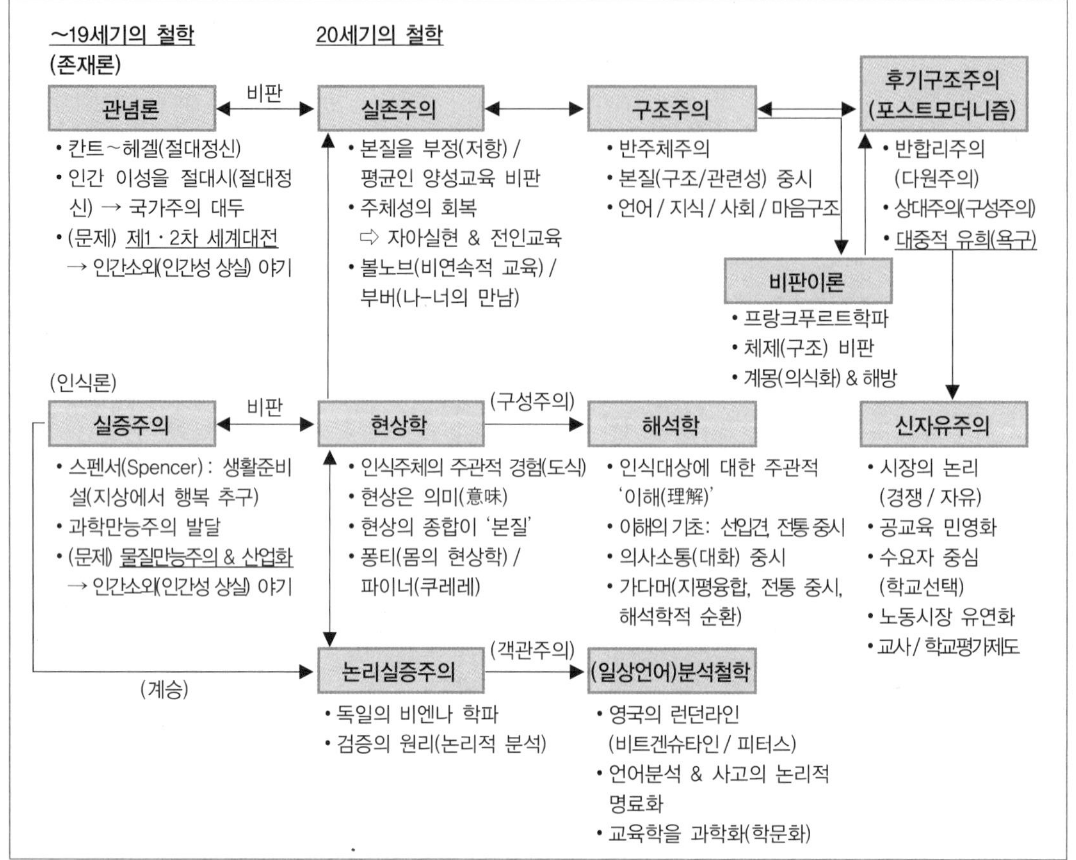

1. 실존주의(실존적 현상학)

(1) **등장**: 현대문명 비판(예 1·2차 세계대전과 후기 산업사회의 비인간화) → ① 인간성 회복과 인간의 주체성 회복의 철학, ② 체계성·전체성·일반성·보편성(관념론과 실증주의)을 부정, ③ 자율적(주체적) 존재로서의 인간 중시

(2) **특징**

① **개체성(개성) 존중**: "실존(existence)은 본질(essense)에 선행한다." → 본질보다 실존의 우위성을, 보편보다 개체를 중시

② **전인성 중시**: 실존의 참 의미는 지·덕·체가 조화를 이룬 통합적 존재로서의 개인 → 지식뿐만 아니라 감정, 의지까지도 포함한 체험의 세계를 중시하는 지향성

③ **존재 상황의 불합리성**(예 고독, 죽음, 불안, 우울, 부조리 등 실존적 신경증): 실존을 확인하는 방법 → 개인적인 의미(意味)의 발견(의미요법), 한계상황의 분석(현존분석)을 통한 삶의 허무주의 극복

④ **개인적 삶의 자유와 책임**: 인간은 절대적 자유를 지닌 주체적 존재
 ㉠ **"실존은 자유다."**: 인간은 본질을 가지고 세상에 태어난 것이 아니라 아무런 규정도 없이 세상에 내던져진 존재 → 인간은 자유로운 선택에 의해 자신의 삶을 스스로 결정할 수 있다.
 ㉡ **"실존은 주체성이다."**: 실존하는 인간은 자기 존재에 대한 물음과 자각을 가지고 선택, 결단, 행동의 자유를 가지며 그 결과에 대해 스스로 책임을 진다.

⑤ **현상학적 인식론에 근거한 상대적 · 주관적 진리관("주체성이 진리다.")**: 지식과 진리는 보편적, 추상적 관념으로 '저기에(there)' 존재하는 것이 아니라, '지금 여기에(now and here)' 주체의 삶 속에서 구체적인 의미를 부여하며 존재한다. → 진리는 주관적 구성체

⑥ **'공감적 관여'(상호 주관성, inter-subjectivity) 중시**: 우연이지만 전인적 만남(encounter)을 통한 진정한 사회 형성 → 나의 실존은 타인의 실존과 함께 보장되고 공유되는 사회 중시

⑶ 교육 원리

① **개성 중시 교육**: 소극적 교육론 → 평균인 양성 교육 비판
② **자아실현과 전인 형성 교육**: 지식은 자아실현을 위한 수단, 정의적 측면 중시
③ **비연속적 · 단속적 교육(만남으로서의 교육) 중시**: 참된 교육은 삶의 불합리하고 부정적인 측면도 포함 → 잠재적 교육과정 중시
④ **인격교육 강조**: 자유, 선택, 책임을 통한 도덕성 회복 중시
⑤ 교사는 만남을 예비하는 사람

⑷ 대표자: ①, ②는 실존주의자, ③~⑩은 현상학자

① **볼노브(Bollnow)**: 위기, 만남, 각성, 충고, 상담, 모험과 좌절 등 비연속적 · 단속적 교육 중시 → "만남은 교육에 선행한다."
② **부버(Buber)**: ㉠ 하시디즘(성속일여 운동), ㉡ 만남의 교육(대화법 → '나와 그것'의 만남에서 '나와 너'의 만남으로 전환), ㉢ 성격 도야를 통한 인격교육(인간임을 인간됨으로 변화), ㉣ 세계 자체가 교육의 장, ㉤ 교육은 非 에로스적인 것(우연적 교육), ㉥ 포용으로서의 교육

⑸ 교육적 시사점

① 교육에서 비연속적 형성 가능성에 주목하게 하였다.
② 인간을 보편화 · 집단화 · 획일화하는 현대 교육의 경향을 인간 개성과 주체성을 존중하는 교육으로 전환시키려 하였다.
③ 학생 개인의 개성을 존중하여 전인교육이 이루어질 수 있도록 하였다.
④ 실존적 아이디어들을 적용시킬 수 있는 새로운 교사교육을 요구하였다.
⑤ 삶의 밝은 측면뿐만 아니라 어두운 측면까지 교육 영역에 끌어들임으로써 보다 진솔한 교육이 이루어지도록 촉구하였다.
⑥ 교육이 무엇보다 인간을 기르는 일이라는 점, 인간을 기르기 위해서는 인간의 실존에 대한 철저한 각성이 있어야 한다는 점, 인간의 각성을 위해서는 인격적이고 진정한 만남이 필요하다는 점을 잘 드러내어 주었다.
⑦ 교사와 학생 간의 대화 · 참여 · 만남을 중시하였다.
⑧ 교과목으로서 인문학과 예술을 강조하였다.
⑨ 창조적 개인의 성장과 자아실현을 강조하였다.

⑩ 지적 교육보다 도덕교육과 인간주의적 교육방법을 강조하였다.

(6) 비판점

① 교과내용의 전달을 통한 계획적이고 연속적인 형성이나 성장보다는 만남, 각성, 모험 등을 통한 비약적인 변화를 추구하다 보면 교육내용이나 교육방법 등을 경시하기 쉽다.
② 만남을 통한 비약적인 변화는 전혀 불가능한 것은 아니지만, 일반적인 교육방식으로 보기는 어렵다.
③ 인간의 사회적 존재 양상의 측면을 객관적으로 분석하지 못했다.
④ 이론적 명확성이 부족하고 주관성이 강하다.

2. 현상학

(1) 개념

① 현상의 본질을 이성적으로 탐구하려는 학문 → 인식 과정을 탐구
② 현상(現象)은 경험적 대상이 의식에 나타난 구체적 모습
③ 현상학은 사물 그 자체에 대한 학문이 아니라 경험적 현상에 관한 학문

(2) 특징

① **본질·직관 중시**: 본질은 직관에 의해 파악·구성된다.
② **인식에 대한 이원론적 관점(실증적·자연과학적 인식론) 부정**: 인식주체와 인식대상의 통합 지향, 현상학적 환원(물질세계의 사물이 의식세계의 사물, 즉 의미로 전환) 중시 → 인식의 주관성·상대성 중시
③ **보편적 진리관 부정**: 주관이 대상을 의식한다. 인식 주체를 떠난 객관적 지식은 불가능하다. 객관적 실체는 우리의 의식 작용의 구성적 산물이다.

(3) 대표자

① **메를로 퐁티(M. Ponty)**: 「지각의 탁월성(Primacy of perception)」
㉠ **지식 추구에 있어서의 이원론적 입장 비판**: 인간 존재와 대상 세계의 분리는 지식을 추상화함. → 모든 인식행위에 있어서 지각의 우위 주장
㉡ 인식 문제를 지각의 문제로 파악, 지각세계와 반성세계를 구분 → 지각세계는 주관과 객관이 공존하는 전반성적(pre-reflective) 세계로 이해
㉢ **'세계 내 존재'로서의 인간은 신체를 통해 세계를 지각하고 체험하는 주체**: 인식 수단으로서 신체적 지각 중시 → 몸의 현상학, 전반성적·실존적 의식 중시
㉣ **구체적 경험을 중시**: '사고와 지식'(반성적·논리적 의식)은 아동기의 생활세계에 대한 구체적 경험에 토대
② **랑에펠트(M. J. Langeveld)**: 어린이의 존재학(인간학) → 현상학적 방법을 통해 어른의 시각이 아닌 어린이의 입장(예 상황, 발달, 탐구, 신체, 사물)에서 어린이를 이해해야 함을 강조

③ 폴라니(M. Polany): 인격적 지식의 존재론적 위계

㉠ 명시적 지식의 토대인 암묵적 지식을 보다 중시

명시지 (明視知)	• 명시적 지식 • 명제적 지식 • 형식지	암묵지와 상대되는 개념으로서 언어나 문자를 통하여 겉으로 표현된 지식으로서 문서화 또는 데이터화된 지식
암묵지 (暗默知)	• 암묵적 지식 • 방법적 지식 • 잠재지	학습과 경험을 통하여 습득함으로써 개인에게 체화되어 있지만 언어나 문자로 표현하기 어려운, 겉으로 드러나지 않는 지식

㉡ 인간이 지닌 지식은 그의 존재 수준을 반영: 인간 인식의 변화가 인간의 존재 양태의 위계를 변화시켜 줌.

④ 반덴버그(Vandenberg): 교육적 존재론 → 교육에서 가장 중요한 문제는 '존재'의 문제(예 교사, 학생, 세계의 존재)

⑤ 마이어 드라베(K. Meyer-Drawe)와 뢰슬러(Roestler): 학습을 주제로 한 현상학 → 학습은 다양한 의미 및 경험지평에서 구성되는 일종의 이해 행위(예 학습의 비주제성, 재학습, 비연속성)

⑥ 반 마넨(M. Van Manen): 현상학적 방법론으로서의 체험적 글쓰기 → 훈화적 담론 형태의 교육이론을 극복하고 진정한 교육적 지식의 원천인 생활세계를 중시

⑦ 스프래들리(J. Spradley): 문화기술연구 → 참여관찰과 심층면접을 통해 실제적 현장에서 인간의 주관적 의미 세계를 이해하는 질적 연구방법 중시

⑧ 아이즈너(E. Eisner): 교육과정에 대한 예술적(심미적) 접근 → 인본주의적이고 심미적 관점에서의 교육과정 개발 중시

3. 해석학

(1) **개념**: 인식 대상에 대한 이해를 탐구

① '이해(理解, understanding)'의 문제를 다루는 철학

② 시·공간적으로 떨어져 있는 인간 정신의 모든 소산(예 문헌, 텍스트, 언어, 의사소통, 대화, 메시지, 인간 행위의 의미 등)을 널리 이해하는 해석과 그 해석적 방법(이해의 기술), 그리고 거기에서 파생되는 철학적 문제를 다루는 학문

(2) **특징**

① 의미 부여 행위자(이해하는 존재)로서 인간의 주체성 강조

② 텍스트 해석에 있어 사회나 집단의 문화적·역사적 맥락(context) 중시

③ '전통(傳統)'과 '선이해(先理解)'는 이해의 기반

④ 교육은 이해에 목적을 둔 대화의 과정, 학습은 텍스트를 해석하는 것

(3) **대표자**

① 하이데거(Heidegger): '존재론적 해석학', 모든 이해의 근원으로 선이해(preunderstanding, '미리 가짐', '미리 봄')를 중시 → 인식의 주관성 강조

CHAPTER 04

② 가다머(Gadamer): 철학적 해석학 → 「진리와 방법(Truth and Method)」
㉠ 이해의 기반으로서 선입견(先入見)과 전통(傳統)을 중시
㉡ **지평융합(fusion of horizon)으로서의 이해**: 텍스트나 사건이 지닌 역사성과 독자의 역사성을 통합, 즉 과거의 지평과 현재의 지평을 통합하는 과정
㉢ **영향과 작용의 해석학적 순환 과정의 역사를 강조**: 현재는 과거에 '영향'을 주고, 과거가 현재에 '작용'하는 순환하는 역사 → '영향과 작용의 역사'

4. 분석철학

(1) **개념**: 철학의 과학화 및 객관화 주장
① 언어와 개념에 사물의 본질이 내재, 언어분석이 철학의 사명
② 사고의 논리적 명료화가 철학의 목적

(2) **특징**: ① 사고의 명확성, ② 추리의 일관성, ③ 지식의 확실성과 객관성, ④ 의도적 행위의 합리성, ⑤ 도덕적 합리성 중시

(3) **교육적 의의와 한계**

교육적 의의	한계(문제점)
• 교육문제도 언어의 문제 • 교육학의 과학화에 기여 • 교육에 있어서 생각과 말의 중요성 부각	• 교육이념의 중요성 간과 • 바람직한 세계관을 제시하지 못함. • 정의적 차원의 교육적 가치 간과

5. 비판이론: 해방적 교육학

(1) **개념**: 프랑크푸르트 학파의 사회철학 → 현대사회의 문제는 개인이 아닌 체제(자본주의&공산주의)의 문제

(2) **특징**: ① 이론에의 몰두, ② 복수이론, ③ 과학적(실증적) 접근 거부(교육의 가치지향성 중시), ④ 계몽(체제의 억압과 모순을 폭로), ⑤ 해방(자율적 인간과 이상 사회 실현), ⑥ 마르크스 이론 수정(토대결정론 비판 → 상부구조의 자율성 중시), ⑦ 자본주의 비판(도구적 이성), ⑧ 문화와 언어에 대한 관심

(3) **대표자**
① 하버마스(Habermas)
㉠ **사회체제의 문제**: 의사소통의 억압
㉡ **극복 방안**: 이상적 담화상황(의사소통적 이성) 중시 → ⓐ 주체(말하는 사람)의 '진실성', ⓑ 객체(말하는 내용)의 '진리성', ⓒ 상호주관성(대화하는 사람과의 관계)의 '이해가능성', ⓓ 담화행위(말하는 행위 그 자체)의 '규범적 정당성'이 갖춰진 상태

② 프레이리(Freire)

㉠ 불합리한 체제 분석 및 비판능력인 의식화 교육 중시 → '은행저금식 교육'을 비판하고 '비판적 문해(문제제기식 교육)' 중시

㉡ 의식화 과정: 본능적 의식 ⇨ 반본능적 · 주술적 의식 ⇨ 반자각적 · 소박한 의식 ⇨ 비판적 의식

(4) 교육론

① 교육목적: 자율적 · 의식화된 인간상 구현 및 이상사회(복지사회) 건설

② 교육내용: 정치, 인문, 여성해방, 사회과학 교육, 이상사회 구상 중시

③ 교육방법: ㉠ 학교와 사회의 관계 회복(사회문제 중심으로 학교교육 진행), ㉡ 학습자의 자율성 · 주체성 · 능동성 존중, ㉢ 사회 갈등의 현장(예 농성 · 데모 · 파업 등) 견학, ㉣ 사회적 친교(親交) 강화, ㉤ 갈등 상황에 대한 문헌접근

(5) 교육적 의의와 한계

교육적 의의	한계(문제점)
• 실증주의 문제점(예 가치중립성) 규명 • 사회비판의 규범적 토대 마련 → '의사소통적 합리성' 개념 정립 • 이성에 기초한 대화를 통한 문제해결 강조 • 학교 현장 교육개선에 기여 • 학교교육의 도구적 기능(사회 불평등 구조의 재생산)을 규명	• 학교교육의 순기능(예 문화전승, 자아실현에 기여)을 평가절하 • 교육을 지나치게 사회 · 정치 · 경제의 논리에 따라 해석하는 경향

더 알아보기

1. 구조주의
   (1) 개념
      ① 상대적으로 변화하는 자연과 인생, 사회현상 이면에 작동하는 보편적 질서(구조)를 탐구
      ② 구조(structure)는 개별 실재들 간의 관련성 또는 내적 일관성
   (2) 특징: ① 비인간주의, ② 비역사주의, ③ 계몽주의, ④ 실증주의
   (3) 대표자: 피아제(인지구조), 브루너(지식의 구조), 프로이트(성격 구조), 촘스키(LAD, 보편문법)
2. 홀리스틱(holistic) 교육
   (1) 개념: 전반적인 관련성(relationship)에 초점을 두는 교육
   (2) 특징
      ① 전인적 발달 강조
      ② 기초 기술이 아닌 생활경험과 관련된 교육
      ③ 균형 – 포괄 – 연계 강조
      ④ 영혼의 치유자로서의 교사

6. **포스트모더니즘**(Postmodernism) : '후기구조주의', '해체주의', '성찰적 현대' 등으로도 불림.

(1) **등장 배경** : ① 비이데올로기적인 일상생활 문제(예 환경문제, 여성문제, 인종문제, 소수자문제 등) 등장, ② 거대 사회 속에서의 인간 기호화, ③ 다양한 가치관, ④ 학문적 다원주의 경향 → 서구의 근대성에 대한 비판적 성찰과 다양한 사회적 변화를 설명하려는 사상

(2) **특징**

① 반합리주의(2원론적 경계의 해체) : 이성적·주체적 자아는 허구적 자아 → 우연적·분열적·타율적·모순적 자아 중시

② 상대적 인식론(반정초주의) : 진리의 객관성·보편타당성·소여성(所與性) 부정 → 가치부하설, 진리의 우연성, 상호 비교 불가능설, 다원성과 해체설 강조

③ 반권위주의, 반전통주의 : 민주적 방법 중시

④ 탈정형화·탈정전화를 추구하는 문화다원주의

⑤ 대중들의 유희적 행복감을 향유하는 문화

⑥ 주체적 자아가 해체되는 문화 중시 : 열린 자아인 추구

⑦ 절대적 진리보다 국지적 진리 옹호, 지식의 조화성 강조

⑧ 대서사(거대 담론)보다 소서사(작은 이야기) 중시

(3) **교육원리**

① 공교육의 재개념화 : ㉠ 대안교육, ㉡ 열린교육

② 전통적·획일적 지식관에서 탈피 : ㉠ 영 교육과정, ㉡ 구성주의 학습

③ 교사 중심의 획일적 교수방법에서 탈피 : ㉠ 열린 교육 방법, ㉡ '해석적 읽기'보다 '해체적 쓰기' 중시, ㉢ 창의력 계발, ㉣ 대화 프로그램 중시, ㉤ 협동학습 중시

④ 학습자의 능동성 중시

⑤ 수행평가 중시 : 이론과 실천의 조화

(4) **대표자**

① 데리다(Derrida) : 해체(解體)와 차연(差延)

해체 (deconstruction)	우리 안에 형성된 개념적 질서를 깨뜨리는 일 → 어떤 말이나 텍스트를 자신의 뜻대로 해석하는 것이 아니라 다른 말이나 텍스트와 연결하여 새로운 의미를 파악함.
차연 (차이, difference)	• 모든 텍스트의 의미가 시간적으로 끊임없이 지연되는 일 → 모든 텍스트의 의미는 하나의 의미로만 고정되지 않고 시간에 따라 새로운 의미를 갖게 됨. • 사람들 사이의 서로 다름. 각 주체들 간의 차이

② 리오타르(Lyotard) : 소서사(작은 이야기) → 보편화된 거대담론(예 진보, 해방, 복지)보다 지엽적이고 국지적인 지식(예 자기 가정, 자기 직장, 자기 지역사회) 중시

③ 들뢰즈(Deleuze) : 차이·다양성 → 리좀(불확실성, 다양성), 노마드(욕망의 다양성, 유목민의 삶)

④ 푸코(Michel Foucault)의 훈육론

㉠ 지식과 권력은 밀접한 관계(지식의 상대성) : 근대 국가는 폭력이 아닌 지식(일반적인 앎 전체)을 통해 권력을 유지(예 「광기(狂氣)의 역사」) → 다양한 훈육(규율)을 통해 국민을 사육

ⓛ 훈육을 위한 도구: 관찰(감시), 규범적 판단, 시험(검사)

관찰(감시)	규율이 효과적으로 행사되기 위해 그 구성원들을 관찰하고 감시 → 학교는 그 구성원들을 눈에 잘 띄게 감시할 수 있도록 설계된 원형감옥(panopticon)과 유사
규범적 판단	모든 규율체제는 일정한 규범을 정하고 이에 위반되었을 때 처벌을 가하는 방식으로 구성원을 통제
시험(검사)	모든 사람들을 동일한 사람과 다른 사람으로 구분하기 위하여 계산 가능한 모습으로 분석하는 방법 → 시험을 통해 인간을 규격화함으로써 사람을 정상과 비정상으로 구분 & 사람들을 기존 질서에 순응하도록 길들임.

(5) 포스트모더니즘의 주요 개념

국지성(locality)	인간 각자의 이야기 또는 의미체계가 지니는 지엽적이고 부분적인 특성 → 보편성, 전체성, 통일성의 반대어
주체(subject)	언어적 관계에 의해 구성되는 존재 → 의미 창출 존재 ×
주체성 (subjectivity)	인간이 남과의 관계 속에서 자신에 대해 갖는 사회적·언어적 구성물로서의 느낌이나 생각
주체의 정치학 (identity politics)	사람들에게 특정 사상에 기초한 정체성을 습득시키려는 숨은 의도를 비판적으로 파악하고 그에 대항하려는 노력
타자(other/Other)	주체와는 다른 사람, 배제된(차별받는) 사람, 소외자, 소수자 / 내 안의 내가 아닌 나(열린 자아)
주변화 (marginalization)	인간이 중심에서 이탈되어 주변에 위치하는 현상 → 타자들을 새로운 관심 또는 관심의 중심으로 위치시키려는 노력 속에서 중시되는 개념
탈중심화 (decentering)	모든 사유를 통제하는 단 하나의 중심적 체계에서 벗어나 개별성, 국지성, 지엽성을 중시하려는 경향

(6) 교육적 의의와 문제점

의의	• 교육에 대한 획일적이고 고정적인 사고의 틀에서 벗어나고자 함. • 주지주의교육과 전통교육의 문제점을 잘 드러내 줌. • 학교교육에서 과학적 지식에 의해 소외되어 왔던 일상적 지식을 부각시킴.
문제점	• 전통교육을 대치할 만한 대안적 이론을 제시하고 있지 못함. • 다양한 교육적 가치에 대한 합의가 어려움. • 교육에 대한 전체 방향이나 비전을 상실하고 있음. • 도덕적 주장의 정당성을 부정하는 경향이 있고, 교육의 인간화보다 비인간화를 부추길 가능성이 있음.

(7) 포스트모더니즘 이후의 철학: 공동체주의

① 개념: 포스트모더니즘적 관점의 논의에 기초하여, 교육의 일차적 관심을 인간의 공동체적 삶에 대한 이해에 두려는 사상적 경향

② **등장 배경**: 자유주의 대 공동체주의의 논쟁에서 출발

㉠ 롤즈(John Rawls)의 「정의론」에 담겨 있는 자유주의적 개인주의(개인적 자유주의) 관점에 대한 비판을 계기로 현실적 대안 제시에 대한 모색 과정에서 출발

㉡ 개인의 도덕성의 기반은 개인이 속한 사회의 문화적 전통이라고 간주 → 공동체적 삶과 유리된 전통적 지식이나 도덕교육을 중시하는 자유주의 비판

③ **대표자**: 맥킨타이어(MacIntyre), 샌들(Sandel), 왈쩌(Walzer)

④ **맥킨타이어의 공동체주의**

㉠ **공동체주의적 정치철학**: 개인적 자유주의 비판

㉡ **아리스토텔레스적인 덕 윤리학(Aristotelian virtue ethics) 중시**: 실천전통, 인간 삶의 서사적 총체성, 전통으로 이어지는 덕론(德論) 제시 → 칸트적인 의무 윤리학(Kantian duty ethics) 비판

7. 신자유주의 교육

(1) **주장**: 교육에 시장경제원리 적용(교육도 하나의 상품, 자율성과 다양성을 중심으로 한 교육개혁) → 교육의 수월성 추구

(2) **특징**

① 공교육체제에 경쟁적 시스템 도입 예 학교회계제도 도입, 교육과정의 자율화, 학교장 초빙(공모)제

② **교육의 효율성 극대화**: 공립학교 민영화 추진

③ **수요자(학습자) 중심 교육**: 수요자의 교육 선택권 강화

④ **노동시장 유연화**: 계약제 교원 확대

⑤ 대폭적인 규제 완화 등을 통해 자본의 이데올로기를 강화

(3) **교육제도**

① **자석학교(magnet school)**: 1970년대 초 미국에서 인종 통합 촉진을 위해 실시(특성화된 프로그램 운영) → 특성화 중학교, 특성화 고등학교 등 자율학교(「초·중등교육법」 제61조)에 영향

② **헌장학교(협약학교, charter school/영국의 교부금 지원 학교, Grant-maintained school)**: 설립은 정부+운영은 민간 위탁, 자율성(규제 완화)과 책무성(학업성취 결과) 강화 → 공영형 혁신학교, 자율형 공립고교 도입

③ **교육비 지급 보증제(voucher system)**: 프리드만(Friedman)이 주장, 수요자에게 직접 예산 지원 → 유치원 무상화 방안, 방과 후 학교 활성화, 평생교육비 지급 방안

④ **자유등록제(open enrollment system)**: 거주지역과 관계없이 학생이 학교 선택

⑤ **자율형 사립고등학교**: 학사 운영 및 재정 운영의 자율성 보장, 학비는 일반고교의 3배 이내

⑥ **기숙형 공립고교, 마이스터 고교(산업수요 맞춤형 고교) 등 학교제도의 다양화**: 학교 규제 완화 및 폐지, 학부모 선택권 존중, 학교 간 경쟁 심화

⑦ 단위학교 책임경영제, 학교평가를 통한 예산의 차등 지원

⑧ 교원평가제, 계약직 교원 확대

⑨ 대학 학부제 및 교수계약제 도입 등 대학의 구조조정 정책

⑩ **교육시장의 대외 개방 정책**: 외국계 학교의 국내 분교 허용

05 동양의 교육철학(유학사상)

1. 공자: 인(仁) 중시 →「논어(論語)」

(1) **교육목적**: 도덕적 인간(聖人) 양성 → 현실적으로는 군자(君子) 양성

(2) **교육내용**: ① 시서예악(詩書禮樂), ② 공문사과(孔門四科; 덕행, 언어, 정사, 문학), ③ 육예(六藝)

(3) **교육방법**: ① 박학(博學)주의, ② 점진적 교육(발달단계에 따른 교육), ③ 계발교육(사고력 함양), ④ 개별교수, ⑤ 학사병용(學思竝用, 이론과 실천의 조화)

(4) **특징**: 평등교육(有敎無類), 조기교육, 전인교육 강조 → 여성교육 경시(唯女子與小人爲難養也)

2. 맹자

(1) **사상**: ① 성선설, ② 수위론(修爲論, 물욕 억제 & 선성 회복), ③ 왕도정치(王道政治)

(2) **교육목적**: 사단(四端)의 확충(존양공부를 통한 인의예지, 즉 4덕 육성), 호연지기(浩然之氣)를 갖춘 대장부상 추구 → 명인륜(明人倫)

(3) **특징**: ① 덕육(德育) 중심의 인격주의(지식의 주입 배격), ② 주정주의(主情主義), ③ 존양공부(存養工夫)

3. 주희(주자)와 왕수인(왕양명)

주희	주자학, 이기이원론(주리론), 성즉리(性卽理), 주지주의, 선지후행,「소학」중시
왕수인	양명학, 이기일원론(이기합일론), 심즉리(心卽理), 주의주의(자연주의), 지행합일,「대학」중시

유학의 발전 과정

춘추전국시대	한(漢)·당(唐)	송(宋)	명(明)	청(淸)
원시유교(선진유학)	훈고학	신유학(新儒學)		고증학
		주자학 (성리학, 理學)	양명학(心學)	
공자(仁), 맹자(仁義), 순자(禮法)	경전의 자구해석	이론철학	실천철학	문헌비평(유교과학)

박문각
공무원

핵심 요약집

오현준
핵심교육학

CHAPTER

05

교육과정

핵심 체크노트

1. **교육과정 개발 모형**: 타일러(Tyler), 워커(Walker), 아이즈너(Eisner)
2. **교육과정의 유형(Ⅰ)**: 교과 중심, 경험 중심, 학문 중심, 인간 중심 교육과정, 통합적 교육과정
3. **교육과정의 유형(Ⅱ)**: 잠재적 교육과정, 영 교육과정
4. **우리나라 교육과정의 전개과정**: 제1차~제7차, 2007 개정 교육과정, 2009 개정 교육과정, 2015 개정 교육과정
5. **2022 개정 교육과정**

01 교육과정 모형: 개발(Tyler, Taba) ⇨ 실제(Schwab, Walker) ⇨ 이해(Pinar, Eisner, Giroux)

더 알아보기

■ 교육과정 논의의 출발

1. 스펜서(Spencer): 생활준비를 위한 교육과정 5대 영역 제시
   예 체육 / 사회과학 · 자연과학 / 가사 · 심리학 / 공민학 / 문학 · 예술
2. 보비트(Bobbitt): 교육과정(curriculum) 용어 최초 사용(1918) → 테일러(Taylor)의 과학적 관리론을 교육과정에 도입 예 학교를 공장에 비유
   (1) 학교는 이상적인 어른(ideal adults)을 준비하기 위한 기관
   (2) 교육과정은 이상적인 어른의 활동(예 언어, 건강, 종교, 시민활동 등) → 활동 중심 교육과정

■ 교육과정 개념

1. 일반적 의미
   (1) 학생이 일정한 목표를 향해 달리는 길, 교육의 과정(process, 教育의 過程)
   (2) 교육내용(contents, 教育課程): 학생이 학습해야 하는 내용 예 지식, 경험 등
      ① 교육과정의 발달사에 따른 분류: 교과중심 교육과정 ⇨ 경험중심 교육과정 ⇨ 학문중심 교육과정 ⇨ 인간중심 교육과정 ⇨ 통합적 교육과정
      ② 교육과정 결정요소에 따른 분류: 교과(학문), 학습자, 사회
   (3) 교육목표 달성을 위한 수단: 인간행동의 계획적 변화를 위한 수단
2. 글래톤(Glattorn)의 개념: 교육의 진행과정에 따른 분류 → 글래톤은 (1)을 공식적 교육과정, (2)~(4)를 실제적 교육과정으로 구분함.
   (1) 의도된 교육과정(written curriculum, 공약된 목표로서의 교육과정): 문서화된 교육과정
      예 교육부 고시 교육과정 기준, 시 · 도 교육청 고시 교육과정 편성 운영지침, 학교교육계획
   (2) 전개된 교육과정(taught curriculum, 수업 속에 반영된 교육과정): 교사에 의해 교실수업에서 실제로 가르쳐진 교육과정, 본교육과정
   (3) 실현된 교육과정(learned curriculum, 학습성과로서의 교육과정): 학생들이 실제로 학습한 교육과정, 학생들이 배운 최종 결과(잠재적 교육과정도 포함)
   (4) 평가된 교육과정(tested curriculum): 다양한 유형의 평가를 통하여 측정되는 교육과정
      예 중간고사, 기말고사, 지필평가, 관찰평가, 서술형 평가, 선다형 평가, 선발고사, 대입수능시험 등

합리 모형(목표 모형)	순환 모형	역동적(상호 작용적) 모형
• 타일러(Tyler)의 연역적 모형 • 타바(Taba)의 귀납적 모형	• 휠러(Wheeler) • 니콜스(Nicholls)	• 워커(Walker) • 스킬벡(Skilbeck)

1. 타일러(Tyler)의 합리적 모형: 「교육과정과 수업의 기본원리」(1949)

더 알아보기

■ **특징**

① 목표 중심 모형, ② 결과 중심 모형, ③ 평가 중심 모형, ④ 처방적 모형, ⑤ 연역적 모형(교과에서 단원으로), ⑥ 선형적 모형, ⑦ 체제접근적 모형, ⑧ 목표－수단 모형, ⑨ 탈가치적(중립적) 모형

(1) **개발 절차**: ① 교육목표의 설정 ⇨ ② 학습경험의 선정 ⇨ ③ 학습경험의 조직 ⇨ ④ 평가

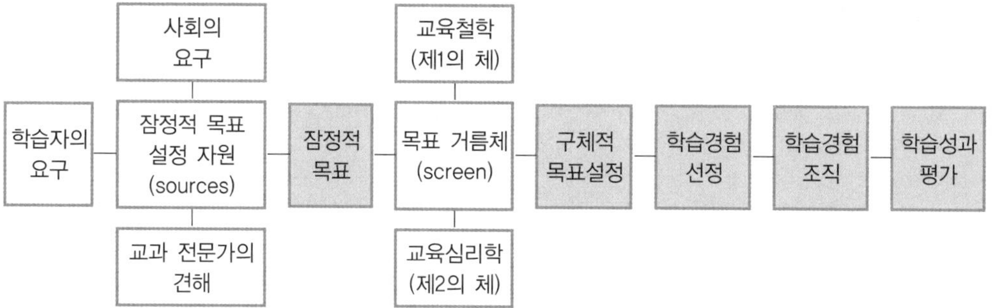

(2) **교육목표 설정**

① **잠정적 목표 설정 자원**: ㉠ 학습자의 심리적 요구(필요 · 흥미), ㉡ 사회적 요구와 가치, ㉢ 교과전문가(예 교사)의 견해

② **목표 거름체**: ㉠ 교육철학, ㉡ 학습심리학

③ **구체적 목표 진술**: 이원목표 분류[내용 & (도착점)행동] → 포괄성(폭넓은 변화), 일관성(무모순성), 실현 가능성 있게 진술함.

(3) **학습경험(교육내용)의 선정**

① **기회**: 목표달성의 경험 제공 → 합목적성(목표에의 부합)

② **만족(효과, 동기)**: 학습자에게 즐거운 경험 제공

③ **(학습) 가능성**: 학습자의 현재 발달수준에서 가능한 경험 제공 → 적절한 도전감과 좌절감을 경험(단지 쉬운 것 ×)

④ **일목표 다경험**: 하나의 목표달성을 위해 여러 경험 제공

⑤ **일경험 다성과(동시학습, 학습다과율)**: 하나의 경험을 통해 다양한 학습 결과를 유발

(4) **학습경험의 조직**

① 조직 기준

㉠ 종적 원리(sequence): 계열, 순서, 시간적 체계성(when) 예 계속성, 계열성

㉡ 횡적 원리(scope): 범위, 배열, 공간적 관련성[폭(교과목 이름, What)과 깊이(교과목별 배당시간수, How)] 예 통합성

② 조직 원리

㉠ **계속성(continuity)**: 동일 내용의 동일 수준 반복 → 중요 개념·원리 학습, 태도, 운동기능 습득

㉡ **계열성(sequence)**: 동일 내용의 다른 수준 반복(심화·확대) → 나선형 교육과정(학문중심 교육과정)

계열성(sequence)

1. **전통적 계열성**: 단순 ⇨ 복잡, 전체 ⇨ 부분, 구체성 ⇨ 추상성, 연대기순, 주제별
2. **신계열성**: 논리적 위계순, 발달단계의 적합성

㉢ **통합성(integration)**: 교육내용을 수평적으로 연관(예 3학년 수학과 사회의 관계), 수업의 효과를 높이기 위하여 관련 있는 내용들을 동시에 혹은 비슷한 시간대에 배열하는 것 → 교육내용 간의 중복·누락 등 모순 방지 & 상호 작용적 효과

더 알아보기

현대 교육과정 조직 원리

1. 균형성: 여러 학습경험들 간의 조화(예 전인교육, 교양교육과 전문교육의 조화) → 융통성 있는 수업시간 계획이나 또는 수업시간 배당 계획 수립, 집단교수(team teaching)를 통해 확보
2. 건전성(보편타당성): 건전하고 보편타당한 경험으로 조직
3. 다양성: 학생들의 개인차를 존중, 다양한 흥미와 능력에 부합될 것
4. 연속성(수직적 연계성): 특정 학습의 종결점이 다음 학습의 출발점이 되도록 조직

(5) **평가**: 교육목표달성 정도 확인 → 총괄평가, 절대평가

(6) 장점과 단점

장점	단점
• 어떤 교과나 어떤 수업 수준에서도 활용·적용할 수 있는 폭넓은 유용성이 있다. • 논리적이고 합리적인 일련의 절차를 제시하고 있어 교육과정 개발자나 수업 계획자가 이를 따라 하기가 쉽다. • 학생의 행동과 학습경험을 강조함으로써 평가에 매우 광범위한 지침을 제공해 주었다. • 교육과정과 수업을 구분하지 않고 통합적으로 '목표 – 경험 선정 – 경험 조직 – 평가'를 포괄하는 광범위한 종합성을 띠고 있다. • 경험적·실증적으로 교육성과를 연구하는 경향을 촉발하였다.	• 목표의 원천은 제시하고 있으나 무엇이 교육목표이고, 그것이 왜 다른 목표를 제치고 선정되어야 하는지 그 이유를 분명하게 밝혀 주지 못한다. • 수업 진행 과정 중에 새롭게 생겨나는 부수적·확산적 목표(예 표현적 결과)의 중요성을 간과하였다. • 목표를 내용보다 우위에 두고, 내용을 목표달성을 위한 수단으로 전락시킨 면이 있다. • 교육과정 개발절차를 지나치게 절차적, 체계적으로 처방하여 제시함으로써 교육과정 개발활동 과정의 연속성과 실제 교육과정 개발에서 일어나는 많은 복잡한 것들에 대한 기술을 경시하였다. • 교육목표 진술 시 행동적 차원의 강조는 본말전도의 위험을 내포하고 있다.

(7) 보완

① 타바(Taba)의 확장 모형: 「교육과정 개발: 이론과 실제(1962)」
귀납적 목표 모형(단원에서 교과로), 처방적 모형, 교사 중심 모형 → '교수·학습 과정' 추가

㉠ 개발 절차

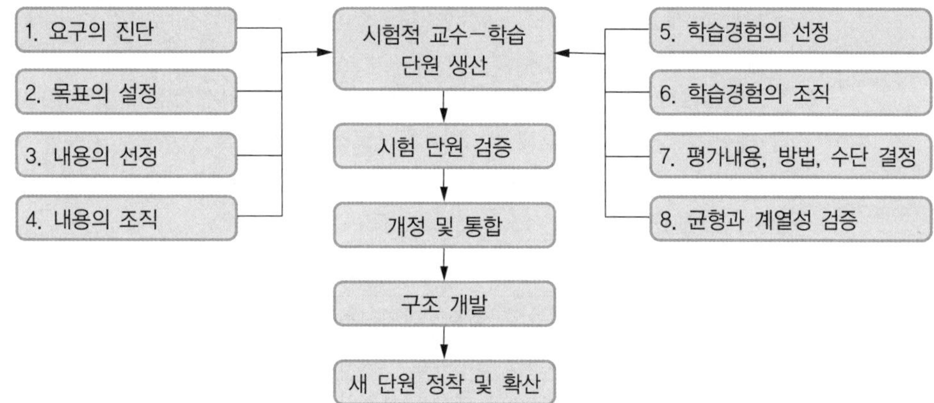

㉡ 교육목표 설정 요소: 학습자와 학습과정, 사회문화적 요구, 학문의 내용

타일러(Tyler)**와 타바**(Taba) **비교**

타일러(Tyler)	타바(Taba)
• 학습자, 사회, 교과의 요구 분석 • 연역적 모형(교과 ⇨ 단원) • 4단계 개발 절차 • 학습경험으로 단선화 • 교수 – 학습활동을 포함 ×	• 학습자의 요구 분석 • 귀납적 모형(단원 ⇨ 교과) • 타일러보다 세분화된 절차(9단계) • 내용과 경험으로 이원화 • 교수 – 학습활동을 단계에 포함

② 휠러(Wheeler)와 니콜스(Nicholls)의 순환 모형

㉠ 특징: 선형적 · 논리적 · 체계적 모형

㉡ 휠러(Wheeler): 목표 설정 ⇨ 내용의 선정과 조직 ⇨ 방법의 선정과 조직 ⇨ 평가

㉢ 니콜스(Nicholls): 상황 분석 ⇨ 목표 설정 ⇨ 내용의 선정과 조직 ⇨ 방법의 선정과 조직 ⇨ 평가

2. 워커(Walker)의 숙의(熟議) 모형: 실제적 개발 모형(1971)

(1) **현실적인 장면에서 교육과정을 개발**: ① 자연스러운 개발 모형, ② 기술적(descriptive) 모형, ③ 과정 지향적 모형, ④ 역동적 모형, ⑤ 전문가들이 참여하고 비용과 자금이 풍부한 국가 수준의 대규모 교육과정 개발에 적용 가능한 모형

✔ **슈왑**(Schwab)**의 「School Review(1969)」**: '교육과정학이 죽어가고 있다'고 선언 → 실제적 개발 모형의 등장

(2) **개발 과정**

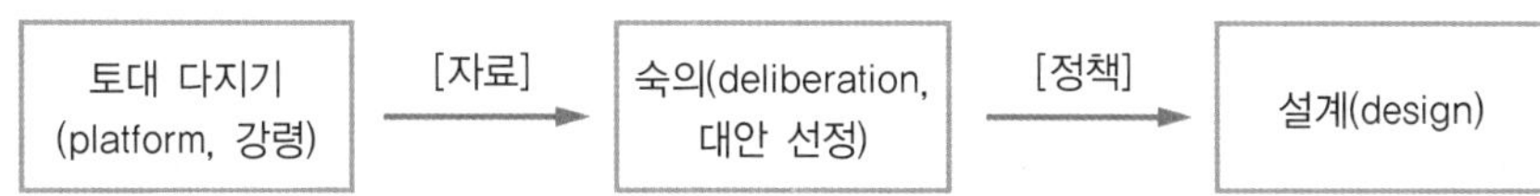

① 토대 다지기(강령): 교육과정 개발자들이 이미 가지고 있는 아이디어, 관점, 선호성, 가치, 신념 등의 강령을 표현하고 공통된 합의의 기반을 마련함.

② 숙의(熟議)

㉠ 교육과정 개발자들의 의견이 타협되고 조정되는 정치적 과정, 최선의 교육과정 대안을 선정

㉡ **합리적 숙의의 경우**: ⓐ 주어진 교육과정 문제를 설득력 있고 타당한 방법으로 논의, ⓑ 각 대안의 장점과 그 토대가 되는 지식의 타당성 검증, ⓒ 관련된 모든 집단의 입장과 가치 탐색, ⓓ 공정하고 균형 잡힌 시각과 판단, ⓔ 가장 유망한 교육과정 실천 대안을 검토·선정하는 일

㉢ 비합리적 숙의(바람직하지 못한 숙의)의 사례

파당적 숙의	특정 집단의 견해만 반영되는 경우
제한적 숙의	몇몇 요인만 과도하게 부각되는 경우
한정적 숙의	숙의의 대상에 대한 근본적인 재검토 및 재규정이 불가능해진 경우
유사적 숙의	구체적인 실천 계획이 없이 목적, 이상, 기본 원칙, 철학 등만 나열하는 경우
공청회	거친 수준에서 정보나 의견을 교환하는 경우

③ **설계**: 개발자들이 논의를 통하여 교육 프로그램의 상세한 계획을 수립

(3) 장점과 단점

장점	단점
• 교육과정을 계획하는 동안 실제로 일어나는 것을 정확하게 묘사해 준다. • 계획자가 다른 강령에 반응하고 숙의하기 위해 대화에 상당한 시간을 보내야 할 필요성을 강조한다. • 교육과정의 설계를 특수한 상황에 맞추어야 할 필요성을 강조한다. • 교육과정 개발에 대한 합의를 이루지 못했을 경우에도 교육과정이 어떻게 진행될 수 있는지를 잘 진술해 준다.	• 국가 수준과 같이 대규모의 교육과정 프로젝트에는 적절하나, 소규모 또는 학교 중심 교육과정에는 적절하지 않을 수 있다. • 참여자가 강령을 설정하고 숙의하는 데 상당한 시간이 필요하다. • 교육과정 계획에만 초점이 맞추어 있으므로 교육과정 설계가 완성된 뒤의 문제에 대해서는 언급하고 있지 않다.

3. 스킬벡(Skilbeck)의 학교 중심 교육과정 개발 모형(1984)

(1) **특징**: ① 상호 작용적(역동적) 모형, ② 학교 현장을 반영한 현실적이고 실행 가능성이 높은 모형, ③ 학생과 교사의 개별적 특성을 고려한 모형

(2) **개발 과정**: '상황 분석'이 가장 특징적인 단계임.

상황 분석	① 학교 외적 요인 • 학부모의 기대감, 지역사회의 가치, 변화하는 인간관계, 이데올로기 등과 같은 사회문화적 변화 • 교육체제의 요구, 변화하는 교과의 성격, 교사 지원체제 등 ② 학교 내적 요인 • 학생의 적성·능력·교육적 요구 • 교사의 가치관·태도·기능·지식·경험 • 학교의 환경과 정치적 구조, 공작실·실험실 등과 같은 시설 • 교육과정 내에 존재하는 문제점 등

목표 설정	예상되는 학습결과를 진술함으로써 교사와 학생의 행동을 강화할 수 있는 목표를 설정 → 교육적 행위의 방향을 제시하기 위한 가치나 판단을 포함
프로그램 구축	교수 – 학습활동의 설계, 수단 – 자료(예 자원, 교재 등)의 구비, 적절한 시설 환경(예 실험실, 특별실 등)의 설계, 인적 구성과 역할 부여, 시간표 짜기 등
판단(해석)과 실행	교육과정의 변화를 일으키는 문제를 판단하고 실행함.
모니터링, 피드백, 평가, 재구성	모니터링, 의사소통 체계의 설계, 평가 절차의 준비, 지속적인 평가 문제, 연속적인 과정의 재구성이나 확정 등이 관련된다.

4. 아이즈너(Eisner)의 예술적 접근 모형(1979) : 이해 패러다임

(1) 예술적 · 인본적 · 심미적 관점에서 교육과정 개발

(2) 특징

① **영 교육과정 중시** : 학교교육에서 배제된 교육과정

② **교육과정 개발자는 교사** : 교사의 예술성(교육적 상상력) 중시 → 교육실제에 대한 비선형적 접근(거미줄을 치는 작업)

③ **교육목표의 다양화** : 행동 목표, 문제해결 목표, 표현적 결과

행동 목표	• 학생의 입장에서 행동 용어로 진술 예 2차방정식 근의 공식을 말할 수 있다. • 수업 전 진술, 정답이 미리 정해짐. • 양적 평가, 결과의 평가, 준거지향 평가 이용
문제해결 목표	• 일정한 조건 내에서 문제의 해결책을 발견 예 100만의 예산으로 최소한 책 150권을 갖춘 학급 • 수업 전 진술, 정답이 미리 정해져 있지 않음. • 질적 평가, 결과 및 과정의 평가, 교육적 감식안 사용
표현적 결과	• 조건이나 정답 없음. • 사전 설정하지 않고 교육활동 도중이나 끝난 후에 얻게 되는 바람직한 내용 예 우리가 영화를 보러 극장에 가서 영화를 보는 도중에 또는 영화가 끝나고 나서 느끼는 감동 • 질적 평가, 결과 및 과정의 평가, 교육적 감식안 사용

④ **참평가** : 학생 평가방법 → 교육 결과 및 과정 모두 평가

⑤ **교육적 감식안(심미안)과 교육비평** : 교육과정에 대한 평가

교육적 감식안	교과에 대한 학생들의 수행 사이의 미묘한 차이를 구별할 수 있는 전문적 · 주관적인 능력
교육비평	미묘한 차이를 비전문가가 이해할 수 있도록 언어로 표현하는 공적인 능력

⑥ **질적 연구 지향** : 법칙 발견 ×, 다양한 실제에 대한 이해 모색

5. 위긴스와 맥타이(Wiggins & McTighe)의 후진 설계 모형(backward design, 2005)

거꾸로 설계 모형, 역방향 설계 모형 → 전통적 방식과 비교할 때 2단계와 3단계의 순서가 역전되어 있는 모형

(1) 개념

① '학생의 이해력을 신장'하는 교육과정 설계(UbD : understanding by design) 모형

② 목표를 마음속에 품고 시작하여 그것을 향해 나아가는 모양으로 설계하는 교육과정 혹은 단원 설계의 접근방식

(2) **구성 절차**: 바라는 결과의 확인(목표 설정) ⇨ 수락할 만한 증거의 결정(평가 계획) ⇨ 학습경험과 수업의 계획(수업 계획)

① **(1단계) 바라는 결과의 확인(목표 설정)**: 빅 아이디어(Big Idea) 선정 ⇨ 기대하는 학습결과 확인 ⇨ 핵심질문 구성하기순으로 진행

㉠ 바라는 결과의 내용은 '영속한 이해(enduring understanding)'이다.

ⓐ 현상을 통찰할 수 있는 지적 안목, 즉 브루너(Bruner)의 지식의 구조에 해당하는 개념

ⓑ 학습자들이 비록 상세한 것을 잊어버린 후에도 머릿속에 남아 있는 '큰 개념(Big Idea)' 혹은 '중요한 이해'란 뜻 → 특정 교과의 핵심개념과 원리, 일반화된 지식

㉡ (목표풀기; unpacking) 영속한 이해는 객관주의적 사고와 일맥상통하는 것으로, 설명 · 해석 · 적용 · 관점 · 공감(연민) · 자기지식 등의 여섯 가지 측면으로 구성

정도	내용
설명(explain)	현상, 사실을 조직적으로 설명하기, 관련짓기, 실례 제공하기 → 왜 & 어떻게
해석(interpret)	의미 있는 스토리 말하기, 적절한 번역 제공하기, 자신의 말로 의미 해석하기 → 정보 · 자료 · 텍스트의 의미 추론, 행간의 의미 파악
적용(apply & adjust)	실질적인 맥락에 적용하여 사용하기 → 다른 상황에 응용
관점(have perspective)	비판적으로 바라보기 → 관점을 전환, 다양한 관점 고려, 비판적 자세
공감(show empathy)	타인의 관점에서 바라보기 → 다른 사람의 입장에서 생각하기
자기지식 (have self-knowledge)	메타인지적 인식 보여주기, 습관 자각하기, 학습과 경험의 의미 숙고하기 → 학습에 대한 성찰과 반성

㉢ 단원목적 설정으로서의 바라는 결과의 확인은 가르칠 만한 가치가 있는 지식을 다양한 이해 속에서 찾아보는 것이다.

ⓐ **드레이크(Drake)의 KDB(Know-Do-Be)이론에 근거**: 빅 아이디어를 중심으로 교과의 내용들을 지식(Know, 앎)과 기능(Do, 함), 인성(Be, 됨)의 기준에 따라 분류하고 결핍된 부분을 보완하여 최종적으로 통합단원을 구성하는 방식을 의미함. →'학생들이 갖추기 바라는 인성 및 상태(to be)'를 확인하고 그것을 위해 '학생들이 할 수 있는 것(to do)'과 '학생들이 알아야 할 것(to know)'을 내용 요소와 기능의 특성을 고려하여 균형 있게 찾아내는 것임.

ⓑ 효율적인 교수 설계의 핵심은 '내용 학습'에 있는 것이 아니라, 교사의 수업을 통해 학생이 학습한 내용을 실생활에 적용하는 능력을 고려하여 구성하는 것임.

㉣ 핵심 질문을 구성할 때는 핵심 질문에 빅 아이디어가 자연스럽게 포함되도록 구성한다.

ⓐ 핵심 질문은 해답(정답)을 요구하는 질문이 아니라 교과(교육과정)의 중심에 놓이거나 학생의 심층적인 학습을 유발할 수 있는 질문을 의미함. → 학생들의 탐구력 및 고등사고력을 향상시킴.

ⓑ 핵심 질문의 특징

- 열린(open-ended) 질문
- 더 많은 질문과 생생한 토의 및 새로운 이해를 유발하는 질문
- 깊이 생각하게 하는(thought-provoking) 질문
- 학생들로 하여금 대안을 고려하고 증거를 검토하며 그들의 아이디어를 지지하고 대답을 정당화할 것을 요구하는 질문
- 참여와 몰입을 이끌어 낼 수 있는 흥미로운(engaging) 질문
- 빅 아이디어와 수업에 대해 지속적인 재사고(rethinking)를 자극하는 질문
- 이전의 학습과 개인의 경험을 의미 있게 연결하도록 유도하는 질문

② **(2단계) 수락할 만한 증거 결정(평가계획)**: 구체적인 교육과정 내용을 선택하여 우선순위를 정하고 구체적인 평가방법과 도구를 개발한다.

㉠ **수행과제(Performance Tasks) 결정**

ⓐ **수행과제 설계에 포함해야 할 요소**: 학습자들이 배움의 내용을 이해했다는 사실을 보여줄 수 있도록 GRASPS 모델을 활용하여 설계 → GRASPS는 Goal(목표), Role(역할), Audience(청중), Situation(상황), Performance(실행), Standards(기준)임.

예 **영양에 관한 수행과제**: G(2박3일의 수련활동기간 식단 만들기), R(영양사), A(수련활동 참가학생), S(2박3일의 메뉴작성, 예산범위 내 건강하고 맛있는 식단 만들기), P(식사 및 간식 포함한 식단표), S(건강하고 맛있는 식단)

ⓑ 수행과제는 학생들에게 실생활에서 적용할 수 있는 상황을 제시하고 그 안에서 목표를 가지고 구체적인 청중이나 대상을 고려하면서 교사가 특정한 역할과 기준에 따라 수행하고 결과물을 만들어 내는 것

㉡ 학생의 '이해'를 확인할 수 있는 '다른 이해의 증거(평가; Other Evidence)'를 계획

ⓐ '다른 이해의 증거'는 수행과제로 평가되지 않는 단원의 목표들을 평가하기 위한 것

ⓑ 퀴즈, 시험, 관찰, 숙제, 토의·토론, 체크리스트, 대화, 선다형, 논술·서술형, 비공식적 점검 등 다양한 평가 방법을 활용

㉢ **평가의 준거를 결정하고, 수행 결과를 평가하는 루브릭(Rubric) 제작**: 1단계 목표와 이해의 여섯 측면을 고려하여 마련

㉣ 평가 준거에 따른 평가기준체계 수립 및 점수체계 구축

③ **(3단계) 학습경험과 수업의 계획(수업계획)**

㉠ 실제 활용할 수 있는 교수·학습지도안을 개발한다.

ⓐ 1단계의 KDB와 2단계의 평가계획에 따라 학습활동(Learning Activities)을 세분화하여 조직 → 목표 – 수업 – 평가의 일체화 도모

ⓑ **계획 시 고려해야 할 질문**

- 어떤 지식과 기술이 학생들을 효과적으로 수행하도록 하고 교사가 의도한 결과를 달성하도록 하는가?
- 어떤 활동이 단원에서 요구하는 필요한 지식과 기술을 갖추도록 하는가?
- 어떤 것이 가르쳐지고 지도되어야 하며, 이것은 어떻게 효과적으로 가르쳐질 수 있는가?
- 어떤 자료가 이러한 목표를 달성하는 데 가장 적합한가?

ⓒ **단원의 재구성 및 단원지도의 로드맵이 구성되는 단계**: 학생들이 단원의 성취기준을 달성하고, 실생활에 적용하고, 새로운 지식으로의 전이까지 도달하게 이끌어주는 단계

㉡ 학습경험과 수업전개 계획의 수립은 'WHERE TO의 원리'를 따른다.

W(단원의 방향과 목적)	교사는 높은 기대수준과 학습방향을 제시하기(Where are we headed?)
H(주의환기와 흥미 유지)	학습자들의 도전의식을 고무하며 관심을 이끌기(Hook the students)
E(탐구하고 경험하기)	수행과제를 투입하면서 주제를 넓게 탐구시키기(Explore & Equip)
R(반성하기, 다시 생각하기, 개정하기)	높은 성취 수준을 수행하고 있는지 점검하기(Review, Rethink & Revise)
E(작품과 향상도를 평가하기)	성취의 증거들을 발표하고 전시하기(Exhibition & Evaluation)
T(학습자에게 맞추기, 그리고 작품을 각 개인에 맞게 개별화하기)	학습자의 서로 다른 요구와 흥미, 능력에 맞추기(Tailor)
O(효과적인 학습을 위한 내용 조직 및 계열화)	최적의 효과성을 위해 조직하기(Organize)

(3) 위긴스와 맥타이(Wiggins & McTighe)의 설계 템플릿(Template)

<table>
<tr><th colspan="2">1단계 - 바라는 결과 확인(Desired Results)</th></tr>
<tr><td colspan="2">설정된 목표
설계에서 초점을 두는 목표(예 성취기준, 코스나 프로그램 목표, 학습 성과)는 무엇인가?</td></tr>
<tr><td>이해(Understandings)
학생들은 다음을 이해할 것이다.
• 주요 아이디어는 무엇인가?
• 주요 아이디어에 대해 바라는 구체적인 이해는 무엇인가?
• 예상되는 오개념은 무엇인가?</td><td>본질적 질문(Essential Questions)
탐구와 이해, 학습의 전이를 유발하는 질문은 무엇인가?</td></tr>
<tr><td colspan="2">학생들은 알게 될 것이다. 학생들은 할 수 있게 될 것이다.
• 이 단원의 결과로 학생들이 획득하게 될 핵심 지식과 기능은 무엇인가?
• 학생들은 지식과 기능을 습득하여 무엇을 할 수 있어야 하는가?</td></tr>
<tr><th colspan="2">2단계 - 수용 가능한 증거 결정하기(Assessment Evidence)</th></tr>
<tr><td>수행과제(Performance Tasks)
• 학생들은 어떤 수행과제를 통해 이해를 증명할 것인가?
• 이해의 수행을 어떤 준거로 평가할 것인가?</td><td>다른 증거(Other Evidence)
• 학생들이 바라는 결과의 성취를 증명하기 위한 다른 증거(퀴즈, 시험, 학문적 단서, 관찰, 숙제, 저널)는 무엇인가?
• 학생들은 어떻게 자신의 학습을 평가하고 반성할 것인가?</td></tr>
<tr><th colspan="2">3단계 - 학습 경험 계획하기(Learning Plan)</th></tr>
<tr><td colspan="2">학습활동(Learning Activities)
학생들이 바라는 결과를 성취할 수 있도록 하는 학습 경험과 수업은 무엇인가? 어떻게 설계할 것인가?
• W = 학습단원이 어디로 향하며 무엇을 기대하는지 학생들이 이해하도록 돕는가? 학생의 사전 지식과 흥미를 교수가 이해하도록 돕는가?
• H = 모든 학생의 동기를 유발하고 흥미를 유지하는가?
• E = 학생들을 준비시키고 학생들이 주요 아이디어를 경험하고 이슈를 탐구하도록 돕는가(E1)?
• R = 학생들에게 이해와 학습을 재고하고 수정하기 위한 기회를 제공하는가?
• E = 학생들에게 자신의 학습과 학습의 의미를 평가하도록 하는가(E2)?
• T = 학습자의 서로 다른 요구와 흥미, 능력에 맞추어져 있는가?
• O = 효과적인 학습뿐만 아니라 처음부터 일관된 학습 참여를 최대화하도록 조직하는가?</td></tr>
</table>

(4) 백워드 설계 시 유의해야 할 사항: 쌍둥이 죄악(twin sins) → 활동 중심 수업(activity-focused teaching)과 진도빼기 수업(coverage-focused teaching)

① 활동 중심 수업(activity-focused teaching)

㉠ 개념: 직접 체험하는 활동을 통해 학생의 교육 효과를 극대화하는 방법

㉡ 문제점

ⓐ 대부분의 활동 중심 수업은 활동 그 자체에만 관심을 두기 때문에 사고력를 발달시키는 활동(minds-on)과는 거리가 있는 경우가 많기 때문이다.

ⓑ 활동 중심 수업은 학습 요점이나 경험을 통해 얻어야 하는 것이 무엇인지에 대한 빅아이디어(Big Idea)가 없는 경우가 많기 때문이다. → 수업 당시에는 즐겁고 행복하지만 수업을 마치고 났을 때 학생의 '이해'로 남는 것이 거의 없다.

㉢ 극복방안: 활동 중심 수업의 경우 단원 목표달성을 위한 빅아이디어와 핵심 질문에 부합하는 활동이 중심이 되도록 설계한다.

② 진도빼기 수업(coverage-focused teaching)

㉠ 개념: 교사가 교과서의 내용을 빠짐없이 설명하고 가르치는 수업, 교과서의 방대한 내용 설명에 치우친 수업

㉡ 문제점

ⓐ 남이 만든 것(교과서)을 어떤 기준(교육과정)으로 만들었는지, 누구를 대상(지역별 학생)으로 가르쳐야 하는지에 대한 충분한 분석 없이 가르치기 때문이다.

ⓑ 학생 이해의 증거인 학생과의 질문, 대화 등 참여 활동이나 학생의 실생활과 연계 없는 교수활동이 전개되기 때문이다.

ⓒ 교과서 내용의 설명에만 치우쳐, 교과서 내의 산발적 지식들의 핵심개념과 원리인 빅 아이디어(Big Idea)에 대한 충분한 이해가 없기 때문이다.

㉢ 극복방안: 빅아이디어를 중심으로 교과내용을 재구성하고, 실생활과 연계된 학생 활동 중심 수업을 전개한다.

(5) 특징

① 타일러의 합리적 모형을 바탕으로 브루너의 모형을 결합한 모형

② 목표, 내용, 평가가 일치하는 교육과정 설계가 가능

③ 성취평가제(절대평가제)에 대비한 수업 운영

④ 목표 설정과 평가계획을 통합한 설계를 통해 교육에 대한 책무성을 강조

6. 던킨과 비들(M. Dunkin & J. Biddle, 1974)의 교실 내 수업과정 연구 모형

(1) 교수 – 학습과정을 독립변인(전조변인, 맥락변인), 과정변인, 결과변인 등 4변인으로 구체화시켜 과정 – 결과 연구 패러다임의 전형적인 모형 개발

(2) 교육과정 개발 모형도

변인(variables)		내용
독립변인	전조(presage)변인 (개인-교수자 변인)	• 교수자의 형성적 경험 예 사회계층, 연령, 성별 • 교수자의 훈련 경험 예 직전교육(교대, 사대), 교생실습, 대학(원) • 교수자의 특성 예 교수기술, 지능, 동기, 인성
	맥락(context)변인 (상황 변인)	• 학습자 변인: 형성적 경험(예 사회계층, 연령, 성별), 학습자 특성(예 지능, 태도, 지식) • 물리적 환경 변인 예 학교와 지역사회, 교실의 특성
과정(process)변인		교실 안에서 이루어지는 교수자와 학습자의 행동
결과(product)변인		학습자의 행동 변화: 학습자의 즉시적인 성장(예 교과 학습과 교과 태도의 변화 등), 학습자에게 미친 장기적 효과(예 성인 특성, 전문적 · 직업적 기능)

02 교육과정의 연구방법

파이너(Pinar)의 「교육과정 이론화: 재개념주의자(Curriculum Theorizing: The Reconceptualist)」(1975)

교육과정	개발 모형	특징	대표자
전통주의 (1920~1960)	이론적 개발 모형 (합리적·체제적 접근)	• 이론화와 실천화 중시 • 가치 중립성 추구 → 탈역사, 탈정치, 탈윤리 • 체제와 상호 작용 중시(기술적, 관료주의) • 실용주의에 기초	• 보비트 • 타일러 • 타바
개념-경험주의 (1960~1970)	실제적 개발 모형(지적·학구적 접근) → 경성교육과정(사회과학)	• 이론화와 실천화 중시(실천화를 더 강조) • 가치 중립성 추구 → 탈역사, 탈정치, 탈윤리 • 자연과학적 연구방법 중시(논리, 탐구방법) • 논리 실증주의에 기초	• 슈왑 • 워커 • 브루너
재개념주의 (1970's~)	예술적 개발 모형(인본적·심미적 접근) → 연성교육과정(인문과학)	• 이론과 실천보다 이념, 목적, 본질 지향성 • 가치 추구성 → 기술성, 과학성, 객관성 거부 • 신교육사회학의 이론적 접근 • 교육과정 '이해' 패러다임	• 아이즈너 • 파이너 • 지루 • 애플

더 알아보기

파이너(Pinar)의 쿠레레(currere) 방법론

1. **"교육과정은 그 어원인 쿠레레에 복귀해야 한다.":** 교육과정은 실존적 체험과 그 반성, 개인의 인생행로에 대한 해석이다. → 개인적 삶의 의미 창조과정
   (1) **쿠레레의 전통적 의미:** 경주로(course of race) → 교육내용(명사적 의미)
   (2) **쿠레레의 현대적 의미:** 경주하는 체험 그 자체(race itself, '뛴다', '달린다') → 실존적 체험과 삶의 의미 형성(동사적 의미)
2. **쿠레레 방법론의 과정:** 개별적 경험의 특별한 의미를 이해하기 위한 정신분석학적 4단계

단계	의미
회귀(소급)	과거를 현재화하는 단계 → 자서전적 주인공인 자신의 실존적 경험을 회상하면서 기억을 확장하고, 과거의 경험에 관한 정보를 수집하고, 최대한 생동감 있게 묘사하는 단계
전진	미래에 대한 논의 단계 → 자유연상 기법을 통해 아직 현실화되지 않은 자신의 미래의 모습을 상상해 보는 단계
분석	현상학적 방법을 통해 회귀와 전진을 거친 후에 현재로 다시 돌아오는 단계 → 과거, 미래, 현재라는 세 장의 사진을 동시에 펼쳐 놓은 후, 이들을 연결하고 있는 복잡한 관계를 분석하는 과정으로, 과거의 교육적 경험으로 인해 형성된 자신의 삶을 분석하는 단계
종합	생생한 현실로 돌아가 내면의 목소리에 귀를 기울이고, 자기에게 주어진 현재의 의미를 자문하는 단계 → 주인공이 과거, 미래, 현재라는 세 장의 사진 속에서 과거 학교교육이 자신에게 어떤 유익이 되었는지, 지적 호기심이 자기 성장에 도움이 되었는지, 개념에 대한 정교성이나 이해가 제대로 되었는지를 자문자답하는 단계

03 교육과정의 유형

교육과정 유형: 공식화의 정도, 교육과정 층위(層位)에 따른 구분(Eisner)

교육과정 유형	의도 · 교수(교사)	실현 · 학습(학습자)	특징
표면적(공시적) 교육과정	有	有 또는 無	제1의 교육과정 → 전개된 교육과정
잠재적 교육과정	有 A	有 B	제2의 교육과정 → 실현된 교육과정
	無	有	
영(배제된) 교육과정	無	無	제3의 교육과정 → 기회학습의 내용

1. **의도적**(표면적, 공식적) **교육과정**: 제1의 교육과정

더 알아보기

공식적 교육과정의 구분

1. **존립 수준에 따른 구분**: 교실 교육과정, 학교(기관) 교육과정, 지역 교육과정, 국가 교육과정, 세계 교육과정
2. **구성 영역에 따른 구분**: 교육과정 총론, 각론[교과(형식적) 교육과정, 교과 외(창의적 체험활동, 준형식적) 교육과정]
3. **변화 단계에 따른 구분**: 교육과정 정책, 교육과정 기준, 교육과정 자료, 교육과정 경영, 교육과정 평가 [예 스터플빔(Stufflebeam)의 CIPP 모형]
4. **기능에 따른 구분**: 필수 교육과정, 선택 교육과정
5. **교육과정 결정의 3요소에 따른 구분**: 교과(학문), 학습자(개인), 사회
   (1) **교과(학문)**: 교과 중심 교육과정, 학문 중심 교육과정, 성취 지향 교육과정
   (2) **학습자(개인)**: 경험 중심 교육과정, 인간 중심 교육과정, 인지주의 교육과정, 구성주의 교육과정
   (3) **사회**: 생활 적응 교육과정, 직업 준비 교육과정, 중핵 교육과정, 사회 개조 교육과정
6. **교육과정 역사에 따른 구분**: 교과 중심 ⇨ 경험 중심 ⇨ 학문 중심 ⇨ 인간 중심 ⇨ 통합적 교육과정

(1) **교과 중심 교육과정**(~1920년대): 학교의 지도하에 학생이 배우는 모든 교과와 교재

① **특징**: ㉠ 교사 중심 교육과정, ㉡ 전통적 · 보편적 교육, ㉢ 형식도야설, ㉣ 본질주의와 항존주의에서 중시

예 서양의 7자유과, 동양의 6예, 교수요목(syllabus)

② **유형**: ㉠ 분과(교과) 교육과정, ㉡ 상관(관련) 교육과정, ㉢ 융합(통합) 교육과정(간학문적 설계, 공통내용별 통합), ㉣ 광역 교육과정(다학문적 설계, 교과목별 또는 주제별 통합)

③ **장점과 단점**

장점	단점
• 지식의 전달이 용이(체계적 조직) • 문화유산의 전달이 용이 • 초임교사도 쉽게 운영 가능 • 교수-학습활동에의 통제가 용이 • 교육평가 및 측정에 용이 • 교육과정의 중앙집권적 통제가 용이 • 사전 계획성으로 인해 교사, 학생, 학부모들에게 안정감을 제공	• 학생들의 필요 · 흥미 무시 • 고등정신 능력(비판력, 창조력 등) 함양 곤란 • 수동적 학습태도 형성 • 민주적 태도나 가치 형성 곤란 • 단편적인 지식 주입 • 경쟁적 풍토 조장(상대평가의 경우) • 교육목적 달성을 충분히 수행하도록 이바지하지 못함. • 실제 생활문제와의 유리 및 비실용적 지식 전달

CHAPTER 05

(2) **경험 중심 교육과정**(1920~1950): 학교의 지도하에 학생들이 가지게 되는 모든 경험(의도적 경험)

① **특징**: ㉠ 아동 중심 교육과정, ㉡ 경험·생활 중시, ㉢ 진보주의 교육, ㉣ 생활인(적응인)의 육성, ㉤ 교과 못지 않게 교과 외 활동 중시

② **유형**: ㉠ 활동 중심 교육과정, ㉡ 생활영역 교육과정, ㉢ 생성(현성) 교육과정(사전에 계획 ×, 교육현장에서 교사와 학생이 함께 구성), ㉣ 중핵(필수) 교육과정(중심 과정+주변 과정, 교과의 선을 없애고 학습자 요구 및 사회문제 중심 설계 → 탈학문적 설계에 해당)

③ **장점과 단점**

장점	단점
• 학습자의 흥미와 필요가 자발적 활동을 촉진 • 현실적이고 실제적인 생활문제를 해결할 수 있는 능력 함양 • 민주시민으로서의 자질 함양 용이 • 학교와 지역사회와의 유대 강화 • 학교생활의 여러 가지 장면의 통합 증진 • 개인차에 따르는 학습 용이 • 급격한 사회 변화에 적응하는 인간 육성 용이	• 학생의 기초학력 저하를 초래할 수 있음. • 교육시간의 경제성을 무시 • 교육과정 분류의 준거가 명확하지 못함. • 사전에 계획하지 않기 때문에 행정적 통제가 어려움. • 교직 소양과 지도방법이 미숙한 교사는 경험 중심 교육과정 운영이 어려움. • 조직상의 논리적인 체계가 부족함. • 직접경험에서 얻어진 원리나 사실을 새로운 장면에 적용하기 어려움.

(3) **학문 중심 교육과정**(1960~1970): 학문(= 교과의 내용, 지식의 구조)

① **특징**: ㉠ 나선형 교육과정, ㉡ 후기본질주의와 구조주의 교육철학에 기초, ㉢ 발견학습(Bruner), 탐구학습(Massialas)

Tip 브루너(Bruner)의 확신과 가설

1. **핵심적 확신**: 학자들이 하는 일이나 학생들이 하는 일이나 모든 지식활동은 근본적으로 동일하다.
2. **대담한 가설**: 어떤 발달단계에 있는 어떤 아동에게도 가르칠 수 있다. → 표현 방식 이론

② **교육목적**: 유목화(categorization, 개념화) 능력 신장 → 지적 수월성(intellectual excellence) 향상

③ **교육내용**: '지식의 구조' - 「The Process of Education」(1960)

㉠ **개념**: 어떤 교과의 '기본 개념과 기본 원리', '일반적(핵심적) 아이디어', 탐구 과정, 학자들이 하는 일, 교과언어(subject language; 학자들이 개별적 현상을 탐구할 때 하는 생각 그 자체, 학자들의 언어)

cf **교과의 중간언어**(middle language): 학자들의 탐구 결과를 학생들에게 전달해 주는 교사언어

㉡ **요건**: ⓐ 표현방식(작동적 ⇨ 영상적 ⇨ 상징적), ⓑ 경제성(기억해야 할 정보량이 최소), ⓒ 생성력(전이가가 높음.)

㉢ **학습에의 적용**: ⓐ 나선형 교육과정(계열성의 원리), ⓑ 발견학습(교사의 지시 최소화, 학습자가 스스로 답을 발견, 학습방법의 학습), ⓒ 일반화설(동일원리설)과 형태이조설(구조적 전이설)의 학습 전이이론

④ 장점과 단점

장점	단점
• 지식과 기술의 폭발적 증가에 대처(지식의 경제성 중시) • 고등정신능력(분석력, 종합력, 평가력) 함양 • 지적 수월성 확보 • 초등지식 수준과 고등지식 수준의 간격 축소 • 높은 학습 전이(파급효과)가 가능 • 탐구와 발견의 과정에서 나타나는 창의적 활동을 통해 교육의 질 향상	• 정의적 교육에 소홀, 학습자의 정서적 성장에 도움을 주지 못함. • 학습능력이 상위권에 있는 학습자에게 유리한 '소수 정예주의 교육과정'임. → 학교교육의 비인간화, 비민주화 현상을 초래함. • 특정 교과(예 과학, 수학)에 우선순위를 둠으로써 교과 간의 분절현상으로 교육과정 전반의 균형 유지가 어렵고, 아울러 전체적으로 지식을 통합하기도 어려움. • 학문의 구조라는 순수 지식만을 협소하게 강조함으로써 학교 밖의 실생활과 유리됨. • 교사가 지식의 구조를 충분히 이해하기 어려움.

CHAPTER 05

(4) **인간 중심 교육과정**(1970~)

① 개념: 학생들이 학교생활을 하는 동안에 가지게 되는 모든(의도적+비의도적) 경험

② 특징

㉠ 잠재적 교육과정 중시

㉡ 교육 목적은 자아실현 및 전인적 인간 양성

㉢ 통합 교육과정 중시

㉣ 실존주의 철학과 인본주의 심리학에 기초

㉤ 학교 환경의 인간화 중시

㉥ 인간주의적 교사(진정성, 무조건적 존중, 공감적 이해)를 요구

③ 장점과 단점

장점	단점
• 전인교육을 통하여 인간의 성장 가능성을 조화롭게 발전시킬 수 있음. • 학습자의 개별적인 자기성장을 조장할 수 있음. • 학습자의 자아개념을 긍정적으로 형성하는 데 도움이 됨. • 교수·학습 과정에서 개방적·자율적 분위기를 조성하여 학습 과정을 통해 터득된 의미가 내면화되도록 할 수 있음. • 교육과 교육환경의 인간화에 기여함.	• 자유로운 환경 조성과 역동적인 인간관계의 유지가 이루어지지 않으면 교육성과의 보장이 어려움. • 교사들의 투철한 교육관이 확립되지 않으면 그 실현이 어려움. • 행정적 조건 정비(예 과밀학급 개선, 경쟁적 입시풍토 개선)가 선행되지 않으면 그 실현이 어려움. • 개인의 성장만을 중시하고 교육과 사회와의 관계를 경시할 수 있음. • 개념이 모호하고 이론 자체가 미비함.

(5) **통합 교육과정**: 단원 및 경험의 통합성 중시

① 학습 내용보다는 학습 과정을, 지식 체계보다는 지적 활동을, 논리보다는 학습자 심리를 강조

② **효과**: ㉠ 지식의 효율성 증대, ㉡ 학습자의 발달수준과 필요 존중 및 전인적 발달 촉진, ㉢ 사회문제 해결에 효율적 대처

③ 유형(교과 통합의 경우)

㉠ 인그람(Ingram) : 수직적 통합, 수평적 통합, 교육과정 통합 → 평생교육적 관점 중시

㉡ 포가티(Fogarty) : 단일교과 내의 통합, 여러 교과 간의 통합, 학습자 내(간)의 통합

㉢ 드레이크(Drake) : 다학문적 통합, 간학문적 통합, 탈학문적 통합

다학문적 통합	상호 독립적인 분야에서 관련 있는 주제를 통합적으로 다루는 것임. • 하나의 주제를 개별 학문(교과)의 측면에서 다양하게 다룸으로써 한 주제에 대한 통합을 시도하는 형태임. 예 광역 교육과정 • 여러 학문들 간의 결합의 강도가 가장 낮은 형태로서 각 학문은 상호 독립적이면서 하나의 문제를 여러 각도에서 접근하는 방법임.
간학문적 통합	개념, 방법, 절차 등의 유사성을 공통분모로 새롭게 교과나 학문을 결합하는 통합임. • 여러 학문(교과)들에 공통으로 걸치는 주제를 선정함으로써 개별 학문들 간의 경계를 구분 짓기 어렵다는 특징이 있음. • 여러 학문들에 공통적인 주제, 개념, 문제, 이슈, 기능, 고등사고력 등을 중심으로 각 학문적 내용을 재구성하는 방법임. 예 융합 교육과정 • 각 학문 간의 독립성이 완전히 없어진 것은 아니지만 다학문적 접근에 비하여 학문의 독립성은 흐려짐.
탈학문적 통합	교과의 구조를 무시하고 학습자 중심의 입장에서 자유로이 통합하는 것임. • 사회문제나 기능 등 교과 외적인 주제를 다루며, 결과적으로 교과의 경계가 완전히 사라지는 통합방식임. • 학생들의 흥미를 중심으로 다양한 교과들의 독립적인 영역을 초월해서 완전한 통합 형태를 이루려는 접근 방법임. 예 중핵 교육과정

2. 잠재적 교육과정(latent curriculum)

제2의 교육과정, '비공식적 교육과정', '숨은 교육과정' → 잭슨(Jackson)의 「아동의 교실생활」(1968)

(1) 의미

① 학교의 상황을 통하여 학생들이 은연중(隱然中)에 가지게 되는 경험의 총체

② 학교에서 의도하지 않았던 학습 결과를 초래하는 교육과정

㉠ 의도와는 다른 결과(예 받아쓰기 시험 때문에 국어공부가 싫어지는 경우)

㉡ 의도 안 했는데 학습(예 수학선생님이 좋아서 수학과목이 좋아진 경우)

(2) 잠재적 교육의 장(원천)

① 학교의 생태 : 잭슨[Jackson → 군집성, 상찬(평가), 권력], 김종서(목적성, 강요성, 군집성, 위계성)

cf 잭슨의 '군집성 · 권력'은 김종서의 '군집성 · 위계성'에 해당

② 학교의 장(물리적 조건, 제도 및 행정조직, 학교풍토, 인적 구성요소), 사회 환경

(3) **특징** : ① 정의적 영역(예 태도, 가치관 형성 등)과 관련, ② 학교교육의 전 상황과 관련(교사가 제일 중요), ③ 바람직하지 않은 내용도 포함

표면적 교육과정과 잠재적 교육과정의 비교

표면적 교육과정	의도적 · 계획적으로 학습	인지적 영역 학습	단기적 학습	바람직한 내용 학습
잠재적 교육과정	무의도적으로 학습	정의적 영역 학습	장기적 학습	바람직한 내용과 바람직하지 못한 내용 모두 학습

(4) 사회학적 해석

① **기능 이론**: 잠재성(latent) 및 학교 내적 영향성 강조, 순기능에 주목 → 드리븐(성취성, 독립성, 보편성, 특수성 규범), 콜버그(정의의 공동체 접근)

② **갈등 이론**: 의도성(hidden) 및 학교 외적 영향성 강조, 역기능에 주목 → 보울스와 진티스(차별적 사회화)

(5) 교육적 의의

① **교육과정의 개념 확장**: 개발(의도 · 계획) → 이해(결과 · 산출)

② **교육평가의 개념 확장**: 목표 중심 평가 → 탈목표 중심 평가

③ **학교교육에 대한 당위적 진술보다 사실적 진술에 관심**: 학교교육의 이해 증진을 위해 질적 연구(문화기술지) 확산

④ **학교교육과 교육과정 효율성 제고에 기여**: 공식적 교육과정과 잠재적 교육과정이 조화를 이룰 때 학교교육의 효과성 증가

3. 영(零) 교육과정(null curriculum)

제3의 교육과정, '배제된 교육과정' → 아이즈너(Eisner)의 「교육적 상상력」(1979)

(1) 의미

① (개발과정) **'법적인 구속력이 있는 공적인 문서에 포함되지 않은'**: 겉으로 확인할 수 없는 무형(無形)의 형태로 존재하는 교육과정 → 가치있음에도 불구하고 공적 문서에 포함되지 않은 내용

② (실행과정) **'학습할 기회가 없는'**: 학교에서 의식적 · 공식적 · 관습적으로 가르치지 않은(배제된) 것 → 공적인 문서에 포함되어 있지만 교수 과정에서 가르쳐지지 않은 내용

③ 학생들이 공식적 교육과정 동안에 놓치게 되는 기회학습 내용

예 클래식은 가르치나 대중음악은 가르치지 않음, 교육과정에 철학교과를 배제함.

(2) **발생 원인**: ① 교육과정 개발자(또는 교사)의 타성(惰性)이나 고정관념(편견), ② 의욕 부족, ③ 무지(無知) 등으로 인해 발생

(3) **특징**: ① 교육과정을 인본주의적 · 심미적 관점에서 접근, ② '교육과정 사회학'의 접근방법, ③ 잠재적 교육과정의 특수한 형태로 이해되기도 함.

잠재적 교육과정과 영 교육과정의 비교

구분	잠재적 교육과정	영 교육과정
의도성의 측면	학교에서 의도하지 않은 교육과정	학교에서 의도적으로 배제한 교육과정
기능면	교육환경의 잠재적 기능에 초점을 둠.	학습기회의 박탈에 초점을 둠.
공통점	① 교육과정에 명시되어 있지 않음, ② 공적인 과정의 필연적 부산물 ③ 공적인 교육과정을 비판	

04 우리나라 교육과정의 역사

개정 방식의 특징	• 주체면: 중앙집권적 • 시기면: 주기적(1차에서 4차까지는 8~10년, 5차에서 7차까지는 5~6년마다), 일시적 • 개정 범위면: 전면적
역할 분담 (제7차 교육과정)	• 교육부: 국가 수준의 교육과정 기준 고시(「초 · 중등교육법」 제23조) ① 학교는 교육과정을 운영하여야 한다. ② 국가교육위원회는 제1항에 따른 교육과정의 기준과 내용에 관한 기본적인 사항을 정하며, 교육감은 국가교육위원회가 정한 교육과정의 범위에서 지역의 실정에 맞는 기준과 내용을 정할 수 있다. ③ 교육부장관은 제1항의 교육과정이 안정적으로 운영될 수 있도록 대통령령으로 정하는 바에 따라 후속지원 계획을 수립 · 시행한다. • 시 · 도 교육청: 지역 수준의 교육과정 편성 · 운영 지침 작성 제시 • 교육지원청: 학교 교육과정 편성 · 운영 장학 자료 작성 제시 • 학교: 학교 수준의 교육과정 편성 · 운영 예 학교교육계획서

1. 전개 과정

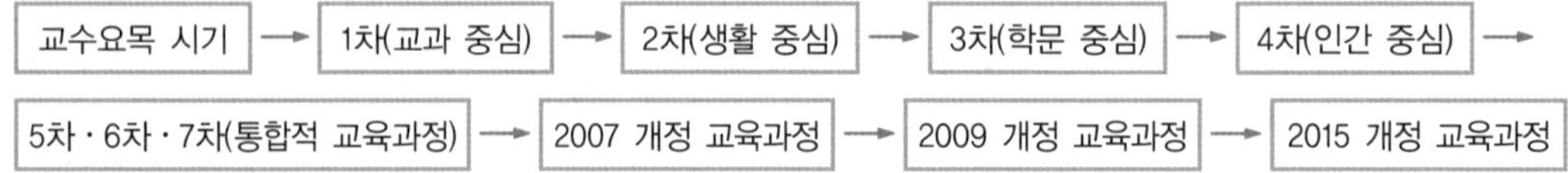

(1) 제1차 교육과정

① 편제: 교과활동, 특별활동

② 특징: ㉠ '교과과정' 용어 사용, ㉡ 특별활동 최초 편성, ㉢ 생활 중심의 단원학습

(2) 제2차 교육과정

① 편제: 교과활동, 특별활동, 반공 · 도덕활동

② 특징: ㉠ '교육과정' 용어 사용, ㉡ 총론(학교급별)과 각론(교과목별, 특별활동별)으로 편성, ㉢ 특별활동 영역 구분, ㉣ 사회과에서 국사와 세계사를 분리, ㉤ 기술과목 신설, ㉥ 제1차 유치원 교육과정 편성(1969년 부분 개정 시)

(3) 제3차 교육과정

① 편제: 교과활동, 특별활동

② 특징: ㉠ 국민교육헌장 이념의 구현, ㉡ '지식의 구조' 중시, ㉢ '도덕'과 '국사'를 독립교과로 신설

(4) 제4차 교육과정

① 편제: 교과활동, 특별활동

② 특징: ㉠ 종합적 교육과정 성격(개인적 · 사회적 · 학문적 적합성 구비), ㉡ 인간 중심 교육과정, 생활(체육+음악+미술)], ㉣ 교육과정 개발의 전문화 도모(KEDI에 위탁), ㉤ 진로교육 개념 도입

⑸ **제5차 교육과정**

① **편제**: 교과활동, 특별활동

② **특징**: ㉠ 특수학급 운영지침 명시, ㉡ 통합 교육과정 시행, ㉢ 기초교육 강화(초 1·2 – 국어, 산수를 분과·독립), ㉣ 1교과 다교과서 체제 도입[초등 예 국어(말하기·듣기, 읽기, 쓰기)], ㉤ 지역별 교과서 개발(초 4, 사회과), ㉥ 자유 선택과목 실질적 운영(고교 예 교육학, 심리학, 철학, 논리학, 종교, 생활경제 등)

⑹ **제6차 교육과정**

① **편제**: 교과, 특별활동[학급활동, 학교활동, 클럽활동, 단체활동(고교)], 학교 재량시간(초 3~6)

② **중점**: ㉠ 교육과정 결정의 분권화(국가 수준, 지역 수준, 학교 수준의 교육과정 구별), ㉡ 교육과정 구조의 다양화, ㉢ 내용의 적절화, ㉣ 교육과정 운영의 효율화

③ **특징**: ㉠ 교과 전담 교사제 실시(초 3~6년, 체육·음악·미술·영어), ㉡ 영어교육 실시(초 3, 1997년 부분 개정시), ㉢ '가정'과 '기술산업'은 남녀 공통과목(중학교), ㉣ 보통교과와 전문교과의 구분(고교)

CHAPTER 05

2. 특징

⑴ **통합 교육과정**

① **개념**: 교과 중심+경험 중심+학문 중심+인간 중심 교육과정

② **특징**: 제4차(교과의 통합), 제5차(교육과정의 통합) 이후

⑵ **교육과정 결정의 분권화**: 시·도 교육청과 교육지원청 단위(제6차), 학교 단위(제7차) → 중앙집권적 교육과정과 지방분권적 교육과정의 절충

구분	중앙집권형	지방분권형
장점	• 전국적으로 통일된 교육과정(전국적·공통적 교육과정) • 학교급 및 학교 간 교육과정의 연계성 충족 • 질 높은 수준의 교육과정 개발(연구·개발·보급 모형; R·D·D 모형) • 국가와 사회적 대변혁 시기에 총체적 대응에 도움	• 지역과 학교의 특수성에 부합하는 다양한 교육과정 개발 • 교사들의 참여로 전문성 신장(교육과정 사소화 문제 극복) • 상황 변화에 신속하고 유연한 대응 • 민주적인 교육풍토 조성 • 학습자의 자발적 학습 촉진
단점	• 교육과정 운영의 획일화·경직화 • 권위주의적 교육풍토 조성 • 즉각적인 수정의 어려움 • 교사배제 교육과정(Teacher-proof Curriculum)으로 교육과정 사소화 문제 발생 • 지역, 학교, 학습자의 특수성에 부합하는 다양한 교육과정 운영의 어려움	• 질 높은 교육과정 개발의 어려움 • 학교급 및 학교 간 교육과정 연계성 부족 • 교육개혁의 전파가 어려움. • 지역, 학교 간 격차가 심화될 가능성이 높음.

⑶ **21세기 대비 교육 강화**: 제6차 교육과정

⑷ **제7차 교육과정**(2000~): 교육과정 2000, K-12체제

05 제7차 교육과정

1. 개정 중점 사항

(1) **국민 공통 기본 교육과정의 편성**: 초 1~고 1(10년) → 교과(10개 기본교과), 재량활동, 특별활동

(2) **학생 선택 중심 교육과정 도입**: 고 2·3(11, 12년) → 교과, 특별활동
① 보통교과(일반 선택과목과 심화 선택과목)와 전문교과
② 교과군 단위 개념: 제1교과군(인문·사회 과목군), 제2교과군(과학·기술 과목군), 제3교과군(예·체능 과목군), 제4교과군(외국어), 교양과목군

(3) **수준별 교육과정 도입**: ① 교육의 수월성 추구, ② 획일적·일제식 수업 지양, ③ 소외집단에 대한 보충학습(결과적 평등) 제공

유형	적용 기간	내용 및 성격	적용 과목
단계형	국민 공통 기본 교육과정 기간 (1~10학년)	• 학생의 학습속도를 기준 • 교과내용 요소 간의 위계가 분명한 교과 • 선행학습의 결손이 이후 학습에 큰 영향을 미치는 교과	• 수학(1~10학년): 10단계 • 영어(7~10학년): 4단계
심화 보충형	국민 공통 기본 교육과정 기간 (1~10학년)	• 학생의 이해의 깊이와 넓이를 기준 • 교과내용 요소 간의 위계가 분명하지 않은 교과 • 학년별로 편성, 운영: 기본과정, 심화과정, 보충과정	• 국어(1~10학년) • 사회(3~10학년) • 과학(3~10학년) • 초등 영어(3~6학년)
과목 선택형	학생 선택 중심 교육과정 기간 (11~12학년)	학생의 적성, 관심, 진로, 능력 수준에 맞는 교과 선택	

(4) **재량활동의 신설 및 확대**: 국민 공통 기본 교육과정 기간 10년 동안 운영 → 초등학교(1·2학년, 중학교와 고등학교 1학년은 신설, 3~6학년은 확대)

(5) **지역 및 학교의 자율, 재량 확대**: 교육과정 편성·운영의 분권화

(6) **질(質)관리 중심의 교육과정 평가체제 확립**: 스터플빔(Stufflebeam)의 CIPP 모형(요구-투입-과정-산출 평가)

(7) **교과별 학습량의 최적화**(최저 필수 학습요소를 중심으로 교과 내용 정선)**와 수준의 조정**(이수과목 수의 축소와 범위의 적정화)

(8) **정보화 시대에 대비한 창의성·정보능력 함양**: '기술·가정'교과 남녀 공통 이수, 컴퓨터 교육의 강화

2. 편제

<table>
<tr><th>구분</th><th colspan="3">국민 공통 기본 교육과정(1~10)</th><th>학생 선택 중심
교육과정(11~12)</th></tr>
<tr><td rowspan="3">교과</td><td colspan="3">• 1학년(6): 우리들은 1학년, 국어, 수학, 슬기로운 생활, 즐거운 생활, 바른생활 → 통합교과
• 2학년(5): 국어, 수학, 슬기로운 생활, 즐거운 생활, 바른 생활 → 통합교과
• 3~4학년(9): 국어, 도덕, 사회, 수학, 과학, 체육, 음악, 미술, 외국어(영어)
• 5~10학년(10): 9교과+실과(기술 · 가정)</td><td>• 보통교과(일반선택과 심화선택)와 전문교과
• 교과군(교양과목군, 제1~제4교과군)</td></tr>
<tr><td rowspan="2">수준별
교육과정</td><td>단계형</td><td>수학(1~10), 영어(7~10)</td><td rowspan="2">과목 선택형 수준별 교육과정 → 무학년제와 유사</td></tr>
<tr><td>심화 보충형</td><td>국어(1~10), 영어(3~6), 사회 · 과학(3~10)</td></tr>
<tr><td rowspan="4">재량활동</td><td rowspan="2">교과
재량활동</td><td colspan="2">기본교과 심화 · 보충</td><td rowspan="2">×</td></tr>
<tr><td colspan="2">선택과목 학습 예 한문, 환경</td></tr>
<tr><td rowspan="2">창의적
재량활동</td><td colspan="2">범교과 학습</td><td rowspan="2">×</td></tr>
<tr><td colspan="2">자기주도적 학습</td></tr>
<tr><td>특별활동</td><td colspan="3">자치활동, 적응활동, 계발활동, 봉사활동, 행사활동</td><td>○</td></tr>
</table>

✔ 창의적 재량활동과 특별활동을 통합 → 창의적 체험활동으로 재구성(2009 개정 교육과정)

3. 학교 교육과정 편성 및 운영

(1) **교육과정의 의미**: 학교교육에서 학생들에게 어떤 교육목표를 어떠한 교육내용과 교육방법, 평가를 통하여 성취시킬 것인가를 국가 수준(국가교육위원회)에서 정해 놓은 기준(「초 · 중등교육법」 제23조)

(2) **학교 교육과정의 의미**: 당해 학교의 구체적인 실행 과정, 당해 학교의 교육운영 세부 시행계획

(3) **학교 교육과정 편성 · 운영 절차**

<table>
<tr><td>준비
(계획)</td><td>① 학교 교육과정위원회 조직과 편성계획 수립: 조직, 임무, 역할의 구체화
② 국가 교육과정 기준과 지침의 내용 분석
• 교육부 고시 교육과정, 시 · 도 지침 및 장학 자료 분석
• 관계 법령, 교육시책, 지표, 과제의 분석
③ 각종 실태조사 분석과 시사점 추출
• 교직원 현황, 학교 여건, 학생과 학부모 실태, 지역사회 특성 조사 및 분석
• 교원 · 학생 · 학부모의 요구 조사 및 분석
• 전년도 교과, 창의적 체험활동 등의 운영실태 평가 및 분석</td></tr>
<tr><td>편성</td><td>④ 학교 교육과정 편성 · 운영의 기본 방향 설정
• 학교장의 경영철학 및 학교 교육목표 설정
• 교과, 영역, 학년별 교육 중점 제시
⑤ 학교 교육과정 시안 작성
• 편제와 시간 배당, 수업일수 및 시수 결정
• 교과, 창의적 체험활동 시간의 운영계획 수립
• 생활지도 계획 수립
• 교과 전담 운영, 특별교실 및 운동장 활용 계획
• 기타 학교 운영 전반에 필요한 계획 수립</td></tr>
</table>

	⑥ 학교 교육과정 시안의 심의 및 확정 • 시안의 심의, 검토 분석 • 시안의 수정 및 보완 ⑦ 개별화 교육과정의 작성 • 개별화 교육운영위원회 조직 • 공통 기본교육과정 적응 곤란 학생 선별 • 학생 및 학부모의 요구 반영 ⑧ 교수·학습 지도계획 수립 • 교육내용 결정 • 교육방법 결정 • 학습형태 및 학습조직 결정 • 학습매체의 선정
운영	⑨ 학교 교육과정의 운영 • 지속적인 연수 실시, 교내 자율장학의 활성화 • 운영 과정의 문제점에 대한 탄력적 대처 • 장학협의를 통한 교육과정의 수정·운영 • 학교조직의 재구조화
평가	⑩ 학교 교육과정의 평가와 개선: 내년도 교육과정 개선을 위한 의사결정

(4) 학교 교육과정 운영에 대한 기본 관점(Snyder)

이행(implementation) 관점 → 계획된 교육과정	법으로 정한 의무를 행동에 옮김. 교사는 수동적 역할 담당 → 충실도적 관점(fidelity of implementation)
창조적 실행(enactment) 관점 → 창조된 교육과정	학교 상황에 맞춰 교사가 자발적으로 만들어 가는 관점. 교사는 능동적 역할 담당 → 생성(현성) 관점, 적용적 관점(adaptation of implementation)
상호 적응 관점 → 조정된 교육과정	국가 교육과정 및 교사와 학생의 요구, 교실 상황을 고려하여 종합적으로 운영

(5) 학교 교육과정 운영의 기본 원리

타당성	학교가 설정한 목표와 그 달성을 위한 수단이 일치할 것
적법성	국가가 정한 법 테두리 안에서 진행할 것
전체성	학교의 전체 교육과정을 대상으로 할 것 cf 일부 교과만을 대상으로 하는 활동이 아님.
민주성	학교교육에 관여하는 제 집단의 폭넓은 참여를 보장할 것
전문성	전담 연구 조직과 실행 조직을 갖출 것
현실성	현 시점에서의 학교와 지역사회 및 학생과 교사의 요구를 반영할 것

(6) 교사의 관심에 기초한 교육과정 적용 모형(CBAM): 홀(Hall)

자신에 대한 관심	업무(과제)에 대한 관심	결과(영향)에 대한 관심
0. 지각적 관심 1. 정보적 관심 2. 개인적 관심	3. 운영적 관심	4. 결과적 관심 5. 협동적 관심 6. 개선적 관심

06 2007 개정 교육과정(제7차 수정)

1. 제7차 교육과정 기본 철학 및 체제 유지

(1) 학습자 중심, 단위 학교에서 만들어가는 교육과정 유지

(2) 국민 공통 기본 교육과정 및 선택 중심 교육과정 유지

2. 개정 중점

(1) **단위학교별 교육과정 편성·운영의 자율권 확대**: 재량활동 운영의 학교 자율권 확대(재량활동 영역 구분 폐지), 교과 집중 이수제 도입, 특성화 학교와 자율학교에서의 교육과정 자율적 운영

(2) **국가·사회적 요구의 반영**: 과학 및 역사교육 강화

(3) **고등학교 선택 중심 교육과정 개선**: ① 선택과목 신설·개설 허용(교육감 승인), ② 고교 선택과목 일원화(일반선택과 심화선택 구분 폐지), ③ 선택과목군 6개로 확대(예·체능 과목군 → 체육 과목군, 예술 과목군)

(4) **교과별 교육내용의 적정화 추진**: 학습량 및 수준 적정화, 학교급·학년·교과 간 연계성 강화

(5) **수업시수 일부 조정**: 수업시수 감축 운영(초 3부터 주당 1시간 감축)

(6) **기타**

① 계기교육(예 5월 4주 다문화 교육주간)에 대한 근거 마련
② 수준별 교육과정을 폐지하고 수준별 수업으로 대체
③ 시·도 교육청의 학업성취도 평가 및 교육과정 편성·운영 평가 등에 대한 근거 마련

07 2009 개정 교육과정: 미래형 교육과정

1. 교육과정 개정 방향

2009 개정 교육과정 → 미래 사회가 요구하는 창의적인 인재 육성
- 학습의 효율성 제고
- 배려와 나눔을 실천하는 인성교육 추구
- 학생의 핵심 역량 강화
- 학교의 다양화 유도

(1) **학기당 이수 교과목 수 축소를 통한 학습의 효율성 제고**: 학기당 이수과목을 8과목 이하로 축소

① **학년군 설정**: ㉠ 학년 간 상호 연계와 협력을 통해 유연성 부여, ㉡ 수업시수가 적은 교과목의 경우 '집중 이수'를 원활하게 함.

초등학교			중학교	고등학교
1~2학년	3~4학년	5~6학년	7~9학년	10~12학년

CHAPTER 05

② 교과(군) 설정: 초·중학교는 교과(군) 신설, 고교는 재분류

초등학교	1~2학년	국어, 수학, 바른 생활, 슬기로운 생활, 즐거운 생활	5개 교과군
	3~6학년	국어, 사회/도덕, 수학, 과학/실과, 체육, 예술(음악/미술), 영어	7개 교과군
중학교(1~3학년)		국어, 사회(역사 포함)/도덕, 수학, 과학/기술·가정, 체육, 예술(음악/미술), 영어, 선택	8개 교과군
고등학교	기초 영역	① 국어, ② 수학, ③ 영어	• 4개 교과영역과 8개 교과(군)로 구성 • 국어, 수학, 영어는 모든 학생들이 필수적으로 이수
	탐구 영역	④ 사회(역사/도덕 포함), ⑤ 과학	
	체육·예술 영역	⑥ 체육, ⑦ 예술(음악/미술)	
	생활·교양 영역	⑧ 기술·가정/제2외국어/한문/교양	

(2) '창의적 체험활동' 도입을 통한 배려와 나눔을 실천하는 창의적인 인재 육성

① 특별활동과 창의적 재량활동을 통합하여 '창의적 체험활동'으로 운영: 창의적 체험활동은 자율활동, 동아리활동, 봉사활동, 진로활동 중심으로 체험 중심의 실천활동을 전개

② 창의적 체험활동 시수 확대: 초·중학교 주당 평균 3시간 이상, 고등학교 주당 평균 4시간 이상 운영

(3) 고교 교과 재구조화를 통한 학생의 핵심역량 강화

① 국민 공통 기본 교육과정(공통 교육과정) 기간을 중학교 3학년까지(9년)로 조정

② 고등학교 교육과정(선택 교육과정)에서 기초 핵심 역량 강화 → 국어, 수학, 영어는 모든 학생들이 반드시 이수해야 함.

③ 적성과 소질에 맞는 맞춤형 교육과정을 위해 단위학교의 과목 편성권 확대

④ 고등학교 일부 교과(국어, 사회, 도덕, 과학)의 선택과목 확대

(4) 교육과정 자율화를 통한 학교의 다양화 유도

① 국가는 교육과정 운영의 기본 틀만을 제시, 학교 교육과정의 자율성 확대

예 교과목별 20% 범위 내에서 수업시수 자율 증감 허용, 교과군·학년군 도입을 통한 학교 자율적 교육과정 편성·운영 원활화, 고등학교는 공통 필수과목을 지정하지 않고 교과군별 필수 단위수만을 지정

② 학생의 적성과 소질을 고려한 맞춤형 교육과정 운영

③ 교육청의 학교 교육과정 지원 강화

2. 학교 급별 교육과정 편성과 운영 – 교육부 고시 2009 개정 교육과정(제2013-7호)

(1) 초등학교 교육과정 편성·운영의 중점

① 학교는 1학년 학생들의 입학 초기 적응교육을 위해 창의적 체험활동의 시수를 활용하여 자율적으로 입학 초기 적응 프로그램 등을 편성·운영할 수 있다.

② 학교는 모든 교육활동을 통해 학생의 인성과 기본 생활습관을 형성할 수 있도록 교육과정을 편성·운영한다.

③ 각 교과의 기초적, 기본적 요소들이 체계적으로 학습되도록 계획하고, 정확한 국어 사용 능력을 신장할 수 있도록 배려한다. 특히, 기초적 국어 사용 능력과 수리력이 부족한 학생들을 위해 별도의 프로그램을 편성·운영할 수 있다.

④ 학교의 특성, 학생·교사·학부모의 요구 및 필요에 따라 학교가 자율적으로 교과(군)별 20% 범위 내에서 시수를 증감하여 운영할 수 있다.
⑤ 초등학교에서는 학교의 여건과 교과(군)별 특성을 고려하여 학년, 학기별로 집중이수를 통해 학기당 이수교과 수를 감축하여 편성·운영할 수 있다.
⑥ 정보통신 활용교육, 보건교육, 한자교육 등은 관련 교과(군)와 창의적 체험활동 시간을 활용하여 체계적인 지도가 이루어질 수 있도록 한다.
⑦ 전입 학생이 특정 교과목을 이수하지 못할 경우, 교육청과 학교에서는 '보충 학습 과정' 등을 통해 학습 결손이 발생하지 않도록 한다.
⑧ 학년을 달리하는 학생을 대상으로 복식 학급을 편성·운영하는 경우에는 교육 내용의 학년별 순서를 조정하거나 공통 주제를 중심으로 교재를 재구성하여 활용할 수 있다.
⑨ 학교는 학생이 학년군별로 이수해야 할 학년별, 학기별 교과목을 편성하여 안내한다.
⑩ 예술(음악/미술)은 음악과 미술교과를 중심으로 편성·운영한다.

(2) 중학교 교육과정 편성·운영의 중점

① 학교는 학생들이 이수해야 할 3년간의 교과목을 학년별, 학기별로 편성하여 안내한다.
② 교과(군)의 이수시기와 수업시수는 학교가 자율적으로 결정할 수 있다.
③ 학교의 특성, 학생·교사·학부모의 요구 및 필요에 따라 학교가 자율적으로 교과(군)별 수업시수를 20% 범위 내에서 증감하여 운영할 수 있다. 단, 체육, 예술(음악/미술) 교과목은 기준 수업시수를 감축하여 편성할 수 없다.
④ 교육효과를 높이기 위해 학생의 학기당 이수 교과목 수를 8개 이내로 편성하도록 한다. 단, 체육, 예술(음악/미술) 교과목은 8개 이내에서 제외하여 편성할 수 있다.
⑤ 예술(음악/미술)은 음악과 미술교과를 중심으로 편성·운영한다.
⑥ 선택과목을 개설할 경우, 학교는 2개 이상의 과목을 개설함으로써 학생들의 선택권이 보장되도록 한다.
⑦ 학교는 필요한 경우 새로운 선택과목을 개설할 수 있다. 새로운 과목을 개설하여 운영하고자 할 경우에는 시·도 교육청의 편성·운영 지침에 의거하여 사전에 필요한 절차를 거쳐야 한다.
⑧ 학교는 학생의 직업 및 진로에 대한 탐색과 선택을 돕기 위해 진로교육을 강화한 교육과정을 편성·운영한다.
⑨ 전입 학생이 특정 교과목을 이수하지 못할 경우, 교육청과 학교에서는 '보충 학습 과정' 등을 통해 학습 결손이 발생하지 않도록 한다.
⑩ 학교는 학생들의 건강한 심신 발달을 위해 '학교 스포츠클럽 활동'을 편성·운영한다.
  ㉠ '학교 스포츠클럽 활동'은 '창의적 체험활동'의 '동아리활동'으로 편성한다.
  ㉡ '학교 스포츠클럽 활동'은 학년별 연간 34~68시간(총 136시간) 운영하며, 매 학기 편성하도록 한다. 학교 여건에 따라 연간 68시간 운영하는 학년에서는 34시간 범위 내에서 '학교 스포츠클럽 활동'을 체육으로 대체할 수 있다.
  ㉢ '학교 스포츠클럽 활동'의 시간은 교과(군)별 시수의 20% 범위 내에서 감축하거나, 창의적 체험활동 시수를 순증(純增)하여 확보한다. 다만, 여건이 어려운 학교의 경우 68시간 범위 내에서 기존 창의적 체험활동 시간을 활용하여 확보할 수 있다.

㉣ '학교 스포츠클럽 활동'의 종목과 내용은 학생들의 희망을 반영하여 학교가 정하되, 다양한 종목을 개설함으로써 학생들의 선택권이 보장되도록 한다.

(3) 고등학교 교육과정 편성 · 운영의 중점 공통 지침

① 고등학교 교육과정의 총 이수 단위는 204단위이며 교과(군) 180단위, 창의적 체험활동 24단위(408시간)로 나누어 편성한다.

② 교과의 이수시기와 단위는 학교에서 자율적으로 편성 · 운영할 수 있다.

③ 교육효과를 높이기 위해 학생의 학기당 이수과목 수를 8개 이내로 편성하도록 한다. 단, 체육, 예술(음악/미술) 과목은 8개 이내에서 제외하여 편성할 수 있다.

④ 선택과목 중에서 위계성을 갖는 과목의 경우 계열적 학습이 되도록 편성한다. 단, 학교의 실정 및 학생의 요구, 과목의 성격에 따라 탄력적으로 운영할 수 있다.

⑤ 선택과목은 학교의 실정과 학생들의 요구를 반영하여 편성하되, 학교는 필요에 따라 이 교육과정에 제시되어 있는 과목 외에 새로운 과목을 개설할 수 있다. 새로운 과목을 개설하여 운영하고자 할 경우에는 시 · 도 교육청의 교육과정 편성 · 운영 지침에 의거하여 사전에 필요한 절차를 거쳐야 한다.

⑥ 일정 규모 이상의 학생이 이 교육과정의 편제에 있는 특정 선택과목의 개설을 요청할 경우, 학교는 이를 개설해야 한다.

⑦ 학교에서 개설하지 않은 선택과목 이수를 희망하는 학생이 있을 경우 그 과목을 개설한 다른 학교에서의 이수를 인정하도록 한다.

⑧ 학교 및 학생의 필요에 따라 지역사회의 학습장에서 행하는 학습을 이수과목으로 인정할 수 있다. 다만 이 경우 시 · 도 교육청이 정하는 지침에 따른다.

⑨ 학교는 필요에 따라 대학과목 선이수제의 과목을 개설할 수 있고, 국제적으로 공인받은 교육과정과 과목을 선택과목으로 인정할 수 있다. 다만, 이와 관련된 구체적인 사항은 시 · 도 교육청의 지침에 따른다.

⑩ 학교는 필요에 따라 교과의 총 이수 단위를 증배 운영할 수 있다. 단, 특성화 고등학교와 산업 수요 맞춤형 고등학교는 전문교과에서, 「초 · 중등교육법 시행령」 제90조 제1항의 제5호 내지 제7호에 해당하는 특수 목적 고등학교는 보통교과의 심화과목에 한하여 증배 운영할 수 있다.

⑪ 학교는 학생이 3년간 이수해야 할 학년별, 학기별 과목을 편성하여 안내해야 한다.

08 2015 개정 교육과정(교육부 고시 제2015-74호)

1. 추구하는 인간상과 핵심 역량

홍익인간의 이념 아래 미래 사회가 요구하는 핵심 역량을 갖춘 창의융합적 인재 양성

(1) **추구하는 인간상**: ① 자주적인 사람, ② 창의적인 사람, ③ 교양 있는 사람, ④ 더불어 사는 사람

(2) **핵심 역량**

① 자아정체성과 자신감을 가지고 자신의 삶과 진로에 필요한 기초 능력과 자질을 갖추어 자기 주도적으로 살아갈 수 있는 **자기관리 역량**

② 문제를 합리적으로 해결하기 위하여 다양한 영역의 지식과 정보를 처리하고 활용할 수 있는 **지식 정보처리 역량**

③ 폭넓은 기초 지식을 바탕으로 다양한 전문 분야의 지식, 기술, 경험을 융합적으로 활용하여 새로운 것을 창출하는 **창의적 사고 역량**

④ 인간에 대한 공감적 이해와 문화적 감수성을 바탕으로 삶의 의미와 가치를 발견하고 향유하는 **심미적 감성 역량**

⑤ 다양한 상황에서 자신의 생각과 감정을 효과적으로 표현하고 다른 사람의 의견을 경청하며 존중하는 **의사소통 역량**

⑥ 지역 · 국가 · 세계 공동체의 구성원에게 요구되는 가치와 태도를 가지고 공동체 발전에 적극적으로 참여하는 **공동체 역량**

2. 개정의 주요 내용

(1) **인문 · 사회적 소양 함양과 인성교육 강화**

① 예술 · 체육교육 활성화를 통한 인성교육 강화를 위해 연극교육 및 예술 동아리 활성화, 뮤지컬 등 활동 중심 예술교육 확대를 추진

② 한자교육 활성화를 위해 초 · 중 · 고 학교급별로 적정한 한자 수를 제시하고 교과서에 한자 병기(倂記)의 확대 검토

③ 고교 '통합사회' 신설로 사회현상에 대한 통합적 이해가 가능하도록 개선

(2) **과학기술에 대한 소양을 함양**

① 고교에 '통합과학' 과목을 신설하여 자연현상에 대한 통합적 이해가 가능하도록 하고, 고교 과학 교과의 이수단위 조정 등 과학교육을 강화

② **소프트웨어(SW) 교육 강화를 위해 초 · 중학교에서 SW 관련 사항을 필수로 이수하는 교육과정을 개발**: 2018년 중학교 「정보」교과에 연간 34시간 의무화, 2019년 초등학교 5, 6학년 「실과」 교과에 연간 17시간 의무화

③ **안전의식을 내면화할 수 있도록 안전교과 또는 단원 신설**: 초등학교 1 · 2학년에 '안전한 생활'이라는 교과 신설, 3학년 이상은 안전 관련 단원 신설

④ **고교 교과(군)별 필수이수 단위**: 국어, 수학, 영어, 한국사, 통합사회, 통합과학, 과학탐구실험 → 통합사회 10단위, 한국사 6단위, 통합과학은 12단위

⑤ **교육과정에 부합하는 수능 및 대입제도 도입 검토**: 수능 3년 예고제에 따라 2017년까지 2021학년도 수능제도 확정

3. 초 · 중 · 고 학교급별 개정의 중점(총론)

(1) **초등학교**: 유아 교육과정(누리과정)과 연계를 강화하고, 수업시수를 주당 1시간 늘려 확보된 시수는 '안전한 생활' 교과 등으로 운영

(2) **중학교**: 자유학기제(자유학년제)의 운영 근거를 마련하고, 자유학기제(자유학년제)의 취지가 모든 과정에 반영될 수 있게 학습내용을 적정화하고 체험활동 강화

(3) **고등학교**: 모든 학생이 배워야 할 필수내용으로 '공통과목'을 구성하여 기초소양을 함양할 수 있게 하되 내용과 수준을 적정화

① 학생이 적성과 진로에 따라 맞춤형으로 교육받을 수 있도록 선택과목으로 '일반선택'과 '진로선택' 개설

② 공통과목은 국어 · 영어 · 수학 · 사회 · 과학으로 하되, 사회/과학은 '통합사회' 및 '통합과학(과학탐구실험 포함)' 개발

③ 기초교과(국어, 수학, 영어, 한국사)의 이수단위를 교과 총 이수단위의 50%를 넘지 않게 하고, 특성화고 교육과정은 국가직무능력표준(NCS)과 연계

09 2022 개정 교육과정(교육부 고시 제2015-74호)

1. **주제**: 더 나은 미래, 모두를 위한 교육

2. **추진체계**: 국민과 함께하는 교육과정

3. **비전**: 포용성과 창의성을 갖춘 주도적인 사람

4. 개정 방향

(1) 미래 사회의 불확실성에 대응할 수 있는 기본 역량 및 변화대응력을 키워주는 교육 체제 구현

(2) 미래 사회 역량 함양이 가능한 교육과정 개발 및 학습자 주도성을 강화하는 모든 학생의 개별 성장 맞춤형 교육과정 구현

(3) 교육 주체 및 국민과 함께하는 현장 적용성 높은 교육과정 개발 체제 구축

5. 개정 중점

(1) 미래 사회가 요구하는 역량 함양이 가능한 교육과정

(2) 학습자의 삶과 성장을 지원하는 맞춤형 교육과정

(3) 지역 · 학교 교육과정 자율성 확대 및 책임 교육 구현

(4) 디지털 · 인공지능(AI) 교육환경에 맞는 교수 · 학습 및 평가체제 구축

6. 학교급별 개정 사항(총론)

(1) 공통 사항

① 추구하는 인간상과 교육목표

㉠ 추구하는 인간상: ⓐ 자기 주도적인 사람, ⓑ 창의적인 사람, ⓒ 교양 있는 사람, ⓓ 더불어 사는 사람

㉡ 핵심가치: ⓐ 자기 주도성(주체성, 책임감, 적극적 태도), ⓑ 창의와 혁신(문제해결, 융합적 사고, 도전), ⓒ 포용성과 시민성(배려, 소통, 협력, 공감, 공동체 의식)

㉢ 핵심역량: ⓐ 자기관리 역량, ⓑ 지식정보처리 역량, ⓒ 창의적 사고 역량, ⓓ 심미적 감성 역량, ⓔ 협력적 소통 역량, ⓕ 공동체 역량

㉣ **교육목표**: 학교급별 학생 발달단계 및 학습 수준 등을 고려하고 교육적 인간상, 핵심역량과 연계하여 교육 목표 체계화

② **미래 사회 및 환경변화에 대응하는 교육내용 강화**

㉠ (교육목표) 환경·생태교육(생태전환교육), 민주시민교육 및 일과 노동에 포함된 의미와 가치 등을 교육목표에 반영 ⇨ 모든 교과와 연계하여 교육

㉡ (기초소양) 여러 교과를 학습하는 데 기반이 되는 언어, 수리, 디지털 소양 등을 기초소양으로 강조하고 총론과 교과에 반영 ⇨ 디지털 소양[(초) 학교자율시간+실과 34시간, (중) 학교자율시간+정보 68시간 (고) 정보교과 신설과 선택과목 개설 등]

③ **분권화를 바탕으로 한 학교 교육과정 자율성 확대**

㉠ 초·중학교 교과(군)별 및 창의적 체험활동의 20% 범위에서 시수 증감

㉡ (초) 3~6학년 선택과목 2개, 총 8개 선택과목 운영 예 3학년(지역연계생태환경, 디지털 기초소양), 4학년(지속 가능한 미래, 우리고장 알기), 5학년(지역과 시민, 지역 속 문화탐방), 6학년(인공지능과 로봇, 역사로 보는 지역)

㉢ (중) 지역 연계 및 특색 교육과정 운영을 위한 시도교육청·학교장 개설 과목(활동) 개발 활성화

④ **학교급 전환시기의 진로연계교육 강화**

㉠ **학교급 간 교과 내용 연계와 진로 설계, 학습 방법 및 생활 적응 등을 지원하기 위한 진로연계학기 신설**: 상급학교 진학하기 전(초6, 중3, 고3) 2학기 중 일부 기간을 활용하여 진로연계학기 운영

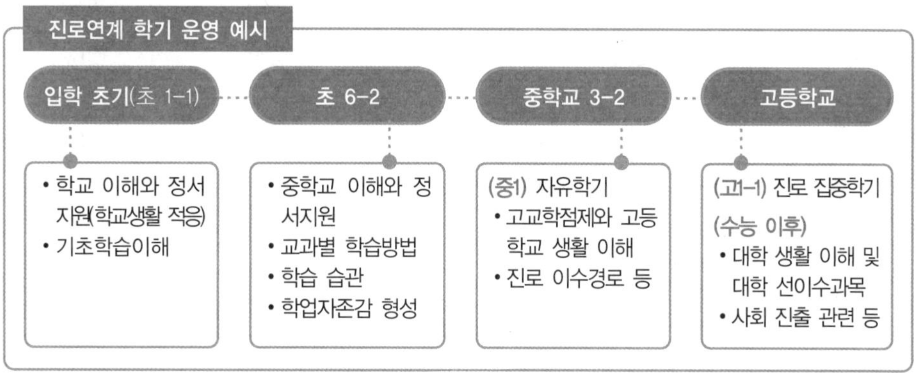

⑤ **창의적 체험활동 개선**: 자율자치 활동, 동아리 활동, 진로 활동 3개 영역으로 재구조화 ⇨ 봉사활동은 동아리 및 진로 활동으로 통합

⑥ **안전교육 개선**

㉠ (초1~2학년) 기존의 '안전한 생활'성취기준, 내용요소를 통합교과로 재구조화하여 교과와 연계한 생활 중심 안전교육 강조

㉡ (초 3학년 이후) 과학, 체육, 실과, 보건 등 관련 교과(목)의 '안전'대단원을 통해 전 학교급에 걸친 체계적인 안전교육 실시

⑦ **범교과 학습 주제 개선**: 범교과 학습 주제는 관련 주제를 교과와 연계하여 반영

(2) 초등학교

① 입학 초기 적응 활동 개선(1학년): 입학초기 학교 적응 활동(창의적 체험활동 34시간)+국어 시간 활용하여 한글 해득 교육 강화(한글 해득 및 익힘 시간 34시간)
② 한글 해득 및 익힘 학습(1~2학년): 한글 익힘 수준에 따른 맞춤형 교육과 놀이와 연계한 한글 익힘 학습 실시 ⇨ 교과 학습 도입 초기부터 학습 격차 발생을 예방하여 기초학습의 토대 마련
③ 신체활동 강화(1~2학년): '즐거운 생활' 교과를 재구조화하여 학생들의 발달단계에 맞는 실외놀이 및 신체활동 내용을 강화 ⇨ 주 2회 이상 실외놀이 및 신체활동을 운영(144시간)

(3) 중학교

① 자유학기제 편성·운영 개선
㉠ 자유학년제 폐지 ⇨ 자유학기제(1학년 1/2학기 중 선택)와 진로연계학기(3학년 2학기)로 운영
㉡ 자유학기활동 개선: 주제선택 및 진로탐색활동 2개 영역으로 개편 ⇨ 102시간 운영
② 학교스포츠클럽 활동 개선: 동아리 활동으로 매 학기 운영 ⇨ 연간 34시간 총 102시간 운영

(4) 고등학교

① 고교학점제 기반 맞춤형 교육과정 구현: 수업량 적정화(1학점 수업량 50분 기준 16회로 전환) 및 총 이수학점을 204단위에서 192학점으로 적정화 ⇨ 교과 174학점[필수이수학점 84학점+자율이수학점 90학점]+창의적 체험활동 18학점

현행				개선안		
교과 영역	교과(군)	공통과목 (단위)	필수 이수단위	교과(군)	공통과목 (학점)	필수 이수학점
기초	국어	국어(8)	10	국어	국어(8)	8
	수학	수학(8)	10	수학	수학(8)	8
	영어	영어(8)	10	영어	영어(8)	8
	한국사	한국사(6)	6	사회 (역사/도덕 포함)	한국사(6)	6
탐구	사회 (역사/도덕 포함)	통합사회(8)	10		통합사회(8)	8
	과학	통합과학(8) 과학탐구실험(2)	12	과학	통합과학(8) 과학탐구실험(2)	10
체육 예술	체육		10	체육		10
	예술 (음악/미술)		10	예술 (음악/미술)		10
생활 교양	기술·가정/제2 외국어/한문/교양		16	기술·가정/정보/제2외국어/한문/교양		16
소계			94	소계		84
자율편성 단위			86	자율 이수학점		90
창의적 체험활동			24(408시간)	창의적 체험활동		18(288시간)
총 이수단위			204	총 이수학점		192

✔ 학기 단위로 과목 편성하되, 기본 이수학점은 4학점으로 운영. 단, 과학탐구실험은 2학점으로 운영

② **교과목 재구조화**: 공통과목 유지, 일반선택과목 적정화, 융합선택과목 신설
　㉠ (교과 영역) 현행 교과 영역을 삭제하고 교과(군)체제로 개선: (현행) 기초/탐구/체육 예술/생활 교양 영역 → (개선안) 영역 삭제
　㉡ (공통과목) 공통국어, 공통수학, 공통영어, 통합사회, 통합과학, 과학탐구실험, 한국사 ⇨ 학생 수준에 따른 대체 이수 과목 운영(기본수학, 기본영어)
　㉢ (선택과목) 특수목적고등학교 전문 교과I을 보통 교과로 편입

③ **학생의 진로와 적성을 고려한 학습기회 확대**
　㉠ (특수목적고등학교) 전문교과Ⅰ에서 보통교과로 재구조화하여 일반고에서도 선택 가능
　㉡ 학교단위 과목개설이 어려운 소인수 과목의 경우 온·오프라인 공동교육과정 운영

④ **직업계고 교육과정 개선**: 전문교과Ⅱ를 전문교과로 재구성, 교과(군) 재구조화, 전문공통 과목 세분화

⑤ **고교학점제에 부합하는 성장 중심 평가체제 구축**: 과목 이수기준(수업 횟수 2/3 이상 출석, 학업성취율 40% 이상) 충족 시 학점 취득, 미이수자 발생 시 보충 이수 지원 ⇨ 3년간 192학점 이상 취득하면 졸업

CHAPTER 05

7. 추후 교육과정 개발 일정 및 적용 시기

(1) **추후 교육과정 개발 일정**: 총론과 각론 확정·고시(2022 하반기)

(2) **교육과정 적용 시기**: '24. 초1·2 → '25. 초3·4, 중1, 고1 → '26. 초5·6, 중2, 고2 → '27. 중3, 고3

더 알아보기

■ **자유학기제**

2016년부터 전국 중학교에 시행 → 2018년부터 자유학년제로 확대·실시

(1) **개념**: 중학교 과정 중 한 학기 동안 학생들이 시험 부담에서 벗어나 꿈과 끼를 찾을 수 있도록 토론·실습 등 학생 참여형으로 수업을 운영하고, 진로탐색활동 등 다양한 체험활동이 가능하도록 교육과정을 자율적으로 운영하는 제도

(2) **추진 목적**: ① 꿈·끼 탐색, ② 핵심 역량 함양, ③ 행복교육

(3) **추진 방향**: ① 학생 중심 교육과정 운영, ② 진로교육 연계 활성화, ③ 자유학기활동(진로탐색 활동, 주제선택활동, 예술·체육활동, 동아리활동 등 → 1학기 170시간 이상, 1년 221시간 이상 편성) 활성화, ④ 교육과정 편성·운영 자율화, ⑤ 학생 참여 중심 교수·학습방법 다양화, ⑥ 학생의 성장과 발달에 중점을 둔 과정 중심의 평가 실시

※ [2022 개정 교육과정 개선] ① 자유학년제 폐지 → 자유학기제(중1학년 중 적용 학기 자율적 선택)와 진로연계학기(중3학년 2학기)로 운영, ② 자유학기 활동은 진로탐색활동과 주제선택활동으로만 운영, ③ 시간 편성은 102시간 운영

(4) 체계도

"꿈과 끼를 키우는 행복한 학교교육"

초·중·고등학교 전반의 교육 혁신으로 확산

• 꿈·끼 교육 강화 • 핵심 역량 함양 • 행복한 학교생활

자유학기제 운영

'교과 수업의 혁신'

– 학생 참여형 교수·학습 및 과정 중심의 평가 적용

1. 교육과정 편성·운영 자율화	2 교수·학습 방법 다양화	3 과정 중심의 내실 있는 평가
자율성·창의성 신장, 학생 중심 교육과정	토론·실습, 융합수업, 자기주도 학습	형성평가, 수행평가, 성장·발달에 중점

학생 희망과 참여에 기반한 '자유학기 활동' 운영

– 학생 여건, 학생·학부모 수요 등을 반영하여 선택적으로 편성·운영

1. 진로 탐색 활동	2. 주제 선택 활동	3. 예술·체육 활동	4. 동아리 활동
체계적인 진로 학습 및 체험	학생 중심, 체계적 전문 프로그램	예술·체육 교육 다양화, 내실화	흥미·관심 기반, 맞춤형 개설

※ 3·4 활동은 2022 개정 교육과정에서는 삭제됨.

더 알아보기

■ 국가교육위원회 설치 및 운영에 관한 법률(국가교육위원회법)

제1장 총칙

제1조(목적) 이 법은 국가교육위원회를 설치하여 교육정책이 사회적 합의에 기반하여 안정적이고 일관되게 추진되도록 함으로써 교육의 자주성·전문성 및 정치적 중립성을 확보하고 교육발전에 이바지함을 목적으로 한다.

제2장 국가교육위원회의 설치와 구성

제2조(국가교육위원회의 설치) ① 사회적 합의에 기반한 교육비전, 중장기 정책 방향 및 교육제도 개선 등에 관한 국가교육발전계획 수립, 교육정책에 대한 국민의견 수렴·조정 등에 관한 업무를 수행하기 위하여 대통령 소속으로 국가교육위원회(이하 "위원회"라 한다)를 둔다.

② 위원회는 그 소관에 속하는 업무를 독립하여 수행한다.

제3조(위원회의 구성) ① 위원회는 상임위원 3명(위원장 1명을 포함한다)을 포함하여 21명의 위원으로 구성한다.

제3장 국가교육위원회의 소관 사무

제10조(위원회의 소관 사무) ① 위원회의 소관 사무는 다음 각 호와 같다.

1. 제11조에 따른 교육비전, 중장기 정책 방향, 학제 · 교원정책 · 대학입학정책 · 학급당 적정 학생 수 등 중장기 교육 제도 및 여건 개선 등에 관한 국가교육발전계획 수립에 관한 사항
2. 제12조에 따른 국가교육과정의 기준과 내용의 고시 등에 관한 사항
3. 제13조에 따른 교육정책에 대한 국민의견 수렴 · 조정 등에 관한 사항
4. 그 밖에 다른 법률에 따라 위원회의 소관으로 정한 사항

② 제1항에 따른 위원회의 소관 사무에 관한 세부적인 사항은 대통령령으로 정한다.

제11조(국가교육발전계획 수립 등) ① 위원회는 제10조 제1항 제1호에 따른 국가교육발전계획(이하 "발전계획"이라 한다)을 10년마다 수립하여야 한다.

② 위원회는 발전계획을 수립함에 있어 관계 중앙행정기관 및 지방자치단체, 교육 · 연구기관 및 교육 관련 기관 · 단체 등의 의견을 수렴하여야 한다.

③ 위원회는 발전계획과 관련하여 중대한 사정 변경이 있는 경우 제2항에 따른 기관 · 단체 등의 의견을 수렴하고 위원회의 심의 · 의결을 거쳐 발전계획을 변경할 수 있다.

④ 위원회는 발전계획을 수립 · 변경하는 경우에는 지체 없이 국회에 보고하고, 관계 중앙행정기관의 장 및 지방자치단체의 장에게 통보하여야 한다.

⑤ 관계 중앙행정기관의 장 및 지방자치단체의 장은 발전계획에 따라 소관 사무에 대한 연도별 시행계획(이하 "시행계획"이라 한다)을 수립 · 추진하여야 한다.

⑥ 관계 중앙행정기관의 장 및 지방자치단체의 장은 매년 시행계획에 따라 추진한 전년도의 실적과 다음 연도의 시행계획을 위원회에 제출하여야 한다.

⑦ 위원회는 대통령령으로 정하는 바에 따라 매년 시행계획의 이행상황을 점검하고 그 결과를 공개하여야 한다.

⑧ 그 밖에 발전계획 및 시행계획의 수립 · 변경 절차 등에 관하여 필요한 사항은 대통령령으로 정한다.

제12조(국가교육과정 기준 및 내용의 고시 등) ① 위원회는 국가교육과정(「유아교육법」 제2조 제2호에 따른 유치원 및 「초 · 중등교육법」 제2조에 따른 학교에서 운영하는 교육과정을 말한다. 이하 같다)의 기준과 내용에 관한 기본적인 사항을 정하여 고시하여야 한다.

② 위원회는 제1항에 따라 고시한 국가교육과정에 대하여 조사 · 분석 및 점검을 할 수 있고, 그 결과를 국가교육과정에 반영하도록 노력하여야 한다.

③ 그 밖에 국가교육과정의 기준과 내용에 관한 기본적인 사항을 정하는 데 필요한 사항은 대통령령으로 정한다.

제13조(교육정책에 대한 국민의견 수렴 · 조정 등) ① 위원회는 다음 각 호의 어느 하나에 해당하는 경우 해당 교육정책에 대하여 국민의견을 수렴 · 조정할 수 있다.

1. 국회, 대통령 또는 중앙행정기관의 장의 요청이 있는 경우
2. 대통령령으로 정하는 일정한 수 이상의 국민의 요청이 있는 경우
3. 위원회가 국민의견을 수렴 · 조정하기로 심의 · 의결한 경우

② 위원회는 제1항 제1호 및 제2호에 따른 요청을 받은 경우에는 국민의견 수렴 · 조정절차의 진행여부를 심의 · 의결하고, 그 결과를 요청기관 등에 통보하여야 한다.

③ 위원회는 제1항 및 제2항에 따라 국민의견을 수렴 · 조정한 때에는 그 처리결과를 요청기관 및 관계기관 등에 통보하여야 한다.

④ 제3항에 따라 처리결과를 통보받은 관계 중앙행정기관의 장 및 지방자치단체의 장 등 관계기관의 장은 해당 교육정책에 대한 위원회의 심의 · 의결 결과를 특별한 사정이 없는 한 따라야 하며, 심의 · 의결 결과대로 조치하기가 곤란하다고 판단되는 특별한 사정이 있는 경우에는 위원회에 재심의를 요청할 수 있다. 이 경우 재심의 요청 절차 및 처리 기간 등에 필요한 사항은 대통령령으로 정한다.

⑤ 위원회는 제2항에 따른 국민의견 수렴 · 조정절차의 진행여부, 제3항에 따른 처리결과, 제4항에 따른 재심의 결과 등을 인터넷 홈페이지 등을 통하여 공개하여야 한다.

⑥ 그 밖에 교육정책에 대한 국민의견 수렴 · 조정 등에 필요한 사항은 대통령령으로 정한다.

박문각
공무원

핵심 요약집

오현준

핵심교육학

CHAPTER

06

교육심리학

교육심리학

핵심 체크노트

1. **인지발달이론:** 피아제(Piaget)의 인지적 구성주의, 비고츠키(Vygotsky)의 사회문화적 구성주의
2. **성격 및 사회성 발달이론:** 프로이트(Freud)의 심리성적 이론, 에릭슨(Erikson)의 심리사회적 이론, 셀만(Selman)의 사회인지 발달이론
3. **도덕성 발달이론:** 콜버그(Kohlberg)의 3수준 6단계 이론, 길리건(Gilligan)의 페미니즘적 윤리관
4. **지능:** 가드너(Gardner)의 다중지능, 스턴버그(Sternberg)의 삼원지능
5. **창의력:** 구성요인(유창성, 융통성, 독창성, 정교성), 계발기법(브레인스토밍, 시넥틱스법, PMI, 6가지 사고모자 기법)
6. **동기:** 바이너(Weiner)의 귀인이론, 자아효능감, 자기결정성 이론, 기대-가치 이론, 목표이론, 자기가치(자아존중감) 이론, 켈러(Keller)의 ARCS
7. **자아정체감:** 마르샤(Marcia)의 자아정체감 이론
8. **행동주의 학습이론:** 파블로프(Pavlov)의 수동적 조건화, 스키너(Skinner)의 조작적 조건화
9. **인지주의 학습이론**
   (1) 형태주의 학습이론: 베르트하이머(Wertheimer)의 가현운동, 쾰러(Köhler)의 통찰설, 레빈(Lewin)의 장이론, 톨만(Tolman)의 기호-형태설
   (2) 정보처리 학습이론: 정보 저장소, 정보처리 과정, 메타인지
10. **사회학습이론**(사회인지이론)**:** 반두라(Bandura)의 관찰학습
11. **인본주의 학습이론:** 매슬로우(Maslow), 로저스(Rogers)
12. **전이이론:** 형식도야설, 동일요소설, 일반화설, 형태이조설, 메타인지설
13. **방어기제:** 합리화, 투사, 동일시, 승화, 반동 형성, 치환, 지성화 등

01 교육심리학의 기초이론

연구 대상			심리학 유형	관련 이론
인간	정신 (spirit)	무의식	정신분석학 (제1심리학)	인간의 무의식 세계 탐구 • 초기 정신분석이론: 프로이트(Freud, 심리성적 이론, Id) • 후기 정신분석이론: 에릭슨(Erikson, 심리사회적 이론, Ego), 융(Jung, 분석심리학, 집단 무의식), 아들러(Adler, 개인심리학)
		의식	인지주의★	인간의 내적 정신 과정 탐구 • 구조주의: 인지요인(구성요소) 예 분트(Wundt, 내성법) • 기능주의: 인지기능 예 제임스(James) • 형태주의: 지각(知覺), 사고 예 베르트하이머(Wertheimer, 파이 현상, 가현운동, 프래그난츠 법칙), 쾰러(Köhler, 아하 현상, 통찰), 레빈(Lewin, 장이론), 코프카(Koffka, 형태이조설) • 인지발달이론: 피아제(Piaget), 비고츠키(Vygotsky), 케이즈(Case) • 정보처리이론★: 인지활동을 컴퓨터에 비유(순차처리) cf **신경망 이론**: 인지활동을 두뇌에 비유(병렬처리) → 신경생물학적 접근

<table>
<tr><td rowspan="4">인간</td><td rowspan="3">몸
(body)</td><td rowspan="3">행동</td><td rowspan="2">행동주의☆
(제2심리학)</td><td>인간의 외적 행동을 대상 → 동물의 행동(동물심리학, 실험심리학)</td></tr>
<tr><td>• 고전적 조건화 이론: 파블로프(Pavlov, S형 조건화, 자극 대치 이론), 왓슨(Watson, 행동주의), 거쓰리(Guthrie, 실무율, 1회성 조건화)
• 도구적 조건화 이론: 손다이크(Thorndike, S−R 연합, 시행착오설)
• 신행동주의: 헐(Hull, 충동 감소 이론, S−O−R 이론)
• 작동적 조건화 이론: 스키너(Skinner, R형 조건화, 반응 변용 이론)</td></tr>
<tr><td>관찰학습
(★+☆)</td><td>사회인지이론(사회적 학습이론): 반두라(Bandura), 톨만(Tolman, 목적적 행동주의, 잠재학습설) → 행동주의+정보처리이론</td></tr>
<tr><td>전인
(全人)</td><td>정신+
행동</td><td>인본주의
(제3심리학)</td><td>전인으로서의 인간 존재 탐구: 매슬로우(Maslow, 욕구위계설), 로저스(Rogers, 자아 중심 상담이론), 올포트(Allport, 성격이론)</td></tr>
</table>

1. 정신분석학(제1심리학)

인간의 정신(무의식)세계 탐구, 심층심리학(메타심리학) → id(원초아), ego(자아), super−ego(초자아)

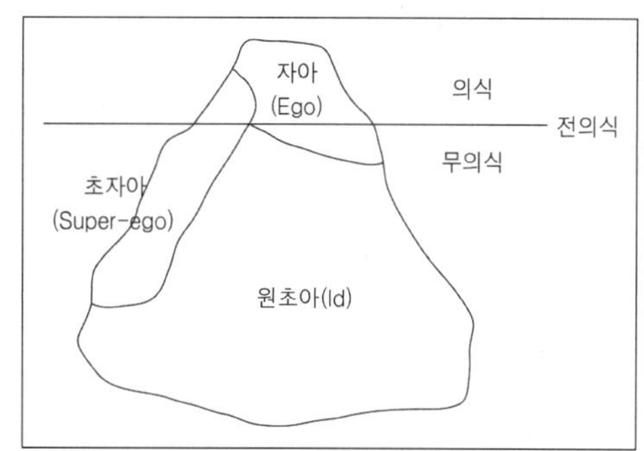

(1) **내용**: ① 성악설, ② 인간 행동의 근본 동기는 무의식(성본능) → 최면요법, 꿈의 해석, 자유연상, 실수·실언이나 유머 분석을 통한 무의식의 의식화를 중시

(2) **대표자**: 프로이트(심리성적 이론, id), 에릭슨(심리사회적 이론, ego)

(3) **특징**: ① 아동 초기 경험 중시, ② 인과 결정론(정신 결정론, 무의식 결정론, 성욕 결정론, 과거 결정론), ③ 환원론

(4) **영향**: ① 욕구의 중요성, ② 정의적 상담이론

2. 행동주의 심리학(제2심리학)

관찰 가능한 외적 행동 탐구 → 의식 배제 예 S(자극) − Black Box − R(반응)

(1) **내용**: ① 인간과 동물의 존재론적 연결, ② 백지설(tabula rasa → 수동적 학습자), ③ 인간행동은 자극과 반응의 결합(S−R)

(2) **대표자**: 파블로프(수동적 조건화 이론, S이론), 왓슨(행동주의), 쏜다이크(시행착오설, 결합설), 헐(S−O−R설, 신행동주의, 충동 감소 이론), 스키너(작동적 조건화 이론, R이론)

(3) **특징**: ① 요소주의("전체는 부분과 부분의 합이다." → 기계주의, 원자론, 미시이론, 환원론, 환경결정론), ② 경험론에 기초

(4) **영향**: 프로그램 학습, 행동수정 요법

3. 인지주의 심리학

인간의 내적 정신(인지, 지각) 과정 탐구 → 형태주의 심리학(지각, 사고), 정보처리이론(정보저장소, 인지 과정, 메타인지), 신경망 이론 예 S(자극) – White Box(인지) – R(반응)

(1) **내용**: ① 인간은 동물과 질적으로 다른 존재, ② 생득관념(이성) 인정, ③ 능동적 학습자, ④ 인간행동(학습)은 인지구조의 변화 과정

(2) **대표자**: 베르트하이머(파이 현상, 가현운동, 프래그난츠 법칙), 쾰러(통찰설, A−ha 현상 → 직관적 통찰), 레빈(장이론), 피아제(인지발달이론), 톨만(목적적 행동주의, 기호형태설)

(3) **특징**: ① 전체주의("전체는 부분과 부분의 합 이상이다." → 거시이론, 전체론), ② 합리론에 기초

(4) **영향**: 발견학습, 탐구학습

4. 사회학습이론(사회인지이론)

(1) **내용**: ① 인지주의(정보처리이론)+행동주의, ② 인간의 행동은 사회학습의 결과(modeling, 관찰학습), ③ 대리학습(간접적 강화와 벌)

(2) **대표자**: 반두라(관찰학습)

5. 인본주의 심리학(제3심리학): 전인적 존재로서의 인간 탐구

(1) **내용**: ① 성선설, ② 인간의 잠재 가능성에 대한 믿음

(2) **대표자**: 올포트(성격이론), 매슬로우(욕구위계이론), 로저스(실현 경향성, 만발기능인, 비지시적 상담이론)

(3) **특징**: 실존적 현상학에 기초

(4) **영향**: 성격심리학(건강한 인간 탐구)

02 발달단계이론의 비교

<table>
<tr><th>영역</th><th>주창자</th><th>0~18개월
(2세)</th><th>18개월~3(4)세</th><th>3(4)~6(7)세
유치원</th><th>6(7)~12(11)세
초등학교(저)</th><th>12(11)~18(14)세
초등학교(고) & 중・고등학교</th></tr>
<tr><td rowspan="4">인지
(사고)</td><td rowspan="2">Piaget</td><td rowspan="2">감각운동기</td><td>전개념기</td><td>직관적
사고기</td><td rowspan="2">구체적조작기</td><td rowspan="2">형식적조작기</td></tr>
<tr><td colspan="2">└─ 전조작기 ─┘</td></tr>
<tr><td>Case</td><td>감각운동기</td><td colspan="2">관계기</td><td>차원기</td><td>벡터기</td></tr>
<tr><td>Bruner</td><td colspan="3">작동적 단계(0~5)</td><td>영상적 단계(6~9)</td><td>상징적 단계(10~14)</td></tr>
</table>

영역	주창자	0~18개월 (2세)	18개월~3(4)세	3(4)~6(7)세 유치원	6(7)~12(11)세 초등학교(저)	12(11)~18(14)세 초등학교(고) & 중 · 고등학교
성격	Freud (심리성적 이론)	구강기 (Id)	항문기 (Ego)	남근기 (Super-ego)	잠복기	생식기(성기기)
	Erikson (심리사회 이론)	기본적 신뢰	자율성	주도성	근면성(성취감)	자아정체감 (모라토리움)
		vs(희망)	vs(의지)	vs(목적)	vs(능력)	vs(충실)
		불신감	수치심	죄책감	열등감	역할혼미
		성인 초기 (19~24세)	성인 중기 (25~54세)	성인 후기 (54세~)		
		친밀감	생산성	자아통일		
		vs(사랑)	vs(배려)	vs(지혜)		
		고립감	침체성	절망감		
도덕성	Kohlberg (3수준 6단계)	① 벌과 복종에 의한 도덕성(주관화) ② 자기중심의 욕구충족을 위한 수단(상대화)			③ 대인관계의 조화 (객체화) ④ 법과 질서 준수 (사회화)	⑤ 사회계약 및 법률 복종(일반화) ⑥ 양심 및 보편적 원리(궁극화)
		Ⅰ(인습 이전 – 전도덕기, 무율)			Ⅱ(인습–타율)	Ⅲ(인습 이후–자율)
사회성	Selman (사회적 조망 수용 이론)	⓪ 자기중심적 관점 수용 단계(3~6세)			① 주관적 조망 수용 단계(6~8) ② 자기반성적 조망 수용 단계(8~10)	③ 상호적 조망 수용 단계(10~12) ④ 사회적 조망 수용 단계(12~15)

03 발달(Development)

발달의 개념

1. 인간의 전생애(수정~죽음)에 걸쳐 일어나는 모든 변화
2. 상승적 변화+퇴행적 변화, 긍정적 변화+부정적 변화, 양+질 → 성장+성숙+학습
3. 발달은 크기의 변화, 비율의 변화, 새로운 특징의 획득, 기존 특징의 소멸 등이 서로 작용하여 일어난다.

1. 발달의 주요 원리

(1) **분화 통합성**: 미분화(전체) ⇨ 분화 ⇨ 통합화(재구조화)

(2) **연속성**(점진성): 발달에는 비약이 없다(행동주의).

cf **인지주의**: 비약적 변화(계단식 그래프)

(3) **상호 작용성**: 유전과 환경의 상호 작용의 결과 예 고무밴드 가설, 수로화의 원리

(4) **상호 관련성**: 각 발달영역(예 신체적, 사회적, 정신적 영역) 간에 상호 영향을 줌. → 보상원리가 적용되지 않는다.

(5) **예언 곤란성**: 연령 증가에 따라 발달 경향성 예측이 어렵다.

(6) **순서성**: 전체 ⇨ 부분, 머리 ⇨ 발끝, 중앙 ⇨ 밖, 중추신경 ⇨ 말초신경, 구조 ⇨ 기능

(7) **주기성**(발단단계 有 / 장기적)**과 불규칙성**(단기적)

(8) **개별성**(다양성): 개인 내적 차이, 개인 간 차이 → "모든 인간은 다 다르다."

2. 발달의 주요 기제

(1) **적기성**: 결정적 시기(어떤 심리적 특성이나 행동이 학습되어야 하는 민감기) 有, 발달단계 有 → Lorenz의 새끼오리 연구(부화 후 14시간 이후, 애착이 나타나는 후천적 환경의 중요성)

(2) **기초성**: 아동의 초기 경험이 중요 → 조기교육 중시 예 Freud, Fröbel, Montessori

(3) **누적성**: 발달의 부익부 빈익빈 현상 → 마태 효과(좋은 나무는 아름다운 열매를 맺고 못된 나무는 나쁜 열매를 맺는다.)

(4) **불가소성**(불가역성): 초기의 발달 결핍을 나중에 보상하기 어렵다.

더 알아보기

■ **애착**(attachment): 영아가 양육자에게 갖는 강한 사회정서적 유대감

애착 형성 시기	로렌쯔(Lorenz)의 각인 연구	새끼오리는 부화 후 14시간 이후에 애착을 형성
	보울비(Bowlby)의 유아 행동 연구	• 영아는 생후 6개월에 선택적 애착 반응이 출현 • 애착 발달단계: 비선택적 반응단계(0~3개월) ⇨ 선택적 반응단계(3~6개월) ⇨ 능동적 접근단계(6개월~3세, '낯선 이 공포', 격리불안 형성) ⇨ 동반자적 반응단계(3세~)
애착 형성 원인	할로우(Harlow)의 접촉 위안 실험	애착 형성 원인은 생리적 욕구 충족보다 신체적 접촉을 통한 위안(慰安) 때문
애착 유형 연구	애인스워드(Ainsworth)의 낯선 상황 실험	안정 애착(B형), 불안정(회피적) 애착(A형), 저항적 애착(C형), 혼돈된 애착(D형) cf D형은 메인(Main)과 솔로몬(Solomon)이 추가
애착 대상 연구	쉐퍼와 에머슨(Shaeffer & Emerson)의 의사소통이론	4세 이후 아동의 애착 대상이 신체적으로 보살펴 주는 부모에게서 의사교환의 상대인 또래 친구들에게로 변화 → 애착 발달이론의 한계 보완

3. 발달연구의 최근 동향

(1) **발달의 생태학적 접근**: 브론펜브레너(Bronfenbrenner)

① 유전적 요소, 가정의 역사, 사회경제적 수준, 가정생활의 질, 문화적인 배경과 같은 요인들이 발달과 관련된다고 파악

② '맥락 속의 발달(development-in-context)' 혹은 '발달의 생태학(ecology of development)'을 연구 → 생태학(ecology)은 개인이나 유기체가 경험하고 있는 혹은 개인과 직·간접으로 연결되어 있는 환경적 상황을 의미

③ 사람과 상황이 상호 작용하는 방식을 설명: 러시아 민속인형에 대한 은유

④ 인간을 둘러싸고 있는 생태학적 환경의 구조체계

공간체계	미시체계	• 아동이 직접적으로 접하는 환경 예 가정, 유치원, 학교, 또래집단, 놀이터 등 • 아동의 발달에 직접적으로 영향을 미치는 가장 가까운 환경으로, 아동이 성장하면서 변화한다. • 아동과 직접적으로 상호 작용함.
	중간체계	• 미시체계들 간의 상호 관계, 즉 환경들 간의 관계, 아동이 적극적으로 참여하는 두 개 또는 더 많은 수의 환경들 간의 상호 관계 예 가정과 학교의 관계, 가정과 또래의 관계 • 아동과 직접적으로 상호 작용함.
	외(부)체계	• 아동이 직접적으로 접촉하지는 않지만 아동에게 영향을 미치는 사회적 환경 예 이웃, 친척, 부모의 직장, 대중매체, 정치적·경제적·사회적 의사결정기구(정부기구, 교육위원회, 사회복지기관 등과 같은 청소년 관련 기관) • 아동은 외체계의 의사결정 과정에 직접적으로 참여하지는 않지만, 외체계 내에서 결정된 사항들은 중간체계와 미시체계를 통해 직접적으로 혹은 간접적으로 아동의 생활에 영향을 미침.
	거시체계	• 미시체계, 중간체계, 외체계를 모두 포함한 것으로, 아동이 살고 있는 문화적 환경 전체 예 사회적 가치, 법, 관습, 태도 등 • 가장 바깥에 존재하며, 가장 넓은 체계의 환경체계 → 아동의 삶에 간접적이지만 지속적으로 강력하게 영향을 미침.
시간체계(연대체계)		개인의 일생 동안에 걸쳐 일어나는 변화와 사회·역사적인 환경의 변화 예 부모가 이혼한 시점, 동생이 태어난 시점 등이 언제이냐에 따라 아동에게 주는 영향이 다르다. 가족제도의 변화, 결혼관의 변화, 직업관의 변화 등

⑤ 생태학적 전환: 둘 이상의 환경체계가 주요한 전환을 겪는 시점 → 둘 이상의 환경체계를 경험하는 과정(발달과정에 새롭게 추가되는 사건들) 예 초등학교 입학, 중학교 입학, 사립학교에서 공립학교로의 전학, 새로운 친구집단 형성

(2) **전 생애 발달이론**: 평생교육의 맥락에서 전 생애 발달을 연구

① 발달적 변화에 대한 관점: 맥락적 접근, 전인적 접근, 발달의 계속성 강조

② 구체적 연구 동향: 동년배(cohort) 연구, 차원 간 상호 작용 연구

③ 레빈슨(Levinson)의 생애주기이론(인생계절론): 아동기와 청소년기 ⇨ 성인 초기(전환기 ⇨ 안정기 ⇨ 전환기 ⇨ 절정기) ⇨ 성인 중기(전환기 ⇨ 안정기 ⇨ 전환기 ⇨ 절정기) ⇨ 성인 후기

4. 언어 발달이론

환경론	• 행동주의(Skinner): 강화를 통해 학습 • 사회학습이론(Bandura): 모델의 행동을 관찰·모방한 결과 → 모국어 학습 설명에 효과적
생득론	• 촘스키(Chomsky): 구조적 접근 → 언어 습득 장치(LAD)를 선천적으로 소유(UG, 즉 보편문법이 내재) • 렌네베르그(Lenneberg): LAD 부정, 생물학적·신경생리학적 접근(종 특유의 행동) → 언어 습득은 뇌와 청각 조직 등 생리적 발달이 전제, 언어발달의 결정적 시기 존재(사춘기 이전 다국어 습득 가능)
상호작용론	• 피아제(Piaget): 언어발달은 인지발달의 부산물 → 사고 > 언어, 자기중심적 언어 ⇨ 사회적 언어로 발달 • 비고츠키(Vygotsky): 언어발달이 인지발달을 촉진 → 언어 > 사고, 사회적 언어 ⇨ 자기중심적(사적) 언어 – 내적 언어로 발달

5. 정서 형성 및 발달이론

(1) 정서 형성 이론

전통적 이론	정서가 행동을 일으킨다. 예 행복하니까 웃는다.
제임스-랑게 (James-Lange) 이론	자율신경계의 반응(행동)이 먼저 생기고 정서 경험이 뒤따른다. → 말초신경설 예 웃으니까 행복하다.
캐논-바드 (Cannon-Bard) 이론	자율신경계의 반응과 정서경험이 동시에 진행된다. → 정서의 중추신경설 예 거짓말 탐지기
샥터(Schachter) 이론	반응과 정서경험에는 인지적 해석 과정이 필수적이다. 예 개가 짖는다. - (인지) - 무서워 도망간다.
아놀드(Anold) 이론	상황에 대한 인지적 평가 후 정서 반응이 뒤따른다.

(2) **정서 발달이론**(Bridges): 생후 3개월(쾌 - 불쾌) ⇨ 생후 6개월(분노, 혐오, 공포) ⇨ 생후 12개월(애정, 득의) ⇨ 생후 5년 성인과 같은 정서반응이 출현

04 인지발달이론

1. 피아제(Piaget)의 인지발달이론

(1) **개요**: ① 인지적(개인적, 내생적) 구성주의 → 아동과 물리적 환경과의 상호 작용을 통해 지식을 구성[발생적(유전적) 인식론], ② 사고>언어, ③ 행동 ⇨ 사고 ⇨ 언어

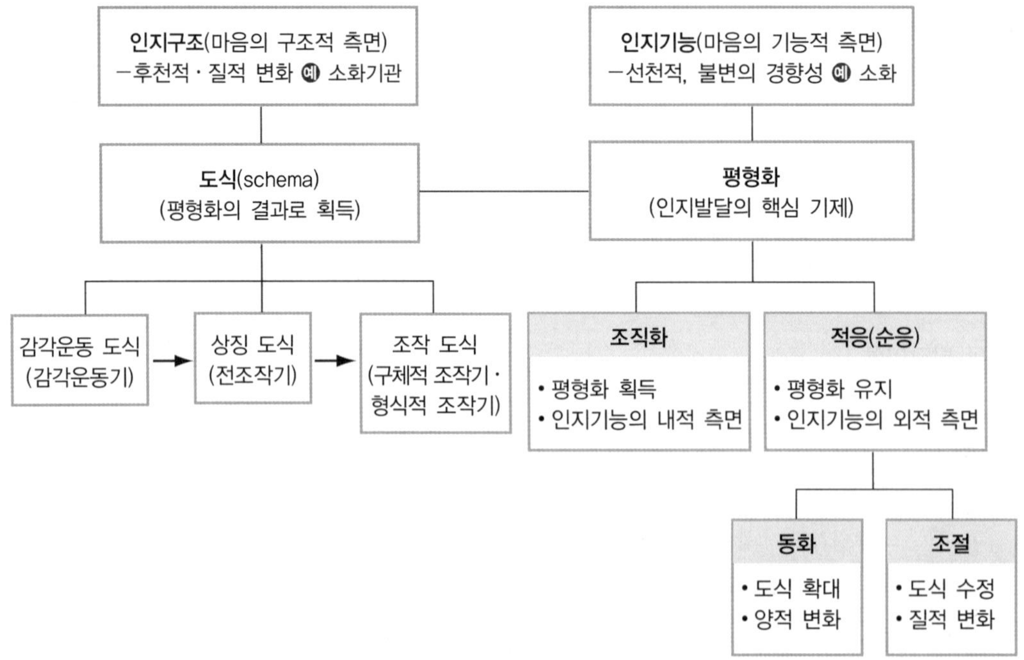

⑵ **인지기능**: 환경에 적응하려는 선천적 불변의 경향성

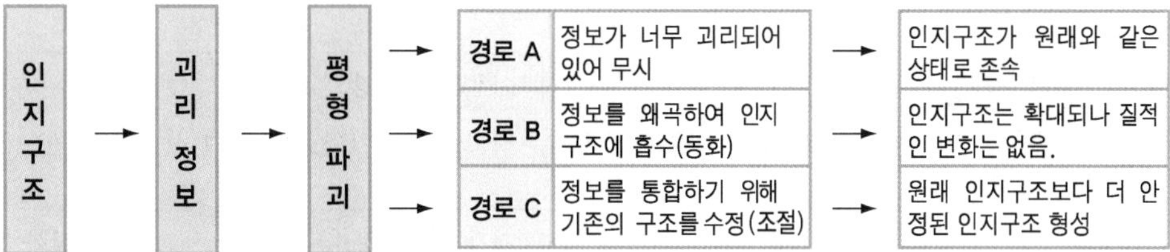

① **평형화**: 인간이 생존하기 위하여 자신의 내부 구조를 일정하게 유지하려는 본능적 경향성, 인지 갈등(불균형)을 극복하는 과정, 평형화의 결과로 도식을 형성 → 인지발달의 핵심기제

㉠ 적응과 조직화로 구성(높은 수준의 평형화)

㉡ 동화와 조절의 균형 상태(낮은 수준의 평형화)

② **적응(순응)**: 외적 측면

동화	도식의 양적 성장 → 기존 도식(예 '강아지' 도식)으로 환경자극(예 고양이)을 흡수 예 '고양이'를 '강아지'로 부름
조절	도식의 질적 성장 → 기존 도식(예 '강아지' 도식)을 환경자극(예 고양이)에 맞게 수정 예 '고양이'를 '강아지'가 아닌 '고양이'로 부름

③ **조직화**: 내적 측면 → 지식·정보를 순서화하고 체계화하고, 독립된 체계들을 전체로 통합하려는 활동 예 '사과'와 '귤', '배'를 더 일반적인 범주인 '과일'의 하위범주로 생각하는 것

⑶ **인지구조**: 인지발달은 인지구조의 질적 변화 과정(포섭적 팽창)

① 도식(schema)

㉠ 아동이 환경과 상호 작용을 하는 과정에서 구성한 행동 또는 사고의 조직화된 패턴, 과거 경험의 축적으로 만들어진 심리적인 틀

㉡ 도식을 통해 환경에 대해서 어떻게 반응할 것인지가 결정됨. 예 행동도식, 상징도식, 조작도식

② 인지구조(schemata)

㉠ 도식이 환경과 상호 작용을 통해 점차 성장하면서 개념적 차원으로 형성된 것

㉡ 세계에 대한 '이해의 틀'로, 세계에 대한 지각과 이해를 결정함.

⑷ **인지발달 단계별 특징**

발달 단계(developmental stage)
1. 불변적 순서성(발달의 결정론 → 발달속도의 개인차는 인정)
2. 질적인 상이성(相異性)
3. 사고의 일반적인 속성(특정 단계 아동의 보편적인 속성)
4. 위계적 통합성(포섭적 팽창)
5. 모든 문화에 걸친 보편성(발달의 보편론)

① **인지발달은 개인과 환경의 상호 작용의 결과**: ㉠ 성숙(인지발달의 한계 제공), ㉡ 물리적 환경(도식의 획득), ㉢ 사회적 전수(비슷한 또래와의 상호 작용을 통해 도식의 점검 및 수정), ㉣ 평형화(핵심적 인지기능)는 인지발달 기제

② 인지발달 단계 순서는 모든 문화권을 초월하여 불변(속도의 개인차는 인정) → 인지발달의 보편론(결정론)

발달 단계	인지적 특성
감각운동기 (행동 도식)	㉠ 행동을 통해 환경을 조작, ㉡ 사고 발달 ×(단계 말기에 사고가 출현)
전조작기 (상징 도식)	㉠ 불완전한 사고(비논리적 사고, 지각 > 사고), ㉡ 1차원적 사고, ㉢ 중심화 경향(자기중심성, 현재 중심성) cf 세 산 모형 실험(자기중심적 사고)
구체적 조작기 (조작 도식)	㉠ 완전한 사고(논리적 사고, 구체적 경험에 한정), ㉡ 2차원적 사고, ㉢ 탈중심화(나-너, 전체-부분, 서열화, 과거-현재) cf 비이커 실험(가역적 사고, 보존성)
형식적 조작기	㉠ 완전한 사고(논리적 사고, 추상적 사고도 가능), ㉡ 3차원적 사고, 나-너-우리, 과거-현재-미래에 대한 사고 cf 색깔 조합 실험(조합적 사고), 추의 진동 실험

<table>
<tr><th colspan="2">Piaget</th><th>인지발달상의 특징</th></tr>
<tr><td colspan="2">감각운동기
(0~2세)</td><td>(1) 지능이 행동으로 표현: 감각과 운동을 통해 외부세계 수용(행동 > 사고)
예 3차에 걸친 순환반응(자신의 신체동작 반복 - 외부 물체 반복 조작 - 외부 물체에 대한 다양한 조작)
(2) 특징: 대상의 획득
① 목적지향적 행동
② 인과관계의 법칙 발견
③ 대상영속성(대상항구성 → 표상능력의 획득, 사고발생의 지표, 감각-동작에서 감각-표상-동작으로의 전환) 획득(4~12개월)
④ 지연모방(관찰학습을 통해 모델의 행동에 대한 표상 획득)
⑤ 18개월 이후 행동하기 전에 사고하기 시작</td></tr>
<tr><td rowspan="2">전조작기
(2~7세)</td><td>전개념기
(2~4세)</td><td rowspan="2">(1) 개념이나 사고발달이 불완전한 단계: 전개념기+직관적 사고기
① 전개념: 불완전하고 비논리적 개념
② 직관적 사고(지각에 의한 사고): 사고발달이 불완전한 단계, 지각 > 사고
(2) 특징: 상징(언어)의 획득
① 가상놀이: 상징적 사고 예 소꿉놀이
② 물활론적 사고(인상학적 사고)
③ 언어발달: 언어의 과잉 일반화, 자기중심적(비사회적) 언어, 집단독백
④ 중심화(집중화): 분명하게 지각되는 한 면에만 초점
⑤ 자기중심적 사고: 다른 사람의 관점에서 생각하지 못함.
⑥ 불가역적 사고: 보존성 개념 획득 ×
⑦ 변환적 추론(환위추론): 특수 사례에서 특수 사례로 진행되는 오류
⑧ 전도추리: 전체와 부분, 상위개념과 하위개념을 혼돈
⑨ 비전이성(비전환성): 변환능력의 제한
⑩ 꿈의 실재론: 꿈과 현실을 혼동
⑪ 인공론적 사고: 사물과 현상을 사람의 필요에 의한 결과로 파악
⑫ 상태적 사고: 과정을 무시하는 사고
⑬ 전인과적 추리: 인과관계에 대한 추론능력의 제한</td></tr>
<tr><td>직관적
사고기
(4~7세)</td></tr>
</table>

<table>
<tr><td>구체적 조작기
(7~11세)</td><td>(1) 관찰이나 실험 등 구체적 사물에 한해 논리적으로 사고
(2) 특징: 현실의 획득
① 논리적 사고(객관적 사고, 귀납적 사고): 개념을 문자 그대로 이해함.
② 탈중심화: 사물과 현상의 여러 측면을 고려함. → 조망 수용 능력을 획득, 언어의 사회화

조망 수용 능력의 획득
1. 의미(perspective taking ability): 탈중심화 능력으로, 다른 사람의 입장이나 생각, 사고 등을 추론해서 이해하는 능력, 역할 취득(role taking)과 유사
2. 유형: 감정 조망 능력, 공간 조망 능력, 인지 조망 능력

③ 중다 분류(위계적 유목화), 중다 서열화
④ 가역적 사고: 사고 과정을 거꾸로 되밟아 가는 능력 → 보존성 개념 획득

보존성 개념의 획득
1. 의미(conservation): 물체가 위치나 모양을 달리해도 본질(수나 양)은 변함이 없다.
2. 성립조건: 동일성, 보상성, 반환성
3. 형성 과정(수평적 격차): 수 ⇨ 질량·길이 ⇨ 면적 ⇨ 무게 ⇨ 부피
✔ 수평적 격차(horizontal decalage, 수평적 위계)
① 일정한 발달단계에서 동일한 인지구조로 조작되는 여러 분야의 과제를 수행하는 데에서 나오는 차이
② 습득 원리(예 가역성의 원리)는 동일하지만 과제의 형태에 따라 조작의 습득 시기가 달라지는 현상(Piaget)

⑤ 전이적 추론, 공간적 추론
⑥ 비교: 부분과 전체의 개념 이해</td></tr>
<tr><td>형식적 조작기
(11~15세)</td><td>(1) 언어나 기호라는 형식을 통해 사고
(2) 특징: 사고의 획득(현실과 추상의 구별)
① 추상적 사고(반성적 추상화): 내적 성찰, 개념의 추상적 의미를 이해

반성적 추상화의 획득
1. 의미(reflective abstraction): 인지적 구조의 수정을 통해 논리적으로 지식이나 정신을 재구성하는 메타인지 능력으로, 사고에 대한 사고, 즉 내적 성찰의 과정을 말한다.
2. 물리적 대상에 대한 정신적 추상화 능력인 경험적 추상화와 구별된다.
3. 경험적 추상화는 물리적·외생적 경험과 관련되지만, 반성적 추상화는 재생적 지식이나 논리수학적 경험과 관련이 된다.

② 가설·연역적 사고: 가설을 설정하고 검증·결론을 도출 → 이상주의적 사고
예 자기 중심적 사고(Elkind): ㉠ 가상적 청중에 대한 과민반응(자기사고와 타인사고의 지나친 동일시에서 비롯 → 사회인지능력발달로 차츰 감소), ㉡ 개인적 신화(자기사고와 타인사고의 지나친 분리에서 비롯 → 친밀감 정서 발달로 차츰 감소), ㉢ 불사신 신화(개인적 신화의 확대)
③ 조합적 사고(문제해결적·융합적 사고): 다양한 해결책을 궁리
④ 명제적 사고(삼단논법)
⑤ 체계적 사고: 각 변인을 분리하여 사고</td></tr>
</table>

더 알아보기

성인기의 인지발달

1. 피아제(Piaget): 형식적 조작기 → 성인기의 인지발달은 이루어지지 않는다.
2. 어린(Arlin): 문제발견적 사고
3. 베젝스(BAsseches): 변증법적 사고기

(5) 이론에 대한 비판

① 취학 전 아동(전조작기)의 인지발달을 과소평가
② 청소년기 이후(형식적 조작기)의 인지발달을 과대평가
③ 인지능력과 수행수준 간에 존재하는 차이를 무시
④ 인지발달과 정서발달의 상호 관계를 규명하지 못함.
⑤ **인지발달에 있어 사회와 문화적 영향을 고려하고 있지 못함**: 비고츠키 이론의 주제
⑥ **각 발달단계 간의 인지발달이 어떻게 일어나는지 그 발달의 기제를 설명하지 못함**: 신피아제 이론가들(예 Case, Pascual-Leone)의 관심사

(6) 교육적 시사

① **아동의 현재 인지수준에 기초하여 교육(발달 > 교육)**: 조기교육 반대 → 소극적 교육론
② **아동의 능동적 자발성 중시**: 아동은 '꼬마 과학자' → 루소(Rousseau)의 아동관과 유사
③ **교육은 암기가 아닌 인지구조의 변화**: 인지부조화 또는 대립, 비평형화 전략(Festinger)
④ **교육과정의 계열화**: 아동의 인지발달 단계에 맞는 내용 구성
⑤ **또래들과의 상호 작용 촉진**: 동질집단(수준별 수업) 편성
⑥ 발견학습(대담한 가설), 구안학습, 구성주의 학습에 영향

2. 비고츠키(Vygotsky)의 인지발달이론

(1) 개요: 사회문화적 구성주의, 변증법적(맥락적) 구성주의

① **사회적 존재로서의 인간관**: 인지발달은 타인(예 성인, 뛰어난 동료)과의 사회적 상호 작용, 즉 사회학습의 결과임.
② **마르크스(Marx) 유물론에 토대**: "물질(환경)이 의식(정신)을 결정한다." → 내관법(구조주의)과 Pavlov 이론(행동주의)을 변증법적으로 통합
③ 인지발달은 기본 정신기능이 고등 정신기능으로 발달하는 과정
④ **인지발달의 핵심 기제는 내면화(internalization, 점유)**: 언어를 통한 개인 간의 사회적 과정(mediation, 매개)이 아동 내부에서 심리적·주관적으로 재구성되는 과정 → 언어발달이 사고발달에 선행

(2) 근접발달영역(ZPD, 유사발달영역)

① **'실제적 발달수준(A, 지루함)'과 '잠재적 발달수준(B, 불가능함)' 사이 영역(마법의 중간지대)**: ZPD = B − A → 학습과제가 근접발달영역 안에 있을 때 학습 가능
② **아동의 현 인지수준에 인접해 있는 바로 위의 발달수준**: 성인이나 뛰어난 동료의 도움(scaffolding)을 통해 발달, 협력학습, (안내된) 발견학습, 구성주의 학습의 이론적 근거

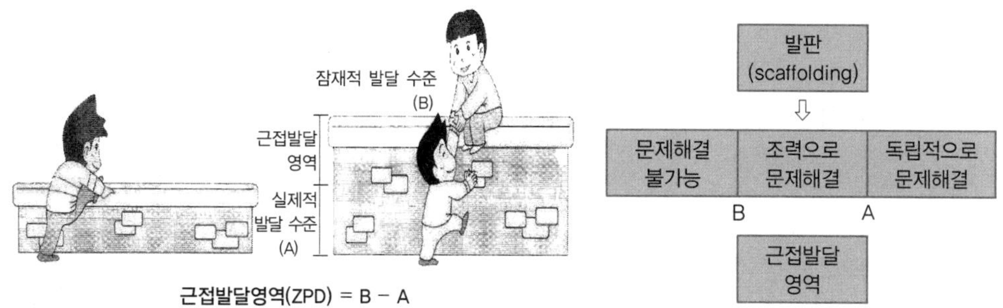

더 알아보기

■ **비계 설정**(scaffolding, 발판화)

1. 개념: 건물을 지을 때 높은 곳에서 공사를 할 수 있도록 임시로 설치하는 안전 가설물 → 학습의 초기 단계에서 교사가 아동의 학습을 도와주기 위해 사용하는 다양한 방법이나 전략
2. 목적: 독자적으로 학습하기 어려운 지식이나 기능의 학습을 돕는 것으로, 아동이 지식을 내면화하여 독자적으로 사용할 수 있을 때까지 내면화 과정을 지지해 주는 것 → 학습 초기 단계에서는 많은 도움을 제공하다가 점점 지원을 줄여서(fading) 스스로 할 수 있는 단계까지 이끌어야 함.
3. 방법: ① 시범 보이기, ② 기초 기능을 개발하기, ③ 모델 제공하기, ④ 오류를 교정하기, ⑤ 틀린 개념을 발견하고 수정하기, ⑥ 동기를 유발하기, ⑦ 구체적이고 현실적인 목표를 제시하기, ⑧ 피드백을 제공하기, ⑨ 절차를 설명하기, ⑩ 질문하기, ⑪ 수업자료 조정하기, ⑫ 소리 내어 생각하기, ⑬ 길잡이나 힌트(조언과 단서) 제공하기 등
   ✔ 교사가 정답이나 문제해결책을 직접 제공하는 것은 발판화가 아님.
4. 구성 요소: ① 협동적인 문제해결, ② 상호 주관성, ③ 따뜻한 반응(격려), ④ 자기조절 증진시키기, ⑤ 심리적 도구(예 기억, 언어)와 기술적 도구(예 인터넷) 활용, ⑥ 근접발달영역 안에 머물기

(3) **언어발달**: ① 원시적(자연적) 단계 ⇨ ② 순수 심리 단계(언어와 사고가 결합, 사회적 언어 출현) ⇨ ③ 자기중심적 언어(사적 대화: Private Speech) ⇨ ④ 내적 언어(문제해결을 위한 도구)

자기중심적 언어에 대한 피아제(Piaget)**와 비고츠키**(Vygotsky)**의 주장 비교**

구분	주요 특징
피아제 (Piaget)	• 전조작기의 자기중심적 사고(비논리적 사고)에서 비롯된 비사회적 언어 • 논리적 사고발달을 통해 자기중심적 언어가 점차 사라짐.
비고츠키 (Vygotsky)	• 자기지시 및 자기조절 사고의 수단: 목표를 달성하기 위해 전략을 짜고 자신의 행동을 결정하는 데 도움을 주는 사적 대화(private speech) → 중요한 목표를 달성하려 할 때나 장애물이 있을 때 급증 • 사고발달을 촉진하는 지적 적응 수단 • 자기중심적 언어(독백)가 내적 언어로 진행되면서 논리적 사고가 발달

(4) **교육적 시사**: ① 교육환경(인적 환경)이 인지발달에 중요, ② 학습이 인지발달에 선행, ③ 교사는 안내자·조언자, ④ 미래 지향적 교육, ⑤ 역동적 평가, ⑥ 장애아 통합교육 중시

행동주의	피아제(Piaget)	비고츠키(Vygotsky)
학습 = 발달	발달 > 학습	학습 > 발달
S − R	S − O(인지) − R	S−H−O−H−R ※ H는 Human factors(교사, 어른 등 중재자)

(5) 피아제 이론과의 비교

① **공통점**: ㉠ 발달은 상호 작용적(역동적) 과정, ㉡ 능동적 학습자, ㉢ 지식은 구성적 산물

② 차이점

구분	피아제(Piaget)	비고츠키(Vygotsky)
배경 철학	관념론	유물론
환경관	물리적 환경에 관심	역사적·사회적·문화적 환경에 관심
아동관	학습자가 발달에 주체적 역할(꼬마 과학자)	사회적 영향이 발달에 주요한 역할(사회적 존재)
구조의 형성	평형화를 중시(개인 내적 과정)	내면화를 중시(대인적 과정에 의한 개인 간 의미 구성)
사고와 언어	사고(인지발달)가 언어에 반영	사고와 언어는 독립 ⇨ 연합 ⇨ 언어가 사고에 반영
발달적 진화	발달의 보편적·불변적 계열 → 결정론적 발달관	사회구조와 유기체 구조 간의 역동적 산물 → 발달단계 변화 가능
발달 양태	발달의 포섭적 팽창	발달의 나선적 팽창(심화·확대)
개인차	발달의 개인차에 관심 없음.	발달의 개인차에 관심 있음.
발달과 학습	발달이 학습에 선행 → 소극적 교육	학습이 발달에 선행 → 적극적 교육
상호 작용	다른 아동(또래)과의 상호 작용 → 아동 스스로 인지적 갈등 극복	유능한 아동이나 어른과의 상호 작용 → 타인에 의한 사회경험의 내면화
수업	자기주도적 발견	교사 안내 수업
평가	정적 평가	역동적 평가
학습	현재 지향적 접근 → 현재 아동의 발달단계에 맞는 내용 제시	미래 지향적 접근 → 현재 발달수준보다 조금 앞서는 내용 제시
연구방법	발생학적 인식론(인지능력의 결과에 관심)	발생학적 실험방법(인지능력의 형성 과정에 관심)
교육과정	잠재적 교육과정 중시	의도적 교육과정 중시
교사 역할	안내자(환경 조성자)	촉진자(성장 조력자)

③ 지식 구성에 대한 관점 비교

구분	피아제(Piaget)	비고츠키(Vygotsky)
기본적인 물음	모든 문화에서 새로운 지식은 어떻게 만들어지는가?	특정 문화 내에서 지식의 도구가 어떻게 전달되는가?
지식형성 과정	개인 내적 지식이 사회적 지식으로 확대 또는 외면화된다.	사회적 지식이 개인 내적 지식으로 내면화된다.
언어의 역할	상징적 사고의 발달을 돕지만, 지적 기능 수준을 질적으로 높여 주지는 않는다.	사고, 문화전달, 자기조절을 위한 필수적인 기제이고, 지적 기능 수준을 질적으로 높여 준다.

사회적 상호 작용	도식을 검증하고 확인하는 수단을 제공한다.	언어를 습득하고 생각을 문화적으로 교환하는 수단을 제공한다.
학습자에 대한 관점	사물과 개념을 적극적으로 조작한다.	사회적 맥락과 상호 작용에 적극적이다.
교수에 주는 시사점	평형화를 깨뜨리는 경험을 계획하라.	발판을 제공하라. 상호 작용을 안내하라.

3. 신피아제 이론

(1) **개요**: 정보처리적 접근(과정적 접근), 용량의 증가(양적 접근)

cf **피아제**: 구조적 접근, 질적 접근

(2) 케이즈(Case)의 실행 제어 구조 이론

① 인지발달은 문제해결 과정이 아동이 사용하는 실행 제어 구조, 즉 정보처리 용량(작동기억 용량)의 증가

② **정보처리 용량의 증가 방법**: ㉠ 자동화, ㉡ 생물학적 성숙, ㉢ 중심 개념 구조의 획득

③ **자동화**: 정보처리의 효율성, 즉 '기능적 증가 모형' → 정보처리 용량은 불변이나, 조작공간은 감소하고 저장공간은 증가

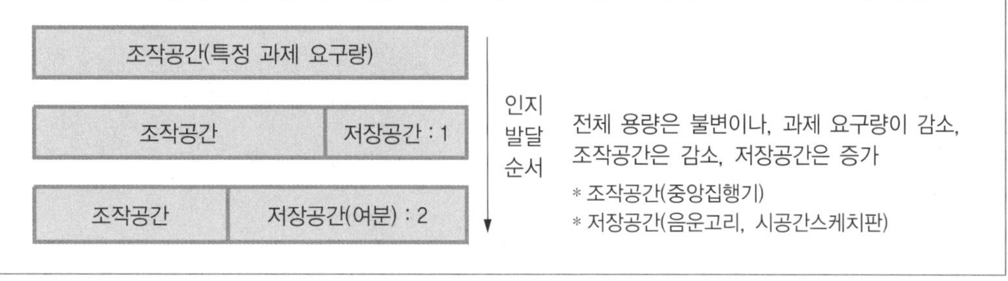

(3) 파스칼 레온(Pascual-Leone)의 구성적 조작 이론

① 인지발달은 정보처리 공간의 증가라고 보는 '절대적 증가 모형'

② 지적 활동시 사용되는 중앙 정보처리 공간(M 조작자)은 나이에 따라 증가

③ 아동이 특정 과제를 해결하지 못하는 이유는 문제해결에 필요한 M 조작자의 크기를 초과했기 때문 → 청킹(chunking)을 통해 M 조작자의 크기를 줄이면 문제해결 가능

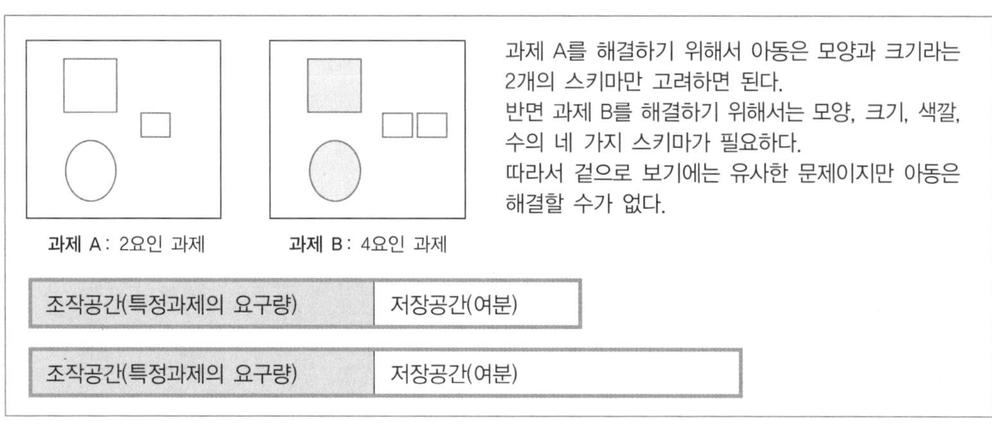

05 성격발달이론

더 알아보기

■ **성격**(personality)

1. 개념 : 환경에 대한 개인의 행동 및 사고방식 → 독특성, 일관성, 적응성, 전체성
2. 종류
   (1) 올포트(Allport) : 공통 특성, 개별 특성(주특성, 중심 특성, 2차적 특성)
   (2) 카텔(Cattell) : 표면 특성, 근원 특성 → 16PF 검사
   (3) 융(C. Jung) : 내향성, 외향성 → MBTI 검사(Myers & Briggs가 제작)
3. 성격이론

특성이론(특질이론)	• 심리 측정자들에 의해 발전: 성격은 각 개인이 지닌 특정한 성격요인에 따라 형성 • 올포트(Allport), 카텔(Cattell), 아이젠크(Eysenck)
임상적 현상에 기초한 이론	• 심리 치료가들에 의해 주장: 내담자의 내면에 관한 경험과 통찰에 관한 지식을 근거로 성격 연구 • 프로이트(Freud), 에릭슨(Erikson), 매슬로우(Maslow)
실험에 기반한 이론	• 학습 이론가들이 주장: 성격은 환경에 의한 조건화로 형성 • 로터(Rotter), 반두라(Bandura), 미쉘(Maschel)

4. 성격검사
   (1) 제작방법 : 논리적 방법(예 Strong 흥미검사), 이론적 방법[예 MBTI－융(Jung)의 이론에 근거], 준거집단방법(예 MMPI － 정신분열증 집단에게서 성격적 특징 추출), 요인분석[예 카텔(Cattell)의 16PF]
   (2) 유형

자기보고식 성격검사 (표준화 성격검사)	질문지법 활용 예 MMPI, CPI, MBTI, 16PF, KPI
투사적 성격검사	비구조적 자극 제시 예 시각적 자극(TAT, RIBT, HTP, DAP), 언어적 자극(WAT, SCT)

1. 프로이트(Freud)의 성격발달이론

심리성적 이론(성적 결정론), 심층심리학(무의식 결정론), 메타심리학, Id 심리학, 과거 결정론 → 정신분석이론

(1) **성격의 구조** : 정신은 전체적인 성격을 의미 → 빙산이론

성격의 구조	역할과 의미	지배 원리	형성 시기	특징
원초아 (id, 원본능)	심리적 에너지의 원천 －Eros & Thanatos	• 쾌락(Eros) • 열반(Thanatos)	생득적으로 형성 (구강기)	• 생물학적 자아 • 1차 과정 사고
자아(ego)	• id와 superego의 중재자(조정자) • 성격의 합리적 부분	현실	id로부터 형성 (항문기)	• 심리적 자아 • 성격의 집행관 • 2차 과정 사고

초자아 (superego)	• 도덕적 규제와 판단, 현실보다 이상 추구 • 학습된 도덕성	• 도덕 · 윤리 • 자아 이상(ego-ideal) • 양심	후천적으로 학습 (남근기)	• 사회적 · 도덕적 자아 • 성격의 심판관 • 1차 과정 사고

⑵ **성격발달단계**

구강기(id) ⇨ 항문기(ego) ⇨ 남근기(superego) ⇨ 잠복기(잠재기) ⇨ 생식기(성기기)

① 개요

㉠ 리비도(libido)의 발생 부위와 충족 방식에 따라 성격발달단계를 유형화: 성적 욕구 충족 시 다음 단계로 이행

㉡ 각 단계에서 욕구 불충족 시 성격적 고착 발생: 이상 성격

㉢ 성격의 기본 구조가 5~6세(남근기) 이전에 완성, 그 이후는 기본 구조가 정교화되는 과정: 초기 경험의 중요성 강조 → "아이는 어른의 아버지(the child is father to the man)"

② 성격발달 단계별 특징

㉠ 구강기: 구강적 쾌락 제공자에 대한 애착 형성('I get' stage)

구강 빨기 단계	과식, 흡연, 과음, 다변(多辯) 등, 의존적 성격
구강 깨물기 단계	손톱 깨물기, 남 비꼬기 등 적대적이고 호전적 성격
욕구 충족의 경험	낙천적 성격 형성 → 긍정적 신뢰감 형성

㉡ 항문기: 배변 훈련을 통해 대인 간 갈등 해결의 원형 형성('I control' stage)

배변 훈련 엄격 시 (항문 보유적 성격)	대소변 통제에 대한 불안 형성 → 결벽증, 지나친 규율 준수, 인색, 강박, 수전노, 융통성 없는 소극적 성격
배변 훈련 허술 시 (항문 방출적 성격)	대변을 부적절하게 보는 공격적 성향 → 무절제, 기분파, 반사회적 행동 경향
욕구 충족의 경험	독창성, 창조성, 생산성, 자신과 사회의 원만한 관계 형성

㉢ 남근기: 성적 갈등(complex) 과정에서 초자아 형성 → 성격발달의 결정적 시기('I am a Man' stage)

오이디푸스 콤플렉스	남아의 어머니에 대한 애정 갈구 현상: 아버지에 대한 적대감 ⇨ 거세 불안증 ⇨ 동일시(동성애) ⇨ 성역할(남성다움) 습득 ⇨ 초자아 형성
일렉트라 콤플렉스	여아의 아버지에 대한 애정 갈구 현상: 어머니에 대한 원망 ⇨ 남근 선망 ⇨ 동일시(동성애) ⇨ 성역할(여성다움) 습득 ⇨ 초자아 형성

㉣ 잠복기: 성적(이성애적) 관심 없음. 동성친구와의 학습, 지적 활동 왕성 → 초등학교 입학 시기

㉤ 생식기: 이성애(Hetero-sexuality) → 부모로부터 독립 욕구가 출현

⑶ **비판점**: ① 수동적 존재로서의 인간, ② 문화적 특수성 경시, ③ 여성에 대한 편견, ④ 과학적 정확성이 결여

2. 에릭슨(Erikson)의 성격발달이론 : 심리사회적 이론

(1) **특징**: ① 발달의 결정적 시기(심리·사회적 위기 or 발달과업 → 대상 관계 이론), ② 양극이론(긍정>부정), ③ 자아(ego)심리학, ④ 전 생애를 통한 발달(8단계), ⑤ 점성설(점진적 분화의 원리, 후성설적 점성설) → 최초로 아동 정신분석 시도, 성인기의 단계를 최초로 구분, 성격·정서·사회성 발달의 통합

(2) **발달단계**

발달단계	덕목	특징
기본적 신뢰 vs. 불신감 cf 구강기(Freud)	희망(hope)	부모로부터의 사랑이 일관적·지속적·동질적일 때 기본적 신뢰 형성 → 성격발달의 토대 형성
자율성 vs. 수치심(의심) cf 항문기(Freud)	의지(will)	혼자 걷기, 배변 훈련 등 자신의 요구와 부모의 요구가 조화를 이룰 때 자율성 발달
주도성 vs. 죄책감 cf 남근기(Freud)	목적(goals)	놀이와 자기가 선택한 목표 행위가 격려를 받을 때 주도성 형성
근면성 vs. 열등감 cf 잠복기(Freud)	능력(ability)	가정일보다 학교에서의 성취에 관심, 인정받을 때 근면성 형성 → 자아 개념 형성기
자아정체감 vs. 역할 혼미 cf 생식기(Freud)	충실(fidelity)	급속한 신체 변화와 사회적 요구에 따라 새로운 자아를 탐색, 내적 동질성 확보 시 정체감 형성 → 심리적 유예기(모라토리움)
친밀감 vs. 고립감	사랑(love)	친구나 애인, 동료 간 관계 만족 시 친근감 형성
생산성 vs. 침체성	배려(care)	후세대의 성공적 발달을 돕는 것이 최대 관심
자아 통일 vs. 절망감	지혜(wisdom)	지나온 생애에 대한 성찰의 시기

더 알아보기

에릭슨(E. Erikson) 이론의 주요 개념

1. **자율성(autonomy)**: 스스로 어떤 일을 할 수 있는 능력 예 혼자 걷기, 혼자 소변보기
2. **수치심(shame)**: 남의 눈에 자신이 좋게 보이지 않는다는 느낌 예 오줌 싼 걸 남이 볼까 봐 걱정하기
3. **의심(doubt)**: 타인의 통제를 받는 것에서 오는 부정적 느낌
4. **주도성(initiative)**: 스스로 설정한 목표(예 블록 쌓기, 침대에서 높이뛰기)를 이루려는 용기, 한쪽 부모를 소유하고자 하는 오이디푸스적 야망, 기꺼이 새로운 활동을 시작하고 새로운 방향을 탐구하려는 자세
5. **근면성(industry)**: 외부에서 주어진 과제 이행 능력, 생산적인 일에 참여하려는 열정
6. **자아 정체감(identity)**: '나는 누구인가?'에 대한 해답으로 자기의 고유성을 깨닫고 유지해 가려는 노력 → 자기 자신에 대한 통합성, 연속성, 조화성, 독립성을 지닐 때 형성
7. **친밀감(intimacy)**: 깊은 수준에서 타인과 기꺼이 관계를 맺으려 하며 또한 상호 간의 요구 이상의 것에 기반을 두는 관계를 맺는 것
8. **생산성(generativity)**: 다른 사람을 돌보는 능력을 확장시켜서 다음 세대와 미래 세대를 돌보고 안내하는 것
9. **통합감(integrity)**: 개인이 자기개념을 강화하고 독특하고도 이제는 바꿀 수 없는 개인사를 전적으로 받아들이는 것

(3) 프로이트와의 비교

프로이트(Freud)	에릭슨(Erikson)
• 심리성적 발달이론: id심리학 • 가족관계 중시 → 엄마의 영향 강조 • 리비도의 방향 전환 • 무의식 • 발달의 부정적인 면 → 이상(異常)심리학 • 청년기 이후 발달 무시: 5단계 • 과거 지향적 접근	• 심리사회적 발달이론: ego심리학 • 사회적 대인관계 중시 → 대상관계 이론 • 개인에 대한 가족과 사회의 영향 • 의식 • 발달의 긍정적인 면 → 양극이론 • 전 생애를 통한 계속적 발달: 8단계 • 미래 지향적 접근

(4) 교육적 시사점

유치원 아동	자기주도적인 활동을 최대한 허용, 아동들의 주도성 형성
초등학교 학생	도전적 경험과 지지, 피드백을 제공하여 유능감(근면성) 형성 지원 예 현실적 목표 설정 및 실행 기회 제공, 적당한 실수에 대해 관대하게 대하기
중·고등학교 학생	열린 마음으로 학생들 스스로 문제해결 할 수 있도록 격려하고, 사춘기의 불확실성을 공감하며, 허용 가능한 행동 범위의 한계를 확실하게 규정 → 확고하고 애정 어린 지원 제공 예 직업선택과 성인의 역할에 대한 많은 모델 제시, 학생의 개인 문제 해결 조력, 청소년들의 일시적인 유행에 대해 인내심 갖기, 학생들의 잘못에 대해 실제적 피드백 제공

(5) 에릭슨 이론에 대한 비판

① 성격, 정서 및 사회성 발달에서 문화가 차지하는 역할을 간과함.

② **남성 중심적 연구**: 여성의 경우 친밀감의 확립이 정체감 형성과 함께 또는 앞서 일어나기도 함.

③ **정체감 형성 시기의 부적절성**: 대부분의 사람들에게 있어 정체감은 고등학교 시절이 아니라 그 이후에 형성됨. → 메일만(Meilman, 1979)의 횡단연구 결과(12~18세는 정체감 혼미가, 21~24세는 정체감 성취가 많음.)

(6) 자아정체감의 유형 및 형성 과정(Marcia): 청소년기의 자아정체가 상태에 초점

자아정체감의 유형	위기 경험	참여(몰입)	특징
① 정체감 혼미 (혼돈, 확산)	없음.	없음.	청소년기 초기 또는 비행청소년의 상태 → '부정적 정체성' 형성 가능
② 정체감 폐쇄 (유실, 조기완료)	없음.	있음. (남의 정체감)	모범생의 경우(권위에 맹종), 피터팬 증후군, 위기 경험 시 극단적 선택(예 자살)
③ 정체감 유예 (모라토리움)	있음.	없음.	정체감 형성을 위한 내적 투쟁 전개
④ 정체감 성취 (확립, 형성)	있음.	있음.	가장 이상적인 상태 → 정체감 유예 극복 후 형성

cf ③과 ④가 건강한 자아정체감의 상태, 에릭슨(E. Erikson)은 ③을 부정적 의미로 이해했으나 마르샤(Marcia)는 긍정적 의미로 파악

✔ **부정적 정체성**: 바람직하지 못한 사회적 모델에 근거하여 형성된 정체성

CHAPTER 06

3. 융(Jung)의 성격발달이론 : 분석심리학

(1) **개성화된 사람** : 자기(self)를 실현하는 사람 → 자신에 대한 인식, 성격적 특성들 간의 균형, 자아의 통합, 자기표현

(2) **집단무의식을 중시** : 집단무의식의 원형(archetype) → ① 페르소나(타인에게 보이는 이미지), ② 아니마(남성 속의 여성성), ③ 아니무스(여성 속의 남성성), ④ 그림자(id), 자기(ego) 등을 제시

cf 프로이트(Freud)의 개인 무의식은 후천적 경험(trauma)을 통해 형성되나, 집단 무의식은 생득적으로 소유하는 선험적인 것이다.

(3) **영향** : MBTI 성격검사 → 16가지 성격 유형

4. 셀만(Selman)의 사회적 조망 수용이론(사회인지 발달이론)

(1) **사회적 조망수용능력**(social perspective takong ability)

① 사회적 관계를 이해하는 사회인지(social cognition) 능력으로, 타인의 사고와 의도, 정서를 이해하는 능력 예 역할 취득(role taking), 역지사지(易地思之), 공감(empathy)

② 사회적 조망수용능력은 감정적 조망수용능력과 인지적 조망수용능력을 포함

③ 사회적 대인관계에서 나타나는 탈중심화 능력으로, 다른 사람의 입장이나 생각, 사고, 지각, 정서, 행동 등을 추론해서 이해하는 능력(Piaget) 예 세 산 모형 실험(공간적 조망수용능력)

④ 자신과 타인의 사회 심리적 조망들을 조정하는 능력

(2) **셀만(R. Selman)의 사회적 조망수용능력의 발달단계**

사회성 발달단계	특징	인지발달단계
(0단계) 자기중심적 관점 수용 단계 (3~6세 : egocentric viewpoint / 자기중심적 미분화 단계)	타인을 자기중심적으로 보기 때문에 다른 사람도 자신의 견해와 동일한 견해를 갖는다고 지각한다.	전조작기
(1단계) 주관적 조망 수용 단계 (6~8세 : social-information subjective perspective taking / 차별적 조망 수용 단계, 사회정보적 단계)	동일한 상황에 대한 타인의 조망이 자신의 조망과 다를 수 있다는 것은 이해하지만 아직도 자기의 입장에서 이해하려고 한다.	구체적 조작기(초기)
(2단계) 자기반성적 조망 수용 단계 (8~10세 : self-reflective perspective taking / 자기반성적 사고 또는 상호 교호적 조망 수용 단계)	다른 사람의 입장이 되어서 그 사람의 의도와 목적, 행동을 이해할 수 있으나 이러한 과정을 동시 상호적으로 하지는 못한다.	구체적 조작기(후기)
(3단계) 상호적 조망 수용 단계 (10~12세 : mutual perspective taking / 제3자 조망 수용 단계)	동시 상호적으로 자기와 타인의 조망을 각각 이해할 수 있으며, 제3자의 입장에서 객관적으로 생각할 수 있다.	형식적 조작기(초기)
(4단계) 사회적 조망 수용 단계 (12~15세 : social and conventional system perspective taking / 심층적 조망 수용 단계)	동일한 상황에 대해 자기와 타인을 포함하여 개인은 물론 집단과 전체 사회체계의 조망을 이해하는 최상의 사회인지능력을 획득한다.	형식적 조작기(후기)

06 도덕성 발달이론

1. 피아제(Piaget)의 도덕성 발달이론

인지적 접근(도덕적 추론능력), 타율적 도덕성 → 자율적 도덕성

타율적 도덕성	자율적 도덕성
• 도덕적 실재론(외재적 도덕성) • 도덕적 현실주의 • 4~8세 • 내적 공정성에 대한 신념 • 규칙 위반 시 무조건 처벌 • 판단 과정 없이 규칙에 무조건 복종 • 행동의 결과만을 중시	• 도덕적 상대론(내재적 도덕성) • 협동과 호혜에 의한 도덕성 • 8~12세 • 외적(상황적) 공정성에 대한 신념 • 규칙 위반 시 처벌받지 않을 수 있음. • 규칙은 합의의 산물이므로 변화 가능 • 행동 이면의 행위자의 의도(동기) 고려

2. 콜버그(Kohlberg)의 도덕성 발달이론

(1) **개요**: 아동 중심의 피아제(Piaget)의 도덕성 발달이론을 성인에까지 확대

① 도덕적 딜레마(Heinz의 딜레마) 제시, ② 피아제의 영향(인지발달론적 접근, 도덕성은 곧 도덕적 추론 능력), ③ 인지발달은 도덕발달의 필수조건, ④ 도덕발달의 결정론(문화적 보편성)

✔ **도덕적 추론(reasoning)의 형식 구조**

도덕적 근거 또는 이유(원리 & 사실) → 도덕적 주장(판단)

(2) **도덕성 발달단계**: 3수준 6단계 이론

① 제1수준(인습 이전): 전도덕기 → 힘(자기중심성)의 윤리

1단계	벌과 복종에 의한 도덕성(주관화 – 처벌 회피 지향): 행위의 물리적 결과만으로 판단하여 행동 → 처벌 안 받으면 옳은 행위, 힘이 곧 정의, 적자생존(適者生存) 원리 예 큰 물고기가 작은 물고기를 잡아먹는다.
2단계	자기중심의 욕구 충족을 위한 수단으로서의 도덕성(상대화 – 칭찬받기 위한 도덕성): 개인적(상대적) 쾌락주의 지향, 도구적 상대주의, 1:1 시장의 원리(거래)가 지배 예 가언명령(假言命令), "네가 내 등을 긁어 주면 내가 네 등을 긁어 줄게.", "눈에는 눈, 이에는 이"

② 제2수준(인습 수준): 타율도덕기 → 타인의 윤리

3단계	대인관계에서의 조화를 위한 도덕성(객체화 – 비난 회피 지향): 착한 아이(good–boy) 지향, 사회적 조화와 타인의 승인 중시 → 여성들의 도덕성(배려)의 단계, 청소년의 도덕성의 단계
4단계	법과 질서를 준수하는 도덕성(사회화 – 질서 지향): 법(법률 조항 예 십계명)은 절대적, 개인적 문제보다 사회적 의무감 중시, 권위와 질서 지향(현존하는 사회질서 유지)

③ 제3수준(인습 이후): 자율도덕기 → 원리의 윤리

5단계	사회계약 및 법률 복종으로서의 도덕성(일반화 – 사회계약, 법칙주의 지향): '좋은(이상적인) 사회'(법의 정신과 민주적 제정 절차) 지향, 법과 질서도 가변적(법의 예외성 인정), 공공복리 증진을 위한 공평자의 입장(공리주의적 사고), 가치기준의 일반화·세계화

6단계	양심 및 보편적 도덕원리에 대한 확신으로서의 도덕성(궁극화 - 원리 지향): 윤리관의 최고 경지 (예 황금률, 정언명령) → 논리적 일관성, 추론의 행동화

(3) 비판

① 도덕적 판단 능력과 도덕적 행위의 일치성 문제

② 문화적 편향성: 인습 이후 수준은 서구 사회의 가치를 반영

③ 남성 중심적 도덕성: 정의의 윤리

cf 페미니즘적 도덕성: 길리건

④ 도덕 발달단계의 구분이 명확치 않음.

⑤ 발달단계가 일정불변이라고 하나 도덕 발달의 퇴행도 발생

⑥ 인습 이후 수준(5·6단계)에 도달하는 사람이 극소수 → 5단계는 10%, 6단계는 극히 소수

(4) 도덕 발달이론의 새로운 경향

① 페미니즘적 윤리관: 길리건(Gilligan) → 여성들의 도덕성 발달이론, 「다른 목소리로(different voice)」(1982)

㉠ 2개의 과도기와 3개의 발달단계 제시: ❶ 이기적 단계(자기 지향 단계) ⇨ (과도기; 이기심에서 책임감으로) ⇨ ❷ 이타적 단계(모성적 도덕성의 단계) ⇨ (과도기; 선에서 진실로) ⇨ ❸ 상호 공존적 단계(상호 호혜적 단계, 비폭력적 단계)

㉡ 특징: ⓐ 실제적 갈등 상황(하버드 프로젝트, 임신중절 결정 연구), ⓑ '배려(care)' 또는 '보살핌'의 윤리 중시, ⓒ 정의적 요소도 고려

㉢ 콜버그와 길리건의 이론 비교

콜버그(Kohlberg)	길리건(Gilligan)
• 남성적 도덕성: 84명의 남아들 대상 • Heinz의 딜레마: 재산 vs. 생명 • 인간관계보다 개인을 중시: 자율성 중시 • 권리의 도덕(morality of rights) • 정의(공정성, 타인 권리 불간섭)의 윤리 • 형식적·추상적 해결책 중시 • 권리와 규칙에 대한 이해가 발달의 중심	• 페미니즘적 윤리관 • 하버드 프로젝트 • 개인보다 인간관계를 중시: 애착 중시 • 책임의 도덕(morality of responsibility) • 보살핌(배려, 상호 의존적 인간관계)의 윤리 • 맥락적·이야기적(서사적) 해결책 중시 • 책임과 인간관계에 대한 이해가 발달의 중심

② 투리엘(Turiel)의 영역 접근법: ㉠ 개인적 영역, ㉡ 인습적 영역(특정 사회에서 적용), ㉢ 도덕적 영역(인류 보편적 준수 영역 예 Kohlberg, Gilligan)

③ 래스(Rath)의 가치 명료화 접근: 가치 상대주의, 과정주의(선택 ⇨ 선택을 소중히 여김 ⇨ 행동), 가치판단 능력 중시

(5) 도덕교육의 방법

① +1접근(블래트 효과): 인지적 비평형화 유도

② 정의의 공동체 접근: 문화적 접근 → 잠재적 교육과정

③ 통합 교육적 접근: 리코나(Lickona) → 덕목주의

④ 가치 분석적 접근: 뱅크스(Banks)

Tip 레스트(Rest)의 DIT(Defining Issues Test) 표준화검사

1. 콜버그(Kohlberg)의 도덕성 발달이론을 계승
2. 주관적 평정이 갖는 복잡성을 피하기 위해 각 단계에 해당하는 도덕적 사고 내용을 미리 진술하여 척도를 제시하고 그중에서 자신의 판단과 가장 일치하는 진술을 선택하게 함.

07 해비거스트(Havighurst)의 발달과업이론

발달과업(developmental tasks): 인간의 각 발달단계에서 반드시 성취해야 할 일
① 평생교육의 내용과 교육목표 설정(평생 발달론적 관점 – 6단계), ② 학습준비도 결정, ③ 질서와 계열성, ④ 교육의 결정적 시기

1. 발달단계별 발달과업의 내용

발달단계	발달과업
영아기 및 유아기 (0~6세)	보행 배우기, 딱딱한 음식 먹기, 언어 습득하기, 성별 구분 및 성역할 개념 알기, 생리적 안정을 유지하는 법 배우기, 사회적 환경에 대한 간단한 개념 형성하기, 부모・형제자매・타인과의 정서적 관계 배우기, 선악을 구별하고 양심을 형성하기
아동기 (6~12세)	일상놀이에 필요한 신체 기능 익히기, 자신에 대한 건전한 태도 형성하기, 3R's의 기본 기술 배우기, 또래친구와 사귀는 법 배우기, 일상생활에 필요한 개념과 기초 기능 배우기, 남자 또는 여자의 적절한 성역할 배우기, 양심・도덕・가치기준 발달시키기, 사회집단과 제도에 대한 태도 형성하기
청(소)년기 (12~18세)	성숙한 남녀관계 형성하기, 자기 신체를 수용하고 신체를 효과적으로 조정하기, 남녀 간의 사회적 역할 학습하기, 부모나 다른 성인으로부터 정서적으로 독립하기, 경제적 독립의 필요성 느끼기, 직업 준비하기, 시민생활에 필요한 지식과 태도 기르기, 결혼과 가정생활 준비하기, 사회적으로 책임 있는 행동 실천하기, 가치체계와 윤리관 확립하기
성인 초기 (성년기, 18~30세)	배우자 선택하기, 배우자와 동거생활하기, 가정생활 시작하기, 자녀 양육하기, 가정 관리하기, 직업 선택하기, 시민으로서의 의무 완수하기, 친밀한 사회집단 형성하기
성인 중기 (중년기, 30~55세)	시민의 사회적 의무 다하기, 생활의 경제적 표준 설정・유지하기, 청소년 자녀를 훈육 및 선도하기, 적절한 여가활동 하기, 배우자와 인격적 관계 맺기, 중년기의 생리적 변화에 적응하기, 노부모 봉양하기
성인 후기 (노년기, 55세~사망)	체력 감퇴와 건강에 적응하기, 은퇴와 수입 감소에 적응하기, 배우자의 사망에 적응하기, 동년배와 친밀한 유대 맺기, 사회적・시민적 의무 이행하기, 만족스러운 생활조건 구비하기

2. 에릭슨과 해비거스트 이론의 비교

에릭슨(Erikson)	해비거스트(Havighurst)
• 발달단계 이론 • 양극이론(긍정 > 부정) • 평생발달(8단계) • 성격발달이론	• 발달과업 이론 • 긍정적 측면만 제시 • 평생발달(6단계) • 전인적 발달이론

08 지능(Intelligence)

지능의 개념
① 고등정신능력(Spearman), ② 정신적 적응능력(Sternberg), ③ 학습능력(Dearbon), ④ 종합적 능력(Wechsler)

1. 심리측정론적 접근: 요인분석 접근

(1) **비네(Binet)의 3요인설**: 지능은 방향성(direction), 적응(adaptation), 비판능력(criticism) 등 3요인으로 구성

(2) **스피어만(Spearman)의 2요인설(일반요인설)**: 일반요인(G요인 예 이해력), 특수요인(S요인 예 언어이해력, 수이해력)

① 지능이 높은 아동이 거의 모든 형태의 문제를 잘 푸는 경향이 있는 것은 일반요인설의 근거임.
예 팔방미인, 다재다능

② 일반요인의 개인차는 경험의 포착, 관계의 유출, 상관인의 유출 등과 같은 질적인 인지원리를 사용하는 능력의 차이에서 비롯

(3) **쏜다이크(Thorndike)의 다요인설**: S요인을 기계적 지능, 사회적 지능, 추상적 지능(CAVD 4요인 예 문장완성력, 산수추리력, 어휘력, 명령과 지시 수행능력)으로 구분

(4) **써스톤(Thurstone)의 군집요인설**: 기본 정신능력(PMA) 7요인
예 추리력, 기억력, 수리력, 지각 속도, 공간시각능력, 언어이해력, 언어유창성

(5) **길포드(Guilford)의 지능구조 모형(SOI)**

① 써스톤(Thurstone)의 기본정신능력을 확장·발전

② 3차원적 접근: S-O-R 이론에 기초하여 지능을 내용(5) × 조작(6) × 결과(6) 차원의 조합으로 설명 → 복합요인설(120~180개 요인설)

㉠ 내용차원(contents): 지식의 일반적 종류, 정신적 활동의 자료 → 시각적·청각적·상징적·의미론적·행동적 차원

ⓛ 조작차원(operation) : 정신활동

구분			내용
기억력	기억 저장		기억 기록(부호화) → 단기기억
	기억 파지		기억 유지 → 장기기억
사고력	인지적 사고력		여러 가지 지식과 정보의 발견 및 인지와 관련된 사고력
	생산적 사고력	수렴적(집중적) 사고력	이미 알고 있는 지식이나 기억된 정보에서 어떤 지식을 도출하는 능력 → 여러 가지 가능성 중에 최선의 답을 선택하는 능력
		확산적(발산적) 사고력	이미 알고 있거나 기억된 지식 이외에 새로운 지식을 창출하는 능력 → 창의력
	평가적 사고력		기억되고 인지되어 생산된 지식과 정보의 정당성을 판단하는 능력

ⓒ 결과차원(product) : 단위, 유목, 관계, 체계, 변환, 함축(적용)

구분	내용
단위	지식과 정보의 형태
유목	어떤 공통적 특징을 지닌 일련의 사물의 집합 예 척추동물
관계	두 사물 간의 관련성 예 지구와 달의 비교
체계	상호 관련된 여러 부분의 복합적 조직 예 십진법
변환	지식과 정보를 다른 모양으로 표현하는 것 예 1.5 = 3/2
함축(적용)	어떤 지식이나 정보가 함축하고 있는 뜻 예 인플레이션

(6) 지능에 대한 위계적 모형설

학자		내용
카텔(Cattell)	2형태설(2층 이론) → ① 유동성 지능, ② 결정성 지능	
	유동지능(gf, fluid general intelligence)	• 선천적 요인(예 유전, 성숙 등 생리적 요인)에 의해 영향을 받는 지능 → 뇌 발달과 비례하는 능력 예 기억력, 지각력, 속도, 일반적 추리력, 기계적 암기 • 모든 문화권에서의 보편적인 능력으로 탈문화적 내용에 해당 • 청소년기까지는 발달하나 그 이후부터는 점차 쇠퇴
	결정지능(gc, crystallized general intelligence)	• 환경적 요인(예 경험, 학습)에 의해 영향을 받는 지능 → 문화적 환경과 경험에 의해 발달하는 능력 예 언어이해력, 수리력, 상식, 일반지식, 논리적 추리력 • 경험이나 교육의 영향을 받아 획득한 능력으로, 문화적 내용에 해당 • 청소년기 이후에도 계속 유지되거나 상승
혼(Horn)	전체적(일반적) 지능, 유동성 지능, 결정성 지능	
캐롤(Carroll)	3층 이론 → 일반지능(G) / 8개의 광범위한 능력(예 유동 지능, 결정 지능, 처리 속도, 학습과 기억, 시·청각적 지각 등) / 70개의 특수능력(예 기억 범위, 단순 반응 시간 등)	

2. 정보처리 이론적 접근

(1) **다스와 나글리에리**(Das & Naglieri, 1994)**의 PASS 이론**: 루리아(Luria)의 뇌기능적 체제이론 기초

① 주의와 각성(attention & arousal)

② 동시적 처리(simultaneous processing)와 연속적 처리(successive processing)

③ 계획(planning): 메타인지적 요소

(2) **스턴버그**(Sternberg)**의 삼원 지능이론**

(3) **관련 지능검사 도구**: CAS(Cognitive Assessment System), K-ABC

3. 인지발달론적 접근: 지능에 관한 질적 접근 → 피아제(Piaget)

4. 지능에 대한 최근 이론: 다중지능이론, 삼원지능이론, 정서지능이론 → 지능의 범위(영역) 확대

(1) **가드너**(Gardner)**의 다중지능이론**(MI, 복합지능이론): 「마음의 틀」(1983), 「인간 지능의 새로운 이해」(1999)

① 개념: 지능은 삶을 영위하는 능력(지능=재능), 한 문화권 혹은 여러 문화권에서 가치 있다고 인정되는 문제를 해결하고 산물을 창조해 내는 능력

② 특징: ㉠ 독립된 여러 지능으로 구성, ㉡ 지능은 상호 작용, ㉢ 지능은 훈련을 통해 계발, ㉣ 지능발달의 개별성, ㉤ 수행평가 등 다양한 방법을 통해 측정

③ 연구방법: 주관적 요인 분석

예 뇌의 특정 부위 차지, 비범한 능력을 지닌 사람들의 존재, 능력의 독자적인 발달사, 진화사, 지능에 핵심이 되는 활동의 존재, 인지·실험적 증거, 심리 측정학적 증거, 상징체계의 부호화

④ 지능의 종류: 핵심능력, 관련 직업의 예, 유명인 및 교수 전략

언어적 지능	단어의 의미와 소리에 대한 민감성, 문장 구성의 숙련, 언어 사용방법의 통달 예 시인, 연설가, 교사 / Eliot → 브레인스토밍, 이야기 꾸며 말하기(storytelling)
논리-수학적 지능	대상과 상징, 그것의 용법 및 용법 간의 관계 이해, 추상적 사고능력, 문제 이해능력 예 수학자, 과학자 / Einstein → 소크라테스 문답법, 체계적으로 생각하기
음악적 지능	음과 음절에 대한 민감성, 음과 음절을 리듬이나 구조로 결합하는 방법과 음악의 정서적 측면 이해 예 음악가, 작곡가 / Stravinsky → 노래하기, 리듬치기
공간적 지능	시각적 정보의 정확한 지각, 지각 내용의 변형능력, 시각경험의 재생능력, 균형·구성에 대한 민감성, 유사한 양식을 감식하는 능력 예 예술가, 항해사, 기술자, 건축가, 외과의사 / Picasso → 그림, 그래프 또는 심상(image)으로 그려보기
신체-운동적 지능	감정이나 의도를 표현하기 위해 신체를 숙련되게 사용하고 사물을 능숙하게 다루는 능력 예 무용가, 운동선수, 배우 / Graham → 몸동작으로 말하기, 연극으로 표현하기
대인관계 지능 (인간친화 지능)	타인의 기분, 기질, 동기, 의도를 파악하고 변별하는 능력, 타인에 대한 지식에 따라 행동할 수 있는 잠재능력, 쏜다이크(Thorndike)의 '사회적 지능'과 유사 예 정치가, 종교인, 사업가, 행정가, 부모, 교사 / Gandhi → 협동학습
개인 내적 지능 (자기성찰, 개인 이해 지능)	자신에 대한 이해, 통찰, 통제능력 예 소설가, 임상가 / Freud → 수업 중 잠깐(1분) 명상하기, 자신의 목표 설정하기

자연관찰 지능	동식물이나 주변 사물을 관찰하여 공통점과 차이점을 분석하는 능력 예 동물행동학자, 지리학자, 탐험가 / Darwin → 곤충이나 식물의 특징 관찰하기
실존지능 (영적인 지능)	• 인간의 존재 이유, 삶과 죽음, 희로애락, 인간의 본성 및 가치에 대해 철학적 · 종교적 사고를 할 수 있는 능력 예 종교인, 철학자 • 뇌에 해당 부위(brain center)가 없고, 아동기에는 거의 출현 × → 반쪽 지능

✔ **감성지능**: 개인 내적 지능, 대인관계 지능
✔ **전통적 지능**: 언어적 지능, 논리 · 수학적 지능

더 알아보기

■ **감성지능**(EQ, EI): 샐로비(Salovey)와 마이어(Mayer)가 최초 주장 ⇨ 골맨(Goleman)이 대중화

1. **개념**: 자신과 타인의 감정을 정확히 지각 · 인식 · 표현하는 능력 → IQ와는 별개 능력, 가드너(Gardner)의 '대인관계 지능+개인 내적 지능', 쏜다이크(Thorndike)의 사회적 지능
2. **구성요소**: (1) 감정 지각 능력, (2) 감정 조절 능력, (3) 동기 부여 능력, (4) 공감 능력, (5) 인간관계 기술(사회적 기술) 능력
3. **교육 모델**: EQ 후 IQ 교육이 바람직 예 공자, 루소, 정약용

⑤ 교육적 의의

㉠ 학생의 개인차를 고려한 맞춤형 교육(다품종 소량 교육)

㉡ 학교교육 내용의 다양화 예 Key School, PIFS, Art Propel

㉢ 교사는 학생－교육과정 연계자(broker)

㉣ 학교교육과 지역사회와의 연계 중시

㉤ 통합교과 운영 예 Key School

㉥ **지능 측정방법의 다양화**: 수행평가, 관찰학습 예 스펙트럼 교실

㉦ **수업 도입전략(entry point)**: 학교학습의 목표는 이해에 있으며, 다양한 다중지능의 특성을 반영, 훈련받은 이해를 위한 수업의 도입전략 7가지 제시

1. 서술적 도입전략 (narrational)	의문스러운 개념에 대해 설명하거나 구체적인 사례를 제시하는 방법 예 **진화**: 돌연변이 사례, 민주주의: 고대 그리스의 사례 듣기
2. 논리적 도입전략 (logical)	구조화된 논쟁을 통해 개념에 접근하는 방법 예 **다윈**: 논리적 유추를 통해 진화론을 발전시킴.
3. 수량적인 도입전략 (quantitative)	수치와 숫자의 관계를 다루는 방법 예 **다윈**(Darwin): 갈라파고스 섬에서 여러 종의 되새 개체수의 차이에 주목
4. 근원적(실존적) 도입전략 (foundational)	철학적인 접근으로 개념에 의문("왜?")을 품는 접근방법 예 민주주의의 본질적 의미가 무엇인가?, 왜 많은 국가가 전제주의 대신 민주주의를 선택하는가?
5. 미학적 도입전략 (aesthetic)	삶의 경험에 대해 예술적인 입장을 선호하는 학생들에게 효과적인 방법으로 감각적이거나 표면적인 특징을 강조하기 예 **민주주의**: 음악적 조화의 결과인 현악 사중주나 오케스트라 연주 들려주기
6. 경험적 도입전략 (experiential)	개념이 내재되어 있는 구체적인 학습자료를 직접 다루어봄으로써 효과적인 학습이 일어나게 하는 방법 예 **진화의 개념**: 초파리의 돌연변이 모습을 직접 관찰하거나 컴퓨터 시뮬레이션으로 보여주기
7. 협력적 도입전략 (cooperative)	학생들 간의 모둠학습이나 토의, 토론, 역할극, 직소활동 등을 통해 접근하는 방법 예 진화 관련 토론수업

⑥ 이론에 대한 비판

㉠ 이론과 적용이 연구를 통해 타당화되지 못했다.

㉡ 개별적 영역들에 대한 능력(예 음악 지능, 자연 지능 등)이 개별적인 지능으로 인정받지 못하고 있다.

㉢ 중앙집중적인 작업기억 체계(centralized working memory system)의 역할을 설명하지 못한다.

(2) **스턴버그(Sternberg)의 삼원지능이론**: 삼위일체 지능이론

① 지적 행동이 일어나는 사고과정의 분석을 통한 정보처리 접근 – 「IQ를 넘어서」(1985)

② 성분적 요소(IQ)+경험적 요소(창의력, 통찰력)+맥락적 요소(상황적 지능, 실용 지능, 적용력) → 성공 지능(SQ)

지능의 3요소	하위이론	성공지능
성분적 요소	요소하위이론	분석적 능력
경험적 요소	경험하위이론	창의적 능력
맥락적 요소	상황하위이론	실제적 능력

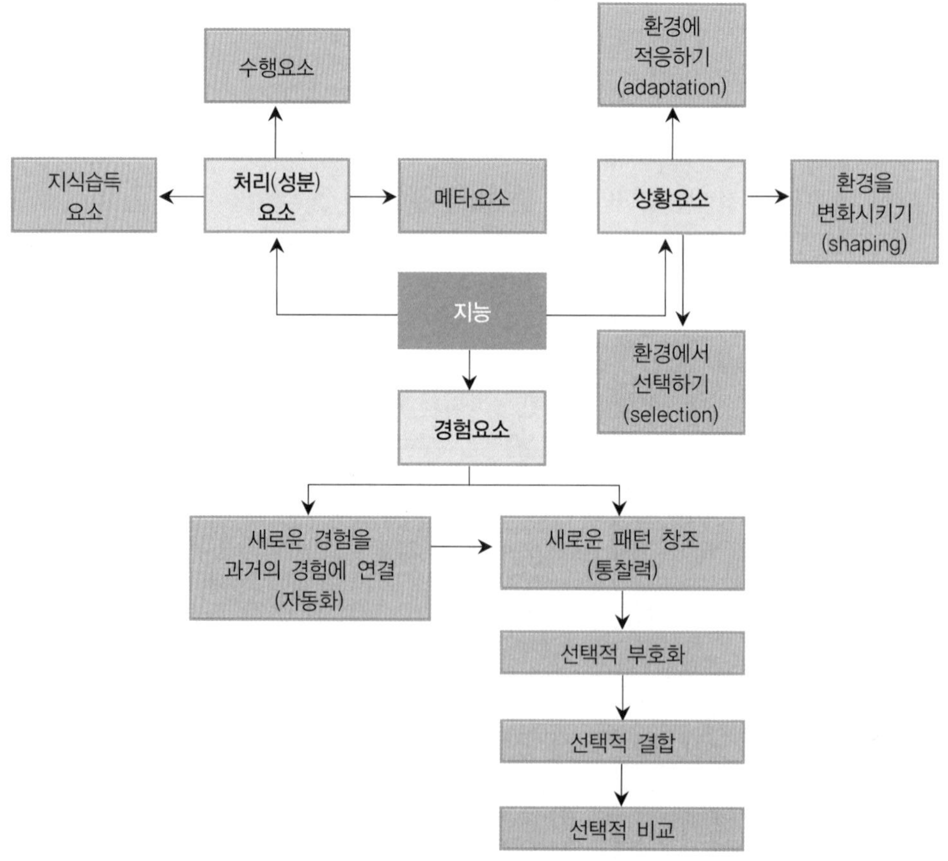

㉠ 성분적 요소(분석적 능력): 전통적 지능, 구성적 지능

ⓐ 새로운 지식을 획득하고 그 지식을 논리적인 문제해결에 적용하는 것 → 종래의 IQ, 암기 재능과 밀접한 관련

메타요소(상위요소≒경영자)	문제해결을 계획, 점검, 평가하는 고등정신 과정
수행요소(≒실무자)	메타요소의 지시를 받아 문제를 해결하는 과정
지식획득요소(≒학습자)	문제를 해결할 수 있는 방법을 학습하는 과정

ⓑ 결과(분석적 능력): 분석, 판단, 평가, 비교・대조하는 능력

㉡ 경험적 요소(창의력)

ⓐ 새로운 과제를 처리하는 '통찰력'이나 익숙한 과제를 자동적으로 수행하는 '자동화' 능력

선택적 부호화	다양한 정보에서 적절한 정보를 결정하는 과정 예 플레밍(Flemming)의 페니실린 발견
선택적 결합	정보들을 통합된 전체로 구성하는 과정 예 다윈(Darwin)의 진화론
선택적 비교	새로운 정보와 기억 속에 저장된 정보 사이의 관계를 비교하는 과정 예 케큘러(Kekule)의 벤젠의 분자구조 발견, 케플러(Kepler)의 천체운동 유추

ⓑ 결과(창의적 능력): 창조, 발견, 발명, 상상, 탐색하는 능력

㉢ 맥락적 요소(상황적 지능, 실용적 지능)

ⓐ 외부환경에 대응하는 능력, 현실상황에 '적응'하거나 환경을 '선택'하고 '변형(조성)'하는 능력 → 학교교육과는 무관, 일상의 경험에 의해 획득

예 일상의 문제해결능력, 실제적인 적응능력, 사회적 유능성

ⓑ 전통적 지능검사의 IQ나 학업성적과는 무관한 능력 → '암시적 지능'

ⓒ 결과(실제적 능력): 실행, 적용, 사용, 수행하는 능력

③ 교육적 적용: 스턴버그는 지능을 향상시킨다는 아이디어를 확장하여 서로 다른 세 가지 종류의 사고를 제안하였다.

㉠ 분석적 사고: 비교, 대조, 비평, 판단, 평가 등과 관련

㉡ 창의적 사고: 무엇인가를 고안해 내고 발견하며 상상하고 가정하는 것과 관련

㉢ 실제적 사고: 적절한 아이디어를 찾아내고 실행하며 적용하고 활용하는 것과 관련

내용영역	분석적 사고	창의적 사고	실제적 사고
수학	44를 이진수로 표현하기	피타고라스 정리에 대한 이해를 측정하는 검사문항 만들어 보기	기하학이 건설에 어떻게 활용될 수 있는지 생각해 보기
언어	「로미오와 줄리엣」이 비극으로 간주되는 이유 말하기	「로미오와 줄리엣」을 희극으로 만들어 보기	「로미오와 줄리엣」 연극을 선전하는 TV 홍보물 제작하기
사회과	한국 전쟁과 베트남 전쟁의 공통점과 차이점 비교하기	미국이 이 두 전쟁에서 다르게 할 수 있었다면 어떤 것들을 할 수 있었을 것인가 생각해 보기	이 두 전쟁에서 우리가 얻을 수 있는 교훈은 무엇인지 생각해 보기

미술	고흐와 모네의 스타일을 비교하기	자유의 여신상이 피카소에 의해 제작되었다면 어떤 모습이었을까 생각해 보기	지금까지 학습한 미술가들 중 한 사람의 스타일을 활용하여 학생 미술전을 알리는 포스터를 제작해 보기

④ 가드너(Gardner)와의 비교

가드너(Gardner)	스턴버그(Sternberg)
• 지능의 독립적 구조(영역)를 중시 • 상호 독립적인 여러 개의 지능으로 구성	• 지능의 작용 과정(인지 과정) 중시 • 서로 관련을 맺고 있는 3개의 하위요인으로 구성
• 사회·문화적 맥락을 고려하여 지능을 이해 • 수업이나 훈련을 통해 지능 개발 가능 • 강점 지능의 활용과 약점 지능의 교정·보완 중시 • 지능은 여러 개의 복합적 능력임.	

더 알아보기

■ **스턴버그(Sternberg)의 영재성과 사랑 개념**

1. 영재성
   (1) 스턴버그(Sternberg)는 영재를 전문성(developing expertise)으로 정의
   (2) 전문성은 WICS로 정의: Wisdom(지혜)+Intelligence(지능)+Creativity(창의성)+Synthesized(세 요인의 융합)
2. 사랑의 삼각형 이론: 친밀감(intimacy, 정서적 요인)+열정(passion, 동기적 요인)+헌신(commitment, 인지적 요인)

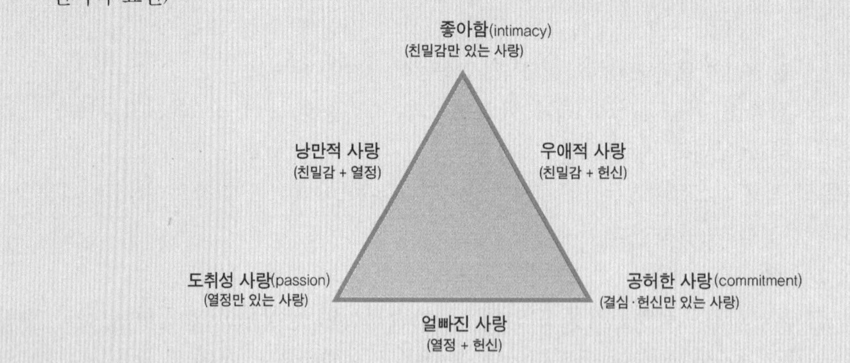

5. 지능검사

(1) 개인용 지능검사

비네-시몬 검사 (1905)	• 최초의 지능검사, 언어성 검사 → 학습부진아 변별 목적 • 정신연령(MA)을 이용 → 연령척도로 표시
스텐포드-비네 검사 (1916)	• 현대 지능검사의 기초, 터만(Terman)이 개발 • 언어성 검사, IQ 최초 산출 → 학업성취도 예언 • 제4판: 3수준 위계 모형, 웩슬러 지능검사 체제로 전환, DIQ 사용(평균 100, 표준편차 16) • 제5판(2003): 5가지 요인(추론, 지식, 작업기억, 시각적 요인, 수학) 측정 → 언어+비언어적 검사

<table>
<tr><td>웩슬러 지능검사</td><td>• 언어성 검사와 비언어성(동작성) 검사로 구성
• DIQ 사용(평균 100, 표준편차 15)
• WAIS(성인용), WISC(아동용, 7~16세), WPPSI(취학 전 아동용, 4~6세)</td></tr>
<tr><td>K-WISC Ⅴ</td><td>5개 지표, 5개 추가지표 척도, 16개 소검사로 구성<table><tr><td>5개 지표</td><td>언어이해지표, 시공간지표, 유동추론지표, 작업기억지표, 처리속도지표</td></tr><tr><td>5개 추가지표 척도</td><td>양적추론지표, 청각작업기억지표, 비언어지표, 일반능력지표, 인지효율지표</td></tr><tr><td>16개 소검사</td><td>10개 기본검사(공통성, 어휘, 토막 짜기, 퍼즐, 행렬 추리, 무게 비교, 숫자, 그림 기억, 기호 쓰기, 동형 찾기), 6개 소검사(상식, 이해, 공통그림 찾기, 산수, 순차연결, 선택)</td></tr></table></td></tr>
<tr><td>문화 공정성 검사</td><td>• SOMPA(다문화적 다원 사정 체제): 머서(Mercer)가 개발, 5~11세 대상, WISC를 보완 → 사회문화적 요인과 건강, 학습능력 등 9개 척도 평가, 학생 사정 부분과 부모 면담 부분으로 구분 시행
• K-ABC 검사: 아동용 검사(2~12세), 언어+동작성 검사, 순차 처리 속도, 동시 처리 속도, 습득도 척도로 구성
• UNIT(동작성 보편 지능검사): 브랙큰과 맥컬럼(Bracken & McCallum)이 개발, 특수교육 대상자와 정신장애 진단에 유용
• CPMT(색채 누진행렬 지능검사): 스피어만(Spearman)의 지능이론을 토대로 레이븐(Raven)이 제작, 세트당 12문항씩 총 3세트 36문항으로 구성<table><tr><td>CPMT(색채 누진행렬 검사)</td><td>유아 및 노인 대상</td></tr><tr><td>SPMT(표준 누진행렬 검사)</td><td>아동 및 성인 대상</td></tr><tr><td>SPMT PLUS</td><td>SPMT보다 난도를 높인 검사</td></tr><tr><td>APMT</td><td>청소년 이상의 영재성 판별 검사</td></tr></table>• Bayley 척도: 유아용 검사, 발달지수(DQ) 사용</td></tr>
</table>

(2) **집단용 지능검사**: 속도 검사

군인 알파검사 및 군인 베타검사	• 여커즈(Yerkes)가 군인 업무 변별 목적으로 개발 → 최초의 집단용 지능검사 • 알파검사는 언어성, 베타검사는 비언어성(도형·동작성) 검사
쿨만-앤더슨(Kuhlman-Anderson) 지능검사	• 언어성 검사(9개의 시리즈로 구성) • 피험자는 자기 능력에 적당한 시리즈를 선택해 검사 실시
군인 일반분류 검사(AGCT)	제2차 세계대전 중 군인의 선발과 배치를 위해 제작 → 백분위 점수와 표준점수로 산출
간편 지능검사	우리나라 최초의 집단 지능검사

(3) 지능지수 및 지능검사 해석 시 유의사항

① 지능지수는 개인의 절대적 지적 수준이 아니라 상대적 지적 수준을 나타낸다. → 지능지수는 규준점수임.

② 지능지수는 개인의 지적 능력을 나타내 주는 하나의 지표이다. → 지능과 지능지수는 동일한 것이 아니다.

③ 지능지수가 동일하더라도 하위요인은 다를 수 있다. → 하위요인 간 격차가 크면 학습장애 가능성 있음, 하위요인을 알려줄 때 지능검사의 활용도(실용도) 높아짐.

④ 지능지수를 단일 점수보다 점수 범위로 생각하는 것이 합리적이다. → 측정의 표준오차(참값이 위치할 범위)로 이해 예 IQ 120이 아니라 105~135(대부분의 지능검사는 평균 100, 표준편차 15임)로 생각함.

⑤ 지능지수는 학업성적과 높은 상관($\gamma=0.50$)이 있지만 절대적인 척도는 아니다. → 지능 대신에 교사의 수업방법, 가정배경 등 매개변인도 고려해야 함.

⑥ 지능지수만을 가지고 개개인에 대하여 중요한 결정을 내리는 것은 바람직하지 못하다.

⑦ 지능지수는 개인의 일생 동안 상당한 정도로 변화한다.

⑧ 지능지수는 잠재능력을 측정하지 못하며, 인간관계 기술, 창의력, 심미적 능력 등도 측정하지 못한다. → 지능지수는 비교적 한정된 지적 능력을 측정할 뿐이다.

⑨ 대부분의 지능검사는 문화적으로 편향되어 있다. → 문화 공정성 검사(예 SOMPA, K-ABC, UNIT, CPMT 등) 사용

지능검사에 대한 그릇된 이해와 올바른 이해

그릇된 이해	올바른 이해
지능검사는 타고난 지능을 측정한다.	지능지수(IQ)는 유전과 환경의 상호 작용에 기초하므로, 지능검사는 배타적으로 타고난 지능만을 측정하는 것이 아니다.
지능검사는 잠재능력을 측정한다.	지능검사는 잠재능력을 측정하는 것이 아니라 어떤 특정한 시점에서의 개인의 인지적 기능 및 지식의 목록에 대해 측정할 뿐이다.
지능지수는 고정적인 것으로 결코 변하지 않는다.	지능지수는 발달 과정에서 변화하며 특히 출생 후 5세까지는 그 정도가 심하다. 5세 이후에도 지능에 의미 있는 변화가 나타날 수 있다.
지능검사는 완전히 신뢰할 만한 점수를 제공해 준다.	완벽한 신뢰도를 갖춘 지능검사란 없다. 검사점수는 개인능력에 관한 추정치일 뿐이다. 모든 검사점수는 하나의 가능성 내지는 확률의 형태로 보고되어야 한다.
지능검사는 우리가 한 개인의 지능에 관해 알기 원하는 모든 정보를 제공해 준다.	어떠한 단일검사로 개인의 지적 행동에 관련되는 능력의 전체에 대한 정보를 제공해 줄 수는 없다. 어떤 검사들은 언어적, 비언어적 능력만을 측정한다. 어떤 검사든 개인의 기능목록 가운데 표본만을 다룰 뿐이다.

여러 가지 지능검사에서 얻어진 지능지수(IQ)는 호환성이 있다.	비록 지능검사들 간에 서로 겹치는 부분이 있긴 하지만, IQ는 호환되지 않는 경우가 많다. 특히 검사들이 지닌 표준편차가 다를 때는 그러하다.
일련의 세트로 이루어진 검사는 우리가 한 개인의 수행능력에 관해 판단을 내리는 데 필요한 모든 정보를 제공할 수 있다.	어떠한 종합적인 검사도 개인의 능력에 관한 완벽한 설명을 제공하지 않는다.

Tip 플린 효과(Flynn Effect, 1984)

1. **시간의 흐름에 따라, 즉 세대가 반복될수록 지능지수(IQ)가 증가하는 현상**: 신세대는 구세대보다 IQ가 높다(똑똑함의 증가 ×).
2. 미국 군대 지원자의 IQ 검사 결과를 종합한 결과 신병들의 평균 IQ가 10년마다 약 3점씩 올라간다는 사실을 발견
3. **(시사점)** 지능검사 도구를 시대에 맞게 재규준화해야 함.

09 창의력(Creativity)

1. 개념

(1) 확산적 또는 발산적 사고력(Guilford), 종합력(Bloom)

(2) 경험적 지능(Sternberg)

(3) 수평적 사고력(de Bono)

(4) 연상적 사고(Freud)

(5) '새로우면서도(novelty) 유용하고 적절한(useful & appropriate)' 가치를 지니는 것을 생성해 내는 능력(Amabile)

(6) 인지적, 정의적, 생리적, 심지어 사회적, 맥락적 요소를 포괄하는 하나의 체계(Csikszentmihalyi)

2. 구성요인(Guilford): 인지적 요인

(1) **유창성**: 양의 다양성, 제한된 시간에 많은 양의 아이디어를 반응 예 반응의 총 개수

(2) **융통성**(유연성): 질(접근방법)의 다양성, 낡고 오래된 사고를 버리고 새로운 생각을 채택하는 능력 예 반응 범주의 총 개수

(3) **독창성**(참신성): 반응의 신기성, 색다름 예 신기한 반응을 낸 사람 수

(4) **정교성**(치밀성): 사고의 깊이, 결점을 보완하는 능력

(5) **조직성**: 재구성력, 복잡한 것을 간결하게 하거나 요소를 관련짓는 능력

(6) **지각의 개방성**(민감성): 문제 사태에 대한 민감성

3. 성격 특성: 정의적 요인

(1) **에머빌**(Amabile): 영역 관련 기술(특정 영역 관련 재능 예 노래, 조각기술)+창의성 관련 기술+과제 동기(내적 동기)

(2) **칙센트미하이**(Csikszentmihalyi): 성격적으로 서로 반대되는 양면성(兩面性)

예 공격적이면서도 협조적임. 외향적이면서도 내향적임. 활기차면서도 조용한 휴식을 즐김. 상상과 공상을 하면서도 때로는 매우 현실적인 모습을 보임. 개혁적이고 보수적임. 현명하면서도 단순함. 노는 것을 좋아하는 동시에 규율이 있음(책임감과 무책임성의 공존). 겸손하면서도 자기 일에 대한 깊은 자부심을 가짐. 야망이 있지만 이기적이지는 않음. 독립적이지만 협동을 잘 이끌어 내기도 함. 견고한 '남성/여성'의 역할을 넘나듦. 자신의 일에 대해서 열정이 있는 동시에 무척 객관적임. 일하는 과정에서 어려움과 고통을 겪는 동시에 즐거움을 느낌.

(3) **길포드**(Guilford): ① 새롭고 복잡하고 어려운 문제를 선호하는 경향, ② 모호성을 견디는 역량, ③ 실패에 대한 불안이 적고 위험부담을 즐기는 경향, ④ 관행에 동조하기를 거부하는 경향, ⑤ 자신의 경험에 대한 개방성

4. 창의성 연구

(1) **로즈**(Rhodes): ① 창의적인 과정(process), ② 창의적인 산물(product), ③ 창의적인 개인(person), ④ 창의적 산물에 영향을 주는 창의적인 환경(press) → 창의성 연구의 4P

(2) **칙센트미하이**(Csikszentmihalyi)**의 체제 접근 모델**

구성 요소	의미
영역(domain)	문화(상징적 지식) 예 수학, 과학, 미술
활동현장(분야, field)	사람들 → 창의성 판단 예 미술교사, 비평가, 정부기관
개인(person)	창의적인 개인

5. 창의적 사고단계

(1) **왈라스**(Wallas): 준비(의식적 탐색) ⇨ 배양(부화, 무의식적 탐색) ⇨ 발현(영감, 확산적 사고) ⇨ 검증(수렴적 사고)

✔ **부화효과**(incubation effect): 초기에 문제해결을 위한 사고활동을 한 후, 그 문제해결을 위한 사고활동을 하지 않은 상태로 일정기간이 흐른 후에 다시 그 문제해결을 하려고 할 때 수행이 촉진되는 현상

(2) **칙센트미하이**(Csikszentmihalyi): 준비(문제해결에의 몰입) ⇨ 잠복기(무의식적 탐색, 가장 중요한 단계) ⇨ 통찰(확산적 사고) ⇨ 평가(통찰의 가치 판단) ⇨ 완성(노력)

더 알아보기

■ **몰입**(flow): 칙센트미하이의 플로우 8채널 모델

학습자의 실력(skill level)과 학습과제(challenge level)라는 두 변수가 모두 높을 때 나타나는 최적의 경험

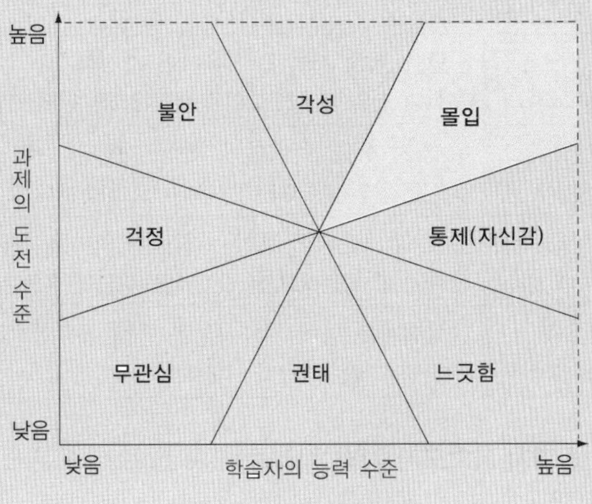

6. 창의력 검사

(1) **창의력 검사 유형**(Hocevar): ① 확산적 사고검사, ② 태도・흥미검사, ③ 성격검사, ④ 자서전 검사, ⑤ 교사의 판단, ⑥ 또래의 판단, ⑦ 상급자의 판단, ⑧ 산물(products)의 평가, ⑨ 저명도 판단, ⑩ 자기보고식 창의적 활동 평가

(2) **토렌스**(Torrance)**의 창의력 검사**(TTCT): 길포드(Guilford)의 확산적 사고에 바탕 → 언어검사(7가지)+도형검사(3가지)

(3) **메드닉**(Mednick)**의 원격 연합 검사**(RAT): 수렴적 사고에 근거

(4) **겟젤스와 잭슨**(Getzels & Jackson)

① **검사 방법**: ㉠ 단어 연상 검사(유창성), ㉡ 용도 검사(융통성), ㉢ 도형 찾기 검사(정교성), ㉣ 이야기 완성 검사(독창성), ㉤ 문제 작성 검사(조직성)

② **지능과 창의력과의 관계**: ㉠ 지능과 창의력은 상관이 거의 없다(독립설). → 지능이 낮으면 창의력도 낮다. ㉡ 창의력이 높으면 평균(IQ100)이상의 지능지수를 보인다.

③ 고창의력 집단은 학업성취도가 높으며, 교사들은 고창의력 집단의 학생들보다 고지능 집단의 아이들을 더 선호한다.

7. 계발 기법: '약한 전략(heuristics)'에 해당

(1) **브레인스토밍**(Osborn): 두뇌 폭풍 일으키기

① **전제**: ㉠ 누구나 창의력 소유, ㉡ 집단사고 활용

② **기본 원리**: ㉠ 비판 금지, ㉡ 자유분방, ㉢ 양산(量産, 유창성), ㉣ 결합과 개선(독창성)

(2) **시넥틱스 교수법**(Gordon법)

① 비합리적·정의적 요소 중시, 무의식의 의식화 기법 → 사고의 민감성 개발 전략(발견적 문제해결법)

② 서로 관련이 없어 보이는 요소들을 '비유'로 연결하는 연습을 통해 새로운 생각을 창출

③ 유추(analogy) 활용

대인유추 (personal analogy)	사람을 특정 사물로 비유하여 가정하기 예 네가 만일 새롭게 고안된 병따개라면 어떤 모양이 되고 싶은가?
직접유추 (direct analogy)	두 가지 사물, 아이디어, 현상, 개념들 간의 직접적인 단순 비교하기 예 신문과 인생은 어떤 면에서 서로 비슷한지 그 실례를 들어보기
상징적 유추 (symbolic analogy)	두 개의 모순되어 보이는, 상반된 의미를 가진 단어를 가지고 특정 현상을 기술하기 예 뚱뚱하고 날씬한 사람, 아군과 적군, 잔인한 친절
환상적 유추 (fantastic analogy)	현실세계를 넘어서는 상상을 통해 유추함으로써 문제를 해결하기 예 하늘을 나는 양탄자, 시간여행

(3) **PMI 기법과 여섯 가지 사고모자 기법**: 드 보노(de Bono) → 문제나 대상에 대한 사고를 다각도로 확대하는 방법

① PMI 기법: P(긍정), M(부정), I(재미있고 중립적인 면)

② 여섯 가지 사고모자 기법: ㉠ 백색(객관적·사실적 사고), ㉡ 적색(감정적 사고), ㉢ 흑색(논리적 부정), ㉣ 황색(논리적 긍정), ㉤ 녹색(수평적 사고), ㉥ 청색(메타인지적 사고)

(4) **SCAMPER 기법**(Eberle): 기존의 것을 변형

예 대체, 결합, 적용, 수정(확대 또는 축소), 다르게 활용, 제거, 반대로 또는 재배열

(5) **형태학적 분석법**(Parnes): ① 구조 분석, ② 변인 발견, ③ 변인 조합, ④ 새 아이디어 생산

(6) **속성 열거법**(Crawford): 속성 열거하기, 속성 변경하기

(7) **생산적 사고 프로그램**(Covington): 만화책자 이용, 문제해결

(8) **창의적 사고 프로그램**(Feldhusen): 오디오 테이프(청각 자료) 이용, 주제 집중하기, 상상력 촉진 목적

8. 창의력과 지능의 관계

(1) **지능 우위설**: 길포드, 카텔, 가드너

(2) **창의력 우위설**: 스턴버그의 투자이론, 블룸

(3) **중첩설**: 렌줄리, 식역이론(창의력은 최소 IQ 120 이상)

(4) **동일 개념설**: 핸슬리와 레이놀즈, 와이즈버그

(5) **독립설**: 겟젤스와 잭슨, 연습 효과, 10년의 법칙

10 인지양식(Cognitive style)

1. 개념

정보처리 방식의 개인차 → '학습양식' 또는 '학습 유형', '학습 선호도 유형'이라고 불림.

(1) 학생 개인이 학습·문제해결·정보처리에 이용하는 독특한 사고방식이나 행동양식

(2) 가치중립적 개념으로 지능과 성격의 조합적 개념

(3) **교육의 시사점**: ① (교사) 교수방법의 다양화, ② (학습자) 메타인지를 활용, 효과적인 학습양식 발견

2. 유형 ①: 이분법적 구분

(1) **장의존적-장독립적 인지양식**(Witkin): 잠입 도형 검사(EFT, 숨은 도형 찾기)로 측정

장의존형(Field-dependence)	장독립형(Field-independence)
외부적 대상(주변의 장)에 의존하는 성향으로, 지각 대상을 전체로서 지각하는 인지양식	내적 대상에 의존하는 성향으로, 주변의 장의 영향을 별로 받지 않고 논리적·분석적으로 지각하는 인지양식
• 전체적·직관적 지각 • 외부적 지향 → 사교적 • 기존의 구조를 수용 → 구조화된 자료 학습 선호 • 선형적인 CAI 학습에 적합 • 인간 중심 교육과정에 유리 • 사회적 성향 → 대인관계 중시, 토의법 선호 • 사회적 정보나 배경에 관심 • 사실이나 경험 지향적 → 관습적, 전통적 • 제시된 아이디어를 수용 • 눈에 띄는 특징에 영향을 받음. • 외적 동기 유발 → 외부 비판에 많이 영향받음. • 사회 관련 분야 선호 → 사회사업가, 카운슬러, 판매원, 정치가와 같은 직업 선호	• 분석적·논리적·추상적 지각 • 내적 지향 → 비사교적 • 구조를 스스로 창출 → 비구조화된 자료 학습 선호 • 비선형적인 Hyper-media 학습에 적합 • 학문 중심 교육과정에 유리 • 개인적 성향 → 대인관계에 냉담, 강의법 선호 • 사회적 정보나 배경 무시 • 개념이나 원리 지향적 → 실험적 • 분석을 통한 개념 제시 • 자신의 가설 형성 • 내적 동기 유발 → 외부 비판에 적게 영향받음. • 수학, 자연과학 선호 → 수학자, 물리학자, 건축가, 외과의사와 같은 직업 선호

(2) **속응적 - 숙고적 인지양식**(Kagan): 유사도형 결합검사(MFFT, 같은 그림 찾기)를 사용

속응형(충동형)	활동적	불안적	감각적	총체적	산만	흥분	성취도 낮음.	보상에 민감	미래 중심
숙고형(반성형)	사변적	사려적	언어적	분석적	집중	침착	성취도 높음.	보상에 둔감	현재 중심

✔ **속응형을 숙고형으로 전환시키는 전략**: ① 마이켄바움(Michenbaum)의 인지적 자기교수(사적 언어 활용), ② 훑어보기 전략 등

(3) **좌뇌형 - 우뇌형 인지양식**(Sperry)

① **좌뇌**: 논리적, 분석적, 비판적, 현실적, 합리적, 계획적, 정리정돈, 실천적, 시간 엄수

② **우뇌**: 감성적, 실험적, 표현적, 폭력적, 다정다감, 상상적, 추리적, 돌발적, 호기심

좌뇌	우뇌
• 언어적 지시나 설명에 잘 반응한다. • 객관적으로 판단한다(선다형 검사 선호). • 구체적으로 계획된 연구나 일을 좋아한다. • 내용을 부분적으로 나누고 논리적, 계열적으로 문제 해결하기를 좋아한다.	• 시범, 그림에 의한 설명, 상징적인 지시(기호, 부호, 몸짓, 유추나 은유)에 잘 반응한다. • 주관적으로 판단한다(서술형 검사 선호). • 임의적으로 설명하고 타인의 제약에 개의치 않고 자유롭게 표현한다. • 문제를 전체적, 주관적, 직관적으로 해결하기를 좋아한다.

3. 유형 ②: 인지양식의 다양성

(1) 스턴버그(Sternberg)의 정신자치제 이론

① 사고의 기능(functions): 입법적(창의력), 행정적, 사법적 사고양식
② 사고의 형식(forms): 군주제(단일 집중형), 계급제(위계형), 과두제(동시 다수형), 무정부제 사고양식(무조건형)
③ 사고의 수준(levels): 전체적, 지엽적 사고양식
④ 사고의 범위(scopes): 내부지향적, 외부지향적 사고양식
⑤ 사고의 경향성(leaning): 자유주의적, 보수주의적 사고양식

(2) 던과 던(Dunn & Dunn)의 21가지 학습유형

환경적 요인	① 소리(sound), ② 빛(light), ③ 기온(temperature), ④ 가구 및 좌석의 디자인(design)
정서적 요인	⑤ 동기(motivation), ⑥ 지속력(persistence), ⑦ 책임(responsibility), ⑧ 구조화(structure)
사회적 요인	⑨ 혼자서(self), ⑩ 둘이서(pair), ⑪ 또래집단(peers), ⑫ 집단(team), ⑬ 성인과 함께(adult), ⑭ 다양하게(varied)
생리적 요인	⑮ 지각(perception), ⑯ 간식(intake), ⑰ 시간(time), ⑱ 이동(mobility)
심리적 요인	⑲ 전체적·분석적인 경향성, ⑳ 좌뇌·우뇌의 경향성, ㉑ 충동적·숙고적인 경향성

(3) 콜브(Kolb)의 학습유형

구분		정보 지각 방식	
		구체적 경험	추상적 개념화
정보 처리 방식	반성적 관찰	분산자(Diverger, 확산자) 구체적인 경험을 통해 지각하고 반성적으로 관찰하며 정보를 처리하는 형 → 상상력이 뛰어나고 아이디어 풍부	융합자(Assimilator, 동화자) 추상적으로 개념화하여 지각하고, 반성적으로 관찰하며 정보를 처리하는 형 → 논리성과 치밀성이 뛰어나고 귀납적 추리와 이론화가 강함.
	활동적 경험 (실험)	적응자(Accomodator, 조절자) 구체적인 경험을 통해 지각하고 활동적인 상황을 통해 정보를 처리하는 형 → 계획 실행이 탁월, 새로운 경험을 추구, 지도력 탁월	수렴자(Converger) 추상적으로 개념화하여 지각하고, 활동적으로 실험하면서 정보를 처리하는 형 → 가설 연역적 추론이 뛰어나고 이론을 실제에 잘 적용함.

11 동기(Motivation)

1. 개요

(1) **개념**: 행동을 유발하는 심리적 에너지 → ① 행동 유발 기능(시발적 기능), ② 행동 촉진 · 유지 기능(강화적 기능), ③ 목표 지향 기능(지향적 기능), ④ 행동 선택적 기능

(2) **동기의 종류**(DeCecco)

① 내재적 동기와 외재적 동기

내재적 동기	흥미, 호기심, 성취감, 만족감 → 인지주의, 인본주의, 사회학습
외재적 동기	상과 벌, 경쟁심 자극, 결과 제시 → 행동주의, 사회학습

② 내재적 동기와 외재적 동기와의 관계(Deci): 대립적 · 상반적 관계가 아니라 연속선상의 개념으로 이해 → 인지 평가 이론

㉠ 외재적 보상이 내재적 동기를 감소시키는 현상: 지나친 보상이 역효과를 야기하는 현상(과잉 정당화 효과) → 보상이 통제(control)로 인식될 때 발생

예 '하던 굿도 멍석 깔아 놓으면 안 한다.', '제사보다는 젯밥'

㉡ 외재적 보상이 내재적 동기를 증가시키는 현상: 보상이 향상적 정보(information)로 인식될 때 발생

예 프로선수들이 연봉이 향상되면 더욱 운동에 집중함.

③ 성취동기

㉠ 개념: 도전적이고 어려운 과제에 대한 성공적 수행 욕구

㉡ 바이너(Weiner): 성취동기가 높은 학생은 성공과 실패의 원인을 내적으로 귀인시키는 데 반하여, 성취동기가 낮은 학생은 외적으로 귀인시키는 경향

㉢ 앳킨슨(Atkinson): 성취동기를 '성공 추구 동기(Ms)'와 '실패 회피 동기(Maf)'로 구분

ⓐ 성취동기(성공 추구 동기)가 강한 사람은 중간 난이도의 과제 선택

ⓑ 성취동기(성공 추구 동기)가 강한 사람은 과제 실패 시 동기 증가

구분	Maf > Ms	Maf < Ms
성공	동기 증가↑	동기 감소↓
실패	동기 감소↓	동기 증가↑

㉣ 성취인의 행동 특성(McClelland): ⓐ 업무 지향성, ⓑ 적절한 모험심, ⓒ 성취 가능성에 대한 자신감, ⓓ 혁신적인 활동성, ⓔ 자기 책임감, ⓕ 결과를 알고 싶어하는 성향, ⓖ 미래 지향적 성향

㉤ 성취동기 증가 특성: ⓐ 내재적 동기, ⓑ 학습목표(숙달목표) 추구, ⓒ 과제 개입형 참여, ⓓ 노력으로 귀인, ⓔ 능력에 대한 증가적 모형

(3) 동기이론

행동주의	추동감소이론(Hull)
인지주의	기대 × 가치이론(Atkinson), 귀인이론(Weiner), 자아효능감(Bandura), 자기결정이론(Deci, 인본주의로 분류하기도 함.)
본능론	정신분석이론(Freud)
인본주의	욕구위계론[Maslow 예 성장욕구(자아실현 욕구, 지적 욕구, 심미적 욕구), 결핍욕구], 자아개념, 실현경향성(Rogers)

2. 바이너(Weiner)의 인과적 귀인이론(attribution theory)

성공과 실패에 대한 원인 돌리기 → 인지적 접근(상대주의), 원인에 대한 지각이 후속 노력 및 정의적 경험에도 영향

(1) 원인의 3가지 차원

원인의 종류	원인의 차원		
	소재	안정성	통제 가능성(책임감)
능력	내적	안정적	통제 불가능
노력	내적	불안정적	통제 가능
재수(운)	외적	불안정적	통제 불가능
학습과제의 난이도	외적	안정적	통제 불가능

안정성 \ 소재		내부	외부
안정	통제 가능	평소의 노력	교사의 편견
	통제 불가능	능력	과제 난이도
불안정	통제 가능	즉시적 노력	타인의 도움
	통제 불가능	기분	재수(운)

(2) 귀인 변경 프로그램

① 개념: 안정적 귀인 ⇨ 불안정적 귀인, 능력 ⇨ 노력 귀인

성공자	• 성공 시 능력 → 긍정적 자아 개념 형성 • 실패 시 노력
실패자	• 성공 시 노력 • 실패 시 능력 → 학습된 무기력(Seligman), 부정적 자아 개념 형성

✔ **학습된 무기력**(learned helplessness): 계속되는 학업 실패와 좌절의 경험을 통해 노력해도 성공할 수 없다고 느끼는 자포자기 상태 → 학생이 실패의 원인을 자신의 능력 부족(내적, 안정적, 통제 불가능한 원인)으로 돌릴 때 발생

② 단계별 시행 전략: 노력 귀인 ⇨ 전략 귀인 ⇨ 포기 귀인

(3) 학습동기 증가 요인: 내적 요인, 불안정 요인, 통제 가능 요인 → 노력

3. 반두라(Bandura)의 자아효능감(self-efficacy)이론

⑴ **개념**: 어떤 과제를 수행할 수 있다는 능력에 대한 신념

⑵ **유발 방법**: ① 성공적 경험(절정 경험), ② 대리적 경험, ③ 언어에 의한 설득, ④ 정서적 안정감

4. 데시(Deci)의 자기결정이론(Self-Determination theory)

⑴ **개념**: ① 무엇을 어떻게 할 것인지에 대한 자신의 선택이나 자기 통제의 욕구, ② 외부 보상이나 압력보다는 자신의 바람이 자신의 행동을 결정하기를 바라는 욕구, ③ 자신의 의지(will)를 활용하는 과정 → 자율성의 욕구

⑵ **자기결정이론의 하위이론**

① 기본적 욕구설(BNT; Basic Needs Theory): 다음 세 가지 기본적 욕구를 충족시켜 주는 자율적 환경에서 성장

유능감 (competence, 성취 욕구)	환경에 효과적으로 기능하는 능력으로, 도전과 호기심에 의해 유발된다. → 능력 동기(White), 성취 동기(Atkinson), 자기효능감(Bandura)과 유사
통제 욕구 (need for control or autonomy, 자율성 욕구)	필요할 때 환경을 바꾸는 능력으로, 통제의 책임소재나 개인적 원인(personal cause)과 유사하다.
관계(relatedness) 욕구	사회적 환경 속에서 다른 사람들과 연관되어 있다는 느낌. 그리하여 자신이 사랑과 존경을 받을 가치가 있다는 느낌 → 소속감 욕구(Maslow), 친애(affiliation) 욕구, 친화 욕구와 유사

② 작인(作因) 성향설(COT; Causality Orientation Theory): 귀인양식에 따라 자율적 성향(autonomy orientation), 타율적 성향(controlled orientation), 운이나 운명에서 찾는 비인간 지향(impersonal orientation) 등의 경향으로 구분

③ 인지평가설(CET; Cognitive Evaluation Theory): 행위자가 자신의 행동을 외부 귀인하면 내재적 동기가 줄어들고(과잉 정당화 효과), 내부 귀인하면 내재적 동기가 증가한다. → 외부 귀인의 상황에서도 내재적 동기가 감소하지 않는 조건을 다룬다.

④ 유기체 통합설(OIT; Organismic Integration Theory)

㉠ 모든 생명체가 외부로부터 자양분을 공급받아 성장하듯이 인간이 문화를 흡수하여 사회인으로 성장하는 과정을 다룬 이론

㉡ 모든 생명체가 외부세계에 의존하는 존재라고 가정하고, 인간은 심리적 자양분인 사회적 규범, 가치, 문화를 받아들여 내면화(internalization)함으로써 심리적으로 성장한다고 본다.

㉢ 내면화는 외재적 동기를 내재적 동기로 바꾸어 주는 메커니즘이며, 사회적 가치와 규범을 자기 것으로 채택하는 과정이다. 이 내면화의 정도에 따라 인간의 동기는 무동기, 외재적 동기, 내재적 동기로 분류되며, 내재적 동기를 지닐 때 자기결정성이 제일 높다고 보는 이론이다.

㉣ 내재적 동기의 형성 과정(동기의 변화 과정): 무동기에서 외재적 동기를 거쳐 내재적 동기로 발달해 나간다.

동기 유형	조절 방식	인과 소재	관련 조절 과정
무동기	무조절	없음.	무의도성, 무가치성, 무능력, 통제의지 결여, 학습된 무기력
외재적 동기	외적 조절	외적	외적 제한에 따름. 순응, 대응, 외적인 보상과 처벌의 강조
	내사(부과)된 조절	약간 외적	자기 통제, 자아 개입, 내적인 보상과 처벌, 자기 자신 또는 타인으로부터의 인정에 초점을 둠.
	동일시(확인)된 조절	약간 내적	개인이 중요하다고 여겨 가치를 둠. 활동이 중요하다고 의식적으로 인식함. 목표를 스스로 인정함.
	통합된 조절	내적	목표의 위계적 통합, 일치, 자각
내재적 동기	내적 조절	내적	흥미, 즐거움, 내재적 만족, 몰입, 절정 경험

ⓜ 지각된 통제는 내재적 동기의 중요한 결정 요인인데 능력 신념(capacity beliefs), 전략 신념(strategy beliefs), 통제 신념(control beliefs)의 세 가지 신념이 중요하다.

지각된 통제의 세 유형

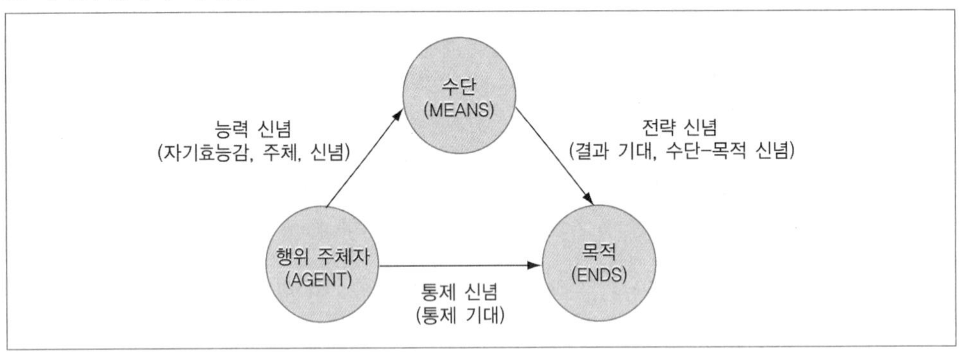

⑤ 자기결정성 인식에 영향을 주는 요인(Deci & Ryan)

요인	내용
선택(choice)	사람들은 자신이 행하는 것에 대해 정당한 한계 안에서 **선택(choice)할 수 있을 때** 자기결정력을 느끼게 되고, 이 때문에 **내적 동기가 증가**한다.
위협과 마감 시한 (threat & deadlines)	자신이 통제되는 경험을 하게 하고, 그 결과 자기결정력과 내적 동기가 감소한다.
통제적인 표현 (controlling statement)	우리의 운명을 다른 사람들이 통제하고 있다는 언급(controlling statement)은 자기결정력을 손상시킬 수 있다.
외적 보상 (extrinsic reward)	**외적 강화물**(extrinsic reward)이 과정에 대해 **정보(information)를 제공할 때 내적 동기가 증가**하고 통제하거나 행동을 조종(control)한다고 인식될 때 내적 동기가 감소한다.
감독과 평가 (surveillance & evaluation)	자신의 행동이 평가받고 있다는 것(surveillance & evaluation)을 알고 있는 사람들은 낮은 자기결정력을 느끼게 되고, 그 결과 낮은 내적 동기를 가지게 될 뿐만 아니라 잠재적인 평가 요인조차 내적 동기를 감소시키게 된다.

5. 기대×가치 이론(expectancy × value theory)

(1) **개요**: 인간은 자신이 성공할 것이라는 '기대'에 그 성공에 대해 개인이 부여하는 '가치'를 곱한 값만큼 동기화된다.

(2) **구성요소**

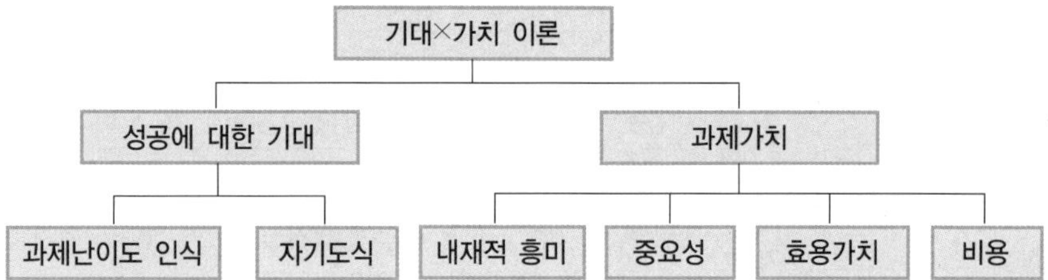

6. 목표이론(목표지향이론)

(1) **개념**: 목표(goals)는 개인이 이루고자 하는 성과 또는 성취하려는 욕망을 말한다.

(2) **목표 유형**

목표 유형	예시	특징
숙달 접근 목표	르네상스가 미국 역사에 미친 영향 이해하기	과제 이해, 즉 학습과정 및 학습활동 자체에 초점을 둔다.
숙달 회피 목표	완벽주의적인 학생이 과제와 관련하여 어떠한 오류도 범하거나 잘못하는 것을 피하기	이론적으로 존재하는지의 여부는 명확하지 않으나, 자신이 세워 놓은 높은 기준 때문에 걱정하는 것이다.
수행 접근 목표	르네상스 시대에 대한 에세이 반에서 가장 잘 쓰기, 남보다 능력 있어 보이기	개인이 타인을 이기려고 노력하고 자신의 능력과 우월성을 증명하려고 동기화되는 것이다.
수행 회피 목표 (실패 회피 목표)	선생님과 다른 학생 앞에서 능력 없어 보이는 것 피하기	개인이 능력이 없어 보이는 것을 회피하기 위하여 부정적으로 동기화되는 것으로, 자기장애 전략을 사용하는 것과 관련된다.
사회적 책임감 목표	믿음직하고 책임감 있어 보이기	타인과의 관계에서 자기 몫을 다하는 것과 관련이 있다.
사회적 목표	친구 사귀기, 선생님의 동의를 구하기, 친구 지지하기	타인과의 관계에서 형성된다.
과제 회피 목표	최소한의 노력으로 숙제 다하기, 쉬운 과제 선택하기	과제가 쉽거나 별다른 노력 없이 수행할 수 있는 과제를 선택하는 것과 관련이 있다.

(3) **숙달 목표의 장점**: ① 학습자가 통제 가능, ② 실패 시 노력 또는 전략 변경 가능

(4) **숙달 목표 지향 방안**

① 학생의 근접발달영역 안에 있는 과제 제시, ② 실제적 과제 제시, ③ 과제 및 활동에 대한 선택권 부여, ④ 언어적 피드백이나 보상 시 개인의 능력 향상과 학습 진전 그리고 숙달에 초점 맞추기, ⑤ 소집단 협동학습의 기회 제공, ⑥ 타인과의 비교를 통한 평가를 피하고 자기비교 평가하기 등

7. 자기가치이론(self－worth theory) : 자아존중감(자존감) 이론

(1) 자기가치는 자기 자신에 대한 정서나 감정적 반응, 혹은 자기 자신에 대한 평가를 말한다.

(2) 학생들은 자기가치를 보호하기 위해서 자기장애(self-handicapping) 전략을 사용한다(Covington).

미루기	"더 할 수 있는데, 난 밤에만 공부가 잘돼."
변명하기	선생님이 못 가르쳤거나 시험이 어려웠다고 말하기
걱정	"내용은 이해했는데 너무 긴장해서 시험을 못 봤어."
노력하지 않았다는 것 강조하기	시험공부를 열심히 하지 않았다는 것을 강조하기
비현실적으로 목표 설정하기	포부수준을 비합리적으로 높게 설정함으로써 실패의 원인을 과제의 어려움으로 돌릴 수 있기 때문이다.

✔ **동기에 영향을 미치는 감정적 요소** : ① 자기가치이론(자아존중감), ② 각성과 불안

8. 켈러(Keller)의 동기 유발 전략(ARCS 모델)

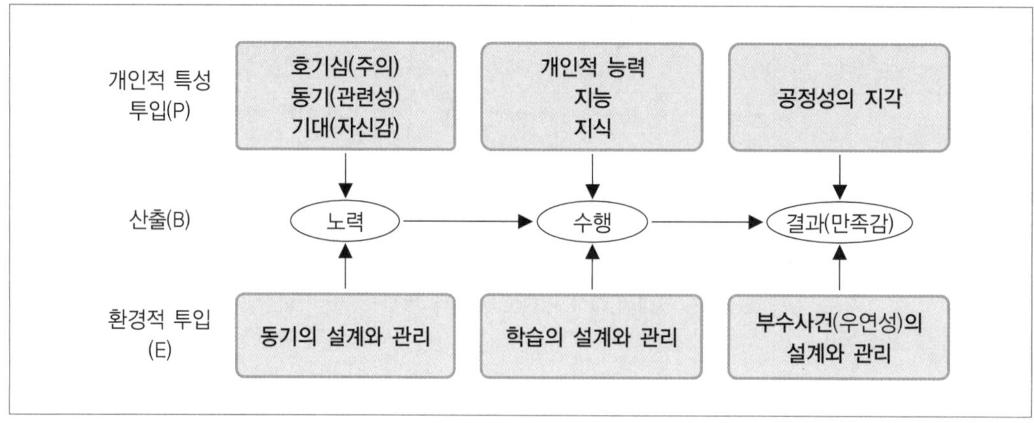

주의집중 (Attention)	지각적 각성(주의환기)	시청각 효과, 비일상적 사건 제시
	탐구적 각성	문제해결 장려, 신비감 제공
	다양성(변화성)	교수방법의 혼합, 교수자료의 변화
관련성 (Relevance)	목적 지향성	실용적 목표 제시, 목적 선택 가능성 부여, 목적 지향적인 학습 활용
	필요나 동기와의 부합	학업성취 여부의 기록 체제 활용, 비경쟁적인 학습 상황 선택 가능
	친밀성	친밀한 사건·인물·사례 활용
자신감 (Confidence)	성공 기대(학습의 필요조건) 제시	수업목표와 구조 제시, 평가기준 및 피드백 제시, 시험의 조건 확인
	성공 체험(성공 기회)	다양한 수준의 난이도 제공, 쉬운 것에서 어려운 것으로 과제 제시
	자기 책임(자기 조절감)	학습 속도 조절 가능, 원하는 부분으로 회귀 가능, 선택 가능하고 다양한 과제의 난이도 제공

만족감 (Satisfaction)	내재적(자연적) 보상	연습문제를 통한 적용 기회 제공, 모의상황을 통한 적용 기회 제공
	외재적(인위적) 보상	적절한 강화계획의 활용, 선택적 보상 체제 활용, 정답 보상 강조
	공정성	수업목표와 내용의 일관성 유지, 연습과 시험내용의 일치

더 알아보기

기타 정의적 특성

1. 포부수준(Hoppe): 기대수준, 목표수준
   (1) '실패는 성공의 어머니'는 잘못된 견해: ① 부정적 자아개념 형성, ② 학습부진현상의 원인, ③ 비합리적 포부수준의 설정 때문임.
   (2) 힐가드(Hilgard): 현실수준, 즉 중간수준으로 포부수준을 설정할 때 과업 실현
   (3) 시어즈(Sears): 성공집단은 포부수준을 자기 수준보다 약간 높게 설정하는 경향이 있음.
2. 자아개념: 자신에 대한 지각의 총체 → 조직된, 다면적, 위계적, 안정적, 평가적인 개념으로 사회적 관계 속에서 형성
   (1) 구성: 자신감(Maslow)+자아존중감(Rogers)
   (2) 구조도(Schavelson): 일반적 자아개념 → ① 학문적 자아개념, ② 비학문적 자아개념(㉠ 사회적 자아개념, ㉡ 정의적 자아개념, ㉢ 신체적 자아개념)

12 행동주의 학습이론

행동주의 학습이론의 개요

1. 기본 가정
   - 인간은 동물의 연장: 인간과 동물은 질적으로 같은 존재(유기체) & 양적 차이만 존재
   - 인간은 수동적 학습자: 환경에 의해 수동적으로 반응하는 존재 → 환경결정론
   - 기계주의(요소주의, 환원론, 미시이론): 전체는 부분과 부분의 합이다. 예 행동은 자극과 반응의 합
2. 학습: 조건화(conditioning), 결합(association), 시행착오(trial & error)

행동주의 학습이론의 비교

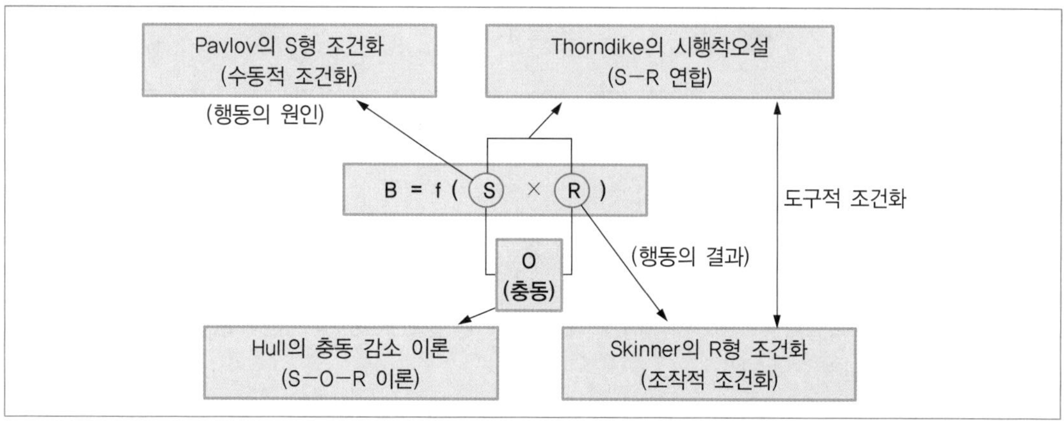

1. 파블로프(Pavlov)의 고전적 조건화 이론

① 수동적 조건화설, ② S형 조건화설, ③ 자극 대치 이론, ④ 감응(感應) 학습

(1) **조건화(conditioning)**: 중립 자극에 대한 새로운 반응의 형성 예 개의 타액 분비 실험

① **조건화 이전**(Before Conditioning)

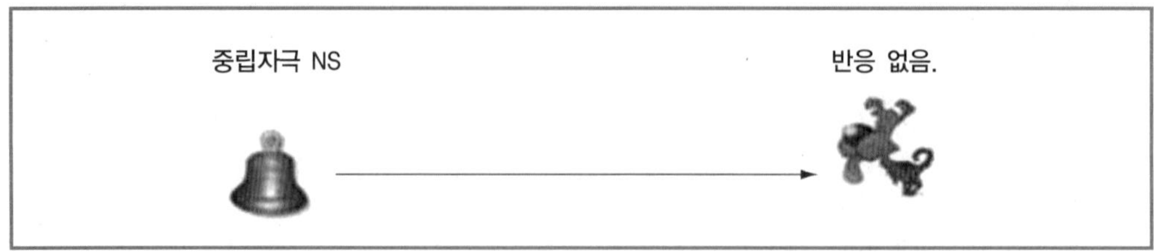

② **조건화 중**(During Conditioning)

③ **조건화 이후**(After Conditioning)

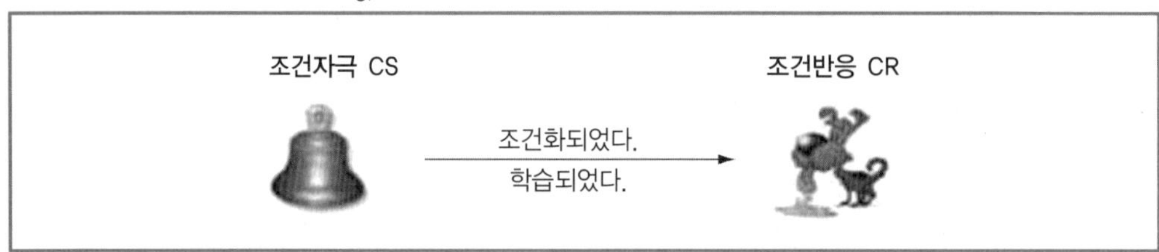

(2) **조건화의 과정**: 조건자극(CS) + 무조건자극(UCS)

(3) **조건화 과정의 학습 현상**

① **자극 일반화**: 유사한 자극에 대한 동일한 반응

예 자라 보고 놀란 가슴 솥뚜껑 보고 놀란다.

② **자극 변별(식별)**: 자극의 차이점에 대한 반응(예 호박에 줄 긋는다고 수박이 되는 것은 아니다.)

→ 실험 신경증 유발

③ **소거(소멸)**: 조건반응의 약화 현상, 조건자극 뒤에 무조건자극을 제시하지 않을 때 발생

→ 내부 억제의 법칙(간헐적 강화를 통해 방지)

④ **제지(금지)**: 조건자극과 다른 자극을 동시에 제시할 때 조건반응이 감소 → 외부 억제의 법칙
⑤ **자발적 회복**: 일정 시간 경과 후 조건자극이 주어지면 소거된 조건반응이 재현
⑥ **재조건 형성**: 소거된 조건반응을 다시 조건화
⑦ **2차적(고차적) 조건 형성**: 조건자극을 무조건자극으로, 조건반응을 무조건반응으로 또 다른 중립 자극에 대한 조건반응을 형성

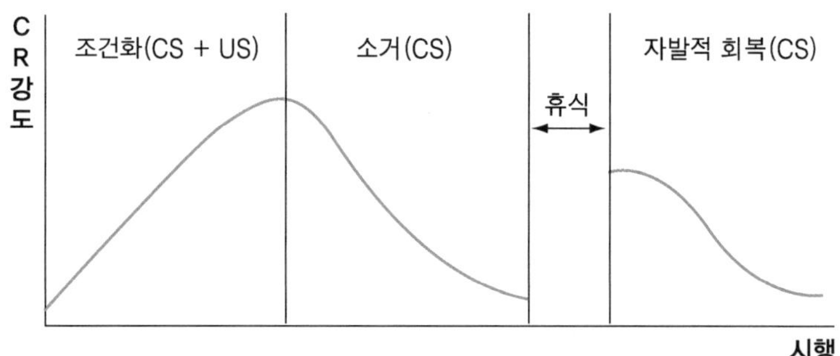

(4) **학습의 원리**: ① 시간의 원리, ② 강도의 원리(처음 제시된 무조건자극의 강도보다 같거나 강하게 제시함), ③ 일관성의 원리(질적으로 같은 조건자극을 제시함), ④ 계속성(연습, 빈도)의 원리

더 알아보기

■ **시간의 원리**: 순서의 원리
지연 조건화(CS가 UCS보다 0.5초 빠르게 제시) > 동시 조건화 > 흔적 조건화의 순서로 조건화가 잘 됨. → 역행 조건화는 조건화 형성 ×

■ **계속성의 원리**
반복될수록 조건화가 잘 됨. → '가르시아 효과'나 거쓰리(Guthrie)의 1회 시행학습, 쏜다이크(Thorndike)의 유사성의 법칙에 의해 반박

(5) **교육적 적용**: 학교는 정서적으로 안정된 환경을 제공해야 함.

① **정서적 반응(예 불안, 공포)의 학습**: 왓슨(Watson)의 알버트(Albert) 실험
② **시험 불안**: CS(시험)+UCS(실패) → UCR(불안)

1. (조건화 이전) UCS(실패) → UCR(실패에 대한 불안) / NS(시험) → (불안) 반응 없음.
2. (조건화 중) NS(시험) + UCS(실패) → UCR(불안)
3. (조건화 이후) CS(시험) → CR(시험에 대한 불안)

③ **광고**: CS(상품)+UCS(유명 모델) → UCR(즐거움)
④ **부적응 행동의 교정**: ㉠ 소거(예 금연초, 알코올 도수 없는 물), ㉡ 역조건 형성(상호 제지 이론), ㉢ 체계적 둔감법(역조건 형성을 이용하여 공포자극에 이완반응을 점진적으로 노출시켜 공포를 소거시키려는 방법, 불안 위계 목록 작성 ⇨ 이완 훈련 ⇨ 상상하면서 이완하기 등 3단계로 진행), ㉣ 홍수법(불안 유발 자극을 일시에 대량 노출), ㉤ 혐오 치료(조건자극에 대한 회피 유도)

(6) 교육적 시사점

① 학교나 교과학습을 긍정적 정서와 관련시킬 것
② 학습이 부정적인 정서와 연합되지 않도록 유의할 것
③ 특정 학습과제가 불안을 유발할 경우 학생들이 이완되었을 때 점진적으로 천천히 제시할 것
④ 학생들이 적절하게 일반화하고 변별하도록 가르칠 것
⑤ 학생들이 고전적으로 조건 형성된 불안을 극복하도록 도움을 줄 것

2. 쏜다이크(Thorndike)의 시행착오설: ① 도구적 조건화, ② S–R 연합설

학습은 자극과 반응의 연합 예 고양이의 문제상자 실험, 쥐의 미로찾기 실험

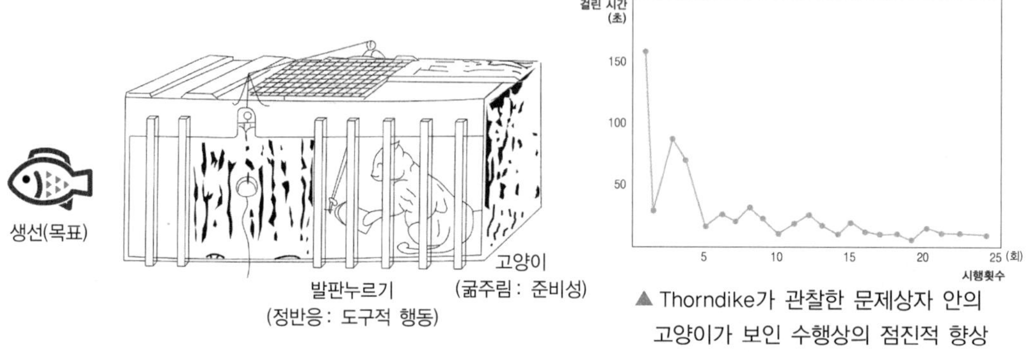

▲ Thorndike가 관찰한 문제상자 안의 고양이가 보인 수행상의 점진적 향상

(1) **시행착오설**: 시행(trials)이 착오(errors)보다 반응 위계상의 최상위 수준으로 올라가는 학습

(2) **학습의 법칙**: ① 연습(빈도), ② 효과(만족, 동기), ③ 준비성의 법칙 → 후에 연습의 법칙을 폐기, 효과의 법칙을 가장 중시

(3) **하위법칙**: ① 다양 반응(시행착오 법칙), ② 자세 또는 태도(동기), ③ 요소의 우월(주의집중), ④ 유추반응(동일요소설), ⑤ 연합이환(예 광고의 효과 → 고전적 조건 형성의 '자극 대치'와 유사)

3. 스키너(Skinner)의 작동적 조건화설

① 조작적 조건화설, ② R형 조건화설, ③ 능동적 조건화설, ④ 반응 변용 이론
예 쥐와 비둘기의 스키너 상자 실험

(1) **개념**: 조작반응(operant behavior)을 조건화시키는 절차 → '효과(만족)의 법칙'(강화) 활용, 유기체의 우연적·능동적 반응의 반응 확률을 변화시키는 일

① 파블로프(Pavlov) 이론과의 비교

특징	고전적 조건화(Pavlov)	작동적 조건화(Skinner)
목적	중립자극에 대한 새로운 반응 형성	반응확률의 증가 또는 감소
자극–반응 순서	자극이 반응 앞에 온다.	반응이 강화(효과) 앞에 온다.
자극의 역할	반응이 인출(eliciting)된다.	반응이 방출(emitting)된다.

자극의 적용성	특수한 자극은 특수한 반응을 일으킨다.	특수한 반응을 일으키는 특수한 자극이 없다.
조건화 과정	한 자극(NS)이 다른 자극(UCS)을 대치한다.	자극의 대치는 일어나지 않는다.
내용	정서적 · 불수의적 행동이 학습된다. → 정의적 목표, 자율신경계의 반응	목적 지향적 · 의도적 행동이 학습된다. → 인지적 · 심동적 목표, 중추신경계의 반응
형태	S(CS)−S(UCS)형	R−S형

② **조건 형성의 원리**: ㉠ 강화의 원리, ㉡ 즉시 강화의 원리, ㉢ 자극 통제의 원리(변별 자극, 자극 일반화, 환경적 조건, 단서 제공, 자극 촉진), ㉣ 행동 조성, ㉤ 행동 연쇄, ㉥ 소거의 원리

(2) 강화와 벌

구분	강화(reinforcement)	벌(punishment)
개념	특정 행동반응의 빈도를 촉진(증가)시키는 절차	특정 행동반응의 빈도를 억제(감소)시키는 절차
방법	• 정적 강화: 행동 후 (쾌)자극을 제시 예 칭찬, 프리맥의 원리, 토큰 강화 • 부적 강화: 행동 후 (불쾌)자극을 제거 예 회피학습, 엄마의 잔소리를 듣지 않으려고 열심히 공부함.	• 정적 벌: 행동 후 (불쾌)자극을 제시 예 체벌, 꾸중하기 • 부적 벌: 행동 후 (쾌)자극을 제거 예 타임아웃, 반응 대가 cf 소거: 행동 후 (쾌)자극을 유보 또는 생략
조건	• 강화는 자주 주어야 한다. • 강화는 반드시 반응을 한 후에 주어야 한다. • 강화는 반응 후 즉시 제시해야 한다. • 강화는 반응에 수반되어야(contingent on) 한다. 즉, 바람직한 반응을 할 때만 강화를 주어야 한다.	• 벌은 처벌적이어야 한다. 즉 벌은 반응을 약화시키는 기능이 있어야 한다. • 행동이 끝난 즉시 처벌해야 한다. • 처벌을 하기 전에 미리 경고를 하는 것이 좋다. • 처벌을 하는 행동을 분명하고 구체적으로 정의해야 한다. • 처벌하는 이유를 분명하게 설명해야 한다. • 벌의 강도는 적당해야 한다. • 처벌 후 보상을 주지 말아야 한다. • 대안적인 행동(바람직한 행동)을 분명하게 제시해야 한다. • 일관성이 있게 처벌해야 한다. • 처벌받는 사람이 아니라 잘못된 행동에 대해 처벌해야 한다. • 처벌할 때 개인적 감정을 개입시키지 말아야 한다.

구분	쾌(快)자극	불쾌(不快)자극
제시	정적 강화	제1유형의 벌(수여성 벌)
제거	제2유형의 벌(제거성 벌)	부적 강화

CHAPTER 06

구분	목표	자극제시방법
정적 강화	(바람직한) 행동의 증가	행동 후 (쾌자극) 제시
부적 강화	(바람직한 행동) 행동의 증가	행동 후 (불쾌자극) 제거
정적 처벌	(바람직하지 못한) 행동의 감소	행동 후 (불쾌자극) 제시
부적 처벌	(바람직하지 못한) 행동의 감소	행동 후 (쾌자극) 제거
소거	(바람직하지 못한) 행동의 감소	행동 후 (쾌자극) 유보

(3) 강화계획

① 계속적 강화와 간헐적 강화

<table>
<tr><th colspan="3">강화계획</th><th>학습 단계</th><th>강화 절차</th><th>적용 사례</th></tr>
<tr><td colspan="3">계속적 강화
(연속강화, 전체강화)</td><td>학습의 초기 단계
(특정 행동의 학습)</td><td>매 행동마다 강화
예 매 행위마다 강화한다.</td><td></td></tr>
<tr><td rowspan="4">간헐적
강화
(부분
강화)</td><td rowspan="2">간격강화
(시간 기준)</td><td>고정간격
강화(FI)</td><td rowspan="4">학습의 후기 단계
(학습된 행동의
유지)</td><td>정해진 시간마다 한 번씩 강화
예 30초가 지난 후 첫 번째 정반응에 강화를 준다.</td><td>정기고사, 월급</td></tr>
<tr><td>변동간격
강화(VI)</td><td>평균 시간마다 한 번씩 강화
예 평균 30초 간격으로 정반응을 강화하되, 무작위로 강화를 준다.</td><td>버스정류장에서 버스 기다리기, 수시고사</td></tr>
<tr><td rowspan="2">비율강화
(빈도 기준)</td><td>고정비율
강화(FR)</td><td>정해진 횟수(빈도)의 반응을 할 때마다 한 번씩 강화
예 3번째 정반응마다 강화를 준다.</td><td>성과급</td></tr>
<tr><td>변동비율
강화(VR)</td><td>평균 횟수의 반응을 할 때마다 한 번씩 강화
예 평균 3번째 정반응에 강화하되, 무작위로 강화를 준다.</td><td>도박</td></tr>
</table>

② 강화계획의 효과

㉠ **반응 확률의 강도**: 간헐강화 > 계속강화, 비율강화 > 간격강화, 변동강화 > 고정강화

㉡ **반응 확률이 높게 나타나는 순서**: 변동비율강화 > 고정비율강화 > 변동간격강화 > 고정간격강화

㉢ 고정간격강화와 고정비율강화는 '강화 후 휴지'가 발생

㉣ 강화계획의 효과를 결정하는 요소

반응 속도	• 반응 속도는 통제 정도에 달려 있다. • 간격보다 반응 횟수에 따라 강화할 때 더 통제할 수 있다. → 간격강화보다 비율강화가 더 빠르다.
반응의 지속성	• 반응의 지속성은 예측 가능성에 달려 있다. • 예측 가능성이 높은 강화에는 반응의 지속성이 떨어진다. → 변동강화가 고정강화보다 강화의 지속성이 크다.

(4) **행동수정 기법**: 응용행동 분석(applied behavioral analysis)

1. 개념: 개인의 특정 행동을 변화시키기 위해 체계적으로 행동주의 원리를 적용하는 과정
2. 적용 절차

목표행동을 결정하기 → 목표행동의 기저선을 만들기 → 강화인을 선택하기(필요시 처벌인도 선택) → 목표행동의 변화 측정하기 → 행동이 향상되면 강화인의 빈도를 점점 줄이기

① 바람직한 행동의 증가 방법

㉠ **프리맥(Premack)의 원리**: "보다 선호하는 행동(빈도수가 높은 행동)이 보다 덜 선호하는 행동(빈도수가 낮은 행동)보다 강화효과가 크다."는 원리 → 정적 강화의 한 유형, '할머니의 법칙'이라고도 함.

ⓐ 강한 자극을 이용하여 약한 반응을 촉진하는 강화 방법

ⓑ 강화의 상대성 원리 → 노예 근성(뇌물 근성) 강화 우려

ⓒ 불쾌자극(A)을 먼저 제시하고, 쾌자극(B)을 나중에 제시(If A, than B)

㉡ **토큰(token) 강화**

ⓐ 상표를 모아 더 큰 강화자극으로 대체 → 상징적 강화물·2차적 강화물 사용

ⓑ 효과

- 심적 포화로 인한 강화 효과의 상실 방지
- 강화의 시간적 지연 예방
- 간편하게 강화 가능
- 성과 차이를 반영하여 등급별로 강화 가능

㉢ **행동 조형(shaping)**: 새로운 행동을 형성

ⓐ 과제 분석(task analysis), 점진적 접근(small step) + 차별 강화(선택적 강화), 계속적 강화, 정적 강화

ⓑ **절차**: 바람직한 목표행동 선정 ⇨ 기초선 비율(baseline, rate) 설정 ⇨ 강화물 선택 ⇨ 과제분석 ⇨ 계속적 강화(단계별 행동) ⇨ 목표행동(최종행동)을 할 때마다 강화 제공 ⇨ 간헐적 강화에 따라 목표행동에 강화 제공

㉣ **용암법(fading, 단서 철회)**: 특정한 행동 학습에 도움을 주고 점차 도움을 줄여 나감으로써 스스로 행동을 학습시키는 방법

㉤ **행동 계약**: 행동을 이행할 것을 서면으로 약속

② 문제행동의 교정을 위한 방법

㉠ **타임아웃(격리, T.O.)**: 강화받을 수 있는 장면에서 추방(예 완전 TO, 배제 TO, 구경 TO, 리본 TO) → 제2유형의 벌

㉡ **상반행동 강화**: 문제가 되는 행동과 반대되는 바람직한 행동을 찾아 강화하는 방법

㉢ **소거**: 문제행동에 주어지던 강화를 중단하는 절차 → 일시적으로 '소거 폭발'이 발생

㉣ **심적 포화(포만)**: 문제행동을 지칠 때까지 반복하는 절차

㉤ **반응 대가**: 바람직하지 않은 행동을 할 때마다 정적 강화물을 회수하는 절차

CHAPTER 06

ⓑ 과잉교정: 학습자가 바람직하지 못한 행동을 했을 때 싫어하는 행동을 하도록 하는 처벌 기법 예 원상회복(복원) 과잉교정, 정적 연습 과잉교정

(5) **작동적 조건화의 교육적 적용**: ① 프로그램 학습(PI), ② 완전학습, ③ 개별화 교수 체제(PSI), ④ 컴퓨터 보조 학습(CAI), ⑤ 수업목표의 명세적 진술, ⑥ 행동수정이론

(6) **작동적 조건화 이론의 한계**

① 잠재적 학습: 강화 없이도 학습이 일어나는 경우, 비의도적 학습(incidental learning) → 톨만(Tolman)의 쥐의 미로찾기 실험

② 지각학습(perceptual learning): 외적 강화나 훈련 없이 자극에 단순히 노출만 되어도 학습이 일어나는 경우

예 비슷한 소리나 불빛을 반복적으로 접하면 나중에는 그 차이를 잘 변별할 수 있다.

③ 통찰학습: 쾰러(Köhler)의 주장

④ 각인현상: 로렌쯔(Lorenz)의 주장 → 강화의 영향 없이 자동적으로 일어나는 현상

4. 행동주의 학습이론의 교육적 의의와 한계

(1) **의의**: 행동주의는 실제로 작동하며, 강화인(强化因)과 벌인(罰因)은 우리가 행동하는 방식에 영향을 줄 수 있으며, 실제로도 영향을 주고 있다.

예 교사들의 진심어린 칭찬이 학습자의 동기와 자부심을 높여 준다는 사실, 적절한 행동의 강화가 비행을 줄인다는 연구 결과, 다른 방법이 효과가 없을 때 행동주의 학급경영 기술은 효과적이라는 연구 결과 등

(2) **한계**(비판)

① 교수에 대한 지침으로 활용하는 데 있어서 비효과적임(오개념 학습을 설명 ×).

② 언어학습과 같은 인간이 지닌 고등정신기능을 설명하지 못함.

③ 강화인이 지나치면 내재적 동기가 감소할 수 있음(과잉 정당화 효과).

④ 학교는 보상을 받기 위한 학습보다는 학습 그 자체를 위한 학습을 하도록 해야 함.

⑤ 행동주의는 본질적으로 다른 사람을 통제하기 위한 수단임.

13 인지주의 학습이론(Ⅰ): 형태주의 학습이론

인지주의 학습이론의 개요

1. 기본 가정
   (1) 인간은 동물과 질적으로 다름.
   (2) 능동적 학습자
   (3) 전체는 부분과 부분의 합 이상
   (4) 전체주의(거시이론)
2. 학습: 장(場, Lewin), 인지구조(Piaget), 인지지도의 변화(Tolman), 통찰의 과정(Köhler)

1. 베르트하이머(Wertheimer)의 형태이론: 인간의 지각(知覺) 연구

(1) ϕ **현상(가현운동)**: 두 개의 정지 불빛이 점멸하면 운동으로 지각 → 운동 착시 현상(주관적 지각, 유의미 학습)

(2) **전경(前景)과 배경(背景)의 원리**(지각의 제1법칙): 유기체마다 전경과 배경을 다르게 지각
예 루빈(Rubin)의 컵

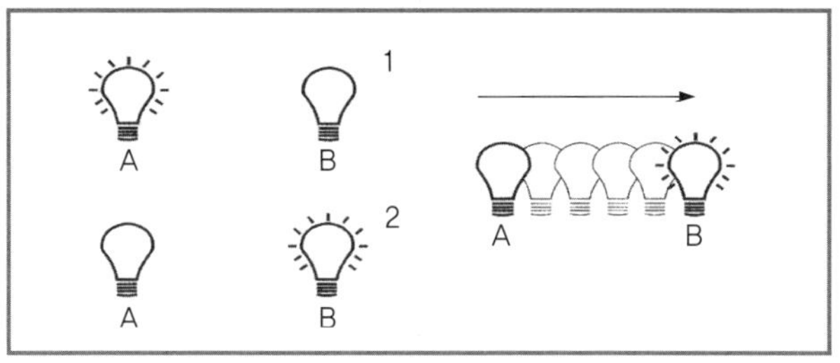

▲ 파이(ϕ)현상

▲ 루빈(Rubin)의 컵

(3) **프래그난츠 법칙**(지각의 제2법칙): 인간이 사물을 전체적으로 조화롭게 지각하려는 경향 → ① 폐쇄성(완전성)의 원리, ② 근접성의 원리, ③ 유사성의 원리, ④ 연속성의 원리(공통방향의 법칙), ⑤ 간결성(단순성)의 원리

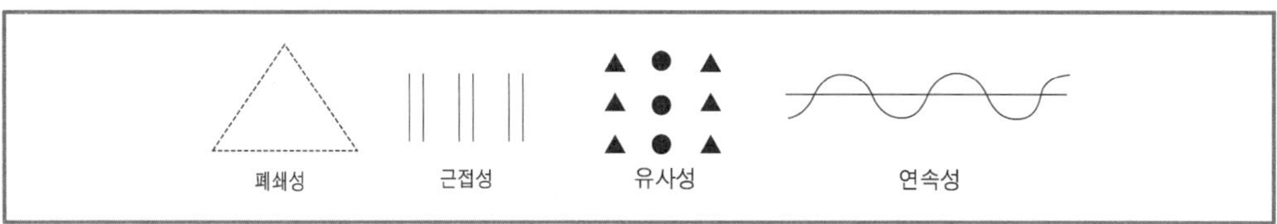

2. 쾰러(Köhler)의 통찰설: 관계학습

천장 위에 바나나(목표)를 매달아 놓고 방안 구석에 크기가 다른 나무 상자를 몇 개 넣어 두고 침팬지(sultan)를 넣었다. 처음에는 아무리 해도 바나나 잡기에 실패하지만, 한참 후 갑자기 해결책을 발견(통찰)하여 상자를 쌓아 놓고 올라가 바나나를 따먹었다.

(1) **통찰**(A – Ha 현상): 수단과 목적 간의 관계 파악 능력, 갑작스런 비약적 문제해결(사고) 과정 → 계단식 그래프

(2) **통찰의 과정**: 전체의 파악 ⇨ 분석 ⇨ 종합(재구조화)

(3) **통찰의 효과**: ① 완전하고 다른 상황에 전이가 쉬움. ② 수행상 오차가 없고 원활함. ③ 효과가 상당 기간 유지됨.

3. 레빈(Lewin)의 장(場)이론

(1) **학습은 장(場, 심리적 인지구조)의 변화**

B = f(P · E)　　[B: 행동, P: 개인, E: 인지적 · 심리적 환경]

(2) **지각의 특징**: ① 상대성(주관성), ② 유의성(valence), ③ 현시성(現時性)

4. 톨만(Tolman)의 기호 – 형태설

(1) **S(수단, sign)–S(목표, signification) 이론**: 목적적 행동주의, 인지적 행동주의, 기호학습설

(2) **학습은 인지지도의 형성 과정**: ① 잠재학습(우연적 학습), ② 장소학습, ③ 보상기대 → 학습과 수행은 다르다.

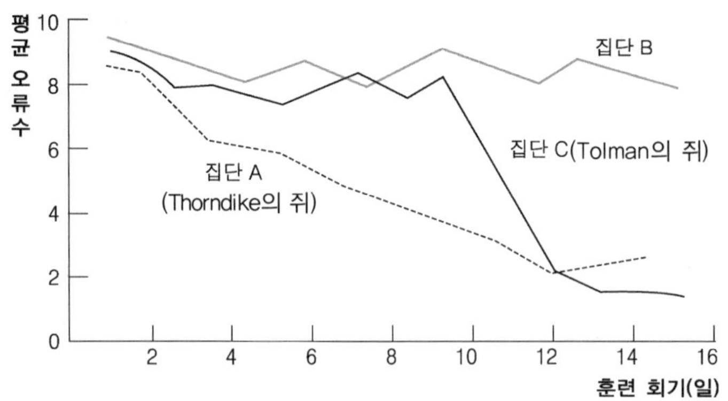

▲ 톨만(Tolman)의 쥐의 미로찾기 실험 결과

14 인지주의 학습이론(II): 정보처리 학습이론

인간의 내적 사고과정(인지)이 컴퓨터의 정보처리 과정과 같다고 보는 모형

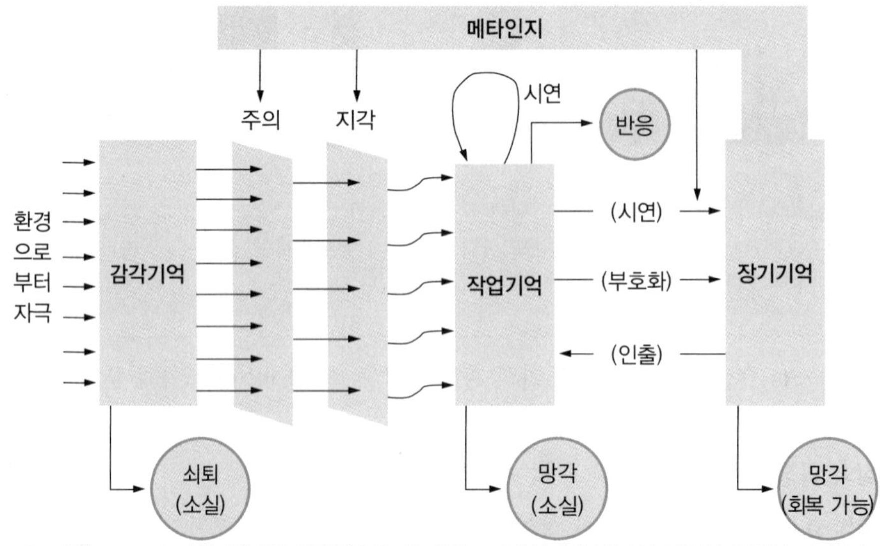

✔ 지각(perception)은 정보를 주관적으로 처리하는 과정이기에 정보의 왜곡이 일어날 수 있다.

1. 정보저장소

(1) **감각등록기**: ① 최초의 정보저장소, ② 기억용량 무제한, ③ 정보 지속시간 1~4초, ④ 쇠퇴(소멸)에 의한 망각 → 칵테일 파티 효과, 잔향 기억(4초)과 영상 기억(1초)

(2) **작업기억**(단기기억): ① 정보의 일시 저장소(중앙 집행기, 음운 고리, 시・공간 스케치판으로 구성), ② 기억용량이 7±2청크(chunk)로 제한, ③ 정보 지속시간 30초 이내, ④ 쇠퇴 또는 치환에 의한 망각 → '의식', CPU 또는 RAM, '작업대'

더 알아보기

작업기억의 한계용량을 극복하는 방법: 인지부하이론

1. 청킹(chunking, 절편화, 덩이짓기): 개별적 정보들을 보다 의미 있는 큰 묶음으로 묶기 → 파스칼 레온(Pascual Leone)의 절대적 증가 모형
2. 자동화(automatization): 반복적 훈련을 통해 의식적 노력 없이(무의식적으로) 정보처리하기, 조작공간 감소 & 저장공간 증가 → 케이즈(Case)의 기능적 증가 모형
3. 이중처리(dual processing): 시각과 청각을 모두 사용하여 정보처리 → 파이비오(Paivio)의 이중부호화 이론

(3) **장기기억**: ① 정보의 영구 저장소, ② 일상기억(image)과 의미기억(network)으로 저장, ③ 기억용량 무제한, ④ 정보 지속시간이 영구적, ⑤ 인출 실패에 의한 망각(회복 가능) → HARD(또는 USB, 외장하드)에 비유

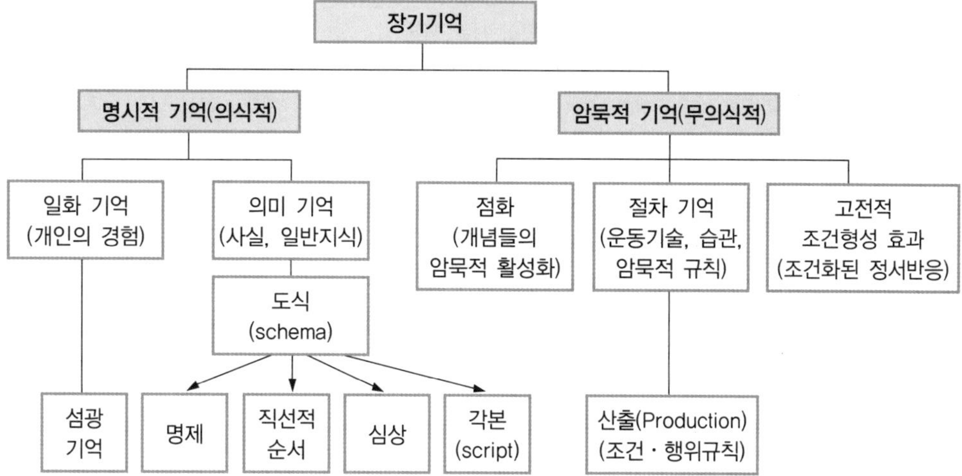

더 알아보기

■ **이중기억의 존재 증거**

1. 계열위치 효과: 무의미철자 자유회상 연구 → U자형 곡선
   (1) 초두(初頭) 효과: 처음 부분의 회상률이 높음. → 장기기억의 존재 증거
   (2) 신근성(최신) 효과: 끝부분의 회상률이 높음. → 단기기억의 존재 증거

CHAPTER 06

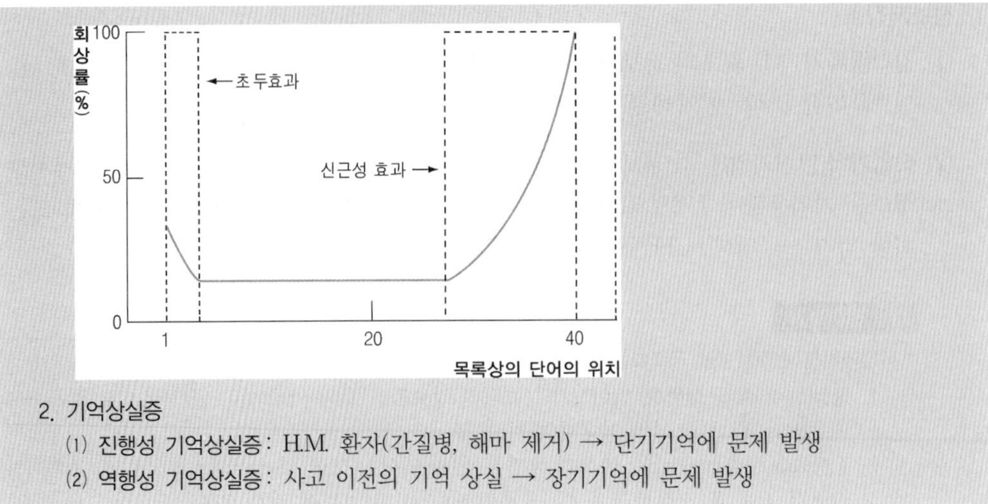

2. 기억상실증
   (1) 진행성 기억상실증: H.M. 환자(간질병, 해마 제거) → 단기기억에 문제 발생
   (2) 역행성 기억상실증: 사고 이전의 기억 상실 → 장기기억에 문제 발생

2. **인지처리 과정**: 인지방략

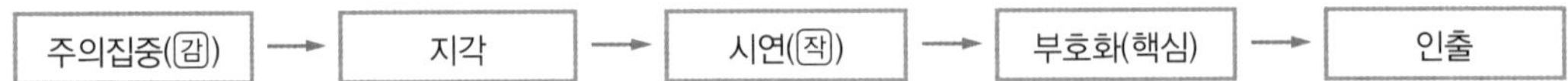

(1) **주의집중**(attention): 정보자극에 선택적으로 반응

- 예 시범, 불일치 사건, 도표, 그림, 문제 제시, 사고를 자극하는 질문 제시, 강조, 호명(呼名) 등 물리적 유형 · 강조적 유형 · 감정적 유형 · 흥미유발적 유형의 전략 사용
- 예 칵테일파티 효과(Cocktail Party Effect): 자신에게 의미 있는 정보에만 주의를 기울인다.
- 예 레스토프 효과(Restorff effect): 우리의 두뇌가 특이한 요소를 잘 기억하는 현상 → ① 노트를 정리할 때 중요한 내용에 밑줄을 긋거나 굵은 글씨, 색깔, 다른 서체 등을 활용하는 것과 관련된 현상, ② 지각장에서 두드러진 학습자료는 오래 파지되지만 동질성이 높은 학습자료는 파지가 잘 되지 않는다는 것으로, 도형-배경 원리와 긴밀하게 연결

(2) **지각**(perception): 감각을 통해 수용된 외부자극에 대하여 개인적 의미 부여하기

(3) **시연**(rehearsal): 마음속으로 반복하는 일 → ① 기계적 시연(반복 암기, 1차적 시연), ② 정교화된 시연(2차적 시연)

(4) **부호화**(encoding): 새로운 정보를 장기기억 속에 저장되어 있는 정보와 관련짓는 인지전략

① **정교화**(elaboration): 새로운 정보에 의미를 추가하여 의미 부여
   - 예 논리적 추론, 예시(例示), 세부사항, 문답법, 노트필기, 요약하기, 유추(analogy)

② **조직화**(organization): 별개의 정보들에게 질서를 부여하여 기억하는 것
   - 예 도표 작성, 개요 작성, 위계도 작성, 개념도, 청킹(chunking, 덩어리짓기, 절편화, 정보 분할)

③ **맥락화**(context): 정보를 장소, 특정한 날에 느꼈던 감정, 함께 있었던 사람 등과 같은 물리적 · 정서적 맥락과 함께 학습하는 것 → 부호화 특수성

④ **초과 반복학습**(overlearning): 완전학습 수준 이상으로 학습을 계속하는 것 → 기초학습 과제학습에 유용

⑤ **심상 형성**(visual imagery): 정보를 시각적인 형태로 변형하는 과정 → Paivio의 이중부호화 이론

⑥ 자기참조적 부호화(self-referent encoding)
⑦ 기억술(memonics) : 장소법, 핵심 단어법, 두문자법, 문장 작성법, 연결법, 운율법 등
⑧ 학습자의 적극적 활동(activity)

(5) **인출**(retrieval) : 장기기억 속의 정보 탐색 및 재생 과정

① 설단현상(tip or top of the tongue, 못난 엇니 현상) : 인출 실패 현상 → 장기기억에 저장된 정보가 체계적이지 못할 때, 인출단서를 찾지 못했을 때 발생

② 부호화 특수성(맥락 효과) : 인출조건이 부호화 조건과 일치할수록 인출이 촉진된다.
예 '연습은 실전처럼', 잠수부 기억력 실험, 상황학습, 상태 의존 학습

3. **메타인지**(meta-cognition) : 플라벨(Flavell)

(1) **인지에 대한 인지**(cognition about cognition)

(2) **자신의 인지(認知) 또는 사고(思考)에 관한 지식, 집행 통제 과정**

(3) **사고하는 방법에 대한 사고활동**(thinking about thinking) : 상위인지의 주요 기술은 계획(planning), 점검(감찰, monitoring), 평가(evaluating) 등이다.
예 "오늘은 피곤해, 수업 전에 커피를 마셔야지."

4. **학습전략**

(1) **인지전략**(예 시연, 정교화)+**메타인지전략**(예 이해 점검)

(2) **SQ4R** : 개관(Survey or Preview) ⇨ 질문(Question) ⇨ 읽기(Read) ⇨ 숙고(Reflect) ⇨ 암송(Recite) ⇨ 검토(Review)

5. **망각**(忘却, forgetting)

(1) **에빙하우스**(Ebbinghaus)**의 망각곡선** : 무의미 철자 연구 → 학습 직후 망각률(약 41.8%)이 제일 높고, 1일 경과 후(66.3%), 2일 경과 후(77.2%) 점차 낮아짐.

(2) **리안**(Ryan)**의 학습자료 종류에 따른 망각곡선** : 무의미한 음절 > 산문 > 운문 > 개념과 논리적 원리의 순으로 망각률이 높다.

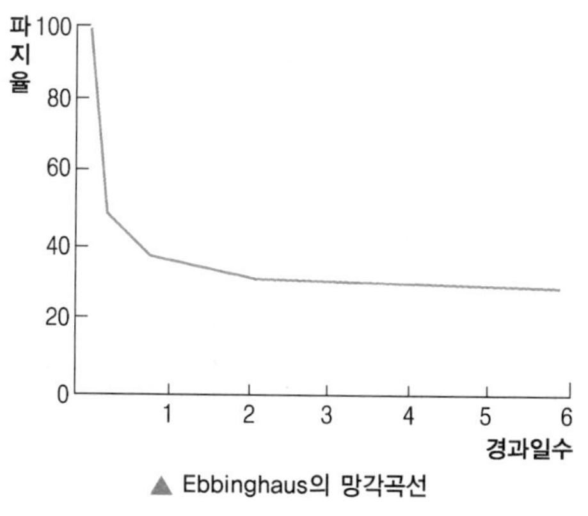

▲ Ebbinghaus의 망각곡선

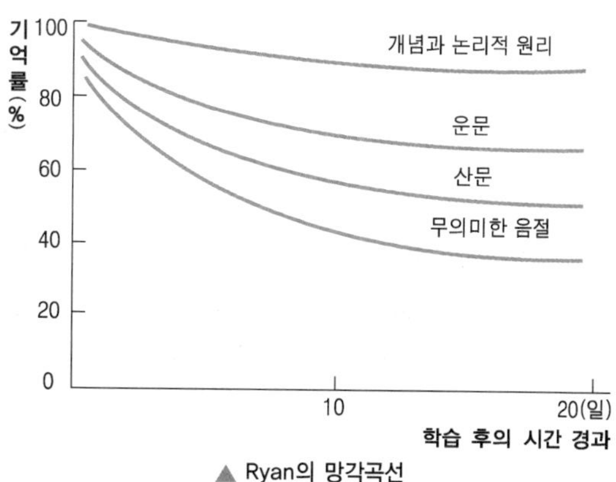

▲ Ryan의 망각곡선

(3) 망각의 원인을 설명하는 학설

망각의 발생 원인

원인	망각의 유형	의미
간섭	순행간섭	과거 학습한 자료가 새로운 자료를 간섭한다.
	역행간섭	새로운 자료가 과거 학습한 자료를 간섭한다.
가용성(可用性) 상실	소멸	기억 흔적이 소멸되어 망각이 일어난다.
	왜곡	기억 흔적이 왜곡(재구성)되어 망각이 일어난다.
접근 가능성 상실	인출 실패 (단서 의존적 망각)	정보가 기억에 존재하지만, 단서가 없어서 인출되지 못한다.
	억압 (동기화된 망각)	불쾌한 경험이 무의식 속으로 추방되어 의식화되지 못한다.

① **흔적 쇠퇴설(쇠잔설, 소멸설)**: 감각기억이나 작동기억에서의 망각 현상 → 파지 개선 현상(과거 특정 사건이 생생히 기억), 상기 효과를 설명하지 못함.

② **간섭설**: 학습 이전이나 이후의 정보에 의해 기억정보가 방해받는 현상

선행간섭	• 선행학습 내용이 후행학습 내용의 기억을 방해 • 부정적 전이(소극적 전이)와 유사
후행간섭	• 후행학습 내용이 선행학습 내용의 기억을 방해 • Unlearning 현상

③ **인출 실패설**: 설단현상 → 단서 의존적 망각

④ **재체제화설(koffka)**: 기억흔적의 변용 → 형태심리학자들의 주장

⑤ **정서에 의한 일시적 억압설(Freud)**: 불쾌한 정서를 무의식적 동기에 의해 억압 예 건망증

⑥ **동기지움(동기 관련)설**: 자이가닉 효과(Zeigarnik effect) → 완전히 해결된 문제보다 미해결된 문제가 보다 많이 기억되는 현상으로, 미해결된 문제는 그것을 마저 완성하려고 하는 강한 성취동기가 작용하여 기억이 더 잘된다.

6. 사고(思考)전략: 문제해결 전략

(1) 사고활동의 준거: ① 유목적성, ② 일련의 조작, ③ 인지적 조작

(2) 사고기능의 습득

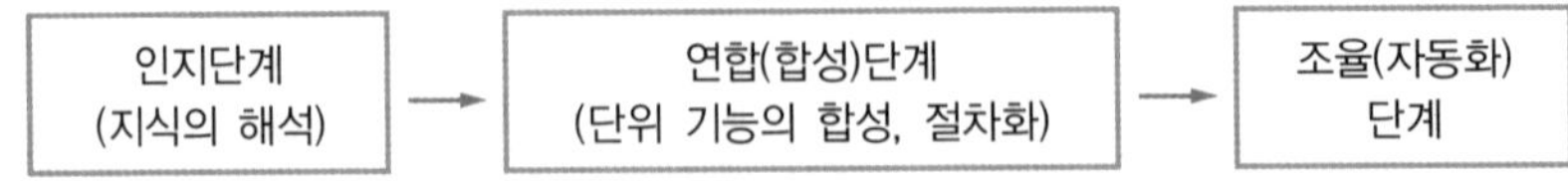

(3) 브렌스포드와 슈타인(Bransford & Stein)의 IDEAL 모형(사고과정 모형)

(4) 문제해결 전략(사고전략)

강한 전략	• 전문가들이 사용, 영역 특수 전략, 연합과 자동화 단계에 해당 • 문제의 심층구조 중시, 숙련된 수행 속도 • 연산법(Algorithm)
약한 전략	• 초보자들이 사용, 일반적 전략, 인지 단계에 해당 • 문제의 표면 구조 중시, 수행 속도가 느림. • 시행착오, 브레인스토밍, 발견법(heuristics) 예 산오르기, 수단-목표 분석, 후진작업, 유추에 의한 사고

(5) 문제해결능력에서 전문가와 초보자의 차이

분야	전문가	초보자
문제에 대한 이해	문제 내에서 맥락과 관계를 찾는다.	문제를 고립된 조각으로 본다.
문제해결의 효율성	신속하게 문제를 해결하고 자동화된 많은 지식을 가지고 있다.	느리게 문제를 해결하고 기교에 초점을 둔다.
문제해결을 위한 계획	친숙하지 않은 문제해결을 시도하기 전에 신중하게 계획한다.	친숙하지 않은 문제해결을 시도할 때 간단하게 계획한다. → 문제해결책을 빠르게 선택하고 시도한다.
문제해결 점검	잘 발달된 메타인지능력을 보여 준다. → 비효율적 전략은 피한다.	제한된 메타인지를 보여 준다. → 비생산적인 전략을 고집한다.

(6) 문제해결의 장애요소

① **표상의 문제**: 문제에 대한 잘못된 지각적 가정(표상)

② **망각**: 일의 진행 과정을 잊어버리는 경우

③ **기능적 고착화**: 사물의 특정 용도만 고집하거나, 선행 지식에만 집착

예 Maier의 두 끈 연결과제 실험(붓은 필기구)

④ **반응 갖춤새(response set)**: 문제해결 과정에서 본인의 경험에 기초하여 가장 친숙한 방식으로 새로운 문제에 계속 반응하는 현상 → 가장 익숙한 방식으로 반응하는 경향성

⑤ **신념고수(belief perseverance)**: 모순된 증거에도 불구하고 신념을 고집(견지)하는 경향

⑥ **확증편향(confirmation bias)**: 평소 신념이나 아이디어에 불일치하는 정보를 배격하고 일치하는 정보만 탐색하는 경향성으로, 보고 싶은 것만 보고, 듣고 싶은 것만 들으려는 경향성

⑦ **문제 제시 방식**

(7) 문제해결의 촉진요소

① **통찰(insight)**: 문제를 해결하는 데 필요한 정보를 인식하고, 정보를 비교하여 관계를 파악하며, 정보를 결합하는 능력

② **부화(incubation)**: 문제를 해결하려는 노력을 일시적으로 중단하는 것으로, 문제해결 시도가 중단된 것처럼 보이나 무의식 수준에서 문제해결을 모색하는 과정

7. 정보처리 모형에 대한 대안적 모형: 처리 수준 모형, 신경망 모형, 이중부호 모형

(1) **처리 수준 모형**: 정보처리 수준이 깊으면 깊을수록 더 오랫동안 기억된다는 것

정보처리 수준	부호화 유형
얕은 처리	구조적 부호화 → 자극의 물리적 속성
중간적 처리	음운적 부호화 → 단어의 발음, 소리
깊은 처리	의미적 부호화 → 정보의 의미 분석

(2) **신경망 모형**(연결망 또는 병렬처리 모형): 인지를 두뇌에 비유

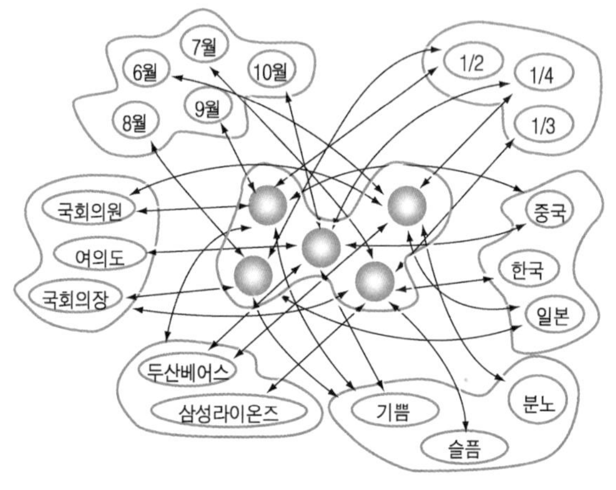

▲ 신경망 모형

정보처리 이론	• 컴퓨터에 비유 • 순차 처리(선형적) • 논리연산에 의해 가부가 확실한 의사결정 • 객관주의적 정보처리 • 특정의 정보를 용이하게 검색할 수 있도록 정보가 저장
신경망 이론	• 인간의 두뇌에 비유 • 병렬처리(비선형적) • 불완전한 자료에 근거하여 상황에 따라 최적의 의사결정 • 주관주의적 정보처리 • 정보의 일부를 검색하면 관련된 모든 정보가 자동적으로 함께 인출될 수 있도록 정보가 저장

(3) **이중부호 모형**

① 장기기억 속의 정보가 언어적 형태(예 추상적 개념)와 비언어적 형태(예 심상적 형태)로 저장된다고 보는 주장

② 정보가 두 가지 형식으로 부호화되면 더 잘 기억된다.

15 사회학습이론(사회인지이론)

Bandura의 관찰학습 → 인간 행동의 학습은 사회생활 속에서 타인의 행동을 관찰하고 모방한 결과

1. **개요**: 행동주의+인지주의(정보처리이론)

(1) **개념**: ① 사회학습, ② 모델링(modeling), ③ 인지적 행동주의(사회인지이론), ④ 관찰학습, ⑤ 대리적 강화(간접적 강화), ⑥ 학습은 자기조절(self-regulation)의 과정, ⑦ 자기효능감 형성 과정

(2) **모델링의 유형**: ① 직접적 모델링, ② 상징적 모델링(예 TV 속 주인공), ③ 인지적 모델링(인지적 시연을 모방), ④ 종합적 모델링

(3) **모델링의 효과**: ① 새로운 행동의 학습, ② 억제를 변화시키기(파급효과), ③ 이미 학습한 행동의 촉진, ④ 정서 유발(정서적 각성 효과)

더 알아보기

■ **파급효과**(ripple effect): 기대한 결과의 미발생으로 인한 효과(J. Kounin)

1. 기대했던 강화인이 발생하지 않으면 처벌인으로 작용할 수 있다(행동에 대한 억제가 강화됨). → 억제(금지)강화 효과

예 현수는 열심히 숙제를 완성해 제출했는데, 교수는 과제물을 거둬 가지 않았다. 그 후 현수는 숙제를 열심히 하지 않았다.

2. 기대했던 처벌이 발생하지 않으면 강화인으로 작용할 수 있다(행동에 대한 억제가 약화됨). → 탈제지(해지)효과

예 영아는 학급의 규칙을 어긴 민호가 처벌받지 않는 걸 보고, 자신도 앞으로 규칙을 지키지 않을 거라고 생각했다.

(4) **특징**: ① 학습(인지적 과정)과 수행은 다르다, ② 강화 없이도 학습이 일어날 수 있다.

2. **학습절차** cf 주의집중, 파지는 인지적(정보처리적) 과정

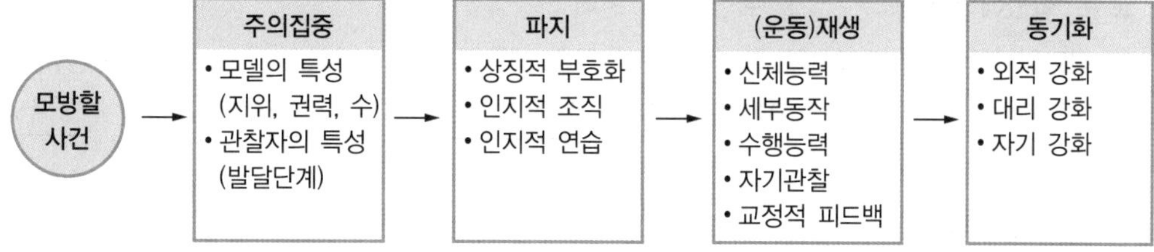

3. **학습방법**

(1) **직접 모방 전형**(모방학습): 모델의 단순한 행동 습득, 강화가 수반

(2) **동일시 전형**(모형학습): 일반적 행동 스타일을 습득, 비도구적 행동 특성 모방, 반드시 외적 강화가 수반 ×(자기강화가 수반)

(3) **무시행 학습전형**: TV나 대중매체의 영향, 모델 자신이 강화 받음. → 우연적 학습(Teaching is to show)

(4) **동시 학습전형**: 사회적 촉진(타율성), 청중 효과(자발성)

(5) **고전적 대리조건 형성 전형**: 감정이입, 동정 → 정서반응 학습

4. 자기효능감(self-efficacy)

(1) **개념**: 특정 영역의 과제를 해낼 수 있다는 자기 능력에 대한 신념

(2) **유발 요인**: ① 직접적인 성공경험, ② 대리적 경험, ③ 타인의 설득과 격려, ④ 정서적인 안정감

5. 스키너와 반두라의 비교

구분	스키너(Skinner)	반두라(Bandura)
인간행동의 결정요인	기계론적 환경결정론: 환경이 인간행동을 결정하는 '일방적' 관계를 제시함.	상호작용적 결정론: 인간행동은 개체(person)의 인지특성과 행동(behavior), 환경(environment)이 상호작용한 결과
기본가정	인간의 자기통제능력 부정	인간의 자기통제능력 긍정
인지과정	내적 인지과정을 연구 대상에서 제외	내적 인지과정(예 기대, 지각)을 중시
강화와 학습	외적 강화가 수반되어야 학습 가능	외적 강화 없이 학습 가능
경험과 학습	직접경험을 통한 학습	직접경험(실행학습) 및 간접경험을 통한 학습
강화와 처벌에 대한 해석	강화인과 처벌인을 행동(학습)의 직접적인 원인으로 봄.	강화인과 처벌인은 기대를 갖게 한다고 봄. → 행동(학습)의 간접적 원인
강화 유형	직접적 강화(처벌) 중시	직접적 강화, 대리적 강화, 자기 강화 중시
학습에 대한 관점	관찰 가능한 외적 행동의 변화	이전과는 다른 행동을 나타내 보일 수 있도록 하는 정신구조의 변화(행동 잠재력의 변화)
공통점	• 경험이 학습의 중요한 요인임에 동의함. • 행동에 대한 설명에서 강화와 처벌의 개념을 포함함. • 학습을 촉진하기 위해 피드백이 중요함에 동의함.	

6. 교수・학습에의 적용: 수업을 위한 주요 원리

(1) **적당한 모델과의 동일시를 할 수 있는 기회를 제공할 것**: 실제적 모델(예 교사, 동료친구, 지역사회 인사 등)과 상징적 모델(예 TV, 영화 등 대중매체 속의 인물)의 선택 → 실제 수업내용・활동을 고려하여 신중하게 선택

(2) 모델 행동에 대한 긍정적・기능적 가치를 부여하여 학생의 주의를 집중시킬 것

(3) **학습자의 인지(인지능력)와 기능(운동기술)면을 함께 가르칠 것**: 관찰된 행동을 시각적 혹은 언어적 상징으로 부호화(encoding)하는 것과 모방한 행동을 직접적으로 시연(rehearsal)하는 것
예 비디오로 녹화된 모델을 제시하기, 개념적 표현이나 언어적으로 설명할 수 있는 기회를 제공하기, 학습한 행동을 모니터링을 통해 시각적 피드백 실행하기 등

(4) 자기조절(self-control)과 자기효능감(self-efficacy) 향상을 위한 학급 환경을 조성할 것

(5) 높은 교사효능감(teacher efficacy)과 교수효능감(teaching efficacy)을 가질 것

(6) 질 높은 대중 매체를 활용할 것(Teaching is to show.)

16 인본주의 학습이론

1. 개요

(1) **실존주의 철학과 인본주의 심리학에 토대**: ① 인간은 통합된 존재, ② 잠재성 소유, ③ 자유의지 소유, ④ 성선설

(2) **교육목적**: 자아실현과 전인교육

(3) **대표자**: 매슬로우(Maslow), 올포트(Allport), 콤즈(Combs), 로저스(Rogers)

① **매슬로우**: 욕구위계론

② **올포트**: 특성(trait) 이론, 기능적 자율화(원래는 어떤 목적 달성 수단에 불과하던 것이 그 자체가 목적이 되는 현상)

③ **콤즈**: 인간주의적 교사

④ **로저스**: 실현 경향성의 욕구, 비지시적 상담이론

(4) **학습원리**: ① 자기주도적 학습, ② 학습방법에 대한 학습, ③ 자기평가, ④ 정의적 측면 중시, ⑤ 인간적 환경 조성(잠재적 교육과정)

(5) **로저스(Rogers)의 유의미 학습**: 인지적 측면과 정의적 측면의 통합 → 만발기능인(경험에 대한 개방성, 실존적인 삶, 유기체에 대한 신뢰, 자유, 창의적 활동) 양성

2. 비판

(1) 중심 개념의 모호성

(2) 결론이 사변적임.

(3) 이론이 과학이기보다는 상식에 가까움.

(4) 개별 교사의 능력에 의해 교육의 효과가 좌우됨.

17 전이(Transfer)

전이의 개념
선행학습이 후행학습에 미치는 영향 → 파급효과, 일반화(Gagné), 적용력(Bloom)

1. 전이의 종류

(1) 긍정적 전이(학습 촉진 예 한 가지를 배우면 열 가지를 안다.)와 부정적 전이(학습 방해 ≒ 선행간섭), 영 전이(전이 ×)

선행학습(구학습)	후행학습(신학습)	전이의 종류
S_1-R_1	S_1-R_1	정적 전이(최대)
	S_2-R_1	정적 전이(약간)
	S_1-R_2	부적 전이
	S_2-R_2	무전이(영전이)

* 반응(R)의 유사성이 높을 때 정적 전이가 나타남.

(2) 수평적 전이(내용의 위계가 같을 때)와 수직적 전이(내용의 위계가 다를 때)

(3) 특수적 전이(구체적 자극이 같을 때 예 동일요소설)와 일반적 전이(법칙이나 원리를 알 때 예 형식도야설, 일반화설, 형태이조설)

(4) 의식적 전이와 무의식적 전이(자동적 전이)

(5) 전향적 전이(전방 지향적 전이)와 역행적 전이(후방 지향적 전이)

2. 전이이론

(1) 전이이론 비교

전이 유형	주창자	내용	영향
형식도야설	로크(Locke)	교과(형식)를 통해 일반 정신능력을 훈련시킬 때 자동적 전이 발생	교과 중심 교육과정
동일 요소설	손다이크(Thorndike)	동일한 요소(반응결과의 유사성)가 있을 때 전이 발생	경험 중심 교육과정
일반화설(동일 원리설)	쥬드(Judd)	• 일반원리나 법칙을 알 때, 일정한 학습장면에서 조직적으로 개괄화 또는 일반화해서 다른 장면에 적용할 때 전이 발생 • 수중 표적 맞히기 실험(굴절의 원리)	학문 중심 교육과정
형태이조설(구조적 전이설)	코프카(Koffka)	• 일반화설의 확장 • 어떤 장면 또는 학습자료의 역학적 관계(수단과 목적의 관계)를 이해할 때 전이 발생 • 쾰러(Köhler)의 닭 모이 실험	• 학문 중심 교육과정 • 발견학습(Bruner)

(2) **메타인지이론**: 정보처리이론의 전이이론 → 자신의 인지 과정을 인식하고 점검하고 조절할 수 있어야 하고, 다양한 인지전략을 언제 어떻게 활용할 수 있는가를 학습해야 전이가 촉진된다.

(3) **상황학습이론**: 구성주의 이론의 전이이론 → 대부분의 학습은 맥락의존적이어서 학교학습 활동이 실생활 장면과 유사할수록 전이가 잘 일어난다.

3. 전이에 영향을 주는 요소

유사성	선행학습과 후행학습 간의 유사성(예 결과의 유사성, 장면의 유사성, 원리의 유사성)이 높을수록 전이가 잘 일어난다.
학습정도	선행학습이 철저할 때 전이가 잘 일어난다.
시간적 간격	시간 간격이 좁을수록(두 학습 사이의 경과시간이 짧을수록) 전이가 잘 일어난다.
학습자의 지능	학습자의 지능이 높을수록 전이효과가 크다.
학습자의 태도	학습자의 태도가 적극적일수록 전이효과가 크다.
학습방법	학습방법에 따라 전이효과가 다르게 나타난다.
학습원리	개별적 사실보다 학습원리를 잘 파악할수록 전이효과가 크다.
학습시간	학습시간이 충분할수록 전이가 잘 일어난다.
기타	① 유의미학습은 기계적 학습보다 전이를 촉진한다. ② 학습과제가 특정 교과에만 관련되는 것이 아니라 다양한 상황과 관련될 때 전이가 촉진된다. ③ 다양한 사례와 충분한 연습기회를 제공할수록 전이가 촉진된다. ④ 메타인지가 높을수록 전이가 촉진된다.

18 부적응과 적응기제

1. 부적응(maladjustment)

(1) **개념**: 사회에 적응하지 못한 상태 → 징후는 스트레스

(2) **스트레스(stress)의 유형**: 욕구불만, 갈등, 불안, 압박감

① **욕구불만(욕구 좌절, frustration)**: 욕구 결핍 상태나 불균형 상태에서 오는 정신적 긴장 상태 → 행동 과정의 지연, 자원의 결핍, 상실, 경쟁에서의 낙오, 인생에 대한 허무감이나 무의미감으로 인해 발생

② 갈등(conflict): 두 개 이상의 욕구가 대립하는 상태

갈등의 유형

접근 · 접근갈등	행복한 고민 예 부르뎅의 나귀, 쌍혼(雙婚)이면 파혼(破婚)
회피 · 회피갈등	딜레마, 사면초가(四面楚歌) 예 학교는 가기 싫고 부모님께 혼나기도 싫은 경우
접근 · 회피갈등	양극성을 띤 갈등 예 시험에는 합격하고 싶으나 공부는 하기 싫은 경우
이중접근 · 회피갈등	가장 복잡하면서도 흔한 갈등 예 심순애의 갈등

③ 불안(anxiety)

㉠ 심리적인 긴장 상태 cf 대상이 있는 공포와는 다름.

㉡ 인지적 측면(걱정), 정서적 측면, 행동적 측면으로 구성

㉢ 유형

ⓐ 특성불안(일반불안, 성격불안)과 상태불안(상황불안, 예 시험불안)

ⓑ 프로이트(Freud): 현실적 불안(Ego)과 신경증적 불안(Id), 도덕적 불안(Super-ego)

ⓒ 알퍼트(Alpert): 촉진적 불안(적응적 불안)과 방해적 불안(부적응적 불안)

㉣ 시험 불안과 학업성취도와의 관계: 예크스-도슨 법칙(Yekes-Dodson law)

ⓐ 대부분의 과제에서는 불안수준이 중간 수준일 때 과제 수행이 높다. → 역U자형 관계

ⓑ 어려운 과제에서는 불안수준이 낮을 때, 쉬운 과제에서는 불안수준이 높을 때 과제 수행이 높다.

④ 압박감: 어떤 행동기준이나 규범에 맞추려 하거나, 급속한 환경 변화에 대처해 나갈 때 경험하는 긴장상태

2. **적응기제**: 부적응의 대처방식

(1) **대처전략**(coping strategies): 일상에서 당면하는 좌절, 스트레스, 갈등을 다루기 위한 구체적인 전략 → 문제 중심 대처전략, 정서 중심 대처전략(방어기제, 도피기제, 공격기제)

대처전략의 유형

문제 중심 대처전략 (problem-focused coping strategies)	문제를 정의하고 대안을 탐색하며 대안들을 평가한 다음 가장 적절한 대안을 선택하여 실천하는 전략 • 환경 지향적 전략: 외부환경 압력·장애물·자원·절차 등을 바꾸기 위해 사용하는 전략 예 컴퓨터가 고장났을 때 고장의 원인을 분석한 다음 고치는 것 • 내부 지향적 전략: 포부수준을 조정하거나 자기관여를 낮추어 대안적 만족을 모색하거나 새로운 행동기준을 개발하고 새로운 기술을 익히는 것과 같이 동기적 및 인지적 변화를 지향하는 전략
정서 중심 대처전략 (emotion-focused coping strategies)	• 상황 자체를 변화시키기보다는 그 상황에서 경험하는 정서적 고통을 경감시키려는 전략 예 마음의 고통을 줄이기 위한 운동, 명상, 음주, 정서적인 지지 확보 등 • 회피, 최소화, 거리 두기, 선택적 주의, 긍정적 비교, 사건의 긍정적 의미 탐색, 사건의 의미 재평가 등과 같은 인지적 전략이 포함됨.

(2) **방어기제**: 현실을 왜곡하여 심리적인 평형을 유지하려는 기제 → 정서 중심 대처전략에 해당

방어기제의 유형 구분: 안나 프로이트(A. Freud)

구분	의미	방어기제 예시
기만형 방어기제	자신에 대한 위협을 느끼지 않도록 자기의 실제 감정을 왜곡시키거나 변명하는 방어기제	투사, 억압, 합리화, 지능화
대체형 방어기제	처음의 욕구충족이 불가능할 때 문제 장면을 은폐시키지 않고 접근 가능한 다른 대상에서 욕구를 간접적으로 충족하는 방어기제	승화, 반동형성, 치환, 보상
도피형 방어기제	위협적인 사태로부터 자신을 도피시켜 안정을 찾으려는 방어기제	부정, 퇴행, 동일시

① 합리화: 구실이나 변명으로 정당화

예 여우와 신포도형(목표 부정, 목표 과소평가), 달콤한 레몬형(목표 과대평가, 불만족한 현실을 인정)

② 지성화(주지화, 지능화): 감정이 아니라 이성(원칙)을 따라 행함으로써 문제해결 → 일종의 고립 전략, head-tripping

③ 투사: 남에게 뒤집어씌우기, 책임전가, 감정의 전이가 일어남. → 주관의 객관화 현상, 피해망상증 환자들이 주로 사용

예 잘되면 내탓 못되면 조상탓, 못난 목수 연장 나무란다.

④ 동일시: 타인이나 집단의 가치나 태도, 행동을 따라하기 → 객관의 주관화 현상

예 오이디푸스 콤플렉스(남근기 → Homo sexuality), 연예인 흉내내기, 친구 따라 강남 간다, 윗물이 맑아야 아랫물이 맑다.

⑤ 치환(전위, 대치): 대상을 다른 사람(제3자)으로 바꿔 해결

예 종로에서 뺨맞고 명동에서 화풀이, 꿩 대신 닭

⑥ 보상: 자신의 결함을 장점으로 보충

⑦ 승화: 사회적으로 가치있는 일을 통해 욕구 해결 → 성적 욕구의 사회화 과정(정신적인 역량의 전환), 창의성의 원천

예 성직자의 고행, 학자의 연구 몰두, 학생이 공부에 전념함.

⑧ 반동형성: 자기 욕구와는 정반대로 행동

예 미운 자식 떡 하나 더 준다. 빈 수레가 요란하다. 빛 좋은 개살구. 지나친 겸손은 오만이다.

(3) 도피기제

① **퇴행**: 발달단계 이전 단계로 후퇴
② **고착**: 현 발달단계에 멈춤.
③ **고립**: 자기 내부로 숨기
④ **백일몽**: 환상 세계로 숨기
⑤ **억압**: 내부적 위협(예 자신이 아빠를 증오함)을 주는 욕구를 무의식적으로 차단, 자각 시 현실의 문제상황을 인정
⑥ **부정**: 외부적 위협(예 아들이 교통사고를 당함)을 주는 욕구를 무의식적으로 부정, 자각 시 현실의 문제상황을 부정

(4) 공격기제

① 직접적 기제 예 폭행, 싸움, 기물파괴
② 간접적 기제 예 욕설, 비난, 조소 행위

방어기제의 종류

종류	내용	예
합리화 (rationalization)	자신의 행동을 그럴 듯한, 그러나 부정확한 핑계를 사용하여 받아들여질 수 있게 행동을 재해석하는 것	이솝우화에서 포도를 딸 수 없었던 여우가 포도가 실 것이라고 결론 내렸던 것
보상 (compensation)	자신의 결함이나 무능, 약점을 장점으로 보충하여 본래의 열등감으로부터 자아를 보호하려는 기제	성적이 낮은 아이가 자신 있는 운동을 열심히 하는 것
승화 (sublimation)	수용될 수 없는 충동이 사회적으로 받아들여 질 수 있는 충동으로 대체되는 것	타인에 대한 공격성이 권투선수가 되어 훌륭한 시합을 하는 것으로 대체되는 것
반동형성 (reaction-formation)	개인의 내면에서 수용할 수 없는 충동을 정반대로 적극적으로 표현하는 것	위협적인 성적 충동에 사로잡혀 있던 사람이 정반대로 포르노그래피를 맹렬하게 비판하는 것
투사 (projection)	자신이 갖고 있는 좋지 않은 충동을 다른 사람이 가지고 있다고 원인을 돌리는 것 ⇨ 주관의 객관화 현상	내가 그를 미워하는 것이 아니라 그가 나를 미워한다고 표현하는 것
동일시 (identification)	무의식적으로 다른 사람의 특성을 내면화하는 과정, 타인이나 집단의 가치나 태도를 자랑하거나 따라하기 ⇨ 객관의 주관화 현상	남아는 아버지의 생각과 행동을 따라함으로써 남성다움을 학습하는 것, 학생들이 연예인의 행동과 패션을 흉내내는 것
전위(치환) (displacement)	어떤 대상에게 원초아의 충동을 표현하기가 부적절하면 그러한 충동을 다른 대상으로 대체하는 것	아빠에게 꾸중을 들은 아이가 적대감을 아빠에게 표현하지 못하고 동생을 괴롭히는 것

퇴행 (regression)	위협적인 현실에 직면하여 덜 불안을 느꼈던, 그리고 책임감이 적었던 이전 발달 단계의 행동을 하는 것	아이가 학교에 가야 한다는 위협에 직면하여 잠자리에서 오줌을 싸는 것
고착(fixation)	심리적인 성장에서 다음 단계로 발달하지 못하고 현행 단계에 그대로 머물러 있는 현상	5학년 때 부모의 이혼으로 심리적인 발달 단계가 5학년 수준에 머물러 있는 것
억압 (repression)	자아가 심리적으로 위협적인 내용을 의식 밖으로 밀어내거나 혹은 그러한 자료를 의식하지 않으려는 적극적인 노력 ⇨ 우리에게 불편함이나 고통을 가져다주는 존재에 대한 무의식적 부정	자신을 학대하는 부모에 대한 뿌리 깊은 적대감을 알아차리지 못하는 것
부정 (denial)	현실에서 일어났던 위협적이거나 외상적인 사건을 받아들이지 않고 거절하는 것	부모가 사랑하는 자녀의 죽음을 계속해서 믿지 않으려 하는 것

더 알아보기

■ **건강한 성격인의 특성**

1. 성숙한 인간(Allport)
2. 완전히 기능하는 인간(Rogers) : 경험에 대한 개방성, 실존적인 삶, 신뢰감, 자유의지, 창조성
3. 생산적인 인간(Fromm)
4. 개성화된 인간(Jung)
5. 자아초월의 인간(Frankl)
6. 여기 그리고 지금의 인간(Perls)
7. 자아실현의 인간(Maslow)
8. 성격 구조의 조화(Freud)
9. 대인관계의 조화(Sullivan)

박문각
공무원

핵심 요약집

오현준

핵심교육학

CHAPTER

07

교수-학습이론

교수－학습이론

핵심 체크노트

1. 수업(teaching)과 학습(learning)의 비교
2. 수업효과에 영향을 주는 변인: 피그말리온 효과(교사의 학생관)
3. 교수설계 모형: 절차 모형(Glaser), 체제 모형(ADDIE, Dick & Carey), 미시설계 모형(Merrill), 거시설계 모형(Reigeluth)
4. 교수학습의 방법: 토의법, 협동학습, 개별화 수업, 개념학습
5. 교수이론: 학교학습 모형(Carroll), 발견학습(Bruner), 유의미 수용학습이론(Ausubel), 목표별 수업이론(Gagné)
6. 구성주의 학습이론

01 교수 － 학습이론의 기초

1. 교수(instruction)와 수업(teaching) 및 학습(learning)

(1) **교수**: 수업에 비해 포괄적인 개념 → 교사가 수업을 하기 위한 준비, 계획, 실행(수업), 관리, 평가 등을 포함하는 모든 활동

(2) **수업**: 포괄적인 교수활동의 일부, 교사가 수업시간에 가르치는 일(교수 영역 중 실행과 관리에 해당)

(3) **학습**: 학습자에게 일어난 행동의 변화 → 후천적인 변화, 인위적인 변화(경험, 훈련, 연습, 노력), 계속적인 변화 예 인지적·정의적·심리운동 기능적 영역의 행동 변화

Learning(학습) = A − (B + C + D)

A: 개인에게 일어난 모든 변화
B: 생득적 반응경향에 의한 변화 예 바빈스키 반사, 흡입반사
C: 성숙에 의한 자연적인 변화 예 아기가 자라서 걷는 경우, 제2차 성징으로 인한 변화
D: 일시적 변화 예 벼락치기 공부, 피로·약물·사고로 인한 변화

(4) **수업과 학습의 비교**

수업	독립변인(원인)	일정한 목표 有	일의적(一意的)	규범적·처방적
학습	종속변인(결과)	목표 有 또는 목표 無	다의적(多意的)	기술적(서술적)·진단적

기술적 이론(학습이론)**과 처방적 이론**(수업이론)**의 차이**: 브루너(Bruner)

구분	독립변인	종속변인	가설
기술적 이론 – 가치 중립, 동물 학습	• 교수조건 a • 교수방법 A	교수성과 a	a라는 조건하에서 A라는 교수방법을 실행하면 a라는 성과가 나타날 것이다.
처방적 이론 – 가치 지향, 인간 학습	• 교수조건 a • 교수성과 a	교수방법 A	a라는 조건하에서 a라는 성과를 얻으려면 A라는 교수방법을 사용해야 한다.

2. 교수 – 학습지도의 원리

교수원리	주창자	내용
개별화의 원리	Skinner(프로그램 학습, PI)	• 개인차를 존중하고 고려하여 수업을 전개 • 버크 제도, 달톤플랜, 위네트카 안, 세인트루이스 안, IPI, ATI(TTI), PI, CAI, 무학년제, 팀티칭
자발성의 원리	• Pestalozzi(자발성의 원리) • Fröbel(자기활동의 원리) • Dewey(문제해결학습) • Killpatrick(구안법)	• 학습자 자신이 학습을 전개해 나가는 원리 • 흥미, 자기활동, 자기주도적 학습, 창조성의 원리 • 목마른 말을 물가로 끌어 올 수 있으나 물을 마시는 것은 말 자신이다.
사회화의 원리	Pestalozzi, Natorp, Dewey, Olsen	• 교육의 사회적 기능을 중시, 협동적 경험 및 인간관계 중시 • 토의법, 문제해결학습, 구안법
직관의 원리	권근, Comenius, Rousseau, Pestalozzi, Dewey	• 구체적인 사물이나 경험 직접 제시(직접경험의 원리) • 현장학습, 시청각 교수법
통합의 원리	Rogers	• 학습자의 종합적 특성을 조화로이 발전(동시 학습의 원리) • 교과 간, 교육과정 간 통합 → 전인교육

3. 수업효과(학업성취도)에 영향을 주는 변인

(1) 교사변인: 교사결핍론

예 로젠탈과 제이콥슨(Rosenthal & Jacobson), 블룸(Bloom), 브루크오버(Brookover), 리스트(Rist)

① 피그말리온 효과(로젠탈 & 제이콥슨): 학생에 대한 교사의 긍정적 기대수준(교사의 학생관)이 긍정적 학업성취를 가져온다.

긍정적 기대가 긍정적 결과를 산출	부정적 기대가 부정적 결과를 산출
피그말리온(Pygmalion) 효과, 갈라테이아(Galateia, '잠자는 사랑') 효과, (긍정적) 자성예언 효과, 호손 효과, 실험자(교수자) 효과	골렘(Golem, 유대인의 신) 효과, 낙인 효과(labeling, 명명 효과), (부정적) 자성예언 효과
기대 특전 현상(실험집단, 성적 중간 집단, 나이 어린 학습자, 가난한 학습자일수록 기대효과가 큼.)	기대 지속 효과
플라시보(Placebo) 효과	노시보(Nocebo) 효과
관대의 오류	엄격의 오류

② **교사의 기대효과 형성 과정**: 굿과 브로피(Good & Brophy, 1991)

㉠ 교사는 특정 학생(예 가정배경, 신체적 특성, 성격, 수업태도, 학업성적 등)에게 특정한 행동과 높은 성취를 기대한다.

㉡ 이러한 기대 때문에 교사는 각각의 학생에게 각기 다르게 행동한다.

㉢ 교사의 각기 다른 취급행동은 학생에게 교사가 그로부터 무엇인가 다른 행동과 성취를 기대하고 있다는 것을 전달한다. 그리고 교사의 학생에 대한 각기 다른 취급은 학생의 자아개념, 성취동기, 포부수준 등에 영향을 준다.

㉣ 교사의 학생에 대한 각기 다른 취급이 시간이 경과해도 지속되고, 학생이 교사의 이러한 취급에 어떤 방식으로든 적극적으로 대응하고 거부하지 않는다면 시간이 경과함에 따라 학생의 성취수준과 행동은 처음 교사가 해당 학생에게 기대했던 수준에 더욱 밀접하게 접근한다.

(2) **학습자 변인**: 지능결핍론 예 젠센(Jensen), 아이젠크(Eysenck)

TTTI 모형[학습자 특성(Trait), 학습과제(Task), 교사의 수업처치(Treatment)간 상호작용(Interaction)]

(3) **가정환경 변인**: 문화환경 결핍론 예 콜맨(Coleman), 젠크스(Jencks), 플라우덴(Plowden)

(4) **로젠샤인**(Rosenshine)**의 수업효과성 연구**(1979)

① **제1주기 연구**: 교사의 인성과 특성에 관한 연구(독립변인)

예 사려성, 열성, 자아통제, 매력, 외모, 지도성

② **제2주기 연구**: 교사와 학생의 상호 작용에 관한 연구 → 과정-산출 연구

㉠ **과정(교사의 행동)**: ⓐ 내용 제시의 명확성, ⓑ 수업활동의 다양성, ⓒ 교사의 열성, ⓓ 과제지향성, ⓔ 학생의 학습기회

㉡ **산출(학생의 학업성취)**

③ **제3주기 연구**: 학생에 관한 연구(종속변인)

예 학생의 주의, 학생이 학습과제에 참여하는 시간, 학생이 숙달해야 할 내용

02 수업설계

1. 개념과 변인

(1) **수업설계의 개념**: 수업의 전 과정을 체계적으로 계획하는 과정

(2) **수업설계의 3대 변인**: 라이겔루스(Reigeluth)

교수의 조건	교수의 방법	교수의 성과
교사에 의해 통제될 수 없는 제약조건, 교사가 완벽하게 갖추어야 할 조건	서로 다른 조건하에서 다른 성과를 성취하기 위한 다양한 변인 → 교사 간 역량 차이를 드러나게 하는 요인	다양한 교수조건하에서 사용된 다양한 교수방법들이 나타낸 교수활동의 최종 산물
① 교과목표 ② 교과내용의 특성 ③ 학습자 특성 ④ 제약조건 예 교실 환경, 기자재 등	① 조직전략 ㉠ 미시적 전략: 메릴(Merill) ㉡ 거시적 전략: 라이겔루스(Reigeluth) ② 전달전략 예 강의법, 토의법 ③ 관리전략	① 효과성(effectiveness): 목표달성 정도 ② 효율성(efficiency): 목표달성 수단의 경제성 ③ 매력성(appeal): 동기 ④ 안정성(safety)

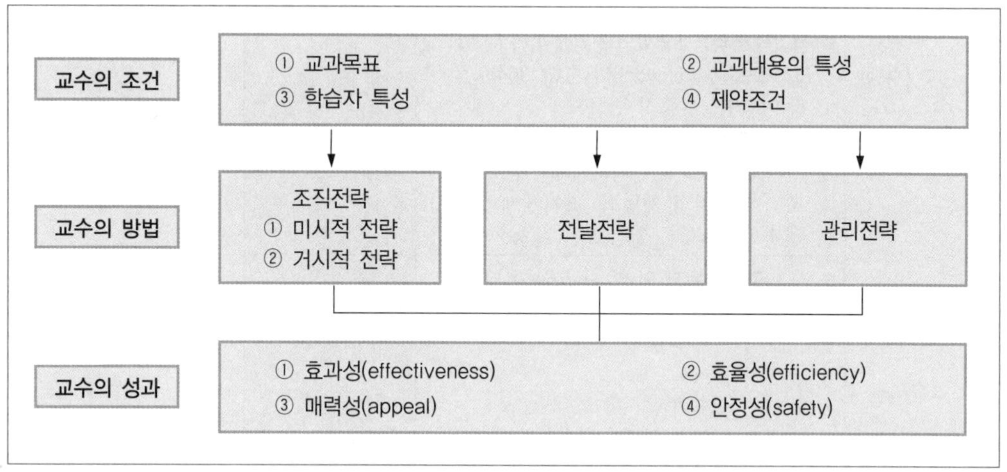

2. 수업설계의 과정

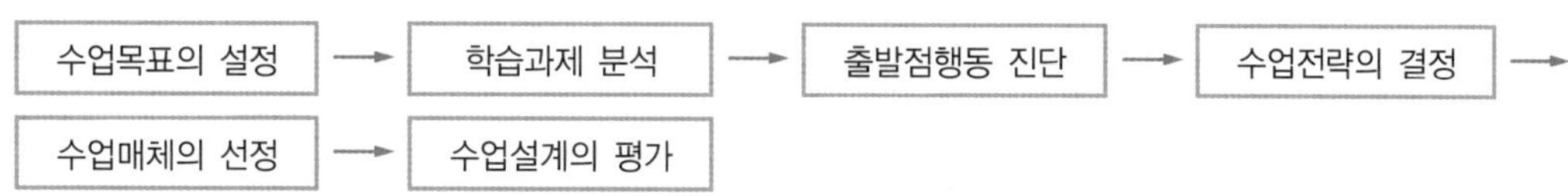

3. 수업목표의 분류와 진술

(1) 수업목표의 분류

① 타일러(Tyler), 블룸(Bloom), 앤더슨(Anderson), 가네(Gagné), 메릴(Merrill)

타일러(Tyler)	블룸(Bloom)	앤더슨(Anderson)	가네(Gagné)	메릴(Merrill) 내용×수행 행렬표				
내용		사실, 개념, 절차, 메타인지적 지식			사실	개념	절차	원리
행동(수행)	■ **인지적 영역**: 복합성(복잡성)의 원리에 따라 위계화(1956) 6. 평가력(가치판단능력) 5. 종합력(창의력 → 독특한 의사전달방법의 창안, 조작의 계획 및 절차의 창안, 추상적 관계의 추출능력) 4. 분석력[전체 → 부분(요소, 관계, 조직원리)]	6. 창조하다 5. 평가하다 4. 분석하다	인지 전략(궁극목표)	발견				
	3. 적용력(문제해결력, 전이력) 2. 이해력(번역, 해석, 추리)	3. 적용하다 2. 이해하다	지적 기능(핵심목표)	활용				
	1. 지식	1. 기억하다	언어정보(기초목표)	기억				
	■ **정의적 영역**: 내면화의 원리에 따라 위계화 → 크레스보울(Krathwohl)이 분류(1964) 1. 감수(수용, 수동적 반응) 2. 반응(흥미, 적극적 반응) 3. 가치화(의미부여, 가치의 수용·선호·확신) 4. 조직화(가치의 개념화, 가치체계의 조직) 5. 인격화(성격화, 일반화된 행동 태세)		태도					
	■ **심리운동 기능적 영역**: Harrow가 분류 1. 반사적 운동 2. 초보적 기초운동 3. 운동지각능력 4. 신체적 운동기능 5. 숙련된 운동기능 6. 동작적 의사소통		운동 기능					

② 마자노(Marzano)의 신교육목표 분류학: 교육목표를 정보를 처리하는 6개의 수준('처리 수준')과 '지식 차원'의 3개 영역의 2개 차원으로 분류

지식 차원(내용)	처리 수준(행동)
1. 정보(선언적 지식) (1) 세부 항목(상세) (2) 아이디어 조직 2. 인지 절차 (1) 과정 (2) 기능 3. 심동적 절차 (1) 과정 (2) 기능	1. 인출 2. 이해 3. 분석 4. 활용 5. 메타인지 6. 자기체계

(2) **수업목표의 진술**: 학습자의 도착점행동(명시적 동사), 객관적 행위 동사

① 타일러(Tyler): 이원목표 분류, 내용(교육내용)과 행동(도착점행동)으로 진술 → 총괄평가, 절대평가에 활용

예 한국전쟁의 발발 원인을 말할 수 있다. AI(인공지능)의 뜻을 말할 수 있다.

② 메이거(Mager): 조건(상황), 수락 기준(준거), 도착점행동(성취행위) 제시 → 형성평가, 실기평가, 절대평가에 활용

예 운동장에서 100m를(조건) 18초 이내에(수락 기준) 달릴 수 있다(도착점행동).

③ 그론룬드(Gronlund): 일반적 수업목표와 명세적 수업목표

4. 학습과제의 분석(Gagné)

(1) **개념**: 학습내용에 관한 정보 제공을 위해 가르쳐야 할 모든 종류의 지식이나 기능을 분석하는 것, 수업지도(instructional map)

① 일반목표의 명세화(행동주의)

② 수업내용의 위계화(인지주의)

(2) **필요성**: ① 가르칠 학습요소의 확인, ② 학습 순서 결정, ③ 학습요소의 중복이나 누락 발견, ④ 형성평가의 기준 설정, ⑤ 선수학습요소의 확인

(3) **방법**: ① 언어정보[군집(집략) 분석], ② 지적 기능(위계 분석), ③ 태도(통합 분석), ④ 운동기능[절차(단계) 분석]

5. 출발점행동의 진단

(1) **개념**: 특정 단위의 학습활동을 시작하는 데 필요한 이미 학습된 성취수준(Glaser) 예 선수학습능력, 사전학습능력, 정의적 특성(자아개념, 동기 등) → 진단평가를 통해 확인

(2) **유사 개념**: ① 준비성(Thorndike), ② 적성(Carroll), ③ 학습 경향성(학습의욕, Bruner), ④ 투입행동(input behavior)

03 교수설계 모형

1. 수업과정 모형

(1) **글레이저(Glaser)의 수업과정 모형**: 체계적 모형

① 과정: 수업목표 ⇨ 출발점행동(진단평가) ⇨ 수업 절차(형성평가) ⇨ 성취도평가(총괄평가)

② 데세코(DeCecco)의 수정 모형: 환류(feedback) 추가 → 각 단계의 수정·보완

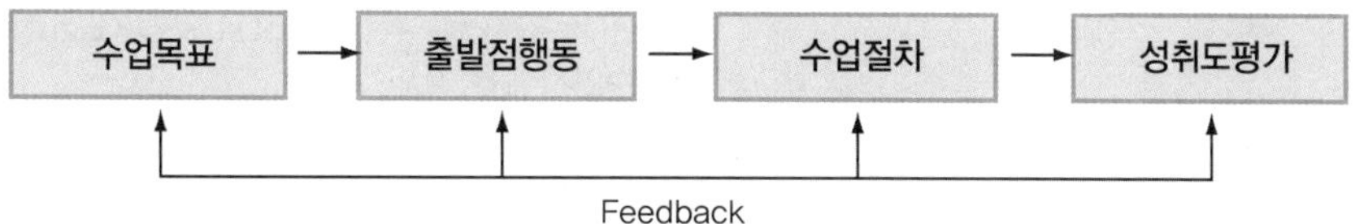

(2) **한국교육개발원(KEDI)의 수업 모형**: 계획(학습과제 분석) ⇨ [진단(진단평가, 심화 · 교정학습) ⇨ 지도(핵심) ⇨ 발전(형성평가, 심화 · 보충학습)] ⇨ 평가(총괄평가)

* [ ]는 실제 수업단계임.

2. 체제적 교수설계 모형(ISD; Instructional Systems Design)

(1) **ADDIE 모형**: 일반 모형(Molenda)

① 분석(Analyze) 단계: ㉠ 요구분석(현재수준과 기대수준의 차이 → 최종 수업목표 도출), ㉡ 과제(교수)분석, ㉢ 학습자 분석, ㉣ 환경분석

② 설계(Design) 단계: ㉠ 수행목표의 명세화(Mager 진술방식), ㉡ 절대평가 문항 개발, ㉢ 교수전략과 교수매체 선정

③ 개발(Development) 단계: ㉠ 교수 — 학습 자료개발, ㉡ 형성평가 및 수정 · 제작

④ 실행(Implement, 적용) 단계: ㉠ 사용 및 설치, ㉡ 유지 및 관리

⑤ 평가(Evaluation) 단계: ㉠ 총괄평가, ㉡ 프로그램 만족도, ㉢ 학습자의 지식 · 기능 · 태도 등의 변화 정도 및 전이

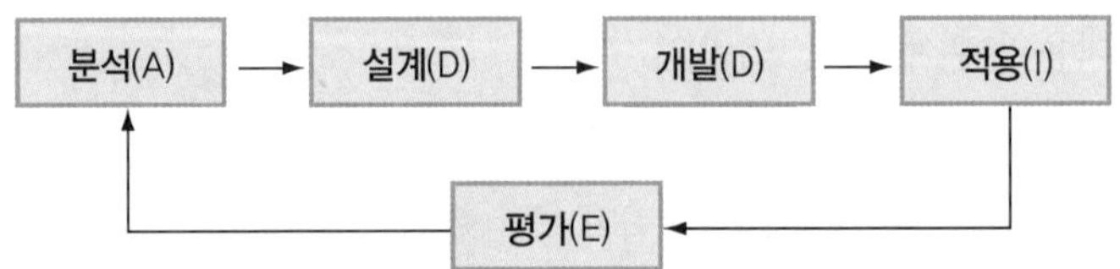

(2) **딕(Dick)과 캐리(Carey)의 모형**: 심화 모형

Dick & Carey 모형			일반 모형 (ADDIE)
단계	제목	내용	
1	일반적 수업목표의 설정 (요구분석 포함)	• 수업 후에 길러질 학생의 성취행동이나 학습성과의 유목을 진술 • 각급 학교 각 학년 대상의 교과서가 이미 선정된 경우는 거의 생략	분석단계(A)
2	학습과제 분석의 수행	목표의 세분화 및 학습요소의 위계적 분석 → 학습순서와 계열 결정	
3	출발점행동 확인 및 학습자 특성 분석 / 환경분석	학생의 선행학습 정도의 확인 및 보충학습 → 진단평가	
4	구체적 행동목표의 진술	• 한 단위 수업 후에 학생이 보여 줄 수행목표(수업목표) 진술 • 메이거(Mager) 진술방식: 상황(조건), 수락기준, 도착점행동	설계단계(D)
5	준거지향검사의 개발	진술된 목표와 일대일로 대응할 수 있는 절대평가 문항 개발	
6	수업전략의 선정	• 목표 도달에 필요한 수업자료와 요소 및 환경을 활용하는 절차 선정: 수업 전 활동 ⇨ 정보 제시 ⇨ 학습자 참여 ⇨ 검사 ⇨ 추수활동으로 구성(Gagné의 9가지 수업사태를 요약) • 학습요소별 시간계획, 교수 — 학습집단의 조직, 수업환경 정비 등 포함	

7	수업자료의 개발	• 다양한 수업자료를 개발・제시하여 개별화 수업의 효과 증진 • 학습지침, 수업요강, 수업자료, 검사, 교사지침 개발	개발단계(D)
8	형성평가의 설계 및 실시	교수설계에 대한 평가 → 수업 프로그램의 능률과 효과 증진을 위해 수업 프로그램의 질을 개선하는 데 필요한 자료를 수집하는 평가, 반복적으로 진행 예 일대일 평가(3~5명 학습자 대상), 소집단평가(8~20명 학습자 대상), 현장평가(대집단 평가), 전문가 평가	
9	수업개발의 수정	• 형성평가의 결과를 토대로 수업 프로그램이 지닌 결점을 수정・보완, 완성 • 학습과제 분석의 타당성, 학습자의 출발점행동 및 특성분석의 정확성, 구체적 행동목표 진술의 적절성, 검사문항의 타당성 등을 검토	
10	총괄평가의 설계 및 실시	수업 프로그램의 절대적 또는 상대적 가치를 평가 → 외부에 평가 의뢰	평가단계(E)

(3) ADDIE 모형과 딕과 캐리(Dick & Carey) 모형의 비교

ADDIE 모형	딕과 캐리(Dick & Carey) 모형
모든 교수설계 활동에서 요구되는 기본적인(일반적인) 핵심요소 제시	구체적인 교수설계의 단계와 단계 간의 역동적인 관련성에 초점을 맞추고, 단계별 유의사항에 대한 처방 제시
일반 모형	심화 모형
실행 단계(I)를 포함	실행 단계(I)를 생략 → 수업설계자 입장에서 구안된 모형
평가도구 개발은 일반적으로 교수설계의 마지막 단계에서 실시	평가도구 개발은 수행목표 진술(4단계) 바로 다음 단계(5단계)에서 실시 → 교수목표-수행목표-평가도구에 이르는 일관성 보장 목적

3. **메릴**(Merrill)**의 구인전시이론**(C.D.T., 내용요소 제시 이론): 미시적 설계(인지적 목표 영역) 이론, 처방적 이론

(1) 수행 – 내용 분류체계(학습내용)와 자료제시형태(학습방법)를 결합시켜서 효과적인 교수처방을 제안

① **학습내용**: 사실, 개념, 절차, 원리 → 12개이나 사실에 대한 활용과 사실에 대한 발견은 이론적으로 존재하지 않으므로 10개가 된다(즉, 사실×활용, 사실×발견은 존재하지 않음).

사실(facts)	임의적으로 사물이나 사건과 연관을 지어 명명한 정보 예 특정한 이름, 역사적인 사건, 장소, 사물
개념(concepts)	공통적인 속성을 지니고 있고 동일한 명칭으로 불리는 사물, 사건, 기호들의 집합
절차(procedures)	어떤 목적을 달성하거나, 특정한 문제를 해결하거나, 산출물을 만드는 데 필요한 단계들을 순서화한 계열
원리(principles)	어떤 현상이나 사건을 이해하고 설명하기 위하여 사용한 인과관계나 상호관련성을 나타내는 것

② **학습수행 수준**: 기억, 활용, 발견

기억(remember)	언어정보의 습득 수준 → 이미 저장되어 있는 언어적 정보(예 사실, 개념, 절차, 원리)를 그대로 재생하는 것, 기억된 정보를 탐색하는 수행 수준
활용(use)	지적 기능의 수준 → 학습된 개념, 절차, 원리를 실제 상황에 적용해 보는 것
발견(find)	인지전략의 수준 → 새로운 추상성(예 개념, 절차, 원리)을 찾아내는 것, 학생들이 새로운 추상성을 도출해 내는 창조적인 수행

③ 수행×내용 행렬표

수행차원	사실	개념	절차	원리
발견	I	포유류의 특성을 고려하여 동물을 나누는 방법을 고안할 수 있다.	피험자들이 실험실에 들어설 때 실험처치 그룹에 무선적으로 배치하는 기법을 고안할 수 있다.	지하수의 생성원리를 설명할 수 있는 모형을 만들어 제시할 수 있다.
활용	E	수질오염이 주는 피해를 생활 속에서 찾을 수 있다.	인터넷을 사용하여 과제 수행에 필요한 자료를 찾을 수 있다.	피타고라스의 정리를 이용하여 건물의 길이를 잴 수 있다.
기억	원주율 π값을 말할 수 있다.	포유류의 특성을 말할 수 있다.	현미경을 조작하는 단계를 말할 수 있다.	세계지도를 만드는 데 이용되는 세 가지 투사기술을 말할 수 있다.

내용차원

⑵ **교수방법**(제시형)

① 1차 제시형(가장 기본)

구분	설명(Expository)	질문(Inquisitory)
일반성(Generality)	법칙	회상
사례(Instance)	예(例)	연습

② **기타**: ㉠ 2차 제시형(부가적 자료 제시 → 정교화 촉진), ㉡ 과정 제시형(메타인지), ㉢ 절차 제시형

4. **라이겔루스**(Reigeluth)**의 정교화이론**(Elaboration theory): 거시적 설계이론 → 인지주의 심리학적 관점에서 교수내용의 조직전략에 초점을 두고, 수업내용을 선택(selecting), 계열화(sequencing), 종합(synthesizing), 요약(summarizing)하기 위한 효율적 교수방법을 제공

⑴ **단순 – 복잡의 계열성**: 교과내용의 계열화를 위한 기본원리로 중시

⑵ **줌렌즈의 기법**: 개요(수업의 정수) 제시 ⇨ 학습내용 학습 ⇨ 요약과 종합(정교화)

⑶ **정교화 교수 전략**: ① 정교화된 계열화(단순 · 복잡 예 줌렌즈기법), ② 선수학습요소의 계열화(선행학습능력 갖추도록 수업 전개), ③ 요약자(이미 학습한 내용 복습), ④ 종합자(개개의 정보들을 연결 · 통합), ⑤ 비유(새로운 정보를 친숙한 정보와 연결), ⑥ 인지전략 촉진자(예 주의집중 전략, 부호화 전략), ⑦ 학습자 (자기) 통제(예 학습내용 통제, 학습순서 통제, 학습자의 인지전략 통제)

04 교수 – 학습방법

1. **토의법**: 공동학습의 형태 → 민주적 태도와 가치관 형성, 교사는 관계 형성자 · 조정자

(1) **원탁토의**: 참가자 전원(5~10명)이 상호 대등한 관계 속에서 자유토의

(2) **배심토의**(panel discussion, 판결식 토의): 주제에 대해 상반된 견해(찬성 측–반대 측)를 가진 소수 대표자 간 유목적적 토의

(3) **단상토의**(symposium, 강연식 토의): 토의 주제에 상이한 의견을 지닌 3~4명이 주어진 시간 동안 자신의 의견을 개진, 발표자 간 또는 발표자와 청중 간 토의는 원칙적으로 없음.

(4) **공개토의**[forum, 공론(公論)식 토의]: 1~3명의 전문가가 공개 연설 후, 청중과 질의응답으로 토의

(5) **대담토의**(colloquy): 청중 대표(3~4명)와 전문가 대표(3~4명)가 사회자의 진행으로 토의를 진행

(6) **세미나**(seminar, 질의식 토의): 주제 분야에 권위 있는 전문가들로 구성된 소수집단 토의 → 주제발표 후 상호 간 질의와 응답으로 진행

(7) **버즈학습**(buzz learning, 분반식 토의): ① 집단토의를 통한 공동학습, ② '소집단 토의(분과토의)'에서 '전체 토의'로 진행(예 6 · 6법) → 자아 관여, 사회적 협동심, 의사표현 능력 신장

Tip 토의법의 여러 가지 유형 비교

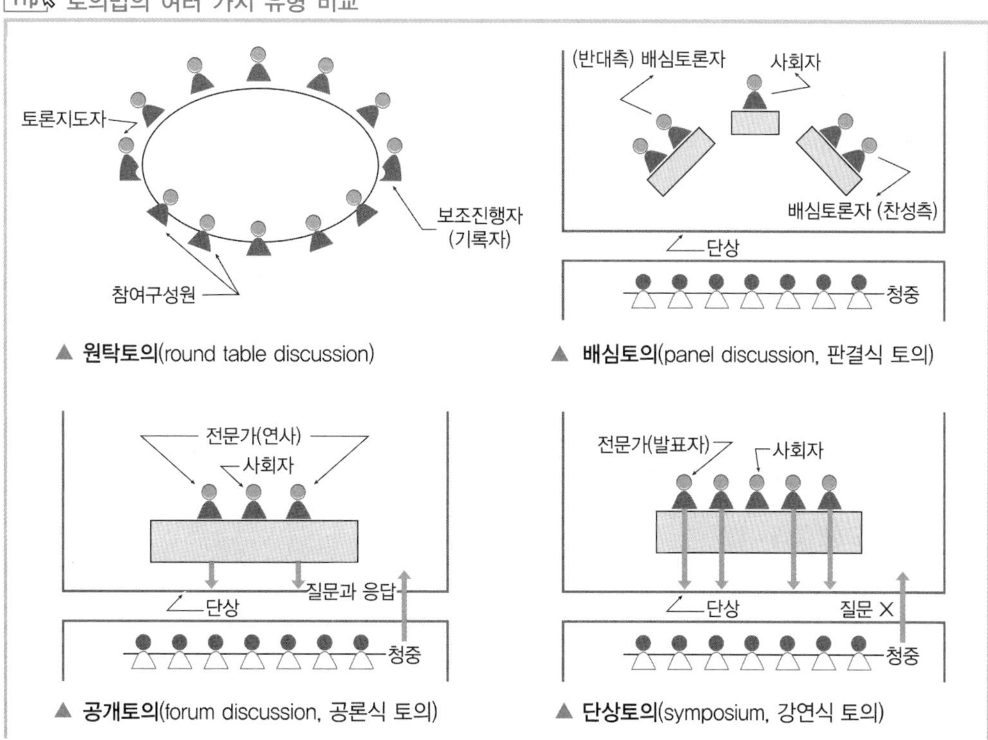

▲ 원탁토의(round table discussion)

▲ 배심토의(panel discussion, 판결식 토의)

▲ 공개토의(forum discussion, 공론식 토의)

▲ 단상토의(symposium, 강연식 토의)

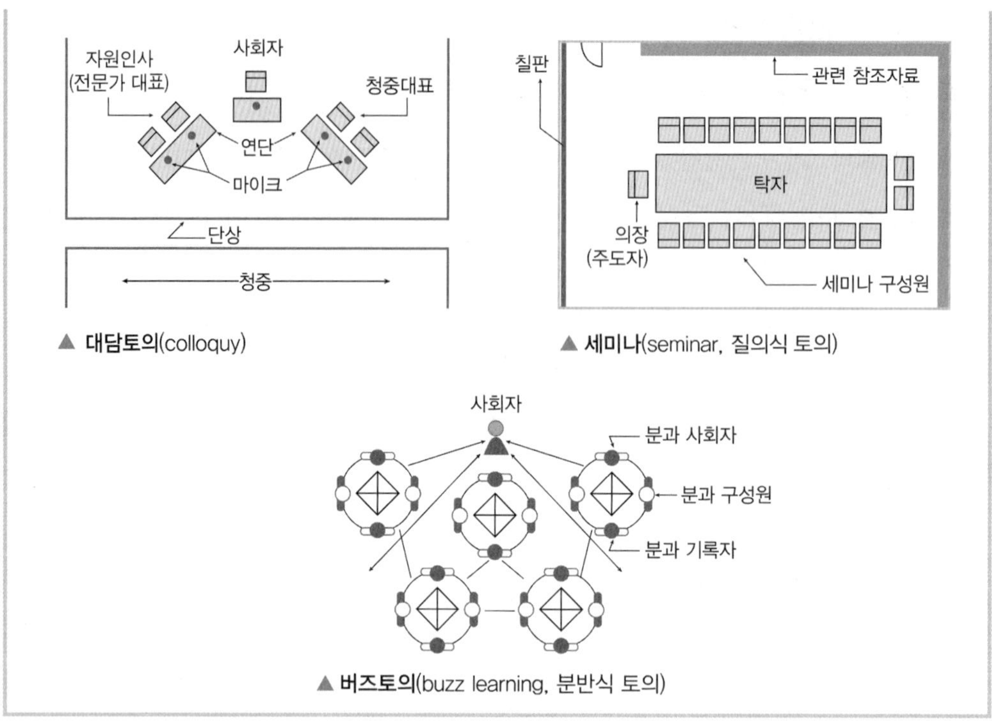

▲ **대담토의**(colloquy)

▲ **세미나**(seminar, 질의식 토의)

▲ **버즈토의**(buzz learning, 분반식 토의)

2. 하브루타 수업(Havruta Learning)

(1) **개념**: 친구(2~4명)와 짝을 지어 함께 대화를 나누고 질문하며 토론 및 논쟁하는 학습방법

✓ 하브루타(Havruta)는 '토론하는 상대방' 또는 '짝을 지어 토론하는 행위'

(2) **학습원리**: ① 생각의 힘(사고력) 함양이 목적, ② 질문이 핵심(질문에서 시작하여 질문으로 끝난다.), ③ 하브루타 실행 전에 내용에 대한 충분한 숙지, ④ 학생이 직접 한 것만 학생 것이 됨, ⑤ 학생의 어떤 의견도 수용, ⑥ 구체적인 근거를 들어 칭찬, ⑦ 남과 다르게 생각하도록 격려, ⑧ 학생이 모르는 것은 스스로 찾아보게 함, ⑨ 어떤 내용이든 쟁점을 만들어 토론과 논쟁으로 유도

(3) **수업 과정**: ① 문장을 소리 내서 읽는다. ⇨ ② 서로 입장을 정한다. ⇨ ③ 자신의 의견을 다른 사람에게 설명한다. ⇨ ④ 서로 질문, 답변, 반박을 하면서 토론하고 논쟁한다. ⇨ ⑤ 입장을 바꾸어서 토론하고 논쟁한다.

(4) **수업 모형**(학습방법)

모형	과정	
질문 중심	질문 만들기	⇨ 짝 토론 ⇨ 모둠 토론 ⇨ 발표 ⇨ 전체 토론(쉬우르)
논쟁 중심	논제 조사하기	
비교 중심	비교 대상 정하기 ⇨ 조사하고 질문 만들기	
친구 가르치기	내용 공부하기 ⇨ 친구 가르치기 ⇨ 배우면서 질문하기 ⇨ 입장 바꿔 가르치기 ⇨ 이해 못한 내용 질문하기 ⇨ 전체 토론(쉬우르)	
문제 만들기	문제 만들기 ⇨ 짝과 문제 다듬기 ⇨ 모둠과 문제 다듬기 ⇨ 문제 발표 ⇨ 전체 토론(쉬우르)	

(5) 하브루타와 소집단 토의법의 차이점

하브루타 수업	토의법
• 대부분 2명으로 토론이 시작됨. • 규칙과 순서가 없음. • 표현 방식과 행동에 제한을 두지 않음. • 다양한 의견과 관점을 추구함.	• 여러 명으로 구성되어 토론이 시작됨. • 규칙과 순서가 있음. • 대부분 다른 모둠에게 방해가 되지 않도록 조용히 진행함. • 학습목표나 내용이 정해져 있음.

(6) **장점**: 교육적 효과 → 티쿤 올람(Tikkun Olam, 세상을 더 아름답게; To improve the world)

① 학습자의 의사소통능력(말하기와 경청)과 설득능력, 사회성 신장

② 학습자의 고등정신능력(예 사고력, 메타인지능력, 자기주도적 학습능력, 창의적 문제해결력 등) 함양

③ 학습자의 학습동기, 자존감, 책임감 및 인성 함양

3. 구안법(project method): 프로젝트 수업, 프로젝트 기반 수업

킬패트릭(Kilpatrick)이 창안, 학생이 마음속에 생각한 것을 외부에 실천하기 위해 스스로가 계획을 세워서 수행하는 학습법

예 구성 · 창조력 프로젝트, 감상 · 음미적 프로젝트, 연습 · 특수훈련 프로젝트, 문제해결적 프로젝트

(1) **현실적 · 실천적 해결**: 구체적인 결과물을 도출하는 데 중점 → 학습방법 측면의 '자기 주도성', 수업실행 측면의 '삶의 맥락과의 통합', 학습결과 측면의 '최종 산출물'이라는 3가지 속성을 지닌 수업

(2) **학습과정**: 목표설정 ⇨ 계획(가장 어려운 단계) ⇨ 실행 ⇨ 평가

(3) **장점**: ① 학교생활과 실제 생활을 통합(실제적이고 활성화된 지식 형성에 효과적임), ② 창조적 · 구성적 태도 육성, ③ 자기 주도적 학습능력 신장, ④ 고등사고능력 함양, ⑤ 학습동기 유발, ⑥ 사회적 기술(social skills 예 협동, 책임감, 의사소통 능력, 관계 형성 능력, 의사결정 능력 등) 향상

(4) **단점**: ① 비경제적(시간과 노력의 낭비), ② 수업의 무질서 초래 가능, ③ 교재의 논리적 체계 무시

4. 협동학습(cooperative learning, 협력학습)

(1) **개념**: 학습능력이 다른 학습자들이 소집단(이질집단)을 구성, 동일한 학습목표달성을 위해 활동하는 학습 → 경쟁보다 협동의 효과 중시("All for one, One for all")

(2) **원리**(Johnson&Johnson): ① 긍정적 상호 의존성(예 목표, 보상, 정체성, 과제, 역할, 자원), ② 대면적 상호 작용, ③ 개별 책무성, ④ 사회적 기술(예 청취기술, 칭찬하기), ⑤ 집단과정

(3) 문제점과 극복방안

문제점	의미	극복방안
부익부 현상	학습능력이 높은 학습자가 소집단을 장악	각본협동, 집단보상을 통해 극복
무임승객 효과	학습능력이 낮은 학습자가 노력없이 학습 성과 공유	집단보상과 개별보상을 함께 제시
봉효과	학습능력이 높은 학습자가 소극적으로 학습에 참여	집단보상과 개별보상을 함께 제시
집단 간 편파 현상	외집단의 차별과 내집단의 편애	주기적인 소집단 재편성, 과목별 소집단 편성
사회적 태만	사회적 빈둥거림.	개별 책무성 강화, 협동학습 기술 습득
자아존중감 손상	자기가치 훼손	협동학습 기술 습득

(4) 이론적 접근 방법

동기론적 관점 (집단보상에 초점)	성취과제 분담 모형(STAD), 팀경쟁 학습(TGT), 팀보조 개별 학습(TAI)
사회응집성적 관점 (협동기술에 초점)	과제 분담 학습(Jigsaw), 집단조사(GI), 함께 학습하기(어깨동무 학습, LT), 자율적 협동학습(도우미 학습, Co−op, Co−op)

(5) **유형**: 과제 분담 모형(Jigsaw 모형), 보상 방식(STAD 모형, TGT 모형)

① **직소(Jigsaw) 모형**: 집단 내의 동료로부터 배우고 가르치는 모형

㉠ **I 모형**: 교사가 과제 분담, 전문가 집단 활동, 개인 평가(개별보상) → 과제 해결력의 상호 의존성은 높으나 보상의 상호 의존성은 낮다.

㉡ **II 모형**: 학생이 자율적으로 분담된 과제 선택, 전문가 집단 활동, 평가 및 보상[개인보상(향상점수)+집단보상(팀점수)]

㉢ **III 모형**: 평가유예기(모집단에서 평가 준비기간)

㉣ **IV 모형**: 전체 수업내용에 대한 안내 제공(도입), 전문가 집단 활동 평가 및 전체 학습과제에 대한 평가, 선택적 재교수 활동(수업 중 학습하지 않은 내용)

② **자율적인 협동학습(도우미 학습, Co−op, Co−op)**: 집단 내 협동과 집단 간 협동을 모두 중시 → 다면평가 사용

③ **성취과제 분담 모형(STAD 모형)**: 과제 분담 ×(전문가 집단 활동 ×), 개인평가(개별 책무성) 결과를 팀점수에 반영, 성취 결과의 균등보상 → 공동학습 구조 & 개별 보상구조(최우수팀에게도 보상)

④ **팀보조 개별학습(TAI)**: 개별학습+협력학습 → 작업 및 보상구조는 모두 개별구조와 분담구조의 혼합

⑤ **팀 경쟁학습(TGT 모형)**: 집단 내 협력학습과 집단 간 경쟁, 평가 없이 토너먼트식 게임 사용 → 공동학습 구조 & 보상은 집단 내 협동−집단 외 경쟁 구조

⑥ **집단탐구법(그룹조사, GI)**: 주제 선정 ⇨ 주제별로 팀 선정 ⇨ 팀별 세부 학습과제를 구성원에게 할당 ⇨ 조사 ⇨ 팀별 결과 보고(전시, 구두보고, 비디오 상영) ⇨ 평가

⑦ **함께 학습하기(어깨동무 학습하기, LT)**: 과제 부여부터 평가, 보상 모두 집단별로 시행 → 협동과제 구조와 협동보상 구조 사용

⑧ **각본협동**: 각본을 통해 학습자 간 상호 작용을 구조화, 2인 협동학습전략, 상호 동료교수 전략 → 사회적 태만 극복

5. **개별화 수업**: 학습자의 개인차를 고려한 수업

(1) **위네트카 안**(Winnetka Plan): 워시번(Washburne)이 창안 → 수업의 개별화와 사회화 시도

(2) **달톤 안**(Dalton Plan): 파커스트(Parkhurst)가 창안 → 몬테소리 수업안을 고교 상급 학년에 적용 → (특징) 교과별 실험실, 과제 계약, 진도표

(3) **개별처방식 수업**(IPI): 수업 단계마다 계속적 '진단(평가 예 정치 진단검사 – 교육과정 정착검사 – 사후검사)'에 따른 '처방(수업방법 – 프로그램 수업)' 적용 → CMI 활용

(4) **적성처치 상호작용 모형**(ATI, TTI): 적성(특성)에 따라 다른 수업처치(수업방법) → 평가는 처음 적성을 알아보기 위한 진단평가만 실시

(5) **프로그램 학습**(PI)

① 스키너(Skinner)의 작동적 조건화 이론(행동 조성, behavior shaping)에 기초 → 학습내용의 계열성(small step의 원리)+학습 결과에 대한 강화(즉시 확인의 원리)를 통한 완전학습 지향
② 학습의 원리: ㉠ 적극적(능동적) 반응의 원리, ㉡ 자기 구성의 원리, ㉢ 점진적 학습(small step)의 원리, ㉣ 즉시 확인의 원리, ㉤ 자기 속도의 원리, ㉥ 자기 검증의 원리
③ 유형: ㉠ 직선형 프로그램(Skinner, 정답만 인정), ㉡ 분지형 프로그램(Crowder, 오답의 가치도 인정), ㉢ 첨부형 프로그램(Pressy), ㉣ 반복형 프로그램

(6) **무학년제**: 학년제의 대안으로 등장 → 능력별, 성적 수준별, 학습경향별, 교육과정별 집단 편성을 통한 교수효과 극대화

(7) **팀티칭**(team teaching): 협동교수 → 교수 인원의 재조직을 통한 교수효과 극대화

6. 개념학습

(1) **개념의 의미를 명확히 형성하고 획득하게 하는 수업**

(2) **개념은 '특성, 원형, 사례, 도식'으로 구성**

이론	내용
특성이론 (characteristics, 규정적 속성이론, 규칙 지향 이론)	한 범주의 구성원들이 공유하는 특징 예 정사각형이라는 개념의 특성은 '면', '닫힌', '등변', '등각'이다.
원형이론(prototype)	한 범주를 가장 대표하는 표본, 개념의 진수를 담고 있는 심상 → 사례에 대한 경험의 축적으로 형성 예 미국인들에게 '새'라는 범주를 대표하는 것은 참새이다.
사례(실례, examples)이론	특정한 범주의 구체적인 예 예 전형적 사례, 반증사례, 희귀사례
도식이론	도식은 개념과 개념들 간의 관계망

(3) 개념학습의 순서

전형적 사례 ⇨ 반증 사례(과잉 일반화 방지) ⇨ 희귀 사례(과소 일반화 방지)

과잉 일반화	• 어떤 범주에 속하지 않는 구성원들을 포함시키는 것 예 기차는 자동차이다. • 개념의 과대 확장 현상으로, 새로운 정보를 기존 도식에 부적절하게 동화(assimilation)시킬 때 발생한다. • 반증 사례를 제시함으로써 방지할 수 있다.
과소 일반화	• 어떤 개념의 진짜 구성원들을 배제하는 것 예 검은 고양이만 고양이다. • 개념의 제한적 적용으로, 기존 도식을 과도하게 조절(accommodation)할 때 발생한다. • 희귀 사례를 제시함으로써 방지할 수 있다.

(4) 개념 형성하기

① 브루너(Bruner)의 발견학습: 귀납적 계열성을 중시

② 오수벨(Ausubel)의 유의미 수용학습: 연역적 계열성을 중시

③ 라이겔루스(Reigeluth)의 미시 조직 전략: 개념의 제시 ⇨ 연습 ⇨ 피드백

더 알아보기

■ **도식(圖式)과 오개념(誤槪念)**

1. 도식(schema): 특정 개인이 어떤 것에 대하여 일련의 유사한 경험을 통해 형성하고 있는 공통적인 속성 또는 지식의 집합체 → 도식은 주관적인 지식이나, 개념은 객관적·공식적인 정의를 제공한다.
2. 오개념: 선개념을 잘못 적용하는 경우

예 • "해가 뜬다."는 말을 지구가 움직이는 것이 아니라 해가 움직인다고 생각하는 경우
• 부적 강화에서 '부적'이라는 용어에 대한 감정적 반응으로 인해 부적 강화를 행동을 감소시키는 과정으로 보아 처벌과 동의어로 생각하는 경우
• 침대는 과학이라는 상품광고 때문에 시험문제에서 침대가 가구가 아니라고 잘못 답을 하는 경우

05 여러 가지 수업방법

1. **직접 교수**(Direct Instruction): 행동주의 학습이론에 기초한 모형, 완전학습 모형과 유사

(1) 의미

① 교사의 설명이나 시범을 통해 학생들에게 개념이나 기술을 가르치는 교사 중심 수업방법

② 학생들에게 충분한 연습 기회를 제공하고 수업의 내용이나 익혀야 할 기술을 숙달할 수 있도록 교사가 체계적으로 학습자의 학습을 안내하는 것을 특징으로 한다.

(2) 특징

① 학생들의 학업성취, 교사 주도적인 교수활동, 수업시간의 관리, 학생들의 정서 등을 중시

② 교사 중심, 내용 전달 중심의 수업 모형이며 구조화된 연습을 강조하는 수업전략

(3) **교수 구성**: 교수계획, 설명(exploration), 연습(exercise), 동기화와 강화

(4) **수업 절차**: 선수 지식 검토 및 복습(숙제검사) ⇨ 계획된 수업내용/기법 가르치기(전체에 대한 요약, 작은 단계로 나누어 빠른 속도로 교수) ⇨ 초기 단계의 연습 ⇨ 피드백과 교정 ⇨ 자율적인 연습을 통해 수업내용의 습득과 자동화 ⇨ 주별, 월별 검토(형성평가)

2. 비지시적 자율학습

(1) 자율 계약학습

① 교수자와 학습자 간의 학습계약을 근간으로 하여 이루어지는 개별 학습방법

② 계약 내용: 학습목표, 학습내용, 학습방법, 학습자원, 성취증거 제시방법, 성취도 평가기준, 학습기간, 학습자의 서명, 교수자의 동의

(2) 자아 이해 교육

① 닐(Neill)의 섬머힐(Summerhill) 학교와 슈츠(Schuts)가 중시

② 자아 이해의 발전단계: 진입단계(호기심) ⇨ 반응단계 ⇨ 자각단계 ⇨ 통정(통합)단계

(3) **비지시적 수업**(Rogers): 상황 구명 ⇨ 문제 탐색 ⇨ 통찰 개발 ⇨ 계획과 의사결정 ⇨ 통정 ⇨ 실행을 통한 자아 성장을 중시하는 수업

3. 서류함 기법(In-basket method)

(1) 미래에 발생할 수 있는 모의 업무상황을 미리 준비해 놓고 하나의 업무상황을 임의적으로 선택하게 하고 이를 실제 수행하게 하는 경영 실기 방법

(2) 훈련 참가자를 여러 가지 업무 관련 자료에 노출시켜 놓고 업무 지시 용지를 바구니 안에 넣어 놓고 참가자가 이를 꺼내 정해진 시간 내에 스스로 문제에 대한 답을 내도록 하거나 필요한 행동을 해보게 하는 기법

4. 역할놀이(role playing method)

(1) 특정한 상황에서 타인의 역할을 경험해 봄으로써 자신과 타인을 이해하는 데 도움을 주고자 하는 극화된 놀이 → 사회적 행동학습 방법

(2) 상황 속에서 인물이 하는 행동 과정과 결과를 평가하고, 문제 상황에 대한 해결책 제시를 통해 수업목표달성

5. 감수성 훈련(sensitivity training): 실험실 훈련, T-Group 훈련

(1) 특정한 주제가 주어지는 것이 아니라 "행함으로써 배운다(learning by doing)."는 원리 아래 자유롭게 감정을 표현하고 이야기하게 하는 인간관계 훈련 방법

(2) 지금 여기(now and here), 피드백, 해빙(解氷), 심리적 안정감, 참여적 관찰, 인지적 구조화 등을 학습

06 교수이론

행동주의 심리학	학습이론	학습목표 중시	완전학습 전제	학습결과 중시	• 캐롤(Carroll) • 블룸(Bloom)
인지주의 심리학	교수이론	학습내용 중시	불완전학습 전제	학습과정 중시	• 브루너(Bruner) • 오수벨(Ausubel)

1. 완전학습 모형

(1) **캐롤(Carroll)의 학교학습 모형**: 완전학습을 위한 학교학습 모형 → 학교학습의 계량경제학

① **인지적·운동기능적 영역의 목표 학습에만 적용**: 정의적 영역의 목표 학습에는 적용이 어려움.

② **학습의 경제성 중시**: 학습시간 강조

구분		교사(교수) 변인	학습자(개인차) 변인
학습의 정도 (학업성취도) =	학습에 사용한 시간	학습기회	학습지속력(지구력, 동기)
	학습에 필요한 시간	교수의 질	적성(특수능력), 교수이해력(일반능력)

③ 학교학습의 5대 변인

적성(Aptitude)	학습자가 최적의 학습조건에서 주어진 학습과제를 성취하는 데 필요한 시간
교수이해력(Ability to understand instruction)	학습자가 수업내용이나 교사의 설명을 이해하는 능력 → 학습자의 일반 지능과 언어능력에 의해 결정
지구력(Perseverance)	학습자가 실제로 노력한 시간 → 동기(학습지속력, 끈기)
교수의 질 (Quality of instruction)	교사가 학습자에게 학습과제 제시 정도 및 수업방법의 적절성 → '교수이해력' 보조 변인
학습기회(Opportunity)	교사가 학습과제 학습을 위해 학습자에게 주어진 실제 시간

④ **교육적 의의**: 완전학습의 이론적 토대 제공

㉠ **교육관의 변화**: 선발적 교육관 ⇨ 발달적 교육관

㉡ **평가관의 변화**: 상대평가 ⇨ 절대평가

㉢ **학습자관의 변화**: 학습능력(예 IQ) ⇨ 학습속도(예 학습시간)

(2) **블룸(Bloom)의 완전학습 모형**(learning for mastery)

① **개념**: 학급의 95% 학생들이 학습과제의 90% 이상 학습하는 것 → 캐롤의 학교학습 모형에 기초, 교사 결핍론에 해당

② **특징**: ㉠ 학습시간을 가장 중시, ㉡ 부적(負的) 편포 지향

③ **완전학습 전략**: 교정학습(보충학습) → 학습단계마다 소화해 내지 못한 학습자에게 철저한 개별화 수업(프로그램 학습)을 통해 보충학습의 기회 제공

④ **학업성취에의 영향 변인**: 출발점행동(r = 0.65)이 가장 중요

⑤ **캐롤(Carroll)의 모형과의 비교**: 캐롤(Carroll)은 완전학습의 요소를 제시한 반면, 블룸(Bloom)은 완전학습을 위한 교수전략을 제시

2. **브루너(Bruner)의 발견학습 모형**: 학습 과정의 학습과 학습내용을 중시하는 모형 → 인지주의 학습 모형, 학문 중심 교육과정 중시

(1) **개념**: 교사의 지시(scaffolding) 최소화, '학습과제의 최종적 형태(지식의 구조)'를 '학습자 스스로 찾아내는(discovery)' 방법 → 안내된 발견학습

(2) **학습요소**: ① 학습 경향성(학습의욕, 준비성), ② 지식의 구조, ③ 학습계열(나선형 교육과정), ④ 강화(내적 보상과 외적 강화의 균형 → 내적 강화를 보다 중시)

(3) **특징**: ① 문제해결학습과 학습방법의 학습 중시, ② 학습효과의 전이 중시(형태이조설, 일반화설), ③ 학습자의 능동적 활동 중시, ④ 귀납적 사고보다 직관적 사고와 창의적 사고 중시

3. **오수벨(Ausubel)의 유의미 수용학습이론**

(1) **개요**: ① 설명적 학습원리(명제적 지식의 전수), ② 객관주의 인식론의 기초, ③ 유의미 학습(↔ 기계적 학습), ④ 연역적 사고과정 중시(↔ 발견학습)

(2) **유의미 학습의 요소**

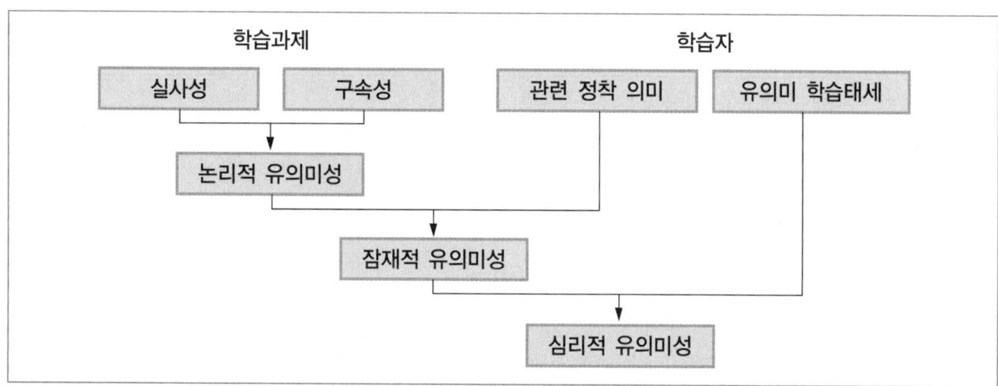

(3) **선행조직자**(advanced organizer)

① 개념: 수업의 도입단계에서 교사가 제시하는 개론적・추상적・포괄적인 내용 설명
② 효과: ㉠ 학습자의 논리적 조직화 촉진, ㉡ 새로운 정보나 지식을 포섭하는 기능
③ 종류: ㉠ 비교조직자, ㉡ 설명조직자

(4) **학습과정**

① 독립변인: 유의미한 아이디어의 집합체 → 논리적인 유의미가를 지닌 과제
㉠ 실사성: 의미의 불변성 예 개념학습
㉡ 구속성: 관계의 불변성 예 명명학습

② **매개변인**: 기존의 조직된 인지구조, 포섭과 동화의 인지과정

㉠ **포섭(subsumption)**: 새로운 명제나 아이디어가 학습자 내부의 기존의 인지구조 속으로 동화(일체화)되는 과정 → 학습(learning)

㉡ **포섭의 유형**: 종속포섭이 가장 효과적

구분	개념		적용 사례	
			학습자 (인지구조/포섭자)	교사의 설명 (학습과제)
종속포섭	포괄성이 낮은 학습과제가 포괄성이 높은 인지구조에 포섭		채소	당근, 무
	파생포섭	새로운 학습과제가 기존의 인지구조에 종속되는 것 → 양의 확대	배추는 채소이다.	오이도 채소이다.
	상관포섭	새로운 학습과제를 익히기 위해 기존의 인지구조를 수정 → 질의 변화	채소는 뿌리를 먹는 식물이다.	채소는 뿌리, 열매를 먹는 식물이다.
상위포섭	새로운 학습과제가 기존의 인지구조보다 포괄성이 높을 때 발생 → 귀납적 추론을 통한 학습(예 브루너의 발견학습)		당근, 무, 오이	채소
병렬포섭	새로운 학습과제와 기존의 인지구조가 동일 수준의 포괄성을 지닐 때 발생		인생	야구 경기
소멸포섭	기존의 인지구조와 새로운 개념이 분리될 때 발생 → 망각 현상			

③ **종속변인**: 명제의 재생, 파지, 적용(전이)

(5) **학습원리**: ① 선행조직자의 원리, ② 점진적 분화의 원리(설명조직자 사용시, 연역적 계열성), ③ 통합적 조정의 원리(비교조직자 사용시), ④ 선행학습의 요약과 정리의 원리, ⑤ 내용의 체계적 조직의 원리(계열성의 원리), ⑥ 학습자 준비도의 원리

(6) **학습유형**: ① 명명(命名)학습(표상학습), ② 개념학습, ③ 명제학습, ④ 발견학습

(7) **수업과정**

단계	내용
1단계: 선행조직자의 제시	• 수업의 목적을 명료화시킨다. • 선행조직자를 제시한다. • 학습과제와 학습자의 경험과 지식을 연관시킨다.
2단계: 학습과제와 자료의 제시	• 자료를 제시한다. • 관심을 유지시킨다. • 조직화를 분명히 한다. • 학습과제를 논리적 순서로 제시한다.
3단계: 인지적 조직의 강화(strengthening)	• 통합원리를 사용한다. • 능동적인 수용학습을 고무한다. • 주제에 대한 비판적인 접근을 취한다. • 명료화시킨다.

4. 가네(Gagné)의 목표별 수업이론(= 학습조건적 수업이론) : 정보처리적 학습이론

(1) **개념** : 수업목표(5가지 능력)에 따라 수업방법(학습 조건, 학습 유형, 학습 수준)이 달라야 한다는 것

(2) **학습변인**

① 학습의 조건(독립변인)

㉠ 내적 조건 : 선수학습, 학습동기, 자아개념, 주의력 → 학습자

㉡ 외적 조건 : 강화, 접근, 연습 → 교사

② 학습의 사태(9가지) : 실제 수업의 절차(글레이저의 수업절차에 해당) → 학습자 내부에서 정보가 처리되는 과정

구분	학습단계	수업사태
학습을 위한 준비	1. 주의집중	1. 주의집중
	2. 기대	2. 학습자에게 목표 알림
	3. 장기기억으로부터 재생	3. 선행학습의 재생 자극
정보의 획득과 수행	4. 선택적 지각	4. 학습과제에 내재한 자극 제시(자극자료 제시) • 학습자에게 학습할 새로운 내용을 제시 예 개념의 예시 들기, 영상자료 제시, 시범 보이기
	5. 의미론적 부호화	5. 학습 안내 • 학습정보를 제공하여 장기기억에로의 전이를 촉진 • 이전 정보와 새로운 정보를 통합(통합교수)
	6. 재생과 반응	6. 성취행동 유도 예 연습문제풀기
	7. 강화	7. 피드백 제공 • 수행에 대한 결과, 즉 성공 여부를 알려 주는 단계 • 오반응에 대한 수정 및 보충 설명을 하는 정보적 피드백 제공
재생과 전이	8. 재생을 위한 암시 (단서에 의한 인출)	8. 성취행동 평가(형성평가)
	9. 일반화	9. 파지 및 전이 높이기

③ 학습성과(학습목표, 종속변인)에 따른 학습방법

학습목표 영역 (Bloom)	학습목표 유형 (Gagné)	과제분석	학습방법 유형
인지적 영역	언어정보 (기본영역)	군집분석	유의미 수용학습
	지적 기능 (학교학습의 핵심 목표 영역)	위계분석	위계적 학습(8단계) : ① 신호학습(Pavlov) ⇨ ② 자극 반응 연결학습(Skinner, 조형) ⇨ ③ 연쇄학습(Skinner) ⇨ ④ 언어연상학습 ⇨ [⑤ 변별학습 ⇨ ⑥ 개념학습 ⇨ ⑦ 원리학습 ⇨ ⑧ 문제해결학습(복합적 원리 학습, 중다원리 학습)] *[ ] 안은 지적교과 학습유형
	인지전략 (궁극적 목표)	–	연습
정의적 영역	태도	통합분석	강화, 대리적 강화, 동일시
심동적 영역	운동기능	단계분석	반복적 연습

더 알아보기

■ 가네(Gagné)가 제시한 5가지 학습목표

1. 언어정보: 명제적 지식(선언적 지식) → 저장된 정보의 재생 능력
   예 사물의 이름을 기억한다.
2. 지적 기능: 방법적 지식 → 환경과 상호 작용할 수 있는 조작 능력
   예 수동태를 능동태로 바꿀 줄 안다.
3. 인지전략: 지식과 기능을 활용하여 독자적으로 개발한 창조적 사고능력, 장기간에 걸친 훈련을 통해 발달
   예 학습방법을 개발한다.
4. 태도: 어떤 사람, 대상, 활동 중에 하나를 선택하려는(select) 내적 경향
   예 미술관에 가지 않고 음악회에 가는 것을 선택한다.
5. 운동기능: 어떤 일을 수행하기 위한 몸의 움직임
   예 구두끈을 묶는다. 배영을 헤엄칠 줄 안다.

5. 구성주의 학습

(1) **개념**: 학습자가 스스로 지식을 구성한다는 학습관

① 상대주의적 인식론에 근거(↔ 객관주의), 주관주의적 학습관, 지식사회학의 영향

② 학습의 주체는 학습자, 역사·문화·사회적 상황이나 맥락(context)을 바탕으로 지식을 구성

③ **교사는 학습의 안내자·촉진자**: 피아제(Piaget)는 환경조성자, 비고츠키(Vygotsky)는 발판 제공자

(2) **유형**

인지적(내생적, 개인적) 구성주의	사회적(맥락적, 변증법적) 구성주의
지식은 인지활동을 통해 구성(지식이 환경이나 물리적 특성을 반영 ×)	지식은 개체와 환경의 상호 작용을 통해 도출
지식은 선행하는 인지구조의 추상화 과정을 통해 발달(보편적 계열성)	지식은 환경과 상호 작용하는 과정에서 경험하는 정신적 모순을 반영
피아제(Piaget)	비고츠키(Vygotsky), 브루너(Bruner)

(3) **구성주의 학습의 조건**: ① 실제적 과제, ② 협동학습, ③ 자기성찰(반성적 사고), ④ 주인의식, ⑤ 중다관점(multiple perspectives)

(4) **구성주의 교수 – 학습의 원리**: ① 지식의 상황성(맥락성), ② 복잡하고 비구조적인 현실 제시, ③ 학습자 중심의 자율적인 학습환경의 조성, ④ 문제해결 중심의 학습, ⑤ 학습하는 과정 중시, ⑥ 학습자 간 상호 작용 중시, ⑦ 방법적 지식의 습득, ⑧ 과정 중심의 평가 강조

(5) **구성주의 교수 – 학습의 특징**

① 유의미 학습이란 개인적 경험을 기반으로 해서 지식구조를 능동적으로 생성하고 구성하는 것이다. → 학습자는 보고 들은 것을 기억 속에 그대로 복사해서 저장하는 기계가 아니다.

② 개인이 갖고 있는 지식의 정수(精髓)는 결코 다른 사람에게 완전한 형태로 전수할 수 없다. 왜냐하면 지식이란 연령·성별·인종·지식 기반과 같이 다양한 요인들의 영향을 받아 경험을 개인적으로 해석한 것이기 때문이다.

③ 모든 사람이 각자 개인 특유의 지식과 세계관을 갖고 있다 하더라도 사람들 간의 합의(의견일치)는 가능하다.

④ 지식구조의 형성 및 변화는 주로 중다관점(multiple perspectives)을 검토하고, 그에 대한 사회적 협상을 통해 이루어진다. → 지식이란 보편적 실체가 아니라 특정 맥락 내에서 구성원들이 합의한 잠정적인 결론이다.

⑤ 지식이란 맥락 의존적이다. 지식은 인식 주체가 구성하지만 그러한 행위는 항상 상황 안에서 이루어지기 때문에 지식은 상황과 필연적으로 관련되어 있다. 따라서 학습은 복잡하고 실제적이고 적절한 맥락에서 이루어져야 한다.

⑥ 모든 지식은 잠정적이고 유동적이다. 현재 우리가 갖고 있는 지식은 우리의 인지적 한계를 반영한다. 따라서 구성주의의 목적은 단순히 정보를 전달하는 데 있는 것이 아니라 메타인지 과정을 기르는 데 있다.

⑦ 학습자는 학습 과정에서 주인의식(ownership) 혹은 주도권을 가져야 한다. 교사는 단순한 정보원이 아니라 코치 · 촉진자 · 조력자 · 조언자 · 동료 학습자(co－learner)의 역할을 수행해야 한다.

⑧ 학습자의 적극적인 자기성찰(self－reflection)을 강조한다. 자기성찰이란 일상적인 경험이나 사건에 대해 질문을 제기하고, 분석하고, 대안을 강구하는 습관을 일컫는다.

⑨ 지식이 개인의 인지적 활동은 물론 사회적 상호 작용을 통해 구성된다는 것을 전제하고 있으므로 협동학습을 중시한다.

⑩ 구성주의적 수업은 수업자료(학습자들이 조작할 수 있는 자료), 활동(관찰, 자료수집, 견학), 수업과정(협동학습, 토론) 등의 측면에서 다양한 방식으로 나타날 수 있다.

(6) **구성주의 교수 설계 모형**: 조나센(Jonassen) － 학습환경 설계 모형(CLEs; Constructive Learning Environments)

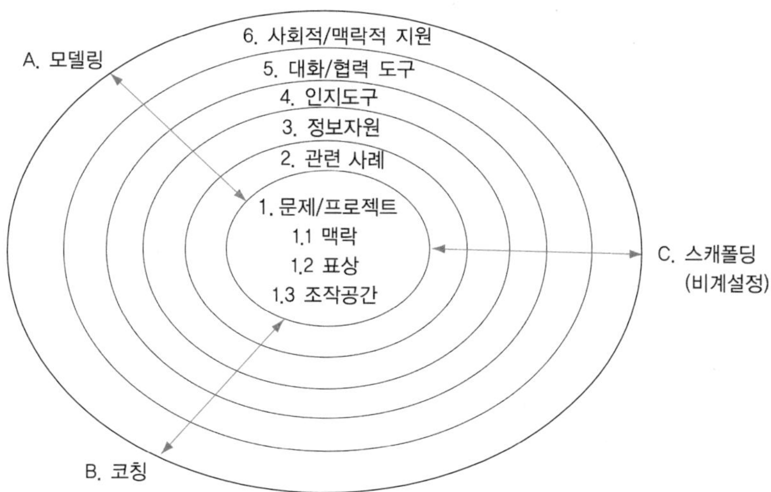

① 학습환경 설계 시 고려 요소

㉠ 문제 / 프로젝트(problem / project): 구성주의 학습은 문제가 학습을 주도한다. 문제는 실제적이고 비구조적인 문제이어야 한다. 문제 상황은 문제의 상황 및 맥락(context), 문제의 표상(representation, 제시방법), 문제해결을 위한 조작공간(manipulation space)을 포함하여야 한다.

㉡ 관련 사례(related cases): 제시된 문제와 직·간접적으로 관련된 다양한 사례(예 성공과 실패사례, 인터뷰, 외국 사례 등)를 제공함으로써 학습자의 문제에 대한 이해를 돕는다.

㉢ 정보자원(information resources): 학습자가 문제를 해결하는 데 필요한 정보(예 텍스트 문서, 그래픽, 음성 자원, 영상, 애니메이션, 온라인사이트 등)를 충분히 제공한다. 학습자는 정보를 활용하여 문제해결을 위한 가설을 설정하고 검증하며 아울러 자신의 지식구조를 보다 정교화해 나간다.

㉣ 인지도구(cognitive tool, 지식구성 도구): 인지도구는 컴퓨터 도구를 활용하여 학습자가 주어진 문제해결을 할 수 있도록 인지활동을 지원하는 역할을 수행한다. 인지도구에는 시각화 도구, 지식 모델링 도구[예 의미망(semantic networks), 전문가 시스템, 하이퍼미디어 구성 등], 수행지원 도구(예 멀티미디어 저작도구, 프리젠테이션 프로그램), 정보수집 도구(예 정보검색도구) 등이 있다.

㉤ 대화/협력도구(conversation / collaboration tool): 구성주의 학습은 학습자 상호 간 대화와 협력을 통한 학습을 강조한다. 따라서 동료 학습자나 교수자로부터 모델링(modeling), 코칭(coaching), 발판(scaffolding)을 제공받을 수 있도록 자유게시판, 커뮤니티, 이메일, SNS, 대화방 등 대화/협력도구를 제공해야 한다.

㉥ 사회적 / 맥락적 지원(social / contextual support): 특정 문제가 발생하는 맥락을 제시할 수 있도록 실제적 환경(예 커뮤니티-멘토링, 그룹 스터디, 워크숍이나 회의 지원체제)을 제시한다.

② 학습환경의 정교화 방안

교수활동	• 모델링(modeling, 시범 보이기): 학습자의 탐색활동을 지원하는 가장 쉬운 교수전략으로 전문가의 수행행동에 초점을 맞춘다. 학습자에게 기대되는 외현적 행동 사례를 전문가가 시연해 주는 '행동 모델링(behavior modeling)'과 문제해결에서 요구하는 활동을 하는 학습자들이 사용해야 하는 인지적 추론이나 반성적 사고과정 등과 같은 내재적 인지 과정에 대한 '인지 모델링(cognitive modeling)'이 있다. • 코칭(coaching): 학습자가 어떻게 수행할 것인가에 초점을 맞춘다. 학습자의 학습동기를 부여하고, 수행을 분석하여 피드백을 제공함으로써 학습방법을 조언해 주는 활동을 말한다. • 비계설정(scaffolding, 발판 제공): 학습자가 수행하는 과제에 초점을 두고 학습자의 수행을 체계적으로 지원한다. 학습과 학습자의 능력을 넘어서는 학습자들의 수행을 지원하기 위한 임시적인 틀을 제공한다.
학습자의 활동	• 탐색(exploration): 원인과 결과에 대한 가설의 설정, 자료 수집, 잠정적인 결론의 예측 등을 말한다. 문제의 특성 탐색에는 관련 사례 조사하기, 정보원 살피기 등을 포함한다. 탐색의 가장 중요한 인지적 요소는 목표 설정하기와 목표 추구를 관리하는 것이다. • 의미의 명료화(articulation): 명료화는 자신이 이미 알고 있는 것이나 알게 된 것을 분명히 하는 것을 말한다. • 성찰(reflection, 반성): 성찰은 학습자 자신의 학습수행에 대하여 되풀이하여 생각하거나 돌이켜보는 반성적 사고의 과정이다. 학습자는 메타인지를 활용하여 자신의 학습활동을 반성한다.

(7) 학습방법

① 인지적 도제이론(전문가-초보자 이론): 초보자인 학습자가 전문가의 사고 과정과 문제해결 학습능력을 학습 → 메타인지 기술 중시(탈맥락적 지식 중시)

㉠ 수업방법: 시연(modeling), 교수적 도움(scaffolding), 도움 중지(fading)

㉡ 수업절차(MCSARE 모형) : ❶ M(Modeling, 시범 보이기 → 전문가의 수행), ❷ C(Coaching, 코칭 → 학습자의 수행), ❸ S(Scaffolding, 발판 제공 → 학습과제에 초점), ❹ A(Articulation, 명료화 또는 연계), ❺ R(Reflection, 반성), ❻ E(Exploration, 탐험 → 전이)

② 상황적 학습(참여학습)

㉠ 실제 상황에의 참여를 통한 문제해결 과정 및 경험과 학습 → 지식과 상황을 함께 제시, '실행공동체(community of practice)'와 '정당한 주변적 참여(legitimate peripheral participation)' 강조

㉡ 도구로서의 지식 강조, 다양한 구체적 사례들을 제공하여 지식의 전이를 촉진

③ 정황교수(앵커드 수업) : 다양한 교수매체(예 Jasper series, 모험담, 이야기 등이 담긴 비디오 디스크)를 활용하여 실제와 유사한 학습환경 제공

cf 상황적 학습은 '맥락(context)' 중심적(구체적 · 실제적인 맥락 속의 문제 중심)이고, 정황교수는 '테크놀로지' 중심적(실제 상황을 모사한 영상매체 이야기)이다.

④ 인지적 유연성 모델(전환학습) : 급변하는 상황적 요구에 따라 학습자가 지닌 기존 지식과 기능, 관점을 적절하게 대응하는 '상황 의존적 스키마의 연합체'를 형성

㉠ 지식을 단순화, 세분화, 일반화된 형태로 접근하려는 전통적 교수 · 학습방법을 극복하기 위해 제시 : 초보적 지식과 고차적 지식을 습득할 때의 교수 · 학습방법이 결코 같을 수 없다는 것을 전제

㉡ 절차 : 주제 중심 학습(theme) ⇨ 과제 세분화하여 제시(chunk) ⇨ 다양한 소규모의 예를 제시(mini－cases)

㉢ 하이퍼미디어 프로그램 이용

⑤ 문제 중심 학습(PBL) : 배로우스(Barrows)가 제안

㉠ 문제로 시작되는 수업 : 의학교육과 경영학교육의 독창적 수업방법 원리에서 비롯

㉡ 실제 상황과 관련된 복잡하고 비구조적인 문제(ill－structured problems)를 통해 전략적 사고(전개, 제시, 설명, 옹호) 신장 및 문제와 관련된 전문적 지식 획득

구조화된 문제(well-defined problem)	비구조화된 문제(ill-defined problem)
• 문제의 정의가 쉽게 규명된다.	• 문제가 정의되어야 하고, 가능하면 재정의되어야 한다.
• 문제해결에 필요한 모든 정보가 제공된다.	• 문제해결에 필요한 부가적인 정보가 필요하다.
• 문제해결에 초점을 둔다.	• 문제의 본질에 초점을 둔다.
• 단 하나의 정답만이 확인될 수 있다.	• 여러 개의 서로 다른 해결안이 가능하다.
• 문제해결에 대한 동기가 낮다(비인지적).	• 문제해결에 대한 동기가 높다(인지적).
• 재생적 사고가 요구된다.	• 전략적 사고가 요구된다.

㉢ 문제상황에 직면하게 된 학생들에게 가설 · 연역적 추론기능(reasoning process skill)과 자기주도적 학습기능(self－directed learning skill)을 요구

㉣ 특징

ⓐ 학습은 학습자 중심적임.

ⓑ 학습은 소그룹 집단별로 이루어짐.

ⓒ 교수자는 교육과정 설계자, 학습 진행자, 조력자 또는 안내자의 역할을 함.

ⓓ 문제는 학습자에게 학습을 위한 자극을 제시함.

ⓔ 맥락 중심적임(학생이 졸업 후에 현실 세계에서 만날 수 있는 문제와 매우 유사한 문제를 제시하여 학생의 동기를 유발).

㉤ **학습과정**: 문제 사례 제시 ⇨ 자기주도적 학습 ⇨ 소집단 학습(협동학습) ⇨ 일반화 ⇨ 반성

㉥ **교육적 의의**: ⓐ 창의적 문제해결력 신장, ⓑ 지식의 습득과 파지 및 전이의 활용, ⓒ 학습자의 흥미유발, ⓓ 자기주도적 학습능력 신장, ⓔ 협동심 함양, ⓕ 전략적 사고 신장, ⓖ 지식 구성력 신장

⑥ **상보적 교수(상호적 교수)**

㉠ 교사 – 학생 간 또는 학생 상호 간 대화 형태의 수업을 통해 독해 능력 함양 → 비고츠키(Vygotsky) 이론에 토대

㉡ **수업전략**: 요약하기 ⇨ 질문 만들기 ⇨ 명료화하기 ⇨ 예측하기

요약하기(summarizing)	내용을 학생들이 이해한 대로 자신들만의 용어로 표현하기
질문 만들기(questioning)	단순 사실의 확인부터 이해, 적용, 분석, 종합, 평가에 이르기까지 다양한 수준의 질문을 직접 만들어보기
명료화하기(clarifying)	어휘의 뜻을 사전이나 질문을 통해 명확히 파악하기
예측하기(predicting)	교재 내용 다음에 이어질 내용을 예측하기

⑦ **목표기반 시나리오(GBS; Goal-Based Scenarios)**: 생크(R. Schank)

㉠ **개념**

ⓐ 실제적인 과제(authentic task)를 해결하는 과정에서 다양하고 복잡한 학습환경에 내재되어 있는 지식과 기능을 획득할 수 있도록 하고, 학습자의 능동적인 참여활동(자기주도적 학습)과 협동학습을 강조하는 학습자 중심의 구성주의 학습 모형

ⓑ 다양한 도구와 정보를 제공받으며, 주어진 실제적 과제를 수행하는 과정에서 사전에 설정된 목표를 달성해가는(Learning by Doing) 시뮬레이션 학습(R. Schank)

㉡ **이론적 토대**: ⓐ 역동적 기억 이론, ⓑ 사례기반 추론학습

㉢ **수업 구성요소**: GBS 모형의 설계 절차

수업 구성요소	주요 활동
학습목표(goals) 설정	학습자가 발견하기를 원하는, 갖추어야 할 핵심기술(Target Skill) → 과정 지식(방법적 지식)과 내용 지식(명제적 지식)
미션(Mission, 임무)의 설정	학습자가 설정된 학습 목표를 성취하기 위해 수행해야 할 실제적 과제 → 미션을 수행하는 과정에서 설정된 목표가 달성되도록 설정
커버스토리(Cover Story, 배경이야기) 개발	• 목표달성을 위해 학습자들이 수행할 미션을 이야기 형식으로 설명한 것 • 학습목표를 성취하기 위한 임무의 배경이야기 → 학습동기 유발
역할(Role) 개발	학습자들이 커버스토리 내에서 맡게 되는 인물(역할)
시나리오 운영(Scenario Operation) 설계	학습자들이 미션을 수행하는 모든 구체적 활동 예 컴퓨터에서 필요한 강좌 듣기, 팀활동하기, 교실 외 학습자원 활용하기, 전문가 의견 듣기, 선행연구 자료 읽기 등
학습자원(Resources)의 개발	학습자가 미션을 수행하는 데 필요한 각종 정보 예 교재, 인터넷 사이트, 논문, 비디오클립, 전문가 등
피드백(Feedback) 제공	학습자들이 학습을 진행해 가는 과정에서 겪는 어려움 해결 및 학습수행 지원

㉣ **특징**: ⓐ 목적지향성, ⓑ 기대실패(expectation failure; 학습자가 지닌 지식의 부족함을 보여주는 증거), ⓒ 사례기반의 문제해결과정

㉤ **문제해결학습, 정황교수와의 비교**

ⓐ **공통점**: 구성주의에 기반을 둔 학습자중심 학습전략, 이야기중심 기반 학습전략, 실제적 과제 제시

ⓑ **차이점**: 구조화된 학습목표, 실제상황의 시나리오를 바탕으로 한 구조화된 학습환경 제공

⑧ **자기주도적 학습**: 메타인지적 기능 학습

㉠ 노울즈(Knowles)가 성인학습의 한 형태로 주장 → 평생학습 추진의 중심 개념으로 인정

㉡ **개념적 특성**: 자기관리(self-management), 자기통제(self-monitoring), 동기(motivation)

㉢ 근원이 되는 철학적 배경은 인간의 본성에 관한 인본주의적 관점이라고 할 수 있다.

㉣ 학습의 전 과정(학습 project 설정 ⇨ 학습목표 설정 ⇨ 학습전략 수립 ⇨ 학습 진행 ⇨ 성취 평가 등)을 학습자가 스스로 진행한다.

㉤ **학습목표**: 학습할 수 있는 힘, 학습의욕, 스스로 학습을 계속하려는 힘(평생학습력) 등의 신장

⑨ **자기조절학습**

㉠ **개념**: 학습자가 스스로 학습 요구를 규명하여 학습상황을 통제하려는 책임감을 감당하고, 학습목표에 도달하기 위하여 적합한 학습전략들을 적용함으로써 자신에게 고유하고 의미 있는 학습과정과 결과를 산출해 내는 과정으로, 학습자의 주도성과 적극성을 전제로 한 학습 모형이다.

㉡ **전략의 구성요소**

자기조절학습 전략의 구성요소		
초인지전략	• 계획활동(planning) • 조절전략(교정 / revising)	• 모니터링(자기점검 / self-monitoring)
인지전략	• 시연(rehearsal, 암송) • 조직화(organization)	• 정교화(elaboration)
동기전략	• 자기효능감(self-efficacy) • 자기가치 • 시험 불안	• 숙달목표 지향성 • 통제인식(perception of control)
행동전략	• 행동 통제(포기하지 않고 노력하기) • 학습시간 관리	• 도움 구하기

더 알아보기

■ 수업분석 모델

1. **플랜더스(Flanders)의 언어 상호 작용 분석**
   (1) 강의법, 문답법 등 교사 중심의 일제식 수업 분석 방법, 현직 교육에 적용
   (2) **분석방법**: 교사의 발언[비지시적 발언(예 수용, 칭찬)과 지시적 발언(예 강의, 명령)], 학생의 발언(예 답변, 자발적 발언), 기타(예 침묵, 판서) 등 10가지 항목 → 수업 5분 전 입실, 3초마다 해당 영역에 체크
   (3) **분석 결과**: 플랜더스의 2/3법칙(교사의 지시적 말이 대부분) → 비지시적 수업의 권장
2. **위트락(Wittrock)의 교수형태 분류**
   (1) **분류기준**: 원리 제시나 문제해결에 있어 교사의 지시량에 따라 분류
   (2) **교수 형태**: 설명적 교수(타율학습), 발견학습(자율학습), 교도학습(guided learning)
   → 설명적 교수와 발견학습이 조화된 교도학습이 바람직

박문각
공무원

핵심 요약집

오현준

핵심교육학

CHAPTER

08

교육공학

교육공학

핵심 체크노트

1. **교육공학의 개념:** 설계, 개발, 활용, 관리, 평가
2. **교육공학 이론:** 데일(Dale)의 경험의 원추 모형, 벌로(D. Berlo)의 SMCR 모형, 쉐논과 슈람(Schannon&Schramm)의 모형
3. **교수매체 활용 모형:** 하이니히와 모렌다(Heinich & Molenda)의 ASSURE
4. **원격교육:** E-learning, U-learning, M-learning
5. **자원 기반 학습**

01 교육공학의 개요

1. 역사

① 교수매체(하드웨어 / 소프트웨어) ⇨ ② 커뮤니케이션 과정(시청각 통신) ⇨ ③ (인간 학습과 관련된) 체제적 문제해결과정 ⇨ ④ 교수공학(설계, 개발, 활용, 관리, 평가) ⇨ ⑤ 교수설계 공학(수행공학, 학습과 수행 증진을 위한 비교수적 처방)

2. 미국 교육공학회(AECT)의 정의

(1) **1994년 정의**(교수공학): 설계, 개발, 활용, 관리, 평가 → 교수 · 학습 증진 달성

영역	의미	하위 영역
설계 (design)	교수심리학과 체제이론의 적용, 순수하게 계획하는 일 → 교육공학의 이론 발전에 기여	교수체제 설계, 메시지 디자인, 교수전략, 학습자 특성
개발 (development)	실제 교수자료의 형태로 제작 → 공학과 기술 발전에 좌우	인쇄 테크놀로지, 시청각 테크놀로지, 컴퓨터 기반 테크놀로지, 통합 테크놀로지
활용 (utilization)	학습자들에게 구체적인 학습경험을 제공 → 역사가 오래된 영역(ASSURE 모형과 관련)	매체 활용, 혁신의 보급, 실행과 제도화, 정책과 규제
관리 (management)	경영학과 행정학적 지식을 적용, 시설 및 기자재 관리	프로젝트 관리, 자원관리, 전달체제 관리, 정보관리
평가 (evaluation)	교수 – 학습의 적절성을 결정하는 과정	문제분석, 준거지향 측정, 형성평가, 총괄평가

(2) **2002년 정의**(교수설계 공학, 수행 공학): 학습 증진(교수적 처방)은 물론 직장에서의 수행 증진(비교수적 처방)도 함께 중시

(3) **2004년 정의**: 적절한 공학적 과정(process)과 자원(resource)을 '창출(creating), 활용(using), 관리(managing)'함으로써 학습(learning)과 수행(performance)을 촉진 · 증진

(4) **교수 · 학습방법에 대한 교육공학적 접근의 특징**: '체제적 및 처방적 특성'은 개념적 · 논리적 특성, '학습자 지향적 특성'은 패러다임의 변화에 따라 요구되는 특성에 해당함.

① 체제적 특성

㉠ 공학(technology)은 '실제적 문제를 해결하기 위하여 과학적 지식 또는 조직화된 지식을 체계적(system)으로 적용하는 과정'

㉡ 체제적 교수설계 관점(ADDIE), 매체활용 모형(ASSURE 모형), 가네(Gagné)의 9가지 수업사태 등을 교수 · 학습방법에 활용

② 처방적 특성

㉠ 기술적(記述的) 혹은 서술적 지식인 학습이론은 실제 수업활동에 도움을 주긴 했으나 수업 현실을 체계적으로 안내하고 개선하는 데 미약함.

㉡ 수업의 질적 개선 및 향상을 위해서는 특정의 교수조건(conditions)과 기대한 교수결과(outcomes)가 주어졌을 때 가장 적합한 교수방법(methods)이 어떠한 것인가를 다루는 처방적 지식인 수업이론(Reigeluth)이 필요함.

③ 학습자 지향적 특성

㉠ 학습은 교육공학이 추구하는 활동의 궁극적인 결과이며, 정보화 사회의 도래에 따라 학습자 중심으로의 교육 패러다임의 전환이 요구됨.

㉡ '학습자의 학습과정을 지원하는 방식'으로 교육환경, 즉 교수 · 학습 환경이 제공되어야 한다는 의미

예 학습자의 요구 반영, 학습자의 사전지식 및 경험 고려, 학습자의 적극적인 참여를 도모하는 교수 · 학습방법의 개발

더 알아보기

시청각교육의 역사

1. 시청각교육: 원효의 '무애가' → 노래를 통해 대중들에게 불교 전래
2. 시청각 교수서: 권근의 「입학도설」(1390), 코메니우스의 「세계도회」(1658)
3. 직관의 원리(실물교육): 에라스무스, 코메니우스, 루소, 페스탈로치, 듀이
4. 직관의 3요소: 수 · 형 · 어 → 페스탈로치(Pestalozzi)

CHAPTER 08

02 교육공학 이론의 전개

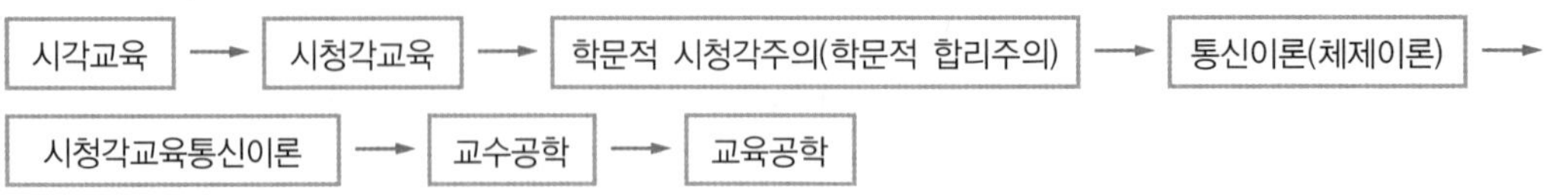

1. 호반(Hoban)의 교육과정 시각화

경험의 구체화 및 일반화 → 데일(E. Dale)에 영향을 줌.

예 견학(전체 장면) ⇨ 실물 ⇨ 표본(모형) ⇨ 필름(영화) ⇨ 입체도 ⇨ 슬라이드 ⇨ 회화 · 사진 ⇨ 지도 ⇨ 도표 ⇨ 언어

2. 시청각 이론

(1) **올센(Olsen)의 대리적 학습경험**: 학교와 지역사회를 연결, 시청각 자료에 의한 대리적 경험 제공

(2) **데일(Dale)의 경험의 원추 모형**: 진보주의 → 브루너(Bruner)의 표현방식에 영향을 줌.

① 특징

㉠ 학습자의 연령이나 발달단계와 관련: 발달단계가 낮으면 하단, 높으면 상단 이용

㉡ 상단일수록 교사 중심 수업, 하단일수록 아동 중심 수업이 효과적이다.

㉢ 학습시간을 절약하려면(경제성) 상단의 원추를 이용

㉣ 성공적인 학습을 위해서는 가능한 한 하단의 원추를 이용(학습의 실용성)

② 문제점: 자료를 통한 경험의 개념 설정이 어려움. 언어를 추상적 경험으로만 분류

③ 모형도

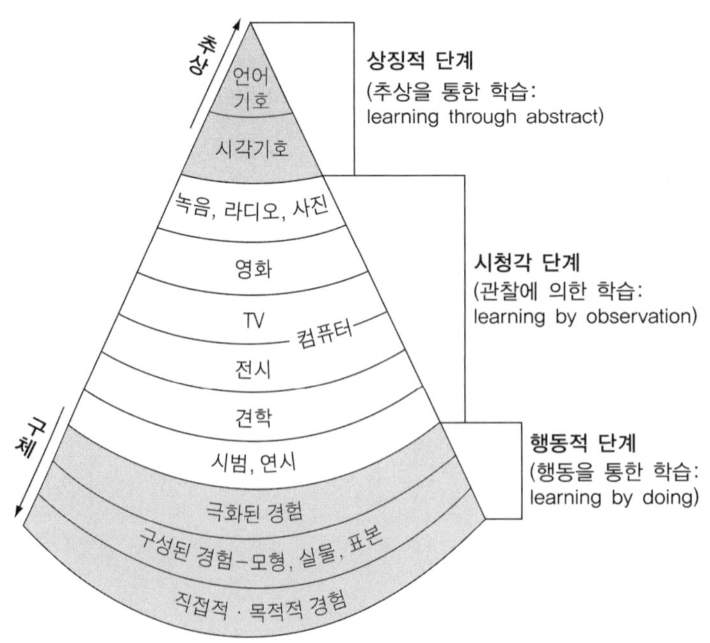

(3) **밀러(Miller)의 시청각교육의 심리학적 원리**: ① 동기(학습동기 부여), ② 단서(목표에 대한 단서), ③ 반응(학습자의 반응 유도), ④ 보상(학습결과에 대한 만족감 부여)

(4) **킨더(Kinder)의 지적 과정이론**

① **지적 과정**: 감각 ⇨ 지각 ⇨ 기억 ⇨ 상상 ⇨ 비교 ⇨ 개념 ⇨ 추리사고

② **학습 과정**: 감각적 운동기(신체활동) ⇨ 조작적 충동기(손조작) ⇨ 모방기(모방물) ⇨ 상상기(극화 요소) ⇨ 표현 충동기

3. 시청각 통신이론: 헐(Hull)의 S－O－R 이론(과정, process)＋체제이론

(1) **벌로(Berlo)의 SMCR 모형**: 통신과정 모형의 하나 → 통신은 교사와 학습자 간의 상호 작용, 선형적 모형

① 송신자(S): 교사 → '통신기술, 태도, 지식수준, 사회체제, 문화양식'

② 메시지(M): 교육내용 → 요소, 구조, 내용, 처리, 코드

요소	많은 내용 중 어떠한 내용을 선택하여 어떻게 할 것인가와 관련된 것
구조	선택된 요소들을 어떤 순서로 조직하여 전달할 것인가와 관련된 것
내용	전달하고자 하는 것
처리	선택된 코드와 내용을 어떤 방법으로 전달할 것인가와 관련된 것
코드	언어적 코드와 비언어적 코드(예 몸짓, 표정, 눈 맞추기)로 이루어지는 것

③ 채널(C): 통신수단 → 송수신자의 오감(시각, 청각, 촉각, 후각, 미각)을 통해 통신

④ 수신자(R): 학습자 → '통신기술, 태도, 지식수준, 사회체제, 문화양식'

✔ 송신자와 수신자의 요소 중 ' ' 안의 내용은 경험의 장(쉐논)에 해당

(2) **쉐논과 슈람(Schannon & Schramm)의 모형**: 비선형적 모형

① 경험의 장: 송신자와 수신자의 경험의 장이 서로 중복될 때 교수효과가 크다.

② 피드백(feedback): 교사와 학생의 상호 작용, 학생들의 몸짓 등을 포함 → 원활할 것

③ 잡음(noise): 수업의 방해 요소(예 복도의 소음, 교실의 혼탁한 공기, 급식실에서 퍼져오는 냄새) → 제거 또는 최소화해야 할 요소

(3) **핀(Finn)의 체제(검은상자) 모형**: 산출 중심 모형

① 교수방법을 black－box로 간주

② 교수체제의 요소

대량적 제시 기술	강의, VTR, 영화 등
개별 및 소집단 자동교수	자습기구, 교수기계(teaching machine), 슬라이드, 시청각 기재
인간적 상호 작용	집단활동, 사회극
개별학습	자습, 도서관에서의 학습
창조적 학습	구성 － 작문 또는 작곡, 그림, 문제풀이

(4) 엘리(Ely)의 교육효과 증진 모형

① 시청각 통신 모형을 교수 – 학습 체제이론과 결합하여 설명: 목표 명세화 ⇨ 내용 선정 ⇨ 시청각 통신계획 ⇨ 학습통신체제(학습자) ⇨ 피드백 분석

② 시청각 통신 계획 요소(4M1E): 메시지(교육내용), 매체기기, 요원(교사 ×), 방법, 환경

03 교수매체의 이해

1. 교수매체의 개념: 교수목표달성을 위해 교수·학습지도에 활용되는 한정된 매체 예 OHP, 컴퓨터

2. 교수매체의 특성

(1) 수업적 특성(Bruner)

① (교사의) 대리자적 특성

② (수업의) 보조물적 특성

(2) 기능적 특성

① 고정성: 있는 그대로 보존, 재생

② 조작성: 변형 예 사진 합성, 제시속도나 크기의 조절

③ 확충성: 분배성, 배분성 → 경험의 공간적 확대

④ 반복성: 시간적 반복

⑤ 구체성: 추상적인 것을 구체화하여 제시

3. 교수매체 연구

매체비교 연구	• 상이한 매체 유형(독립변인)이 학업성취도(종속변인)에 미치는 효과 연구 • 행동주의 패러다임에 토대 • 학습의 결과적 측면을 연구한 초기의 매체 연구경향 • 매개변인(신기성 효과, 수업방법)을 고려하지 않음.
매체속성 연구	• 특정 매체의 속성이나 수업내용이 특정 학습과제를 학습하고 있는 학습자의 지식 습득과 인지과정을 어떻게 촉진시킬 수 있는가에 대한 연구 → 학습의 과정적 측면을 중시 • 인지주의 심리학과 구성주의 패러다임에 토대
매체선호 연구	• 매체 활용에 대한 학습자의 태도에 관한 연구 • 교수매체에 대한 학습자의 태도, 가치관, 신념 등의 정의적 특성 변인들이 학습에 미치는 효과를 탐색 → 매체 난이도 지각 수준이 중간 정도일 때 학습을 위한 노력이 최고로 높아짐(역U자형 곡선, Bandura & Salomam의 연구).
매체활용의 경제성에 관한 연구	• 교수매체의 비용효과에 관한 연구 • 비용은 학습자가 성취수준에 도달하는 데 걸리는 시간, 개발팀이 교수 프로그램을 개발하고 수정하는 데 소요되는 시간, 소요되는 자원의 비용 등을 의미

4. 하이니히(Heinich) & 모렌다(Molenda)의 교수매체의 활용(ASSURE) 모형

(1) **학습자 분석**(Analyze learners) : 학습자의 특성(예 연령, 학력, 지적 특성), 출발점행동, 학습유형 등 분석

(2) **목표의 기술**(State objectives)

① 학습자가 수업의 결과로 획득해야 할 학습경험과 지식 위주로 진술
② A(Audience, 학습 대상자), B(Behavior, 행동), C(Condition, 조건), D(Degree, 평가수준) 기술

(3) **방법 및 매체의 선정**(Select methods & media)

(4) **매체와 자료의 활용**(Utilize media & materials) : 교사활동 → 5P 점검

① 매체의 점검(preview the materials)
② 매체의 준비(prepare the materials)
③ 환경의 준비(prepare the environment)
④ 학습자의 준비(prepare the learners)
⑤ 학습경험의 제공(provide the learning experience)

(5) **학습자의 수행 요구**(Require learners participation) : 연습과 강화 제공 → 학습자 활동

(6) **평가와 수정**(Evaluate & revise) : 학습목표(학습자 성취도) 평가, 매체와 방법의 평가, 교수 - 학습과정의 평가 & 수정

04 교수매체의 종류

더 알아보기

■ **교수매체의 분류 방법**

1. 정보의 밀도와 참여도(매체를 접했을 때 사용하는 감각의 정도)에 따른 구분(McLuhan) : 뜨거운 매체(감각적 정보가 불필요 예 라디오, 표음문자, 영화, 책, 연역법)와 차가운 매체(감각적 정보가 필요 예 전화, 표의문자, 만화, TV, 대화)
2. 발달 형태에 따른 구분(Schramm) : 제1세대(칠판, 차트) ⇨ 제2세대(인쇄매체 예 교과서) ⇨ 제3세대(대량 전달 매체 예 TV) ⇨ 제4세대(교육 자동화 예 CAI)
3. 교수 보조교구의 성격에 따른 구분(Bruner) : 대리경험 장치, 모형 장치, 극화 장치, 자동화 장치
4. 커뮤니케이션 매체 분류(Bretz) : 청각-활동-시각매체, 청각-지각-시각매체, 청각-반(半) 활동매체, 활동-시각매체, 정지-시각매체, 청각매체, 인쇄매체
5. 전달되는 도구와 내용에 따른 분류(Heinich) : 시각매체(비투사 매체, 투사 매체), 청각매체, 시청각매체, 상호 작용 매체(복합적 매체 예 멀티미디어, CAI)

1. 비투사적 매체

실물, 모형, 표본, 디오라마, 실물정화, 융판, 시뮬레이션

(1) **모형**(sample) : 대상물(실물)의 입체적인 특성을 명시하기 위해 실물을 본떠 만든 것
   예 실물 모형, 확대 모형, 축소 모형

(2) **표본**(specimen) : 자연물의 전체 또는 일부를 연구용 또는 교재용으로 보존할 수 있도록 어떤 종류의 처치를 행한 것
   예 박제(剝製) 표본, 건조 표본, 액침(液浸) 표본, 현미경 표본(프레파라트)

(3) **디오라마**(diorama) : 실제 장면이나 상황을 확대 또는 축소하여 상자 같은 곳에 제작해 놓은 입체화와 같은 구실을 하는 시각매체 → 배경+모형
   예 shadow-box type, Top-view type

(4) **융판** : 펠트판(felt board)이나 융판(panel board) 위에 사진이나 이야기의 중심이 되는 부분(인물, 동물, 사물 등)을 그려서 오려 붙인 후 뒷면에 융, 모래종이, 벨크로(매직테이프, 찍찍이 등) 등을 붙여 활용하는 자료 → 이중부호화 효과(예 동화 구연)

2. 투사적 매체

슬라이드, 필름스트립, 실물환등기, 실물화상기, 투시물환등기(OHP), 빔프로젝터 → 키스토닝 현상(화면 왜곡현상) 발생

(1) **실물환등기**(불투명 영사체) : 사진, 그림, 입체적 사물 등 실물자료를 투사 → 뜨거운 열이 발생, 암막장치 필요

(2) **실물화상기** : 투명 물체+불투명 물체 투사 → 다양한 각도에서 자료 제시, 원자료의 손상 없이 자료 제시, 자료 가공 불가능, TV 또는 컴퓨터 등 반드시 출력기기(예 TV 모니터, 프로젝터 등)에 연결 사용

(3) **투시물환등기**(OHP)
   ① **개념** : 학생들과 마주 보면서 투시화(TP) 자료를 투영판 위에다 올려놓고 교사의 머리 위를 지나서 교사 뒤편에 있는 스크린에 제시하는 방법
   ② **장점** : ㉠ 학생들과의 대면적 수업 진행 가능, ㉡ 밝은 실내에서도 활용, ㉢ 자료 제작 및 조작·관리 용이, ㉣ 시간의 절약, ㉤ 학생들의 주의집중력 향상, ㉥ 스크린 대신 칠판이나 벽을 대용 가능

(4) **프로젝터** : TV, VCR, DVD player, PC, 인터넷 등과 연결, 정적 자료(예 그림, 사진)와 멀티미디어 자료(예 애니메이션, 동영상)를 확대하여 제시

05 컴퓨터를 활용한 교육

1. 컴퓨터 보조수업(CAI)

컴퓨터로 직접 교수, 스키너(Skinner)의 프로그램 학습(작동적 조건화 이론)에 기초

(1) **개인 교수형**[컴퓨터가 직접 교수에 활용, 가네(Gagné)의 교수사태 9단계 활용]: 개요 부분 ⇨ 정보 제시 ⇨ 질문과 응답 ⇨ 응답에 대한 판단 ⇨ 피드백과 교정 ⇨ 종결

(2) **반복 학습형**(반복 연습형): 개요 부분 ⇨ 문항 선정 ⇨ 질문과 응답 ⇨ 응답에 대한 판단 ⇨ 피드백 ⇨ 종결

(3) **시뮬레이션형**(모의실험형): 현실 상황과 유사 예 비행기 조정 훈련, 위험한 과학실험
개요 부분 ⇨ 시나리오 제시 ⇨ 반응 요구 ⇨ 학생 반응 ⇨ 피드백과 조절 ⇨ 종결

(4) **게임형**(시뮬레이션형과 유사, 현실 상황과 유사할 필요는 없음. → 몰입, 경쟁 및 도전, 스토리텔링): 개요 부분 ⇨ 시나리오 제시 ⇨ 반응 요구 ⇨ 학생 반응 & 상대방 반응 ⇨ 재정비 ⇨ 종결

더 알아보기

■ **코스웨어**(courseware), **흐름도**(flow chart), **스토리보드**(story board)

1. 코스웨어
   (1) 개념: 컴퓨터를 이용한 교육용 프로그램, 즉 소프트웨어의 총칭
   (2) 개발 순서: 요구분석 및 주제 선정 ⇨ 목표 및 내용분석 ⇨ 교수방법 및 전략설계 ⇨ 흐름도 작성 ⇨ 스토리보드 작성 ⇨ 프로그래밍 ⇨ 시범 적용
2. 흐름도: 프로그램의 전체적인 구성과 내용의 연관관계를 한눈에 파악 가능한 그림
3. 스토리보드: 독서카드 크기의 구체적인 단위화면으로 만들어진 활동 → 프로그램의 실제 효과를 나타내 줌.

2. 컴퓨터 관리수업(CMI)

컴퓨터로 학습자의 성적 및 자료 관리, 컴퓨터를 직접 수업에 활용 × → 개별처방식 수업(IPI)에 활용

3. 컴퓨터 매개통신(CMC)

컴퓨터 기능+통신기능 → 인터넷 활용 수업, WBI(웹 기반 수업)

4. 컴퓨터 리터러시

컴퓨터에 대한 이해와 활용능력

5. 컴퓨터 적응평가(CAT)

학습자 능력 측정을 위한 평가용 프로그램(예 TOEFL, GRE) → 문항반응이론 적용

06 뉴미디어와 원격교육

1. 원격교육(distance education)

(1) **개념**: 교수자와 학습자가 직접 대면하지 않고 방송교재나 오디오・비디오 교재 등을 매개로 하여 교수 – 학습활동을 전개하는 교수 전략 → 평생교육에서 중시(융통성)

① **독립성과 자율성**: 교수자와 학습자의 시간적 및 공간적 분리 → 교수자는 학습교재를 잘 만들어야 할 책임, 학습자는 학습에 대한 선택권과 스스로 학습해야 할 책임이 요구됨.

② **상호작용성(communication)**: 교수자, 학습자, 학습교재(매체) 간의 다양한 쌍방향 상호작용이 학습에 중요한 요인임. 예 학습자 – 내용, 학습자 – 교수자, 학습자 – 학습자, 학습자 – 전문가 간 등

③ **학습공간의 확장(Expansion of learning space)**: 정보 습득 공간(예 웹사이트, SNS 등)의 확대, 정보 활용 공간의 확대, 학습 대화 공간의 확대, 지식 구성 공간(예 blog, 개인 홈페이지 등)의 확대

(2) **특성**: ① 교수자와 학습자 간의 물리적 격리(비접촉성 communication), ② 교수매체의 활용(다중매체 접근방식), ③ 쌍방향 의사소통, ④ 다수 대상의 개별학습, ⑤ 학습자의 책임감, ⑥ 지원조직이 필요

(3) **단점**: ① 학습의 질 관리 및 평가의 어려움, ② 초기 비용 부담이 큼(시스템 환경 구축). → 블렌디드 러닝(blended learning: 원격수업과 출석수업을 병행, on−line+off−line)을 통한 보완

더 알아보기

■ **콜드웨이(Coldway)의 교육실천 형태 분류**: 교육활동을 시간과 장소라는 관점에서 분류

	같은 시간	다른 시간
같은 장소	전통적 교실교육	미디어센터(학습센터)
다른 장소	동시적 원격교육	비동시적 원격교육

더 알아보기

■ **원격교육을 위한 매체선정 준거**: 베이츠(A. W. T. Bates)의 ACTIONS 모형

A(Access, 접근, 수신, 접속)	학습자가 특정 매체에 어느 정도 접근 가능한지를 파악
C(Costs, 비용)	교육효과, 학생 수, 강좌 수, 초기 투자비용과 운영비용 등에 관한 고려가 필요함.
T(Teaching & learning, 교수와 학습)	매체가 가지는 교육적 특성, 제시 형태뿐만 아니라 학습목표에 대한 분석을 통해 매체를 선정해야 함.
I (Interactivity & user−friendliness, 상호 작용과 학습자 친화)	특정 매체로 가능한 상호 작용의 형태와 그 사용이 용이한지에 대한 고려
O(Organizational issue, 조직의 문제)	매체가 성공적으로 활용되기 위해 고려해야 할 조직의 특성
N(Novelty, 참신성)	학습자에게 얼마나 새롭게 인식되는가의 고려
S(Speed, 신속성)	얼마나 빠르게 학습내용을 전달하는가의 고려

2. 인터넷과 교육: E−learning(Cyber−learning)

(1) **활용수업**: 정보검색, 정보교환, 온라인강좌(E−learning), 개별학습 → 비선형적 정보 제공

(2) **장점**: ① 자기주도적 학습능력 촉진, ② 협동학습 가능, ③ 시간과 비용 절약, ④ 시공을 초월한 융통성 있는 교육, ⑤ 수업 중심보다 학습 위주의 교수 − 학습 환경 제공, ⑥ 글쓰기와 의사소통 능력 및 창의성과 종합적 사고력 함양

(3) **단점**: ① 유해한 정보 소통, ② 인지적 과부하(작동기억 용량을 초과하여 정보가 제공됨으로써 발생하는 지적 혼란, 기억의 병목 현상), ③ 방향감 상실

더 알아보기

인지부하이론(cognitive load theory)

1. 개념
   (1) 특정 과제의 정보처리를 위해 필요한 지적 노력의 총량(Sweller)
   (2) 특정 학습과제(learning task)를 처리하는 데 있어 학습자의 작업기억에 부과되는 정신활동의 총합
   (3) 학습자의 인지부하량은 내재적 인지부하, 외재적 인지부하, 본유적 인지부하의 총합으로 측정: 내재적 인지부하와 외재적 인지부하의 합산 총량이 학습자의 작동기억 용량을 초과하면, 학습자는 학습과 정보처리에 문제를 겪게 됨.

구분	내용
내재적 인지부하 (intrinsic cognitive load, 본질적 인지부하)	• 학습내용 및 학습과제 자체의 구조(속성)와 복잡성(task complexity; 학습 요소들의 수와 요소 상호작용성) · 난이도(task difficulty)에 의해 발생하는 인지부하(예 외국어 어휘 학습) • 학습자의 선수지식 수준(prior knowledge)에 영향을 받음[예 동일한 과제가 주어질 때 선수지식이 많은(적은) 학습자는 상대적으로 낮은(높은) 내재적 인지부하를 경험함.] • 교수설계에 의해 감소 불가능: 내재적인 인지적 처리과정의 관리가 목표 → 핵심개념의 획득, 반복 연습을 통한 자동화를 통해 작동기억의 부하를 감소시킬 수 있음.
외재적 인지부하 (extraneous cognitive load, 부적절한 인지부하)	• 교사의 학습과제 제시 형태와 방식(instructional help), 잘못된 교수자료(정보)에 의해 발생하는 불필요한 인지부하 • 교수설계에 의해 감소 가능: 외재적인 인지적 처리과정의 감소가 목표 → 학습방법, 학습내용 제시시기, 학습자료 제시방법, 학습전략 등 교수방법의 개선을 통해 감소 가능
본유적 인지부하 (germane cognitive load, 적절한 인지부하)	• 제한된 작동기억 내에서 학습자가 학습과제 해결을 위해 투입한 지적 노력(mental effort) • 교수설계에 의해 증가 가능: 본유적인 인지적 처리과정의 촉진이 목표

2. 인지부하이론의 기본가정
   (1) 작동기억의 처리 용량의 제한(인간의 인지적 작업능력이 제한): 정보처리 용량(7±2 chunk)과 정보지속시간(30초 이내)의 한계
   (2) 장기기억의 무한한 용량: 사실, 개념, 절차 등 다양한 형태의 정보는 장기기억에 스키마(schma)의 형태로 저장됨.
3. 인지부하이론의 두 가지 학습기제: 스키마(schema)의 습득과 자동화(automation)
   (1) 스키마(schema) 습득: 여러 정보를 하나의 정보로 분류하고 묶어서 처리하게 해주는 인지구조
   (2) 자동화(automation): 조작공간 감소 및 저장공간 증대 전략

CHAPTER 08

■ **U-learning**(Ubiquitous learning)

1. 개념

(1) 유비쿼터스(Ubiquitous)란 물이나 공기처럼 시공을 초월해 '언제 어디에나 존재한다.'는 뜻의 라틴어로, 사용자가 컴퓨터나 네트워크를 의식하지 않고 장소에 상관없이 자유롭게 네트워크에 접속할 수 있는 환경을 말한다.

(2) 학생들이 언제 어디서나 내용에 상관없이, 어떤 휴대용 단말기, 즉 모바일(mobile; '움직일 수 있는') 기기(예 휴대폰, PDA, DMB, PC, 노트북, 태블릿 PC, PMP 등)로도 학습할 수 있는 교육환경을 조성해 줌으로써 보다 창의적이고 학습자가 중심이 되는 교육과정을 실현하는 통합적 학습 체제를 말한다.

(3) 컴퓨터 관련 정보화 기기들(예 휴대용 단말기, 자동차의 내비게이터, 각종 센서 등)이 무선 네트워크에 의해 연결될 때, 어디에나 존재하는 컴퓨팅 환경이 가능해지며, U-learning은 이처럼 컴퓨터가 도처에 편재된 상태인 유비쿼터스 컴퓨팅 기술을 활용하는 학습체제를 의미한다.

2. 특징

(1) 학습자가 중심이 되는 교육환경 제공, (2) 학습 참여자들 사이의 다양한 상호 작용 형태의 촉진(예 면대면, 원격, 실시간, 비동시적 등), (3) 풍부한 학습자료의 활용, (4) 평생학습을 위한 기반 조성

3. 사례

(1) 가상현실(VR, Virtual Reality): 현실과 관련 없이 가상의 공간에서 영상을 보여주는 기술로, 360도 영상을 바탕으로 새로운 현실을 경험하도록 하는 기술

(2) 증강현실(AR, Augmented Reality): 사용자가 눈으로 보는 현실세계에 컴퓨터 그래픽·문자 등 가상세계(virtual)를 겹쳐 보여주는 기술로서, 현실세계에 실시간으로 부가정보를 갖는 가상세계를 합쳐 하나의 영상으로 보여주므로 혼합현실(Mixed Reality, MR)이라고 함.

예 스마트폰 카메라로 주변을 비추면 인근 상점의 위치, 전화번호 등의 정보가 입체영상으로 표기됨, 원격 의료진단 등

(3) 확장현실(XR, eXtended Reality): 가상현실(VR), 증강현실(AR), 혼합현실(MR)을 모두 지원할 수 있는 초실감형 기술 → 현실과 가상 간의 상호작용을 더욱 강화하여 현실 공간에 배치된 가상의 물체에 대한 간접 체험이 가능함.

(4) 메타버스(meta-verse): 3차원의 가상세계를 의미하는 용어로, 현실 세계를 가상의 공간에서 구현하는 플랫폼을 의미함. → VR·AR·MR·XR 기술의 발달을 기반으로 일상의 모든 분야를 가상 세계에서 현실과 같이 구현하는 플랫폼

■ **M-learning**(Mobile learning)

1. 개념

(1) 무선인터넷 및 위성통신 기술을 기반으로 PDA(Personal Digital Assistant, 개인 휴대용 단말기), PMP(Portable Multimedia Player, 휴대용 멀티미디어 재생기), 태블릿 PC, 무선인터넷 지원 노트북, 스마트폰을 활용하는 학습환경을 의미한다.

(2) 이동성(mobility)이 있는 무선(wireless)의 매체들을 활용한 교육을 의미한다.

(3) 기기의 4C, 즉 매체 및 콘텐츠의 접근(Content), 정보의 포착과 저장(Capture), 반응의 산출(Compute), 의사소통(Communicate) 기능 활용을 강조한다.

2. 특성

(1) 맥락성(context-sensitive, context aware): 이동하는 개인의 위치와 처해 있는 상황과 맥락을 반영하여 그에 적합한 대응적 반응을 함.

(2) 개별성: 학습자의 개별 상황과 요구가 반영된 학습이 가능

(3) 공유성: 개별 학습의 결과를 학습자 간의 사회적 상호 작용을 통해 공유함.

3. 디지털 교과서: e-book, 전자교과서
 (1) 서책형 교과서를 디지털의 형태로 바꾼 뒤 유무선 통신망을 이용하여 그 내용을 읽고, 보고 듣을 수 있도록 한 교과서를 말한다. → 태블릿 PC 환경을 활용 개발
 (2) 디지털 교과서는 기존의 서책형 교과서를 디지털화하여 서책이 가지는 장점과 아울러 검색, 내비게이션 등의 부가 편의기능과 멀티미디어, 학습지원 기능을 구비하여 편의성과 학습효과성을 극대화한 디지털 학습교재이다.

3. 멀티미디어와 교육

독립적·비선형적 매체 동시 제시 → 인터넷+멀티미디어=하이퍼미디어

(1) **장점**: ① 다양화, ② 경험의 확대, ③ 경험의 풍부화, ④ 몰입, ⑤ 다감각성, ⑥ 관련성, ⑦ 개별화, ⑧ 창조성, ⑨ 비동시성(시공간 제약 극복)

(2) **단점**: ① 길잃음, ② 구조의 결핍, ③ 비상호 작용(구체적인 피드백을 제공하지 않는 프로그램의 경우), ④ 복잡성, ⑤ 시간 낭비

(3) 멀티미디어 설계 및 개발 모형

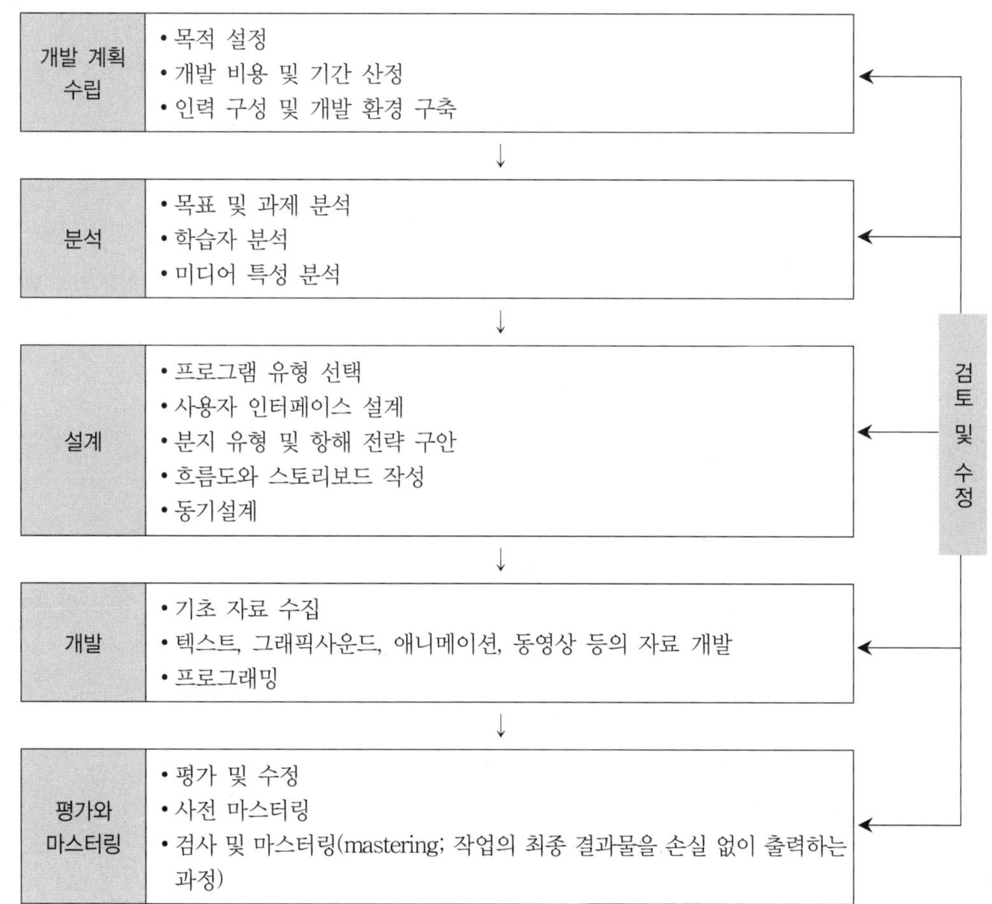

07 우리나라의 교육정보화

1. **목표**: 열린 교육 사회, 평생학습 사회의 건설 목표

2. ICT **활용 수업**: 정보통신기술 활용 수업

(1) ICT **소양교육**(도구적 활용법): 실과(초), 컴퓨터(중), 정보사회와 컴퓨터(고)

(2) ICT **활용교육**(교육적 활용법): ICT를 활용 교과수업 전개, 일상생활의 문제해결

(3) **교원** ICT **활용능력 기준**(ISST)

정보 수집 영역	• 웹 검색 사이트를 활용한 정보의 위치 파악 및 열람 • 주변기기(예 스캐너, 디지털 카메라 등)로부터 자료 전송 • 해당 교수·학습활동에 가장 효과적인 자료 평가 및 선정 • 수집한 정보 및 자료의 종류에 따른 PC 저장·관리
정보 분석·가공	• 워드프로세서를 이용한 텍스트 문서 편집 능력 • 스프레드시트를 이용한 데이터 입력 및 편집 능력 • 다양한 형태의 자료들(예 멀티미디어 자료, 프리젠테이션 자료 및 웹 페이지 자료 등)의 직접 제작·편집 및 작성·관리
정보 전달·교류	• 수집·가공된 자료를 재생장치(예 빔프로젝터) 및 프린터로 출력 • 학습자가 능동적으로 참여할 수 있는 교육용 소프트웨어 활용 • 전자우편, 게시판 등을 통한 교수·학습활동 피드백 제공 • 실시간(예 메신저, 채팅용 프로그램, 온라인 토론 등) 의사소통 • 학습주제에 맞는 온라인 및 오프라인 교수·학습활동 설계 및 수행
정보 윤리·보안	• 지식정보사회 및 정보가 갖는 의미 이해 • 필터 프로그램 설치로 유해 사이트 접근의 차단 • 지적 재산권의 법적 개념과 온라인 및 오프라인 교수·학습활동 적용 가능 범위 이해 • 정품 software·shareware·freeware의 차이 이해, 학교 보급용 버전이 있는 S/W의 구별 • 인증서 관리 및 암호 설정을 통한 개인정보 유출 방지 • 바이러스의 예방과 치료 • 넷티켓 준수 및 정보통신기술 활용

3. NEIS(교육정보 시스템)

인터넷으로 연결된 전국 단위의 교육행정정보 공유 시스템 → 웹 기반, 집중방식(전국 학교 ↔ 시도 교육청 ↔ 교육부)

(1) co-location **방식**(IDC 방식): 교무학사(생활기록부), 보건(건강기록부), 입학·전학 영역 → 분산 보관

(2) NEIS **방식**: 회계, 인사 등 24개 영역 → 집중 보관

4. 자원기반학습(Resources-Based Learning)

(1) 개요

① 특별히 설계된 학습자원과 상호 작용적인 매체와 공학기술을 통합함으로써 대량 교육상황에서 학습자 중심의 학습을 증진하기 위한 일련의 통합된 전략을 말한다.

② 교과학습에 있어서 광범위하고 다양한 학습자원을 사용하도록 하는 학습자 중심의 학습방법이다. 즉, 학습자 스스로 다양한 학습자원과 직접적인 상호 작용을 함으로써 이루어지는 학습 형태를 의미한다.

③ 다양한 정보자원의 활용을 통해 문제해결력, 비판적 사고력, 정보활용능력을 향상시키는 것을 목적으로 한다.

(2) Big 6 Skills : 아이젠버그와 베르코비츠(Eisenburg & Berkowitz, 1990)의 정보 리터러시 모델(information literacy model) → 정보탐색 및 활용능력 함양이 목적

단계	내용
1. 과제 확인(과제 정의 : Task Definition)	• 해결할 과제의 요점 파악 • 과제해결에 필요한 정보의 유형 파악
2. 정보 탐색 전략(Information Seeking Strategy)	• 사용 가능한 정보원 파악 • 최적의 정보원 선택
3. 소재 파악과 접근(Source Location & Access)	• 정보원의 소재 파악 • 정보원을 이용해 정보 찾기
4. 정보 활용(Use of Information)	• 찾아낸 정보를 읽고, 보고, 듣기 • 적합한 정보 가려내기
5. 종합 정리(Synthesis)	• 가려낸 정보들을 체계적으로 정리 • 최종 결과물 만들기
6. 평가(Evaluation)	• 결과의 유효성 평가 • 과정의 효율성 평가

(3) 웹 기반 탐구학습 모형(Web-Quest Instruction)

① 1995년 미국 샌디에이고 주립대학의 닷지와 마치(B. Dodge & T. March)교수에 의해 고안된 질문 지향적 수업 모형임.

② 교실 안으로 테크놀로지를 통합시키는 획기적 방법 → 인터넷을 사용하여 진행하는 일종의 프로젝트로 학생들에게 특정 과제가 부여되고, 학생들은 이 과제를 해결하기 위해 인터넷 탐색을 한 뒤 최종 리포트를 작성해야 하는 방식으로 진행된다.

CHAPTER 08

③ 교수 과정

1. 도입(소개, instruction)	학습내용과 관련된 배경을 제시하되, 학습자들을 대상으로 학습활동이나 학습내용에 관해 간략하게 제시한다.
2. 과제(task)	학습을 마쳤을 때 제출해야 하는 학습과제에 대해 설명한다.
3. 과정 (process)	• 학습과제를 완수하기 위해 필요한 학습과정을 단계적으로 제시한다. • 관련된 학습 사이트들을 연결시켜 주며, 학습자들은 웹사이트들에서 필요한 정보를 검색하고, 제공된 다양한 형태의 자료들을 이용하여 학습내용을 습득하여 학습과제를 해결해 간다.
4. 평가 (evaluation)	학습자들의 수행에 대한 평가기준을 제시하는 부분으로서, 이 과제를 어떻게 평가할 것인지, 보상은 무엇인지에 대해 설명한다.
5. 결론 (conclusion)	• 제공된 학습활동을 마친 후 학습자들이 배운 내용에 대해 요약하여 설명한다. • 이론적인 질문이나 부가적인 학습링크를 제공함으로써 학습자들이 학습한 내용에 대해 심화학습이나 다른 학습으로 관심을 확장시킬 수도 있다.

(4) **플립러닝**(flipped learning): 거꾸로 수업, 거꾸로 학습

① 개념: 전통적 수업에서의 강의를 동영상강의로 바꾸어 학습자에게 사전 과제로 제시하고, 사후 숙제로 제공하던 다양한 학습활동들(예 토의, 협동학습 등 체험 기반 학습)은 교실에서 실시하여 기존의 학습방식을 뒤집는 교육 모델임.

㉠ 전통적 방식에서의 강의-숙제 형태의 교육방식을 역으로 하는 교육방식을 의미함.

㉡ 기존의 강의식 수업과 구성주의적 학습 철학이 결합된 수업 형태임.

㉢ 온라인 교육과 오프라인 교육을 통합하여 병행 실시하는 혼합교육(blended learning)의 한 형태임 → 정보통신기술을 활용한 온라인 사전학습(수업 전 활동) 및 오프라인 사후학습(수업활동)으로 구성, 혼합교육은 효율성을 기반으로 온라인 교육을 중시하나 플립러닝은 전체 교육효과의 극대화를 기반으로 오프라인 교육을 중시함.

② 특징

㉠ 학생들이 수동적인 학습자에서 능동적인 주체로 변화함.

㉡ 교사는 안내자, 조력자, 발판 제공자의 역할로 변화함. → '무대 위의 현자(sage on the stage)'에서 '객석의 안내자(guide on the side)'로 변화

㉢ 교사와 학생 간 상호 작용이 증가하며, 학습자의 속도와 능력에 따른 개별화 교육이 가능함.

㉣ **전통적인 교실수업 시간과 과제를 하는 시간의 개념이 역전됨**: 숙제를 먼저 하고, 교실 수업은 나중에 함.

㉤ 직접적인 교수(강의법)와 구성주의 학습의 혼합교육(blended learning)이 이루어짐.

㉥ 교실수업 활동에서는 블룸(Bloom)의 적용력, 분석력, 종합력, 평가력 등 고차원적인 목표달성을, 수업 전 활동에서는 지식, 이해력 등의 목표달성을 추구함.

㉦ 플립러닝 기반의 교실은 강의 기반이 아닌 체험(activity) 중심으로 이루어져 기존 교실의 교육방식을 뒤집고 있음.

더 알아보기

■ MOOC(Massive Open Online Courses): 무크

(1) 개념: 인터넷을 활용한 대규모 공개 온라인 강좌

① 수강인원에 제한 없이(Massive), 모든 사람이 수강 가능하며(Open), 웹 기반으로(Online) 미리 정의된 학습목표를 위해 구성된 강좌(Course)

② 무크의 핵심은 쌍방향성이다. → 학습자가 수동적으로 듣기만 하던 기존의 온라인 학습 동영상과 달리, 교수자와 학습자, 학습자와 학습자 간 질의응답·토론·퀴즈·과제 제출 등 양방향 학습이 가능한 새로운 교육 환경을 제공하며, 학습자는 세계를 넘나들며 배경지식이 다른 학습자 간 지식 공유를 통해 새로운 학습경험을 할 수 있다.

(2) 운영형태

① 교수자와의 상호작용과 피드백을 중요시하는 cMOOC

② 교수자의 개입을 최소화하고 수준 높은 강의내용 제공에 초점을 맞춘 xMOOC

(3) 등장 및 확산: 2008년 캐나다에서 처음 시작 → 우리나라(K-MOOC)는 2015년 처음 도입

■ 교실온닷: 온라인 공동교육과정 → 교육부에서 진행하는 온라인 화상수업

(1) 개념

① 온라인상의 교실, 실시간(on-line) 교육, 내 인생의 정점(dot)을 찍는 교실, 학생이 교실로 찾아가는 것이 아니라 교실이 학생들에게 온다는 의미도 내포

② 희망학생이 적거나 교사 수급이 어려운 소인수·심화과목에 대해 여러 학교가 공동으로 과목을 개설하여 운영하는 공동교육을 실시간·양방향 온라인 방식으로 제공하는 제도

(2) 운영 목적: ① 학생의 진로와 적성에 맞는 교육과정 제공, ② 학생의 과목선택권 보장, ③ 향후 도입될 고교학점제 지원

(3) 장점 및 학습효과: ① 비실시간 온라인 수업의 한계 극복, ② 오프라인 공동교육과정의 한계 극복, ③ 온라인 수업의 장점 활용, ④ 수업 녹화 등을 통해 복습자료로 활용하여 학습효과 상승

박문각
공무원

핵심 요약집

오현준

핵심교육학

CHAPTER

09

생활지도와 상담

생활지도와 상담

핵심 체크노트

1. 생활지도의 원리와 과정
2. 상담활동의 기본 조건과 대화 기술
   (1) 기본 조건: 수용, 공감적 이해, 일치(진실성), 신뢰
   (2) 대화 기술: 구조화, 수용, 반영, 명료화, 직면, 해석
3. 상담이론
   (1) 문제 중심적 접근
      ① 인지적 영역: 지시적 상담이론, 합리적·정의적 상담이론(RET), 인지치료
      ② 정의적 영역: 정신분석적 상담, 개인심리상담, 비지시적 상담, 상호 교류 분석이론, 실존주의 상담, 형태주의 상담, 현실치료
      ③ 행동적 영역: 상호제지이론, 행동수정이론
   (2) 해결 중심적 접근: 단기상담
4. 비행이론: 아노미 이론, 사회통제이론, 중화이론, 차별접촉 이론, 낙인이론
5. 진로교육이론: 특성요인이론, 욕구이론, 성격이론, 사회학적 이론, 발달이론(Ginzberg, Super)

01 생활지도의 개념과 원리

1. 개념

(1) **어원적 의미**: guidance ['방향을 가리키다', '안내하다', '이끌다', '지도·교도(教導)하다'] → 학생들의 성장과 발달을 바람직한 방향으로 지도·안내하며 조언(助言)하는 활동

(2) **일반적 의미**: 학생의 자율적인 성장을 돕는 학교의 조력(助力)과 봉사활동

(3) **생활지도의 핵심적 활동은 상담**(counselling), **상담의 핵심은 인간관계**(rapport) **형성**: 상담은 생활지도의 일부

① 상담은 교육적 모델(정상인의 문제해결)이나, 심리치료(psycho-therapy)는 의학적 모델(환자의 치료)이다.

② 생활지도는 누구나 할 수 있으나, 상담과 심리치료는 전문가만의 활동이다.

2. 기본 원리

(1) **수용**: 한 인간으로서의 존엄성 존중, 있는 그대로의 이해 → 무조건적이고 긍정적인 존경(Rogers), 비소유적 온정(Truax)

(2) **자율성 존중의 원리**: 학생 스스로의 문제해결 도모

(3) **적응의 원리**: 학교 내의 소극적 적응과 인생에의 적극적 적응

(4) **인간관계의 원리**(rapport): 교사와 학생 간 참된 인간관계가 바탕

3. 실천 원리

(1) **계속성**: 진급, 진학, 취업, 졸업 후에도 계속 예 추수활동

(2) **통합성**(전인성): 지·덕·체의 조화로운 발달 도모 cf 생활지도는 도덕교육 ×

(3) **균등성**: 전체 학생을 대상 cf 생활지도는 문제학생을 위한 활동 ×

(4) **과학성**: 상식적 판단이 아닌 구체적·객관적 방법과 자료에 근거

예 표준화 심리검사 실시, 학생조사활동 단계 및 지시적 상담이론에서 중시

(5) **협동성**: 전 교직원 노력, 가정－학교－사회의 유기적 연대와 협력

(6) **적극성**: 처벌·치료(사후활동)보다 예방·지도(사전활동)에 중점 예 성교육 실시

(7) **구체적 조직의 원리**: 학교 내 담당부서 설치 예 진로상담부

02 생활지도의 과정

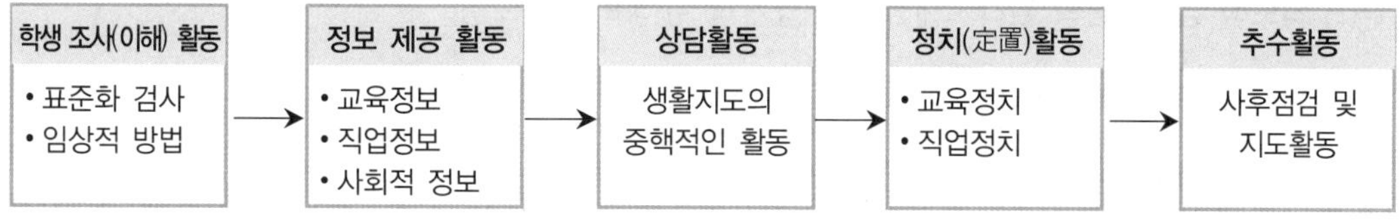

1. **학생 조사 활동**(학생 이해 활동): 학생 이해에 필요한 기초 자료(가정환경, 지능·적성, 인성, 장래희망 등) 수집 예 표준화검사, 임상적 방법 → 과학성의 원리
2. **정보 제공 활동**: 학생의 적응에 필요한 자료 및 정보 제공

   예 교육정보, 진로정보, 개인적·사회적 정보 → 오리엔테이션, 교내방송, 가정통신문, 조회·종례
3. **상담활동**(핵심): 개별 학생의 당면 문제 해결
4. **정치**(定置)**활동**(placement service): ① 학생들의 능력에 맞는 환경에 배치하는 활동, ② 다음 단계로의 선택을 도움.

   예 방과 후 학교활동 선택, 수준별 수업반 배정, 동아리활동 선택, 상급학교 선택, 부업 알선, 직업 선택

   cf **위탁활동**: 문제를 가진 학생(예 학습장애)을 전문가나 전문기관에게 의뢰
5. **추수활동**(사후점검, 사후지도 활동): ① 정치활동 이후의 적응 여부 확인, ② 새로운 생활지도 계획이나 프로그램 개선을 위한 자료수집 활동

더 알아보기

■ **생활지도의 3C**: 상담(counselling), 조정(coordination), 자문(consultation)

1. 자문활동(consultation): 생활지도기관이나 생활지도 종사자(예 카운슬러)를 위한 전문적 조언이나 협조 활동
2. 조정활동(coordination): 문제해결을 위해 생활지도 담당자나 전문기관이 상호 협력하는 활동

   예 상호 조절 전략, 제휴전략, 조합전략

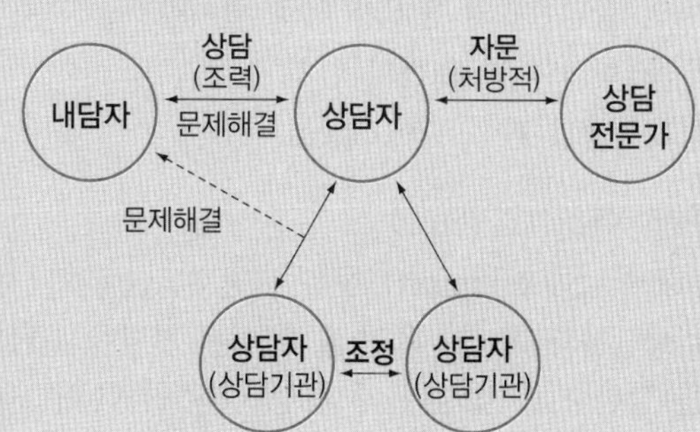

03 상담(counselling)의 이해

1. 개념

상담자가 내담자가 지닌 문제해결을 도와주는 면 대 면(face to face) 과정

2. 기본원리

(1) **개별화의 원리**: 내담자의 특성에 맞는 다양한 상담기법 적용

(2) **의도적 감정표현의 원리**: 내담자의 양가적 감정표현을 도움.

(3) **통제된 정서관여의 원리**: 내담자의 통제된 감정표현을 유도

(4) **수용의 원리**: 내담자에 대한 편견이나 선입견 배제, 있는 그대로 이해

(5) **비심판적 태도의 원리**: 내담자에 대한 가치중립적 태도 유지

(6) **자기결정의 원리**: 내담자 자신의 의사결정을 자극

(7) **비밀보장의 원리**: 상담 내용을 공개하지 말 것
cf 범죄행위, 내담자의 보호자의 요청, 정보 공개 승인 등은 예외

3. 기본조건

(1) **수용**(acceptance): 내담자를 귀중한 인간으로 존중 → 존재 자체의 수용, 내담자의 제반 특성의 수용, 구체적인 행동의 수용

(2) **공감적 이해**(empathetic understanding, 감정이입적 이해, 내적 준거 체제에 의한 이해): 내담자의 경험·감정·사고·신념을 내담자의 준거체제(내담자의 입장)에 의해서 상담자가 내담자인 것처럼 듣고 이해하는 능력

① 내담자의 사적인 세계를 상담자가 마치 자기 자신의 세계처럼('마치도 ~처럼, as if') 느끼는 일(Rogers)

② 내담자의 감정에 빠져들지 않으면서 내담자의 감정을 자신의 감정처럼 느끼는 것

(3) **일치**(genuineness, congruence, 진실성, 순수성, 명료성, 진정성)

① 상담자와 내담자의 상담목표와 동기가 서로 일치함.

② 상담자의 내적인 경험과 외적 표현의 일치

③ **상담자의 순수성**: 상담의 필수조건(Rogers)

(4) **신뢰**(trust): 내담자가 상담자를 믿는 것

① 신뢰 형성을 위해서는 래포(rapport) 형성이 전제되어야 함.

② 래포(rapport)는 상담자와 내담자 간 믿을 수 있는 친밀한 분위기로, 대화의 촉진적 관계, 원만한 인간관계를 말한다. → 상담 관계 형성, 상담 작업동맹(working alliance), 집단응집성(집단상담의 경우)과 유사 개념

04 상담의 대화기법

1. 구조화(structuring)

상담 과정의 본질, 제한조건 및 목적에 대하여 상담자가 정의를 내려주는 것 → 상담 장면 구성, 상담의 기본 방향 설정 예 시간 제한, 행동 제한, 상담자의 역할, 내담자의 역할, 과정 및 목표의 구조화, 보수(비용, cost)

2. 수용(acceptance)

있는 그대로 존중 → 내담자의 발언에 간단히 대응[언어적+비언어적 반응(예 시선을 마주침, 고개를 끄덕임 등)], 경청(적극적 경청)과 장단 맞추기로 구성

(1) **적극적 경청**(active listening): 학생이 말한 이성적 내용과 감정적 내용에 충분히 반응하기

(2) **장단 맞추기**: 말하는 내담자의 분위기와 이야기 흐름에 짧은 어구로 장단을 맞추기
예 으흠, 으응, 그래, '아! 저런!', '그랬니?' 등

3. 반영(reflection of feeling): 말하지 않은 내용(감정)을 추론하여 말하기

(1) 내담자의 말과 행동에서 표현된 기본적인 감정·생각·태도를 상담자가 다른 참신한 말로 부언해 주는 것 →'온화한 해석'의 한 형태, 내담자에 대한 상담자의 감정이입적 이해가 이루어져야 가능

(2) 내담자의 자기 이해를 돕고 내담자로 하여금 자기가 이해받고 있다는 인식을 제공

4. 재진술(restatement)

(1) 내담자의 말을 그대로 되풀이하는 것 → 내담자의 말 중 일부를 반복함으로써 상담의 방향을 초점화(focusing)하는 역할

(2) '반영'이 내담자의 메시지에 담긴 정서를 되돌려 주는 기술이라면, 재진술은 내담자의 메시지에 담긴 내용을 되돌려 주는 기술

5. 요약(summarization)

내담자가 말한 내용을 다른 말로 간추리기 → 내담자의 표현들 중에서 주제를 찾아 돌려주는 기술

6. 인도(화제 바꾸기)

내담자의 말을 촉진하거나 다른 방향으로 안내하는 기술 → 가지치기(내담자가 언급한 내용 중에서 주제와 관련이 적은 것을 잘라버리기 예 '아까 하던 이야기로 돌아가서', '그 이야기는 그만 하고') 방법 사용

7. 명료화(clarification)

(1) 막연한 것(언어적인 것+비언어적인 것 예 분명하지 않은 사고, 정서, 행동 등)을 분명히 정리하는 것

(2) 내담자 메시지의 전후 문맥(文脈)을 분명히 하기 위한 기술 → 평서문을 의문문으로 표현

cf **구체화**(concreteness): 내담자가 사용하는 언어 내용의 정체를 구체적으로 확인하는 기술
예 "너를 괴롭히는 아이가 철수, 갑수 맞니?"

CHAPTER 09

8. **직면**(맞닥뜨림, confronting)

내담자가 미처 깨닫지 못하거나 인정하기를 거부하는 생각과 느낌에 대하여 주목하도록 하는 방법

예 언어와 비언어 행동(동시적)의 모순, 언어 메시지와 취하는 행동(비동시적)의 모순, 두 개의 모순된 언어 내용, 두 개의 모순된 비언어 행동, 언어 메시지와 맥락(상황)의 모순, 언어 메시지와 숨겨진 내용(왜곡된 심리, 연막치기, 방어기제)의 모순

9. **해석**(interpretation)

말하지 않은 내용(도식, 참조 체제)을 추론하여 말하기

(1) 내담자로 하여금 자신의 문제를 새로운 각도에서 이해하도록 그의 생활경험과 행동의 의미를 설명하는 것(=재구조화)

(2) 내담자가 새로운 참조체제(frame of reference)를 바탕으로 자신의 문제를 바라볼 수 있도록 돕는 것

cf '해석'은 정신분석적 상담기법이며, 인간 중심 상담에서는 '반영'과 '명료화'를 주로 사용

반영과 해석의 비교

반영(reflection)	해석(interpretation)
부드러운 해석 또는 온화한 해석	강한 해석
상담의 초기에 사용	상담의 후기에 사용
표현되지 않은 내담자의 감정·태도에 대해 말하기	새로운 참조체계(frame of reference) 또는 시각 제공하기
대상은 내담자의 감정·태도 등	대상은 내담자의 방어기제·문제에 대한 생각·행동양식
내담자의 자기이해를 돕고 대화를 촉진하는 역할	문제를 해결하는 역할
인간 중심 상담이론의 기법	정신분석적 상담이론의 기법
말하지 않은 것을 추론해서 말하기	

더 알아보기

■ 대화 기술 관련 용어

1. 자기 노출(자기 개방): 상담자로서 독특하고 구체적인 감정, 태도, 경험을 공개함. → 자기 관련 진술(상담자 개인의 생각·가치·철학·판단)+자기 노출 진술(상담자 개인의 과거 경험)
2. 즉시성: 지금 – 여기에서 두 사람 간에 일어나는 일에만 반응 → 상담자가 내담자와의 관계를 이야기하면서 상담 밖의 관계에 대해 새로운 조망을 가지게 하는 '관계에 대한 즉시성'과, 지금 현재 일어나고 있는 상호 작용을 논의하는 '지금 – 여기의 즉시성'이 있음.
3. 나 – 전달법(I–Message): '나'를 주어로 하여 상대방에 대한 나 자신의 감정, 생각, 신체적 상태를 표현하는 대화법
   예 "네가 …(행동)…하니까, 그 결과로 ……하고(영향), 나는 …(감정)… 느낀다."
   cf 나–전달법, 적극적 경청, 무승부법(타협 또는 아무도 지지 않는 방법)은 고든(Gordon)의 교사 효율성 훈련(T.E.T)에서 중시하는 대화기법에 해당한다.
4. Do 언어: 상대방의 문제가 되는 행동을 구체적으로 가리켜 표현하는 말
   예 (지각하는 학생에게) "너 자주 늦는구나."
5. 행동실험: 내담자의 사고나 가정의 타당성을 직접적으로 검증하는 중요한 평가기법 → 인지치료이론의 상담기법
   예 "네가 친구들에게 전화를 걸어 보고, 그 결과를 함께 확인해 보자."
6. 행동시연(behavior rehearsal): 바람직한 행동을 반복하기

05 상담이론 : 문제 중심적 접근 vs 해결 중심적 접근

구분	대표적 이론
인지적 영역	• 지시적 상담이론(Williamson & Darley, Parsons, 특성 · 요인이론) : 진로 및 비행문제에 적용, 상담자 책임, 진단 중시, 비민주적 상담, 상담의 과학화에 기여 • 합리적 · 정의적 상담이론(Ellis, RET 또는 REBT 이론) : 비현실적 · 비합리적 신념을 현실적 · 합리적 신념으로 전환(ABCDE 기법), 종합적 접근 • 개인구념이론(Kelly) : 과학자로서의 인간관, 배타적 또는 범주적 구념 → 대안적 구념, CPC 절차, 역할실행 & 고정역할치료 • 인지치료(Beck) : 역기능적 인지도식, 부정적 자동적 사고(인지 3제, 예 나, 세상, 미래), 인지적 오류(예 흑백논리, 과잉일반화, 선택적 추상화, 임의적 추론) → 우울증 치료
정의적 영역	• 정신분석적 상담이론(Freud) : 무의식의 의식화 → 꿈의 분석, 자유연상, 실수 · 실언 · 유머 · 저항의 분석, 전이(치료의 핵심), 훈습 • 개인심리 상담이론(Adler) : 열등감, 우월성의 추구(권력에의 의지), 생활양식, 사회적 관심론, 창조적 자아, 출생순위, 허구적 최종 목적론 • 비지시적 상담이론(Rogers, 인간 중심 상담) : 자아이론, 내담자(고객 · 학생) 책임, 실현경향성, 상담 환경(무조건적이고 긍정적인 존경, 공감적 이해, 순수성) → 만발기능인 추구 • 상호 교류 분석이론(Berne) : PAC 자아, 자율성 성취 → 계약, 자아 구조(egogram) 분석, 상호 · 교류 분석(상보교류, 교차교류, 이면교류), 게임 분석, 생활 각본 분석, 재결단 • 실존주의 상담이론(Frankl & May) : 불안(실존적 신경증)과 의미, 태도 중시(현상학적 접근), 의미요법, 현존분석 → 역설적 의도(지향), 반성 제거법, 소크라테스 대화기법 • 형태주의 상담이론(Perls) : 자이가닉 효과, 지금 · 현재 전체로 지각 → 알아차림, 빈의자 기법, 꿈작업, 환상게임 • 현실치료기법(Glasser, 선택이론, 통제이론, 전행동이론) : 결정론(정신분석 및 행동주의) 비판, 현재 욕구(생존, 소속, 힘, 즐거움, 자유의 욕구), 책임적 자아, 효율적 자기통제, WDEP(욕구 – 행동 – 평가 – 계획)
행동적 영역	• 행동 수정 이론(Krumboltz) : 스키너 이론+반두라 이론, 외적 행동 변화 → 강화, 벌, 모델링 • 상호 제지 이론(Wölpe) : 파블로프 이론, 내적 행동(공포, 불안) 변화
기타	절충적 상담이론(Jones) : 원인 분석(비지시적 상담)+문제해결(지시적 상담)
해결 중심 접근	• 단기상담(de Shazer) : 문제해결 중심 접근, 25회 이내 종결 • 단회상담 : 1회 또는 1회기에 종결되는 상담

1. 인지적 영역의 상담이론

(1) 지시적 상담이론 : 특성 · 요인 상담이론

① **대표자** : 윌리암슨 & 다알리(Williamson & Darley), 파슨즈(Parsons)

② **개요** : ㉠ 특성 · 요인이론에 기초(내담자는 자기 문제를 독립적으로 해결하지 못함), ㉡ 진로상담에 적용, ㉢ 진단(診斷) 중시, ㉣ 상담의 책임은 상담자(비민주적 상담), ㉤ 상담의 과학화에 기여

③ **부적응** : 개인의 특성과 환경과의 부적절한 결합

④ **상담 과정** : 분석 ⇨ 종합 ⇨ 진단 ⇨ 예진 ⇨ 상담 ⇨ 추후지도

⑤ **상담 기술** : ㉠ 타협의 강요, ㉡ 환경의 변경, ㉢ 환경의 선택, ㉣ 필요한 기술 습득, ㉤ 태도의 변경

(2) **합리적 · 정의적 상담(RET)이론**: REBT(합리 · 정서 · 행동 치료)

① **대표자**: 엘리스(Ellis)

② **인간관**: 인간은 합리적 존재, 사고가 정서와 행동을 결정한다. → 종합적 접근

③ **문제행동의 원인**: 비합리적 · 비현실적 · 자기 파괴적 사고와 신념(예 모든 사람에게 항상 인정받고 사랑받아야 한다. 매사에 유능하고 완벽해야 한다. 세상일이 내가 원하는 대로 되지 않을 때 절망한다. 등) → 당위적 · 경직된 사고, 지나친 과장, 자기 및 타인 비하

④ **상담 과정**: 비합리적 사고를 합리적으로 교정 → ABCDE 기법

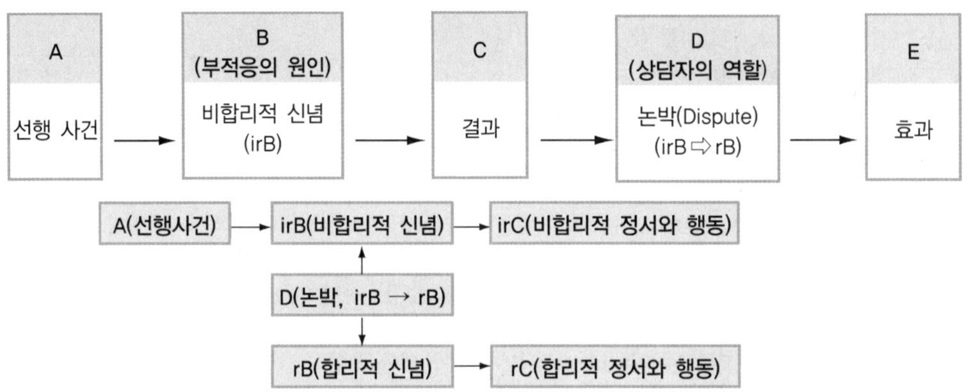

㉠ A(선행사태): 스트레스를 유발하는 사건(예 실연, 배신, 낙방) → 가치중립적

㉡ B(신념): 문제(부적응)의 원인 → 합리적(rB)일 때는 적응, 비합리적(irB)일 때 부적응

㉢ C(결과): irB 때문에 야기된 결과 → 부정적 정서와 행동

㉣ D(논박): 상담자의 역할 → 논리성, 현실성, 실용성에 근거하여 비합리적 신념을 교정

㉤ E(상담의 효과): 합리적 사고, 긍정적인 정서와 행동

⑤ **상담방법**

㉠ **인지적 기법**: 암시, 대안 제시, 유추기법

㉡ **정서적 기법**: 수치심 제거 연습, 역할 연기

㉢ **행동적 기법**: 강화, 과제 부과, 자극통제

(3) **인지요법**: 인지치료

① **대표자**: 벡(A. Beck)

② **개요**: 합리적 정서치료+인지행동적 상담이론 → 우울증에 관한 인지치료이론(인지 변화를 통한 심리적 문제 해결 도모)에서 출발하여 불안, 공포증 등 정서적 문제치료로 확대

③ **부적응 발생의 원인**: 환경적 스트레스와 부정적 생활사건 ⇨ 역기능적 인지도식 ⇨ 인지적 오류 ⇨ 부정적 자동적 사고(인지 3제) ⇨ 심리적 문제

④ **특징**: ㉠ 부정적 자동적 사고(자신, 미래, 세상에 대한 부정적 생각 → 인지 3제), ㉡ 역기능적 인지도식, ㉢ 인지적 오류(예 흑백논리, 과잉 일반화, 선택적 추상화, 의미 확대 및 의미 축소, 임의적 추론, 사적인 것으로 수용)

⑤ **상담방법**: ㉠ 특별한 의미 부여하기, ㉡ 절대성에 도전하기, ㉢ 재귀인하기, ㉣ 인지 왜곡 명명하기, ㉤ 흑백논리 도전하기, ㉥ 파국에서 벗어나기(탈파국화), ㉦ 장점과 단점 열거하기, ㉧ 인지 예행연습, ㉨ 사고 중지(thought stopping)

Tip **마이켄바움**(Meichenbaum)**의 인지행동 수정**(cognitive-behavioral modification, CBM): 자기 지시적 치료(Self-Instructional Therapy)

> 1. **개요**: 내담자의 자기 언어화(self-verbalization)를 변화시키는 데 중점
> 2. **행동 변화법**: 자기관찰 ⇨ 새로운 내적 대화의 시작 ⇨ 새로운 기술의 학습
> 3. **대처 기술 프로그램**: 개념적 단계 ⇨ 기술 획득과 시연 단계 ⇨ 적용과 수행 단계를 통해 스트레스 예방 훈련

(4) 개인구념이론

① **대표자**: 캘리(Kelly)

② **인간관**: 건설적(구성적) 대안주의, 과학자로서의 인간관

③ **부적응**: 잘못된 구념(배타적 구념, 범주적 구념)을 현실에서 고집할 때 문제 발생

④ **상담**: 잘못된 개인구념을 재개념화(대안적 구념화, 현실적 구념화)하는 과정

⑤ **상담방법**: 역할실행, 고정역할 치료

⑥ **상담 절차(CPC 주기 절차)**: C(Circumspection, 분별, 여러 측면을 검토) ⇨ P(Preemption, 선점, 양분된 주제로 통합) ⇨ C(Control, 통제, 하나의 대안을 선택)

2. 정의적 영역의 상담이론

(1) 비지시적 상담이론: 인간(내담자) 중심적 상담, 자아(고객) 중심 상담

① **대표자**: 로저스(Rogers)

② **인간관**: ㉠ 자아실현의 의지(실현 경향성) 소유, ㉡ 성선설(性善說), ㉢ 개인은 적절한 환경(예 무조건적이고 긍정적인 존경, 공감적 이해, 순수성)이 제공된다면(if-then) 자기 확충을 위한 적극적인 성장력을 지니고 있다.

③ **부적응**: 자아의 정의적 측면의 적응 문제

예 외부적 기준과 내면적 욕구와의 괴리, 진정한(현실적) 자기와 이상적 자기와의 괴리, 자기 개념과 경험과의 괴리

④ **상담의 목적**: 내담자의 자아실현(자아 통합) → 만발기능적 인간(fully functioning person → 경험의 개방성, 실존적 삶, 유기체적인 신뢰감, 경험적 자유, 창조성)

⑤ **특징**: ㉠ 진단 단계 배제(민주적 상담), ㉡ 상담의 성공과 실패는 내담자 책임, ㉢ 성장의 원리에 기초(성장은 자아 개념의 변화), ㉣ 상담자의 역할은 래포(rapport) 형성

⑥ **상담 과정**: 감정의 방출 ⇨ 자기 이해와 통찰 ⇨ 행동 ⇨ 통합

⑦ **상담방법**: ㉠ 진실성(일치성, 순수성), ㉡ 무조건적이고 긍정적인 존경(수용), ㉢ 공감적 이해

(2) 정신분석적 상담이론

① **대표자**: 프로이트(Freud)

② **부적응**: 유아기 때의 무의식적 동기와 욕구(id)의 억압이 부적응 초래

③ **상담**: 무의식 세계에 억압되어 있는 갈등을 의식화 → 자아(ego) 기능을 강화

④ **상담 과정**: 작업동맹 형성 ⇨ 진단 ⇨ 자유연상(또는 꿈의 분석) ⇨ 해석 ⇨ 전이 및 통찰(훈습) ⇨ 적응력의 획득

⑤ **상담방법**: ㉠ 최면요법, ㉡ 자유연상, ㉢ 꿈의 분석, ㉣ 저항의 분석, ㉤ 실수나 실언 및 유머의 분석, ㉥ 전이(핵심) 및 훈습(working through, 전이의 확산), ㉦ 해석

CHAPTER 09

(3) **개인심리 상담이론**: 사회적 관심론 → '개인 심리학파' 형성

① **대표자**: 아들러(Adler)

② **개요**: 프로이트(Freud) 이론 비판[예 환원론과 결정론, 생물학적 지향성(성욕론)] → 개인은 분리될 수 없는 통합된 전체, 인간의 사고와 행동에 미치는 사회적 영향에 관심

③ **인간관**: 태어날 때부터 열등한 존재(예 기관 열등감, 심리적 열등감, 사회적 열등감) → 인간 행동은 본질적으로 열등감의 보상(우월성의 추구)

④ **부적응**: 열등감(inferiority complex)을 극복하려는 자기중심적인 노력(예 힘, 권력, 우월감, 공격성, 물질적인 삶, 비협동적인 삶의 추구) → 지배형, 기생형, 도피형 생활양식

사회적 관심	활동 수준	생활양식 유형	내용
없음.	높음.	지배형 (ruling type)	독단적·공격적·활동적이지만 사회적 인식이나 관심이 거의 없는 사람 → 비사회적인 면에서 활동적이고 타인에 대한 배려 없음.
	중간	기생형 (getting type)	한 타인으로부터 많은 것을 얻어내려는 기생적인 방법으로 자신만의 욕구를 충족하려는 사람
	낮음.	도피형 (avoiding type)	사회적 관심이 없고 인생에 참여하려는 활동을 하지 않는 사람
있음.		사회적 유용형 (socially useful type)	자신과 타인의 욕구를 동시에 충족시키려 노력하고, 인생과업을 위해 기꺼이 타인과 협동하는 사람 → 심리적으로 건강한 사람

⑤ **핵심 개념**: ㉠ 열등감 보상, ㉡ 우월성의 추구(권력에의 의지, will to power), ㉢ 생활양식, ㉣ 사회적 관심, ㉤ 창조적 자아, ㉥ 출생 순위, ㉦ 허구적 최종 목적론(fictional finalism, 가공 목적론)

⑥ **상담방법**

㉠ **회상, 해석, 재교육**: 내담자가 열등감을 인식하고 잘못된 생활목표나 생활양식을 각성하도록 유도

㉡ **사회적 관심론**: 유용한 사회적 관심(예 공동체 의식, 대인관계, 협동, 타인에 대한 감정이입, 공공복지에의 공헌 등)을 통해 열등감 극복 → 사회적 유용형(socially useful type) 생활양식

㉢ 단추 누르기 기법, 스프에 침뱉기(깨끗한 양심에 먹칠하기), 마치 ~인 것처럼 행동하기

(4) **상호 교류 분석(TA)이론**: 심리교류(의사거래) 분석이론

① **대표자**: 번(Berne)

② **인간관**

㉠ **반운명적 철학**: 인간은 자율적 존재이나 인생의 초기단계에서 자율성을 훼손당함.

㉡ **인간행동의 동기**: 생리적 욕구, 심리적 욕구(자극의 욕구, 구조의 욕구, 자세의 욕구)

자극의 욕구	타인으로부터 다양한 방식(신체적, 언어적, 긍정적)으로 존재 인정을 받고 싶은 욕구 → 인정자극(stroke, 어루만짐)의 욕구
구조의 욕구	인정받기 위해 자신의 생활과 시간을 조직화하려는 욕구
자세의 욕구	개인이 일생을 통해 확고한 삶의 자세를 가지려는 욕구 → 생활자세를 형성하고 이를 토대로 생활각본을 형성

③ **부적응**: 어버이 자아(P 예 CP, NP), 어린이 자아(C 예 FC, AC), 어른 자아(A)가 한 틀에 고정될 때 발생
④ **상담 목적**: 자율성 성취 → PAC 자아의 조정 능력 발휘
⑤ **상담방법**: ㉠ 계약, ㉡ 자아 구조 분석(egogram), ㉢ 상호 교류 분석(예 상보교류, 교차교류, 이면교류), ㉣ 게임분석(이면교류가 반복, 라켓 감정 체험으로 종결 예 생활게임, 범죄자 게임, 인생게임), ㉤ 생활 각본 분석(예 파괴적 각본, 평범한 각본, 성공 각본), ㉥ 재결단(생활 각본의 변화를 통해 긍정적 생활자세를 형성)

긍정적 · 부정적 생활자세

긍정적 생활자세	자기 긍정 – 타인 긍정(I'm OK – You're OK)
부정적 생활자세	• 자기 긍정 – 타인 부정(우월감과 지배감) • 자기 부정 – 타인 긍정(열등감과 우울증) • 자기 부정 – 타인 부정(정신분열)

라켓 감정(racket feeling): 라켓은 초기 결정을 확증하기 위해 다른 사람을 조작하는 과정으로 자신도 모르게 벌이는 각본에 따른 행동을 말함. 라켓 감정은 내 의사와 다르게 표현되는 위장된 감정

(5) 실존주의 상담이론

① **대표자**: 프랭클(Frankl)
② **부적응**: 인간 존재의 불안이나 고통(기대불안) → 실존적 불안(실존적 신경증)
③ **상담**: 인간 존재의 불안이나 고통의 '참된 의미'를 찾아 자아실현 성취(의미에의 의지, will to meaning) → 증상에 대한 태도(attitude)를 중시
④ **상담원리**: ㉠ 비도구성의 원리(상담자는 도구 ×), ㉡ 자아 중심성의 원리, ㉢ 만남의 원리, ㉣ 치료할 수 없는 위기의 원리(단순한 치료가 아닌 인간성 회복이 목적)
⑤ **상담기법**: ㉠ 의미요법(불안에 대한 긍정적 의미 부여), ㉡ 현존분석(불안에 대한 현상학적 태도 개선)
⑥ **기대불안에 대한 치료방법**: ㉠ 역설적 지향의 방법(역설적 의도), ㉡ 반성 제거법, ㉢ 소크라테스 대화기법, ㉣ 태도 수정 기법(예 논증, 긍정적 감시, 단순책략), ㉤ 호소

(6) 형태주의 상담이론

① **대표자**: 펄스(Perls)
② **부적응**: 현재 장면에서 형태(Gestalt)를 정확히 인식하지 못할 때 발생 → 미해결 과제가 형태의 올바른 인식(전체로서의 통합된 인식)을 방해(자이가닉 효과)
③ **상담 목표**: 지금 여기(now & here)를 완전히 경험 → 개인의 성장
④ **핵심 개념**: 형태(Gestalt), 전경(前景), 배경(背景), 알아차림(자각), 미해결 과제, 접촉(투사, 편향, 반전, 내사, 합류 등을 극복)
⑤ **상담기법**: 현재 각성 기법(알아차림 기법) → ㉠ 빈의자 기법(empty chair), ㉡ 꿈작업, ㉢ 환상게임

(7) 현실치료적 상담이론

① **대표자**: 글래써(Glasser)
② 정신분석(과거결정론)과 행동주의(환경결정론)와 반대되는 상담방법

③ 인간관

㉠ 인간은 자율적 통제체제(통제이론, 선택이론) → 인간은 현실적 욕구(예 생존의 욕구, 소속의 욕구, 힘의 욕구, 즐거움의 욕구, 자유의 욕구) 충족을 위해 행동하는 존재, 자기 행동에 책임을 지는 존재(책임적 자아)

㉡ 전행동이론(total behavior theory): 활동(acting), 생각(thinking), 느낌(feeling), 신체반응(physiology) → 활동(acting)과 생각(thinking)의 변화 중시

㉢ 3R 중시: 현실성(reality), 책임성(responsibility), 옳고 그름(right & wrong) 중시

④ 부적응: 비효율적인 삶의 통제 → 효율적으로 '자신의 욕구'를 충족시킬 수 없는 사람

⑤ 상담: 비효율적인 삶의 통제자를 보다 효율적인 삶의 통제자가 될 수 있도록 조력하는 과정 → 성공적인 정체감을 계발하여 궁극적인 자율성을 획득

⑥ 상담의 절차(WDEP)

1. 바람(Wants)	내담자가 자신의 바람, 욕구(예 생존의 욕구, 소속의 욕구, 힘의 욕구, 즐거움의 욕구, 자유의 욕구)를 탐색하기
2. 지시와 행동 (Direction & Doing)	욕구 충족을 위한 내담자의 현재 행동에 초점 맞추기 → 모든 행동 중 통제 가능한 활동(acting)과 생각(thinking)에 주목하기
3. 평가(Evaluation)	내담자로 하여금 자신의 행동을 3R(현실성, 책임성, 공정성)을 기준으로 평가해 보도록 하기
4. 계획과 활동(Planning)	내담자가 자신의 실패행동을 성공적으로 바꾸는 구체적인 계획을 수립하여 활동하기

3. 행동적 영역의 상담이론: 학습이론을 상담 과정에 적용

(1) 상호제지이론: 역조건화, 비양립 반응법

① 대표자: 웰페(Wölpe)

② 파블로프(Pavlov)의 고전적 조건화 이론에 기초

③ 학습된 부적응 행동(예 불안, 공포)을 제지할 수 있는 다른 이완 행동을 통해 약화

④ 상담 기법: ㉠ 주장적 훈련, ㉡ 체계적 둔감법(불안 유발 자극과 긴장 이완을 연합, 불안 위계 목록 작성 ⇨ 이완 훈련 ⇨ 상상을 통한 단계적 이완)

(2) 행동수정이론

① 대표자: 크럼볼츠(Krumboltz)

② 스키너(Skinner)의 작동적 조건화+반두라(Banbura)의 사회인지이론에 기초

③ 학습된 나쁜 습관(예 지각, 도벽, 거짓말)을 강화와 벌, 모델링을 이용한 행동수정기법을 통해 문제 해결

(3) 상담 과정: 상담 관계 형성 ⇨ 문제행동 규명 ⇨ 현재 상태 파악 ⇨ 상담목표 설정 ⇨ 상담기법 적용 ⇨ 상담 결과 평가 ⇨ 상담의 종결

4. 절충적 상담이론

① 대표자: 존스(Jones)

② 개요

㉠ 부적응의 이해는 비지시적 상담+부적응 해결은 지시적 상담

㉡ 특정 이론과 기법을 고집하지 않고 상담 문제와 내담자에 따라 적절한 기법을 선별·사용하거나 통합하여 사용하는 방법

5. 단기상담 : 해결 중심 단기상담(Solution Focused Brief Counseling : SFBC)

(1) 개념

① 정신분석상담 등 장기상담과는 달리 25회 이내에 종결하는 상담

예 위기상담 → 위기적 체험(배우자나 자녀의 죽음, 지진, 강간 등) 상황에서 전개되는 상담

② 내담자가 호소하는 한두 가지 핵심문제를 중심으로 전개 → "상담은 수선작업이다."(Colby)

③ **해결 중심 패러다임** : 문제원인 규명보다 내담자의 자원(예 강점, 성공경험, 예외상황)을 활용, 해결방법에 중점

(2) 상담 목표 : 내담자(예 방문형, 불평형, 고객형)가 호소하는 그 문제 해결, 내담자의 문제 대처 기술 능력 함양(ripple effect, 파급효과) → 내담자를 '고객형'으로 변화시킴.

(3) 대화 기법 : ① 경청, ② 비언어적 행동, ③ 핵심어에의 반향, ④ 간략한 설명, ⑤ 열린 질문(개방형 질문), ⑥ 침묵, ⑦ 칭찬, ⑧ 감정이입

(4) 상담 과정

① 목표 세우기(Goal setting) : 구체적이고 명확하며 행동적인 목표 설정

② 질문하기

구분	내용
첫 상담 이전의 변화에 관한 질문	상담 전 변화가 있는 경우 내담자의 해결능력을 인정하고, 강화하며 확대하도록 격려하는 기법 예 처음 상담을 약속할 때는 문제에 대해 심각하게 고민하던데, 지금은 어떠니?
대처질문	문제 이야기에서 해결 이야기를 하도록 돕는 기법 → 내담자 자신이 문제를 극복할 수 있는 힘을 환기시켜 줌.
예외질문	문제가 발생할 것이라고 기대하였으나 문제가 발생하지 않은 예외상황을 묻는 질문 → 예외상황은 해결책을 구축하는 실마리가 됨. 예 시험을 볼 때마다 불안하다고 했는데, 혹시 불안하지 않은 적은 없었니?
기적질문	문제와 떨어져 해결책을 상상하게 하는 기법으로, 아동의 변화가능성에 대해 자유로이 생각하게 함. 예 만약 오늘 밤 기적이 일어난다면, 내일 아침 무슨 일이 일어나 있을 것 같니?
관계질문	기적이 일어난 후의 내담자 주변에 일어난 변화에 관한 질문 예 이 기적이 일어난 후에 (선생님이, 친구가, 부모님이, 누나가, 기타) 뭐라고 말할까?, 네가 그렇게 변한 것을 그 사람들이 발견했을 때 그 사람들이 어떻게 행동할까?
척도질문	아동 자신의 문제해결에 대한 태도를 수치화하여 보다 정확하게 알아볼 수 있게 하는 질문 예 자 여기 1부터 10까지 있는데, '1'은 모든 상황이 제일 나쁜 것이고 '10'은 바로 기적이 일어난 경우라고 해보자. 너는 지금 어디 있니?
악몽질문	유일한 문제 중심적·부정적 질문 → 상황의 악화를 통해 해결의지를 부각시킴.

③ 학생을 위한 메시지 쓰기

CHAPTER 09

6. 집단상담

(1) **집단(4~8명)을 대상으로 한 상담**: 구성원의 공통된 관심사를 상담

(2) **과정**: 탐색(참여) 단계 ⇨ 과도기적(변화) 단계 ⇨ 작업(활동) 단계 ⇨ 종결 단계

(3) **상담 과정 중 집단원의 문제행동**: ① 대화 독점, ② 질문 공세, ③ 일시적 구원(band-aiding, 상처 싸매기), ④ 습관적 불평, ⑤ 의존적 자세, ⑥ 사실적 이야기 늘어놓기, ⑦ 적대적 태도

(4) **집단상담의 성과를 가져오는 요인들**: ① 희망의 고취, ② 보편성, ③ 정보 전달, ④ 이타심, ⑤ 일차 가족집단의 교정적 경험, ⑥ 사회화 기술의 발달, ⑦ 모방행동, ⑧ 대인학습, ⑨ 집단응집성, ⑩ 정화(카타르시스), ⑪ 실존적 요인들

06 비행이론

비행(非行)의 개념

1. 일반적 정의: 비행이란 법률적 · 관습적 규범에 위배되는 행동을 말한다.
2. 사회적 정의(social definition): 행위의 본질적인 내용을 가리키는 것이 아니라 그 행위에 대한 타인의 반응과 정의를 의미한다. → 낙인이론의 접근방법

1. 개인적 이론

(1) **생물학적 이론**: 롬브로소(Lombroso), 쉘던(Sheldon)

(2) **심리학적 이론**: ① 정신분석이론(성적 본능의 억압), ② 성격이론(공격성, 충동성 등), ③ 좌절-공격이론, ④ 정신병질적 이론

2. 사회학적 이론: 사회적 조건이나 대인관계 등의 상황이 비행의 원인

(1) **거시적 접근**

① 아노미이론(긴장이론): 머튼(Merton)

㉠ 문화목표와 제도화된 수단과의 괴리에서 비행 발생

㉡ 개혁형, 도피형, 반발형이 비행 유발

문화 목표	제도화된 수단	적응 유형	특징
수용	수용	동조형(confirmaty, 순종형)	열심히 노력해서 문화목표를 달성하려는 사람들 → 이상적 적응 방식 예 학교교육 의존 입시 집착형
거부	수용	의례형(ritualism, 관습형)	문화목표는 거부하나 사회 · 제도적 수단은 수용하는 사람들 예 무기력 학습형

수용	거부	개혁형 (innovation, 혁신형)	문화목표 수용, 제도적 수단은 거부 → 하류층의 경제범죄 행위 예 사교육 의존 입시 집착형
거부	거부	도피형 (retreatism, 은거형)	문화목표와 수단을 모두 거절 → 약물이나 알코올 중독자, 자살, 정신병, 학교 포기 청소년들 예 도피 반항적 학습 거부형
거부	거부	반발형 (rebellion, 반항형)	문화목표와 수단을 모두 거부하고 새로운 이념·목표·수단을 추구 → 반문화, 급진적 사회운동 예 새로운 학습체제 구축형

② **하위문화이론**: 클로워드(Cloward), 코헨(Cohen)
㉠ 비행을 용인하는 하위문화가 하류층 집단에 존재, 문화목표를 달성할 수 없는 하위집단이 비행을 유발
㉡ 아노미이론+차별접촉이론

③ **갈등이론**: 마이어(Meier), 퀴니(Quinney)
㉠ 자본가 계급과 노동자 계급 간의 갈등에서 비행 발생
㉡ 자본가 계급에만 유리한 행형(行刑)제도에 대한 반발에서 비롯

(2) **미시적 접근**: 비행은 사회적 인간관계에서 비롯

① **사회통제이론**: 허쉬(Hirschi)
㉠ 비행성향을 통제해 줄 수 있는 사회적 억제력이나 유대(예 애착, 전념, 참여, 신념)가 약화될 때 비행 발생
㉡ 왜 비행을 안 저지르는가에 관심

② **중화이론**: 사이키와 마짜(Sykes & Matza)
㉠ 사회통제 무력화 이론, 자기합리화 이론, 편류이론(표류이론, 부메랑 효과, drift theory)
㉡ 사회통제이론은 '편류(drift) 현상(청소년의 일탈행위가 일정 시간 경과 후 정상태로 복귀)'을 설명하지 못함.
㉢ 비행 청소년들은 중화 방법(techniques of neutralization 예 책임의 부정, 가해의 부정, 피해자의 부정, 비난자의 비난, 충성심이라는 변명)을 이용하여 별 죄의식 없이 비행을 유발
㉣ 자신을 범죄자라고 생각하지 않는 사람들도 비행을 저지르게 됨.

③ **차별접촉이론(차별교제이론)**: 서덜랜드(Sutherland)
㉠ 가장 많이 사용
㉡ 비행은 학습된다[친밀한 개인 집단 내에서의 학습 예 근묵자흑(近墨者黑)]. → 상호 작용이론에 토대
㉢ 차별적 교제는 빈도(frequency), 우선성(priority), 강도(intensity), 지속 기간(duration)에 따라 다르며, 비행학습 내용에는 비행 기술, 비행 동기, 합리화, 태도 등도 포함

④ **낙인이론**: 르마트(Lemart), 벡커(Becker)
㉠ 타인이 자기 자신을 우연히 비행자로 인식하는 데서 영향을 받아 의도적·계속적으로 비행 발생 → 상징적 상호 작용이론에 토대, 사회적 반응이론(social reaction theory)
㉡ 모색(추측) 단계 ⇨ 명료화(정교화) 단계 ⇨ 공고화 단계로 낙인화

07 진로교육이론

1. 개요

(1) 제4차 교육과정에서 처음 진로교육 도입, 2009 개정 교육과정에서는 「진로와 직업」이라는 선택 교과(중학교) 도입

(2) **진로교육 단계**

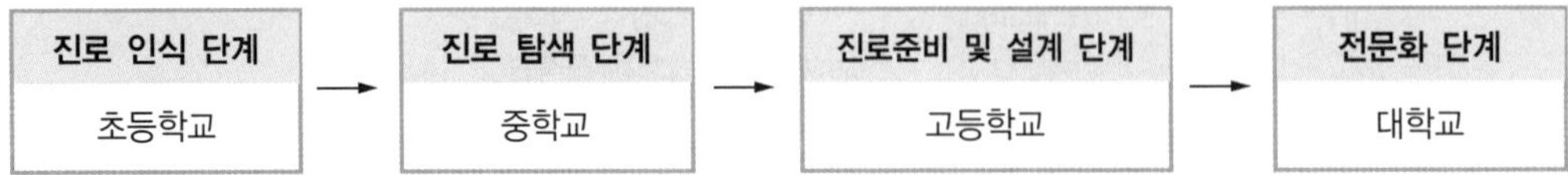

2. 진로발달이론

(1) 특성요인이론

① 대표자: 파슨즈(Parsons), 윌리암슨(Williamson)

② 개인적 특성(예 흥미, 적성)과 직업의 특성이 일치하는 직업을 선택

(2) 욕구이론

① 대표자: 로우(Roe)

② 매슬로우(Maslow)의 욕구단계설에 기초, '초기의 가정환경(부모의 양육방식, 즉 부모-자녀 관계)'이 아동기의 욕구 형성에 영향을 주고 그 욕구에 대한 반응으로 직업 선택이 결정

③ 부모의 양육방식(부모-자녀의 상호 작용 유형)의 특징에 따른 직업 지향성

부모의 양육방식 (부모-자녀의 상호 작용 유형)		성격 지향성	직업 지향성
자녀에 대한 애착 (정서 집중형)	과보호적 분위기 (과보호형)	인간 지향적인 성격 형성	인간 지향적 직업 선택 → Ⅰ. 서비스직, Ⅱ. 비즈니스직, Ⅲ. 단체직, Ⅶ. 일반문화직, Ⅷ. 예능직
	과요구적 분위기 (요구 과잉형)		
자녀 수용 (수용형)	애정적 분위기 (애정형)		
	무관심한 분위기 (무관심형)	비인간 지향적 성격 형성	비인간 지향적 직업 선택 → Ⅳ. 기술직, Ⅴ. 옥외활동직, Ⅵ. 과학직
자녀 회피 (회피형)	무시적 분위기 (방임형)		
	거부적 분위기 (거부형)		

④ 새로운 직업분류 체계를 개발함으로써 직업선호도검사, 직업흥미검사, 직업명 사전 개발에 영향을 줌.

(3) 성격이론

① 대표자: 홀랜드(Holland)

② 홀랜드(Holland)의 인성이론(RIASEC 6각형 모델)

㉠ 개인의 직업선택은 자신의 성격 특성과 환경 특성과의 상호 작용에 의해 결정

㉡ 성격 유형: 홀랜드 직업흥미검사(사람과 사물, 구체성과 독창성) 결과로 유형화

직업 환경	성격 특성과 직업적응 방향
현실적(실재형) (Realistic)	운동신경이 잘 발달되었으며, 손을 사용하거나 체력을 필요로 하는 활동을 선호하고 객관적이고 구체적인 과제를 즐긴다.
지적(탐구형) (Investigate)	과업 지향적이고 신중하며 추상적인 일을 즐긴다. 학구적이고 과학적인 영역에서 탁월한 경향이 있다.
심미적(예술형) (Artistic)	내향적이고 비사교적이며 민감하고 충동적이다. 언어적이고 예술적인 영역에서 탁월하며 창의적이고 독창적인 경향이 있다.
사회적(사교형) (Social)	언어 능력과 대인관계 기술이 뛰어나고 다른 사람들과 함께 일하고 또 다른 사람들을 돕는 것을 즐긴다. 사회 지향적이고 명랑하며, 보수적인 경향이 있다.
설득적(기업형) (Enterprising)	남성적인 면이 강하고 타인을 지배하거나 설득하는 능력이 뛰어나다. 비교적 외향적이며, 권력이나 지위 등에 관심이 많다.
전통적(관습형) (Conventional)	틀에 박힌 활동을 좋아하고 법률이나 규칙을 잘 지킨다. 보수적·순응적이고, 사회적인 성향이 있으며, 계산적이고 사무적인 직업을 즐긴다.

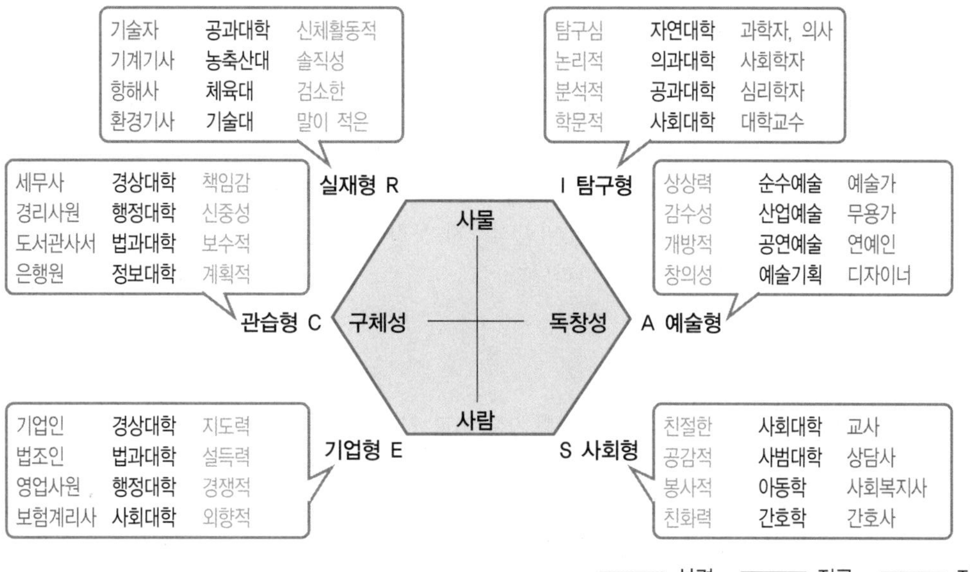

✔ **직업환경 간의 상관 정도**: R–I, I–A, A–S, S–E, E–C, C–R은 고상관, I–E, R–S, E–I, C–A는 저상관, R–A, I–C, I–S, A–E, S–C, E–R은 중상관임.

㉢ 4가지 기본 가정

ⓐ 우리 문화 속에서 대부분의 사람은 RIASEC 6가지 흥미유형(성격유형) 중에서 하나로 분류될 수 있다. 각 성격유형은 부모, 생물학적 유전, 물리적 환경, 사회계층, 신념, 동료 등을 포함한 개인적인 요인과 그 외의 다양한 문화 간의 독특한 상호작용에 의한 결과이다.

ⓑ 우리들이 살아가는 생활환경이나 직업환경에도 RIASEC 6가지 환경 모형이 있다. 이것은 각 환경 모형이 유사한 흥미유형을 가진 사람들에 의해 결정되며, 각 개인은 자신과 비슷한 흥미유형의 사람들과 함께 어울려 생활하는 것을 선호한다.

ⓒ 사람들은 자신의 흥미유형에 맞는 직업환경을 추구한다. 각 직업환경도 사회적 상호작용, 구인(求人), 선발과정 등을 통해 환경에 맞는 사람을 찾는다.

ⓓ 개인의 행동은 개인의 흥미(성격)와 환경의 상호작용에 의해 결정된다.

㉣ 5가지 부가적 개념

ⓐ **일치성(congruence)**: 개인의 성격과 직업환경 간의 관계(적합성 정도)를 말하는 것으로, 성격유형과 환경유형이 일치할 때 가장 이상적이다. 예 사회형(S)은 사회형(S)의 환경에서 일하는 것을 좋아하고, 탐구형(I)은 탐구형(I)의 환경을 좋아한다.

ⓑ **변별성(differentiation, 차별성)**: 흥미유형(직업환경)의 뚜렷한 정도를 말한다. 예 어떤 사람은 RIASEC 6각형 모형 중 지배적인 한 가지 유형에만 속할 수 있는 반면에, 어떤 사람은 큰 차이를 보이지 않고 3가지를 가지고 있거나 6가지 유형에 다 흥미와 능력이 있을 수 있다.

ⓒ **일관성(consistency)**: 육각형 모형상 두 성격유형 간의 근접성을 말하는 것으로 각 성격유형의 유사성과 비유사성을 말한다. 예 사회형(S)과 기업형(E) 또는 예술형(A)은 서로 일치하는 점이 많으나, 사회형(S)과 실재형(R)은 극명한 차이를 보인다.

ⓓ **정체성(identity)**: 개인이 지닌 현재와 미래의 목표・흥미・재능의 안정성과 명확성에 관련되는 것으로, 일관성이라는 목표가 달성되면 정체성을 형성할 수 있다.

ⓔ **수리적 계산(계측성)**: 육각형 모형에서 흥미유형들 간의 거리는 그들 사이의 이론적 관계에 반비례한다. 가장 이상적인 조합은 성격유형과 환경유형이 일치하는 경우이며, 개인과 환경의 가장 바람직하지 못한 조합은 6각형 모형에서 해당 유형이 서로 반대지점에 있을 때 나타난다.

(4) **사회학적 이론**

① **대표자**: 블라우(Blau)

② 개인을 둘러싼 사회문화적 환경(예 가정, 학교, 지역사회)이 개인의 직업 선택에 영향을 미친다고 보는 이론

③ 개인의 사회계층에 따라 개인은 교육 정도, 직업 포부수준, 지능수준 등이 다르며 이런 사회경제적 요인들이 진로 발달에 영향을 미친다.

(5) **사회학습이론**

① **대표자**: 크롬볼츠(J. Krumboltz)

② 교육적・직업적 선호 및 기술이 어떻게 획득되며, 교육 프로그램, 직업, 현장의 일들이 어떻게 선택되었는가를 설명하기 위해 발달된 이론으로, 진로 결정은 학습된 기술로 본다.

③ 학습이론을 토대로 개인의 성격과 행동은 그의 독특한 학습경험에 의해서 가장 잘 설명될 수 있다고 가정하면서, 진로 의사결정에 영향을 미치는 요인들의 상호 작용을 규명하고 있다.

진로 결정요인	유전적 요인과 특별한 능력, 환경적 조건과 사건, 학습경험, 과제 접근기술
진로학습의 효과	자기관찰 일반화, 세계관 일반화, 과제 접근기술, 행위의 산출

(6) 발달이론

① **개요**: 진로발달을 생애의 전 과정에 걸친 과정으로 파악

② **대표자**: 진즈버그(Ginzberg), 수퍼(Super), 타이드만과 오하라(D. Tiedeman & R. O'Hara)

㉠ **진즈버그(Ginzberg)**

ⓐ 발달단계 초기에는 개인의 흥미, 능력, 가치관 등 주관적 요인에 의해 좌우되나, 나중에는 주관적 요인들과 외부적 조건의 타협의 결과로 진로 선택이 이루어짐.

ⓑ 환상기 ⇨ 잠정기 ⇨ 현실기 등 3단계로 발달

㉡ **수퍼(Super)**: 직업발달의 과정은 자아실현과 생애발달의 과정

ⓐ **자아개념을 중시**: 진로 선택은 자아개념을 실행하는 과정

ⓑ 성장기, 탐색기, 확립기, 유지기, 쇠퇴기 5단계로 발달

㉢ **타이드만과 오하라(D. Tiedeman & R. O'Hara)의 진로발달이론(1963)**

ⓐ **에릭슨(E. Erikson)의 영향**: 자아정체감(self-identity)의 발달과 함께 진로관련 의사결정이 성장함 → 진로발달은 개인이 일에 직면했을 때 분화와 통합을 통한 직업정체감(vocational identity) 형성과정

분화	다양한 직업을 구체적으로 학습함으로써 자아가 발달되는 복잡한 과정
통합	개인이 사회(직업분야)의 일원으로서 직업세계로 통합되어 가는 과정

ⓑ 직업발달은 직업 자아정체감을 형성해 나가는 계속적 과정이며, 직업 자아정체감은 의사결정을 되풀이하는 과정에서 성숙된다.

ⓒ 개인이 직면한 직업 문제에 대한 의사결정과정을 예상기와 실천기로 구분

예상기 (anticipation, 전직업기)	• 개인이 직업세계로의 준비를 하고 의사결정을 하는 시기 • 과정: 탐색기 – 구체화기 – 선택기 – 명료화기
실천기 (implementation)	• 개인의 요구와 직업사회의 요구를 일치시켜 나가는 시기 • 과정: 순응기 – 개혁(재형성)기 – 통합기

박문각
공무원

핵심 요약집

오현준
핵심교육학

CHAPTER

10

교육평가

01 교육관에 따른 평가관
02 교육평가의 모형
03 교육평가의 유형
04 평가의 오류
05 평가도구의 양호도
06 검사문항의 제작
07 표준화검사
08 문항분석

교육평가

핵심 체크노트

1. **교육관과 평가관**: 선발적 교육관(측정관), 발달적 교육관(평가관), 인본적 교육관(총평관)
2. **교육평가의 모형**: 목표 중심 모형(Tyler), 가치판단 모형(Scriven, Stake, Eisner), 의사결정 모형(Stufflebeam, Alkin)
3. **교육평가의 유형**
   (1) 평가기준에 따른 유형: 규준참조평가, 준거참조평가, 성장참조평가, 능력참조평가
   (2) 평가기능에 따른 유형: 진단평가, 형성평가, 총괄평가
   (3) 평가전통에 따른 유형: 수행평가(performance assessment)
4. **평가도구**: 타당도, 신뢰도, 객관도, 실용도
   (1) 타당도: 내용타당도, 준거타당도(공인타당도, 예언타당도), 구인타당도
   (2) 신뢰도: 측정의 표준오차에 의한 방법, 상관계수에 의한 방법[재검사 신뢰도, 동형검사 신뢰도, 내적 일관성 신뢰도(반분 신뢰도, 문항 내적 합치도)]
5. **문항분석**
   (1) 고전검사이론: 문항난이도, 문항변별도, 문항반응분포
   (2) 문항반응이론: 문항특징곡선(S자형) → 문항난이도, 문항변별도, 문항추측도

01 교육관에 따른 평가관

구분		선발적 교육관	발달적 교육관	인본주의적 교육관
기본 가정		특정 능력이 있는 소수 학습자만 교육을 받을 수 있다.	적절한 교수-학습방법만 제시되면 누구나 교육(인지적 영역)을 받을 수 있다.	누구나 교육(인지적·정의적·심동적 영역)을 받을 수 있다. → 교육은 자아실현의 과정
관련된 검사관	유형	측정관(measurement)	평가관(evaluation)	총평관(査定, assessment)
	개념	학습자의 특성을 양적으로 기술	교육목표에 비추어 학습자의 성취도를 알아보는 것	개인의 행동 특성에 대한 의사결정
	개인 특성	정적 특성: 안정적·불변적	동적 특성(행동): 불안정적·가변적	환경과의 역동적 상호 작용을 통해 변화한다.
	환경 특성	불변: 오차변인으로 간주(영향력 최소화 노력)	가변: 행동변화의 주요 원천(적극적 이용)	개인 변화의 한 변인(환경과 개인의 상호 작용을 이용)
	검사의 강조점	규준집단에 기초한 개인의 양적 기술	교육목적에 기초한 양적·질적 기술	전인적 기능 또는 전체 적합도에 기초한 질적 기술
	증거 수집 방법	필답고사(표준화검사)	변화 증거수집이 가능한 모든 방법	상황에 비춘 변화 증거수집이 가능한 모든 방법

결과에 대한 책임	학습자	교사	학습자 및 교사
강조되는 평가관	학습자의 개별 특성 평가	교수 – 학습방법 평가	전인적 특성 평가
연관된 평가 유형	규준지향평가(상대평가)	목표(준거)지향평가(절대평가)	목표지향평가(절대평가), 수행평가, 평가 무용론
지향 분포	정상분포	부적(負的) 편포	
평가도구	신뢰도 중시	타당도(내용타당도) 중시	구인타당도, 예언타당도

02 교육평가의 모형

교육평가에 대한 다양한 관점에 기초한 교육평가 모형 비교

관점		대표자	평가에 대한 정의	특징
목표 중심적 접근	목표 모형	타일러	미리 설정된 목표가 실현된 정도를 판단하는 것	목표의 실현 정도를 파악하는 데 초점
	EPIC 모형 (3차원 입방체 모형)	해몬드	목표달성 여부 및 프로그램의 성패에 영향 요인을 평가	행동(3)×수업(5)×기관(6)의 3차원적 평가구조 제시
	괴리 모형	프로버스	프로그램의 표준(목표)과 실제 수행 간의 괴리 평가	목표와 수행성 사이의 불일치 규명에 초점
가치 판단적 접근	탈목표 평가	스크리븐	프로그램의 실제 효과에 대한 가치판단	• 프로그램 개선에 관심을 두는 형성평가 중시 • 교육목표 대신 표적집단의 요구 중시(요구 근거 평가)
	종합실상 평가	스테이크	프로그램의 기술 및 판단 평가	프로그램의 선행요건, 실행요인, 성과요인 등에 대한 기술과 가치판단
	비평적 평가	아이즈너	예술적 비평의 과정	평가자의 교육적 감식안(심미안)과 비평 강조
경영적 접근 (의사 결정적 접근)	CIPP 모형	스터플빔	의사결정자에게 필요한 정보를 제공하여 의사결정을 돕는 과정	투입과 산출을 기준으로 전체평가 과정의 효율성을 가늠하는 데 초점
	CSE 모형	앨킨	의사결정자에게 의사결정에 필요한 정보제공 과정	CIPP 과정평가를 실행평가와 개선평가로 구분

1. **가치중립 모형**: 목표 중심 모형

(1) **타일러(Tyler)의 목표달성 모형**: 총괄평가

① 평가는 설정된 행동목표(이원목표 분류)와 학생의 실제 성취수준을 비교하는 활동

② 장점과 단점

장점	단점
• 교육평가를 하나의 독립된 학문영역으로 발전시킴. • 명확한 평가기준(교육목표)을 제시함. • 교육과정과 평가의 논리적 일관성을 유지함. • 교사들이나 교육 프로그램 개발자들에게 책무성을 가지도록 자극함. • 평가를 통해 교육목표의 실현 정도를 파악함. • 교육과정과 평가를 연계시킴.	• 행동 용어로 진술하기 어려운 교육목표에 대한 평가가 곤란 • 의도하지 않은 부수적 교육효과 평가가 불가능 • 교육성과에만 관심을 가지므로 본질적인 교육과정의 개선에 한계가 있음. • 기술적 합리성만을 중시함으로써 교육의 정치·사회적 역할이나 윤리·도덕적 역할과 같은 복합적 측면 평가가 불가능 • 정의적 영역의 평가가 어려움.

(2) **해몬드(Hammond)의 EPIC 모형**(3차원 입방체 모형): 행동(교육목표), 수업, 기관 변인 등 90개의 평가요인 제시 → 교육목표달성 & 교육 프로그램의 효율성 평가 가능

(3) **프로버스(Provus)의 괴리 모형**(격차 모형): 평가는 프로그램이 달성해야 할 표준(목표)과 실제 수행 사이의 불일치(괴리)를 확인하는 활동

2. **가치판단 모형**: 탈목표 평가 모형 → 소비자 중심 평가에 영향

(1) **스크리븐(Scriven)의 탈목표 모형**: 형성평가

① 평가는 프로그램(교수-학습방법)의 가치를 판단하는 과정: ㉠ 평가자는 판단자, ㉡ 가치는 의도적 효과와 부수적(의도하지 않은) 효과를 모두 포함, ㉢ 평가목표는 교육 프로그램의 개선 → 부수효과 확인을 위해 교육목표 대신 표적집단의 요구를 평가의 준거로 활용(요구 근거 평가)

② 평가의 기능: ㉠ 총괄평가(최종 결과 확인 → 외부인들에 의한 평가), ㉡ 형성평가(프로그램 개선에 관심 → 내부인들에 의한 평가)

③ 평가방법

㉠ 비교평가(다른 프로그램과 비교)와 비비교평가(프로그램 자체의 속성에 의한 평가)

㉡ 목표 중심 평가(의도된 목표달성 여부 평가)와 탈목표 중심 평가(목표 이외의 부수적 결과 평가)

㉢ 내재적 준거(프로그램 자체 속성)에 의한 평가와 외재적 준거(실제 운영상황, 효과 등 프로그램의 기능적 속성)에 의한 평가

(2) **스테이크(Stake)의 안면 모형**

① 평가는 교육 프로그램의 여러 측면에 대한 기술 및 가치판단

② 평가 대상: ㉠ 교육 프로그램의 선행요건(진단평가 예 수업 전 학습자·교사의 특성, 교육과정, 교육시설, 학교 환경 등), ㉡ 실행요인(형성평가 예 수업 중 교사와 학생, 학생과 학생 간의 상호작용 과정), ㉢ 성과요인(총괄평가 예 수업 후 학생·교사·학부모·지역사회에 미친 효과)

③ 참여자 중심 평가의 한 유형인 반응적 평가(responsive evaluation) 제안: 프로그램 관련 인사들의 정보 요구에 부응하기 위해 다양한 가치관점을 고려하는 질적 평가

(3) **아이즈너(Eisner)의 예술적 비평 모형**

① 공학적 모형(Tyler)의 대안으로 평가를 예술작품을 감정하는 전문가의 활동에 비유: 교육적 대상의 질(質)의 가치를 판단하는 일

② 구성 요소: ㉠ 감정술(감식안, 심미안 → 전문가의 주관적 능력), ㉡ 교육비평(심미안을 객관적으로 표현 → 일반인의 이해를 돕는 과정으로 기술, 해석, 평가로 구성됨.)

3. 의사결정 모형

(1) **평가는 교육과 관련된 의사결정자에게 정보를 제공하여 의사결정 과정을 돕는 일**: ① 평가자(교사; 평가 정보 제공자)와 의사결정자(학교장)를 구분, ② 경영적 접근, ③ 총평관 중시

(2) **스터플빔(Stufflebeam)의 CIPP 평가 모형**

의사결정 상황	의사결정 유형	평가 유형	특징
전면 개혁 상황	계획된 의사결정 (planning decisions)	상황평가 (맥락평가, 요구평가, context evaluation)	목표 확인·선정을 위한 의사결정 예 체제분석, 조사, 문헌연구, 면접, 진단검사, 델파이 기법 등
현상 유지 상황	구조적 의사결정 (structuring decisions)	투입평가 (input evaluation) → 의도된 교육과정 평가 상황	선정된 목표의 달성에 적합한 전략과 절차의 설계
점진적 개혁 상황	수행적 의사결정 (implementing decisions)	과정평가 (process evaluation) → 전개된 교육과정 평가 상황	수립된 설계와 전략을 실행하기 위한 의사결정 예 참여관찰, 토의, 설문조사
혁신적 변화 상황	재순환적 의사결정 (recycling decisions)	산출평가 (product evaluation)	목표달성 정도의 판단, 프로그램 계속 여부 결정

(3) **앨킨(Alkin)의 평가 모형**(CSE 모형)

상황평가	체제사정평가(요구평가) (system assessment evaluation)	특정 상황에 적합한 교육목표 선정을 위한 정보수집 예 관찰, 조사, 면담, 토의
투입평가	프로그램 계획평가 (program planning assessment)	체제의 교육적 요구를 충족시킬 수 있는 프로그램을 선택 → 프로그램의 경제성과 회계성 분석
과정평가	프로그램 실행평가 (program implementation assessment)	프로그램이 계획에 따라 실제로 실행되고 있는지를 평가 예 참여관찰, 면담, 토의, 조사
	프로그램 개선평가 (program improvement assessment)	프로그램의 진행 과정에 직접 개입하여 문제점을 파악하고 수정·보완을 통해 프로그램을 개선하는 과정 예 실험법, 현장연구
산출평가	프로그램 승인평가(결과평가) (program certification assessment)	의사결정자에게 프로그램의 채택 여부를 결정하도록 도움을 주는 과정

4. 참여자 중심 평가: 평가에 관한 질적 접근

(1) **개념**: 자연주의적 탐구방법(예 현상학, 해석학, 인류학 등)을 이용, 프로그램 참가자들의 중추적인 관심사, 쟁점, 결과 등에 관한 정보를 수집하는 활동

(2) **특징**: ① 총체적 접근, ② 가치다원론에 근거, ③ 귀납적 추론 중시, ④ 다양한 원천의 자료를 통합, ⑤ 평가절차에 대한 유연성

(3) **유형**: 교류적 평가, 조명적 평가, 반응적 평가, 해설적 평가, 자연주의적 평가

① **교류적 평가**(Rippey): 평가는 프로그램의 찬성론자와 반대론자를 모두 참여시켜 조직 내의 갈등을 해소하는 과정

② **조명적 평가**(Parlett & Hamilton): 평가는 프로그램에 대한 총체적·심층적 이해 과정 → 프로그램에 대한 기술·해석, 있는 그대로의 실행 강조

③ **반응적 평가**(Stake): 평가는 프로그램 관련 인사들의 다양한 관점과 요구를 반영하는 과정

④ **해설적 평가**(Koppleman): 평가의 과학적 모형과 예술적 모형을 절충 → 평가의 긍정적 측면과 부정적 측면을 통합한 해설의 과정으로 이해

⑤ **자연주의적 평가**(Guba & Lincoln): 평가는 평가 대상을 기술하고 그것의 가치와 장점을 판단하는 과정 → 반응적 평가+자연주의적 탐구방법

03 교육평가의 유형

구분 준거	평가 유형
평가영역	인지적 평가, 정의적 평가, 심리운동적 평가
평가대상	학생평가, 교사평가, 수업평가, 교육과정 평가, 학교평가, 정책평가, 행정기관 평가, 인사 및 행정가 평가
성취목표 수준	최소 필수 학력평가, 최대 성취 학력평가
평가기준	규준참조평가, 준거참조평가, 성장참조평가, 능력참조평가
평가기능	진단평가, 형성평가, 총괄평가
평가방법	양적 평가(정량평가), 질적 평가(정성평가)
시간제한 여부	속도평가, 역량평가
상호 작용 여부	정적 평가, 역동적 평가
평가내용	능력평가, 인성평가

1. 평가기준에 따른 분류

<table>
<tr><td rowspan="5">평가 기준</td><td colspan="2">주관적 기준</td><td>임의평가</td></tr>
<tr><td rowspan="4">객관적 기준</td><td rowspan="2">학습자 외부 기준</td><td>상대평가(규준참조평가) → 상대적 기준(편차점수)</td></tr>
<tr><td>절대평가(준거참조평가) → 절대적 기준(교육목표)</td></tr>
<tr><td rowspan="2">학습자 내부 기준
(자기참조평가)</td><td>성장 지향 평가(성장참조평가) → 성장 정도, 변화 과정</td></tr>
<tr><td>능력 지향 평가(능력참조평가) → 수행능력 발휘 정도</td></tr>
</table>

(1) 상대평가와 절대평가

① 개념

㉠ 상대평가: 집단의 규준(평균)을 기준으로 개인의 평가결과를 해석 → '평균치로부터의 이탈도', 즉 편차점수(원점수 X－평균 M)의 크기로 개인차 변별

㉡ 절대평가: 수업목표(도착점 행동)를 기준으로 한 평가

② 특징

구분	상대평가(규준참조평가)	절대평가(준거참조평가, 목표참조평가)
평가기준	상대적 순위(집단의 평균과 편차)	준거(절대기준, 교육목표)
교육관	선발적 교육관(선발·분류 중시)	발달적 교육관(성장·발달 중시)
평가기능	행정적 기능	교수적 기능
평가관	측정관	평가관
평가목적	개인차 변별(상대적 비교, 서열화)	교육목표(도착점 행동) 달성도 판단
평가범위	광범위한 범위	보다 규명된 영역
검사의 특징	속도검사(speed test)	역량검사(power test)
원점수에 대한 태도	원점수보다 규준점수 중시	원점수 그 자체를 중시
검사의 기록	규준점수(석차점수, 백분위점수, 표준점수)	원점수와 준거점수
평가의 1차 책임	학습자	교사
학습 동기	외적 동기(경쟁)	내적 동기(성취감, 지적 호기심)
적용	선발시험, 심리검사(표준화검사)	각종 자격시험, 초등학교 저학년 평가, 학습위계가 뚜렷한 과목(수학, 과학)의 평가, 형성평가
지향분포	정상분포곡선(불완전학습)	부적편포곡선(좌경 분포, 완전학습)
검사 양호도	신뢰도 강조	타당도 강조
문항난이도	다양한 수준(쉬운 문항과 어려운 문항)	적절한 수준
평가방법	집단 내 상대적 위치 비교 예 상위 10% 이내는 '수'	개인의 수행수준 사정 혹은 분류 예 수업목표 90% 달성이면 '수'
기본가정	개인차 극복 불가능	개인차 극복 가능

측정	일반적이고 포괄적인 수준의 행동	매우 구체화시킨 행동
일반화 가능성	검사결과를 다른 집단으로 일반화할 수 없음.	검사결과를 전집영역으로 일반화함.

③ 장점과 단점

구분	상대평가	절대평가
장점	• 개인차 변별 • 집단 내 상대적 위치 파악 • 객관적 평가(교사의 주관적 편견 배제) • 외재적 동기 유발 • 통계적 처리 용이	• 교육의 질적 향상 도모 • 교수 – 학습 개선에 공헌 • 내재적 동기 유발 • 진정한 의미의 학습효과 측정 가능 • 협동학습 가능 • 인간 능력에 대한 신념 • 학생의 정신위생에 공헌
단점	• 타 집단과의 비교가 불가능 • 교육목표 도달 여부를 판단할 수 없음. • 지나친 경쟁으로 인한 정서적 부작용과 비인간화 초래 • 교수 – 학습 개선 효과가 없음. • 진정한 의미의 학습효과를 비교할 수 없어 교육의 질 저하	• 개인차 변별 곤란 • 절대적 기준 설정의 어려움. • 통계적 활용의 어려움. • 최저 수준의 목표만 요구 • 설정된 목표 이외의 학습활동이나 결과는 무시

(2) **자기참조평가**: 성장참조평가와 능력참조평가

구분	성장참조평가	능력참조평가
개념	교육과정을 통하여 얼마나 성장하였느냐에 관심을 두는 평가. 최종 성취수준보다는 초기 능력수준에 비하여 얼마만큼 능력의 향상을 보였느냐를 강조하는 평가	학생이 지니고 있는 능력에 비추어 얼마나 최선을 다했느냐, 얼마나 능력을 발휘하였느냐에 관심을 두는 평가
강조점	능력의 변화	최대 능력의 발휘
교육관	개별학습	개별학습
평가 준거	개인의 성장 및 변화의 정도	개인의 수행 정도와 고유 능력(노력 정도)
장점	학습 향상, 교수적 기능 강조	최대 능력 발휘, 교수적 기능 강조

2. 평가 실시시기 · 평가목적 · 평가기능에 따른 분류

(1) 진단평가, 형성평가, 총괄평가의 비교

구분	평가의 유형		
	진단평가	형성평가	총괄(총합)평가
평가시기	교수 – 학습활동이 시작되기 전 또는 학습의 초기단계에 학생의 수준과 특성을 확인하는 평가	교수 – 학습활동 진행 중 학생의 학습목표 도달도를 확인하는 평가	교수 – 학습활동이 끝난 후 학생의 학습성취도(교수목표 달성 여부)를 종합적으로 확인하는 평가
기능	• 선행학습의 결손 진단 · 교정 • 출발점행동의 진단 • 학습 실패의 교육 외적 원인(장기적 원인) 파악 • 학생 기초자료에 맞는 교수 전략 구안 • 교수의 중복 회피	• 학습 진행 속도 조절 • 보상으로 학습동기 유발 • 학습 곤란의 진단 및 교정(학습 실패의 교육 내적 · 단기적 원인 파악) • 교수 – 학습 지도방법 개선	• 학생의 성적 판정 및 자격 부여 → 고부담 평가로 인식되기도 함. • 학생의 장래 학업성적 예언 • 집단 간 학업효과 비교 • 학습지도의 장기적 질관리에 도움
목적	학생의 특성 파악, 출발점행동 진단, 수업방법 선정	교수 – 학습 지도방법 개선	학업성취도(성적) 결정
대상	학습준비도(선행학습 및 기초능력 전반)	수업의 일부	수업의 결과
방법	상대평가+절대평가	절대평가	상대평가+절대평가
시간		10~15분	40~50분
평가 중점	지적+정의적+심리운동적 영역	지적 영역	지적+(정의적+심리운동적 영역)
검사 형태	표준화 학력검사, 표준화 진단검사, 교사 제작 검사도구(관찰법, 체크리스트)	학습목적에 맞게 교사가 고안한 형성평가 검사(쪽지시험, 구두 문답)	교사 제작 검사(중간고사, 학기말 고사), 표준화 학력검사

(2) **글레이저(Glaser)의 수업 모형과 평가**: 수업목표 ⇨ 출발점행동(진단평가) ⇨ 수업 절차(형성평가) ⇨ 성취도평가(총괄평가)

3. 수행평가(Performance Assessment): 평가 전통에 따른 구분

(1) **개념**: 학생 스스로가 자기 지식이나 기능을 나타낼 수 있도록 산출물을 만들거나 행동으로 나타내거나 답을 구성하도록 요구하는 평가 → 실기평가에서 비롯됨.

(2) **필요성**

① 고등정신능력 함양

② 아는 것과 행하는 것의 차이 강조

③ 새로운 지식관에 부응(상대적 진리관, 구성주의 학습, 포스트모더니즘, 과정+결과로서의 지식)

(3) **방법**: 서술형 검사, 구술시험, 찬반 토론법, 면접법, 연구보고서, 논술형 검사, 실기시험, 실험실습, 관찰법, 포트폴리오(개인별 작품집) → 객관식 선택형 지필평가, 표준화검사는 제외

Tip 포트폴리오(portfolio) 평가

1. 개념

(1) 자신이 쓰거나 만든 작품을 지속적이면서도 체계적으로 모아 둔 개인별 작품집 혹은 서류철을 이용한 평가방법

(2) 하나 이상의 분야에서 학생의 노력, 진보, 성취 정도를 보여주는 학생과제 수집물, 개인별 작품집

2. 특징

(1) 수업과 평가를 유기적으로 관련짓는다.

(2) 특정 학생의 고유한 학습목표에 부합되므로 개별화 수업에 적절하다.

(3) **작품 또는 성과물로 구성되므로 과정보다 성과를 평가하는 데 주안점을 둔다(결과포트폴리오의 경우에 한함)**: 과정은 다른 평가방법(비형식 관찰, 면담)을 통해 관찰할 수 있다.

(4) 학생의 약점이 아니라 강점을 확인하는 데 주안점을 둔다.

(5) 평가과정에 학생을 적극적으로 참여시켜 스스로 강점과 약점을 평가하도록 한다.

(6) 학생의 성취도를 다른 사람들(예 학부모, 행정가)에게 효과적으로 전달한다.

(7) 포트폴리오를 제작하고 평가하는 데 시간과 노력이 많이 소요된다.

(4) **특징**

① 정답을 구성하는 평가

② 실제 상황에서의 수행능력 평가

③ 결과와 과정을 모두 중시

④ 종합적·지속적 평가

⑤ 개인과 집단평가 모두 중시

⑥ 학생의 개별학습 촉진

⑦ 전인적인 평가

⑧ 고등사고능력(예 적용력, 분석력, 종합력, 평가력)의 측정

⑨ 수업과 평가의 통합

⑩ **학생의 자율성 신장**: 평가과정에 학생의 참여 및 평가과제 선택 허용

⑪ 복합적인 채점준거 활용 및 평가기준 공유

⑫ 평가과제 수행에 상당한 정도의 시간 허용

⑬ 다양한 평가방법(비표준화 평가방법) 활용

⑭ **주관적 평가**: 관찰과 판단에 의한 채점

(5) **장점**

① **평가영역의 확대**: 지식 위주에서 전인 평가로

② 평가 과정에서 학생들의 다양성을 고려

③ 평가와 교수-학습이 통합된 형태로 운영

④ **평가의 타당도 확보**: 교육목표의 실제 상황에서의 달성 여부를 확인 가능

⑤ 고등사고능력 평가

⑥ **개방형 평가**: 다양한 사고능력의 평가

(6) 단점

① 비용이나 시간이 많이 소요

② 대규모 실시의 어려움.

③ 채점의 신뢰도 및 객관도 확보가 어려움: 내적 일치도 부족, 평정자 오류 가능성

더 알아보기

■ **수행평가의 평가방식**: 채점규정[루브릭(rubric)]

1. 학생의 수행 수준을 기술적으로 진술해 놓은 평가방법
2. 학습자가 수행과제에서 드러낸 수행 결과물의 수준을 판단하기 위하여 수행평가에서 사용되는 평가척도 → 준거참조적 평가, 학생 수행의 질적 정보 제공
3. 평가준거가 표로 만들어졌을 때 표의 왼쪽 칸에 나와 있는 것이 기준이고, 오른쪽에 그 기준에 속한 단계별 설명이 간략하게 또는 상세하게 적혀 있는 서술적 평가기준

4. 메타평가(Meta evaluation): 2차적 평가

(1) **개념**: 평가(방법)에 대한 평가 → 평가방법의 개선을 목적으로 실시

(2) **문제점**: 1차적 평가와 메타평가 간의 결론 불일치 → 거듭 평가를 통해 극복

5. 정적 평가와 역동적 평가

(1) 정적 평가(Static assessment)

① 전통적 평가, 학생의 완료된 발달 정도를 평가

② 평가자(교사)와 학생 간의 표준적인 상호 작용을 제외하고는 거의 상호 작용 없이 이루어지는 평가

③ 피아제(Piaget)의 인지발달단계 이론에 기초하여 전개된 평가

(2) 역동적 평가(dynamic assessment)

① 평가자(교사)와 학생 간의 역동적 상호 작용을 중시하는 평가 예 표준적 접근, 임상적 접근

② 진행 중인 학생의 발달과정을 이해함으로써 미래에 나타날 발달 가능성을 평가

③ 비고츠키(Vygotsky)의 '근접발달영역(ZPD)' 이론에 기초하여 전개된 평가

6. 고부담 평가(high-stake evaluation, 위험부담 평가)

검사의 결과가 개인뿐만 아니라 사회적으로 영향력이 큰 평가

예 각종 자격시험, 대학입학 수능시험, 표준화검사

7. 정의적 평가

(1) 개념

① 학습자의 정의적 영역(affective domain) 요인의 성취 정도를 확인하는 평가

② 정의적 영역은 인간이 지닌 전형적인 감정과 정서의 표현방식을 나타내는 특성 → 태도, 흥미, 가치를 포함한 비인지적 특성

예 흥미, 불안, 통제 소재, 가치, 태도, 동기, 자아개념, 자기효능감

③ **정의적 영역의 목표(Bloom & Krathwohl, 1964) 분류**: 내면화(internalization)의 원리에 따라 감수(수용) ⇨ 반응 ⇨ 가치화 ⇨ 조직화 ⇨ 인격화(성격화)로 위계화하여 제시

감수(感受, Receiving, 수용)	어떤 현상이나 자극에 대하여 수동적인 반응을 보이는 것
반응(反應, Responding)	주의집중을 넘어 특정 현상이나 자극에 대해 어떤 활동적·적극적인 반응을 보임, 적극적 반응(≒ 흥미)
가치화(Valuing)	어떤 사물이나 현상·행동에 대하여 그 의미와 가치를 부여하여 내면화하는 행동 예 가치의 수용, 가치의 선호, 가치의 확신
조직화 (Organizing)	여러 가지 가치의 비교와 연관을 통해 가치를 종합하고 자기 나름대로 일관성 있는 가치체계를 확립하는 단계 예 가치의 개념화, 가치체계의 조직
인격화 (Characterization, 성격화)	가치체계를 바탕으로 지속적이고 일관성 있고 확고한 행동이나 생활양식으로 발전하여, 그의 인격의 일부로 내면화되는 단계 예 일반화된 행동태세, 인격화

(2) 중요성

① 전인교육의 이상을 실현할 수 있는 중요한 교육적 영역임.
② 학교학습에 있어 동기부여의 결정적 기능을 함.
③ 교육 프로그램 개선을 위한 의사결정 과정에 있어 중요한 정보를 제공함.

(3) 평가요소

① **중등 평가요소**: ㉠ 흥미(관심, 기대, 호기심 등), ㉡ 성취욕구, ㉢ 자아개념, ㉣ 자기효능감, ㉤ 포부수준(기대수준, 목표수준, 구체적인 성취도), ㉥ 수업준비(자발성, 준비성, 성실성), ㉦ 참여(자율적 참여, 학습참여도, 적극성, 도전의식), ㉧ 책임감(과제집착력, 인내, 의지, 책무성), ㉨ 상호작용(소통, 공감, 경청, 배려, 예의, 협동), ㉩ 가치(가치화, 조직화, 인격화, 가치수용, 행동실천력)
② **교과별 평가요소(예시)**: ㉠ 도덕과(도덕적 민감성과 열정, 도덕적 가치·덕목의 내면화 정도, 정의적 가치와 태도 예 공감, 존중, 배려, 협동 등), ㉡ 수학과(수학 교과에 대한 긍정적인 태도, 학습에 대한 관심, 흥미, 자신감, 인식 등), ㉢ 음악과(음악의 가치 인식, 음악활동에의 적극적 참여, 음악을 활용하는 태도)

(4) 평가방법: ① 관찰법, ② 면접법, ③ 사회성 측정법(동료평가), ④ 자기보고방법(질문지법, 자기평가), ⑤ 투사법, ⑥ 의미분석법, ⑦ Q분류

(5) 평가 시 고려사항

① 행동이 발생하는 환경적 조건과 결부시켜 평가함.
② 행동의 평가는 바람직한 행동을 발전시키고 잘못된 행동은 수정함을 전제로 진행함.
③ 평가영역에 따라 적절한 평가방법을 선택해야 함.
④ 행동 평가 시 선입견이나 가치개념을 전제해서는 안 됨.

(6) 문제점

① 정의적 교육목표의 행동적 정의는 개념적 모호성을 지님.
② 아는 것과 행하는 것은 반드시 1대1의 관계를 갖는 것은 아님.
③ 관찰된 학생 행동이 의도한 교수목표달성의 증거로 받아들이기가 어려운 경우가 있음.

Tip 현대 평가의 동향

- 검사 → 총평
- 양적 평가 → 질적 평가
- 간접적 평가(지필평가) → 직접적 평가(수행평가)
- 구조화된 평가 → 비구조화된 평가
- 인위적 평가 → 자연적 평가
- 객관적 평가 → 주관적 평가

8. 과정중심 평가(process-centered evaluation)

(1) 개념

① 학습의 결과가 아닌 수업 중 학생의 배움 과정을 다양한 방법으로 평가하는 방식
② 교육과정의 성취기준에 기반한 평가 계획에 따라 교수·학습 과정에서 학생의 변화와 성장에 대한 자료를 다각도로 수집하여 적절한 피드백을 제공하는 평가
㉠ '과정(process)'의 의미: ⓐ 학습이 이루어지는 과정(문제해결 혹은 수행의 과정) – '무엇을 알고 있는가'가 아닌 '무엇을 할 수 있는가'하는 실행적 지식, ⓑ 학업적 성장 혹은 향상의 과정, 잘못된 계산식 수업의 과정
㉡ 성취기준은 각 교과에서 학생들이 성취해야 할 지식, 기능, 태도 등의 특성을 진술한 것 → 교수·학습 및 평가의 실질적인 근거

(2) 특징

① **성취기준에 기반을 둔 평가**: 교과 성취기준에 기반을 둔 평가이다.
② **수업 중에 이루어지는 평가**: 수업 중에 이루어지는 평가로서 교수·학습과 연계된 평가를 지향한다.
③ **수행 과정의 평가**: 지식, 기능, 태도가 학습자에게서 어떻게 발달하고 있는지를 파악하기 위해 학습자의 수행 과정을 평가대상으로 한다.
④ **지식, 기능, 태도를 아우르는 종합적인 평가**: 지식, 기능, 태도의 인지적·정의적 영역까지 포함하여 종합적으로 평가한다.
⑤ **다양한 평가 방법의 활용**: 평가의 목적이나 내용을 고려하고 다양한 평가방법을 활용하여 학생에 대한 다양한 측면을 파악한다.
⑥ **학습자의 발달을 위한 평가 결과의 활용**: 학습자의 성장과 발달 과정을 관찰함으로써 학습자의 부족한 점을 채워 주고, 우수한 점을 심화·발전시킬 수 있도록 돕는 데 기여한다.

04 평가의 오류

집중경향의 오류	평가의 결과가 중간 부분에 모이는 경향
인상의 오류	• 하나의 특성이 관련이 없는 다른 특성에 영향을 미치는 오류 • 선입견에 따른 오차로, 평가요소보다 피평가자의 인상에 의해 평가하는 데서 발생 • 관대의 오류(점수를 좋게 줌)와 엄격의 오류(점수를 나쁘게 줌)가 있음.
대비의 오류	• 어떤 평가 특성을 평가자 자신의 특성과 비교하여 평가하는 오류 • 평가자가 지닌 특성이 평가에 영향을 미치는 데서 발생
논리적 오류	• 논리적으로 전혀 관계가 없는 두 가지 행동특성(예 필기능력과 실기능력)을 관련이 있는 것으로 판단하여 평가하는 오류 • 평가자가 평가 특성을 모를 때 발생
근접의 오류	• 비교적 유사한 항목들이 시간적으로나 공간적으로 가까이 있을 때 비슷하게 평가하는 오류 • 누가적 관찰기록에 의하지 않고 학년말에 급하게 평가할 때 발생
무관심의 오류	평가자가 피평가자의 행동을 면밀하게 관찰하지 못할 때 발생하는 오류
의도적 오류	특정 학생에게 특정한 상을 주기 위해 관찰 결과와 다르게 과장하여 평가하는 오류
표준의 오류	• 점수를 주는 표준이 평가자마다 다른 데서 기인하는 오류 • 평가기준을 구체적으로 명시함으로써 오류를 줄일 수 있음.

Tip 개인적 편향성 오차(personal bias error)

평가자가 모든 피평가자들에게 비슷한 점수를 주려는 경향성
예 관대(관용)의 오류, 엄격(인색)의 오류, 집중경향의 오류

05 평가도구의 양호도: 타당도, 신뢰도, 객관도, 실용도

1. 타당도(validity)

무엇(What)을 측정하려는 것이냐의 정도, 하나의 평가도구(검사문항)가 본래 측정하려는 내용을 얼마나 충실하게 측정하고 있는가의 정도 → 측정 대상의 진실성 · 정직성, 준거 개념이 수반(예 내용 준거, 공인 준거, 내적 구조 준거, 영향 준거)

Tip 타당도 해석 시 유의할 점

1. 타당도는 검사나 시험과 같은 측정도구 자체의 특성이 아니라 검사점수의 특성으로, 검사점수에 근거한 추론과 해석의 적합성을 말한다. → '검사의 타당도'보다는 '검사점수의 해석과 활용의 타당도'가 정확한 표현
2. 타당도는 정도의 문제이기 때문에 "타당도가 있다 / 없다."로 말하는 것이 아니라 "높다 / 적절하다 / 낮다" 등으로 표현해야 한다.
3. 타당도는 특별한 목적이나 해석에 제한된다. 한 검사가 모든 목적에 부합될 수 없으므로 "이 검사는 무엇을 측정하는 데 타당하다."라고 제한적으로 표현해야 한다. 즉, 검사가 특정한 용도로는 타당하지만 다른 용도로는 타당하지 않음을 의미한다.
4. 타당도는 전반적인 평가적 판단을 포함한다. 타당도는 직접 측정되거나 계산되는 것이 아니라 증거에 근거하여 추론되거나 판단된다.
5. 타당도는 단일개념(unitary concept)이다. 그러나 검사 점수로부터의 추론이 타당한지에 대한 증거를 수집하는 방법은 상이하다. → 타당도의 '유형(종류)'보다는 타당도 증거의 종류를 말한다.

(1) **내용타당도**: 논리적(내적 준거) 타당도, 목표 타당도, 교과 타당도, 표집 타당도

① 평가도구가 평가내용(교육목표)을 충실히 측정하고 있는가를 논리적으로 분석, 측정하려는 타당도

② 한 검사를 구성하고 있는 문항들이 문항전집을 잘 대표할 수 있도록 표집된 정도

③ 타당도 정도는 전문가가 지닌 전문적 지식 및 경험을 활용하거나 이원목표 분류표를 활용하여 판단 → 통계적 절차(예 상관계수)나 실제 학생 점수를 활용하지 않음.

cf **안면타당도**: 피험자(학생)에 의해 판단

④ 학업성취도 검사(학력검사)나 절대평가 문항 개발에 적용

(2) (외적) **준거타당도**: 상관계수로 표현

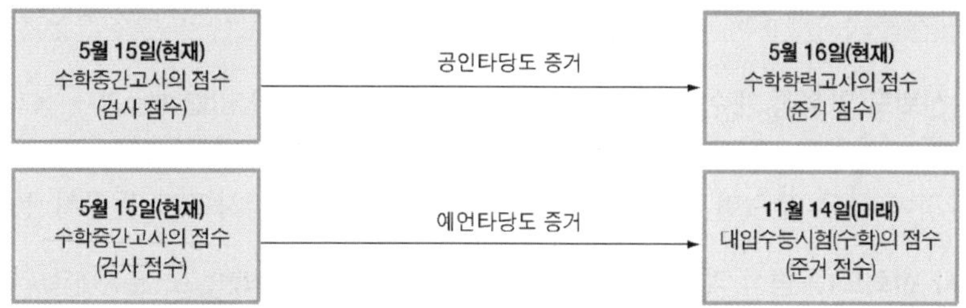

① 공인 타당도(동시 타당도)

㉠ 동일한 능력을 재고 있는 두 평가도구가 동일한 시기에 치러졌을 때 사용하는 타당도 증거

㉡ 현재 검사(X)－기존 현재 검사(준거 Y) 간 경험적 공통요인의 정도 → 상관계수로 표현

㉢ 검사도구 대체 시, 새 검사를 공인할 때 활용

② 예언 타당도(예측 타당도)

㉠ 어떤 검사결과가 피험자의 미래 행동이나 특성을 얼마나 정확히 예언하느냐와 관련된 타당도 증거

㉡ 현재 검사(X)－미래 행동 특성(준거Y) 간 예언(일치) 정도 → 상관계수나 회귀분석 사용 (예 적성검사)

(3) **구인타당도**(이론적 타당도, 구성 타당도): 타당도 증거 중에서 가장 핵심

① 한 검사가 조작적으로 정의한 구인(construct)을 어느 정도 재고 있는가를 이론적 가설을 세워서 경험적으로 검증하려는 타당도 → '검사의 결과로 산출된 점수의 의미를 심리학적 개념으로 분석하는 것'

② 조작적으로 정의되지 않고 과학적인 이론으로 정립되지 않은 새로운 개념이나 구인을 측정하는 조사에 과학적 이론과 타당도를 부여함.

③ 요인분석적 방법(중다특성 기법), 상관계수법, 실험설계법, 공변량 구조 방정식 모형 방법, 수렴－변별타당도 방법 등을 사용하여 추정함.

더 알아보기

■ 여러 가지 타당도

1. 체제적 타당도: 평가가 그 체제 전체에 교육적으로 이점이 있었는지의 여부를 검토하는 것
2. 생태학적 타당도: 실험 결과를 얻는 환경적 조건으로부터 다른 환경적 조건으로 일반화할 수 있는 정도 → 실험연구의 '외적 타당도'에 해당
3. 결과 타당도(영향 타당도): 검사 결과의 교육효과 달성 정도(≒체제적 타당도)

2. **신뢰도**(reliability)

얼마나(How) 정확하게 측정하고 있느냐의 정도, 측정의 오차가 적은 정도 → 측정방법의 문제, 검사(측정점수)의 일관성과 안정성, 정확성

측정의 표준오차에 의한 방법	• 같은 대상을 같은 도구로 반복 측정한 결과 개인이 얻은 점수의 안정성: 개인 내 변산의 일관성을 확인하는 방법 • 측정점수(X) = 진점수(T) + 오차점수(E) • 한 개인의 진점수가 위치할 가능성이 있는 점수들의 범위(신뢰구간, 점수 띠, 프로파일 띠) • 산출공식: X±σ(68% 신뢰 수준), X±1.96σ(95% 신뢰 수준), X±2.58σ(99% 신뢰 수준)
두 검사의 상관계수에 의한 방법	• 개인 간 변산의 일관성을 확인하는 방법 • 재검사 신뢰도, 동형검사 신뢰도, 내적 일관성 신뢰도(반분신뢰도, 문항 내적 합치도)

(1) **재검사 신뢰도**(안정성 계수, 전후검사 신뢰도): 같은 1개 검사지(예 지능검사, 성격검사), 동일 집단에게 전·후 실시 → ① 기억·암기·훈련, 지능 또는 검사 간격이 오차 변인, ② 이월효과 작용(검사간격이 너무 짧으면 신뢰도가 과대추정됨), ③ 전후 검사조건 똑같이 통제하기 어려움

(2) **동형검사 신뢰도**(동형성 계수): 같은 형(型, 예 문항난이도, 문항변별도, 문항내용)의 2개 검사, 동일 집단에게 각 1회 실시 → ① 검사내용·검사상황에 따른 오차 확인, ② 기억, 연습 등의 영향력 최소화, ③ 동형의 검사도구 제작의 어려움

(3) **내적 일관성 신뢰도**: 1개의 검사를 1회 실시

① 반분 신뢰도(동질성 계수): 1개 검사, 1/2로 분리(예 기우법, 전후법, 단순무작위법, 문항특성법) → ㉠ 스피어만-브라운 공식이나 루론(Rulon) 공식으로 교정, ㉡ 양분하는 방법에 따라 신뢰도 계수가 다르게 추정됨, ㉢ 문항이 적을 경우 사용 곤란함, ㉣ 기억, 연습효과 제거

② 문항 내적 합치도(동질성 계수): 각 문항을 독립된 검사로 보고 문항 간 상관계수의 종합치로 계산 → K-R 교정 공식, Hoyt 계수, Cronbach α 교정 공식

추정방식	검사지의 수	검사실시 횟수	주된 오차 요인	통계방법
재검사 신뢰도	1	2	시간 간격, 이월 효과	적률상관계수 (안정성 계수)
동형검사 신뢰도	2	2	문항차이 (문항의 동형성)	적률상관계수
반분 신뢰도	1	1	반분검사의 동질성	스피어만 - 브라운 공식
문항 내적 합치도	1	1	문항의 동질성	KR(이분적 문항), 크론바흐 α 계수(다분적 문항), Hoyt 계수
평정자 간 신뢰도	1	1	평가자의 차이	적률상관계수, 백분율

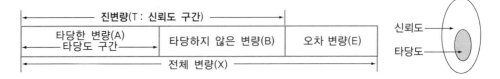

(4) **신뢰도와 타당도의 관계**: 타당도 ⊂ 신뢰도

① 신뢰도는 타당도의 필요조건, 타당도는 신뢰도의 충분조건이다.

② 높은 신뢰도는 높은 타당도의 선행조건이다.

진변량(T: 신뢰도 구간)		
타당한 변량(A) 타당도 구간	타당하지 않은 변량(B)	오차 변량(E)
전체 변량(X)		

신뢰도

타당도

㉠ 타당도 ㉢ → 신뢰도 ㉢(A), 타당도 ㉣ → 신뢰도 ㉢(B) or 신뢰도 ㉣(E)
㉡ 신뢰도 ㉢ → 타당도 ㉢(A) or 타당도 ㉣(B), 신뢰도 ㉣ → 타당도 ㉣(E)

(5) 신뢰도에 영향을 주는 요인

검사와 관련된 요인	• 검사의 길이: 검사의 길이(문항수)가 증가함에 따라 신뢰도도 증가한다(단, 문항의 동질성을 전제). • 검사 내용의 범위: 검사 내용의 범위가 좁을수록(동질성이 유지되어) 신뢰도가 증가한다. • 문항 변별도: 문항 변별도가 높을수록 신뢰도가 증가한다. • 문항 난이도: 문항 난이도가 적절할수록 신뢰도가 증가한다. • 가능 점수 범위: 가능 점수 범위(상이한 점수가 나올 수 있는 범위)가 클수록 신뢰도가 증가한다. 예 4지선다형보다 5지선다형이 신뢰도가 높다. • 문항 표집: 전체 범위에서 골고루 표집될 때 신뢰도가 높다.
치른 집단과 관련된 요인	• 집단의 동질성: 동질집단보다 이질집단이 신뢰도가 높다. • 검사 요령의 차이: 모든 학생들이 일정 수준 이상으로 검사를 치르는 요령을 터득하고 있을 때 신뢰도가 보장된다. • 동기 유발의 차이: 모든 학생들이 일정 정도의 성취동기를 가지고 검사를 치를 때 신뢰도가 유지된다. • 표본의 크기: 클수록 신뢰도가 높다.
검사 상황과 관련된 요인	• 시간 제한: 검사시간이 충분히 주어져야 문항반응의 안정성이 보장된다. • 부정행위: 부정행위는 방지되어야 한다.
기타	객관적인 채점방법을 사용하여야 한다.

(6) 신뢰도를 높이는 방법

① 이질집단이 동질집단보다 신뢰도가 높다.
② 학습한 내용 중에서 골고루 출제될 때 신뢰도가 높다.
③ 검사문항이 동질적일 때 신뢰도가 높다.
④ 문항 변별도가 높을 때(DI = +1.0) 신뢰도가 높다.
⑤ 문항 난이도가 적절할 때(P = 50%) 신뢰도가 높다.
⑥ 검사 범위가 좁을 때 신뢰도가 높다.
⑦ 채점방법이 객관적일 때 신뢰도가 높다.
⑧ 검사 상황이 적절할 때 신뢰도가 높다(검사 요령 숙지, 부정행위 방지 등).
⑨ 답지수가 많을 때 신뢰도가 높다.
⑩ 검사의 길이(문항수)가 증가함에 따라 신뢰도가 높다.
⑪ 반응점수 범위(상이한 점수가 나올 수 있는 범위)가 클수록 신뢰도가 높다.
⑫ 시험시간이 충분히 주어져야 신뢰도가 높다(신뢰도는 속도검사에는 적용 불가).
⑬ 집단의 점수분포의 변산도, 즉 표준편차가 커야 한다.

3. 객관도(objectivity): 채점자 신뢰도, 검사자마다 일치된 평가를 하느냐의 정도

(1) **채점자에 따른 검사 점수의 일관성의 정도, 채점자의 주관적 편견을 얼마나 배제하였느냐의 정도**: 채점자 내 신뢰도는 채점자 간 신뢰도 추정을 위한 전제조건 → 신뢰도에 포함(객관도 ⊂ 신뢰도)

CHAPTER 10

(2) 신뢰도가 평가도구의 각 문항에 평가 대상자들이 보인 반응과 관련된 개념이라면, 객관도는 평가자가 평가 대상에 보인 반응과 관련된 개념이라는 점에서 구분할 수 있다.

(3) **향상 방법**: ① 명확한 평가기준 설정, ② 평가도구의 객관화(주관식 검사 지양), ③ 공동 채점 후 평가결과 종합하여 평가, ④ 평가자의 소양교육 강화

4. **실용도**(usability): 검사의 경제성의 정도 → 타당도와 관련

(1) 검사실시와 채점방법이 쉬워야 한다.

(2) 비용·시간·노력 등이 절약되어야 한다.

(3) 해석과 활용이 용이해야 한다.

06 검사문항의 제작

1. 평가도구의 제작 절차

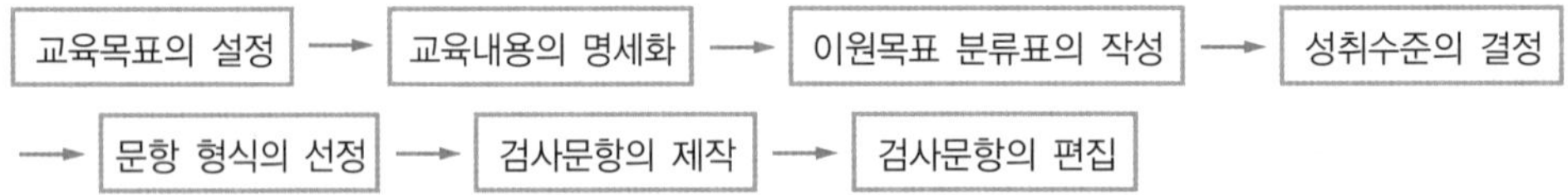

(1) **교육목표의 설정**: 명세적 목표로 진술한다.

(2) **교육내용의 명세화**: 필요한 내용이 표집될 수 있을 만큼 교육내용을 세분화한다.

(3) **이원목표 분류표의 작성**: 내용과 도착점행동 차원으로 분류·진술한다.

(4) **성취 수준의 결정**: 일반적으로 80%선(완전학습은 90%)으로 결정한다.

(5) **문항 형식의 선정**: 주관식 문항 또는 객관식 문항으로 할 것인가를 결정한다.

(6) **검사문항의 제작**: 문항카드를 활용하여 제작한다.

(7) **검사문항의 편집**: 지시사항, 응답 요령 등을 작성하고 문항난이도를 고려하여 쉬운 문항부터 어려운 문항순으로 배열한다.

2. 검사문항의 유형

채점방식 (채점자의 주관성 개입 여부)에 따른 구분	주관식 검사	논문형(서술형)
	객관식 검사	진위형, 배합형(연결형), 선다형(선택형 예 정답형, 최선답형, 다답형, 불완전 문장형, 합답형, 부정형, 대체형), 단답형, 완성형
학생의 반응양식에 따른 구분	선택형 검사	진위형, 배합형, 선다형 → 재인능력 과제(recognition task) 평가에 적합
	서답형 검사	단답형, 완성형, 논문형 → 회상능력 과제(recall task) 평가에 적합

3. 객관식 문항(선택형 문항) 제작 시 유의사항

(1) 정답은 분명하게, 오답은 그럴듯하게 작성한다.

(2) 답지 사이의 중복을 피한다.

(3) 답지의 길이는 비슷해야 한다.

(4) 정답에 대한 단서를 주지 말아야 한다.

(5) 문항은 가급적 긍정문으로 진술한다.

(6) **한** 문항 내의 답지는 상호 독립적이어야 하고, 다른 문항의 답지와도 상호 독립적이어야 한다.

(7) 정답의 위치는 다양성이 있어야 한다.

(8) 문항과 답지는 내용상 관련이 있어야 한다.

(9) 전문적인 용어 사용을 피한다. → 전문적인 용어의 사용은 문항의 적절한 난이도 유지를 곤란하게 할 수 있다.

(10) 형용사, 부사의 질적 표현을 많이 사용하지 않는다. → 형용사나 부사의 사용은 그 의미나 해석이 다를 수 있으므로 질문의 내용이 모호해질 수 있다.

(11) 문항은 자세하게, 답지는 간결하게 표현한다.

4. 주관식 문항(논문형 문항)의 채점

(1) 채점방식

분석적 채점 (analytic scoring)	답안을 구성요소로 나눈 다음 구성요소별로 채점한 후 합산하는 채점방식으로, 구성요소별로 배점을 한다.
개괄적 채점 (holistic scoring)	답안의 전반적인 질을 전체적으로 판단하여 단일점수를 주는 채점방식이다.

(2) 채점에 영향을 주는 요인과 채점 시 유의사항

내용 불확정성 효과 (content indeterminancy effect)	채점자가 논술형 문항이 요구하는 반응을 정확하게 이해하지 못하거나 여러 채점자가 바람직한 반응에 대한 의견이 다를 경우 채점결과에 영향을 주는 현상 → 채점기준을 명확히 제시함으로써 예방
후광효과(halo effect)	채점자가 학생에 대해 갖고 있는 인상이 채점결과에 영향을 주는 현상 → 학생의 인적 사항을 모르는 상태에서 채점
순서효과(order effect)	답안지를 채점하는 순서가 채점에 영향을 주는 현상으로, 일반적으로 먼저 채점되는 답안지가 뒤에 채점되는 답안지보다 더 높은 점수를 받는 경향이 있다. → 학생별로 채점하지 말고 문항별로 채점하여 예방
피로효과(fatigue effect)	채점자의 육체적, 심리적 피로가 채점결과에 영향을 주는 현상 → 충분한 시간을 갖고 채점하여 예방
답안 과장(bluffing)	논술형 문항이 측정하는 지식이나 기능을 갖고 있지 않은 학생이 지식이나 기능을 갖고 있는 것처럼 보이기 위해 허세를 부리거나 의도적으로 답안을 조작하는 현상(예 작문능력, 일반지식, 시험책략 등)으로 부분점수 또는 채점자가 주의하지 않으면 고득점을 받기도 함. → 가능하면 같은 답안지를 최소 2회 이상 채점하거나 두 사람 이상이 채점한 결과를 평균하여 산출함으로써 예방

07 표준화검사

1. 개념

(1) 검사 제작 절차와 검사내용, 검사의 실시방법, 채점 과정과 해석이 표준화되어 있는 검사

(2) 검사의 타당도와 신뢰도, 객관도, 실용도가 모두 높은 검사

2. 유형: 심리학적 검사 → 고부담검사에 해당

인지적 영역	지능 검사	지식을 습득할 수 있는 능력, 생각할 수 있는 능력, 추상적인 추론능력, 새로운 문제해결능력을 측정하기 위한 검사 → 개인용 검사와 집단용 검사, 언어 검사와 동작성 검사 예 스텐포드-비네 지능검사, K-ABC, K-WAIS, K-WISC-IV, SOMPA, UNIT
	적성 검사	시간을 두고 발달된 일반적인 능력을 측정하고 앞으로의 학습에 대한 잠재력을 예측하기 위해 고안된 검사 예 일반적성검사(GATB), 홀랜드 진로탐색검사, STRONG 흥미검사
	성취 검사	읽기, 쓰기, 수학, 과학, 사회, 비판적 사고능력, 상식 등과 같은 특정 영역에서 학생이 얼마나 배웠는가를 측정하기 위한 검사 예 표준화 학력검사, 표준화 기본학력검사
	진단 검사	특정 지식이나 기술 영역에서의 학생의 강점이나 약점에 대한 자세한 정보를 얻기 위해 개별적으로 실시하는 검사 예 기초학력 진단검사
정의적 영역	성격 검사	다면적 인성검사(MMPI), MBTI, 어린이 및 청소년용 성격유형검사(MMTIC), KIPA 인성검사, KPI 성격검사, CPI 성격검사, 16PF
	태도 검사	부모 양육태도 검사(PAT), 과학적 태도 검사(TOSRA), 각종 여론조사, 강의평가, 교사평가, 직무몰입도 평가, 삶의 질 조사
	흥미 검사	사람들이 특정 분야에 대해 가지고 있는 흥미를 비교하기 위한 검사 예 학습흥미검사, 직업흥미검사(홀랜드 직업흥미검사, 스트롱 흥미검사)
	기타 검사	가치관 검사(개인의 생활 중에서 무엇을 소중히 여기는지 검사), 자아개념 검사, 정서지능 검사, 도덕판단력 검사, 적응능력 검사
임상검사		특정 영역의 심리적 문제(예 우울, 불안, 분노, 섭식장애 등)를 평가하기 위해 개발된 검사 → 정서적 징후 검사 예 Beck의 우울검사(BDI), 상태-특성 불안검사(STAI), 섭식장애 검사(EDI-2)

3. 제작 절차

① 제작 계획 수립	검사 목적, 검사 내용, 검사 대상, 검사 방법 등을 구체적으로 확인·분석한다.
② 문항 작성	합당한 문항형식의 결정과 선택된 문항형식에 따라 문항을 제작한다. 이때 문항의 수는 실제 검사에 포함될 문항수의 두 배 이상은 되어야만 한다.
③ 예비조사	앞서 제작된 문항들로 구성된 예비검사지를 사용하여 활용하려는 대상을 대표할 수 있는 표본을 대상으로 예비조사를 실시한다.
④ 문항 분석	문항난이도, 문항변별도, 문항반응분포 등의 문항 분석을 통해 적절한 문항을 선정한다.
⑤ 표준화검사 제작	문항 분석의 결과에 따라 선택된 문항들로 구성된 검사를 최종적인 형태의 표준화검사로 제작하고, 실시방법과 채점방법을 결정한다.
⑥ 표집에 대한 표준화검사 실시와 규준작성	평가 대상인 모집단을 대표하는 표집에 대한 표준화검사를 실시하고, 그 결과에 의해 규준(norm)을 작성한다.
⑦ 신뢰도와 타당도 산출	통계적 방법을 통하여 검사 자체의 신뢰도와 타당도를 산출하고 검증한다.

4. 표준화검사와 교사 제작 검사(자작검사)의 비교

표준화검사	교사 제작 검사
• 광범위한 집단(지역 단위, 전국 단위) • 비교의 상대적 규준이 있다. • 검사도구의 양호도가 높다. • 절차가 복잡하고 신중을 요한다. • 학력검사, 적성검사 등 다양하다. • 진단평가나 총괄평가에도 사용한다.	• 특정집단(학급 단위, 학교 단위) • 비교의 상대적 규준이 없다. • 검사도구의 양호도가 낮다. • 절차가 비교적 단순하다. • 주로 학력검사로 사용한다. • 형성평가에 주로 사용한다.

08 문항분석

문항(객관식 문항)의 양호도 검증 → 고전검사이론과 문항반응이론

고전검사이론	문항반응이론
• 문항특성의 가변성 • 피험자 특성의 가변성 • 관찰점수는 진점수와 오차점수의 합 • 문항난이도, 문항변별도, 문항반응분포	• 문항특성의 불변성/단일차원성, 지역독립성 • 피험자 특성의 불변성 • 문항특성곡선(S자형 곡선)에 근거 • 문항난이도, 문항변별도, 문항추측도

Tip 문항반응이론의 기본 가정

피험자 능력 불변성	피험자가 어려운 문항을 택하든 쉬운 문항을 택하든 피험자의 능력은 변화하지 않는다.
문항 특성 불변성	문항 특성(문항난이도, 문항변별도)은 피험자 집단의 특성에 의해서 변화되지 않는다.
단일차원성	한 검사를 구성하는 모든 문항은 하나의 잠재적 특성(예 지능, 창의력)만을 측정해야 한다.
지역독립성	어느 특정한 검사문항에 대한 반응은 다른 문항에 대한 반응에 영향을 미치지 않는다.

1. 문항곤란도(문항난이도, P)

한 문항의 쉽고 어려운 정도, 전체 사례 수 중에서 정답을 한 학생의 비율 → 문항의 배열 순서 결정 시 사용

(1) 공식

① 추측요인 배제: $P=\frac{R}{N}\times 100$ (R: 정답 학생 수, N: 전체 사례 수)

② 추측요인 고려: $P=\frac{R-\frac{W}{n-1}}{N}\times 100$ (W: 오답 학생 수, n: 문항의 답지 수)

cf $R-\frac{W}{n-1}$를 교정점수라고 함.

(2) **변산 범위**: $0\% \leq P \leq 100\%$ → 30~70%이면 양호, 50%가 이상적

(3) **해석**: 문항난이도가 높을수록 쉬운 문항

2. 문항변별도(DI)

문항 하나하나가 피험자의 상하능력을 변별해 주는 정도, 상위집단과 하위집단의 구별 정도
→ 상위집단의 학생이 하위집단의 학생보다 정답 확률이 높을 때 그 문항은 변별도가 있다.

(1) **공식**

① **정답비율 차(정답률 편차)에 의한 방법**: 상위집단의 정답률에서 하위집단의 정답률을 빼어 산출

$$DI = \frac{RH - RL}{\frac{N}{2}}$$

RH: 상위집단 정답자 수
RL: 하위집단 정답자 수
N: 전체 사례 수

② **상관계수에 의한 방법**: 문항점수와 검사점수 총점 간의 상관계수에 의한 방법 → 정답지의 경우는 높은 정적 상관계수, 오답지의 경우는 낮은 상관이거나 상관없음 또는 부적 상관계수로 나타남.

(2) **변산 범위**: $-1 \leqq DI \leqq +1$ → $+0.3 \sim +0.7$이면 양호

(3) **해석**

① 상위집단 정답자 수 = 하위집단 정답자 수 → 변별도는 0이다.
② 상위집단이 전원 정답, 하위집단이 전원 오답 → 변별도는 +1.0이다.
③ 상위집단이 전원 오답, 하위집단이 전원 정답 → 변별도는 −1.0이다(역변별 문항).
④ 변별도가 0이거나 음수인 문항은 나쁜 문항으로 제외한다.
⑤ 문항난이도가 50%일 때 변별도는 +1.0에 가까워진다.

3. 문항반응분포

(1) 문항별 학생들의 반응분포, 정답과 오답이 제구실을 하고 있는가를 알아보는 것

(2) **이상적인 분포**: 정답지에 50% 반응, 나머지 오답지에 골고루 반응할 때(정답지에는 하위집단 학생 수보다 상위집단 학생 수가 많을 때)

4. 문항특성곡선(Item Characteristic Curve, ICC): 문항반응이론

(1) **학생(피험자)의 능력수준에 따라 문항을 맞힐 확률을 나타내는 S자형 곡선**

① 피험자의 능력(가로축): θ(theta)로 표기 → −3.0에서 + 3.0 사이에 위치
② (각 능력수준에서 그 능력을 가진) 피험자가 각 문항에 정답을 할 확률(세로축): $P(\theta)$로 표기 → 0에서 1 사이에 위치

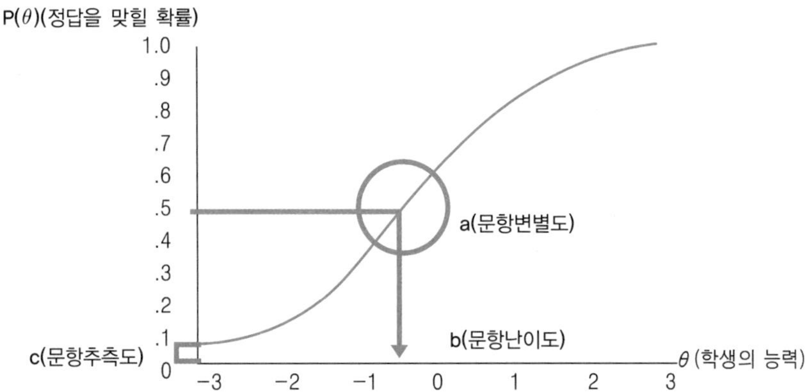

(2) **문항난이도**(b 또는 β): 문항의 답을 맞힐 확률이 0.5에 대응하는 능력수준

① 문항특성곡선이 오른쪽으로 위치할수록 어려운 문항이다.

② 문항난이도는 −2에서 +2 사이에 위치하며 값이 커질수록 어려운 문항이다.

(3) **문항변별도**(a 또는 α): 문항특성곡선상의 '문항난이도를 표시하는 인접 지점(b±0.5인 지점)'에서 문항특성곡선의 기울기

① 문항특성곡선의 기울기가 가파르면 문항변별도가 높아지는 반면에 기울기가 완만하면 낮아지게 된다.

② 문항변별도는 일반적으로 0에서 +2의 값을 가지며 높을수록 좋은 문항이다.

(4) **문항추측도**(c): 능력이 전혀 없음에도 불구하고 문항의 답을 맞히는 확률 → 높을수록 좋지 않은 문항이며, 4지 선다형 문항에서 일반적으로 문항추측도는 0.2를 넘지 않는다.

고전검사이론과 문항반응이론의 비교

구분	고전검사이론	문항반응이론
문항난이도	• 총 피험자 중 정답을 맞힌 피험자의 비율 • $0 \leq P \leq 100$ • 값이 커질수록 쉬운 문항	• 문항의 답을 맞힐 확률이 0.5에 대응하는 피험자의 능력수준 • $-2 \leq b \leq +2$ • 값이 커질수록 어려운 문항
문항변별도	• 문항점수와 피험자의 총점 간 상관계수에 의해 추정 • $-1.00 \leq DI \leq +1.00$ • '+'부호이며 값이 클수록 좋은 문항	• 문항특성 곡선상의 '문항난이도를 표시하는 인접 지점(b±0.5인 지점)'에서 문항특성곡선의 기울기 • $0 \leq a \leq +2$ • 기울기가 가파를수록 좋은 문항

CHAPTER 10

박문각
공무원

핵심 요약집

오현준
핵심교육학

CHAPTER

11

교육통계

교육통계

핵심 체크노트

1. **척도**: 명명척도, 서열척도, 동간척도, 비율척도
2. **집중경향치**: 최빈치(Mo), 중앙치(Mdn), 평균치(M)
3. **변산도**: 범위(R), 사분편차(Q), 평균편차(AD), 표준편차(SD)
4. **상관계수**
5. **규준점수**: 석차점수, 백분위점수, 표준점수(Z점수, T점수, C점수, H점수, DIQ점수)

01 측정치(척도): 명명척도, 서열척도, 동간척도, 비율척도

어떤 대상의 속성의 크기를 측정도구로 재어서 얻은 수치
→ 명명척도 ⊂서열척도 ⊂ 동간척도 ⊂ 비율척도
cf **빈도**(frequency): 세어서 얻은 수치

1. 명명척도

(1) 단순히 이름만 대신하는 척도 → 질적 변인일 때 사용
예 성별, 거주지역, 운동선수의 등번호, 극장의 좌석번호, 전화번호, 주민등록번호, 우편번호 등

(2) 사물 하나에 이름을 부여하는 일대일 대응의 특징을 지닌다.

(3) 수(數)의 특성을 전혀 갖지 않고 구분·분류를 위해 붙인 것으로, 가감승제가 불가능하다.

(4) 최빈치(Mo), 유관상관계수, 사분상관계수, 파이계수 등의 통계처리가 가능하다.

2. 서열척도

(1) 분류와 서열(순위)을 나타내는 척도
예 성적의 석차, 백분위점수, 사회·경제적 지위, A·B·C 학점(수, 우, 미, 양, 가)

(2) 대소를 나타낼 수는 있으나, 서열 간의 간격이 같지 않아 동간성(同間性)이 없기 때문에 가감승제가 불가능하다.

(3) 단조 증가함수, 또는 단조 감소함수의 특성을 지닌다.

(4) 최빈치(Mo), 중앙치(Mdn), 사분편차, 백분위점수, 등위차 상관계수(스피어먼의 서열 상관계수) 등의 통계처리가 가능하다.

3. 동간척도(등간척도)

(1) 분류, 서열, 대소, 동간성 정보를 제공하는 척도

예 온도계의 눈금, IQ 점수, 고사의 원점수, 백점만점 점수, 심리학 척도

(2) 임의영점(상대영점)과 가상적 단위를 지니고 있으며 동일한 측정단위 간격에 동일한 수적 차이를 부여하는 척도 → 가감은 가능하나 승제는 불가능함.

(3) 산술평균(M), 최빈치(Mo), 중앙치(Mdn), 표준편차(SD), 적률상관계수(Pearson의 상관계수) 등의 통계처리가 가능하다.

상대영점과 절대영점의 비교

구분	속성	표현
상대영점(임의영점)	있음(something)	없음(nothing)
절대영점(자연영점)	없음(nothing)	없음(nothing)

4. 비율척도

(1) 분류, 서열, 대소, 동간성, 비율에 관한 정보를 제공하는 척도

예 길이, 무게, 시간, 넓이, 백분율, 표준점수(T 점수, Z 점수 등)의 단위

(2) 절대영점과 가상적 단위를 지니고 있으며 동일한 측정단위 간격에 동일한 수적 차이를 부여하는 척도 → 가감승제가 가능

(3) 산술평균(M), 최빈치(Mo), 중앙치(Mdn), 표준편차(SD), 적률상관계수 등 모든 통계처리가 가능하다.

5. 측정치 간 비교

구분	의미	예	가능한 통계처리
명명척도	분류(같다, 다르다) 정보 제공	전화번호, 극장 좌석번호, 주민등록번호	최빈치(MO), 사분상관계수, 파이(Φ)계수, 유관상관계수
서열척도	분류, 대소, 서열(무엇보다 크다, 보다 작다) 정보 제공	학점, 키 순서 번호, 석차점수, 백분위점수, 리커트(Likert) 척도, 구트만(Guttman) 척도	최빈치(MO), 중앙치(Mdn), 등위차 상관계수(스피어만 서열상관계수), 문항난이도 지수
동간척도	• 분류, 대소, 서열, 동간성(얼마만큼 크다, 얼마만큼 작다) 정보 제공 • 상대영점 소유 → 가감(+, −)이 가능 • 임의 단위를 지닌 척도	온도계 눈금, IQ점수, 고사의 원점수, 백점만점 점수, 써스톤(Thurstone) 척도, 의미변별 척도	최빈치(MO), 중앙치(Mdn), 평균치(M), 적률상관계수(Pearson 계수)

비율 척도	• 분류, 대소, 서열, 동간성, 비율 정보 제공 • 절대영점 소유 → 가감승제 (+, −, ×, ÷) 가능 • 임의 단위를 지닌 척도	길이, 무게, 시간, 넓이, 백분율, 표준점수(Z 점수, T 점수, H점수, C점수, DIQ 점수)	최빈치(MO), 중앙치(Mdn), 평균치(M), 적률상관계수(Pearson 계수)
절대 척도	절대영점과 절대단위를 지닌 척도 → 가감승제 가능	사람 수, 자동차 수	

02 **집중경향치**(대표치) : 최빈치(Mo), 중앙치(Mdn), 평균치(M)

한 분포에 들어 있는 여러 측정치를 종합적으로 대표하는 수치

1. **최빈치**(Mo)

(1) 한 분포에서 가장 빈도가 많은 점수나 수치

(2) 빈도의 크기가 모두 같으면 최빈치는 없다. → 최빈치의 개수에 따라 쌍봉분포, 삼봉분포 등 다봉분포로 나타남.

(3) **적용**

① 명명척도, 서열척도, 동간척도, 비율척도의 자료일 때
② 집중경향치를 빨리 알고 싶을 때
③ 전형적인 경우를 알고자 할 때

2. **중앙치**(Mdn)

(1) 측정치를 크기순으로 배열할 때 정확히 절반으로 나누는 값

(2) 백분위 점수 50에 해당하는 백분점수 → 전체 사례수가 홀수일 때는 1개, 짝수일 때는 2개 (∴ 두 수치의 평균값)

(3) **적용**

① 서열척도, 동간척도, 비율척도의 자료일 때
② 분포가 심하게 편포되어 있을 때
③ 분포의 순서상의 위치를 알고자 할 때

3. **평균치**(산술평균, M) : 한 집단의 모든 측정치의 합을 전체 사례수로 나눈 값 → 점수분포의 중앙을 이루는 값, 정확성>긴급성, 자료가 동간척도나 비율척도일 때

(1) 평균치로부터 모든 점수의 차(편차)의 합은 0이다.

(2) 점수분포의 균형을 이루는 점이다.

(3) 평균은 편차점수의 제곱화가 최소가 되는 수치이다.

(4) 원점수에 상수 C를 더하거나 빼면 평균치는 C만큼 커지거나 작아지며, C만큼 곱하거나 나누면 C배만큼 커지거나 작아진다.

(5) **적용**

① 동간척도, 비율척도의 자료일 때
② 정상분포일 때(상대평가)
③ 분포의 중심을 알고자 할 때
④ 가장 신뢰로운 대표치를 구할 때

✔ 분포가 심하게 편포되어 있을 때는 중앙치가 가장 신뢰로운 대표치이다.

척도와 집중경향치와의 관계

척도 / 대표치	명명 척도	서열 척도	동간 척도	비율 척도	개념
최빈치(MO)	○	○	○	○	가장 빈도수가 많은 점수
중앙치(Mdn)		○	○	○	전체 사례수를 상위반과 하위반으로 나누는 값
평균치(M)			○	○	한 집단의 측정치의 합을 집단의 사례수로 나눈 값

4. 대표치 간 비교

(1) **M−Mdn > 0이면 정적편포(Mo < Mdn < M)**: 성적 부진아 집단, 시험이 어려울 때 → 성적 우수아 변별 시 사용

(2) **M−Mdn = 0이면 정상분포**(Mo = Mdn = M): 상대평가(불완전 학습)

(3) **M−Mdn < 0이면 부적편포(Mo > Mdn > M)**: 성적 우수아 집단, 절대평가 지향(완전학습) 분포, 시험이 쉬울 때 → 성적 부진아 변별 시 사용

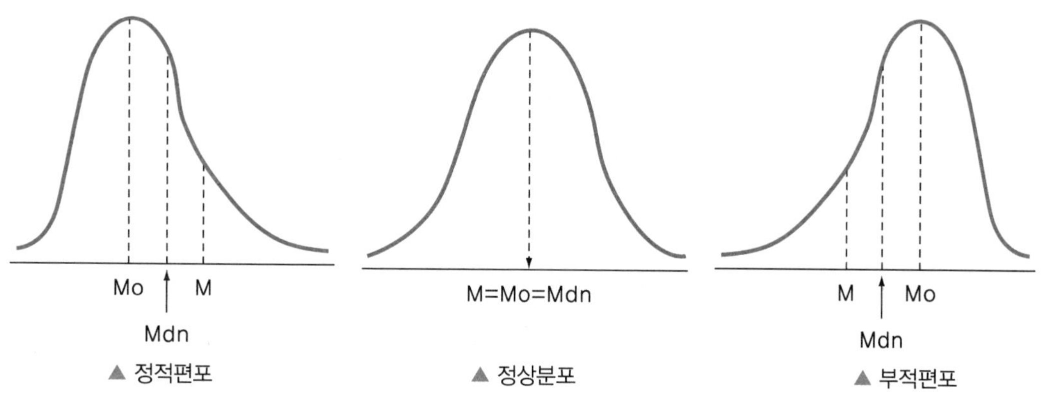

▲ 정적편포 ▲ 정상분포 ▲ 부적편포

03 변산도 : 범위(R), 사분편차(Q), 평균편차(AD), 표준편차(SD)

한 집단의 점수 분포가 얼마나 흩어져 있는가의 정도를 나타내는 통계적 지수 → 집단의 동질성 또는 이질성을 설명해 주고, 측정도구의 신뢰도와 일관성을 나타내 준다.

1. 범위(R)

(1) **한 점수분포에서 최고점수에서 최하점수까지의 거리** : R = 최고 점수(H) − 최하 점수(L) + 1 → 최빈치(Mo)의 성격과 유사

(2) 표집의 크기가 작을 때보다 클 때 더 큰 값을 가진다. → 범위 내의 분포 상태를 알 수 없다.

2. 사분편차(Q)

(1) **한 분포에서 중앙 50%의 사례수를 포함하는 점수 범위의 1/2**

(2) **공식**

$$Q = \frac{Q_3 - Q_1}{2}$$

Q_1 Q_2 Q_3

(3) **용도**

① 중앙치만이 보고되었을 때
② 양극단 점수의 영향을 배제하고자 할 때

3. 평균편차(AD, σ)

(1) **편차점수들의 평균** : 한 집단의 산술평균으로부터 모든 점수까지의 거리의 평균

(2) **한 분포에서 모든 점수의 편차의 절대치를 합한 것**

4. 표준편차(SD, σ)

(1) **편차점수들의 평균** : 평균으로부터의 편차점수(x = X − M)를 제곱하여 합하고 이를 사례수로 나누어 그 제곱근을 얻어낸 값 → 변량(분산)의 제곱근

$$SD = \sqrt{\frac{\sum x^2}{N}} = \sqrt{\frac{\sum (X-M)^2}{N}}$$

N: 사례 수, X: 점수
M: 평균치, x : 편차
$\frac{\sum (X-M)^2}{N}$: 변량(분산)

(2) **특징**

① 분포상의 모든 점수에 영향을 받는다.
② 한 집단의 모든 점수에 일정한 점수를 더하거나 빼도 표준편차는 변하지 않으나, 곱하거나 나누면 그만큼 변한다.
③ 표집에 따른 변화(표집오차)가 가장 적다.

(3) 용도

① 정상분포곡선에 관련된 해석을 원할 때 사용
② 가장 신뢰로운 변산도를 원할 때 사용

(4) 해석

① 표준편차가 크다. = 변산도가 크다. = 곡선의 모양이 평평하다(평형). = 이질집단이다.
② 표준편차가 작다. = 변산도가 작다. = 곡선의 모양이 뾰족하다(첨형). = 동질집단이다.

(5) 표준편차와 정상분포와의 관계

① M±1σ 내에 전체 사례수의 68.26%, M±2σ 내에 전체 사례수의 95.44%, M±3σ 내에 전체 사례수의 99.74%가 존재한다.
② 정상분포상의 위치와 Z점수, 백분율의 관계

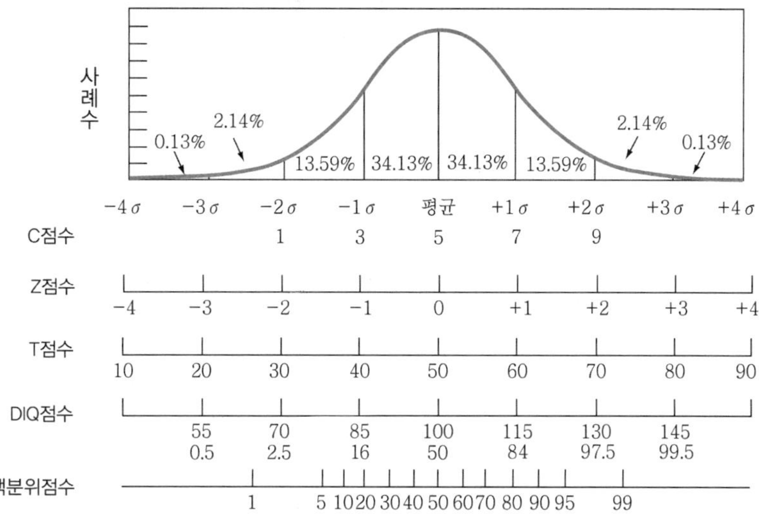

분포상의 위치	M−3σ	M−2σ	M−1σ	M−0.5σ	M	M+0.5σ	M+1σ	M+2σ	M+3σ
Z점수	−3	−2	−1	−0.5	0	+0.5	+1	+2	+3
백분율(%)	0.5	2.5	16	30.86	50	69.14	84	97.5	99.5

변산도의 종류

범위(R)	• 한 점수분포에서 최고점수에서 최하점수까지의 거리(간격), 점수의 범위 → 최빈치와 유사 • R = 최고점수(H) − 최하점수(L) + 1
사분편차(Q)	• 한 분포에서 중앙 50%의 사례수를 포함하는 점수 범위의 1/2 → 중앙치와 유사 • $Q = \frac{Q_3 - Q_1}{2}$
평균편차(AD)	• 한 집단의 산술평균으로부터 모든 점수까지의 거리의 평균 → 평균치와 유사 • $AD = \frac{\Sigma\mid X-M\mid}{N} = \frac{\Sigma\mid x\mid}{N}$

표준편차(SD)	• 평균으로부터의 편차점수($x=X-M$)를 제곱하여 합하고 이를 사례수로 나누어 그 제곱근을 얻어낸 값 → 편차들의 평균, 평균치와 유사 • $SD=\sqrt{\frac{\Sigma x^2}{N}}=\sqrt{\frac{\Sigma(X-M)^2}{N}}$

04 상관도

1. 개념

(1) 두 변인 간에 한 변인이 변화함에 따라 다른 변인이 어떻게 변하느냐의 정도

(2) 두 변인 간의 공통요인의 정도[상관계수(r), 상관관계도(산포도)]를 나타내며, 예언[결정계수(r^2)]과 밀접한 관계를 지닌다.

(3) 두 변인 간의 상관도가 높을수록 한 변인을 알 때 다른 변인을 보다 정확하게 예언할 수 있다.

2. 특징

(1) $-1 \leq r \leq +1$의 수치를 가지며, +이든 −이든 1에 가까울수록 상관계수가 높다.

① 상관계수의 크기는 부호가 아니라 절댓값으로 결정되며, 부호는 상관의 방향을 나타냄.

② 상관관계도는 상관의 크기에 따라 직선(완전 상관) > 타원 > 원(무상관) 모양을 나타냄.

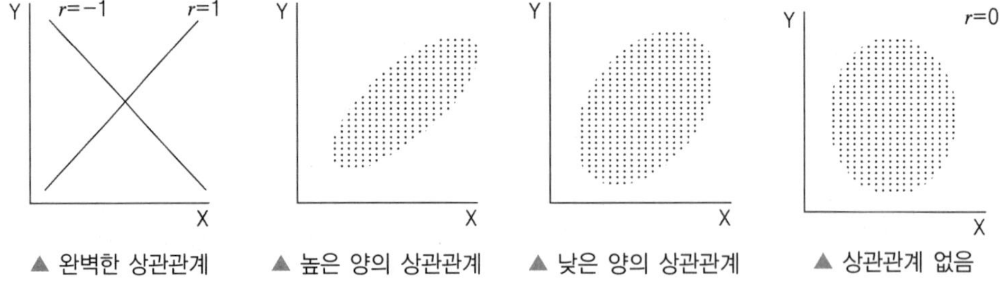

▲ 완벽한 상관관계 ▲ 높은 양의 상관관계 ▲ 낮은 양의 상관관계 ▲ 상관관계 없음

(2) 0은 두 변인이 완전히 서로 독립되어 있고, 두 변인 간에 상관관계가 없다(무상관).

(3) 상관계수는 인과관계를 나타내지 않는다. → 인과관계는 실험연구를 통해 회귀분석으로 나타냄.

3. 상관계수에 영향을 주는 요인

(1) 점수의 분포정도(변산도)와 극단적인 점수는 상관계수에 영향을 준다.

(2) 중간집단이 제외되면 상관계수는 실제보다 커진다.

$$r_{xy} = \frac{\Sigma xy}{N\,\sigma_x\,\sigma_y} = \frac{\Sigma xy}{\sqrt{\Sigma x^2}\,\sqrt{\Sigma y^2}}$$

r_{xy} : X와 Y의 적률상관계수, x : X치의 편차($X-M$), y : Y치의 편차($Y-M$),
N : 사례 수, σ_x : 변인 X의 표준편차, σ_y : 변인 Y의 표준편차

4. 상관계수 유형

구분		X변수		
		명명척도	서열척도	동간 · 비율척도
Y변수	명명척도	• 사분상관계수 • 파이(ϕ)계수 • 유관상관계수		
	서열척도		등위차 상관계수 [스피어만(Spearman)계수]	
	동간 · 비율척도	• 양류상관계수 • 양분상관계수		피어슨(Pearson) 적률상관계수

더 알아보기

■ **피어슨(Pearson) 적률상관계수의 특징**

피어슨(Pearson) 적률상관계수는 두 변인 간의 변화 정도를 비율로 나타낸 것 → 두 변인(변수)이 모두 연속변인이고, 정규분포를 이루며, 동간척도(또는 비율척도)일 때, 두 변인이 선형(線形) 관계에 있을 때 적용함.

(1) **극단한 값(outlier)의 영향을 크게 받을 수 있다.** : 두 변인의 편차점수의 곱을 전체사례수로 나누어 산출하기 때문에 극단값의 영향을 받는다.

(2) **두 변수가 곡선적인 관계를 보이면 상관이 과소추정될 우려가 있다.** : 두 변인이 직선일 때 가장 높고, 타원, 곡선일수록 상관은 낮아진다.

(3) 원점수를 T점수로 변환해도 두 변인 간의 상관계수는 변함이 없다.

5. 회귀분석

(1) 인위적 상황(실험상황)에서의 두 변인, 즉 독립변인과 종속변인 간의 관계를 규명하는 통계적 기법

(2) 독립변인이 종속변인을 예언한 정도(전체 변량 중에서 두 변인이 공통적으로 관련되어 있는 변량의 비율)는 상관계수의 값을 자승(제곱)한 결정계수(r^2)로 나타낸다.

(3) 국어점수와 사회점수 간의 상관계수가 0.70이라면 이때의 결정계수는 0.49(∵ 0.70×0.70)이므로, 두 검사가 공통적으로 측정하고 있는 변량은 전체 변량 100% 중 49%를 차지하고 있음을 뜻한다.

05 원점수와 규준점수

1. **원점수**: 채점되어 나온 점수, 한 개인이 어떤 검사에서 정확하게 반응한 문항들의 수
   예 백점만점 점수

2. **규준점수**: 과목 간의 상대적 비교가 가능하도록 규준(規準)에 비추어 본 점수

서열척도	학년점수, 연령점수, 등위(석차)점수, 백분위점수 → 위치만 상대적으로 비교
비율척도	표준점수(Z점수, T점수, C점수, H점수, DIQ 점수) → 위치와 능력을 상대적으로 비교

(1) **백분위점수**

① 전체 학생수를 100으로 보았을 때 상대적으로 등위를 표시한 점수, 해당 점수보다 낮은 점수를 받은 학생 수의 전체 학생 수에 대한 백분율(%) → 서열척도에 해당

② **백분위 신뢰구간**: 한 개인의 검사점수가 실제로 위치할 수 있는 백분위점수의 범위

③ **장점**: ㉠ 상대적 위치를 정확하게 알려 줌(능력의 정도 표시 ×), ㉡ 집단의 크기나 평가의 종류가 달라도 비교 가능함.

④ **단점**: ㉠ 가감승제가 불가능, ㉡ 중간점수는 과소평가되고 극단점수는 과대평가되는 경향이 있음.

(2) **표준점수**: 원점수를 표준편차 단위로 변환

구분	개념	산출공식
Z점수	① 편차(x=X−M)를 그 분포의 표준편차(σ)의 단위로 나눈 척도 ② 평균(M)을 0, 표준편차(σ)를 1로 한 점수 ③ 소수점 이하의 값을 가질 수 있고, 음수의 값을 취할 수 있다.	$Z = \frac{X-M}{\sigma}$
T점수	① 평균치를 50, 표준편차를 10으로 통일한 점수 ② 점수분포는 20점에서 80점까지 범위 내이다.	T = 50+10Z
C점수	① 평균치를 5, 표준편차를 2로 한 점수 ② 정상분포를 0.5 표준편차 너비로 9개 부분으로 나누어 1~9까지 부여한 점수 → 스테나인(Stanine) 점수, 9단계 척도(구간척도) ③ 등급점수의 계산은 역(逆)으로 한다. 예 C점수 9는 1등급 ④ 장점 ㉠ 표준점수 가운데 가장 이해하기 쉬움. ㉡ 수리적인 조작이 용이함. ㉢ 소수점이 없는 정수 점수를 제공함. ㉣ 점수의 범위를 나타내므로 평균을 계산할 수 있음. ㉤ 미세한 점수 차이의 영향을 적게 받음. ⑤ 단점 ㉠ 9개의 점수만 사용하므로 상대적 위치를 정밀하게 표현하기 어려움. ㉡ 경계선에 위치하는 사소한 점수 차이를 과장할 수 있음. ㉢ 원점수를 C점수로 환산하면 정보가 상실됨.	C = 5+2Z
H점수	평균치를 50, 표준편차를 14로 한 점수	H = 50+14Z
DIQ점수	평균치를 100, 표준편차를 15로 한 점수	DIQ = 100+15Z

3. 표준점수 간의 관계

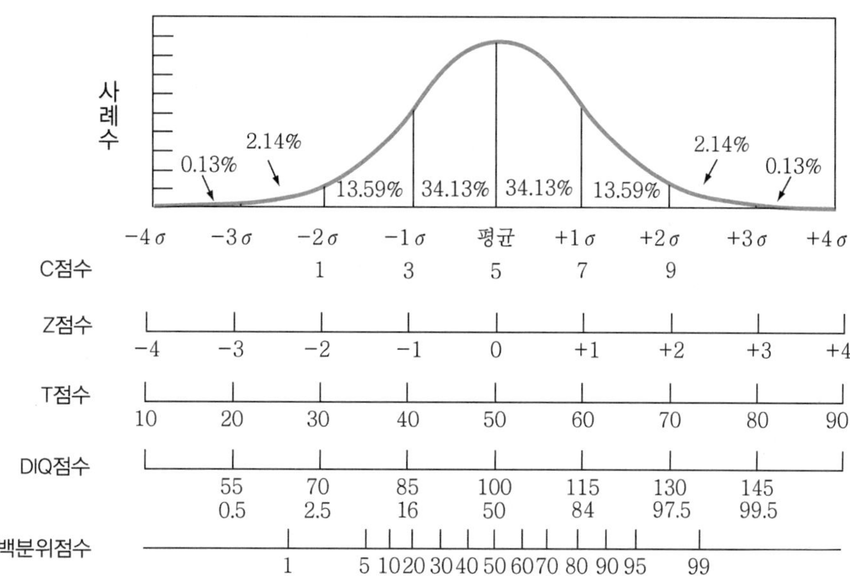

4. C점수와 Z점수, T점수의 관계: 등급 계산

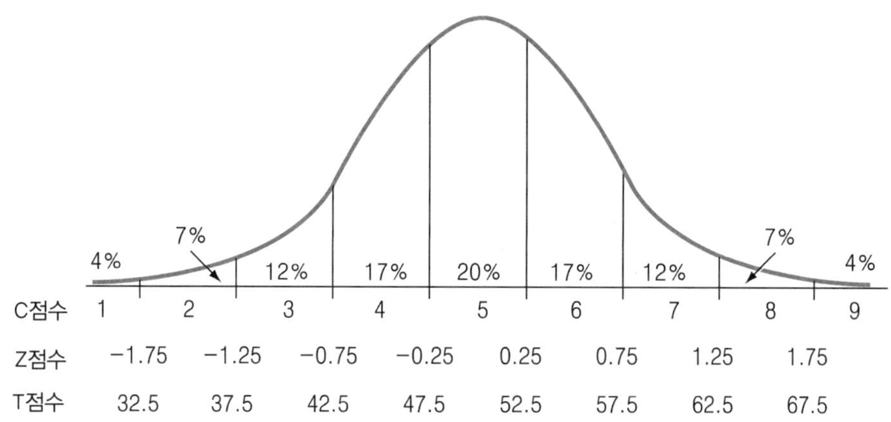

박문각
공무원

핵심 요약집

오현준

핵심교육학

CHAPTER

12

교육연구

교육연구

핵심 체크노트

1. **양적 연구와 질적 연구**
2. **확률적 표집**(단순무선표집, 체계적 표집, 유층표집, 군집표집)**과 비확률적 표집**(의도적 표집)
3. **자료수집방법**: 관찰법, 질문지법(자기보고법), 면접법, 사회성 측정법, 투사법, 의미분석법, 델파이 기법, Q분류
4. **기술적 연구**: 발달연구(종단연구, 횡단연구), 사례연구
5. **실험연구**: 독립변인, 종속변인, 영가설, 실험집단과 통제집단, 조건의 통제, 내적 타당도와 외적 타당도
6. **가설 검증**: 제1종 오류(α 오류), 유의수준(5%, 1%), T검증, Z검증, F검증

01 교육연구의 개요

1. **교육연구의 개념**: 과학적 방법을 적용하여 교육문제를 해결하는 과정
2. **교육연구의 유형**

(1) **양적 연구와 질적 연구**

① 양적 연구: 인간현상에 대한 객관적 법칙 발견 → 자연과학(실증주의)에 근거

예 실험연구, 준실험연구, 발달연구, 조사연구, 사후연구, 상관연구

② 질적 연구: 객관적 법칙 발견 ×, 인간 현상의 고유성을 이해하거나 문제해결을 위한 연구 → 현상학, 해석학 등 인문과학에 근거

예 문화기술지, 사례연구, 전기적 연구, 현상학적 연구, 근거 이론, 역사적 연구

③ 양적 연구와 질적 연구의 비교

양적 연구	질적 연구
• 객관적 실재(reality, 탈맥락적 실재)를 가정 • 실증주의에 토대 • 기계적 인과론을 중시 • 가치중립적 입장 • 거시적 접근(연구 대상과 원거리 유지) • 신뢰도 중시 • 외현적 행동 연구 • 표본연구 • 연역적 추리 중시 • 체계적, 통계적 측정 강조 • 구성요소의 분석을 중시 • 결과 중시 • 객관적 연구 보고	• 주관적 실재(맥락적 실재)를 가정 • 현상학과 해석학, 상징적 상호 작용이론에 토대 • 인간의 주관적 의도를 중시 • 가치지향적 입장 • 미시적 접근(연구 대상과 근거리 유지) • 타당도 중시 • 내재적 현상 연구 • 단일 사례 연구 • 귀납적 추리 중시 • 자연적, 비통계적 관찰 강조 • 총체적 분석을 중시 • 과정 중시 • 해석적 연구 보고

(2) 메타연구

① 개념: 통합적 방법의 연구, 연구에 대한 연구 → 선행연구의 결과들을 분석하여 최종적으로 결론을 도출하는 연구

② 처치효과의 크기(ES; effect size) 산출 방법: 실험집단의 평균(Me)과 통제집단의 평균(Mc)의 차이를 통제집단의 표준편차(Sc)로 나눈 표준화된 값을 사용한다.

$$ES = \frac{Me - Mc}{Sc}$$

(Me: 실험집단의 평균, Mc: 통제집단의 평균, Sc: 통제집단의 표준편차)

3. 교육연구의 절차

(1) **논리적 단계**: ① 연구문제 선정(문제 발견) ⇨ ② 연구문제 분석(문헌고찰) ⇨ ③ 가설의 형성

(2) **방법론적 단계**: ④ 연구계획 수립 ⇨ ⑤ 연구 실행(도구제작, 실험·실천, 자료수집)

측정도구의 유형

검사 수행방식	최대 수행검사(인지적 특성 검사), 전형적 수행검사(정의적 특성 검사)
검사 인원	개인검사, 집단검사
측정 방법	역량검사(power test), 속도검사(speed test)
문항 형식	언어적 검사(문자로 구성), 비언어적 검사(기호, 도형, 그림으로 구성), 동작성 검사(기계나 공구를 직접 조작하도록 요구)
응답 형식	지필검사(필기구 사용), 실기검사(동작 실행), 구술검사(말로 대답)
문항의 대표성 여부	표집검사(전집 영역 문항 중에서 대표 문항 선정 검사), 징후검사(sign test, 피험자의 심리적 문제점 진단 검사)
검사 제작자	표준화검사, 자작검사(비표준화검사)
측정 행동	인지적 검사, 정의적 검사, 심동적 검사(실기검사)

(3) **결론도출 단계**: ⑥ 검증 및 평가(자료 분석, 결과 평가) ⇨ ⑦ 결과 보고

4. 연구의 논리적 구조의 순서: 개념 ⇨ 변인 ⇨ 가설 ⇨ 법칙 ⇨ 이론

(1) **개념**(concept): 어떤 일정한 대상이 지닌 특성이나 속성

(2) **변인**(variables): 개념들 중에서 속성에 따라 분류한 것

예 양적 변인과 질적 변인, 연속적 변인과 비연속적 변인, 독립변인과 종속변인, 자극변인과 반응변인

(3) **가설**(hypothesis): 연구자가 내리는 잠정적 결론 → 둘 이상의 변인 간의 관계에 대한 추리를 문장화한 것

① **가설의 진술**: ㉠ 변인들과의 관계, ㉡ 검증 가능성, ㉢ 간단 명료성, ㉣ 선언적 또는 가정법적 문장 형식의 진술, ㉤ 사전 설정, ㉥ 논리적 근거의 명시

② 가설의 종류

실험 연구	통계적 가설	영가설	원가설, 귀무가설(H_O) → 둘 또는 그 이상의 모수치들 사이에 '아무런 차이가 없다.'라고 가정하는 것, 기각되는 것을 전제로 한 가설
		대립 가설	상대적 가설, 실험가설, 연구가설(H_A 또는 H_1) → 영가설이 기각되었을 때 진리로 남는 진술, 연구자가 주장하려는 내용
현장 연구	실행 가설	'이러이러한 방법(연구방법)으로 지도를 하면 이러이러한 결과(연구결과)가 나타날 것이다.'라는 표현방식으로 진술된 가설	

(4) **법칙**(law): 가설을 검증하고 일반화한 것

(5) **이론**(theory): 일단의 법칙들을 연역적으로 연결시킨 것 → 잘 짜여진 법칙들의 체계

02 표집방법

1. 확률적 표집

양적 연구에서 사용 → 전집을 구성하는 요소들이 표집될 확률이 동일

(1) **단순무선표집**: 제비뽑기, 난수표, 주사위를 이용 무작위로 표집(예 환원표집, 비환원표집) → 가장 기초, 연구자의 편견을 가장 배제

(2) **체계적 표집**: 첫 번째만 단순무선표집, 그 다음부터는 일정 간격으로 동간표집 → 전집에 일련번호 부여, 간격의 크기는 전집의 수(N)를 표본수(S)로 나눈 값

(3) **유층표집**: 전집을 하위집단으로 세분, 하위집단에서 각각 단순무선표집(예 비례유층표집, 비비례유층표집) → 표집오차가 가장 작다.

(4) **군집표집**(덩어리 표집): 전집을 하위집단으로 세분, 하위집단 중 하나를 그룹표집 → 각 하위집단은 모집단의 축도(縮圖). 어떤 집단은 전원 표집되고 어떤 집단은 전원 제외

구분	유층표집	군집표집
하위집단 간	이질적	동질적
하위집단 내부	동질적	이질적

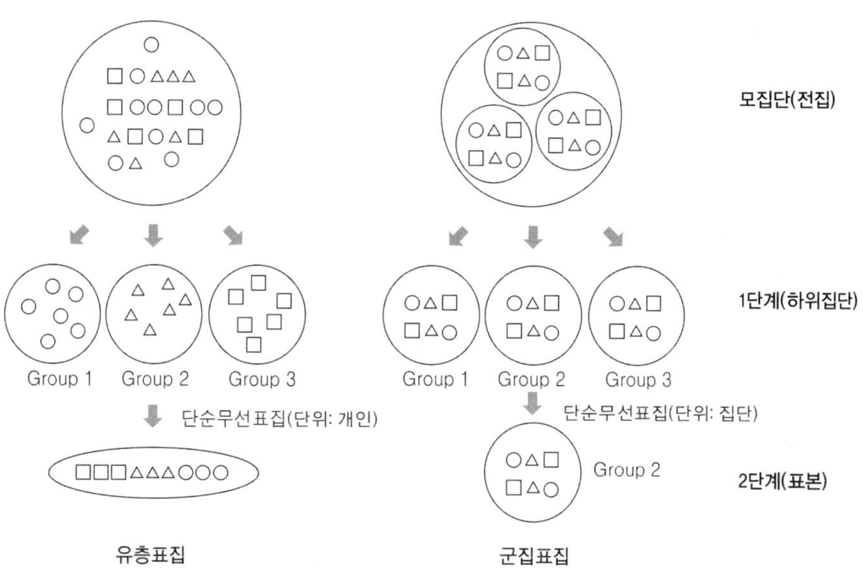

Tip 확률적 표집의 차이 비교

단순무선표집	처음부터 끝까지 단순무선표집
체계적 표집	처음만 단순무선표집
유층표집	마지막에만 단순무선표집(표집단위: 개인)
군집표집	마지막에만 단순무선표집(표집단위: 군집)

(5) **단계적 표집**(다단표집): 최종 단위의 표집을 위하여 몇 개의 하위 단계를 거쳐서 표집 → 군집표집의 변형

(6) **행렬표집**: 행렬표를 활용하여 정보를 표집하는 방법으로, 대규모 표집에서 가장 경제적으로 표집 → 검사도구와 표집 대상을 적당히 구분하여 표집, 비교적 짧은 시간에 적은 수의 문항에 반응하게 함으로써 전체 학생의 반응을 확인 가능

2. 비확률적 표집

질적 연구에서 사용 → 표집의 대표성이 문제

(1) **의도적 표집**(주관적 판단 표집): 연구자가 주관적으로 판단하여 표집 → 문화기술지적 연구에서 주로 사용

(2) **할당표집**: 전집을 여러 개의 하위집단으로 나누고 그 하위집단에서 임의의 기준으로 할당하여 표집

(3) **우연적 표집**(편의적 표집): 특별한 표집 계획 없이 임의로 선정 ㉠ 길거리에서 인터뷰하기

(4) **눈덩이 표집**: 최초의 조사 대상자로부터 다른 사람을 연속적으로 소개받으면서 표집 → 비밀스럽고 비공개적인 현상(㉠ 감염병 실태조사)에 관한 정보 수집

03 자료수집방법

1. 관찰법

(1) **개념**: 피험자의 행동을 관찰하여 자료를 수집하는 방법 → ① 도구를 사용하지 않는 측정, ② 외현적 행동으로부터 정의적 특성을 추론

(2) **방법**

<table>
<tr><td rowspan="3">관찰자의 참여 여부에 따른 분류</td><td>참여관찰</td><td colspan="2">함께 생활하면서 행동을 관찰</td></tr>
<tr><td>준참여관찰</td><td colspan="2">생활의 일부(예 점심시간)만 참여하여 관찰</td></tr>
<tr><td>비참여관찰</td><td colspan="2">외부인의 입장에서 객관적으로 관찰</td></tr>
<tr><td rowspan="5">통제 여부에 따른 분류</td><td rowspan="4">통제관찰</td><td colspan="2">인위적으로 꾸민 조건하에서 관찰</td></tr>
<tr><td>실험적 관찰법</td><td>관찰 장면을 인위적으로 조작하고, 독립변인을 투입하여 나타나는 종속변인을 관찰
예 유리로 된 방에서 유아의 행동을 관찰</td></tr>
<tr><td>장면선택법
(사건표집법)</td><td>관찰하고자 하는 행동이 자주 나타나는 장면을 선택하고 그 장면에서의 행동을 관찰
예 학급회의 장면을 선택하여 학생의 지도성을 관찰</td></tr>
<tr><td>시간표집법
(빈도기록법)</td><td>관찰 장면을 제한하지 않고 시간만을 통제하여 양적으로 측정
예 지도성을 관찰하기 위하여 매시 처음 20분 동안만 관찰</td></tr>
<tr><td>비통제관찰
(자연적 관찰)</td><td colspan="2">어떤 행동이나 현상을 있는 그대로 자연스럽게 관찰하는 방법</td></tr>
</table>

(3) **관찰 결과의 기록**

일화기록법	일상생활이나 학습장면에서 일어나는 구체적인 행동 사례를 장기간에 걸쳐 누가 기록하는 방법 → 이야기식 기록법(narratives)
행동기록법	개인의 행동을 일시(日時)에 따라 순서대로 기록하는 방법
평정기록법	관찰자가 관찰하고 싶은 행동특징을 평정척도에 의하여 수치나 문장으로 기록하는 방법
도시법(圖示法)	사전에 약속한 부호나 기호에 의하여 기록하는 방법
기계적 기록법	관찰내용을 기계(예 녹음기, 캠코더 등)에 기록하는 방법

2. 질문지법: 홀(Hall)이 개발

(1) **개념**: 연구자가 미리 작성해 놓은 물음들에 대해 자기 의견이나 사실에 대한 답을 진술하는 방법 → 조사 대상자가 많고 널리 분포되어 있을 때 유용한 방법

(2) **특징**: 자기보고법(self-report method), 가장 널리 사용

(3) **유형**: ① 구조적 질문지(폐쇄형 또는 선택형 질문지), ② 비구조적 질문지(개방형 또는 자유반응형 질문지)

(4) 장점과 단점

장점	단점
• 경제적 • 응답자에 대한 연구자의 영향력 최소화 • 통계처리 용이	• 응답 내용의 진위 확인 불가능 • 회수율이 낮음. • 문맹자나 초등학교 저학년에는 사용 곤란(면접법으로 보완)

3. 면접법

(1) **개념**: 면대면 상황에서 언어적 상호 작용을 통해 자료수집

(2) **방법**: ① 구조화된 면접, ② 구조화되지 않은 면접, ③ 반구조화된 면접

(3) 장점과 단점

장점	단점
• 반응의 진실성 여부 확인 • 문장 이해력이 없는 사람에게도 실시 가능 • 심도 있는 자료수집 • 주목적 이외의 부수적 자료 획득	• 면접기술이 필요 • 표준적인 절차가 결핍되기 쉬움. • 시간과 경비가 많이 소요

4. 사회성 측정법: 수용성 검사, 교우관계 조사법 → 모레노(Moreno)가 창안(1934)

(1) **개념**: 집단 내의 호오(好惡) 및 인간관계, 집단의 성격 파악

(2) **유의점**: ① 집단의 한계 분명히, ② 집단 전원을 조사(전수조사 → 결석생 포함, 휴학생・전출생은 제외), ③ 조사 내용 비공개, ④ 담임이 실시, ⑤ 한 학기에 1회 정도 실시, ⑥ 저학년은 개별면접으로 실시

(3) **교육적 의의**: ① 개인의 사회 적응력 향상, ② 집단의 사회구조 개선, ③ 집단을 새로이 조직, ④ 특수교육 문제(예 왕따, 집단따돌림) 해결

(4) **방법**: 동료지명법 → 사회성 측정 행렬표나 교우도(sociogram)로 결과를 표시

5. 투사법: 프랭크(Frank)가 처음 사용

(1) **개념**: 구조화되지 않은 자극(예 시각적 또는 언어적 자극) 제시, 자유로운 반응을 통해 개인(피험자)의 심층적 내면세계 파악 → ① 욕구, 충동, 감정, 가치관 등의 심층적 내면 세계(정의적 특성) 측정, ② 임상적 진단에 사용, ③ 형태심리학의 영향

(2) 방법

시각적 자극 제시	주제통각검사[상상적 접근법, TAT(성인용), CAT(아동용)], 로르샤흐 잉크반점 검사(지각적 접근법, RIBT), 그림 좌절 검사(PFT), 존디검사, HTP검사, 인물화 검사(DAP)
언어적 자극 제시	단어 연상 검사(WAT), 문장 완성 검사(SCT)

6. 척도법

(1) **개념**: 태도와 같이 정의적 특성을 측정하기 위한 방법으로 질문지법과 함께 널리 사용 → 일련의 상호 관련된 진술문이나 형용사 쌍으로 구성

(2) **종류**

리커트(Likert) 척도	긍정-부정의 연속선상의 양극단에 해당하는 진술문으로 구성 → 종합평정법	서열척도에 해당
구트만(Guttman) 척도	연속선의 각 위치에 해당하는 진술문을 모두 포함(인접 진술문들 간의 동간성 ×, 위계관계 ○) → 누가적(累加的) 척도	
써스톤(Thurstone) 척도	연속선의 각 위치에 해당하는 진술문을 모두 포함(인접 진술문들 간의 동간성 ○) → 유사동간척도, 주관적 추정법	동간척도에 해당
의미변별 척도	연속선상의 양극단에 해당하는 형용사쌍의 진술문으로 구성	

(3) **진술문의 예시**

리커트 척도	선생님은 수업에 열성적이다. [⑤ 항상 그렇다 - ④ 대체로 그렇다 - ③ 보통이다 - ② 대체로 그렇지 않다 - ① 전혀 그렇지 않다] ✔ 진술문에 점수를 부여하고 총점과 평균을 산출하여 '동간척도'처럼 사용하기도 함. ✔ 중립적 반응을 배제하려면 선택지를 짝수로 설정해야 함.
구트만 척도	1. 우리나라에 화장장(火葬場) 제도가 도입되어야 한다. [예, 아니오] 2. 서울에 화장장(火葬場) 제도가 도입되어야 한다. [예, 아니오] 3. 우리 동네에 화장장(火葬場) 제도가 도입되어야 한다. [예, 아니오]
써스톤 척도	1. 기관이 전문적인 일만 한다. [아니다 - 그저 그렇다 - 그렇다] 2. 기관이 전문적인 도움을 준다. [아니다 - 그저 그렇다 - 그렇다] 3. 전문적인 일과 비전문적 일이 절반씩이다. [아니다 - 그저 그렇다 - 그렇다] 4. 많은 부분이 비전문적 일이다. [아니다 - 그저 그렇다 - 그렇다]
의미변별 척도	1. 좋은 ① ② ③ ④ ⑤ ⑥ ⑦ 나쁜 → 평가 요인 2. 느린 ① ② ③ ④ ⑤ ⑥ ⑦ 빠른 → 활동 요인 3. 약한 ① ② ③ ④ ⑤ ⑥ ⑦ 강한 → 능력 요인

7. 의미분석법: 오스굿(Osgood)이 창안

(1) **개념**: 사물, 인간, 사상에 관한 개념의 심리적 의미를 3차원의 공간(평가, 능력, 활동요인)에 표시 → 연속선상의 양극단에 해당하는 형용사쌍의 진술문(의미변별 척도)을 사용

예 장애아동에 대한 일반아동의 인식 조사, 여교사에 대한 학생들의 태도, '교사'의 개념에 대한 느낌

(2) **특징**: 각 개념의 위치를 상대적으로 비교·분석

8. Q 방법론: 스테펜슨(Stephenson)이 창안

(1) **인간의 주관성**(가치, 태도, 신념 등에 해당하는 개인의 진술문)**을 과학적으로 연구하는 방법**: 인간의 주관성을 정량적(定量的)으로 분석할 수 있는 특수한 통계기법

예 이론 검증 연구, 인간 특성을 유형화하는 연구, 심리치료 및 상담 전후의 자아개념 변화 연구

(2) **발견적 추론**(abduction)**에 근거를 둔 연구**: 연구자의 가정에서 출발하는 R방법과는 달리 행위자의 정의로부터 시작하며, 가설을 검증하는 방법이 아니라 가설을 발견하는 방법

(3) **자아심리학에 바탕을 둔 연구**

CHAPTER 12

04 교육연구의 방법

1. 기술적 연구(descriptive research)

사실을 조사·관찰하여 있는 그대로 기술·해석하는 연구

예 사례연구, 발달연구, 상관연구, 조사연구, 내용분석, 경향연구, 추수연구, 델파이 기법

(1) **사례연구**(case study): 특정한 개인이나 집단을 집중 연구, 문제해결을 위한 연구, 법칙 발견 × → 총합성(모든 요인 조사), 다각성(모든 방법 이용), 개별성(개별 문제 대상), 치료성

(2) **발달연구**: 시간의 변화에 따른 유기체의 발달에 따른 변화 과정 연구

구분	종단적 연구	횡단적 연구
개념	동일 대상을 시간 추적하여 연구 • 코호트(cohort) 연구: 동년배 연구 → 동일 집단의 시간에 따른 변화상 연구(매해 선택 대상이 다름.) • 패널(panel) 연구: 동일 개체(person)의 시간 변화에 따른 연구 • 경향(trend) 연구: 시간의 흐름에 관계없이 현재와 미래의 비교 연구 예 인구조사에서 키의 변화	동일 시점에서 여러 대상 선택하여 비교 연구
예시	피아제(Piaget)의 인지발달 연구	콜버그(Kohlberg)의 도덕성 발달 연구
특징	• 발달의 개인차 파악 용이 • 시간변화에 따른 인과관계 규명 • 실험적 도태, 검사도구 변경 불가, 시간과 경비의 과다 문제	• 발달의 일반적 경향 파악 • 최신의 검사도구를 활용 • 표집대상의 대표성 확인 곤란, 동시대 효과와 동년배집단 효과 배제 불가의 문제

(3) **내용분석**(문헌분석): 언어나 문자로 표현된 기록물(예 신문, 교과서, 잡지, 만화, 전기문, 작품 등)을 분석하여 비수량적 자료를 수량적 자료로 변형시키는 방법

(4) **추수연구**(follow-up research): 특정기관의 교육이나 훈련을 마치고 떠난 사람들에 대한 연구 → 교육 프로그램의 개선 목적

(5) **델파이 조사방법**(앙케이트 수렴법)

① **개념**: 전문가 집단의 판단과 의견을 추출·종합하여 합의 도출 → 동일 질문지를 익명(匿名)의 전문가 집단에게 3~4회 반복 실시

예 교육과정 계획, 교육정책 수립, 교육예산의 우선순위 결정

② **특징**: ㉠ 토론 참여자의 익명의 반응, ㉡ 반복과 통제된 피드백, ㉢ 통계적 집단 반응, ㉣ 전문가 합의

2. 실험연구(experimental research): 가설을 세우고 조건을 인위적으로 통제·조작하여 연구

(1) **가설의 종류와 검증**: 영가설(기각을 전제), 대립가설(연구결과로 긍정될 가설) → 가설의 기각 범위(유의도, P): $P < 0.05$(5%), $P < 0.01$(1%)

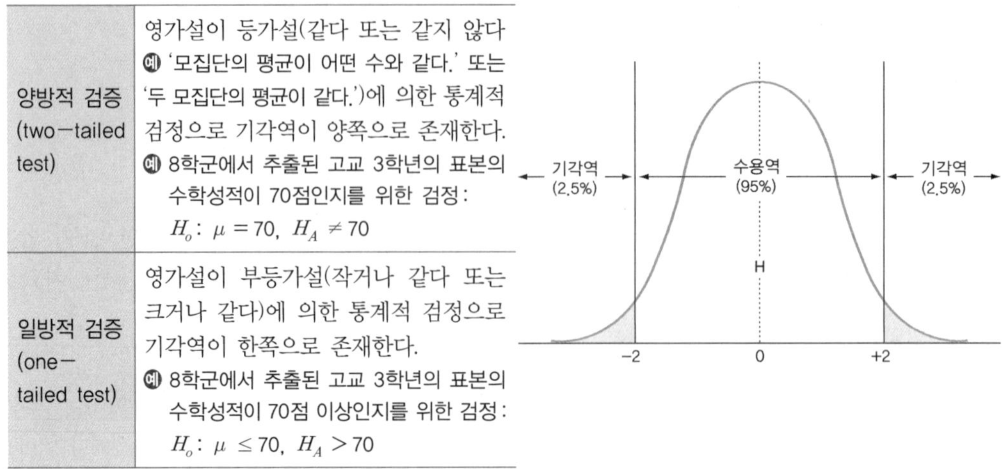

양방적 검증 (two-tailed test)	영가설이 등가설(같다 또는 같지 않다 예 '모집단의 평균이 어떤 수와 같다.' 또는 '두 모집단의 평균이 같다.')에 의한 통계적 검정으로 기각역이 양쪽으로 존재한다. 예 8학군에서 추출된 고교 3학년의 표본의 수학성적이 70점인지를 위한 검정: H_o: $\mu = 70$, $H_A \neq 70$
일방적 검증 (one-tailed test)	영가설이 부등가설(작거나 같다 또는 크거나 같다)에 의한 통계적 검정으로 기각역이 한쪽으로 존재한다. 예 8학군에서 추출된 고교 3학년의 표본의 수학성적이 70점 이상인지를 위한 검정: H_o: $\mu \leq 70$, $H_A > 70$

(2) **중요 개념**: 독립변인, 종속변인, 가외변인, 회귀분석, 실험집단, 통제집단

독립변인	실험 계획에 도입되는 환경요인이나 조건, 예언할 수 있는 변인, 실험자가 인위적으로 조작할 수 있는 변인 → 실험처치(treatment)
종속변인	독립변인의 변화에 따라서 나타나는 결과, 실험처치에 대한 유기체의 모든 반응
가외변인	독립변인 이외에 종속변인에 영향을 미치는 변인 → 외생변인, 오염변인
회귀분석	변인들 중 하나를 종속변인으로, 나머지를 독립변인으로 하여 변인들 간의 상호관계의 본질을 규명하는 통계적 기법 → 회귀는 기울기를 의미
실험집단	실험연구 대상 집단 → 일정한 실험처치를 작용시켜 반응 변화를 관찰
통제집단	실험군과의 비교의 대상이 되는 아무런 조건을 가하지 않은 집단

(3) **조건의 통제**: 가외변인(오염변인, 외생변인)의 변량을 0 또는 균등하게 하거나 독립변인들의 변량으로부터 유리시키는 것

가외변인의 제거	가장 쉬운 방법으로 모든 가외변인을 제거하는 방법
무선화 방법	피험자들을 각 실험집단이나 조건들에 무선적으로 배치하는 방법으로, 모든 실험집단들을 가외변인의 입장에서 동등하게 만듦으로써 가외변인들의 영향을 통제하는 것
가외변인 자체를 독립변인으로서 연구설계에 포함시키는 방법	가외변인을 제3변인으로 연구설계에 추가시켜서 종속변인에 미치는 영향을 파악하는 방법
통계적 검증 및 통제집단의 구성을 통한 방법	전후 통제집단 설계처럼 사전검사 측정치를 통계적인 통제 방법으로 활용하는 방법

(4) **연구의 타당성**

① 내적 타당도

㉠ 독립변인이 종속변인에 순수하게 영향을 미치는 정도

㉡ 실험 결과 해석에 필요한 최소한의 요건

㉢ 내적 타당도를 낮추는 요인(가외변인)

역사	실험변인 이외의 특수한 사건
성숙	피험자의 내적 변화 예 나이 증가, 피로 누적
검사	사전 검사를 받은 경험 → 이월효과(carryover effect)
측정도구	측정도구의 변화 또는 채점자(관찰자)의 변화
피험자의 선발	실험집단과 통제집단 선발시 동질성이 결여된 경우 → S형 오차
통계적 회귀	극단적인 점수를 지닌 피험자 선발시 측정 결과가 평균으로 돌아가려는 현상
실험적 도태	실험집단 또는 통제집단의 피험자가 중도 탈락하는 현상
선발-성숙 상호 작용	피험자의 선발요인과 성숙요인의 상호 작용에 의해 실험 결과가 달라짐. → 동질집단 선발의 경우라 해도 성숙은 이질적일 수 있고 그 차이가 실험 결과에 영향을 준다.

더 알아보기

■ **척도 희석화 효과**(scale-attenuation effects)

종속변인 간의 차이(변량분석)가 비교 불가능한 현상, 독립변인의 효과가 종속변인에 반영되지 못하는 현상

1. 천장효과(ceiling effect): 처치가 매우 효과적이거나 검사가 너무 쉬워 모든 피험자가 검사에서 상한치를 얻은 경우
2. 바닥효과(floor effect): 처치 효과가 전혀 없거나 검사가 너무 어려워 모든 피험자가 검사에서 하한치를 얻은 경우

② 외적 타당도: 실험결과를 일반화하는 정도

㉠ 전집타당도: 표본이 속한 전집의 특성에 적용

㉡ 생태학적 타당도: 전집과 유사한 다른 상황에 적용

㉢ 외적 타당도를 낮추는 요인

ⓐ (사전)검사실시와 실험처치 간의 상호 작용 효과

ⓑ 피험자의 선발(잘못된 선정)과 실험처치 간의 상호 작용 효과

ⓒ 실험상황에 대한 반발효과: 실험상황과 실제상황 간의 이질성

ⓓ 중다처치에 의한 간섭효과: 여러 번 실험처치 받은 경우 → 이월효과

ⓔ 변인들의 특이성: 조작적 정의가 불분명 or 성급한 일반화

ⓕ 처치확산: 실험집단과 통제집단 간 의사소통 발생

ⓖ 실험자 효과: 실험자 개인 특성 효과+실험자 편견 효과

(5) 실험오차

S형 오차	실험 대상(subject)을 잘못 선정하는 데서 오는 오차 → 단순무선표집일 때 그 오차가 가장 적고 임의표집일 때 가장 크다.
G형 오차	실험에 관련된 집단(group)의 통제가 엄격히 이루어지지 못했거나 통제할 수 없는 요인의 개입으로 생기는 오차 예 집단 A에는 우수한 교사를 배치하고 집단 B에는 보통 교사를 배치한다.
R형 오차	같은 실험내용을 다른 집단에게 반복(replication)할 때 나타나는 오차 예 같은 실험처치의 효과가 A학교와 B학교에서 다르게 나타난다.

(6) 실험연구 방법

① **준실험설계**: 집단을 임의적으로 선정 연구, 학교현장에서 사용

예 이질통제집단 전후검사 설계(독립표본 t검증), 단일집단 사후검사 설계, 단일집단 전후검사 설계(종속표본 t검증), 이질집단 사후검사 설계, 시간계열 실험

② **진실험설계**: 구성원을 뽑아 실험집단과 통제집단을 동질적으로 설계

예 사전사후검사 통제집단 설계, 솔로몬 4집단 설계, 사후검사 통제집단 설계

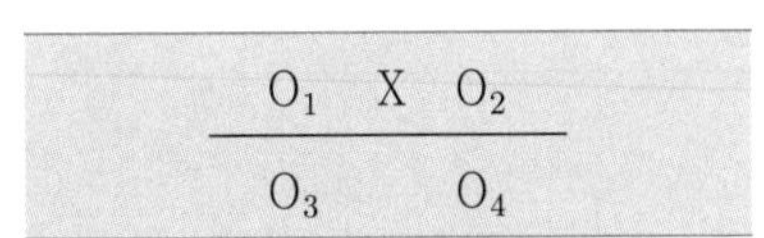

▲ 이질통제집단 전후검사 설계

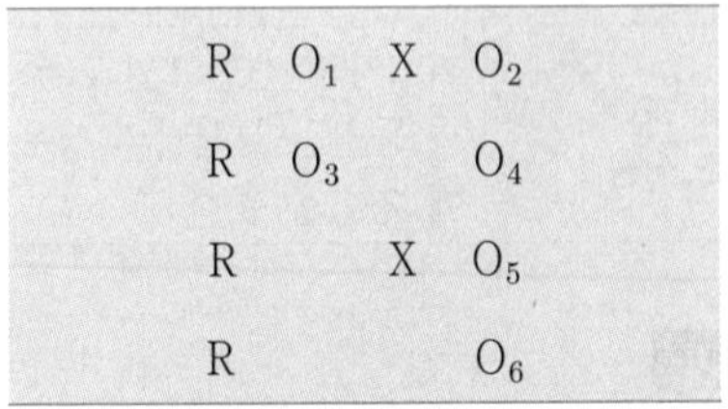

▲ 솔로몬 4집단 설계

3. 현장연구: 행위 당사자 연구, 실천연구

(1) **개념**: 교육현장 문제해결이나 교육실제에 관한 정보수집을 위한 연구 → 자기반성적 연구, 응용연구, 현직교육의 방법

(2) **특징**: ① 실행가설 사용, ② 의도적 표집 선호, ③ 내적 타당성이 낮음.

4. 문화기술적 연구

(1) **개념**: 특정 문화현상을 이해하기 위한 질적 연구

예 A 고등학교에서 학생들에 의해 자발적으로 구성된 독서 동아리에 대한 연구

(2) 특징

① 의도적 표집

② 문화적 주제 취급

③ 현상학적 입장에서 연구(내부자 또는 현지인의 관점 중시) 수행

④ **자연적 상황에서 연구 수행**: 타당도 관련 요인

⑤ **현장 속에서 연구**: 참여관찰과 심층면접을 활용

⑥ 맥락의존적으로 현상 기술

⑦ **총체적 관점 지향**: 내부자적 관점과 외부자적 관점의 통합

⑧ 병행적 · 반복적 · 순환적 연구절차

05 가설의 검증

1. 개념

통계적 분석에서 영가설을 기각할 것인지 아니면 기각하지 않을 것인지를 결정하는 과정

2. 가설검증의 오류

가설검증에 의한 결정	H_O 의 진위	
	진(眞)	위(僞)
H_O의 부정	제1종의 오류(α오류)	올바른 결정($1-\beta$)
H_O의 긍정	올바른 결정($1-\alpha$)	제2종의 오류(β오류)

(1) 제1종의 오류(α오류)

① 영가설(H_O)이 진(眞, 참)인 경우에 이를 부정함으로써 발생하는 오류 → 실제로는 효과나 차이가 없는데도 불구하고 효과나 차이가 있다고 그릇된 결론을 내릴 확률

② '참'인 영가설을 '거짓'이라고 오판하는 오류 → 대립가설을 받아들이는 경우이다.

(2) 제2종의 오류(β오류)

① 영가설(H_O)이 위(僞, 거짓)인 경우에 이를 긍정함으로써 발생하는 오류

② '거짓'인 영가설을 '참'이라고 오판하는 오류 → 대립가설을 기각하는 경우이다.

(3) 가설검증방법: 종속변인의 차이를 검증하는 방법

<table>
<tr><th>구분</th><th>변인수</th><th colspan="2">내용</th></tr>
<tr><td>요인분석</td><td>1개</td><td colspan="2">한 특성이 지닌 여러 하위 요인들을 찾아 요인들 간 분석</td></tr>
<tr><td>상관관계분석</td><td>2개</td><td colspan="2">두 변인 간 관계 → 공통 요인의 정도, 상관계수(r)로 표현</td></tr>
<tr><td rowspan="5">회귀분석
(실험연구)</td><td rowspan="5">2개</td><td colspan="2">• 두 변인이 독립변인과 종속변인일 때 → 인과관계(예언의 정도), 결정계수(r^2)로 표현
• 집단 간 '평균(동간 또는 비율척도)'의 차이를 검증하는 방법: (일원)변량분석</td></tr>
<tr><td>T검증</td><td>독립변인의 집단수가 2이고, 사례수가 40보다 작을 때
• 독립표본 t검증(단일표본 t검증): 두 독립집단 간의 평균 차이를 검증하는 방법(두 집단 간에 상관이 없음을 의미) → 집단수가 2일 때
• 종속표본 t검증(대응표본 t검증): 두 집단 사이에 상관이 있을 경우 평균 차이를 검증하는 방법 → 집단수가 1일 때</td></tr>
<tr><td>Z검증</td><td>독립변인의 집단수가 2이고 사례수가 40보다 클 때</td></tr>
<tr><td>F검증</td><td>독립변인의 집단수가 3 이상일 때
• 집단이 동질집단이면 → 변량분석(일원변량분석)
• 집단이 이질집단이면 → 공변량분석</td></tr>
<tr><td colspan="2">• 독립변인의 수가 2개일 때: 이원변량분석</td></tr>
<tr><td>경로분석</td><td>3개 이상</td><td colspan="2">그림으로 표시</td></tr>
<tr><td>카이자승(χ^2) 검증</td><td></td><td colspan="2">질적 변인, 즉 빈도(명명척도)나 비율로 주어진 자료 분석
• 독립성 검증: 두 변인(예 성별과 흡연) 간의 관련성 연구
• 동질성 검증: 두 집단(예 교사의 성별에 따라 교원평가에 찬성하는 비율) 간의 빈도 차이 연구</td></tr>
</table>

박문각
공무원

핵심 요약집

오현준
핵심교육학

CHAPTER

13

교육행정학

교육행정학

핵심 체크노트

1. **교육행정의 개요**: 개념(교육에 관한 행정, 교육을 위한 행정, 교육의 행정), 성격, 기본원리
2. **교육행정이론**: 과학적 관리론, 인간관계이론, 행동과학이론, 체제이론, 사회과정이론, 대안적 접근(해석학적 관점, 급진적 관점)
3. **의사결정(정책)이론**: 합리 모형, 만족 모형, 점증 모형, 혼합 모형, 최적 모형, 쓰레기통 모형
4. **지도성 이론**: 상황적 지도성, 변혁적 지도성, 문화적 지도성, 초우량 지도성, 분산적 지도성
5. **동기이론**: 내용이론, 과정이론
6. **학교조직의 특성**: 봉사조직, 규범적 조직, 조직화된 무질서, 이완결합체제, 학습조직
7. **지방교육자치제**: 교육자치의 원리(지방분권, 민중통제, 자주성, 전문성), 교육감
8. **학교자치**: 학교운영위원회
9. **학교 조직풍토 및 조직문화**: 조직풍토[핼핀과 크로프트(Halpin & Croft), 호이, 클로버와 미스켈(Hoy, Clover & Miskel)], 조직문화[오우치(Ouchi), 스타인호프와 오웬스(Steinhoff & Owens)]
10. **교육기획과 교육정책**: 교육기획 접근방법(사회수요접근법, 인력수요접근법), 교육정책(형성론, 유형론, 평가기준)
11. **장학**: 자기장학, 동료장학, 전통적 장학, 임상장학, 컨설팅 장학
12. **학교경영**: 목표관리기법(MBO), 과업평가검토기법(PERT)
13. **교육재정**: 교육재정의 성격, 운영원리(확보, 배분, 지출, 평가), 교육비의 종류
14. **학교회계제도**(국립, 공립)
15. **지방교육재정 교부금**: 보통교부금, 특별교부금
16. **교육예산 편성기법**: 품목별 예산제도, 성과주의 예산제도, 기획예산제도, 영기준 예산제도
17. **교육인사행정 및 학교실무**: 교원근무평정, 징계, 휴직, 교원노조, 교육법

01 교육행정의 기초

1. 교육행정의 개념

개념	특징
교육에 관한 행정	• 교육 < 행정: 행정의 종합성 중시, 교육행정은 일반행정의 일부분(교육과 행정의 일치-일원론), '위에서 밑으로'의 행정, 권위적 행정, 감독적·중앙집권적·권력적·관료통제적·강제적 요소 중시 → 법규행정설, 교육행정 영역 구분론, 공권설(독일) • 교육행정은 법이 정하는 바에 따라 교육정책을 실현하는 수단
교육을 위한 행정	• 교육 > 행정: 교육의 자주성 중시, 교육과 행정을 분리(이원론), '아래에서 위로의 행정', 민주적 행정, 지방분권적·자율적·민주적 특성 중시 → 조건정비설, 기능설, 조장설(미국) • 교육행정은 교육목적(교수·학습의 효율화) 달성을 위한 제 조건을 정비하는 수단, 봉사 → 몰맨(Moehlman)

행정 과정	• 교육행정은 교육행정가가 교육목적 달성을 위해 수행하는 절차 • PIC : 계획 ⇨ 실천 ⇨ 통제
행정행위(경영) →교육의 행정	• 교육행정은 교육목표(학교경영의 극대화) 달성을 위한 구성원들의 협동적 행위(조정, coordination), 교육과 행정을 일치(일원론) → 교육목적 달성 추구적 정의 • 교육행정은 합리적 조직관리의 기술 → 왈도(Waldo)
정책실현설	공권력을 가진 국가기관이 교육정책을 수립하고 집행하는 과정

2. 교육행정의 성격

(1) 일반적 성격

① 공공적 성격 : 전 국민을 대상으로 하는 공익적 사업

② 조장적 · 봉사적 성격 : 교육목적 달성을 위한 봉사활동 예 장학

③ 수단적 · 기술적 성격 : 교육목적 달성을 위한 합리적 수단과 기술

④ 전문적 성격 : 훈련받은 전문가에 의한 수행

⑤ 정치적 성격 : 교육문제 예견 및 대책 수립 등 역동적 성격

⑥ 민주적 성격 : 조직, 인사, 내용, 운영면에서 확보되어야 할 성격

(2) **특수적 성격** : ① 교육목표달성의 장기성, ② 교육에 관여하는 제 집단의 독자성과 협력성, ③ 교육효과의 직접적 측정의 곤란성, ④ 고도의 공익성과 여론에의 민감성

(3) 캠벨(Campbell)의 교육행정의 독자적 성격

① 조직이 제공하는 서비스 : 중요성(cruciality), 공개성(visibility)

② 조직이 서비스를 제공하기 위해 수행하는 활동의 특성 : 복잡성(complexity), 친밀성(intimacy)

③ 조직에서 일하는 사람들의 특성 : 전문성(professionalization)

④ 조직의 활동에 대한 평가 : 평가의 난이성(difficulty of appraisal)

3. 교육행정의 기본원리

법제면의 원리	• 기회균등 : 능력에 따른 교육기회의 균등 보장 • 자주성 존중 : 일반행정으로부터 분리 · 독립 → 정치 · 종교로부터의 중립을 전제함. • 적도집권 : 중앙집권과 지방분권의 조화 • 법치행정 : 합법성의 원리 → 행정은 법이 정하는 범위 내에서 이루어짐.
운영면의 원리	• 타당성 : 합목적성 → 설정된 목적과 수단과의 일치 • 민주성 : 독단과 편견 배제, 정책 수립에 있어 광범위한 참여와 민의 반영 • 효과성 : 목표달성 정도 • 능률성(경제성, 효율성) : 최소의 투입 & 최대효과 • 적응성 : 진보적 필요 → 변화에의 적응 • 안정성 : 보수적 필요 → 행정의 계속성 • 균형성 : 민주성과 능률성의 조화, 안정성과 적응성의 조화 • 지방분권 : 지역의 특수성 · 다양성 반영, 지역민의 적극적 의사와 자발적 참여, 통제에 의거함 • 전문성 : 전문적 지식과 기술을 습득한 전문가가 담당 → 업무의 독자성, 지적 · 기술적 수월성

Tip 교육행정가의 전문적 자질(Katz & Kahn)

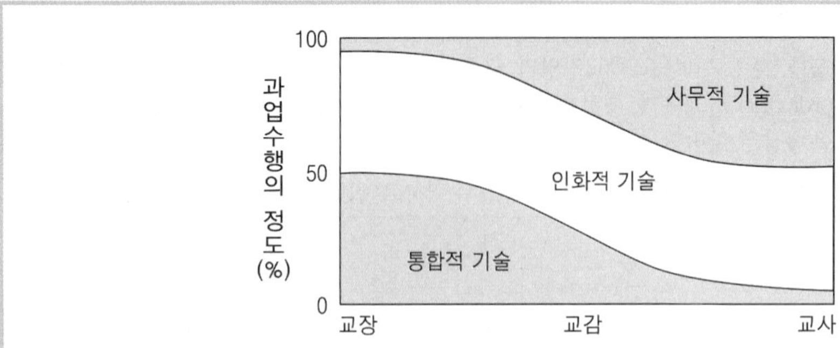

1. **실무적 기술**(사무적 기술): 작업관리층(교사)
2. **인간관계 기술**: 중간관리층(교감) → 모든 층이 구비해야 할 기술
3. **전체 파악적 기술**(통합적·구상적 기술): 학교경영층(교장, 교육장, 교육감)

02 교육행정의 이론

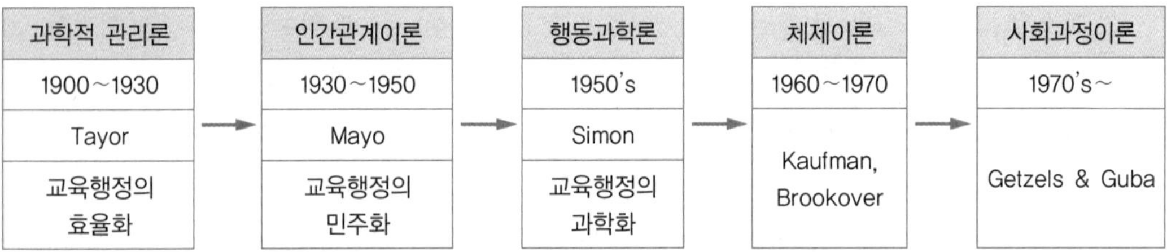

이론 범주		세부 이론	주도 시기	인간관	교육행정관	장학관
교육행정 실무시대	고전 이론	• 과학적 관리론 • 행정과정론 • 관료제론	1900~1930's	경제적 인간관 (도구적 인간관)	교육에 관한 행정	시학(視學)적 장학 (관리장학)
	인간 관계론	인간관계론	1930's~1950's	사회적 인간관 (도구적 인간관)	교육을 위한 행정	협동적 장학 (동료장학)
교육행정학 이론시대	행동 과학론	조직행동론	1950's~1960's			수업장학 (임상장학)
		체제이론	1960's~현재			
		• 상황이론 • 인간자원론	1970's~현재	자아실현적 인간관 (목적적 인간관)	교육의 행정 (경영설)	인간자원장학
	해석적 관점	해석론	1970's~현재			
	급진적 관점	• 비판이론 • 신마르크스주의 • 포스트모더니즘 • 페미니즘	1980's~현재			

CHAPTER 13

1. 과학적 관리론

공장관리의 과학화(분업화)를 통한 생산성 향상, 대표자는 테일러(Taylor)

(1) **내용**: 분업의 원리(A. Smith)에 기초, 생산과정의 표준화를 통한 생산성 향상

(2) **주요 원리**: ① 시간연구와 동작연구, ② 성과급의 원리, ③ 계획과 작업 수행 분리, ④ 과학적 작업방법의 원리 등

(3) **특징**: 경제적 인간관(X이론), 위생(불만족)요인 제거 → 기계적 능률관(절대적 능률관, 능률지상주의) 강조

(4) **교육행정에의 적용**(Bobbitt): 「교육에서의 낭비 제거」(1912) → ① 가능한 모든 시간과 학교시설을 최대로 활용, ② 교직원수 최소화하되 작업능률을 최대로 유지, ③ 교육활동 중의 낭비 제거, ④ 교원은 교수일에만 전념(행정 ×)

(5) **문제점**: ① 행정의 능률과 민주적 목표와의 조화를 무시(균형성 상실), ② 비경제적 동기 무시, ③ 노동자의 인간소외 문제 초래 → 인간관계이론의 대두

2. 교육행정 과정이론(행정관리론)

(1) **개념**: 교육행정가가 교육행정을 합리적으로 펼치는 절차·순서

(2) **학자들의 주장 비교**

일반행정		교육행정		
Fayol (최초)	Gulick & Urwick	Sears (최초)	Gregg	Campbell
기획(P)	기획(P)	기획(P)	의사결정(DM) 기획(P)	의사결정(DM)
조직(O)	조직(O) 인사(S)	조직(O)	조직(O)	프로그램 작성(P)
명령(C)	지시(D)	지시(D)	의사소통(Com) 영향(I)	자극(S)
조정(Co)	조정(Co)	조정(Co)	조정(Co)	조정(Co)
통제(Con)	보고(R) 예산편성(B)	통제(Con)	평가(E)	평가(E)

* ░ 는 교사의 자율성이 요구되는 단계

(3) 그레그(Gregg)의 행정과정론

의사결정 (Decision-making)	목표 수립, 수단 선택, 결과 판정 등을 결정하는 일 → 교육행정 과정의 핵심 요소
기획(Planning)	합리적 행동을 예정하고 준비하는 과정, 행동의 목적과 수단 사이에 일관성을 유지하고 서로 상충되는 요소 사이에 조화와 균형을 유지
조직(Organizing)	공동목표달성을 위한 분업적 협동체제의 구성 →과업과 자원을 배분하는 과정
의사소통 (Communicating, 전달)	조직의 문제해결을 위해 부서 간·개인 간의 정보, 의견, 아이디어를 교환하는 일
영향(Influencing)	권력의 행사뿐만 아니라 구성원에 대한 설득과 교육, 협의와 참여를 통해 협동적으로 공동목표를 추구해 나가도록 자각하는 것 →지도성(leadership)의 발휘 과정
조정(Co-ordinating)	조직 내의 공동목표달성을 지향하는 구성원의 노력을 통합·조절하는 일
평가(Evaluating)	조직체나 각 부분의 효과를 측정하는 과정, 목표달성 여부를 결정하고 감시하는 기능

3. 관료제 이론

(1) **개념**: 조직구조의 합리적 관리를 통한 생산성 향상 → 계층제+합법적 지배

(2) **특징**(Hoy & Miskel)

학교 관료제의 특징	순기능	역기능
분업과 전문화	숙련된 기술과 전문성 향상	피로, 권태감 누적 → 생산성 저하
몰인정성(공평무사성)	합리성 증대	사기 저하
권위의 계층(위계화)	원활한 순응과 조정	의사소통의 장애
규칙과 규정의 강조	계속성과 통일성 확보	목표전도(동조과잉) 현상, 조직의 경직성
경력 지향성	조직에의 충성 유도, 동기 유발(유인가)	업적과 연공제 간의 갈등

(3) **학교의 관료제화 심화 원인**

① 학교 규모의 대형화 추세
② 학교의 조직과 기능의 복잡화
③ 행정업무의 계속적 증가
④ 상급기관의 개별 학교에 대한 압력 증가와 학교의 획일화 경향
⑤ 학부모와 지역사회집단이 학교정책 수립과 학교 평가의 참여 경향

4. 인간관계론

(1) **개념**: 개인의 심리적·정서적·비합리적 요인(예 사기, 동기) 및 사회적 요인(예 조직 내 인간관계·비공식적 집단)을 통한 생산성 향상을 도모하는 경영관리전략 → 메이요와 뢰슬리스버거(Mayo & Roethlisberger)의 호손실험 효과

더 알아보기

■ **호손실험**(1924~1932)

1. 개념: 조직 내 인간관계 변화에 따른 생산성 관계 연구
2. 내용
   (1) 조명실험: 과학적 관리론의 문제제기
   (2) 전화계전기 조립실험: 사회심리적 요인의 영향 발견
   (3) 면접 프로그램: 인간적 요인의 중요성 확인
   (4) 건반배선조립 관찰실험: 비공식적 집단의 존재 확인
3. 결과: 개인의 심리적·사회적 요인이 생산성에 영향을 준다.

(2) **특징**: ① 사회적 인간관(Y이론, 인간은 도구적 존재)에 토대, ② 동기(만족) 요인 중시, ③ 자생집단(비공식적 집단)의 중요성 → 사회적(상대적) 능률관 강조

(3) **교육행정에의 적용**: 민주적 행정(행정의 인간화)의 중시 → 민주적 지도성, 의사소통, 사기, 인사제도의 창안, 학교의 민주화

① **쿠프만**(Koopman): 교육에 있어서 인간관계의 중요성 강조

② **여치**(Yauch): 학교행정에서의 인간관계의 개선 주장

③ **몰맨**(Moehlman): 봉사활동으로서의 학교행정론 주장

5. 행동과학론

(1) 조직 내의 인간(행정가)행동을 연구하여, 행정의 효율성을 향상시키려는 이론

(2) 행동주의 심리학을 바탕으로 인간행위에 관한 학제적 접근 → 인간에 대한 통일적 이론 수립

(3) 교육행정에 관한 이론화 운동 → 신운동(New Movement)

(4) **대표자**: 바나드(Barnard), 사이몬(Simon)

바나드 (Barnard)	• 공식조직 내에 비공식조직의 존재를 인정 • 효과성과 능률성의 개념으로 조직 목적의 성취와 개인의 만족과의 상호 관련 중시 • 조직과 관리의 중요한 측면으로서 의사결정을 최초로 강조 • 행정에 대한 행동과학적 접근을 최초로 시도
사이몬 (Simon)	• 행정행위에 있어서 탈가치성을 주장 → 바나드(Barnard)의 이론을 계승·발전 • 행정을 조직구성원의 행동에 영향을 미치는 고도의 합리적이며, 지적인 의사결정으로 파악 • 의사결정을 중심으로 인간형을 '경제적 인간형(최적의 합리성 추구)'과 '행정적 인간형(제한된 합리성 추구)'으로 구분하고, 행정에서는 행정적 인간형이 효과적이라고 주장

6. 체제이론

(1) **학교사회를 하나의 체제(system)로 보고, 학교를 구성하고 있는 하위체제들을 유기적으로 기능하게 함으로써 생산성 향상 도모**

① 체제는 투입, 과정, 산출, 환경의 요인으로 구성된다.

② 상위체제와 하위체제로 구성되며, 하위체제들은 개별성과 상호 관련성을 가지며, 목표달성을 위한 전체성을 지닌다.

③ 투입 – 과정 – 산출 – 환류의 과정을 거치며, 개방체제와 폐쇄체제가 있다.

(2) **카우프만(Kaufman)의 체제접근 모형**

① 문제 확인(요구분석) ⇨ ② 대안 결정[목표관리기법(MBO), 행동목표 진술] ⇨ ③ 해결전략 선정[기획예산제도(PPBS), 비용 – 효과 분석(투입 – 산출 분석)] ⇨ ④ 해결전략 시행[과업평가 검토기법(PERT), 망분석기법, 비판적 경로 분석기법(CPM)] ⇨ ⑤ 성취효과 결정(검사성과 평가)

(3) **퍼셀(Persell)의 사회체제적 접근 모형 – 거시적 접근**

① **사회구조 – 교육제도 – 학습과정을 포괄한 종합적 접근모형**: 교육 사회적 상황(사회의 지배구조)이 어떻게 교육형태와 실천(학교체제적 차원과 학급 내 상호작용적 차원)에 연관되며 그 결과가 어떻게 학생들에게 영향(교육결과)을 주는가를 체계적으로 접근·분석

② **사회의 지배구조가 교육의 산출에 영향을 주는 과정**: 사회구조적 단계(사회의 지배구조, 사회의 이념) ⇨ 교육의 제도적 단계 ⇨ 학급 내의 상호작용 단계(예 교사의 기대, 학급 내 상호작용) ⇨ 교육결과(인지적, 비인지적 결과 예 성적, 자아개념, 자신감 등)

(4) **브루크오버(Brookover)의 사회체제적 접근 모형**

① 학교의 사회적 체제는 학교의 학습풍토에 의해서 조성된다.

② **체제 구성요소**: 학교의 사회심리적 규범, 학교의 조직구조 및 운영방식, 학급 내 수업 실천행위

학교의 사회심리적 규범	학교 구성원이 학교교육에 대해 가지는 기대, 평가, 감정, 신념 → 학교의 역사적 전통에서 파생된 것으로 학교의 문화적 풍토를 형성
학교의 조직구조 및 운영방식	학교의 행정조직, 학급 내 학습집단 구성 형태 등
학급 내 수업 실천행위	학급 내 의사소통 방식, 보상방식, 수업자료 제공, 수업시간 등 → 학교의 학구적 규범

③ **투입 – 과정 – 산출 모형**

㉠ **기본 가설**: 학교에서 학생의 학업성취 차이는 학교사회 체제에서 파생하는 사회적·문화적 특성과 함수관계가 있다.

㉡ **구성요소**

투입변인	• 학생집단 특성 • 교직원(교장, 교사, 행정직원) 배경
과정변인	• 학교의 사회적 구조 예 학교에 대한 교사의 만족도, 학부모 참여도, 교장의 수업지도 관심도 등 • 학교의 사회적 풍토 예 학생, 교사, 교장의 학교에 대한 기대지각, 평가
산출변인	학습효과 예 성적, 자아개념, 자신감 등

㉢ **결론**

ⓐ 학교의 과정변인이 학습효과의 차이에 크게 영향을 준다.

ⓑ 학생의 학습행동이나 결과의 차이는 학교의 사회적 체제에서 연유되며, 이는 학교의 학생 구성과 인적 배경의 특성에 큰 영향을 받는다.

7. 사회과정이론: 사회체제이론

(1) **개요**: 사회체제 내에서 개인의 행동은 조직적 차원과 개인적 차원의 상호 작용의 결과 → 대표자는 겟젤스와 구바(Getzels & Guba)

① 조직 안에서 인간의 행동을 분석, 인간의 사회적 행위는 역할(R)과 인성(P)의 상호 작용 → B = f(R · P)

② 상호 작용 유형은 집단의 성격에 따라 다양: 예술가 집단(R < P), 군대(R > P), 학교(R = P) → 학교도 위기시에는 역할을, 안정기에는 인성을 강화하는 쪽으로 변화됨.

③ 조직의 지도성 유형: 규범적 지도성(R), 인간적 지도성(P), 절충적 지도성(R+P)

④ 겟젤스와 구바의 사회과정 모형

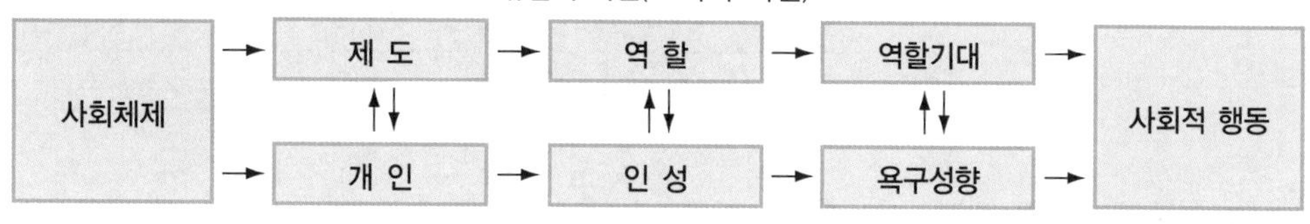

(2) **수정 모형**(Getzels & Thelen)

① 조직적 차원(규범적 차원)에 조직풍토 차원(집단－풍토－의식)과 인류학적 차원(사회의식－관습－가치)을 추가

② 개인적 차원(심리적 차원)에 생물학적 차원(유기체－구조－잠재력)을 추가

③ 구성원의 사기진작 요인: 합리성(역할기대 = 제도적 목표), 소속감(역할기대 = 욕구성향), 일체감(제도적 목표 = 욕구성향)

(3) **호이와 미스켈**(Hoy & Miskel)**의 학교사회체제모형**(2008)

① 겟젤스와 구바(Getzels & Guba, 1957) 모형을 정교화함.

② 학교는 개방체제에 해당: 조직이 환경과 개방적인 상호작용 속에서 투입을 산출물로 전환시켜 환경으로 내보내고 피드백 과정을 통해 생존발전함.

③ 투입－전환(변형과정)－산출로 학교조직 안의 현상을 이해

㉠ 투입 예 교직원의 능력, 학생의 능력, 학교예산 및 시설, 외부지원

㉡ 산출 예 학업성취도, 진학률, 징계학생비율, 학교생활만족도

㉢ 전환: 구조, 문화, 정치, 개인, 교수-학습 등의 하위체제로 구성

구조체제	조직의 목적달성과 행정과업의 성취를 위해 설계되고 조직된 공식적 기대 예 학교규정
문화체제	조직구성원들이 공유하는 공통의 지향성 예 학교 교사 간에 형성되는 공유가치, 규범, 인식 등
정치체제	조직 내의 권위와 권력의 관계 예 교장과 교사의 관계, 교사와 학생의 관계, 교원과 학부모의 관계
개인체제	조직 구성원 각자의 개인적 욕구, 신념, 맡은 바 직무에 대한 인지적 이해틀 예 교사 개개인의 욕구, 목적, 신념, 인지
교수 · 학습	교수 · 학습 및 평가방법 예 수준별 수업, 자기주도적 학습, 수행평가

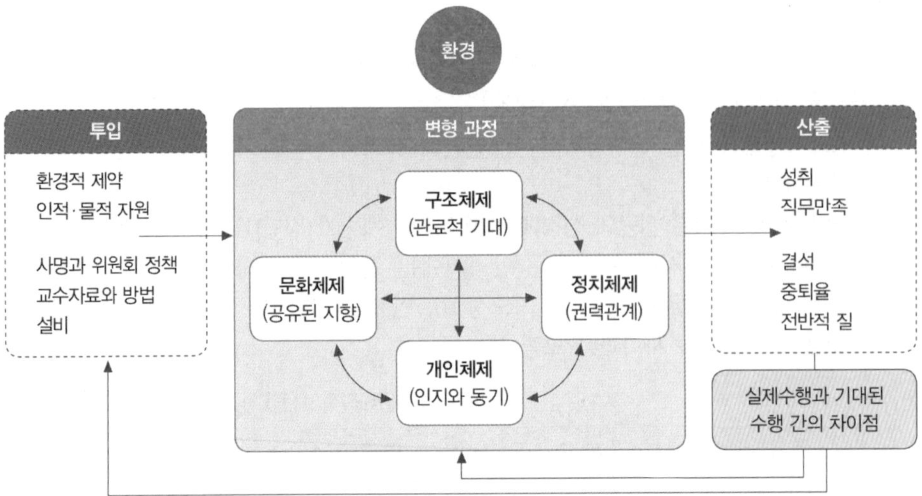

8. 체제이론의 대안적 관점

(1) 개요

① 체제이론을 중심으로 한 실증주의적 관점에 대한 비판

② 해석적 관점과 급진적 관점으로 구성

(2) 해석적 관점: 그린필드(Greenfield) → 「학교조직 이론에 있어 논리실증주의 연구의 비판」(1974)

① 조직을 객관적 실체가 아니라 개인의 주관적 의미 구성체로 파악

② 교육행정의 현상학적 접근방식과 질적 연구방법을 통해 조직 이해 → 법칙 발견 ×, 간주관적 이해(inter-subjectivity)

(3) 급진적 관점: 네오마르크시즘(Neo-Marxism)

① 조직의 비합리적이고 특수한 측면에 초점을 맞추어 조직 탐구

② 해석학적 관점과 유사하나 좀 더 객관적인 탐구를 진행

③ 유형

포스트모더니즘	전통 조직에 대한 연구를 해체 → 새로운 조직 유형을 창조 예 조직화된 무질서, 이완결합체제, 학습조직
비판이론	전통 조직에 대한 비판과 함께 변혁 추구
페미니즘	전통 조직은 남성문화의 산물이라고 비판

03 의사결정이론(decision-making theory)

더 알아보기

■ 의사결정의 개념과 관점

1. 의사결정(decision-making)의 개념
   (1) 어떤 문제해결과 관련하여 여러 가지 대안 중 한 가지 대안을 선택하는 과정 또는 미래의 행동방안을 선택·결정하는 행위
   (2) 과학적(합리적) 문제해결 과정이다(Griffiths).
2. 의사결정의 4가지 관점의 비교

구분	합리적 관점	참여적 관점	정치적 관점	우연적 관점
중심 개념	목표달성을 극대화하는 선택	합의에 의한 선택	협상(타협)에 의한 선택	우연에 의한 선택
목적	조직목표달성	조직목표달성	이해집단의 목표달성	상징적 의미
적합한 조직형태	관료제, 중앙집권적 조직	전문적 조직	다수의 이익집단이 존재 & 협상가능 조직	조직화된 무질서 조직
조직환경	폐쇄체제	폐쇄체제	개방체제	개방체제
특징	규범적	규범적	기술적	기술적

1. 산출지향적 의사결정 모형: 정책결정 모형

의사결정 모형	주창자	내용	특징
합리적(이상적) 모형	Reitz	• 최선의 대안 모색(정책결정자의 전능성 가정) • 매몰비용 무시	• 객관적 합리성 추구 • 경제인 모형 → 전체주의 국가 • 현실적으로 실현 불가능
만족화 모형	• Simon • March	현실적으로 만족할 만한 해결책 선택	• 주관적 합리성 추구 • 제한된 합리성 • 행정가 모형 • 보수적 모형
점증적 모형	• Lindblom • Wildavsky	• 기존 정책보다 약간 개선된 대안 선택 • 매몰비용 고려	• 소극적 악의 제거 추구 • 정치적 합리성, 제한된 합리성 • 보수적 모형 → 민주주의 국가
혼합 모형 (제3의 모형)	Etzioni	합리적 모형(기본 방향/정형 문제/장기전략)+점증적 모형(세부 결정/비정형 문제/단기전략)	• 이론적 독자성이 없음. • 합리성+실용성 • 자율적 사회에 적합
최적화 모형	Dror	• 주어진 목표에 가장 알맞은 모형 선택(규범적 최적화) • 합리 모형+점증 모형(합리 모형에 근접)	• 초합리성 중시(엘리트들의 영감, 비전 중시) • 초결정 ⇨ 결정 ⇨ 후결정 단계 • 혁신적 사회에 적합 • 체제이론적 접근 모형

쓰레기통 모형	• Cohen • March • Olsen	• 문제의 우연한 해결 • 문제, 해결책, 선택 기회, 참여자의 흐름의 우연한 조합으로 해결	• 비합리적 의사결정 모형 • 조직화된 무질서를 전제(목표 모호, 방법 불분명, 구성원의 참여가 유동적)

더 알아보기

합리적 모형의 절차

문제 확인 ⇨ 목적과 세부목표 선정 ⇨ 모든 가능한 대안 작성 ⇨ 각 대안에 대한 결과 검토(계량적 기법 예 MIS) ⇨ 모든 대안을 목적과 목표에 의해서 평가 ⇨ 최선의 대안 선택 ⇨ 결정한 사항을 시행하고 평가

2. 의사결정의 참여 모형

(1) 브리지스(Bridges)의 참여적 의사결정

① 의사결정에 구성원을 참여시키는 기준을 제시: 참여의 문제는 행정가의 의사결정을 조직구성원들이 기꺼이 받아들이는 수용영역(zone of acceptance)과 밀접히 관련

예 수용영역 밖, 회색영역(한계영역), 수용영역 안

② 참여 허용의 기준: ㉠ 적절성(test of relevance, 개인적 이해관계), ㉡ 전문성(test of expertise, 기여 가능성)

③ 상황에 따른 참여적 의사결정의 유형

구분	상황	참여적 의사결정의 유형
수용영역 밖(외부)	• 적절성 ○ • 전문성 ○	구성원을 자주 참여시킨다. → 의회주의형 의사결정(소수의견도 존중)
수용영역의 한계영역(marginal conditions)	• 적절성 ○ • 전문성 ×	구성원을 제한적으로 참여시킨다(참여 허용의 목적은 저항을 최소화하기 위함). → 민주적 접근형 의사결정(다수결에 의한 결정)
	• 적절성 × • 전문성 ○	구성원을 제한적으로 참여시킨다(참여 허용의 목적은 질 높은 아이디어나 정보를 얻기 위함). → 민주적 접근형 의사결정
수용영역 안	• 적절성 × • 전문성 ×	구성원을 참여시킬 필요가 없다.

(2) 호이와 타터(W. K. Hoy & C. J. Tarter)의 참여적 의사결정의 규범 모형

① 개요

㉠ 학교장은 특정 사안에 대한 교사의 관련성과 전문성을 확인하여 해당 교사가 속한 수용영역(zone of acceptance)을 판단하며, 이에 따라 의사결정에 대한 교사의 참여 정도를 다양하게 결정한다. → 수용영역 밖, 한계영역, 수용영역 안

㉡ 수용영역 밖의 경우에는 교사의 신뢰 수준(test of trust)을 고려하여 의사결정에 대한 교사의 참여 정도를 다르게 결정한다.

② 모형도

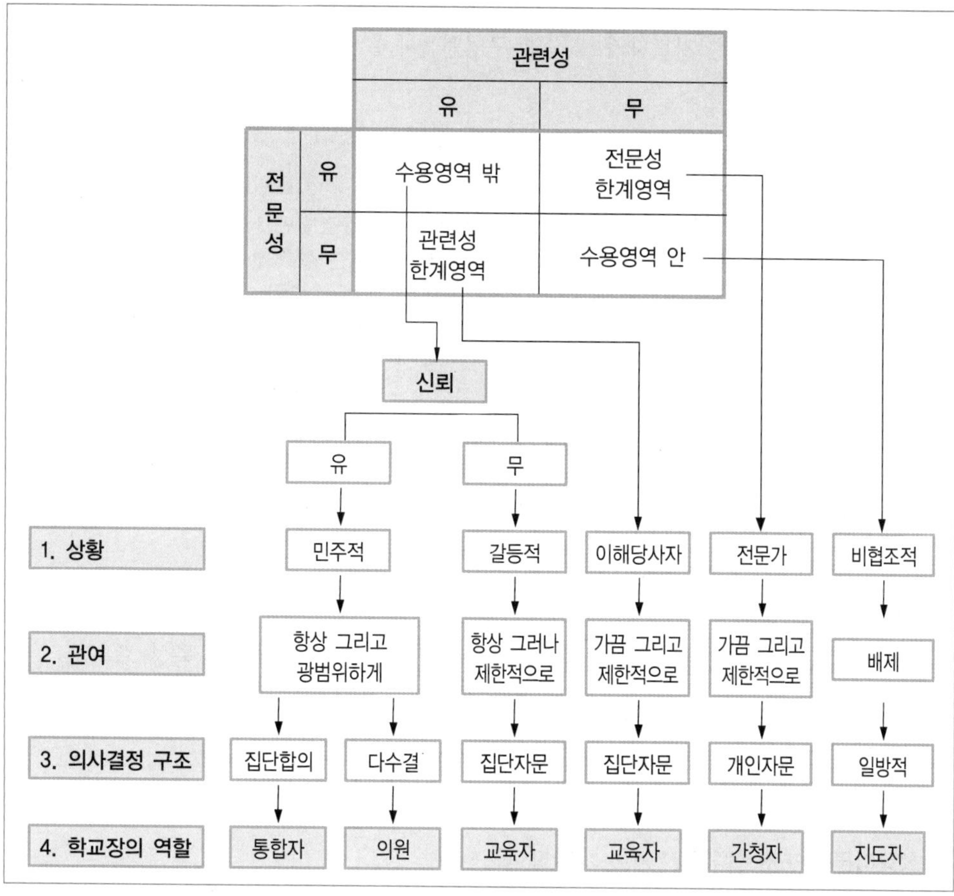

③ 학교장의 역할

역할	기능	목표
통합자(integrator)	각기 다른 입장을 통합	일치된 의견을 얻는다.
의원(parliamentarian)	공개토론을 조성	반성적 집단 숙고를 지지한다.
교육자(educator)	쟁점을 설명하고 논의	결정의 수용을 추구한다.
간청자(solicitor)	충고를 구함.	결정의 질을 개선한다.
지도자(director, 지시자)	단독적 결정을 행함.	효율성을 성취한다.

04 지도성 이론 : 특성이론 ⇨ 행동이론 ⇨ 상황이론(상황적 특성론)

지도성(leadership)은 지도자가 조직의 구성원들에게 영향력을 행사하는 과정(influencing)

더 알아보기

■ **지도자 영향력의 근원**: French & Raven의 권력형태론

1. 강압적 권력(coercive power): 지도자의 지시에 순종하지 않는 부하를 통제하고 벌을 줄 수 있는 지도자의 능력 → 보상적 권력의 반대개념 예 강등, 임금 동결 혹은 삭감, 징계, 위협 등
2. 보상적 권력(reward power): 지도자가 부하에게 원하는 보상을 줄 수 있을 때 성립하는 권력 예 임금인상, 승진, 선호하는 직위에의 배치, 칭찬 등
3. 합법적 권력(정통적 권력, legitimate power): 조직의 위계 속에서 지도자의 지위나 역할에 부여된 권력 → Weber의 합법적 권력과 유사
4. 전문적 권력(expert power): 지도자가 가지고 있는 특별한 능력이나 지식에 근거를 둔 권력 → 교육, 훈련, 경험에 따라 결정
5. 준거적 권력(위탁적 권력, referent power): 지도자의 인성적 강점으로 추종자를 복종하게 만드는 지도자의 능력 → 부하로 하여금 지도자를 존경하고 충성하게 만드는 카리스마의 한 형태

1. 특성이론

위인이론(great man theory) → 심리학적 접근, 지도자는 선천적인 특성 소유

인성적 특성	스톡딜(Stogdil), 깁(Gibb) 예 책임감, 수용성, 집요성, 창의성
실무적 특성	카츠(Katz), 칸(Kahn) 예 실무적 기술, 인간관계적 기술, 전체 파악적 기술

2. 행동이론(지도자 행위론): 행동과학적 접근

(1) **레빈**(Lewin), **리피트**(Lippitt), **화이트**(White): 전제형, 민주형, 자유방임형 등 행위 유형

(2) **타넨바움**(Tannenbaum) & **슈미트**(Schmidt)**의 지도성 유형 연속선**: 설명형(전제형, 지시형) – 판매형(설득형) – 검사형(의사 타진형) – 상담형(협의형) – 참여형(민주형, 협력형)

(3) **핼핀**(Halpin) & **위너**(Winer): 지도자 행동기술 질문지(LBDQ) – 구조성(과업 중심)과 배려성(인화 중심) → 효율형(가장 이상), 과업형, 인화형, 비효율형 지도성으로 구분

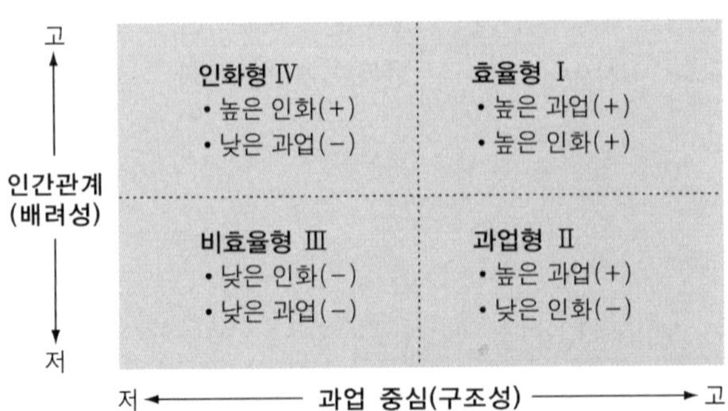

(4) **블레이크**(Blake) & **모튼**(Mouton)**의 관리망 이론**: 생산에 대한 관심과 인간에 대한 관심

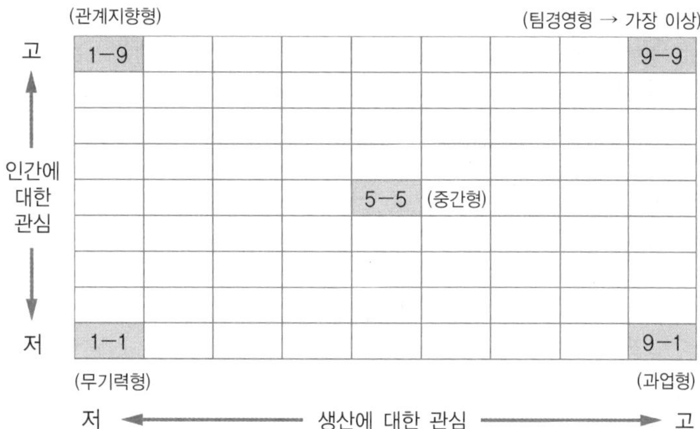

3. **상황이론**(상황적 특성론): 지도성은 상황적 조건에 의해 결정

(1) **블랜차드**(Blanchard) & **허시**(Hersey): 구성원의 준비도 또는 성숙도(직무성숙도, 심리적 성숙도) 중시

구성원의 성숙도	높다(M_4)	중간이다		낮다(M_1)
		M_3(중간 이상)	M_2(중간 이하)	
직무성숙도(능력 or 전문성)	고	고(적절)	저	저
심리적 성숙도(동기)	고	저	고(적절)	저
효과적 지도성 유형	위임형	지원형(참여형)	지도형(설득형)	지시형(설명형)
관계	저	고	고	저
과업	저	저	고	고

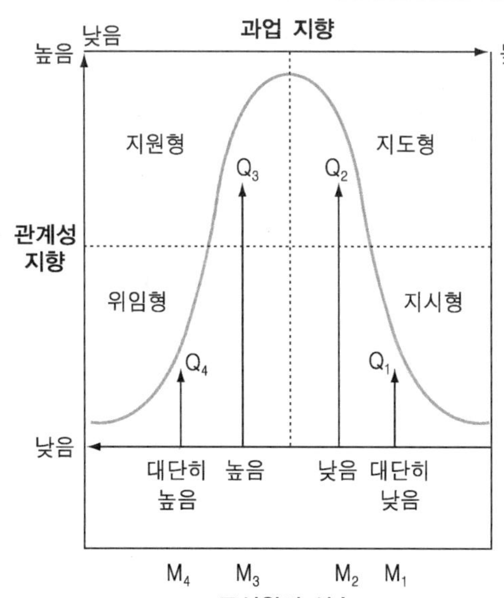

구성원
M_1 : 낮은 동기와 능력
M_2 : 적절한 동기, 낮은 능력
M_3 : 적절한 능력, 낮은 동기
M_4 : 필요한 능력과 동기 구비

지도자
Q_1 : 높은 과업행위, 낮은 관계성 행위
Q_2 : 높은 과업행위, 높은 관계성 행위
Q_3 : 낮은 과업행위, 높은 관계성 행위
Q_4 : 낮은 과업행위, 낮은 관계성 행위

▲ Blanchard와 Hersey의 상황적 지도성 모델

(2) 피들러(Fiedler)의 우발성 이론

① 상황의 호의성(지도자와 구성원의 관계, 과업구조, 지도자의 지위권력) 중시

② **효과적 지도성 유형**: 상황이 호의적이거나 비호의적일 때는 과업지향적 지도성, 상황이 중간 정도일 때는 관계성 지향적 지도성

(3) 레딘(Reddin)의 3차원 지도성 유형: 상황에 따른 효과성 → 지도자는 상황에 따라 지도성을 바꿔야 한다(상황 조작 능력 중시).

기본적 지도성 유형	비효과적 유형(−)	효과적 유형(+)
분리형(과업−, 관계−)	유기자(遺棄者, 책임 포기자)	관료
관계형(과업−, 관계+)	선교사, 선동자	계발자(啓發者)
헌신형(과업+, 관계−)	독재자	자선적(慈善的) 독재자
통합형(과업+, 관계+)	타협가	경영자

(4) 에반스(Evans)와 하우스(House)의 행로 − 목표이론

① 목표달성을 위한 적절한 행로를 구성원이 어떻게 지각하느냐에 따라 효과성이 결정 → '구성원의 지각'을 중시 예 성과기대, 보상기대, 유인가

② **구성 변인**: 지도자의 행위, 상황적 요인(구성원 특성, 환경적 요인), 구성원의 지각, 효과성(직무만족, 동기유발, 직무수행)

③ **지도성 유형**: 지시적 지도성, 지원적 지도성, 참여적 지도성, 성취지향적 지도성, 가치지향적 지도성

더 알아보기

제미어(Jermier)와 커(Kerr)의 지도성 대체(대용) 상황 모형

1. 지도자의 과업수행은 지도자가 가지고 있는 그 어떤 것에 의존하지 않고 구성원의 특성, 과업의 특성, 조직 특성 등에 달려 있다.
   (1) 대체(대용) 상황: 지도성이 작용하지 않는(불필요한 또는 지도성을 대신하는) 상황 예 교사들이 경험, 식견, 능력이 우수한 경우
   (2) 억제 상황: 지도성을 제한(예 지도자의 권력이 약하거나 보상을 제공하지 못함)하거나 무력화시키는(예 교사들의 무관심) 상황
2. 지도자의 행동이 어떤 상황에서는 중요한 영향을 주는 데 반해, 다른 상황에서는 왜 아무런 영향을 주지 못하는지를 이해하는 데 많은 도움을 주고 있다.

4. 변혁적 지도성(카리스마적 지도성): 번스(Burns)와 배스(Bass)

(1) **개념**: 지도성은 구성원들의 욕구와 능력을 인정하고 그들의 잠재력을 일깨워 "사람들로 하여금 보다 더 훌륭한 사람으로 향상시키는 지도성"이자 기대 이상으로 직무를 수행하게 하는 영향력 행사의 과정

(2) 거래적 지도성과 변혁적 지도성의 비교

거래적(교환적) 지도성	변혁적 지도성
조직의 유지, 지도자의 합리성 중시	조직의 변화 및 혁신, 지도자의 초합리성 중시
• 보상: 노력에 대한 보상의 교환을 계약함, 업적이 높으면 많은 보상을 약속함, 업적 수행에 대한 인정 • 예외 관리: 규정과 표준에 맞지 않을 때만 개입 • 자유방임: 책임을 이양함, 의사결정을 회피함.	• 카리스마(이상적인 완전한 영향력): 비전과 사명감을 제공, 자부심을 주입,존경과 신뢰를 얻음. • 감화적 행위(영감적인 동기 유발): 높은 기대를 전달함, 노력에 초점을 두는 상징을 활용함, 단순한 방법으로 중요한 목적을 표현함. • 지적 자극: 직무에 대한 새로운 관점 획득 → 지식, 합리성 및 문제해결능력을 증진함. • 개별적 관심(배려): 개인에 관심, 각자를 개인적으로 상대하고 지도·충고함.

(3) 변혁적 지도성의 특징

① 지도자에 대한 구성원 개인의 가치와 신념을 기초로 한다.
② 지도자들은 개인에 관심을 두며, 구성원들의 목표와 신념을 변화시키고 구성원들을 결속시킨다.
③ 지도자 개인의 능력(카리스마)에 따라서 구성원들에게 더 많은 영향을 줄 수 있다.
④ 지도자들은 그들의 직무를 새로운 관점으로 생각하도록 다른 사람을 자극하고 조직의 비전이나 임무를 인식시키며, 구성원들의 능력과 잠재력을 증진시키고, 조직의 이익을 가져올 수 있도록 구성원들의 관심을 높이도록 동기를 유발한다.
⑤ 이념화된 영향력(idealized influence), 영감적인 동기 유발(inspirational motivation), 지적 자극(intellectual stimulation), 개별화된 배려(individualized consideration)의 요인을 강조한다.

5. 교육적 지도성

(1) 문화적 지도성

① 서지오바니(Sergiovanni)가 주장: 학교는 구조적 접근보다는 문화적 접근을 통한 교육개혁이 효과적 → 구성원의 의미추구 욕구를 만족시킴으로써 그 구성원을 학교의 주인으로 만들고 조직의 제도적 통합을 가능하게 하는 지도성 접근법
② 학교지도성의 유형
㉠ 기술적 지도성: 학교 경영관리기술 보유 → 전문경영자
㉡ 인간적 지도성: 인간자원 활용능력 구비 → 인간공학 전문가
㉢ 교육적 지도성: 교수학습, 장학 등 전문능력 구비 → 현장교육 전문가
㉣ 상징적 지도성: 행사나 의식, 언사를 통해 학교의 비전과 목표에 대한 환기 추구 → 대장(chief)
㉤ 문화적 지도성: 독특한 학교문화 창출 → 성직자(priest)

Tip 학교와 지도성

1. **학교의 지도성**: 교육적 지도성, 상징적 지도성, 문화적 지도성
2. **효과적인 학교의 지도성**: 기술적 지도성, 인간적 지도성, 교육적 지도성
3. **훌륭한 학교의 지도성**: 상징적 지도성, 문화적 지도성

(2) 초우량 지도성(슈퍼 지도성)

① 만즈(Mans)와 심스(Sims)가 제안

② 공식화된 권력, 권위, 직원 통제를 강조하는 전통적 지도성은 비효과적이라고 비판 → 현대의 조직은 자율적 지도성(self-leadership)을 개발·이용하는 초우량 지도성을 필요로 함.

③ 조직 구성원들이 스스로를 통제하고 자신의 삶에 진정한 주인이 되어 자율적으로 이끌어 갈 수 있도록 능력을 계발하는 지도성 기법 → 자율적 지도성을 지향

(3) 도덕적 지도성

① 서지오바니(Sergiovanni)가 문화적 리더십에 대한 논의를 확대하는 과정에서 개념화되었으며, 오웬스(Owens)가 확대함.

② 학교 구성원들(추종자들)이 '자기 지도자(self-leader)'가 되도록 자극하고, 지도자 자신은 '구성원의 지도자'가 아닌 '지도자들의 지도자(leader of leaders)'가 되어 궁극적으로 '효과적이고 도덕적인 조직'이 될 수 있도록 하는 지도성 기제

③ 이상적인 학교는 '도덕적인 학교[예 선의(good-will)]' 또는 '도덕적이고 효과적인 학교[예 선의(good-will)와 성공(success)]'임.

(4) 분산적 지도성(Distributed leadership): 조직 지도성이론

① 개념

㉠ 교장과 같은 개인을 학교 효과성에 주요 인물로 강조하는 경향을 반대하고 팀이나 집단, 그리고 조직적 성격을 중심으로 리더십 개념을 파악하는 지도성이론

㉡ 조직의 성과와 책임이 교장 한 사람에게 집중된 지도성(focused leader-ship), 즉 한 지도자가 모든 것을 담당하고 책임지는 권위적·영웅적 지도성의 한계를 극복하기 위한 대안으로 제시됨. → 지도자, 구성원, 이들이 처한 상황 간의 상호작용에서 지도성 실행이 어떻게 형성되는지를 탐구

㉢ 학교 구성원의 능동적 참여와 공조 행위를 통한 다수의 지도자들의 집단지도성을 강조하는 이론 → 다양한 전문적 지식과 기술을 지닌 구성원 간의 공유, 상호의존, 신뢰를 바탕으로 지도성이 공유 및 실행되며 이 과정에서 창출된 조직학습을 통해 확대된 지도자들이 학교개선과 책무성을 도모한다는 점을 강조 예 학교운영위원회를 통한 학교운영계획 수립·이행, 교내 체육대회 운영, 연구학교 운영

㉣ 조직 효과성, 개인의 전문성과 역량의 극대화를 위해 조직 내 다수의 공식적·비공식적 지도자들이 네트워크를 형성하여 조직의 상황과 맥락에서 목표 또는 특정 문제 및 이슈에 대한 의사결정을 공유하고, 상호 협력과 전문성 공유를 통해 공동 실행을 촉진하는 '지도성 실행'과 '지도성 분산'에 초점을 지도성

② 특징

㉠ 학교조직이 가지고 있는 고유한 특성을 반영하면서 학교 책무성과 교수-학습 개선, 학생의 학업성취도 향상에 대한 조직 내의 환경 변화에 대처하기 위한 지도성 실행에 초점을 맞춘 대안적인 접근

㉡ 기존의 지도성 연구접근은 지도자의 역할, 지위, 권위에 초점을 맞춘 '집중된 지도성(focused leadership)'이었다면, 분산적 지도성(Distributed leadership)은 지도자와 구성원들이 조직의 상황과 맥락에서 조직이 직면한 문제 및 이슈에 대한 의사결정의 공유를 통해 조직 역량과 개인의 전문성을 극대화하기 위한 지도성이론임.

㉢ 분산적 지도성에는 공유적, 협동적, 민주적, 참여적 지도성의 개념이 투영되어 있으며, 이런 점에서 '혼재성(mixed)'과 '혼합적 지도성(hybrid leadership)'의 속성을 지님.

㉣ 지도자와 구성원의 경계가 허물어져 지도성의 망이 확대되고 개방된다는 지도자 확대(leader-plus), 조직의 일부, 다수 또는 전부에 지도자가 흩어져 있다는 결집된 지도성, 공조행위를 통해 지도성이 실현된다는 점을 강조

㉤ 분산적 지도성은 지도성 실행이 상황 속에서 구성된다고 파악함.

㉥ 조직문화는 분산적 지도성의 실행에 영향을 줌.

㉦ 분산적 지도성은 조직 구성원들 간의 상호작용을 통해 형성된 지도성 실행을 강조하기 때문에 팀학습 또는 집단적 학습을 강조

6. 최근의 지도성

(1) **감성 지도성**: 골맨(Goleman)이 주장 → 리더가 자기 감성을 잘 인식·조절하고 다른 사람의 마음을 헤아리는 감정이입을 통하여 다른 사람과의 긍정적인 관계를 형성하는 지도성

구성요인	세부요인	정의	하위요인
개인역량(personal competence)	자기인식능력(self-awareness)	자신의 감성을 명확하게 이해하는 능력	• 감성이해력(emotional self-awareness) • 정확한 자기평가(accurate self-awareness) • 자신감(self-confidence)
	자기관리능력(self-management)	자신의 감성을 효과적으로 관리하는 능력	자기통제력(emotional self-control), 신뢰성, 자기관리 및 책임의식, 적응력, 성과달성 지향, 주도성
사회적 역량(social competence)	사회적 인식능력(social awareness)	타인의 감성을 명확하게 이해하는 능력	감정이입, 조직 파악력, 고객 서비스 정신
	관계관리능력(relationship management)	타인의 감성을 효과적으로 관리하는 능력	영감을 불러일으키는 능력, 영향력, 타인지원성, 연대감 형성, 커뮤니케이션, 변화촉진력, 갈등관리능력

(2) **서번트 리더십**(servant leadership): 지도자의 강한 리더십 발휘보다는 솔선수범과 헌신적인 봉사를 강조하는 리더십

(3) **피그말리온 리더십**: 조직구성원들에 대한 계속적인 격려, 지원, 강화를 통해 조직역량을 증가시키는 리더십

(4) **진성 리더십**(authenticity leadership) : **진정성 리더십**

① 진성(authenticity)은 한 개인이 자기 스스로를 알고, 자신 내면의 생각과 감정, 가치관 등에 일치되도록 행동하는 것을 의미하며, 자기인식(self-awareness)과 자기규제(self-regulation) 등 두 가지 요소로 이루어짐.

자기인식	현재 자신의 진정한 자아를 인식하는 것으로 자신의 재능, 강점, 목표, 핵심 가치관, 믿음, 욕망 등을 지속적으로 이해하는 과정
자기규제	개인이 구성원들의 가치관과 목표를 자신의 행위와 일치시키는 과정

② 진성 리더는 적절한 리더십의 구현을 통해 조직 구성원의 심리적 자본과 긍정적 정서를 발전시킬 수 있음(Walumbwa, Avolio, Gardner, & Perterson, 2008).

③ **구성요인** : 자기인식(self-awareness), 투명성(transparency), 도덕성(ethical/moral), 균형된 프로세스(balanced processing ; 자기견해와 반대견해의 균형, 객관적 판단)

05 동기이론

1. **내용이론** : 동기유발 요인(contents)에 관심

<table>
<tr><th>행정이론</th><th>F. Herzberg</th><th>Alderfer</th><th colspan="2">A. Maslow</th><th>McGregor</th><th>Argyris</th></tr>
<tr><td rowspan="3">Mayo
인간
관계론</td><td rowspan="2">동기요인
(일 자체, 성취감, 보람)</td><td rowspan="2">성장
욕구
(G)</td><td>5. • 자아실현의 욕구
• 심미적 욕구
• 지적 욕구</td><td>성장
욕구</td><td rowspan="3">Y이론(善)</td><td>성숙
이론</td></tr>
<tr><td>4. 자기 존경의 욕구(자존)</td><td rowspan="4">결핍
욕구</td><td rowspan="4">미성숙
이론</td></tr>
<tr><td rowspan="3">위생요인
(임금, 행정, 인간관계,
작업조건)</td><td>관계
욕구
(R)</td><td>4. 타인 존경의 욕구
3. 애정 · 소속 · 사회적 욕구
2. 안전 · 보호의 욕구
(대인적 안전)</td></tr>
<tr><td rowspan="2">Taylor
과학적
관리론</td><td rowspan="2">생존
욕구
(E)</td><td>2. 안전 · 보호의 욕구
(물리적 안전)</td><td rowspan="2">X이론(惡)</td></tr>
<tr><td>1. 생리적 욕구</td></tr>
</table>

(1) **매슬로우**(Maslow)**의 욕구위계론**(5단계)

① 개요

㉠ 인간은 욕구적 존재(욕구가 동기유발 요인)

㉡ 만족 – 진행법(저수준의 욕구로부터 고수준의 욕구로 충족)

㉢ 욕구충족은 상대적

② 유형

결핍 욕구	1. 생리적 욕구	기본적 욕구, 생체 항상성 욕구 예 의 · 식 · 주, 취업
	2. 안전 · 보호 욕구	위협 · 위험으로부터의 보호, 확실성 · 질서 · 안전 추구 예 직업 안정, 무질서로부터의 자유, 보험
	3. 애정 · 소속 · 사회적 욕구	대인관계 욕구, 결핍시 현대사회 병리현상 발생 예 집단에의 소속감, 우정, 애정
	4. 존경 욕구	타인 존경(평판 욕구), 자기존중 예 지위 인정, 성취감, 자신감
성장 욕구	5. 자아실현 욕구	잠재력 실현, 절정 경험이 중요, 개인차가 크게 나타남. 예 지적 욕구(지식+이해), 심미적 욕구

③ 교육적 시사점

㉠ 인간 중심 경영의 중요성과 그 논리적 토대를 제공하였다.

㉡ 교사들의 동기 유발을 위한 단계적 · 복합적 접근이 필요하다.

㉢ 학교조직의 경영자들에게 학교조직 구성원들의 과업동기에 관한 체계적인 설명을 제공한다.

④ **포터(Porter)의 수정이론**: 안전 · 보호 욕구 ⇨ 애정 · 소속 · 사회적 욕구 ⇨ 존경 욕구 ⇨ <u>자율 욕구</u> ⇨ 자아실현 욕구

(2) 허즈버그(Herzberg)의 동기 – 위생론(2요인설)

① **만족 – 불만족 요인은 서로 독립적 · 별개의 관계**: 모두 불충족 시 60%, 불만족 요인만 제거 시 80%, 함께 충족 시 110% 구성원의 역량 발휘를 통해 생산성 향상

동기요인 (만족요인, 개인 내적 요인, 접근욕구)	위생요인 (불만족요인, 개인 외적 요인, 회피욕구)
① 만족요인 • 동기요인 충족 ○ → 만족감 증대 • 동기요인 충족 × → 만족감 감소 ② 일(직무) 자체를 의미: 성장(발전 가능성), 책임감, 인정, 성취감, 자아실현, 승진, 지위상승욕구 ③ 직무확장(풍부화)을 통해 동기부여	① 불만족요인 • 위생요인 충족 ○ → 불만족 감소 • 위생요인 충족 × → 불만족 증대 ② 일을 둘러싼 환경을 의미: 봉급(보수), 작업조건, 안전, 감독, 회사정책, 직무안정성. 대인관계 ③ 1차적(우선적) 제거요인

② 시사점

㉠ 직무만족 제고를 위한 철학적 토대 제공(직무재설계의 중요성 강조 예 교원연구년제)

㉡ 직무 자체를 통해 만족할 수 있는 인사체계 개선 필요(교사의 경력단계화 프로그램 예 수석교사제)

㉢ 교사들에게 의사결정의 권한과 자율성 확대

더 알아보기

교사의 동기유발을 위한 직무재설계 방안

1. 직무확장이론(Herzberg, 직무풍부화 이론): 직무재설계를 통해 구성들의 심리적인 성숙 기회를 제공 → 직무를 수직적으로 확장, 동기요인 강조
   예 결과에 대한 피드백, 새로운 학습기회 제공, 재량권 지원, 결과에 대한 책임감 조장
2. 직무특성이론(Hackman & Oldham): 직무확장이론을 보완
   (1) 구성원들의 작업경험 및 성과 모두의 질 향상을 위한 직무재설계
   (2) 구성요인: 핵심적 직무 특성, 심리적 상태(작업 결과에 대한 보람, 결과에 대한 개인의 책임감, 결과에 대한 피드백), 조정 요인
3. 교사 경력단계화 프로그램(Hoy & Miskel)
   (1) 직무확장을 통해 교사들에게 승진기회 부여, 지위상의 서열 공식화, 교사의 능력과 업무의 일치, 학교와 교사의 개선을 위한 책임을 교직원에게 배분
   (2) 경력단계 프로그램: 수습교사 ⇨ 정규교사 ⇨ 선임 정규교사 ⇨ 수석교사 단계

(3) **앨더퍼(Alderfer)의 생존 – 관계 – 성장이론(ERG이론)**

① **욕구의 종류**: Maslow의 욕구위계론을 3단계로 수정

생존욕구(E)	[1] 생리적 욕구, [2] 안전・보호 욕구(물리적 안전)
관계욕구(R)	[2] 안전・보호 욕구(대인관계적 안전), [3] 애정・소속・사회적 욕구, [4] 타인존경 욕구
성장욕구(G)	[4] 자기존경 욕구, [5] 자아실현 욕구, 지적 욕구, 심미적 욕구

② **특징**: ㉠ 욕구좌절 및 퇴행요소 인정(불만족–퇴행법), ㉡ 2~3가지 욕구가 한 번에 충족 가능, ㉢ 하위욕구가 충족되지 않아도 상위욕구가 발생 가능, ㉣ 성장욕구에 자기존경욕구를 포함

(4) **맥그리거(McGregor)의 X・Y이론**: 인간 본성에 따른 동기유발

X이론	성악설(성본능설), 본능적, 일을 싫어함, 개인적・이기적, 타율적 통제, 강제적・외적 동기, 비관론 → 과학적 관리론적 접근, 권위적 리더십
Y이론	성선설, 인본적, 일을 좋아함, 집단적・협동적, 자율적 통제, 자율적・내적 동기, 낙관론 → 인간관계론적 접근, 민주적 리더십

(5) **아지리스(Argyris)의 미성숙 – 성숙이론**

① 조직풍토 개선에 관심

② **성숙한 인간의 욕구와 공식조직의 욕구 간 불일치 해소에 중점**: 구성원을 성숙한 존재로 대우하는 지도력으로의 전환

2. **과정이론**: 동기를 부여하는 (인지)과정(process)과 전략, 절차에 관심

(1) **브룸(Vroom)의 기대이론**: V(유인가) – I(수단) – E(보상기대)

① **개인의 지각 중시**: 동기는 유인가(2차적 산출 예 보상, 승진)와 개인의 기대 간의 곱으로 결정 → 동기$=\sum$유인가×기대

② 기본 모델

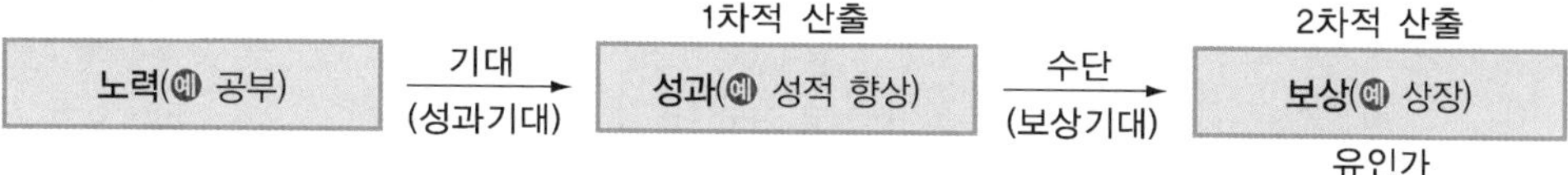

③ 교육적 시사점

㉠ 학교경영자는 교사들이 노력만 하면 성과를 얻을 수 있다는 믿음(성과기대)을 심어 주어야 한다.

㉡ 보상기대(성과와 보상의 관계)를 분명히 하고 구체화하여야 한다. → 학교조직에서 지위 배분 결정에 교사들이 참여하고 결정 과정이 투명해야 한다.

㉢ 교사들이 생각하는 보상에 대한 유의성(매력의 정도)을 증진시켜야 한다.

(2) **아담스(Adams)의 공정성 이론**: 균형이론, 교환이론, 사회적 비교이론

① 개인이 타인에 비해 공정하게 대우받는 쪽으로 동기유발

② 공정성 도식: 분배의 공정성 중시

$$\text{공정성} = \frac{\text{자신의 성과}}{\text{자신의 투입}} = \frac{\text{타인의 성과}}{\text{타인의 투입}}$$

③ 공정성 회복 방법: ㉠ 투입조정(예 과소보상의 경우 노력 감소, 과대보상의 경우 노력 증가), ㉡ 성과조정(예 노조의 압력), ㉢ 자기 자신이나 타인의 투입과 성과를 왜곡, ㉣ 조직 이탈, ㉤ 비교 대상 변경

(3) **포터(Porter)와 로울러(Lawler)의 기대이론**(성과 – 만족 이론, 1968)

① 브룸(Vroom)의 기대이론과 아담스(Adams)의 공정성이론을 결합, 직무수행 및 직무만족을 포함하는 포괄적 모형 제시

② 기대이론, 공정성이론, 내재적 보상, 성과와 만족의 관계 등을 포괄하고, 능력과 역할인식의 문제까지를 모두 포함한 종합모형: 동기의 강도와 성과, 보상, 만족 간에 존재하는 복잡한 관계를 설명하고, 노력과 성과 간에 능력과 역할이라는 매개변수를 도입하여 성과측정의 정확성 제고

③ 특징: 노력과 성과 간의 관계 강조, 동기의 강도가 성과 및 만족과 불일치함을 전제

④ 모형도

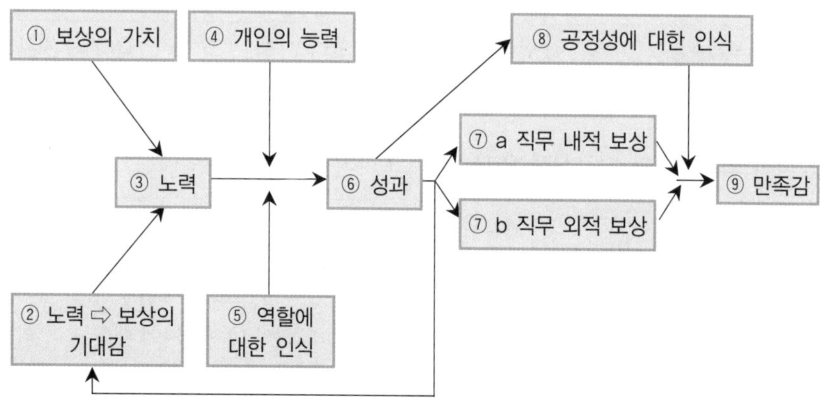

✔ ①, ②, ③, ⑥, ⑦은 브룸(Vroom), ⑧은 아담스(Adams), ④, ⑤, ⑨는 포터와 로울러(Porter & Lawler)가 중시한 요소임.

(4) **로크(Locke)의 목표설정이론**: 목표가 구성원의 동기유발 원인

① **경영정보관리(MIS)**: 경영자에게 정보를 제공하고, 조직 내의 운용과 경영, 의사결정 등을 지원하기 위해 의사결정을 도와주는 컴퓨터 기반 시스템

② **목표관리기법(MBO)**: 구성원들을 참여시켜 조직과 구성원 각자의 활동목표를 명료화하여 체계적으로 설정하고, 그 목표를 달성하기 위한 세부적인 전략과 절차를 공유함으로써 보다 효과적이고 효율적으로 목표를 달성하고자 하는 관리체제

③ **조직개발기법(OD)**: 행동과학적인 지식과 기술을 활용하여 조직의 목적과 개인의 욕구를 결부시켜서 조직 전체의 변화와 발전을 도모하려는 노력

예 감수성 훈련, 그리드 훈련, 팀 구축법

06 의사소통이론(communication theory)

1. 의사소통의 유형

(1) **수직적 의사소통, 수평적 의사소통, 대각선적 의사소통, 포도넝쿨 모형 의사소통**: 의사소통의 방향에 따른 구분

수직적 의사소통 (vertical communication)	• 하향적 의사소통: 상의하달(上意下達) 의사소통, 지시적 의사소통 → 상사에 대한 거부감 있을 때는 의사소통이 왜곡, 오해, 무시될 가능성 내재 예 조직운영 지침서, 편람, 게시, 구내방송, 인터폰, 강연 등 • 상향적 의사소통: 하의상달(下意上達) 의사소통 → 선택적 여과의 문제 예 보고, 내부결재, 제안제도, 여론조사, 인사상담, 개별면접 등
수평적 의사소통 (horizontal communication)	상호 작용적·횡적 의사소통, 동일한 지위 간의 의사소통 예 위원회 제도, 부별 협의회, 회람, 레크리에이션 등
대각선적(사선적) 의사소통	조직구조를 달리하는 사람들 간의 의사소통, 계선조직과 참모조직 간의 의사소통 예 참모의 의견청취
포도넝쿨 모형 의사소통	비공식적 의사소통, 학연·지연 등 조직 내 인간관계에 의해 자생적으로 발생 예 소문

(2) **일방적 의사소통과 쌍방적 의사소통**: 메시지의 흐름에 따른 구분

일방적 의사소통	한쪽 방향의 의사소통(발신자 → 수신자) 예 강의, 지시 등
쌍방적 의사소통	호혜적 상호 작용에 의한 의사소통, 피드백(feedback) 포함 예 대화, 토론 등

(3) **공식적 의사소통과 비공식적 의사소통**: 조직의 성격에 따른 구분

공식적 의사소통	공식조직 내의 의사소통 예 공문서를 통한 명령, 지시, 보고, 품의 등
비공식적 의사소통	자생집단에서의 의사소통 예 친목회에서의 의견교환, 소문 등 ① 장점: ㉠ 전달이 신속, ㉡ 공식적 전달을 보완, ㉢ 배후사정 전달, ㉣ 의견 교환의 융통성이 높음, ㉤ 관리자에 대한 조언 역할, ㉥ 긴장극복, ㉦ 개인적 욕구 충족 ② 단점: ㉠ 책임 소재가 불분명함, ㉡ 공식적 의사소통 기능 마비 가능, ㉢ 조정·통제가 어려움, ㉣ 개인 목적에 역이용 가능

(4) **언어적 의사소통과 비언어적 의사소통**: 의사소통의 수단에 따른 구분

언어적 의사소통	문서(예 편지, 메모, 보고서 등)나 구두(예 말로 전달)를 매개로 한 의사소통
비언어적 의사소통	물리적 언어(예 교통신호, 도로표지판, 안내판 등), 상징적 언어(예 사무실 크기, 사무실 내의 좌석배치, 의자의 크기, 자동차의 크기 등), 신체적 언어(예 자세, 얼굴표정, 몸짓, 목소리, 눈동자 등)를 통한 의사소통

2. 의사소통의 원칙(C. E. Redfield)

① 명료성	의사전달 내용이 명확할 것(간결한 문장과 쉬운 용어)
② 일관성(일치성)	의사소통 내용의 전후 일치, 무모순성
③ 적량성(적정성)	적당한 정보의 양을 전달
④ 적시성	필요한 정보는 필요한 시기에 적절히 투입될 것
⑤ 분포성(배포성)	의사소통의 모든 대상에게 골고루 전달될 것
⑥ 적응성(융통성)	내용은 상황에 맞게 융통적일 것
⑦ 통일성	조직 전체의 입장에서 동일하게 수용된 표현이어야 할 것
⑧ 관심과 수용	수신자의 주의와 관심을 끌고 수용할 수 있을 것

3. 의사소통의 기법: 조하리의 창(Johari's window)

(1) **조셉 루프트**(Josep Luft)**와 해리 잉햄**(Harry Ingham)**에 의해 개발**

(2) **조하리의 창**: 대인관계 능력의 개선 방향이나 대인 간 갈등 분석에 사용

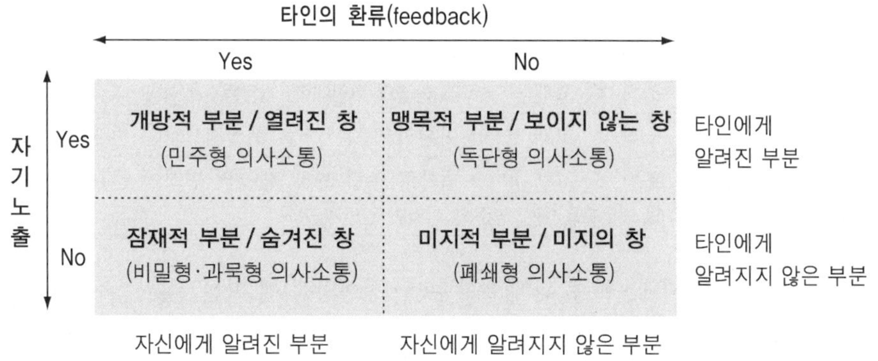

타인의 환류(feedback)

자기노출	타인의 환류 Yes	타인의 환류 No	
Yes	**개방적 부분 / 열려진 창** (민주형 의사소통)	**맹목적 부분 / 보이지 않는 창** (독단형 의사소통)	타인에게 알려진 부분
No	**잠재적 부분 / 숨겨진 창** (비밀형·과묵형 의사소통)	**미지적 부분 / 미지의 창** (폐쇄형 의사소통)	타인에게 알려지지 않은 부분
	자신에게 알려진 부분	자신에게 알려지지 않은 부분	

07 교육행정조직

1. 행정조직의 운영 원리

(1) **명령 통일**: 1명의 상관에게만 명령 받고 보고 → 계층제 원리를 전제
예 "한 집에 시어머니가 둘이면 며느리가 괴롭다."

(2) **계층제**: 수직적 분업, 권한과 책임의 위계화 → 명령 통일 및 통솔범위의 원리를 전제

(3) **통솔 범위**: 1명의 상관이 적정수(magic number)의 부하 통솔

(4) **적도집권**: 중앙집권과 지방분권의 적절한 균형

(5) **분업화**: 1명이 1가지 업무 분담 → 3S(표준화, 단순화, 전문화) 촉진

(6) **조정**(coordination): 조직 내 각 부서 간 노력을 목적 달성을 위해 정리・배열 → 조직체의 제1 원리

2. 학교조직의 유형

(1) **파슨즈**(Parsons): 조직의 목표와 사회적 기능에 의한 분류 → 잠재유형(체제) 유지조직(Latent pattern maintenance)

(2) **캐츠와 칸**(Katz & Kahn): 조직의 본래적 기능에 의한 분류 → 유형 유지조직

(3) **블라우와 스콧**(Blau & Scott): 조직의 1차 수혜자[예 조직 구성원 모두(공익조직), 소유자・경영자(사업조직), 고객(봉사조직), 대중 전체(공공조직, 공공복리조직)]에 따른 분류 → 봉사조직

(4) **칼슨(Carlson)의 봉사조직 분류**: 조직의 고객 선발방법과 고객의 조직 선택권에 따른 분류

야생조직(Ⅰ)	조직 ○, 고객 ○ → 예 특수목적 고교, 사립대학
적응조직(Ⅱ)	조직 ×, 고객 ○ → 예 미국의 주립대학, 자유등록제 학교
강압조직(Ⅲ)	조직 ○, 고객 × → 이론적으로는 가능, 현실적으로는 존재 불가 예 군대
순치조직(Ⅳ, 사육조직, 온상조직)	조직 ×, 고객 × → 법으로 존립 보장, 환경의 변화에 둔감 예 의무교육기관, 평준화 지역의 일반계 고교

(5) **에치오니**(Etzioni): 지배・복종 관계(통제수단・참여방식)에 따른 분류

강제적 조직	강제적 권력(물리적 힘)—소외적 참여 예 교도소
규범적 조직	규범적 권력(신념, 사명감, 애정, 존경)—헌신적 참여 예 학교
공리적 조직	보수적 권력(임금)—타산적 참여 예 기업

(6) **민츠버그**(Mintzberg): 상황에 따른 분류 → 전문적 관료제(운영 핵심층인 교사가 주도)
cf 단순구조, 기계적 관료제(교육청), 전문적 관료제, 사업부제 구조, 애드호크러시(Adhocracy, 탈관료제적 조직 예 프로젝트 조직, 매트릭스 조직, 자유형 조직)

(7) **홀, 호이와 미스켈**(Hall, Hoy & Miskel) : 전문적 관료제(관료적 조직+전문적 조직)

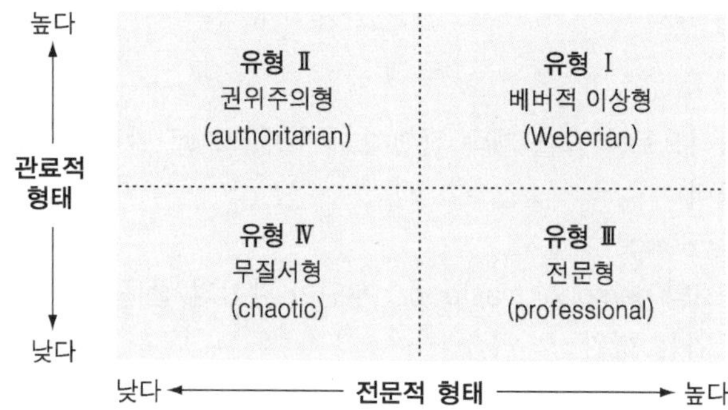

① 베버(Weber)적 이상조직
㉠ 관료적 성격도 높고 전문적 성격도 높다.
㉡ 조직목표가 합리적이며 효율적으로 달성될 수 있는 조직이다.

② 권위주의적 조직
㉠ 관료적 성격은 높으나, 전문적 성격은 낮다.
㉡ 계층 내의 지위를 기본으로 한 권위를 강조하여, 지배－복종이 운영의 기본원리가 되고, 권력은 집중되어 있으며, 권위는 위에서 아래로 일방적이다.
㉢ 규칙과 절차가 객관적으로 적용되며, 상급자가 항상 최종 결정을 내린다. 더구나, 일반적으로 조직과 상급자들에게 충성을 해 온 사람들이 행정직으로 승진을 한다.

③ 전문적 조직
㉠ 관료적 성격은 낮으나, 전문적 성격은 높다.
㉡ 행정가와 전문가가 함께 의사결정에 참여하며, 의사결정에 대한 전문가의 영향력을 중시한다. 이런 유형의 학교에서 교사는 전문적인 지식・기술・능력 등을 가진 전문가로 인정되며, 의사결정에서 많은 권한을 가진다.

④ 무질서(자유방임적) 조직
㉠ 관료적 성격과 전문적 성격이 모두 낮다.
㉡ 갈등과 혼란을 겪으며, 불일치・모순・비효과성 등이 현저하게 나타나는 조직 유형이다.

(8) **조직화된 무질서**(조직화된 무정부) **조직**

① 코헨(Cohen), 올센(Olsen), 마치(March) 등이 주장
② **특징** : ㉠ 목표의 모호성, ㉡ 불분명한 과학적 기법, ㉢ 구성원의 유동적 참여, ㉣ 쓰레기통 모형(우연적 관점)으로 의사결정(예 날치기 통과, 진빼기 결정)

(9) **이완결합체제** : 웨이크(Weick)가 주장 → 서로 연결은 되어 있으나 각자가 독립성을 유지, 구조적으로 느슨한 조직

① **특징** : ㉠ 이질적 요소의 공존 허용, ㉡ 환경 변화에 민감, ㉢ 국지적인 적응 허용, ㉣ 창의적인 해결책의 개발 장려, ㉤ 체제의 일부분이 분리되는 것을 허용, ㉥ 구성원에게 자유재량권과 자기결정권 제공
② 통제기제는 신뢰의 논리

(10) **이중조직**: 로완(Rowan)이 주장 → 학교는 수업활동 측면에서는 느슨한 결합 구조이나, 수업 이외의 학교경영 활동 측면에서는 엄격한 관료적 구조임.

(11) **학습조직**

① 개념: 일상적으로 학습을 계속 진행해 나가며 스스로 발전하여, 환경 변화에 빠르게 적응할 수 있는 조직

② 구축원리(P. Senge)

㉠ 전문적 소양(personal mastery): 개인이 자신의 전문적 역량을 지속적으로 넓혀가고 심화시켜 가는 행위

㉡ 세계관(mental model): 주변에서 발생하는 현상들을 이해하는 인식체계

㉢ 비전 공유(building shared vision): 조직이 추구하는 방향이 무엇이며, 그것이 왜 중요한지에 대해 모든 구성원들이 공감대를 형성함. → 지속적인 학습활동을 전개할 수 있는 에너지 제공

㉣ 팀학습(team learning): 구성원들이 팀(예 동교과 모임, 동학년 모임 등)을 이루어 학습 → 개인이 해결할 수 없는 복잡한 문제나 핵심적인 문제를 해결할 수 있고, 서로의 학습을 촉진하는 효과

㉤ 시스템적 사고(systems thinking): 조직 내 문제들을 역동적인 관계로 이해하고 사고하는 접근방식

3. 조직의 형태

(1) **공식적 조직과 비공식적 조직**: 공식성 여부에 따른 분류

① 비교

공식적 조직	비공식적 조직
• 인위적으로 형성된 제도적 조직 → 조직목표달성 • 외면적 · 외향적 → 가시적 • 문서화된 조직 • 능률의 원리가 적용 → 비인간적 조직 • 전체적 질서 중시 • 지도자의 권위는 상부에 의해 하향적으로 주어진다.	• 혈연 · 지연 · 학연 등에 토대를 둔 자연발생적 조직 • 내면적 · 내향적 → 비가시적 • 비문서화된 조직 • 감정의 논리가 적용 → 심리적 조직 • 부분 질서 중시 • 지도자의 권위는 부하들의 동의에 의해 상향적으로 주어진다(Barnard).

② 비공식적 조직의 순기능과 역기능

순기능	• 구성원들의 심리적 불만 해소 → 귀속감 · 안정감 부여 • 공식적 조직의 불충분한 의사전달을 원활화 → 조직의 허용적 분위기 조성 • 공식적 조직의 책임자에게 자문과 협조적 역할 • 공식적 조직에 융통성 부여, 개방적 풍토 조성 • 구성원 간 협조와 지식 · 경험의 공유 → 직무의 능률적 수행에 기여
역기능	• 적대 감정의 유발로 인한 공식적 조직의 기능 방해 • 파벌 조성 등의 정실인사(情實人事)의 계기 • 왜곡된 정보 · 소문 · 자료 등에 의한 구성원들의 사기 저하

(2) **계선조직과 막료조직**: 계층성 여부에 따른 분류

구분	계선조직(직계조직)	막료조직(참모조직)
특징	• 수직 명령 계통의 계층적 조직 • 조직의 목적 수행에 직접적으로 기여하는 일차적 조직 • 결정, 명령, 집행 기능 → 현실적, 보수적 • 역할을 직접 수행한다.	• 횡적 지원의 수평적 조직 • 명령·지휘계통에서 벗어난 측면조직 • 지식, 경험, 기술제공 기능 → 이상적, 개혁적 • 역할을 직접 수행하지 않는다.
장점	• 구성원 상호 간의 권한과 책임 한계가 명확 • 신속한 의사결정, 강력한 통솔력 발휘 • 조직의 안정성 추구 • 업무가 미분화된 소규모 조직에 유리 • 경비의 절약	• 기관장의 통솔범위 확대 • 전문적 지식과 경험 활용 • 합리적인 지시와 명령 하달, 의사결정 • 조직의 경직성 완화, 신축성 부여 • 업무의 상호 조정과 협조 추구 • 집단적 사고를 활용
단점	• 관리자의 업무량 과중 • 관리자의 독선과 독단 • 전문가의 지식과 경험 활용 불가능 • 불충분하고 융통성이 없는 의사전달 • 조직의 경직성 초래 • 통솔범위 한정, 부처 간 정책조정 곤란	• 계선조직과의 불화 초래 • 책임소재 불분명 → 막료 간의 책임 전가 • 조직규모 확대로 인한 경비 증대 • 의사전달, 명령계통의 혼선 초래 • 중앙집권화 가능성

(3) **중앙집권적 조직과 지방분권적 조직**

구분	중앙집권적 (교육)조직	지방분권적 (교육)조직
정의	• 교육에 관한 지휘·감독·행정적 결정권이 중앙기관에 집중되어 있는 조직 형태 • 중앙정부의 교육행정조직	• 교육에 관한 지휘·감독·행정적 결정권이 지방기관에 상당히 위임된 조직 형태 • 교육자치조직
장점	• 행정의 능률성·통일성 추구 • 교육의 기회균등 추구 • 신속·강력한 교육행정 수행 • 행정의 중복 방지, 인적·물적 자원 절약	• 지역사회의 특수성에 따른 교육 실시 • 지역사회 주민의 참여 증대 • 신축성·창의성 있는 교육행정 • 정치적 중립성 실현에 적합
단점	• 교육통제 강화로 자율성 저해 • 지역의 특수성을 무시한 획일적 행정 실시 • 비민주적 교육행정 실시 • 지방민의 참여 기회 박탈 우려	• 전국적인 행정의 통일성 결여 • 교육의 질의 균등화 추구 불가 • 일관된 교육정책과 교육행정 집행 불가 • 지방민의 이견으로 인한 곤란

4. 학교의 재구조화

(1) **총체적 질관리**(TQM): 기업경영방식을 학교경영에 적용

① 총체적 참여를 통한 체제 전체의 질로 관심 전환

② **고객 중심 교육, 수요자 중심 교육 중시**: ㉠ 학교조직의 유연성 강화, ㉡ 교사들에게 수업과 관련된 권한 위임, ㉢ 교사의 의사결정 참여 증대

(2) **학교단위 책임경영제**(SBM): 학교경영의 분권화 · 자율화를 통한 학교효율성 증대 → 단위학교 재량권 확대, 교사의 책무성 증대

예 학교회계제도, 학교운영위원회, 공모교장제, 교사초빙제, 정보공시제

5. 조직관의 유형: 조직을 보는 네 가지 관점

(1) **구조적(합리적) 관점**: 조직은 설정된 목표를 성취하려는 합리적 기관이라는 견해(예 고전이론, MBO, PERT, MIS 등) → 구조 변화를 통한 조직문제 해결

(2) **인간자원론적 관점**: 조직은 자아실현의 욕구를 지닌 개인의 집합체라는 견해 → 개인의 욕구 충족과 조직 효과성의 조화 중시

(3) **정치적 관점**: 조직은 다양한 특성을 지닌 개인들과 이해집단으로 구성되는 연합체라는 견해 → 갈등(conflict), 영향력(power) 등이 핵심적 탐구대상

(4) **문화적(상징적) 관점**: 조직생활에서 중요한 것은 무엇이 일어났느냐가 아니라 일어난 일의 의미와 그에 대한 해석임. 조직구성원들이 공유하고 있는 가치, 신념, 의미로서의 조직문화 중시 → 조직에 대한 질적 접근

6. 조직의 갈등관리방식

① 토마스와 제미슨(Thomas & Jamieson)이 주장

② 독단성(자기 이익에 관심)과 협조성(타인 이익에 관심)의 정도에 따른 분류 → 조직 상황에 따른 갈등관리방식 제시

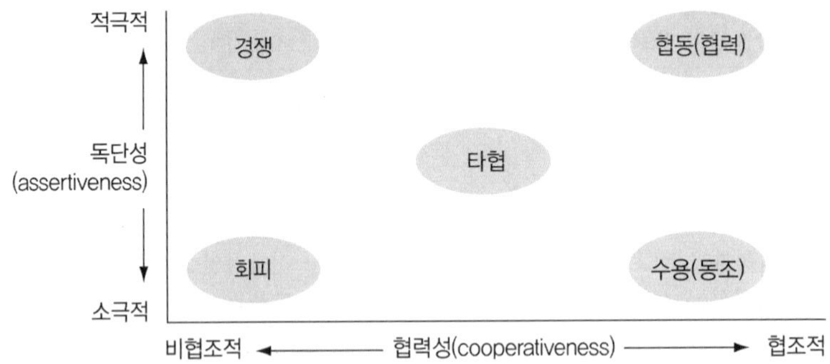

갈등관리 유형	개념 및 전략이 적절한 상황
경쟁(승패전략)	조직의 목표달성을 강조하며 구성원들의 개인적 필요에 대해서 협력하지 않는 방식 → 승패를 통한 문제해결 전략, 상대방을 희생시키고 자신의 갈등을 해소하는 형
	• 신속한 결정이 요구되는 긴급상황일 때 • 조직의 성장에 매우 중요한 문제일 때 • 중요한 사항이지만 인기 없는 조치가 요구되는 경우 • 타인을 부당하게 이용하는 사람에게 대항할 때
회피(무시)	조직의 목표를 강조하지도 않고 구성원들의 필요에 대해서 협력하지도 않는 방식 →가능한 한 갈등을 무시하고 의도적으로 피하는 형
	• 쟁점이 사소한 것일 때 • 해결책의 비용이 효과보다 훨씬 클 때 • 더 많은 정보를 얻는 것이 꼭 필요할 때 • 사태를 진정시키고자 할 때 • 다른 사람들이 문제해결을 더 효과적으로 해결할 수 있을 때 • 해당 문제가 다른 문제의 해결로부터 자연스럽게 해결될 수 있는 하위갈등일 때
수용(동조)	주장하지 않는 대신에 협력하는 방식 → 행정가는 자신의 욕구충족을 포기하고 구성원의 주장에 따름으로써 갈등을 해소하는 형
	• 자기가 잘못한 것을 알았을 때 • 다른 사람에게 더 중요한 사항일 때 • 패배가 불가피하여 손실을 최소화할 때 • 조화와 안정이 특히 중요할 때 • 보다 중요한 문제를 위해 좋은 관계를 유지해야 할 때
협력 (제휴, 승승전략)	주장하면서 협력하는 방법 → 갈등 당사자들 모두 목적을 달성할 수 있는 행동을 통한 승승전략
	• 목표가 학습하는 것일 때 • 합의와 헌신이 중요할 때 • 관점이 다른 사람들로부터 통찰력을 통합하기 위하여 • 양자의 관심사가 매우 중요하여 통합적인 해결책만이 수용될 때 • 관계 증진에 장애가 되는 감정을 다루고자 할 때
타협	가장 현실적으로 많이 활용, 조직의 목표와 개인의 필요 간에 균형을 찾아 수용 가능한 해결책을 찾는 방법 → 조금씩 상호 양보함으로써 절충안을 얻으려는 방법, 양쪽이 다 손해를 보기 때문에 앙금이 남아 다른 갈등의 원인이 될 수 있음.
	• 목표가 중요하지만 잠재적인 문제가 클 때 • 협력이나 경쟁의 방법이 실패할 때 • 당사자들의 주장이 서로 대치되어 있을 때 • 시간 부족으로 신속한 행동이 요구될 때 • 복잡한 문제에 대한 일시적인 해결책을 얻고자 할 때(다른 갈등의 원인으로 작용 가능)

08 지방교육 자치제

1. 개념: 교육행정을 일반행정으로부터 분리, 독립 → 교육 자주성 확보
2. 구성: (1) 기관분리형[교육위원회(심사·의결기구)+교육감(집행기구)], (2) 광역자치(17개 특별시·광역시·도·특별자치도만 실시)

1. 원리

지방분권	중앙의 획일적 통제 지양, 단체자치에서 중시 → 지역의 다양성과 특수성 반영
민중통제	주민자치 예 주민 직선에 의한 선출, 교육위원회 제도
자주성	일반행정으로부터의 분리·독립 → 교육행정 기구, 인사, 재정, 장학 등을 일반행정과 분리하여 운영
전문적 관리	전문적 자질을 가진 사람에 의한 운영 예 교육감 제도

2. 교육위원회

위임형 심사·의결기구 → (광역·특별)시·도의회 내 상임위원회로 설치

3. 교육감: 독임제 집행기관(시·도에 설치)

(1) **권한**: ① 사무집행권, ② 교육규칙 제정권, ③ 대표권, ④ 지휘·감독권, ⑤ 재의요구권, ⑥ 제소권, ⑦ 선결처분권

(2) **관장 사무**: ① 조례안의 작성, ② 예산안의 편성, ③ 결산서의 작성, ④ 교육규칙의 제정, ⑤ 학교 기타 교육기관의 설치·이전 및 폐지에 관한 사항 등

(3) **임기**: 4년 → 계속 재임 시 3기에 한함.

(4) **선거**: ① 주민의 보통·평등·직접·비밀선거에 따라 선출, ② 시·도 단위로 선출, ③ 교원 겸직 불가

(5) **입후보**: ① 교육 경력 또는 교육행정 경력(양 경력 합한 경력) 3년 이상이면 입후보, ② 등록신청 개시일로부터 과거 1년 동안 정당의 당원이 아닌 사람

(6) **교육감의 소환 및 퇴직 가능**

4. 부교육감 및 교육장

(1) **부교육감**: 교육감의 업무 보좌
① 시·도 교육감이 추천한 자를 교육부 장관의 제청으로 국무총리를 거쳐 대통령이 임명
② 임기는 제한 없음.
③ 시·도별 1명(인구 800만 명 이상이고 학생 150만 명 이상인 시·도는 2명)

(2) **교육장**: 시·군·구 교육행정기관(교육지원청)의 최고 책임자, 장학관의 보직(補職) → 대통령이 임명

5. 하급교육행정기관

(1) **설치**: 시·도의 교육·학예에 관한 사무를 분장하기 위하여 1개 또는 2개 이상의 시·군 및 자치구를 관할구역으로 하는 하급교육행정기관으로서 교육지원청을 둔다. → 교육지원청의 관할구역과 명칭은 대통령령으로 정함. 예 17 시·도 교육청 관할 170개 시·군·구 교육지원청

(2) **교육장의 분장 사무**: 교육장은 시·도의 교육·학예에 관한 사무 중 ① 공·사립의 유치원·초등학교·중학교·고등공민학교 및 이에 준하는 각종 학교의 운영·관리에 관한 지도·감독, ② 그 밖에 조례로 정하는 사무를 위임받아 분장한다.

* 임기는 2년, 임용방식은 임명제, 공모제, 추천제 등 활용

6. 교육재정

(1) **교육·학예에 관한 경비**: 교육·학예에 관한 경비는 ① 교육에 관한 특별부과금·수수료 및 사용료, ② 지방교육재정교부금, ③ 해당지방자치단체의 일반회계로부터의 전입금, ④ 유아교육지원특별회계에 따른 전입금, ⑤ 교육·학예에 속하는 수입(①~④ 외의 수입)의 재원(財源)으로 충당한다.

(2) **의무교육경비 등**: ① 의무교육에 종사하는 교원의 보수와 그 밖의 의무교육에 관련되는 경비는 「지방교육재정교부금법」이 정하는 바에 따라 국가 및 지방자치단체가 부담한다. ② 제1항의 규정에 따른 의무교육 외의 교육에 관련되는 경비는 「지방교육재정교부금법」이 정하는 바에 따라 국가·지방자치단체 및 학부모 등이 부담한다.

(3) **교육비특별회계**: 시·도의 교육·학예에 관한 경비를 따로 경리하기 위하여 당해지방자치단체에 교육비특별회계를 둔다.

7. 지방교육에 관한 협의

(1) **지방교육행정협의회의 설치**: 지방자치단체의 교육·학예에 관한 사무를 효율적으로 처리하기 위하여 지방교육행정협의회를 둔다.

(2) 지방교육행정협의회의 구성·운영에 관하여 필요한 사항은 교육감과 시·도지사가 협의하여 조례로 정한다.

09 학교운영위원회

1. **설치 의의**: 1996년에 국·공립 및 특수학교, 2000년에 사립학교 설치 의무화

(1) 단위학교 책임경영제 확립

(2) 자발적 학교 공동체 구축

2. 성격

법정위원회(「초·중등교육법」, 「초·중등교육법 시행령」, 「조례」에 근거) → 국·공·사립 초·중·고교 의무적으로 설치·운영, 심의기구

(1) **국·공·사립학교**: 학교장은 심의와 다르게 시행하고자 하는 경우 학교운영위원회와 관할청에 서면으로 보고할 의무를 진다.

(2) **사립학교**: '공모교장 및 초빙교사의 추천에 관한 사항'은 심의사항에서 제외되며, '학교헌장과 학칙의 제정 또는 개정에 관한 사항'은 자문사항에 해당된다.

3. 구성

(1) **학부모 위원, 교원 위원, 지역 위원으로 구성**(5인 이상 15인 이내)

학교 규모	학생 수<200명	200명≦학생 수<1000명	1000명≦학생 수
위원 정수	5인 이상 8인 이내	9인 이상 12인 이내	13인 이상 15인 이내
위원 구성비	• 학부모 위원(40/100~50/100) • 교원 위원(30/100~40/100) • 지역 위원(10/100~30/100)		
위원 구성비 (특성화 고교)	• 지역 위원(30/100~50/100, 단 위원 중 1/2은 사업자로 선출) • 학부모 위원(30/100~40/100) • 교원 위원(20/100~30/100)		

(2) **위원장·부위원장은 교원 위원 선출 불가, 교장은 당연직 교원 위원**

(3) **운영위원의 자격 및 선출 등**: 「초·중등교육법 시행령」(제59조)

① **학부모 위원**: 당해 학교에 자녀를 둔 학부모, 민주적 대의절차에 따라 학부모 전체회의에서 직접 선출(예 직접투표, 가정통신문에 대한 회신 또는 우편투표, 전자적 방법 등 위원회 규정으로 정하는 방법 및 절차에 따라 투표), 직접 선출이 곤란한 경우에는 학급별 대표로 구성된 학부모 대표회의에서 선출 가능

② **교원위원**: 당해 학교 재직교원, 교장은 당연직 위원이며 나머지 위원은 교직원 전체회의에서 무기명투표로 선출(단, 사립학교는 교직원 전체회의에서 추천한 자 중 학교장이 위촉)

③ **지역위원**: 학부모 위원 또는 교원위원의 추천을 받아 학부모 위원 및 교원위원이 무기명투표로 선출

④ **자격 상실**: 국·공립학교에 두는 운영위원회 위원이 그 지위를 남용하여 해당 학교와의 거래 등을 통하여 재산상의 권리·이익을 취득하거나 다른 사람을 위하여 그 취득을 알선한 경우에는 운영위원회의 의결로 그 자격을 상실하게 할 수 있다.

4. 기능(「초・중등교육법」 제32조)

(1) 심의 사항

① 학교헌장 및 학칙의 제정・개정(단, 사립학교는 자문)
② 학교의 예・결산안
③ 학교 교육과정 운영방법
④ 교과용 도서와 교육자료의 선정
⑤ 교복・체육복・졸업앨범 등 학부모가 경비를 부담하는 사항
⑥ 정규 학습시간 종료 후 또는 방학기간 중의 교육활동 및 수련활동에 관한 사항
⑦ 「교육공무원법」 제29조의3 제8항에 따른 공모 교장의 공모방법・임용・평가방법 등에 관한 사항(단, 사립학교는 제외)
⑧ 「교육공무원법」 제31조 제2항에 따른 초빙교사의 추천(단, 사립학교는 제외)
⑨ 학교운영지원비의 조성・운용 및 사용
⑩ 학교급식
⑪ 대학입학 특별전형 중 학교장 추천
⑫ 학교 운동부의 구성・운영
⑬ 학교 운영에 대한 제안 및 건의 사항
⑭ 그 밖에 대통령령이나 시・도의 조례로 정하는 사항

(2) 심의・의결사항: 학교발전기금 조성・운용 및 사용에 관한 사항

- **조성방법**: 기부자가 기부한 금품의 접수, 학부모 등으로 구성된 학교 내・외의 조직・단체 등이 그 구성원으로부터 자발적으로 갹출하거나 구성원 외의 자로부터 모금한 금품의 접수
- **조성목적**: ① 학교 교육시설의 보수 및 확충, ② 교육용 기자재 및 도서의 구입, ③ 학교체육활동 기타 학예활동의 지원, ④ 학생복지 및 학생 자치활동의 지원
- 교육부령이 정하는 바에 따라 발전기금을 운영위원회 위원장의 명의로 조성・운용
- 운영위원회는 발전기금의 관리 및 집행·업무의 일부를 해당 학교의 장에게 위탁할 수 있다.
- 업무를 위탁받은 학교의 장은 발전기금을 별도회계를 통하여 관리하고, 매 분기마다 발전기금의 집행계획 및 집행내역을 운영위원회에 서면으로 보고하여야 한다.
- 운영위원회는 학교 회계연도 종료 후 3개월 이내에 다음 각 호의 업무를 완료하여야 한다.
  1. 발전기금에 대한 결산
  2. 제1호에 따른 결산 결과의 관할청 보고 및 학부모 통지
- 발전기금의 조성・운용 및 회계관리 등에 관하여 기타 필요한 사항은 교육부령으로 정한다.

학교운영위원회 및 학교회계, 학교발전기금에 관한 법률적 근거 비교

<table>
<tr><th>구분</th><th>관련 법률</th><th colspan="2">관련 법률 내용</th></tr>
<tr><td rowspan="4">학교운영위원회</td><td rowspan="3">「초·중등교육법」</td><td>제31조
(설치)</td><td>① 국·공립 및 사립의 초·중·고등학교 및 특수학교에 설치
② 당해 학교의 교원 대표·학부모 대표 및 지역인사로 구성
③ 위원 정수는 5명 이상 15명 이내 → 학교의 규모 등을 고려하여 대통령령으로 규정</td></tr>
<tr><td>제32조
(기능)</td><td>① 국·공·사립: 심의 기능(단, 사립은 학칙 제·개정의 경우는 자문사항, 공모교장·초빙교원 추천은 제외)
② 학교발전기금의 조성·운용 및 사용: 국·공·사립 모두 심의·의결 기능</td></tr>
<tr><td>제34조
(구성·운영)</td><td>① 국립은 대통령령, 공립은 시·도의 조례(대통령령의 범위 안에서)로 정함.
② 사립 – 위원 구성은 대통령령, 기타 운영 사항은 정관으로 정함.</td></tr>
<tr><td>「초·중등교육법 시행령」</td><td colspan="2">• 제61조(시정명령): 운영위원회의 심의를 거치는 경우 교육활동 및 학교운영에 중대한 차질이 발생할 우려가 있거나 천재·지변 기타 불가항력의 사유로 운영위원회를 소집할 여유가 없는 때는 예외임.
• 제62조(조례 등에의 위임): 기타 구성 및 운영 사항 → 국립은 학칙, 공립은 시·도 조례로 정함.
• 제63조(사립학교의 운영위원회) 제5항: 기타 구성 사항은 정관으로 정함.</td></tr>
<tr><td>학교회계</td><td>「초·중등교육법」</td><td colspan="2">① 제30조의2(학교회계의 설치)
• 국·공립의 초·중·고등학교 및 특수학교에 설치(사립학교는 제외)
• 기타 설치에 관한 사항: 국립은 교육부령, 공립은 시·도의 교육규칙으로 정함.
② 제30조의3(학교회계의 운영)</td></tr>
<tr><td rowspan="2">학교발전기금</td><td>「초·중등교육법」</td><td colspan="2">제33조(학교발전기금): 조성 및 운용방법에 관한 필요사항은 대통령령으로 정함.</td></tr>
<tr><td>「초·중등교육법 시행령」</td><td colspan="2">제64조(학교발전기금) 제9항: 기타 조성·운용 및 회계관리 등에 관한 필요사항은 교육부령으로 정함.</td></tr>
</table>

구분	국립학교	공립학교	사립학교
학교운영위원회	학칙	조례	정관
학교회계	교육부령	교육규칙	×
학교발전기금	교육부령	교육부령	교육부령

10 조직풍토와 조직문화

1. 조직풍토(Organizational Climate)

조직구성원 상호 간의 공식적·비공식적 인간관계에 의해 조성되는 조직 내 총체적 환경의 질 → 학교의 인성(人性)에 해당

cf 조직풍토는 심리학적 개념이며, 조직문화는 사회학·인류학적 개념이다.

2. 핼핀(Halpin)과 크로프트(Croft)의 조직풍토론

조직풍토 기술질문지(OCDQ)를 사용, 교사의 지각(知覺)을 통해 연구

(1) **교사 특성**: ① 장애, ② 사기, ③ 친밀성, ④ 자유방임(일탈)

(2) **교장 특성**: ① 초월성(원리원칙), ② 배려성, ③ 생산성, ④ 추진성(솔선수범, 신뢰)

(3) **학교 풍토 유형**: ① 개방 풍토, ② 자율 풍토, ③ 통제 풍토, ④ 친교 풍토, ⑤ 친권(간섭) 풍토, ⑥ 폐쇄 풍토

(4) **가장 이상적 조직 풍토**: 개방적 풍토 → 사기 ㉠+추진성(솔선수범) ㉠

3. 호이(Hoy)와 클로버(Clover), 미스켈(Miskel)의 학교조직풍토론: OCDQ-RE

행동 특성			풍토 유형			
			개방 풍토	참여 풍토	무관심 풍토	폐쇄 풍토
교사 행동	개방	협동적	고	고	저	저
		친밀적	고	고	저	저
	폐쇄	방관적	저	저	고	고
교장 행동	개방	지원적	고	저	고	저
	폐쇄	지시적	저	고	저	고
		제한적	저	고	저	고

4. 리커트(Likert)의 관리체제이론: 관리체제와 조직풍토는 유사개념

아지리스 (Argyris)	맥그리거 (McGregor)	리커트 (Likert)	허즈버그 (Herzberg)	동기
성숙	Y이론	체제4(참여적 관리체제)	동기요인	내재적 동기
↕	↕	체제3(자문적 관리체제)	↕	↕
		체제2(자비적 관리체제)		
미성숙	X이론	체제1(수탈적 관리체제)	위생요인	외재적 동기

5. 마일즈(Miles)의 조직건강론: 조직의 최적 상태 또는 최적 건강

과업 달성(성과) 변인	① 목표에 대한 관심, ② 의사소통의 적절성, ③ 권력의 적정한 분산
조직 유지 변인	① 인적 자원의 활용, ② 응집력, ③ 사기
성장 발전 변인	① 혁신성, ② 자율성, ③ 적응력, ④ 문제해결능력

6. 조직문화(Organizatioual Culture)

(1) **개념**: 조직구성원들이 공유하고 있는 철학, 신념, 이데올로기, 감정, 가정, 기대, 태도, 기준, 가치관

(2) **수준**

① 묵시적 가정으로서의 문화: 심층 수준, 당연히 수용되는 내용

② 공유된 가치로서의 문화: 중간 수준, 구성원들이 공유하는 가치 → 오우치(Ouchi)의 Z이론

③ 규범으로서의 문화: 표면 수준, 구성들의 구체적인 행동규범

(3) **조직문화론**

오우치(Ouchi)의 Z이론	공유된 가치로서의 문화
세티아와 글리노 (Sethia & Glinow)의 문화유형론	① 보호문화, ② 냉담문화, ③ 실적문화, ④ 통합문화
스타인호프와 오웬스(Steinhoff & Owens)의 문화유형론	비유를 사용 → ① 가족문화(가족 or 팀), ② 기계문화(기계 예 일류대 진학이 목표), ③ 공연문화(공연장 예 멋진 가르침 전수가 목표), ④ 공포문화(형무소)

더 알아보기

■ **세티아와 글리노**(Sethia & Glinow)**의 조직문화 유형론**

(1) 분류기준: 조직의 관심이 인간에게 있느냐 성과에 있느냐에 따라 조직문화의 유형을 4가지로 분류함.

① 인간에 대한 관심(concern for people)은 구성원의 만족과 복지를 위해 노력하는 것을 말한다.

② 성과에 대한 관심(concern for performance)은 구성원이 최선을 다해 직무를 수행하도록 하려는 조직의 기대를 나타낸다.

(2) 조직문화 유형: 인간에 대한 관심과 성과에 대한 관심 두 가지 차원의 조합에 따라 조직문화 유형을 보호문화, 냉담문화, 실적문화, 통합문화 등 4가지로 분류함.

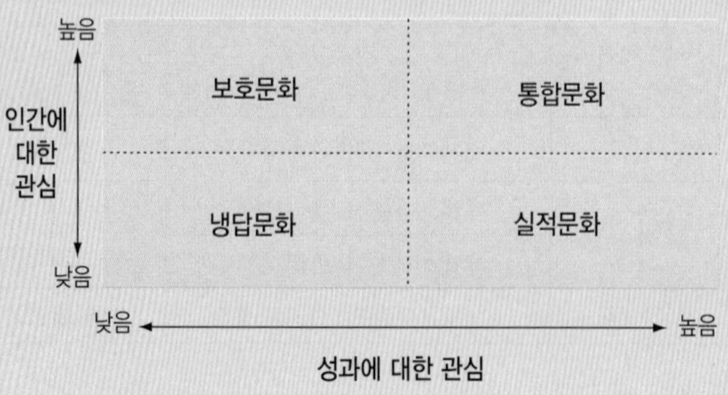

보호문화	• 구성원의 복리를 강조하지만 그들에게는 높은 성과를 강요하지는 않는다. • 대체로 조직의 설립자나 관리자의 온정주의적 철학에 의한 것인 경우가 많다. • 구성원이 조직의 지도자에게 순응할 준비가 되어 있기 때문에 조직이 원만하게 운영되며, 구성원의 충성심과 애정 때문에 생존하고 번창한다. • 팀워크와 협동, 동조와 상사에 대한 복종 등이 중요한 가치이다.
냉담문화	• 인간과 성과 모두에 대하여 무관심한 조직문화이다. • 특별한 상황과 환경에 의하여 보호를 받지 못하면 생존할 수 없는 조직이다. • 사기 저하와 냉소주의가 퍼져 있고, 이는 관리자의 방임적인 리더십에 의해 확산된다. • 음모, 파당, 분열이 만연하고, 불신, 불확실, 혼란이 조직문화를 조장한다. • 효과성과 능률성에 대한 관심보다는 기득권과 이해관계에 의하여 운영된다.
실적문화	• 구성원의 복지에 대해서는 소홀하지만 그들에게 높은 성과를 요구한다. • 성공 추구문화가 대표적인 경우에 해당한다. • 인간은 소모품으로 간주되며, 개인의 성과가 높을 때만 보상을 준다. • 성공, 경쟁, 모험, 혁신, 적극성 등이 기본적인 가치이다.
통합문화	• 성과와 인간에 대한 높은 관심을 나타내는 조직문화이다. • 인간에 대한 관심은 온정적인 것이 아니라 인간의 존엄성을 바탕으로 한 진지한 관심이다. → 인간은 조직 발전에 대한 큰 공헌을 할 수 있고, 또 그렇게 하기를 기대한다. • '사람들이 할 수 있는 모든 것을 할 수 있도록 자유를 허용하라'는 것이 조직운영의 기본 원칙이다. • 창의성, 협동, 모험, 자율 등이 기본적인 가치이다.

11 교육기획과 교육정책

1. **교육기획**(교육계획)

(1) 의미

① 교육목표의 효율적 달성을 위해 가능한 수단과 방법을 선택하는 사전 준비의 과정
② 교육적 문제해결에 필요한 최선의 방안을 선택하는 일련의 의사결정 과정

(2) 기능

① 교육정책의 중점과 우선순위를 결정한다.
② 교육활동의 방향과 지침을 제공한다.
③ 사전조정과 사후평가 및 통제의 기준이 되어 교육정책의 안정화를 도모한다.
④ 지휘의 수단과 교육개혁 촉진의 계기가 된다.

(3) 교육기획의 접근방법

① 사회수요 접근법, 인력수요 접근법, 수익률 접근법

구분	사회수요 접근법	인력수요 접근법	수익률 접근법
교육목적	교육 내적 효율성 강조	사회에 대한 성과 강조	보충적 도구
정의	교육에 대한 개인적 또는 사회적 수요(예 취학률)를 기초로 교육기획을 세우려는 방법	경제성장 목표달성에 필요한 인력수요(예 산업사회의 필요 인력)를 예측하여 교육투자 수준을 결정하는 접근법	교육에 투입된 경비, 산출된 효과(예 교육 수익률)를 비용으로 계산하여 교육투자의 순위결정
장점	• 균등한 교육기회 보장 • 심리적 욕구 충족	• 사회·경제적 목적 충족 • 경제인력의 안정적 공급	경제적 측면에서 정교하고 현실적임.
단점	• 교육투자에 대한 정책 결정이 어렵다. • 인력공급 조절 실패 가능성이 높다. • 교육수요 판단이 어렵다. • 수익성 판단이 어렵다.	• 사회수요와 인력수요의 차이로 인한 불만 야기 • 학교교육과 경제현장과의 괴리 가능성	교육기획에서 필요한 자료는 미래의 수익률이기 때문에 수익률이 가변적인 경우 계획의 신뢰성이 떨어질 수 있다.

✔ **인력수요 접근법의 기획절차**: 기준연도와 추정연도의 산업부문별, 직종별 인력 변화 추정 ⇨ 인력수요 자료의 교육수요 자료로의 전환 ⇨ 교육자격별 노동력의 부족분 계산 ⇨ 학교 수준 및 학교 종류(학과)별 적정 양성규모 추정

② 국제적 비교에 의한 접근법: 여러 나라의 발전단계를 고려하여 자기 나라보다 약간 앞선 나라의 교육정책을 바탕으로 교육기획을 수립하는 방법

2. 교육정책

(1) **개념**: 국가의 교육활동에 관한 기본방침 → 목적지향적 활동, 정부에 의해 이루어지는 체계적 활동, 실제적 활동, 공공성을 띤 활동

(2) **정책결정의 원칙**: ① 민주성(민중참여)의 원리, ② 효율성의 원리, ③ 합리성의 원리, ④ 중립성의 원리

(3) **정책결정과정**(Campbell): 기본적 힘의 단계(basic forces) ⇨ 선행운동 단계(antecedent movement) ⇨ 정치적 활동 단계(political activity) ⇨ 공식적인 입법단계(formal enactment)

(4) **로위**(Theodore J. Lowi)**의 정책유형론**(1964, 1972)

① 개요: 권력의 장(arenas of power, 권력 영역) 모형

㉠ 정책유형의 차이에 따라서 정책과정과 함께 독특한 정치적 관계가 달라진다: 정책의 독립변인성을 가정하고, 권력의 개념이 정책유형 연구에 매우 중요함을 강조, "정책이 정치를 결정한다(policy determines politics)" → 정책유형에 따라 이익집단의 정책에 대한 영향력이 다르게 발휘되며, 이해의 상충(conflict of interests) 정도에 따라 참여자들(예 개별기업, 이익집단, 정당 등) 간의 갈등 정도가 다르게 되고 제도적 우월성도 차이가 발생

㉡ 정책 현상은 권력의 거시적인 표현인 강제(coercive power)와 밀접한 관련성이 있고, 이는 정책 분류의 가장 중요한 요소임.

㉢ 정책 분류 요소를 '강제의 가능성'과 '강제의 적용 형태'로 선정하여 분배(distributive), 규제(regulative), 재분배(redistributive), 구성(constituent) 정책 등 4가지로 유형화

㉣ **모형도** – 로위(Lowi)의 강제의 유형, 정책유형 및 정치의 유형

		강제의 적용영역: 개인의 행위	강제의 적용영역: 행위의 환경	
강제의 수단	직접적	규제 정책 (regulatory policy)	재분배 정책 (redistributive policy)	집단/(이해관계조직) 협상
	간접적	분배 정책 (distributive policy)	구성 정책 (constituent policy)	정당/(선거조직) 결탁(log-rolling)
		• 분산적 • 구성요소 수준 • 지방적(지역) • 이해관계 • 정체성(identity) • (개인)	• 집권적 • '체제(system)' 수준 • 세계적(대도시) • 이데올로기 • 지위(status) • (개인의 집합)	

② 정책 유형별 특징

㉠ 분배정책(distributive policy)

ⓐ 정부가 관련분야의 민간활동을 활성화시키기 위해 국민들에게 권리나 이익, 또는 재화나 서비스를 직접 배분(제공)하는 내용을 포함하는 정책 예 두뇌한국(BK) 21 사업, 사회간접자본, 박물관 건립

ⓑ 정부에 의한 강제력의 행사가 간접적이며, 적용영역은 개인적인 행위임.

ⓒ **특징**: 정치는 분산적인 특성을 지니고, 정책결정 또한 지방적 수준에서 이루어지며, 이데올로기보다는 이해관계 속에서 나타나고 수혜자 개인의 정체성이 잘 드러나게 된다. 이러한 분배정책은 정책형성 과정에서 행위자들 간의 '결탁(log-rolling)'의 양상이 주로 나타나며, 정책집행 과정에는 분배의 결정권이 있는 정부를 상대로 경합을 벌이게 되고 정부는 한정된 자원을 많은 대상자에게 골고루 배분하려 함으로써 '갈라먹기식 다툼(pork barrel politics)'으로 나타나게 된다.

㉡ 규제정책(regulatory policy)

ⓐ 정부로 하여금 개인과 집단의 활동 및 사유재산에 대하여 통제를 가하는 정책

ⓑ 정부에 의한 강제력의 행사가 직접적이며, 적용영역은 개인적 행위임. 예 사립학교 설립인가, 과대광고 규제

ⓒ **특징**: 정책형성과정과 집행과정에 있어서 규제로 인하여 혜택을 보는 자와 피해를 보는 자 간 이해관계의 대립으로, 집단 간 갈등이나 정치적 투쟁이 높을 수 있다. 그 결과 서로 '결탁'하여 '갈라먹기식 다툼'의 정책결정은 어려우며 이해집단 간의 협상을 통하여 정책이 결정된다.

㉢ 재분배정책(redistributive policy)

ⓐ **협의의 개념**: 사회 내의 계층 및 구성원 간에 소유되고 있는 부(재산)와 권리 등의 가치분포상태를 재구성하는 의도를 가진 정책으로, 가장 직접적인 소득분배 방법임. 예 취약 지역에 기숙형 공립고등학교 집중 설립

ⓑ **광의의 개념**: 과세정책, 즉 사회보장을 위한 지출뿐 아니라 소득의 실질적 분배를 위한 목적으로 실시되는 정책 ⓔ 누진소득세, 사회보장제도

ⓒ 정부에 의한 강제력의 행사가 직접적이며, 적용영역은 행위의 환경임.

ⓓ **특징**: 정치는 집권적이고, 체제수준에서 정책결정이 이루어지며, 정책의 문제가 다른 국가에서도 논의되는 세계적인 문제로 되고, 이해 관계적 측면보다는 이데올로기적 측면이 작용하게 된다. 뿐만 아니라 정책 수혜자 개인의 정체성보다는 집단관계에 있어서 개인의 지위가 보다 중요시된다. 정책의 내용에 따라서 노동자와 자본가를 포함한 '얻는 자'와 '잃는 자'가 존재하며, 이들 두 집단 간의 '계급 갈등'이 크게 나타난다. 따라서 '갈라먹기식 다툼'보다는 협상에 의한 정책결정이 이루어질 가능성이 높고, 재산권 행사보다는 재산 자체, 평등한 대우의 문제보다는 평등한 소유가 그 중심이 된다는 특징을 갖는다.

㉣ **구성정책**(constituent policy)

ⓐ 다원주의자와 엘리트주의자 간의 논쟁을 통합할 의도에서 제시한 정책 유형 → 분배정책, 규제정책, 재분배정책 어디에도 포함되지 않은 상황임.

ⓑ 정부에 의한 강제력의 행사가 간접적이며, 적용영역은 행위의 환경임. ⓔ 선거구 조정 및 선거제도의 변화, 정부 조직이나 기구 설립 및 개편, 교육공무원 보수 및 연금 관련 법령 정비

ⓒ 신제도론자의 주요 관심 분야인 '제도'와 관련된 것으로 관심이 부상하고 있는 영역

⑸ **정책의 평가기준**: 던(Dunn)

적절성(적합성)	정책목표가 과연 바람직한 것이며 가치 있는 것이냐의 문제
효과성	정책이 의도했던 목표를 달성한 정도
능률성	의도했던 성과를 달성하기 위하여 어느 정도의 노력이 필요했느냐의 문제 → 투입과 산출의 비
대응성	① 정책성과가 정책 수혜자들의 욕구와 선호를 만족시킨 정도, ② 환경 변화에 대응 정도
형평성	정책집행 비용이 여러 집단에 평등하게 배분되어 있는 정도
적정성(필요성)	정책목표달성이 문제해결에 얼마나 공헌했는가의 정도

12 장학(Supervision)

장학의 개념
교사의 수업기술(전문성) 향상을 위한 지원 활동 → 수업과는 직접적 관련, 학생과는 간접적 관련을 맺는 활동(Harris)

1. 역사

관리장학(視學) ⇨ 인간관계론적 장학(협동장학) ⇨ 수업장학(임상장학 & 마이크로티칭) ⇨ 발달장학(인간자원론적 장학)

2. 장학지도의 원리(Melchoir)

(1) **인성적 변인**: ① 태도의 원리(가장 기본), ② 협력의 원리

(2) **인지적 변인**: ① 창조의 원리, ② 과학성의 원리

(3) **업무수행 변인**: 효과의 원리 → 가장 궁극적인 원리

3. 장학의 유형

조직 수준에 따른 장학	교육장학(중앙장학) ⇨ 학무장학(지방장학) ⇨ 교내 자율장학(수업장학) ⇨ 임상장학
장학 방법에 따른 장학	동료장학, 자기장학, 전통적 장학(약식장학), 마이크로티칭, 인간자원장학, 선택장학(차등장학)

(1) **지방장학(학무장학)**: 교육지원청 수준에서 행해지는 장학

① 담임장학: 각 학교 담당 장학사가 '학교 현황 및 장학록'을 작성, 학교교육 전반에 걸친 전문적이고 지속적인 지원 제공

② 종합장학: '장학지도반'이 교육청 시책에 대한 학교별 추진사항 평가

③ 확인장학: 각 학교 담당 장학사가 이전 장학지도 시의 지시사항 이행 여부 확인

④ 표집장학: 주제별로 학교를 무선 표집, 주제 활동을 점검

⑤ 특별장학: 특별한 문제해결이나 예방을 위한 지도·조언

⑥ 요청(초빙)장학: 일선 학교가 장학의 필요성을 느껴 장학 담당자를 초청

⑦ 개별장학: 각급 학교에 따라 학교현장의 현안문제를 중심으로 확인하고 지도·조언하는 활동

⑧ 컨설팅(consulting) 장학: 맞춤장학

㉠ 개념: 학교교육 및 교사의 수업활동을 개선하기 위해 일정한 전문성을 가진 사람들이 학교와 학교구성원들의 요청에 따라 제공하는 독립적인 자문활동

예 학교컨설팅, 수업컨설팅

㉡ 기본원리

자발성	학교장이나 교사가 자발적으로 도움 요청
전문성	교육 전문가(컨설턴트)에 의한 지도·조언 활동
독립성	컨설턴트와 의뢰인은 독립적 관계(수직적 관계 ×)
자문성	컨설팅은 자문활동에만 한정됨.
일시성	의뢰인과 컨설턴트와의 관계는 문제해결 때까지만 유효한 일시적 관계
교육성(학습성)	컨설턴트는 의뢰인에게 컨설팅에 관한 교육적 영향력을 행사해야 함. → 컨설팅 과정을 통하여 의뢰인과 컨설턴트 모두가 끊임없는 반성과 성찰을 통하여 성장을 도모해야 함.

㉢ 수업 컨설팅 과정: 착수 ⇨ 수업지원 ⇨ 실행 ⇨ 평가단계로 진행

착수단계	의뢰인(교사)의 자발적 요청, 예비진단, 장학요원 위촉
수업지원단계	의뢰인과 장학요원 간 친화관계 형성, 문제 진단, 대안 개발 및 제안
실행단계	대안의 실행, 모니터링, 결과 분석 및 제공
평가단계	문제해결에 대한 평가와 보고서 작성 및 평가결과에 대한 환류(feedback)

(2) 교내 장학 유형

① **동료장학(협동장학, 동료코치)**: 동료교사들끼리 교육활동 개선을 위해 조력 → 자율성과 협동성에 기초

예 수업연구 중심, 협의 중심(교과협의회, 부별협의회), 연수 중심(교과연구회), 동호인 활동 중심, 커플(couple) 장학, 멘토링

② **자기장학(자율장학)**: 교사 자신이 스스로 장학 → 메타인지적 장학

예 자기평가, 자기분석, 전문서적 자료 탐색, 대학원 수강, 강연회 참석, 각종 자기연찬 활동

③ **약식장학(전통적 장학, 일상장학, 확인장학)**: 학교장이나 교감이 잠깐 수업 참관 후 조언, 다른 장학의 보완적 성격 예 학급순시, 수업참관

④ **인간자원장학**: 목적적 인간관(자아실현적 인간관)에 근거

㉠ 서지오바니(Sergiovanni)가 주장 → 과학적 관리론적 장학과 인간관계론적 장학을 절충

㉡ 의사결정 과정에 교사들의 참여 ⇨ 학교교육의 효과성 증대 ⇨ 교사들의 직무만족도 향상

cf **인간관계론적 장학**(도구적 인간관, 사회적 인간관): 의사결정 과정에 교사들의 참여 ⇨ 교사들의 직무만족도 향상 ⇨ 학교교육의 효과성 증대

⑤ **선택장학(차등장학, 절충적 장학)**: 교사의 발전 정도+교사의 필요・요구・희망 고려

예 임상장학(생존기・갱신기), 동료장학(정착기), 자기장학(성숙기), 전통적 장학(모든 교사)

(3) 임상장학: 코간(Cogan)에 의해 개발, 애치슨(Acheson)에 의해 발전

① 학급 단위 장학, 가장 미시적인 장학 → 교실 내 수업 개선이 목적

② **장학 담당자(예 장학사, 학교장, 교감)와 교사 간 동료적・수평적 인간관계에 기초**: 비지시적 상담이론(Rogers)의 원리 적용 → 교사의 필요・요청에 의한 교사가 주체가 된 '교사 중심 장학'

③ **과정**: 사전협의회 ⇨ 수업관찰(Flanders의 수업 형태 분석법) ⇨ 장학협의회(피드백 협의회; 자료 제시 – 분석 – 해석 – 대안 결정 – 교사의 대안과 전략을 강화)

(4) 마이크로티칭(Micro-teaching, 소규모 수업)

① 교생실습, 소규모 학생을 대상으로 수업을 압축적으로 시범

② **축소된 연습수업**: 계획 ⇨ 교수 ⇨ 관찰 ⇨ 비평 ⇨ 재계획 …

4. 장학의 나아갈 방향: '역할로서의 장학'에서 '과정으로서의 장학'으로의 전환

역할로서의 장학	과정으로서의 장학
• 누가 하느냐 • 상하관계 전제 • 주어지는 장학 • 상급 행정기관 주도의 장학 • 장학지도 중심	• 어떻게 하느냐 • 협동관계 전제 • 함께하는 장학 • 학교현장 주도의 자율장학 • 장학협의 중심

13 학교경영과 학급경영

1. 학교경영

(1) **의미**: 학교의 교육목적 달성을 위한 물적·인적 자원과 조건을 정비하는 활동

(2) **학교경영 조직**

① 교원조직

㉠ 교과경영 조직: 학급담임제(초등학교), 교과담임제(중·고교, 초등학교 3~6년의 음악·체육·미술·영어교과)

㉡ 교무(敎務)분장 조직(교육지도 조직): 교장 ⇨ 교감 ⇨ 수석교사 ⇨ 담임교사(교과교사)

㉢ 교무(校務)분장 조직(업무·사무 조직): 교장 ⇨ 교감 ⇨ 보직 교사 ⇨ 계원 교사

㉣ 운영협의 조직(consultant organization): 교직원의 전문적 참여를 통해 학교운영에 관한 제반문제 협의

예 전체 교직원회의, 보직교사회의(부장회의), 기획위원회, 각종 운영위원회, 각종 협의회, 교직원 친목회 등

㉤ 교무회의: 자문기구의 성격

② 학생회, 학부모회 조직: 자율적·민주적 단체 → 후원적, 비영리적

(3) **학교경영 기법**

① 목표관리(MBO: Management By Objectives): 드러커(Drucker, 1954)가 개발

㉠ 개념

ⓐ 조직구성원인 상사와 부하직원이 공동의 목표를 향하여 활동하고, 이 활동의 결과를 조직의 목표에 비추어 평가·환류시키는 방법 → 목표를 조직의 계획과 관련시키는 방법

ⓑ 참여의 과정을 통해 활동의 목표를 명료화하고 체계화함으로써 관리의 효율화를 기하려는 관리기법 → 학교경영의 민주화를 위한 참여의 과정 중시

㉡ 과정(절차): 목표설정 ⇨ 목표달성을 위한 과정관리 ⇨ 성과의 측정과 평가

> 1. 학교경영목표와 경영방침의 설정 ⇨ 2. 조직의 정비, 과업과 책임 분담 ⇨ 3. 교직원의 구체적인 자기목표 설정 ⇨ 4. 세부목표의 점검 및 목표달성을 위한 자기통제 ⇨ 5. 교육 성과의 정리 및 평가 ⇨ 6. (성과 및 문제에 대한) 자기반성 및 보고 ⇨ 7. 종합적인 정리 및 평가·환류(전체적인 성과를 판단) ⇨ 8. 보상(목표달성도에 따른 시상과 격려)

㉢ 장점과 단점

장점	단점
• 교육목표에 집중 → 교육의 효율성 제고 • 교직원들의 참여의식을 높이고 인력자원 활용의 효율성을 도모 • 참여를 통한 의사결정을 통해 교직원 간의 의사소통 활성화 및 상하 간의 인화(人和) 도모	• 단기적·구체적 목표에 대한 강조로, 과정 중시 및 장기적·전인적 목표를 추구하는 학교교육 활동에는 부적절함. • 목표 설정과 성과 보고 등에 많은 노력과 시간 할당으로 교직원들의 잡무 부담 가중과 불만 표출

• 목표와 책임에 대한 명료한 설정 → 교직원의 역할 갈등 해소 및 학교관리의 문제 조기 발견 · 치유 • 학교운영의 분권화와 참여관리 → 학교의 관료화 방지 및 교직의 전문성 제고	• 측정 가능하고 계량적인 교육목표의 설정과 평가 때문에 학교교육을 오도(誤導)할 가능성이 있음. • 학교는 그 효율성과 성과를 기대하기가 어려운 측면이 있음.

② **과업평가 검토기법(PERT : Program Evaluation and Review Technique)**

㉠ **개념(과제 · 관리 · 평가기법, 계획평가 및 검토기법)** : 하나의 과업을 달성하는 데 필요한 다수의 세부사업을 단계적 결과와 활동으로 세분하여 관련된 계획공정을 관계도식(flow chart)으로 형성하고 이를 최종목표로 연결시키는 종합계획 관리기법

㉡ **과정(절차)**

ⓐ **활동(activity)과 단계(event)의 구분** : '활동'은 과업을 수행하는 데 필요한 구체적인 작업을, '단계'는 특정한 활동과 다른 활동을 구분해 주는 시점

ⓑ **플로차트(flow chart) 작성** : 하나의 과업을 완수하기 위해 수행해야 할 활동과 단계를 선후 – 인과관계의 선망(線網)으로 나타낸 도표임.

ⓒ 각 작업활동의 시간과 전체 과제수행시간 산출 → 시간의 효율적 사용을 중요시

㉢ **장점**

ⓐ 사업의 추진상황을 일목요연하게 파악 가능함.

ⓑ 특정한 과업을 추진하기 위한 세부 작업 활동의 순서와 상호관계를 유기적으로 파악 가능함.

ⓒ 작업과정의 전모를 파악할 수 있기 때문에 작업추진에 앞서 예상되는 어려움을 파악하여 대처함.

ⓓ 과업을 추진공정에 따라 자원과 예산배분을 체계화(인적 · 물적 자원의 효과적 활용 가능)

ⓔ 각 작업 간의 유기적인 관계를 제시함으로써 경영 위계 간이나 구성원 간의 의사소통이 원활함.

③ **경영정보관리(MIS : Management Information System, 경영정보 시스템, 정보관리체제)**

㉠ **개념** : 경영자에게 정보를 제공하고, 조직 내의 운용과 경영, 의사결정 등을 지원하기 위해 의사결정을 도와주는 컴퓨터 기반 시스템 예 소프트웨어, 데이터베이스와 같은 자료자원, 시스템의 하드웨어 자원, 결정 지원시스템, 인사 및 프로젝트 관리 어플리케이션 등

㉡ **과정(절차)** : 목적과 목표의 분석 ⇨ 의사결정 목록의 개발 ⇨ 필요한 정보의 분석 ⇨ 자료수집 체제의 구안 ⇨ 소프트웨어의 개발 → 하드웨어의 요구조건 설계

㉢ **적용 사례** : (대학교) 수강신청, 등록금관리, 성적관리, 급여관리, 입시사정, 기타 강의나 연구자료 처리 등에 컴퓨터 활용, (초 · 중등학교) 수업계획, 재정회계관리, 시설 및 물자관리, 학생의 성적과 기록관리 등 전산화 → 자원활용 극대화 및 의사결정 효율화

④ **조직개발기법(OD, Organizational Development)**

㉠ **개념** : 행동과학적인 지식과 기술을 활용하여 조직의 목적과 개인의 욕구를 결부시켜서 조직 전체의 변화와 발전을 도모하려는 노력

㉡ **특징** : ⓐ 집단 간의 역동적인 상호작용 중시, ⓑ 행동과학적 지식과 기술의 활용, ⓒ 학교조직의 구조 · 가치 · 신념을 변화시키기 위한 교육전략 활용, ⓓ 학교의 목적과 개인의 욕구를 결부시켜 학교 전체의 변화 도모

㉢ 방법: ⓐ 감수성 훈련, ⓑ 그리드 훈련, ⓒ 팀 구축법, ⓓ 과정자문법, ⓔ 조사연구 – 피드백 기법, ⓕ 대면 회합

2. 학급경영

(1) **의미**: 학급의 교육목적을 달성하기 위한 활동 중 교수 – 학습을 제외한 학급 내의 모든 활동

(2) 학급경영의 측면

① **질서유지로서의 학급경영**: 학급활동의 질서를 유지하기 위해 교사가 학급에서 행하는 모든 활동 → 훈육, 생활지도, 학급행동지도의 관점

② **조건정비로서의 학급경영**: 학습환경을 조성하는 일, 수업을 위한 조건정비와 유지활동

③ **교육경영으로서의 학급경영**: 학급이라는 교육조직을 경영하는 일 → 조정의 관점

(3) 학급경영의 원칙

① **교육적 학급경영**: 모든 학급경영 활동이 교육의 본질과 목적(자아실현, 전인형성)에 부합되도록 운영하는 원칙

② **학생 이해의 학급경영**: 학급경영의 구상과 전개가 학생의 이해(학생의 발달단계에 따른 제 특징과 학습능력 및 준비도 등)를 기반으로 이루어져야 한다는 원칙

③ **민주적 학급경영**: 민주주의 이념(예 인간존중, 자유, 평등, 참여, 합의 등)에 입각하여 학급을 경영하는 원칙 → 학급은 민주주의적 학습의 장임.

④ **효율적 학급경영**: 학급자원을 경제적으로 사용하여 학급목표를 달성함과 동시에 학급구성원의 심리적 만족을 충족시키는 방향으로 학급을 운영하는 원칙

(4) 학급경영의 영역

영역	내용
교과지도 영역	교과지도, 특수아 지도, 가정학습지도
창의적 체험활동 지도 영역	자율활동, 동아리활동, 봉사활동, 진로활동
생활지도 영역	학업 문제, 교우관계, 진학·진로지도, 건강지도
환경시설 관리 영역	시설·비품 관리, 게시물·청소 관리, 물리적 환경 정비
사무관리 영역	각종 장부관리, 학생기록물 관리, 각종 잡무처리
가정 및 지역사회 관리 영역	학부모와의 관계 유지, 지역사회의 유대관계 유지

더 알아보기

■ **학급경영의 예방적 활동**

1. '파악(with–it–ness, 함께함, 완전 파악)' 보여주기
   (1) 교사가 교실의 모든 영역에서 어떤 일이 일어나고 있는지를 항상 알고 있고, 그 사실을 학생들이 언어적, 비언어적으로 알도록 하는 것 예 "교사는 머리 뒤에도 눈이 있다."
   (2) 교사가 교실 사정에 대해 잘 알고 있는 상태
   예 잘못된 행동은 즉시 지적하기, 누가 문제를 일으켰는지 정확히 지적하기, 가장 심각한 위반행동에 먼저 대응하기
2. 중첩(overlapping): 교사가 동시에 여러 가지 일을 할 수 있는 것
   예 수업 내용을 설명하면서 주의집중을 안 하고 있는 아이에게로 다가가기
3. 원활함(smoothness): 수업이 끊기지 않고 자연스럽게 이어짐.

14 교육재정(educational finance)

1. 교육재정의 성격과 운영 원리

(1) **성격**: ① 공공성(공경제활동), ② 강제성, ③ 수단성(교육활동의 지원을 목표), ④ 양출제입(지출 먼저 산출 후 수입 확보), ⑤ 장기적 효과성, ⑥ 효과의 비실측성, ⑦ 팽창성

cf **학교회계**: 양입제출(量入制出)

(2) 운영 원리

단계	원리	내용
확보 단계	충족성 (적절성)	교육활동을 지원할 수 있는 충분한 재원이 확보되어야 한다. → 가장 먼저 달성해야 할 원리로 '적정 교육재정 확보의 원리'라고도 불림.
	안정성	교육활동의 장기적인 일관성 · 영속성을 유지하기 위하여 안정적인 재원이 확보되어야 한다.
	자구성	필요한 재원을 스스로 확보할 수 있도록 재원 확보 방안을 모색 · 활용하도록 제도적 장치가 마련되어야 한다.
배분 단계	효율성 (경제성)	최소한의 재정적 수입으로 최대한의 교육적 효과와 능률을 이루어야 한다. 예 투자의 우선순위, 학교교육비의 기능별 배분의 적정성, 규모의 경제
	균형성 (평등성)	경비의 배분에 있어서 개인 간 · 지역 간 균형을 이루어야 한다.
	공정성	어떠한 기준에 의해 교육재정 배분에 있어 차이가 나는 것은 정당하다. 수평적 공평성: 동등한 것은 동등하게 처리 → 모든 학생은 균등하기 때문에 균등한 교육투입, 과정, 결과를 얻어야 한다. 수직적 공평성: 차등한 것은 차등하게 처리 → 학생들이 지니고 있는 능력, 재능, 그리고 신체적 차이에 따라 차등 지원을 해야 한다. 재정적 중립성: 세대간 공평성 → 교육청이나 부모의 재정 능력에 따라 학생들에게 제공되는 교육 서비스의 차이가 나서는 안 된다는 것
지출 단계	자율성 (자유)	교육재정 운영에 있어 단위기관(예 시 · 도 교육청, 교육지원청, 단위학교)의 자율성이 보장되어야 한다.
	투명성	재정운영 과정이 일반대중에게 공개되고 개방되어야 한다. → 명확한 정부의 역할과 책임, 국민의 정보 이용 가능성, 예산과정(준비, 집행, 보고)의 공개, 정보의 완전성(정보의 질과 신뢰성) 보장의 관점이 중시된다.
	적정성	의도한 교육 결과를 산출하는 데 적절한 지원을 제공해야 한다.
평가 단계	책무성	사용한 경비에 관하여 납득할 만한 명분을 제시할 수 있고 책임질 수 있어야 한다.
	효과성	설정된 교육목표 도달 여부 및 목표달성 정도를 측정하여야 한다.

(3) **공경제(교육경제)와 사경제와의 비교**

구분	교육재정(공경제)	사경제
수입조달방법	강제원칙(강제획득경제)	합의원칙(등가교환원칙)
기본원리	예산원리	시장경제원리
목적	공공성(일반이익)	이윤극대화
회계목적	양출제입(量出制入)	양입제출(量入制出)

존속기간	계속성	단기성
생산물	무형(無形)	유형(有形)
수지관계	균형(흑자 ×, 적자 ×)	불균형(잉여 획득)
보상	일반보상(포괄적 보상)	특수보상(개별적 지불)

2. 교육비의 종류

구분	교육목적 관련 (지출 형태)	운영 형태 (회계 절차)	교육재원	예
총교육비	직접교육비	공교육비	공부담 교육비	국가(교부금, 보조금, 전입금 등), 지방자치단체, 학교법인 부담 경비
			사부담 교육비	입학금, 수업료, 학교운영 지원비, 수련활동비, 체험학습비, 졸업앨범비
		사교육비	사부담 교육비	교재대, 부교재대, 학용품비, 과외비, 피복비, 단체활동비, 교통비, 숙박비 등
	간접교육비	-	공부담 교육비	건물과 장비의 감가상각비, 이자 → 비영리 교육기관이 향유하는 면세의 가치
			사부담 교육비	• 학생이 취업할 수 없는 데서 오는 손실 • 교통비, 하숙비(Kiras의 구분)

✔ **간접교육비**: 교육기회경비, 유실소득

(1) **교육비 비교단위**: 총량 교육비, 단위 교육비(교육 원가)

(2) **사용 목적 관련**: ① 인건비, ② 운영비, ③ 시설비 → 인건비 비중이 가장 큼.

3. 교육비 관리기법

(1) **교육비 차이도**(CD): 초등학생 1인당 교육비 기준, 교육예산의 배분 기준 → 수직적 공정성에 의해 배분

(2) **표준교육비**: 공교육활동을 위한 최소경비(의무교육비)

① 인건비와 시설비를 제외한 교수 · 학습활동 경비와 공통 운영 경비만을 포함(협의의 개념): 광의의 개념 정의 속에는 인건비와 시설비를 포함할 수도 있다.

② 기회균등, 공비지변(公費支辯)의 원칙에 따라 산출 → 수평적 공정성에 의해 배분

15 학교회계제도

국립 및 공립 초 · 중등학교(특수학교 포함)에 적용, 사립학교는 제외(사립학교는 법인회계에 해당)

1. 특징1

(1) **학교회계연도**: 3. 1.~다음 해 2월 말일 → 학년도와 일치

(2) **예산 배부방식**: 표준교육비 기준으로 총액 배부 → 일상경비와 도급경비의 구분 ×

(3) **예산(교부계획) 배부시기**: 학교회계연도 개시 50일 전에 일괄배부

(4) **세출 예산편성**: 학교실정에 따라 자율적 세출 예산편성(재원에 따른 사용목적 구분 ×)

(5) **사용료 · 수수료 수입처리**: 학교시설 사용료, 제증명 수수료 수입 등을 학교 자체 수입으로 처리

(6) **회계장부 관리**: 통합장부 사용('학교회계' – 복식부기로 기입) → 장부 단일화, 회계장부와 관련 증빙서류 보존기간은 5년

(7) **자금의 이월**: 집행 잔액은 자동적으로 이월

2. 예산 구조

세입	① 국가의 일반회계나 지방자치단체의 교육비 특별회계로부터 받은 전입금, ② 학부모 부담 경비(학교운영 지원비, 수익자 부담 경비), ③ 학교발전기금으로부터 받은 전입금, ④ 국가나 지방자치단체의 보조금 및 지원금, ⑤ 자체 수입(사용료 및 수수료, 기타 수입), ⑥ 이월금, ⑦ 물품대각대금
세출	① 인건비, ② 학교운영비, ③ 일반운영비, ④ 수익자 부담 경비, ⑤ 예비비

3. 예산 편성 및 심의

(1) 편성절차

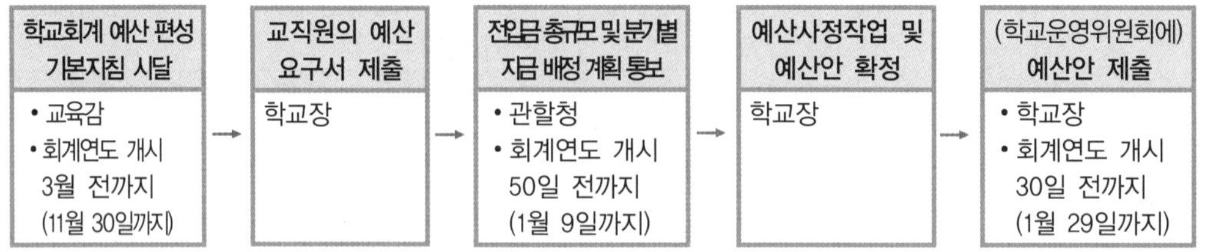

(2) 심의절차

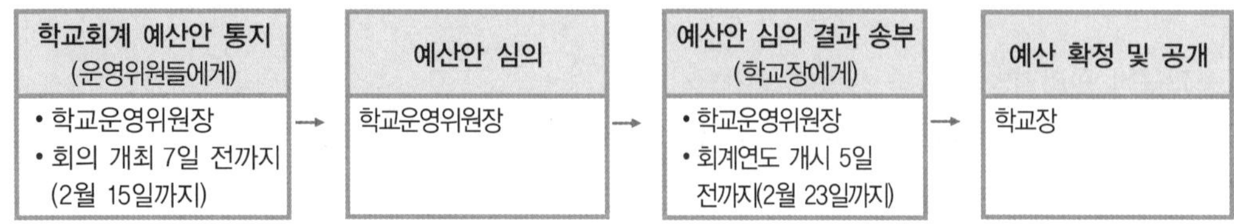

Tip 예산 불성립 시 예산 집행

1. **준예산제도**: 전년도 예산에 준하여 집행
2. **적용 범위**: ① 교직원 등의 인건비, ② 학교교육에 직접 사용되는 교육비, ③ 학교시설의 유지관리비, ④ 법령상 지급의무가 있는 경비, ⑤ 이미 예산으로 확정된 경비(명시이월비, 계속비)

4. 결산

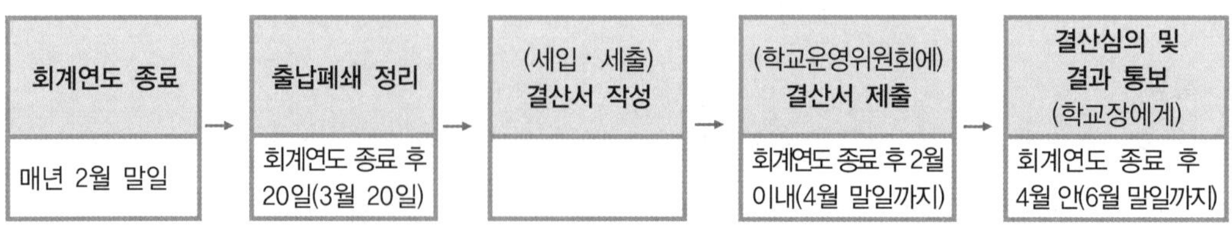

✔ 학교발전기금 결산 완료는 회계연도 종료 후 3개월 이내

16 지방교육재정

지방교육재정	국가지원	지방교육재정교부금	보통교부금	• (재원) 1. 해당 연도의 내국세[목적세 및 종합부동산세, 담배에 부과하는 개별소비세 총액의 100분의 45 및 다른 법률에 따라 특별회계의 재원으로 사용되는 세목(稅目)의 해당 금액은 제외] 총액의 1만분의 2,079(20.79%)의 97/100 2. 해당 연도의 「교육세법」에 따른 교육세 세입액 중 「유아교육지원특별회계법」 제5조 제1항에서 정하는 금액을 제외한 금액 • (교부기준) 기준재정수입액이 기준재정수요액에 미달하는 경우에 그 미달액을 기준으로 총액 교부 • 종전의 봉급교부금(의무교육기관 교원) 및 증액교부금(저소득층 학생 지원금, 특성화고교 실습지원금 등)을 흡수·통합한 금액
			특별교부금	• (재원) 해당 연도의 내국세[목적세 및 종합부동산세, 담배에 부과하는 개별소비세 총액의 100분의 45 및 다른 법률에 따라 특별회계의 재원으로 사용되는 세목(稅目)의 해당 금액은 제외] 총액의 1만분의 2,079(20.79%)의 3/100 • (교부기준) 1. 재원의 60/100(시책사업 수요 또는 우수지방자치단체 교부): 전국적인 교육관련 국가시책사업지원 수요가 발생했을 때 또는 지방교육행정 및 지방교육재정의 운용실적이 우수한 지방자치단체에 대한 재정지원이 필요할 때 2. 재원의 30/100(지역교육 현안 수요): 기준재정수요액의 산정방법으로 파악할 수 없는 특별한 지역교육현안에 대한 재정수요가 있을 때 3. 재원의 10/100(재해발생 수요, 재해예방 수요 또는 재정수입 감소): 보통교부금의 산정기일 후에 발생한 재해로 인하여 특별한 재정수요가 생기거나 재정수입이 감소하였을 때 또는 재해를 예방하기 위한 특별한 재정수요가 있는 때
		국가지원금		국고사업 보조금
	지방부담	지방자치단체일반회계전입금	지방교육세 전입금	① 등록세액·재산세액의 20%, ② 자동차세액 30%, ③ 주민세 균등할의 10~25%, ④ 담배소비세액의 43.39%, ⑤ 레저세액의 40%
			담배소비세 전입금	특별시·광역시 담배소비세 수입액의 45%
			시·도세 전입금	① 특별시세 총액의 10%, ② 광역시세·경기도세 총액의 5%, ③ 나머지 도세 총액의 3.6%
			기타 전입금	도서관 운영비, 학교용지 부담금, 보조금 등
	자체수입			재산수입, 수수료, 사용료

- **기준 재정수요액**: 지방교육 및 그 행정운영에 관한 재정수요를 산정한 금액
- **기준 재정수입액**: 교육·학예에 관한 일체의 재정수입을 산정한 금액
- **측정단위**: 지방교육행정을 부문별로 설정하여 그 부문별의 양을 측정하는 단위
- **단위비용**: 기준 재정수요액을 산정하기 위한 각 측정단위의 단위당 금액

1. **국가지원**: 지방교육재정 교부금

(1) **교부 목적**: 지방교육의 균형적 발전 → 가장 규모가 큼.

(2) **재정 배분의 기준**

평등성	지방자치단체 간 교육비의 불균형을 시정하기 위해 제공된다.
자율성	교부할 때 세세한 항목을 정하지 않고 총액 배부함으로써 당해 지방자치단체가 그 지역의 실정에 맞게 자율적으로 교육을 운영하도록 한다.
효율성	특별교부금 재원의 60/100에 해당하는 금액은 교육부 장관이 지방교육행정 및 지방교육재정의 운영 실적이 우수한 지방자치단체에 대한 재정지원의 재원으로 사용할 수 있다.

(3) **특별교부금의 교부 제한**

① 교육부장관은 제1항 제2호(지역교육현안수요) 또는 제3호(재해대책·예방수요)에 해당하는 사유가 발생하여 시·도의 교육감이 특별교부금을 신청하면 그 내용을 심사한 후 교부한다. 다만, 제1항 제1호(국가시책사업수요 또는 우수 지방자치단체 재정지원)에 해당하는 사유가 발생한 경우 또는 교육부장관이 필요하다고 인정하는 경우에는 신청이 없어도 일정한 기준을 정하여 특별교부금을 교부할 수 있다.

② 제1항에 따른 특별교부금의 사용에 대해서는 조건을 붙이거나 용도를 제한할 수 있다.

③ 시·도의 교육감은 조건이나 용도를 변경하여 특별교부금을 사용하려면 미리 교육부장관의 승인을 받아야 한다.

④ 교육부장관은 시·도의 교육감이 조건이나 용도를 위반하여 특별교부금을 사용하거나 2년 이상 사용하지 아니하는 경우에는 그 반환을 명하거나 다음에 교부할 특별교부금에서 해당 금액을 감액할 수 있다.

⑤ 제1항 제1호에 따른 우수한 지방자치단체의 선정기준 및 선정방법과 특별교부금의 교부시기 등 절차에 관한 사항은 대통령령으로 정한다.

(4) **예산 계상**(제9조)

① 국가는 회계연도마다 이 법에 따른 교부금을 국가예산에 계상(計上)하여야 한다.

② 추가경정예산에 따라 내국세나 교육세의 증감이 있는 경우에는 교부금도 함께 증감하여야 한다. 다만, 내국세나 교육세가 줄어드는 경우에는 지방교육재정 여건 등을 고려하여 다음다음 회계연도까지 교부금을 조절할 수 있다.

③ 내국세 및 교육세의 예산액과 결산액의 차액으로 인한 교부금의 차액은 늦어도 다음다음 회계연도의 국가예산에 계상하여 정산하여야 한다.

(5) **고등학교 등의 무상교육 경비 부담에 관한 특례(제14조) → 2024년 12월 31일까지 유효함.**

① 국가는 「초·중등교육법」 제10조의2에 따른 고등학교 등의 무상교육에 필요한 비용 중 1,000분의 475에 해당하는 금액을 제3조 제4항에 따라 따로 증액교부하여야 한다.

② 시·도 및 시·군·구는 「초·중등교육법」 제10조의2에 따른 고등학교 등의 무상교육에 필요한 비용 중 1,000분의 50에 해당하는 금액을 대통령령으로 정하는 바에 따라 교육비특별회계로 전출하여야 한다.

2. **지방부담**: 지방자치단체 전입금, 교육비 특별회계 자체 수입
   (1) **지방자치단체 전입금**: 지방자치단체가 지급하는 교부금
   (2) **교육비 특별회계 자체 수입**: ① 수익자 부담 수입, ② 재산수입

17 교육예산제도: 예산 편성 및 관리기법

1. **품목별 예산제도**(LIBS)
   (1) 지출대상을 품목별(예 인건비, 시설비, 운영비)로 세분화하여 그 한계를 명확히 규정
   (2) **통제 기능 중심의 예산제도**
   (3) **장점**: ① 예산의 유용이나 부정 방지, ② 행정권 제한을 통해 예산의 사전 및 사후통제 가능, ③ 회계책임이 분명, ④ 금액산정이 간편

2. **성과주의 예산제도**(PBS, 실적 예산제도)
   (1) **사업계획별 · 활동별로 예산과목 구분, 세부사업별로 예산액 표시, 그 집행 성과를 측정 · 평가**: 단위원가 × 업무량 = 예산액
   (2) **관리기능 중심의 예산제도**: 올해의 성과(실적)로 내년 예산 편성 → 예산집행의 효율성과 성과 제고, 자율성과 책임성 강화
   (3) **장점**: ① 행정의 투명성 및 신뢰성 확보, ② 재정 지출의 효율성 제고, ③ 행정 서비스 개선 및 책임행정 구현, ④ 정부 기능의 핵심역량 강화

3. **기획예산제도**(PPBS)
   (1) **중 · 장기적 계획 수립과 단기적 예산 편성**: 경제적 합리성, 5년 짜리 연동예산(rolling budget)
   (2) **계획기능 중심의 예산제도**: 제한된 예산을 목적과 계획 달성을 위해 편성
   (3) **장점**: ① 학교목표의 우선순위에 따라 예산 배분함으로써 예산의 절약과 지출의 효율화, ② 중앙집권적 의사결정의 일원화, ③ 한정된 자원을 최적으로 활용
   (4) **단점**: ① 목표설정 시 의견 조율이 어려움, ② 의사결정의 중앙집권화 경향 초래, ③ 양화(量化)할 수 없는 교육문제가 많음.

4. **영기준 예산제도**(ZBBS)
   (1) 전년도 예산은 근거 없는 것으로 간주, 매 회계연도마다 처음 시작한다는 생각으로 새로이 예산 편성 → 점증주의 방식 탈피, 예산 편성방식의 신축성 확대
   (2) **과정**: 의사결정 패키지(요약된 사업계획서) 작성 → 의사결정 패키지 순위 부여
   (3) 감축기능 중심의 예산제도
   (4) **장점**: ① 구성원의 참여 조성, ② 창의적 · 자발적인 사업구상과 실행, ③ 학교경영 계획과 예산의 일치로 합리적인 학교경영, ④ 일몰예산제도(sunset budgeting system) 운영 가능

(5) **단점**: ① 교원들에게 새로운 업무부과로 인한 시행착오 발생, ② 사업 기각이나 평가절하되면 비협조적 풍토 야기, ③ 의사결정의 전문성 부족으로 비용 및 인원 절감에 실패할 가능성 높음.

5. 복식 예산제도(DBS)

경상예산과 자본예산으로 구분하여 배분 운영하는 제도 → 예산의 장기적인 균형 도모

Tip 교육예산의 원칙

공개성	예산의 전 과정을 국민에게 공개
명료성	예산 내용이 명료하게 계상(計上)될 것 → 음성수입, 은닉재산 ×
한정성	예산의 사용목적, 금액, 기간 등에 제한을 둘 것 → 비용 간 전용·초과지출·예산 외 지출 금지, 한정된 회계연도 내에 사용
사전승인의 원칙	회계연도 개시 30일 전까지 국회의 의결을 거칠 것
국고 통일의 원칙	특정수입으로 특정경비에 충당하지 말 것, 모든 수입을 총수입으로 하고 일체의 경비 지출 → 수지 간 담보금지의 원칙
단일성(통일성)	그 형식이 단일할 것 → 특별회계예산, 추가경정예산은 억제
완전성(예산 총계주의)	세입·세출은 빠짐없이 계상(計上)
엄밀성	예산과 결산이 일치할 것

18 교육인사행정: 교육직원의 분류

1. 교육직원

국·공·사립학교, 교육행정기관, 교육연구기관에 근무하는 모든 종사자(사무직원을 포함)

2. 교원: 교사 ⊂ 교원

(1) 각급 학교(사설강습소는 제외)에서 원아 및 학생을 직접 지도하는 자로서 국·공·사립학교에 근무하는 자

(2) 유치원 원장·원감, 초·중등학교 교장·교감, 대학의 총장·부총장·학장, 교수, 부교수, 조교수, 각급 학교의 시간강사, 기간제 교원도 포함한다(대학의 연구 및 관리조교 제외).

cf 교감은 학생수 100명 이하인 학교 또는 학급수 5학급 이하인 학교 중 대통령령으로 정하는 일정규모 이하의 학교에는 교감을 두지 아니할 수 있다.

(3) **교원의 자격 구분**: 교장, 교감, 정교사(1급·2급), 준교사, 전문상담교사(1급·2급), 사서교사(1급·2급), 실기교사, 보건교사(1급·2급), 영양교사(1급·2급) → 자격증 소지자

cf **승진 최소연한**: 2급 정교사(3년) ⇨ 1급 정교사(3년) ⇨ 교감(3년) ⇨ 교장

(4) **수석교사**: 교원자격증을 소지한 사람으로 15년 이상의 교육경력(교육전문직 근무경력 포함)을 가지고 교수·연구에 우수한 자질과 능력을 가진 사람 중에서 교육부 장관이 정하는 연수 이수 결과를 바탕으로 검정·수여하는 자격증을 받은 사람

더 알아보기

■ **수석교사의 임용**: 「교육공무원법」 제29조의4

1. 수석교사는 교육부 장관이 임용한다.
2. 수석교사는 최초로 임용된 때부터 4년마다 대통령령으로 정하는 업적평가 및 연수실적 등을 반영한 재심사를 받아야 하며, 심사기준을 충족하지 못한 경우 대통령령으로 정하는 바에 따라 수석교사로서의 직무 및 수당 등을 제한할 수 있다.
3. 수석교사는 대통령령으로 정하는 바에 따라 수업부담 경감, 수당 지급 등에 대하여 우대할 수 있다.
4. 수석교사는 임기 중에 교장·원장 또는 교감·원감 자격을 취득할 수 없다.
5. 수석교사의 운영 등 그 밖에 필요한 사항은 대통령령으로 정한다.

cf **「초·중등교육법 시행령」 제106조의2**(권한의 위임): 교육부 장관은 수석교사의 자격 검정·수여, 교장의 자격인정, 중등학교 정교사(2급) 자격에 해당하는 사람에 대한 교원자격 검정·수여 등의 권한을 교육감에게 위임한다.

(5) 산학겸임교사, 명예교사, 강사(예 영어회화 전문강사, 다문화언어강사), 교수는 자격증이 없어도 된다.

(6) **교사**: 교원의 한 종류로서 교장·교감 등의 관리직 및 대학의 교수직렬에 대응되는 법률상의 용어 → "교사는 법령이 정하는 바에 따라 학생을 교육한다."

(7) **교원 채용의 제한 및 결격 사유**

① **채용의 제한**: 금품수수 행위, 시험문제 유출 및 성적 조작 등 학생성적 관련 비위행위, 학생에 대한 신체적 폭력행위 등의 사유로 인하여 파면·해임되거나 금고 이상의 형을 선고받은 사람 → 단, 교육공무원 징계위원회에서 해당 교원의 반성 정도 등을 고려하여 교원으로서 직무를 수행할 수 있다고 의결한 경우에는 채용 가능

② **결격 사유**: 성폭력범죄 행위 또는 아동·청소년 대상 성범죄 행위로 파면·해임되거나 100만원 이상의 벌금형이나 그 이상의 형을 선고받아 그 형이 확정된 사람

더 알아보기

■ **기간제 교원**: 「교육공무원법」 제32조, 「교육공무원 임용령」 제13조

1. 의미: 교원의 자격증을 가진 자 중에서 기간을 정하여 각급 학교에 임용된 사람
2. 충원 사유
   (1) 교원의 휴직으로 인한 후임자 보충이 불가피한 경우
   (2) 교원의 '파견·연수·정직·직위해제(1개월 이상)' 등 대통령령이 정하는 사유로 직무를 이탈하게 되어 후임자의 보충이 불가피한 경우
   (3) 특정 교과를 한시적으로 담당하도록 할 필요가 있는 경우
   (4) 교육공무원이었던 자의 지식이나 경험을 활용할 필요가 있는 경우
   (5) 유치원 방과후 과정을 담당하도록 할 필요가 있는 경우
3. 충원 기간: 1년 이내, 3년 연장 가능
4. 임용권자: 고등학교 이하 각급학교 교원의 임용권자(학교장)
5. 기간제 교원은 정규의 교원으로 임용됨에 있어서 어떠한 우선권도 인정되지 아니한다.

3. 교육전문직

교육기관, 교육행정기관, 교육연구기관에 근무하는 교육장, 장학관, 장학사, 교육연구관, 교육연구사

4. 교육공무원

(1) 국·공립학교 교원 및 대학 조교+교육전문직 → 경력직 공무원 중 특정직 공무원

cf 교육부 장관, 교육감은 특수경력직 공무원 중 정무직 공무원

(2) 사립학교 교원, 기간제 교원, 시간강사, 사립대학 조교는 제외

더 알아보기

■ 공무원의 구분

구분	경력직 공무원	특수경력직 공무원
임용	선발(be selected)	선출(be elected), 특채, 임명
성격	직업공무원(정년 보장)	비직업공무원(임기 보장)
종류	• 일반직 공무원 예 행정실장 • 특정직 공무원 예 교원	• 정무직 공무원 예 교육감, 교육부장관 • 별정직 공무원

19 교원의 근무평정

1. 근무성적 평정: 100점 만점, 매 학년도(3. 1.~다음연도 2월 말일) 종료일 기준으로 실시

(1) **상대평가**: 수(30%)－우(40%)－미(20%)－양(10%, 미의 20%에 포함 가능)

① **평정요소**: 근무수행태도(교육공무원으로서의 태도) 10점+근무실적 및 근무수행능력 90점 (학습지도 40점+생활지도 30점+전문성 개발 5점+담당업무 15점)

② 자기실적평가서를 참작하여 남녀 통합하여 평정

③ 평정결과는 공개 원칙(본인에 한함)

(2) **평정방법**: 평정자(교감, 20점)+다면평가(동료 교사 3명 이상 7명 이하, 40점 → 정성평가점수 32%, 정량평가점수 8%)+확인자(교장, 40점)

2. 경력 평정: 70점 만점, 매 학년도 종료일을 기준으로 실시

(1) **평정**: 기본경력(평정시기로부터 15년)+초과경력 5년이 만점

(2) 인사기록 카드를 기준, 평정 결과 공개, 승진후보자 명부 작성권자가 작성

3. 연수성적 평정: 30점 만점

(1) **교육성적 평정 27점**: 직무연수 18점+자격연수 9점

(2) **연구실적 평정 3점**: 연구대회 입상 실적 또는 학위취득 실적 각 3점 중 합산(단, 3점을 초과할 수 없음)

✔ **현직교육의 종류**: ① 자격연수(상위자격 취득 또는 특수자격 취득 연수 → 2급·1급 정교사 및 교감은 15일 90시간 이상, 교장은 25일 180시간 이상), ② 직무연수(10일 60시간 이상), ③ 특별연수(국가나 지방자치단체가 특별연수계획을 수립하여 교육공무원을 국내외의 교육기관 또는 연구기관에서 일정 기간 받게 하는 연수 → 특별연수를 받은 교육공무원에게는 6년의 범위에서 대통령령으로 정하는 바에 따라 일정 기간 복무 의무를 부과할 수 있음), ④ 자기연수

CHAPTER 13

4. 승진 후보자 명부 작성

(1) **매년 3월 31일 기준, 평정점을 합산한 점수가 높은 점수 순위로 승진 예정인원의 3배수까지 작성**: 근무성적 평정 100점+경력 평정 70점+연수성적 평정 30점+가산점 14점

✔ 2022년 4월 1일 이후 가산점 13.5점 반영 → 공통 가산점 3.5점, 선택 가산점 10점

(2) **동점자 사정 기준**: 근무성적 우수자 ⇨ 현직위 장기 근무자 ⇨ 교육공무원으로 계속 장기근무자 순으로 결정

(3) 근무성적 평정점은 승진 후보자 명부 작성 기준일로부터 5년 이내 해당 직위에서 평정한 합산점 중에서 평정 대상자에게 유리한 3년을 선택하여 평정점으로 산정

Tip 전직(轉職)과 전보(轉補)

능력개발을 위한 현직교육의 한 방법 → 적재적소의 인사관리, 직무권태의 해소, 부정과 비리 예방, 인사 침체의 방지를 통한 조직의 효율성 증대

전직(轉職)	전보(轉補)
종별과 자격 또는 직렬의 변경	근무지 이동 또는 보직 변경
• 초등학교 교원 ⇆ 중학교 (국어)교원 • 유치원 교원 ⇆ 초등학교 또는 중학교 교원 • 교사 ⇆ 장학사, 교육연구사 • 교감, 교장 ⇆ 장학관, 교육연구관 • 교육연구사(관) ⇆ 장학사(관)	• A 중학교 교원 ⇆ B 중학교 교원 • A 초등학교 영양교사(보건교사, 사서교사, 전문상담교사) ⇆ B 중학교 영양교사(보건교사, 사서교사, 전문상담교사)

20 교원의 복무(服務) 및 징계

1. 교육공무원의 임무: 「초·중등교육법」 제20조

(1) **교장**: 교무 총괄, 소속 교직원 지도·감독, 학생교육

(2) **교감**: 교장 보좌, 교무 관리, 학생교육, 교장 직무대행

(3) **수석교사**: 교사의 교수·연구활동을 지원, 학생교육

(4) **교사**: (법령이 정하는 바에 따라서) 학생교육

(5) **교직원**: 법령에서 정하는 바에 따라 학교의 행정사무와 기타의 사무를 담당

2. 의무: 「국가공무원법」

cf **「교육기본법」 제14조상의 의무**: ① 사표(師表)가 될 품성, ② 품성과 자질 향상, ③ 학문의 연찬과 교육원리 및 방법을 탐구·연마

(1) **선서의 의무**

제55조 【선서의 의무】	공무원은 취임할 때에 소속 기관장 앞에서 선서하여야 한다. 다만, 불가피한 사유가 있으면 취임 후에 선서하게 할 수 있다.

(2) **적극적 의무**: 직무상의 의무

제56조 【성실의 의무】	모든 공무원은 법령을 준수하며 성실히 직무를 수행하여야 한다.
제57조 【복종의 의무】	공무원은 직무를 수행할 때 소속 상관의 직무상 명령에 복종하여야 한다.
제59조 【친절·공정의 의무】	공무원은 국민 전체의 봉사자로서 친절하고 공정하게 직무를 수행하여야 한다.
제59조의2 【종교 중립의 의무】	① 공무원은 종교에 따른 차별 없이 직무를 수행하여야 한다. ② 공무원은 소속 상관이 제1항에 위배되는 직무상 명령을 한 경우에는 이에 따르지 아니할 수 있다.
제60조 【비밀 엄수의 의무】	공무원은 재직 중은 물론 퇴직 후에도 직무상 알게 된 비밀을 엄수하여야 한다.
제61조 【청렴의 의무】	① 공무원은 직무와 관련하여 직접적이든 간접적이든 사례·증여 또는 향응을 주거나 받을 수 없다. ② 공무원은 직무상의 관계가 있든 없든 그 소속 상관에게 증여하거나 소속 공무원으로부터 증여를 받아서는 아니 된다.
제63조 【품위 유지의 의무】	공무원은 직무의 내외를 불문하고 그 품위가 손상되는 행위를 하여서는 아니 된다.

(3) **소극적 의무**: 직무 전념의 의무

제58조 【직장 이탈 금지】	① 공무원은 소속 상관의 허가 또는 정당한 사유가 없으면 직장을 이탈하지 못한다. ② 수사기관이 공무원을 구속하려면 그 소속 기관의 장에게 미리 통보하여야 한다. 다만, 현행범은 그러하지 아니하다.
제62조 【외국 정부의 영예 등을 받을 경우】	공무원이 외국 정부로부터 영예나 증여를 받을 경우에는 대통령의 허가를 얻어야 한다.
제64조 【영리 업무 및 겸직 금지】	공무원은 공무 외에 영리를 목적으로 하는 업무에 종사하지 못하며 소속 기관장의 허가 없이 다른 직무를 겸할 수 없다.
제65조 【정치운동의 금지】	① 공무원은 정당이나 그 밖의 정치단체의 결성에 관여하거나 이에 가입할 수 없다. ② 공무원은 선거에서 특정 정당 또는 특정인을 지지 또는 반대하기 위한 행위를 하여서는 아니 된다.
제66조 【집단 행위의 금지】	공무원은 노동운동이나 그 밖에 공무 외의 일을 위한 집단 행위를 하여서는 아니 된다. 다만, 사실상 노무에 종사하는 공무원은 예외로 한다.

3. **보수**: 「공무원 보수규정」과 「공무원 수당규정」

(1) **보수**: 봉급(직책별·계급별·호봉별 기본급여)과 그 밖의 각종 수당(부가급여)을 합산한 금액 → 고정급(정액급)과 성과급

(2) **봉급**: 연공급(年功給, 근속연수나 경력에 따라 보수액 산정)에 기초하며, 학력과 경력에 따른 단일호봉제 실시

(3) 교원 보수는 별도의 규정 없이 「공무원 보수규정」과 「공무원 수당규정」을 준용한다.

(4) 퇴직금은 공동적립제도에 의한다.

4. **신분보장**: 「헌법」, 「국가공무원법」, 「교육공무원법」

(1) **신분보장**: 공무원의 신분과 정치적 중립성은 법률이 정하는 바에 의하여 보장된다(「헌법」 제7조 제2항).

(2) **의사에 반한 휴직 · 강임 · 면직 금지**: (교육)공무원은 형의 선고 · 징계처분 또는 이 법에서 정하는 사유에 의하지 아니하고는 그 의사에 반하여 휴직 · 강임, 또는 면직을 당하지 아니한다(「국가공무원법」 제68조, 「교육공무원법」 제43조 제2항).

(3) **권고사직 금지**: 교육공무원은 권고에 의하여 사직을 당하지 아니한다(「교육공무원법」 제43조 제3항).

(4) **불체포 특권**: 교원은 현행범인 경우를 제외하고는 소속 학교장의 동의 없이 학원 안에서 체포되지 아니한다(「교육공무원법」 제48조, 「교원 지위 향상 및 교육활동 보호를 위한 특별법」 제44조).

5. 휴직

(1) **개념**: 교육공무원으로서 신분을 보유하면서 그 담당업무 수행을 일시적으로 해제하는 행위

(2) **사유 및 기간**

직권휴직	청원휴직
① 병휴직(요양, 공상): 요양(불임 · 난임 포함하여 1년 이내, 1년 연장 가능), 공상(3년 이내) ② 병역의무(병역): 복무기간 만료 시까지 ③ 생사소재 불명(행불): 3월 이내 ④ 교원노조 전임자: 전임기간 → 임용권자의 허가가 있는 경우 가능 ⑤ 기타 의무수행(의무): 복무기간	① 해외유학(연구 · 연수): 3년 이내, 학위취득 시 3년 연장 가능 ② 외국기관 고용: 고용기간 ③ 육아휴직: 만 8세 이하 또는 초등학교 2학년 이하의 자녀 양육, 임신 또는 출산 → 남교원 1년 이내, 여교원 3년 이내 ④ 입양: 만 19세 미만의 아동 입양(단, ③의 아동은 제외), 입양자녀 1명에 6개월 이내 ⑤ 불임 · 난임으로 인하여 장기간의 치료가 필요한 경우 ⑥ 국내연수(연수): 교육부장관(교육감)이 지정한 기관, 3년 이내 ⑦ 가족간호(간호): 1년 이내(재직기간 중 3년 이내) ⑧ 배우자 동반: 3년 이내, 3년 연장 가능 ⑨ 학습연구년: 재직기간 10년 이상인 교원이 자기개발을 위한 학습 · 연구 등의 경우 → 1년 이내(재직기간 중 1회만) ※ ③~⑤의 경우 본인이 원하면 휴직을 명하여야 함.

cf **임용**: 신규임용(채용), 승진, 승급, 전직, 전보, 겸임, 파견, 강임, 휴직, 직위해제, 정직, 복직, 면직, 해임, 파면

6. 징계

종류		기간	신분 변동	보수, 퇴직급여 제한
중징계	파면	–	• 공무원으로서의 신분 박탈(배제징계) • 처분받은 날로부터 5년간 공무원 임용 불가	재직기간 5년 미만자 퇴직급여액의 1/4, 5년 이상인 자 1/2 감액 지급
	해임	–	• 공무원으로서의 신분 박탈(배제징계) • 처분받은 날로부터 3년간 공무원 임용 불가	• 퇴직급여 전액 지급 • 재직기간 5년 미만자 퇴직급여액의 1/8, 5년 이상인 자 1/4 감액 지급(단, 금품 및 향응수수, 공금횡령 · 유용으로 인한 경우)

중징계	강등	3개월	• 동종의 직무 내에서 하위의 직위에 임명 • 공무원 신분은 보유, 직무에 종사하지 못함(교정징계). • 대학의 교원 및 조교는 적용 안 됨(강등 ×). • 정직 처분기간+18개월 승진 제한	• 강등 처분기간 보수의 전액을 감액 • 정직 처분기간+18개월 승급 제한
	정직	1~3개월	• 신분은 보유하나 직무에 종사하지 못함. → 직무정지(교정 징계) • 정직 처분기간+18개월 승진 제한 • 처분기간 경력평정에서 제외	• 보수의 전액을 감액 • 정직 처분기간+18개월 간 승급 제한
경징계	감봉	1~3개월	감봉 처분기간+12개월 승진 제한(교정징계)	• 보수의 1/3 감액 • 감봉 처분기간+12개월 승급 제한
	견책	–	• 전과에 대한 훈계와 회개(교정징계) • 6개월간 승진 제한	6개월간 승급 제한

① **강등 · 정직 · 감봉 · 견책의 경우 그 사유가 금품**(예 금전, 물품, 부동산) **및 향응수수, 공금횡령 · 배임 · 절도 · 사기 · 유용, 소극행정, 음주운전**(음주측정에 불응하는 경우 포함), **성폭력, 성희롱, 성매매로 인한 징계처분의 경우**(「국가공무원법」 제78조의2, 「공무원임용령」 제32조): 승진 · 승급 제한기간에 6개월을 추가

② **시험문제 유출 · 성적 조작, 금품수수, 학생에 대한 상습적이고 심각한 신체적 폭력으로 해임 · 파면된 경우**: 신규 또는 특별채용이 제한 → 제한 사유

③ **성폭력으로 해임 · 파면된 경우**: 신규 또는 특별채용 불가 → 결격 사유

④ **징계사유의 시효**: 징계발생일로부터 3년(단, 금품 및 향응수수, 공금횡령 · 유용으로 징계받은 경우는 5년)

> **「교육공무원법」 제52조(징계사유의 시효에 관한 특례)**
> 교육공무원에 대한 징계사유가 다음 각 호의 어느 하나에 해당하는 경우에는 「국가공무원법」 제83조의2 제1항에도 불구하고 징계사유가 발생한 날부터 10년 이내에 징계의결을 요구할 수 있다.
> 1. 「성폭력범죄의 처벌 등에 관한 특례법」 제2조에 따른 성폭력범죄 행위
> 2. 「아동 · 청소년의 성보호에 관한 법률」 제2조 제2호에 따른 아동 · 청소년대상 성범죄 행위
> 3. 「성매매알선 등 행위의 처벌에 관한 법률」 제2조 제1항 제1호에 따른 성매매 행위
> 4. 「국가인권위원회법」 제2조 제3호 라목에 따른 성희롱 행위

⑤ **재심 요구**: 징계처분이 있는 것을 안 날로부터 30일 이내에 교원 소청 심사위원회(교육부에 설치)로 청구(접수일로부터 60일 이내 결정)

21 교육법 및 교원노조

1. 교육법

(1) 교육법의 성격

조장적 성격	인간을 육성하는 교육에 관한 법규이므로 비권력적이고 지도 · 조언 · 육성의 성격이 강함.
특별법이자 일반법적 성격	• 다른 모든 일반법에 대하여 특별법적 성격 → 교육법 우선 원칙 • 「교육기본법」은 다른 교육관계 법률에 대하여 일반법적 성격
특수법적 성격	공법과 사법의 구별이 불명확함. → 학교제도와 그 운영 등은 공법적 성격이 강하나, 교육권이나 교육내용, 사립학교 등은 사법적 성격이 강함.

윤리적 성격	국가와 민족에 대한 의무와 책임이 다른 법률에 비하여 현저하게 강조되는 윤리적 성격이 강함.
사회법적 성격	의무교육과 교육 기회균등이 개인의 사회 경제적 지위 향상을 위한 필수적 조치이며, 「헌법」에서 평생교육의 진흥 의무를 부과하는 것은 사회복지 증진을 위한 사회법적 성격이 강함.

(2) 교육법의 기본 원리

① 교육제도의 법정주의(법률에 의한 교육행정의 원리)
② 교육자주성의 원리(지방교육자치의 원리)
③ 교육권 보장의 원리
④ 교육기회균등의 원리
⑤ 교육 중립성의 원리
⑥ 전문적 관리의 원리

(3) 교육법 이해의 기초

① 법(法), 법령(法令), 법규(法規)의 개념
㉠ 법(法): 국가의 공권력에 의해 그 이행이 강제되는 규범
㉡ 법령(法令): 법률과 명령을 포함하는 개념 → 모든 성문법을 통칭함.
㉢ 법규(法規): 국민의 권리를 제한하거나 의무를 부과하는 규정 → 법, 법령과 같은 의미로 사용함.

② 법의 구조
㉠ 성문법(成文法): 문자로 표현되고 문서의 형식을 갖춘 법 → 국가의 입법기관에서 일정한 절차를 거쳐 제정되는 제정법(制定法) 예 헌법, 법률, 명령(위임명령, 집행명령), 자치법규(조례, 규칙), 조약
㉡ 불문법(不文法): 문장의 형식을 취하지 않는 법 → 헌법재판소나 법원의 판결을 통해 구체적으로 선언되고 확인됨. 예 관습법, 판례, 조리

③ 법의 존재형식: 법원(法源) → 성문법을 원칙으로 함.

성문법 (제정법)	헌법	국가의 최상위 법 → 국민의 기본권 보장, 국가의 통치구조의 원리 규정
	법률	국회 의결을 거쳐 대통령이 서명, 공포 예 「교육기본법」, 「초중등교육법」
	명령	국회의 의결을 거치지 않고 행정기관이 법률에 의해 제정(≒법규명령) → 대통령령(~시행령), 총리령, 부령, 위임명령, 집행명령
	규칙	국가기관의 소관 사무에 관하여 제정하는 법규 → 명령과 같은 효력(≒행정명령) 예 국회, 중앙선거관리위원회, 헌법재판소, 감사원 규칙
	자치법규	지방자치단체가 법령의 범위 안에서 제정 예 조례(지방의회), 규칙(지방자치단체 장)
	조약	문서에 의한 국가 간의 합의, 국제적 합의 예 협약, 협정, 규정, 의정서, 헌장, 규약, 교환각서 등
불문법	관습법(반복적 관행을 통해 형성), 판례(법원의 판결을 통해서 형성), 조리(건전한 상식으로 판단) 등	

④ 법의 적용과 해석(성문법 상호 간의 관계)

㉠ 상위법 우선의 원칙(헌법 > 법률 > 명령, 규칙 > 자치법규)

㉡ 특별법 우선의 원칙

㉢ 신법(新法) 우선의 원칙

㉣ 국내법 우선의 원칙

㉤ 법률 불소급의 원칙

2. 교원노조

노동조합법상의 특별법(「교원의 노동조합 설립 및 운영 등에 관한 법률」) → 단결권과 단체교섭권 등 노동 2권만 인정(단체행동권은 불허)

(1) 단결권

① 노조의 가입자격(제2조)

㉠ "교원"이란 다음 각 호의 어느 하나에 해당하는 사람을 말한다. 다만, 해고된 사람으로서 「노동조합 및 노동관계조정법」 제82조 제1항에 따라 노동위원회에 부당노동행위의 구제신청을 한 사람은 「노동위원회법」 제2조에 따른 중앙노동위원회(이하 "중앙노동위원회"라 한다)의 재심판정이 있을 때까지 교원으로 본다(개정 2020. 6. 9.).

1. 「유아교육법」 제20조 제1항에 따른 교원
2. 「초·중등교육법」 제19조 제1항에 따른 교원
3. 「고등교육법」 제14조 제2항 및 제4항에 따른 교원. 다만, 강사는 제외한다.

✔ 2020. 6. 9. 법률 제17430호에 의하여 2018. 8. 30. 헌법재판소에서 헌법불합치 결정된 이 조를 개정함.

㉡ 노조가입은 자유이다.

② 노조의 설립 및 조직

㉠ 제2조 제1호·제2호에 따른 교원(유치원·초중등교원)은 특별시·광역시·특별자치시·도·특별자치도(이하 "시·도"라 한다) 단위 또는 전국 단위로만 노동조합을 설립할 수 있다. → 교육지원청 단위나 단위학교 차원에서의 교원노조 설립은 금지

㉡ 제2조 제3호에 따른 교원(대학교 교원)은 개별학교 단위, 시·도 단위 또는 전국 단위로 노동조합을 설립할 수 있다.

㉢ 노동조합을 설립하려는 사람은 고용노동부장관에게 설립신고서를 제출하여야 한다.

㉣ 복수노조 결성을 허용한다.

③ 노동조합 전임자의 지위

㉠ 교원은 임용권자의 허가가 있는 경우에는 노동조합의 업무에만 종사할 수 있다.

㉡ 제1항에 따라 허가를 받아 노동조합의 업무에만 종사하는 사람(이하 "전임자"라 함)은 그 기간 중 「교육공무원법」 제44조 및 「사립학교법」 제59조에 따른 휴직명령을 받은 것으로 본다. → 직권휴직

㉢ 전임자는 그 전임기간 중 봉급을 받지 못한다.

㉣ 전임자는 그 전임기간 중 전임자임을 이유로 승급 또는 그 밖의 신분상의 불이익을 받지 아니한다.

(2) **단체교섭권**(제6조): 교섭 및 체결 권한 등

① 교섭구조

㉠ **유치원·초중등교원으로 설립한 노동조합의 대표자의 경우**: 국·공립의 경우 교육부 장관(전국), 교육감(시·도)과 교섭한다. 사학재단은 시·도 또는 전국단위로 연합하여 사립학교 설립·경영자와 교섭한다. → 국·공·사립을 불문하고 교육지원청이나 단위학교 차원에서의 교섭은 불허한다.

㉡ **대학교교원으로 설립한 노동조합의 대표자의 경우**: 교육부장관(전국), 특별시장·광역시장·특별자치시장·도지사·특별자치도지사(시·도), 국·공립학교의 장 또는 사립학교 설립·경영자(학교)

② **교섭내용**: 임금·근무조건·후생복지 등 경제적·사회적 지위 향상과 관련된 사항으로 한정한다(교육정책에 관한 교섭 ×).

③ 제1항의 경우에 노동조합의 교섭위원은 해당 노동조합의 대표자와 그 조합원으로 구성하여야 한다.

④ 노동조합의 대표자는 제1항에 따라 교육부장관, 시·도지사, 시·도 교육감, 국·공립학교의 장 또는 사립학교 설립·경영자와 단체교섭을 하려는 경우에는 교섭하려는 사항에 대하여 권한을 가진 자에게 서면으로 교섭을 요구하여야 한다.

⑤ 교육부장관, 시·도지사, 시·도 교육감, 국·공립학교의 장 또는 사립학교 설립·경영자는 제4항에 따라 노동조합으로부터 교섭을 요구받았을 때에는 교섭을 요구받은 사실을 공고하여 관련된 노동조합이 교섭에 참여할 수 있도록 하여야 한다.

⑥ 교육부장관, 시·도지사, 시·도 교육감, 국·공립학교의 장 또는 사립학교 설립·경영자는 제4항과 제5항에 따라 교섭을 요구하는 노동조합이 둘 이상인 경우에는 해당 노동조합에 교섭창구를 단일화하도록 요청할 수 있다. 이 경우 교섭창구가 단일화된 때에는 교섭에 응하여야 한다.

⑦ 교육부장관, 시·도지사, 시·도 교육감, 국·공립학교의 장 또는 사립학교 설립·경영자는 제1항부터 제6항까지에 따라 노동조합과 단체협약을 체결한 경우 그 유효기간 중에는 그 단체협약의 체결에 참여하지 아니한 노동조합이 교섭을 요구하여도 이를 거부할 수 있다.

⑧ **교섭의 원칙**: 제1항에 따른 단체교섭을 하거나 단체협약을 체결하는 경우에 관계 당사자는 국민여론과 학부모의 의견을 수렴하여 성실하게 교섭하고 단체협약을 체결하여야 하며, 그 권한을 남용하여서는 아니 된다.

⑨ 제1항, 제2항 및 제4항부터 제8항까지에 따른 단체교섭의 절차 등에 관하여 필요한 사항은 대통령령으로 정한다.

(3) **단체협약의 효력**(제7조)

① 제6조 제1항에 따라 체결된 단체협약의 내용 중 법령·조례 및 예산에 의하여 규정되는 내용과 법령 또는 조례에 의하여 위임을 받아 규정되는 내용은 단체협약으로서의 효력을 가지지 아니한다.

② 교육부장관, 시·도지사, 시·도 교육감, 국·공립학교의 장 및 사립학교 설립·경영자는 제1항에 따라 단체협약으로서의 효력을 가지지 아니하는 내용에 대하여는 그 내용이 이행될 수 있도록 성실하게 노력하여야 한다.

⑷ **노동쟁의의 조정신청**(제9조)

① 단체교섭이 결렬된 경우에는 당사자 어느 한쪽 또는 양쪽은 「노동위원회법」 제2조에 따른 중앙노동위원회(이하 "중앙노동위원회"라 한다)에 조정(調停)을 신청할 수 있다.

② 제1항에 따라 당사자 어느 한쪽 또는 양쪽이 조정을 신청하면 중앙노동위원회는 지체 없이 조정을 시작하여야 하며 당사자 양쪽은 조정에 성실하게 임하여야 한다.

③ 조정은 신청을 받은 날부터 30일 이내에 마쳐야 한다.

⑸ **중재**(仲裁, 제10조): 중앙노동위원회는 다음 각 호의 어느 하나에 해당하는 경우에는 중재(仲裁)를 한다. → 교원의 노동쟁의를 조정·중재하기 위하여 중앙노동위원회에 교원 노동관계 조정위원회를 둔다.

① 단체교섭이 결렬되어 관계 당사자 양쪽이 함께 중재를 신청한 경우

② 중앙노동위원회가 제시한 조정안을 당사자의 어느 한쪽이라도 거부한 경우

③ 중앙노동위원회 위원장이 직권으로 또는 고용노동부 장관의 요청에 따라 중재에 회부한다는 결정을 한 경우

⑹ **중재재정의 확정**(제12조): 관계 당사자는 중앙노동위원회의 중재재정(仲裁裁定)이 위법하거나 월권(越權)에 의한 것이라고 인정하는 경우에는 「행정소송법」 제20조에도 불구하고 중재재정서를 송달받은 날부터 15일 이내에 중앙노동위원회 위원장을 피고로 하여 행정소송을 제기할 수 있다. 이 기간 이내에 행정소송을 제기하지 아니하면 그 중재재정은 확정된다.

⑺ **정치활동 및 쟁의행위 금지**

① 정치활동 금지(제3조): 교원의 노동조합은 어떠한 정치활동도 하여서는 아니 된다(이하 2020. 5. 26. 개정).

② 쟁의행위 금지(제8조): 노동조합과 그 조합원은 파업, 태업 또는 그 밖에 업무의 정상적인 운영을 방해하는 어떠한 쟁의행위(爭議行爲)도 하여서는 아니 된다. → 단체행동권 금지

3. 교직단체와 교원노조의 구분

구분	교원전문직 단체	교원노조
추구이념	교원의 자질향상 및 전문성 신장	교원의 경제적·사회적 지위향상
관련 교직관	전문직관	노동직관
법률근거	• 교육관계법: 「교육기본법」 제15조 • 「민법」 제32조	노동관계법: 「교원의 노동조합 설립 및 운영 등에 관한 법률」(노동조합법상의 특별법)
설립방법	허가제	자유설립주의(신고제) → 고용노동부 장관
설립형태	교과별, 학교급별, 지역별	• 유치원, 초·중등학교 교원: 시·도 또는 전국단위 • 대학교 교원: 학교, 시·도 또는 전국단위
가입대상	전 교원 대상(학교장 포함)	유치원, 초·중등학교, 대학교 교원

교섭·협의구조	• 중앙단위: 교육부 장관 • 시·도단위: 교육감 ※ 국·공·사립 구분 없음.	• 유치원, 초·중등학교 노동조합 대표자 – 국·공립학교: 교육부 장관(전국), 교육감(시·도) – 사립학교: 설립·경영자가 전국 또는 시·도 단위로 연합하여 교섭 • 대학교 노동조합 대표자: 교육부장관(전국), 특별시장·광역시장·특별자치시장·도지사·특별자치도지사(시·도), 국·공립학교의 장 또는 사립학교 설립·경영자(학교)
교섭·협의내용	처우개선, 근무조건 및 복지후생과 전문성 신장에 관한 사항	임금·근무조건·후생복지 등 경제적·사회적 지위향상과 관련된 사항
교섭·협의시기	연 2회 및 특별히 필요시	최소 2년에 1회
대정부 관계	협력 제휴관계(협의, 의견제시)	노사관계(단체교섭, 협약체결)
대정부 창구	다원적 참여체제	양자 간 교섭체계

22 학교실무

1. 공문서: 「행정 효율과 협업 촉진에 관한 규정」

(1) 공문의 종류

① **작성 주체에 의한 분류**: 공문서, 사문서

cf 사문서도 행정기관에 제출·접수된 것은 공문서이다.

② **유통 대상에 의한 분류**: 대내문서, 대외문서, 전자문서

③ **문서의 성질에 의한 분류**

㉠ **법규문서**: 헌법, 법률, 대통령령, 총리령, 부령, 조례, 규칙 등 → 조례는 지방의회, 교육규칙은 교육감이 제정

㉡ **지시문서**: 행정기관이 그 하급기관 또는 소속 공무원에 대하여 일정한 사항을 지시하는 문서 예 훈령, 지시, 예규, 일일명령

㉢ **공고문서**: 행정기관이 일정한 사항을 일반인에게 알리기 위한 문서 예 공고, 고시

㉣ **비치문서**: 행정기관이 일정한 사항을 기록하여 행정기관 내부에 비치하면서 업무에 활용하는 문서 예 비치대장, 비치카드

㉤ **민원문서**: 민원인이 행정기관에 대하여 특정한 행위를 요구하는 문서 및 그에 대한 처리문서 예 허가, 인가, 기타 처분

㉥ **일반문서**: ㉠~㉤에 속하지 않는 모든 문서 예 회보, 보고서, 전언통신문

(2) 결재: 전결(위임결재), 대결(결재권자 부재시)

(3) 문서의 효력 발생

① **일반문서**: 수신자에게 도달한 때

② **공고문서**: 고시, 공고 있은 후 5일이 경과한 날

③ **전자문서**: 수신자의 컴퓨터 파일에 기록된 때

(4) 문서구성

① **두문**: 행정기관명, 수신자
② **본문**: 제목, 내용, 붙임(첨부)
③ **결문**: 발신명의, 기안자, 검토자, 협조자, 결재권자의 직위 또는 직급 및 서명, 생산등록번호와 시행일자, 접수등록번호와 접수일자, 행정기관의 우편번호·주소·홈페이지 주소·전화번호·모사 전송번호, 처리과, 관련자

(5) 문서 내용 구분: 1. ⇨ 가. ⇨ 1) ⇨ 가) ⇨ (1) ⇨ (가) ⇨ ① ⇨ ㉮

(6) 문서의 보존

① **보존 기간**: 영구(졸업대장), 준영구(학교생활기록부), 30년, 10년, 5년, 3년, 1년의 7종류(공공기관의 기록물 관리에 관한 법률 시행령)
② **학교생활기록부의 보존**: Ⅰ은 준영구(50년) 보존, Ⅱ는 초·중등학교는 종이 출력물로 5년, 고등학교는 상급학교 입학자료로 활용하므로 전산자료로 5년 추가 보존(총 10년)

2. 교육환경보호구역: 교육감이 결정 →「교육환경 보호에 관한 법률」 제8조(교육환경보호구역의 설정 등)

(1) 절대보호구역: 학교 출입문으로부터 직선거리로 50m

(2) 상대보호구역: 학교 경계 등으로부터 직선거리로 200m 지역(단, 절대보호구역 제외)

(3) 관리: 당해 학교장이 관리(상·하급 학교 간 중복시는 하급학교에서, 하급학교가 유치원인 경우는 그 상급학교가 관리, 같은 급일 경우는 학생수 많은 학교, 학교 간 절대보호구역과 상대보호구역이 중복시는 절대보호구역이 설정된 학교장)

3. 「학교폭력 예방 및 대책에 관한 법률」

(1) 학교폭력의 개념(제2조): 학교 내외에서 학생 간에 발생한 상해, 폭행, 감금, 협박, 약취·유인, 명예훼손·모욕, 공갈, 강요·강제적인 심부름 및 성폭력, 따돌림, 사이버 따돌림, 정보통신망을 이용한 음란·폭력정보 등에 의하여 신체·정신 또는 재산상의 피해를 수반하는 행위

(2) 교육감의 임무(제11조)

① 시·도교육청에 학교폭력의 예방과 대책을 담당하는 전담부서를 설치·운영해야 한다.
② 관할 구역 안에서 학교폭력이 발생한 때에는 해당 학교의 장 및 관련 학교의 장에게 그 경과 및 결과의 보고를 요구할 수 있다.
③ 교육감은 관할 구역 안의 학교폭력이 관할 구역 외의 학교폭력과 관련이 있는 때에는 그 관할 교육감과 협의하여 적절한 조치를 취하여야 한다.
④ 교육감은 학교의 장으로 하여금 학교폭력의 예방 및 대책에 관한 실시계획을 수립·시행하도록 하여야 한다.
⑤ 교육감은 심의위원회가 처리한 학교의 학교폭력빈도를 학교의 장에 대한 업무수행 평가에 부정적 자료로 사용하여서는 아니 된다.

⑥ 교육감은 전학의 경우 그 실현을 위하여 필요한 조치를 취하여야 하며, 퇴학처분의 경우 해당 학생의 건전한 성장을 위하여 다른 학교 재입학 등의 적절한 대책을 강구하여야 한다.

⑦ 교육감은 대책위원회 및 지역위원회에 관할 구역 안의 학교폭력의 실태 및 대책에 관한 사항을 보고하고 공표하여야 한다. 관할 구역 밖의 학교폭력 관련 사항 중 관할 구역 안의 학교와 관련된 경우에도 또한 같다.

⑧ 교육감은 학교폭력의 실태를 파악하고 학교폭력에 대한 효율적인 예방대책을 수립하기 위하여 학교폭력 실태조사를 연 2회 이상 실시하여야 한다.

(3) 학교폭력대책심의위원회의 설치 · 기능(제12조)

① 학교폭력의 예방 및 대책에 관련된 사항을 심의하기 위하여 「지방교육자치에 관한 법률」 제34조 및 「제주특별자치도 설치 및 국제자유도시 조성을 위한 특별법」 제80조에 따른 교육지원청(교육지원청이 없는 경우 해당 시 · 도 조례로 정하는 기관으로 한다. 이하 같다)에 학교폭력대책심의위원회(이하 "심의위원회"라 한다)를 둔다. 다만, 심의위원회 구성에 있어 대통령령으로 정하는 사유가 있는 경우에는 교육감 보고를 거쳐 둘 이상의 교육지원청이 공동으로 심의위원회를 구성할 수 있다.

② 심의위원회는 학교폭력의 예방 및 대책 등을 위하여 다음 각 호의 사항을 심의한다.

1. 학교폭력의 예방 및 대책
2. 피해학생의 보호
3. 가해학생에 대한 교육, 선도 및 징계
4. 피해학생과 가해학생 간의 분쟁조정
5. 그 밖에 대통령령으로 정하는 사항

③ 심의위원회는 해당 지역에서 발생한 학교폭력에 대하여 조사할 수 있고 학교장 및 관할 경찰서장에게 관련 자료를 요청할 수 있다.

(4) 심의위원회의 구성 · 운영(제13조)

① 심의위원회는 10명 이상 50명 이내의 위원으로 구성하되, 전체위원의 3분의 1 이상을 해당 교육지원청 관할 구역 내 학교(고등학교를 포함한다)에 소속된 학생의 학부모로 위촉하여야 한다.

② 심의위원회의 위원장은 다음 각 호의 어느 하나에 해당하는 경우에 회의를 소집하여야 한다.

1. 심의위원회 재적위원 4분의 1 이상이 요청하는 경우
2. 학교의 장이 요청하는 경우
3. 피해학생 또는 그 보호자가 요청하는 경우
4. 학교폭력이 발생한 사실을 신고받거나 보고받은 경우
5. 가해학생이 협박 또는 보복한 사실을 신고받거나 보고받은 경우
6. 그 밖에 위원장이 필요하다고 인정하는 경우

③ 심의위원회는 회의의 일시, 장소, 출석위원, 토의내용 및 의결사항 등이 기록된 회의록을 작성 · 보존하여야 한다.

(5) 학교의 장의 자체 해결(제13조의2)

① 제13조 제2항 제4호 및 제5호에도 불구하고 피해학생 및 그 보호자가 심의위원회의 개최를 원하지 아니하는 다음 각 호에 모두 해당하는 경미한 학교폭력의 경우 학교의 장은 학교폭력사건을 자체적으로 해결할 수 있다. 이 경우 학교의 장은 지체 없이 이를 심의위원회에 보고하여야 한다.

1. 2주 이상의 신체적·정신적 치료를 요하는 진단서를 발급받지 않은 경우
2. 재산상 피해가 없거나 즉각 복구된 경우
3. 학교폭력이 지속적이지 않은 경우
4. 학교폭력에 대한 신고, 진술, 자료제공 등에 대한 보복행위가 아닌 경우

② 학교의 장은 제1항에 따라 사건을 해결하려는 경우 다음 각 호에 해당하는 절차를 모두 거쳐야 한다.

1. 피해학생과 그 보호자의 심의위원회 개최 요구 의사의 서면 확인
2. 학교폭력의 경중에 대한 제14조 제3항에 따른 전담기구의 서면 확인 및 심의

(6) 전문상담교사 배치 및 전담기구 구성(제14조)

① 학교의 장은 학교에 대통령령으로 정하는 바에 따라 상담실을 설치하고, 「초·중등교육법」 제19조의2에 따라 전문상담교사를 둔다.

② 전문상담교사는 학교의 장 및 심의위원회의 요구가 있는 때에는 학교폭력에 관련된 피해학생 및 가해학생과의 상담결과를 보고하여야 한다.

③ 학교의 장은 교감, 전문상담교사, 보건교사 및 책임교사(학교폭력문제를 담당하는 교사를 말한다), 학부모 등으로 학교폭력문제를 담당하는 전담기구(이하 "전담기구"라 한다)를 구성한다. 이 경우 학부모는 전담기구 구성원의 3분의 1 이상이어야 한다.

④ 학교의 장은 학교폭력 사태를 인지한 경우 지체 없이 전담기구 또는 소속 교원으로 하여금 가해 및 피해 사실 여부를 확인하도록 하고, 전담기구로 하여금 제13조의2에 따른 학교의 장의 자체해결 부의 여부를 심의하도록 한다.

⑤ 전담기구는 학교폭력에 대한 실태조사(이하 "실태조사"라 한다)와 학교폭력 예방 프로그램을 구성·실시하며, 학교의 장 및 심의위원회의 요구가 있는 때에는 학교폭력에 관련된 조사결과 등 활동결과를 보고하여야 한다.

⑥ 피해학생 또는 피해학생의 보호자는 피해사실 확인을 위하여 전담기구에 실태조사를 요구할 수 있다.

⑦ 국가 및 지방자치단체는 실태조사에 관한 예산을 지원하고, 관계 행정기관은 실태조사에 협조하여야 하며, 학교의 장은 전담기구에 행정적·재정적 지원을 할 수 있다.

⑧ 전담기구는 성폭력 등 특수한 학교폭력사건에 대한 실태조사의 전문성을 확보하기 위하여 필요한 경우 전문기관에 그 실태조사를 의뢰할 수 있다. 이 경우 그 의뢰는 심의위원회 위원장의 심의를 거쳐 학교의 장 명의로 하여야 한다.

(7) 학교폭력 예방교육(제15조)

① 학교의 장은 학생의 육체적·정신적 보호와 학교폭력의 예방을 위한 학생들에 대한 교육(학교폭력의 개념·실태 및 대처방안 등을 포함하여야 한다)을 학기별로 1회 이상 실시하여야 한다.

② 학교의 장은 학교폭력의 예방 및 대책 등을 위한 교직원 및 학부모에 대한 교육을 학기별로 1회 이상 실시하여야 한다.

③ 학교의 장은 제1항에 따른 학교폭력 예방교육 프로그램의 구성 및 그 운용 등을 전담기구와 협의하여 전문단체 또는 전문가에게 위탁할 수 있다.

④ 교육장은 제1항부터 제3항까지의 규정에 따른 학교폭력 예방교육 프로그램의 구성과 운용 계획을 학부모가 쉽게 확인할 수 있도록 인터넷 홈페이지에 게시하고, 그 밖에 다양한 방법으로 학부모에게 알릴 수 있도록 노력하여야 한다.

(8) **피해학생의 보호**(제16조)

① 심의위원회는 피해학생의 보호를 위하여 필요하다고 인정하는 때에는 피해학생에 대하여 다음 각 호의 어느 하나에 해당하는 조치(수 개의 조치를 동시에 부과하는 경우를 포함한다)를 할 것을 교육장(교육장이 없는 경우 제12조 제1항에 따라 조례로 정한 기관의 장으로 한다. 이하 같다)에게 요청할 수 있다. 다만, 학교의 장은 피해학생의 보호를 위하여 긴급하다고 인정하거나 피해학생이 긴급보호를 하는 경우에는 제1호, 제2호 및 제6호의 조치를 할 수 있다. 이 경우 학교의 장은 심의위원회에 즉시 보고하여야 한다.

1. 학내외 전문가에 의한 심리상담 및 조언
2. 일시보호
3. 치료 및 치료를 위한 요양
4. 학급교체
5. 삭제
6. 그 밖에 피해학생의 보호를 위하여 필요한 조치

② 심의위원회는 제1항에 따른 조치를 요청하기 전에 피해학생 및 그 보호자에게 의견진술의 기회를 부여하는 등 적정한 절차를 거쳐야 한다.

③ 제1항에 따른 요청이 있는 때에는 교육장은 피해학생의 보호자의 동의를 받아 7일 이내에 해당 조치를 하여야 한다.

④ 제1항의 조치 등 보호가 필요한 학생에 대하여 학교의 장이 인정하는 경우 그 조치에 필요한 결석을 출석일수에 포함하여 계산할 수 있다.

⑤ 학교의 장은 성적 등을 평가하는 경우 제3항에 따른 조치로 인하여 학생에게 불이익을 주지 아니하도록 노력하여야 한다.

⑥ 피해학생이 전문단체나 전문가로부터 제1항 제1호부터 제3호까지의 규정에 따른 상담 등을 받는 데에 사용되는 비용은 가해학생의 보호자가 부담하여야 한다. 다만, 피해학생의 신속한 치료를 위하여 학교의 장 또는 피해학생의 보호자가 원하는 경우에는 「학교안전사고 예방 및 보상에 관한 법률」 제15조에 따른 학교안전공제회 또는 시·도교육청이 부담하고 이에 대한 상환청구권을 행사할 수 있다.

⑦ 학교의 장 또는 피해학생의 보호자는 필요한 경우 「학교안전사고 예방 및 보상에 관한 법률」 제34조의 공제급여를 학교안전공제회에 직접 청구할 수 있다.

(9) **가해학생에 대한 조치**(제17조)

① 심의위원회는 피해학생의 보호와 가해학생의 선도·교육을 위하여 가해학생에 대하여 다음 각 호의 어느 하나에 해당하는 조치(수 개의 조치를 동시에 부과하는 경우를 포함한다)를 할 것을 교육장에게 요청하여야 하며, 각 조치별 적용 기준은 대통령령으로 정한다. 다만, 퇴학처분은 의무교육과정에 있는 가해학생에 대하여는 적용하지 아니한다.

1. 피해학생에 대한 서면사과
2. 피해학생 및 신고 · 고발 학생에 대한 접촉, 협박 및 보복행위의 금지
3. 학교에서의 봉사
4. 사회봉사
5. 학내외 전문가에 의한 특별 교육이수 또는 심리치료
6. 출석정지
7. 학급교체
8. 전학
9. 퇴학처분

② 제1항에 따라 심의위원회가 교육장에게 가해학생에 대한 조치를 요청할 때 그 이유가 피해학생이나 신고 · 고발 학생에 대한 협박 또는 보복 행위일 경우에는 같은 항 각 호의 조치를 병과하거나 조치 내용을 가중할 수 있다.

③ 제1항제2호부터 제4호까지 및 제6호부터 제8호까지의 처분을 받은 가해학생은 교육감이 정한 기관에서 특별교육을 이수하거나 심리치료를 받아야 하며, 그 기간은 심의위원회에서 정한다.

④ 학교의 장은 가해학생에 대한 선도가 긴급하다고 인정할 경우 우선 제1항 제1호부터 제3호까지, 제5호 및 제6호의 조치를 할 수 있으며, 제5호와 제6호의 조치는 동시에 부과할 수 있다. 이 경우 심의위원회에 즉시 보고하여 추인을 받아야 한다.

⑤ 심의위원회는 제1항 또는 제2항에 따른 조치를 요청하기 전에 가해학생 및 보호자에게 의견진술의 기회를 부여하는 등 적정한 절차를 거쳐야 한다.

⑥ 제1항에 따른 요청이 있는 때에는 교육장은 14일 이내에 해당 조치를 하여야 한다.

⑦ 학교의 장이 제4항에 따른 조치를 한 때에는 가해학생과 그 보호자에게 이를 통지하여야 하며, 가해학생이 이를 거부하거나 회피하는 때에는 학교의 장은 「초 · 중등교육법」 제18조에 따라 징계하여야 한다.

⑧ 가해학생이 제1항 제3호부터 제5호까지의 규정에 따른 조치를 받은 경우 이와 관련된 결석은 학교의 장이 인정하는 때에는 이를 출석일수에 포함하여 계산할 수 있다.

⑨ 심의위원회는 가해학생이 특별교육을 이수할 경우 해당 학생의 보호자도 함께 교육을 받게 하여야 한다. → 위반한 보호자에게는 300만 원 이하의 과태료 부과(제23조)

⑩ 가해학생이 다른 학교로 전학을 간 이후에는 전학 전의 피해학생 소속 학교로 다시 전학올 수 없도록 하여야 한다.

⑪ 제1항 제2호부터 제9호까지의 처분을 받은 학생이 해당 조치를 거부하거나 기피하는 경우 심의위원회는 제7항에도 불구하고 대통령령으로 정하는 바에 따라 추가로 다른 조치를 할 것을 교육장에게 요청할 수 있다.

더 알아보기

■ **학생징계의 2원화**

1. 「학교폭력 예방 및 대책에 관한 법률」(제17조)
   (1) 학교 폭력 관련 사안 징계의 경우, '학교폭력대책 심의위원회'에서 징계 수위 결정
   (2) 징계(9단계) : 피해학생에 대한 서면사과 ⇨ 피해학생 및 신고 · 고발 학생에 대한 접촉, 협박 및 보복행위의 금지 ⇨ 학교에서의 봉사 ⇨ 사회봉사 ⇨ 학내외 전문가에 의한 특별교육 이수 또는 심리치료 ⇨ 출석정지 ⇨ 학급 교체 ⇨ 전학 ⇨ 퇴학처분
   (3) 퇴학은 의무교육과정(초등학교와 중학교)에서는 시행할 수 없다.

2. 「초 · 중등교육법」(제18조)와 「초 · 중등교육법 시행령」(제31조 제1항)
   (1) 학교 폭력 이외의 사안(예 절도, 사기 등)에 대한 징계의 경우, 선도위원회에서 징계 수위 결정
   (2) 징계(5단계) : 학교 내의 봉사 ⇨ 사회봉사 ⇨ 특별교육 이수 ⇨ 1회 10일 이내, 연간 30일 이내의 출석정지 ⇨ 퇴학
   (3) 퇴학처분은 의무교육과정(초등학교와 중학교)에서는 시행할 수 없다.

(10) 학교의 장의 의무(제19조)

① 학교의 장은 제16조(피해학생의 보호), 제16조의2(장애학생의 보호), 제17조(가해학생에 대한 조치)에 따른 조치의 이행에 협조하여야 한다.

② 학교의 장은 학교폭력을 축소 또는 은폐해서는 아니 된다.

③ 학교의 장은 교육감에게 학교폭력이 발생한 사실과 제13조의2(학교의 장의 자체해결)에 따라 학교의 장의 자체해결로 처리된 사건, 제16조, 제16조의2, 제17조 및 제18조(분쟁조정)에 따른 조치 및 그 결과를 보고하고, 관계 기관과 협력하여 교내 학교폭력 단체의 결성예방 및 해체에 노력하여야 한다.

(11) 학교폭력의 신고의무(제20조)

① 학교폭력 현장을 보거나 그 사실을 알게 된 자는 학교 등 관계 기관에 이를 즉시 신고하여야 한다.

② 제1항에 따라 신고를 받은 기관은 이를 가해학생 및 피해학생의 보호자와 소속 학교의 장에게 통보하여야 한다.

③ 제2항에 따라 통보받은 소속 학교의 장은 이를 심의위원회에 지체 없이 통보하여야 한다.

④ 누구라도 학교폭력의 예비 · 음모 등을 알게 된 자는 이를 학교의 장 또는 심의위원회에 고발할 수 있다. 다만, 교원이 이를 알게 되었을 경우에는 학교의 장에게 보고하고 해당 학부모에게 알려야 한다.

⑤ 누구든지 제1항부터 제4항까지에 따라 학교폭력을 신고한 사람에게 그 신고행위를 이유로 불이익을 주어서는 아니 된다.

(12) 학교전담경찰관(제20조의6)

① 국가는 학교폭력 예방 및 근절을 위하여 학교폭력 업무 등을 전담하는 경찰관을 둘 수 있다.

(13) 비밀누설금지(제21조)

① 이 법에 따라 학교폭력의 예방 및 대책과 관련된 업무를 수행하거나 수행하였던 사람은 그 직무로 인하여 알게 된 비밀 또는 가해학생 · 피해학생 및 제20조에 따른 신고자 · 고발자와 관련된 자료를 누설하여서는 아니 된다. → 위반한 자는 1년 이하의 징역 또는 1천만원 이하의 벌금에 처함(제22조).

② 제1항에 따른 비밀의 구체적인 범위는 대통령령으로 정한다.

③ 제16조, 제16조의2, 제17조, 제17조의2, 제18조에 따른 심의위원회의 회의는 공개하지 아니한다. 다만, 피해학생 · 가해학생 또는 그 보호자가 회의록의 열람 · 복사 등 회의록 공개를 신청한 때에는 학생과 그 가족의 성명, 주민등록번호 및 주소, 위원의 성명 등 개인정보에 관한 사항을 제외하고 공개하여야 한다.

박문각
공무원

핵심 요약집

오현준
핵심교육학

CHAPTER

14

교육사회학

교육사회학

핵심 체크노트

1. **교육사회학의 이론**: 규범적 접근(기능이론, 갈등이론), 해석학적 접근(신교육사회학)
2. **교육과 사회**: 사회화, 사회이동, 사회집단
3. **교육과 문화**: 문화접변, 문화전계, 문화지체, 문화실조, 문화기대
4. **학교교육과 사회평등**: 평등화 기여론, 불평등 재생산론, 무효과론
5. **교육평등관**: 허용적 평등, 보장적 평등, 교육조건의 평등, 보상적 평등
6. **교육격차 발생이론**: 교사결핍론, 지능결핍론, 문화환경 결핍론
7. **교육팽창**(학력상승) **이론**: 학습욕구이론, 기술기능이론, 신마르크스 이론, 지위경쟁이론, 국민통합론

01 교육사회학의 이론

1. 이론의 변화 과정

구분	교육적 사회학	교육의 사회학		연구과제
		구교육사회학	신교육사회학	
거시적 (규범적) 접근		기능이론 갈등이론		학교 외부 문제: 학교와 사회구조 → 학교 내부 문제는 black box로 취급
미시적 (해석학적) 접근			신교육사회학 (교육과정 사회학)	학교 내부 문제: 학교지식(교육과정), 교사-학생 간 상호 작용

(1) **콩트**(Comte): 사회학의 창시자, 사회진화론(신학적 단계 ⇨ 형이상학적 단계 ⇨ 실증적 단계)

(2) **스펜서**(Spencer): 영국 사회학의 창시자 → 사회유기체론

(3) **뒤르껭**(Durkheim): 교육사회학의 아버지 → 사회실재론, 도덕사회화론

① **교육은 곧 사회화**: 천성(天性)이 비사회적 존재인 개인을 사회적 존재로 만드는 과정, 학교교육의 핵심은 문화기대에 어울리는 평균인 양성 → 보편적 사회화를 통한 도덕적 사회화(현대 산업사회에 알맞은 도덕적 질서 확립)가 목적

② **사회화의 유형**: 사회화는 후세대에 대한 성인 세대의 영향력 행사(단, 체벌은 금지)

보편적 사회화	사회 전체의 집합의식을 개인에게 내면화 → 사회의 동질성 확보
특수적 사회화	분업화된 사회집단의 가치와 규범, 능력을 내면화 → 파슨즈(Parsons)의 '역할사회화'와 유사

(4) **파슨즈**(Parsons): 사회체제이론, AGIL 이론, 사회화 기능론 → 학교는 유형유지 기능, 역할사회화를 담당

Adaptation(적응)	환경에 적응하는 기능 → 경제체제
Goal-Attainment(목표달성)	목표달성을 위해 상황의 제반 요소를 통제하는 기능 → 정치체제
Integration(통합)	사회단위 간의 연대를 유지·통합하는 기능 → 사회체제
Latent pattern maintenance and tension management (잠재유형 유지와 긴장관리, 유형 유지)	사회문화의 형태를 유지·존속시키는 보수적 기능 → 문화체제(예 학교)

2. 교육사회학 연구방법

에믹과 에틱의 이분법(Emic - Etic dichotomy) → 언어학자 파이크(K. Pike)의 구분

에믹(Emic) 접근	에틱(Etic) 접근
음운(phonemic, 의미를 가진 음성)에서 유래	음성(phonetic, 물리적인 소리)에서 유래
원주민들의 관점(folk perspective)	분석적 관점(analytic perspective)
특수한 언어나 문화 내에서만 유의미한 수준	보편성의 수준이고 객관적 관찰자에 의해 관찰될 수 있는 사물의 수준
내부자적 관점(insider's view)	외부자적 관점(outsider's view)
질적 접근	양적 접근
민속과학("진정한 문화는 문화 담당자들의 관념에 있다."), 문화기술지, 분석연구, 사례연구	실험연구, 상관연구, 조사연구, 사후연구
생태학적, 구성주의적 연구	실험적 연구, 통계적 연구
인류학, 역사학, 사회학	기초과학, 심리학
해석학적 접근 → 해석학, 현상학	규범적 접근 → 실증주의
소규모 표집	대규모 표집
귀납적, 과정적, 미시적 접근	연역적, 통계적, 거시적 접근
참여관찰, 심층적 면접	실험연구, 준실험연구, 구조화된 면접
연구자 역할 → 개입, 장기	연구자 역할 → 분리, 단기
가치지향적	가치중립적

02 구교육사회학: 거시적 접근(규범적 접근) → 기능이론, 갈등이론

1. 학교(교육) 외적 구조, (학교)교육 외부 문제에 관심
2. 교육 내부 문제는 암흑상자(black box)로 취급
3. 가치중립적 입장(보편적 법칙 발견에 중점)

→ 기능이론(사회와 학교의 순기능), 갈등이론(사회와 학교의 역기능)

1. 기능이론

(1) **사회의 본질**: 구조와 기능, 통합(연관), 안정, (이성적) 합의

① '사회는 하나의 유기체(system)', 전체 사회와 하위체제로 구성(AGIL 이론): 항상 안정과 동질성과 균형성을 지향하는 속성

② 각 요소는 독립적이며 상호 의존적 & 우열의 차이는 없으며 기능상의 차이만 존재: 학교는 잠재적 유형 유지 기능 수행

③ 계층은 기능의 차이에 바탕을 둔 차등적 보상체제의 결과

(2) **학교교육의 기능**: 전체 사회 유지를 위한 학교교육의 순기능 중시

① 사회화, 선발・배치

② 전제조건: 기회의 평등, 능력주의(업적주의 → 학력 중시)

(3) **대표자**: 뒤르켐(Durkheim, 사회화 → 보편적 사회화), 파슨스(Parsons, 선발 → 역할사회화), 드리븐(Dreeben, 규범적 사회화)

(4) **주요 이론**: 합의론적 기능론, 기술기능이론, 인간자본론, 근대화 이론, 발전교육론

① 기술기능이론

㉠ 산업사회의 발달 → 현대 산업사회 유지를 위한 고기술 교육의 필요 증대

㉡ 학교는 산업사회를 유지하기 위한 핵심적 장치

㉢ 대표자: 클라크와 커(Clark & Kerr)

② 인간자본론

㉠ 교육에 대한 투자는 인간 자본의 형성(교육투자 ⇨ 개인의 학력・생산성 증대 ⇨ 개인의 소득 향상 및 국가의 경제발전)

㉡ 발전교육론의 기반 형성

㉢ 대표자: 슐츠(Schultz), 베커(Becker)

③ 근대화 이론

㉠ 학교는 구성원들에게 근대적 가치관(성취동기)과 태도 형성을 통한 근대화에 기여

㉡ 대표자: 맥클랜드(McClelland), 인켈스(Inkels)

예 McClelland(성취욕구, 권력욕구, 친화욕구), Schumpeter(기업가 정신)

④ 발전교육론
　㉠ 정치・경제・사회 발전을 위한 교육(학교교육의 양적 확대) → 개발도상국의 교육투자 확대에 기여
　㉡ 대표자: 로스토우(Rostow)

⑤ 신기능이론
　㉠ 학교개혁, 교육의 수월성 → 교육팽창을 생태학적 세계 체제이론의 관점에서 국제경쟁에 대한 각 사회의 적응과정으로 이해
　㉡ 대표자: 알렉산더(Alexander)

(5) 비판

① 인간을 수동적・종속적 존재로 이해
② 기존질서 유지를 지향하는 보수적 입장
③ 학력경쟁의 가열화를 통한 인간성 상실 초래 및 전인교육 소홀
④ 학교교육의 획일화
⑤ 교육의 도구적 기능 중시
⑥ 집단 간의 갈등을 소홀히 취급
⑦ 학급 내 구성원 간의 상호 작용성 및 교육과정 내용 등 미시적 연구에 소홀

2. 갈등이론

(1) 사회의 본질: 갈등, 변동(변화), 불일치, 강제(강압)

① 모든 사회는 언제나 변화의 과정에 있다(변화).
② 모든 사회는 언제나 이견(불일치)과 갈등 속에 있으며, 갈등은 사회진보의 원동력이다(갈등).
③ 모든 사회는 그 구성원의 일부에 대한 다른 일부의 강제에 토대를 두고 있다(강제).

(2) 학교교육의 기능: 자본주의 사회의 불평등한 계급 구조 재생산(reproduction), 지배집단의 이익을 정당화 → 학교교육의 역기능 비판, 사회(구조)개혁을 통한 학교개혁 주창

(3) 대표자: 베버(Weber, 권력갈등론), 마르크스(Marx, 경제갈등론), 보울스와 진티스(Bowles & Gintis), 카노이(Carnoy), 일리치(Illich), 라이머(Reimer), 프레이리(Freire), 실버맨(Silberman)

(4) 주요 이론: 경제적 재생산이론, 종속이론, 급진적 저항이론

① 경제적 재생산이론
　㉠ 학교교육은 불평등한 계급구조(사회경제적)를 재생산하는 도구
　㉡ 잠재적 교육과정을 통해 계급에 기초한 성격적 특성을 차별적으로 사회화
　㉢ 경제적 결정론: 토대가 상부구조 결정
　㉣ 대응이론(상응이론): 교육이 노동구조의 사회관계와 대응하는 사회관계로 운영
　㉤ 학교개혁보다 근원적 사회개혁 강조
　㉥ 대표자: 보울스와 진티스(Bowles & Gintis)

더 알아보기

■ 대응이론

- 교사는 자본가가 노동자에게 요구하는 것처럼 학생에게 순종과 복종을 강요한다.
- 노동이 외적 보상인 임금을 획득하기 위해 이루어지듯, 교육도 외적 보상인 학업성취의 획득을 위해 이루어진다.
- 교사는 모든 학생에게 똑같은 학업성취를 요구한다(개인차는 무시하고 개별적인 교수도 없다).
- 노동자가 자신의 작업내용을 스스로 결정할 수 없듯이 학생들도 자기가 배워야 할 교육과정에 대하여 아무런 결정권을 갖지 못한다. → 학생은 노동자와 마찬가지로 권력을 갖고 있지 않다.
- 교육은 노동과 마찬가지로 목적이 아니라 수단이다(임금을 얻기 위한 노동, 졸업장을 얻기 위한 교육).
- 생산현장이 각자에게 잘게 나누어진 분업을 시키듯이, 학교도 계열을 구분하고 지식을 과목별로 잘게 나눈다.
- 생산현장에 여러 직급별 단계가 있듯이 학교도 학년에 따라 여러 단계로 나뉘어 있다.

② 종속이론

㉠ 저발전 국가에서는 제국주의 국가에 의해 정치·경제적으로 종속된 교육 실시

㉡ 대표자: 갈퉁(Galtung), 프랭크(Frank)

③ 급진적 저항이론

㉠ 학교의 전인교육 실패 비판, 자본주의 사회개혁을 통한 학교개혁 주장 → 탈학교 운동

㉡ 대표자: 일리치(Illich), 라이머(Reimer), 프레이리(Freire), 실버맨(Silberman)

예 Illich의 「학교 없는 사회」(학교교육의 무용론), Reimer의 「학교는 죽었다」(학교 사망론, 학교 유해론), Freire의 「페다고지」(삶의 해방을 위한 '문제제기식' 교육), Silberman의 「교실의 위기」

(5) 공헌점

① 학교와 사회의 모순을 명확하게 지적

② 자본주의 사회의 학교교육에 대한 비판적 인식(학교는 계급적 불평등을 재생산하는 도구) 증가

③ 학교제도의 문제점을 학교 내에서가 아니라 학교와 사회와의 관련 속에서 설명

(6) 비판점

① 교육이 생산관계에 의해 일방적으로 결정된다는 경제적 결정론

② 사회구조를 이분법(지배자－피지배자)에 따라 단순화함.

③ 교육을 지배계급에 봉사하는 도구로 규정함으로써 교육의 본질적 모습을 왜곡

④ 개인의 자유의지를 무시하고 사회적 조건만 지나치게 강조

⑤ 학교교육의 공헌(예 유능한 인재 선발, 사회통합 기여)을 소홀히 함.

3. 기능이론과 갈등론의 학교교육에 대한 이해 비교

구분	기능이론	갈등이론
사회관	• 사회를 유기체에 비유 → 사회를 긍정적으로 파악 • 안정성, 통합성, 상호 의존성, 합의성 • 사회는 전문가 사회, 업적사회, 경쟁적 사회 → 개인의 능력에 따라 계층이동 가능	• 사회는 갈등과 경쟁의 연속 → 사회를 부정적으로 파악 • 세력다툼, 이해상충, 저항, 변동 • 사회는 후원적 사회 → 개인 능력 ×, 부모의 사회경제적 배경에 따라 자녀들의 지위 결정
핵심요소	구조와 기능, 통합, 안정, 합의	갈등, 변동(변화), 강제(억압)
교육의 기능	• 사회화, 선발, 배치 → 학교교육을 통한 계층이동 가능, 학교는 위대한 평등장치 • 사회유지 · 발전	• 불평등한 사회구조를 재생산 → 학교교육을 통한 계층이동이 불가능 • 지배집단의 문화를 정당화 · 주입
사회-교육의 관계	긍정적 · 낙관적 → 학교의 순기능에 주목	부정적 · 비판적 → 학교의 역기능에 주목
이론적 특징	• 체제유지 지향적, 현상 유지 → 보수적 • 부분적 · 점진적 문제해결 → 개혁 • 안정 지향 • 교육과정: 지식의 절대성 → 보편성, 객관성	• 체제비판을 통한 변화 → 진보적 • 전체적 · 급진적 문제해결 → 혁명 • 변화 지향 • 교육과정: 지식의 상대성 → 사회 · 역사적 맥락 중시
대표자	뒤르켐, 파슨스	보울스, 진티스, 카노이, 일리치, 라이머, 프레이리
대표적 이론	• 합의론적 기능주의 • 기술기능이론 • 근대화 이론 • 인간자본론 • 발전교육론	• 경제적 재생산이론 • 종속이론 • 급진적 저항이론
공통점	• 거시이론 • 교육을 정치, 경제의 종속변수로 파악 • 교육의 본질적(내적) 기능보다 수단적(외적) 기능을 중시	

4. 기능이론과 갈등이론의 공통점과 한계

(1) 교육을 정치 · 경제의 종속변수로 인식하고 있다. → 교육의 수단적 · 외재적 가치 중시

(2) **수동적 인간관**: 인간은 사회적으로 만들어지고 움직여지는 인형 같은 존재

(3) 교육은 기존의 사회구조와 문화를 그대로 반영하고 있다고 본다.

(4) 교육의 내적 기능보다는 외적 기능을 강조한다.

(5) 교육을 거시적 관점에서 취급하여 학교의 교육과정을 암흑상자(Black-box)로 무시한다.

03 신교육사회학(교육과정 사회학) : 미시적 접근(해석학적 접근)

학교교육 내부 문제(현상)에 관심, 귀납적 접근(질적 연구)

1. 등장 배경

(1) **학문적 배경**: 신마르크스주의(Neo−Marxism), 지식사회학(Mannheim, 지식은 사회적 산물), 상징적 상호 작용 이론(Mead, Cooley, Blumer), 민속방법론(Garfinkel), 현상학(Husserl), 해석학(Dilthey)

(2) **정책적 배경**: 사회평등을 구현하려는 영국의 학교개혁 정책의 실패 → 교육사회학자들의 관심이 학교 내부 문제로 전환

(3) **발전 과정**: 영국의 해석학적 관점 → 미국의 교육과정 사회학

① 영(Young) : 학교 지식은 사회적·역사적으로 선정된 지식, 특정집단(권력집단)의 지식 → 신교육사회학을 출범(「지식과 통제」, 1971)

② 번스타인(Bernstein) : 교사−학생 간 구어 양식의 차이 연구(어법은 가정에서 형성), 학교언어는 '세련된 어법(공식어)' 사용, 그 결과 '제한된 어법(대중어)'을 사용하는 하류계층의 학생들이 불리 → 사회언어학적 연구, 교육 자율이론

어법	의미
세련된 어법(공식어)	• 중류계층 이상이 주로 사용 • 보편적 의미(말의 복잡함, 어휘의 다양, 언어의 인과성·논리성·추상성 탁월) • 문장이 길고 수식어 많음. 문법 적절, 전치사·관계사 많이 사용, 감정이 절제된 언어
제한된 어법(대중어)	• 하류계층(노동계층)이 주로 사용 • 구체적 의미(내용보다는 형식 측면, 화자의 정서적 유대를 통한 의사소통, 구체적 표현) • 문장이 짧고 수식어 적음, 문법 졸렬, 속어·비어 많음, 문장 이외에 표정·목소리 크기·행동으로 감정을 표현

2. 연구 주제

(1) 학교에서의 교사 − 학생 또는 학생 간 상호 작용 연구

(2) **교육과정(학교지식) 연구**: 교육과정은 사회적·정치적 산물, 지배계급의 이익·문화 반영

3. 주요 이론

(1) **문화적 재생산이론(문화자본론)**: 학교는 문화적 재생산을 통해 계급 간 불평등을 재생산

① 학교교육은 지배계급의 '문화자본(아비투스 문화자본과 제도화된 문화자본)'을 교육과정에 담아 학생들에게 전달함으로써 계급적 불평등을 재생산

아비투스(habitus)적 문화자본	개인에게 내면화(무의식적으로 체질화)되어 있는 문화능력(문화적 취향, 심미적 태도, 의미체계)으로, 지속성을 지니는 무형(無形)의 신체적 성향이나 습성

제도화된 문화자본	• 교육제도를 통해 공식적 가치를 인정받는 시험성적, 졸업장, 자격증, 학위증서 • 학업성취도와 관련된 교육 결과에 대한 사회적 희소가치 분배의 기준이 되는 문화자본
객관화된 문화자본	• 법적 소유권 형태로 존재하는 문화적 재화 예 골동품, 고서, 예술작품 • 교육내용 구성의 원천이 되는 상징재 형식의 문화자본

② **상대적 자율성과 상징적 폭력**: 학교는 계급 중립적인 문화를 다루는 곳이라는 '상대적 자율성' 때문에 계급 편향적인 문화가 모든 학생들에게 강제되며 이는 그 문화를 소유하고 있지 못하는 학생들에게 '상징적 폭력'으로 작용

③ **대표자**: 번스타인(Bernstein), 부르디외(Bourdieu)

(2) 문화적 헤게모니이론

① **대표자**: 애플(Apple)

② **이론의 개요**: 하부구조(경제)가 상부구조(교육)를 결정하는 것이 아니라 헤게모니(hegemony)와 같은 상부구조가 학교교육을 통제한다. → 학교의 문화적 재생산의 기능 중시

㉠ 헤게모니란 지배집단이 한 사회를 효과적으로 지배하기 위해 사용하는 지도력으로, 지배집단이 지닌 의미와 가치체계(ideology)이다.

㉡ 학교는 공식적 또는 잠재적 교육과정을 통해 지배집단의 문화적·이념적 의미와 가치체계(헤게모니)를 전달 → 학교는 지배 이데올로기를 정당화하며 사회통제의 역할 담당

(3) 사회구성체이론(자본주의국가론)

① **대표자**: 알뛰세(L. Althusser)

② **이론의 개요**

㉠ 지배계급의 이익을 옹호하고 대변하는 자본주의 국가는 이념적 국가기구(state apparatus)를 통해 국가가 중립적이라고 믿게 만들어 피지배계급으로부터 능동적인 동의를 이끌어 냄으로써 기존의 불평등관계를 정당화함.

이념적 국가기구	학교(교육), 대중매체(신문, 라디오, 텔레비전 등), 교회(종교), 가정, 법률, 정치, 노동조합, 문화(문학, 예술, 스포츠 등) → 규범과 가치와 관련된 모든 것들
강제적(억압적) 국가기구	경찰, 군대, 정부, 사법제도 → Marx가 본 국가기구

㉡ 학교교육은 이념적 국가기구의 일부로서 지배 이데올로기를 국민들에게 전파·내면화하기 위한 가장 강력한 재생산기구

(4) 저항이론(resistance theory): 탈재생산이론에 해당

① **대표자**: 윌리스(Willis) → 「학교(노동현장)와 계급재생산(Learning to Labour)」(1978)

② 이론의 개요

㉠ 인간은 사회의 불평등한 구조에 저항·비판·도전하는 능동적인 존재

㉡ 피지배집단(노동계급)의 학생들(사나이, lads)이 기존의 학교문화에 저항하고 사회의 불평등과 모순을 극복하기 위해 간파(penetration)를 일상생활 속에서 실천하는 반학교문화(counter-school culture) 형성 → 간파는 제약(limitation)을 통해 저지·중지되기도 함.

간파 (penetration)	저항 행동의 주요 요소로, 현실의 모순을 의심하고 그 의도를 파악해서 폭로하는 것
반학교문화 (counter-school culture)	• 노동계급의 학생들(lads)이 자발적으로 형성한 학교의 전체 문화에 대항하는 저항적 성격의 문화 예 선생님한테 '개기기', '거짓말하기', '까불기', '익살떨기', '수업시간에 딴전 피우기', '엉뚱한 반에 들어가 앉기', '장난거리를 찾아 복도 배회하기', '몰래 잠자기' 등 • 교사나 비저항적 학생들('얌전이', 'ear hole')을 경멸하고 학교의 권위와 지적 활동의 가치 및 규칙 등 기존의 학교문화를 거부하고 저항하는 문화 → 노동계급의 학생들의 반학교문화는 그들의 부모가 작업장에서 형성한 육체노동문화를 근원으로 함. • 노동계급의 학생들로 하여금 학교공부를 거부하고 나아가 사회적 관계에 저항하게 만드는 요인 → 노동계급의 학생들은 남성우월주의적인 육체노동문화를 자신의 이상적 가치관으로 수용, 졸업 후 육체노동직을 스스로 선택함.
제약 (limitation,한계)	• 간파의 발전과 표출을 혼란시키고 방해하는 이런저런 장해요소와 이데올로기적 영향으로, 간파는 제약을 통해 저지 · 중지되기도 함. → 분리(예 육체노동과 정신노동의 분리, 남녀의 분리, 인종차별의 분리 등)와 이데올로기(취업이라는 이데올로기와 공식적인 이데올로기 → 간파를 흐릿하게 만드는 '확정'과 '교란', '내부의 매개자' 역할)로 구분 • 제약(한계)은 노동계급의 학생들은 아무리 노력해도 구조적 불평등 체계로 인해 자신들의 열등한 위치를 벗어날 수 없다고 생각하는 것

㉢ 학교교육은 사회계급 구조의 불평등을 그대로 이행하는 단순한 반영물이 아니라, 사회모순과 불평등에 도전하는 역할을 수행함 → 탈재생산이론

(5) **자율이론**(문화전달이론, 교육상대성이론)

① **대표자**: 번스타인(Bernstein)

② **학교는 나름의 독특한 문화를 재생산**: 학교가 갖는 상대적 자율성으로 지배계급 문화의 정체가 은폐되고 하류층에게 상징적 폭력으로 작용(탈재생산이론)

③ **교육과정 조직과 사회적 지배원리(권력통제) 관계 연구**: 분류(classification)와 구조(frame)로 설명

분류(classification)	• 생산현장에서의 위계적 지위 구분에 해당하며, 교과지식의 사회적 조직형태 • 과목 간, 전공분야 간, 학과 간의 구분 → 내용들 사이의 관계, 경계유지의 정도
구조(frame)	• 노동자가 노동과정을 자율적으로 통제할 수 있는 정도로서, 교사와 학생의 상호작용 관계, 즉 수업에 대한 통제의 정도 • 과목 또는 학과 내 조직의 문제 → 가르칠 내용과 가르치지 않을 내용의 구분이 뚜렷한 정도 예 계열성의 엄격성, 시간 배정의 엄격성 • 교육내용의 선정, 조직, 진도에 대하여 교사와 학생이 소유하고 있는 통제력의 정도 → 구조화가 철저하면 교사나 학생의 욕구 반영이 어렵고 느슨하면 상대적으로 쉬움.

㉠ **분류가 강한 시대**: 교육과 생산의 분리 강조, 교육(학문)의 자율성 보장, 교육의 코드(code of education) 중시 → 집합형 교육과정(수업의 자율성 보장 ×)

㉡ **분류가 약한 시대**: 교육과 생산의 통합 강조, 교육(학문)의 자율성 약화, 생산의 코드(code of production) 중시 → 통합형 교육과정(수업의 자율성 보장)

Tip 집합형 교육과정과 통합형 교육과정의 비교

구분	교육과정 유형	집합형 교육과정	통합형 교육과정
교육 과정의 형성	조직 형태	강한 분류(종적 관계 중시)	약한 분류(횡적 교류 활발)
	교육과정 예시	분과형 교육과정	중핵 교육과정
	영향 세력 (지배집단)	구중간집단	신중간집단
	사회질서와의 관계	교육과 생산(경제)의 관계가 분명 → 교육의 자율성 보장	교육과 생산(경제)의 관계가 불분명(통합) → 교육의 자율성 상실
		교육의 코드(code of education)가 중시	생산의 코드(code of production)가 중시
문화 전달 방식 (수업)	수업 유형	보이는 교수법 • 놀이와 학습을 구분 • 전통적 교수법	보이지 않는 교수법 • 놀이와 학습을 구분 × • 진보주의 교수법
	교사의 자율성	교사의 자율성(재량권) 축소	교사의 자율성(재량권) 확대

④ '보이는 교수법'과 '보이지 않는 교수법'

보이는 교수법(가시적 교수법)	보이지 않는 교수법(비가시적 교수법)
• 전통적 교육에서의 교수법: 지식의 전달과 성취를 강조 • 집합형 교육과정 전수(강한 분류 & 강한 구조) • 학습내용상 위계질서가 뚜렷 • 놀이와 학습을 엄격히 구분: 배울 만한 가치가 있는 내용과 그렇지 못한 내용을 명확히 구분 • 교사 중심의 교수	• 진보주의 교육(열린 교육)의 교수법: 학습자의 내적인 변화 중시 • 통합형 교육과정 전수(약한 분류 & 약한 구조) • 학습내용상 위계질서가 뚜렷하지 않음. • 놀이와 학습을 엄격히 구분하지 않음. • 학습자 중심의 교수

⑤ 교육과정의 결정은 교육 외적인 힘 간의 갈등, 즉 구중간계급과 신중간계급 간의 계급적 갈등에서 비롯되며, 교육과정이 어떻게 결정되든 지배계급에 유리한 내용으로 조직되기 때문에 피지배계층의 이익 실현과는 무관하다.

(6) 문화제국주의 이론

① 대표자: 카노이(Carnoy) → 「문화적 제국주의로서의 교육(Education as a Cultural Imperialism」(1974)

② 이론의 특징

㉠ 국가 간의 문화갈등(문화접변)이 교육과정에 어떻게 반영되고 있는가를 연구

㉡ 학교교육은 주변국의 노동자들을 제국주의적 식민지 구조에 편입시키기 위한 장치

㉢ 서구 중심으로 편성된 학교 교육과정은 신식민주의를 강화하는 역할 수행

(7) **상징적 상호작용이론**(symbolic interaction theory)

① **대표자**: 미드(Mead), 쿨리(Cooley), 블러머(Blumer) → 시카고 학파

㉠ **미드(Mead)**: 중요한 타자, 일반화된 타자 → '놀이단계, 게임단계, 일반화된 타자 형성 단계'를 거쳐 자아가 형성

㉡ **쿠울리(Cooley)**: 거울자아이론 → 주로 '1차적 집단(중요한 거울)'의 평가과정을 통해 자아개념이 형성

㉢ **블러머(Blumer)**: 문화구조나 사회구조는 행위자들 간의 상호작용의 산물 → '우리는 그 대상에 부여하는 의미에 입각하여 행동한다'(상징적 상호작용의 핵심적 명제), 의미는 사회적 산물이고 변화가능한 것

② 이론의 특징

㉠ 인간끼리의 상호작용은 사회적 행위이다.

㉡ 사회구조나 정치구조 또는 사회의 신념체계는 교사・학생 간의 상호작용을 통해 영향을 미친다.

㉢ 교실에서의 교사・학생의 상호작용은 교사의 리더십 유형, 학생의 친구 유형, 교실 여건, 교사의 기대수준, 학교문화 등에 따라 달라진다.

③ **이론의 유형**: 교환이론, 상징적 상호작용론, 역할이론, 민속방법론

④ **이론의 교육적 적용**: 낙인(stigma)이론, 피그말리온 효과, 번스타인(Bernstein)의 사회적 언어(口語)연구, 플랜더스(Flanders)의 수업형태 분석법

⑤ 학교에서의 상호작용 연구

㉠ **하그리브스(Hargreaves)의 교사와 학생 간 상호작용 연구**: 「인간 상호관계와 교육」 → 교사의 자기개념(교사역할) 유형

유형	내용
맹수조련형 (lion-tamers)	학생을 모범생으로 만들기 → 담당교과의 충분한 전문적 지식을 가지고 학생들에게 필요한 지식을 가르치고 윤리적 행동을 훈련시키기
연예인형 (entertainers)	학생을 친구처럼 대하기 → 학생들이 학습에 흥미를 느낄 수 있도록 교수자료를 풍부히 만들고 시청각 기법을 활용하여 학생들이 즐겁게 배우도록 해주기
낭만가형 (romantics)	학습자 스스로 학습할 수 있는 다양한 여건 조성하기 → 학생들의 학습능력과 학습의지를 신뢰하기

㉡ 학생의 적응방식

ⓐ 머튼(Merton, 1957)의 학생의 적응적 행동유형론

유형	내용
동조형(conformity)	목적과 수단을 모두 수용 예 학교교육 의존 입시집착형
혁신형(innovation)	목적을 수용하고 수단을 거부 예 사교육 의존 입시집착형
의례형(ritualism)	목적은 거부하나 수단을 수용 예 무기력 학습기피형
도피형(retreatism)	목적과 수단을 모두 거부 예 도피반항적 학습거부형
반역형(rebellion)	현존하는 목적을 거부하고 새로운 목적으로 대치 예 새로운 학습체제 구축형

ⓑ **우즈(Woods, 1979)의 학생의 적응양식 유형**: 맹목적 순응형, 식민화 유형, 도피형, 비타협형, 반역형, 기회주의형, 아부형 등으로 구분

맹목적 순응형	낙관적 순응형(학교목적과 수단 모두 수용), 도구적 순응형(학교목적 거부, 대입의 도구로 수용) → 학구적 집단의 적응 유형
식민화 유형	자포자기의 순응형 예 학업의욕 상실증("졸업장만 타자.") → 비학구적 집단의 적응 유형
도피형	학교생활 회피(예 학업중퇴자) & 극단적으로는 자살
비타협형	학교목표 거부하고 학교에 협력하지 않음. 예 교복 변형하기
반역형	새로운 학교규칙을 만들기 위해 저항

㉢ **교사의 생존전략**: 전략(strategies)은 교사와 학생의 상호 간 대응행위, 즉 교사가 생존을 위해 교실 상황에서 적절하게 대처해 나가는 대응행위

ⓐ 우즈(Woods)의 생존을 위한 숨은 교수법

사회화	규정화된 행동양식에 학생을 순응하게 만들기
지배	언어적 공격을 통한 학생지배
친목	학생들의 문화를 이해하고 친하게 교제 → 젊은 교사의 대응전략 예 학생의 문화, 이를테면 옷 입는 것 · 말하는 것 · 흥미 있는 것에 관심을 갖거나, 공통의 관심사 · 텔레비전 프로그램에 대한 토론과 농담 등을 통해 학생과의 친목을 다져놓으려 한다.
결근과 자리이동	시간표 조정이나 결근 → 어려운 수업을 회피하기
치료요법	분주하게 일에 열중하여 관심을 다른 데로 돌리기
관습적이고 일상적인 전략	학생과 교사 모두가 손쉽게 생각하는 받아적기 등을 통해 통제

ⓑ **맥닐(McNeil)의 방어적 수업**: 다인수 학급상황에서 강의법을 통한 교사의 생존전략 → 「방어적 수업과 학급통제(defensive teaching and classroom control)」(1983)

단순화	지식을 잘게 쪼개어 수업내용을 단편적 지식들 혹은 서로 연결되지 않는 목록들로 구성(환원)함. → 토론과 반대의견 제시 예방
신비화	• 전문적 영역 피해가기, 베껴 쓰기 지시를 통해 교사에의 의존 심화 유도, 복잡한 주제에 관한 토론을 금지함. 예 국제통화기금, 금본위제 등을 언급할 때 그 용어들을 그대로 베껴 쓰라고 함. • 그 주제는 매우 중요하지만 알기 힘든 것처럼 보이게 하는 방법 → 학생들이 스스로 지식을 추구하거나, 깊이 파고들지 못하도록 하여 교사에의 의존도를 심화함.
생략	학생들이 반대의견을 제시하거나 토론할 만한 자료 혹은 자료를 보는 관점을 다루지 않기 → 시사문제나 논쟁의 여지가 있는 주제를 다룰 경우에 주로 적용함. 예 국사교과에서 현대사를 아예 배우지 않기
방어적 단편화	• 다양한 설명이 요구되는 주제를 간단히 언급만 하고 넘어가기 → 교사가 학생들의 능력이나 수업에 대한 관심이 부족하다고 생각할 때 즐겨 사용하는 수업전략 • 학생들을 이해시키기 데 다양한 방법과 많은 시간이 드는 주제를 다룰 경우 이를 간단히 언급만 하고 넘어간다고 약속함으로써 학생들을 동기화시키기보다는 학생들의 불평을 제거하고 학생들이 저항을 하지 않고 협력하게 만드는 전략 예 주제의 핵심요소는 빼고 간단히 설명하기, 시험지의 빈칸을 단편적 사실로 채우게 하기, 제대로 설명하지 않고 주제의 개요만을 말해주기, 이 주제는 깊이 공부하지 않아도 된다고 말하기

04 사회와 교육

1. 사회화

(1) **개념**: 개인이 사회의 행동양식(생활양식)을 습득, 내면화하는 과정 ≒ 문화화

학자	주장	학교사회화
뒤르껭 (Durkheim)	• 사회실재론 • 도덕사회화론	• 학교사회화의 목표: 도덕사회화 • 보편적 사회화와 특수적 사회화
파슨즈 (Parsons)	• 사회체제이론 • 사회화 기능론	• 학교는 잠재적 유형 유지 기능 • 학교의 주된 기능: 학업성취도를 기준으로 한 사회적 선발 기능 → 직업적 역할의 분배 • 역할 사회화: 인지적 사회화, 인성적 사회화
드리븐 (Dreeben)	학교규범론	• 규범적 사회화: 산업사회에 필요한 규범 습득 예 독립성, 성취성, 보편성, 특수성 • 잠재적 교육과정을 통해 형성

(2) **사회화 기관**: 가정, 또래집단(놀이집단, 동인집단, 도당), 학교, 대중매체

① **가정**: 1차적 · 수직적 · 비형식적 사회화 담당 → 문화환경 결핍론과 관련, 정의적 행동(성격) 형성

② **또래집단**: 수평적 사회화 담당

놀이집단(play group)	유아기, 남녀 구분 ×, 지도자 ×, 순간적으로 이합집산
동인집단(clique)	청소년기, 상류층 자제, 취미 중시, 강한 폐쇄성
도당(gang)	청소년기, 하류층 자제, 일탈행위, 강한 유대 형성, 남녀 구분 ○

③ **학교**: 2차적 · 의도적 · 계획적 사회화 담당

㉠ **인지적 사회화**: 특정의 지식이나 기술 습득을 통한 사회화 → 공식적 교육과정

㉡ **규범적 사회화**: 행동과 실천을 통한 사회화 → 잠재적 교육과정

㉢ **드리븐(Dreeben)의 규범적 사회화**: 잠재적 교육과정을 통해 사회생활의 규범 습득

독립성	• 학교에서 독자적으로 할 일이 있다는 것을 배우게 된다는 것 → 학문적 학습활동에 적용되는 규범 • 학생들이 자신의 행동에 대해서 책임감을 느낄 때, 그리고 다른 사람들이 행위자에게 책임을 지울 수 있는 권리를 가진다는 것을 인식할 때 나타나는 학습이다. • 학교에서 과제를 스스로 처리하게 하고 자신의 행동에 책임을 지게 함으로써 습득된다. 예 시험 시 좌석 분리, 시험 중 부정행위나 표절 행위에 대한 처벌을 통해 학습
성취성	• 사람이란 자기의 노력이나 의도에 의해서보다는 성과에 따라 대우받는다는 것을 배우는 것 → 학생들이 할 수 있는 최선을 다해 그들의 과제를 수행해야 한다는 전제하에 행동하는 것, 다른 사람들의 성과와 비교하여 자신의 성과를 판단하는 것을 학습 • 공동으로 수행하는 과외활동이나 운동과 같은 경쟁에서 성공을 경험하는 기회를 제공함으로써 학습된다. • 이 규범을 통해 학생들은 실패를 극복하는 방법을 배우고 동시에 어떤 분야에서는 다른 사람들이 훨씬 재능이 있다는 것을 인정하는 것을 배운다.

보편성	• 동일 연령의 학생들이 같은 학습내용과 과제를 공유함으로써 형성되는 것 • 같은 연령의 학생들에게 어떤 특성에 관계없이 똑같은 규칙이 적용된다는 것에서 학습된다. 예 학교에서 한 학생이 과제물을 늦게 제출했을 경우 교사는 그 학생의 개인적인 사정을 고려하지 않고 과제물 제출이 늦은 것에 대해 조치를 한다.
특수성 (특정성)	동일 연령의 학생들이 다른 학년의 학생과 구별되는 특수한 환경을 공유하여 개인의 흥미와 적성에 맞는 분야의 교육을 수행함으로써 학습된다. 예 학교에서 한 학생이 과제물을 늦게 제출했을 경우 그 학생이 학교 대표팀의 일원으로 경기에 출전하였기 때문에 과제 제출이 늦어졌다면 교사는 그것을 이해하고 감점을 주지 않는다.

(3) **사회화의 방법**

모방학습	중요한 타인(significant others 예 부모, 교사, 친구)의 구체적인 행동을 모방 → 가장 기본적인 학습방법
모형학습(modeling)	특정인을 자기와 동일시(identification)하여 그의 행동을 체계적으로 모방
역할학습	개인이 사회적 지위에 따른 기대되는 행동을 내면화(internalization)함.
자아형성 (자아정체감 형성)	외부의 사회적 규범이나 기준을 자기 내부적 행동규범으로 형성

2. 사회변동(사회변화)

(1) **개념**: 사회 내에 형성되어 있는 여러 가지 요소들의 결합관계와 상호 작용의 유형(사회구조)이 달라지는 것

(2) **사회변동과 교육과정**: 사회변화의 시기별 강조되는 교육과정의 덕목 → 왈라스(A. Wallace)

사회변화의 시기	교육과정의 강조점
혁명기(revolutionary phase)	• 도덕성 > 지성 > 기술 • 사회적 변혁 중시
보수기(conservative phase)	• 기술 > 도덕성 > 지성 • 기존 사회질서 중시
복고기(reactionary phase)	• 도덕성 > 기술 > 지성 • 구질서 회복 중시

3. 사회계층이동과 교육

(1) **사회계층의 측정방법**: 계층 ⊃ 계급

① 객관적 방법(Warner): 지위특성 지표(I.S.C.) → ㉠ 직업, ㉡ 교육수준, ㉢ 수입, ㉣ 소득원, ㉤ 주택 종류, ㉥ 거주 지역

② 주관적 방법: ㉠ 자기 측정 방법, ㉡ 평판적 방법

(2) 사회(계층)이동과 교육

① 사회이동의 유형

수직적 이동	지위나 수입이 상하로 변하는 것 ⓔ 상승이동(승진, 승급), 하강이동(강임, 감봉)
수평적 이동	지위가 동일한 수준에서 횡적으로 이동하는 것 ⓔ 전직, 전보
세대 내 이동 (생애이동)	1세대 내에서의 지위 변화 ⓔ 내가 노력해서 노동자에서 경영자로
세대 간 이동	2세대 간의 지위 변화 ⓔ 아버지는 하류층, 나는 상류층
구조적 이동	산업구조의 변화로 파생되는 이동 ⓔ 농부가 산업화되면서 서비스직으로 직종 변화

② 사회이동과 교육의 관계

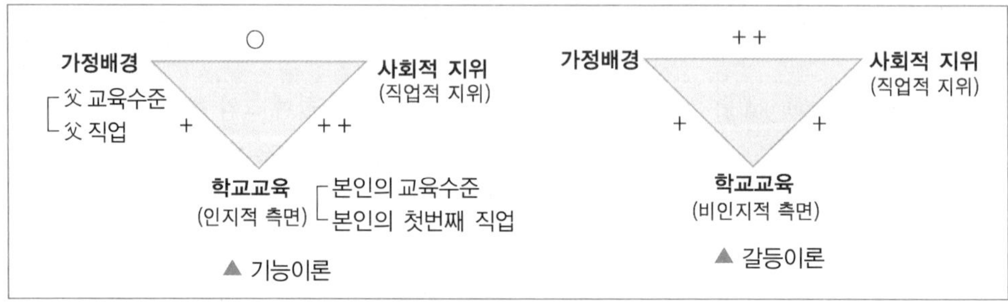

㉠ 기능이론: 학교교육이 사회이동에 결정적인 역할

블라우와 던컨 (Blau & Duncan)	학교교육(본인의 노력)이 사회이동(출세)에 결정적인 역할
스웰과 하우저 (Swell & Hauser)	사회심리적 변인, 즉 '의미 있는 타인들(부모)'의 격려가 노력과 직업지위의 매개변인으로 작용

㉡ 갈등이론: 학교교육은 아무런 기능을 못하고 가정의 사회·경제적 배경이 주된 역할

보울스와 진티스 (Bowles & Gintis)	가정의 사회·경제적 배경이 사회적 지위를 결정
스탠톤-살라자와 돈부쉬(Stanton- Salazar & Dornbusch)	연줄모형 → 학교 내의 사회적 자본(사회적 네트워크)이 교육 및 직업 획득에 영향(학생의 능력 ×)
노동시장 분단론	개인의 능력이 아닌 인적 특성이 지위 획득에 영향

③ 교육선발과 시험

㉠ 사회이동에 따른 교육선발 유형(Turner)

경쟁적 이동	기득권 배제, 개인의 노력 중시, 단선형 학제 → 미국형(한국, 일본, 미국) 학제
후원적 이동	경쟁방식 회피, 통제된 방식 중시, 복선형 학제 → 유럽형(영국, 프랑스) 학제

㉡ 교육선발 유형론(Hopper): 교육선발은 교육제도를 결정

선발 방법(How)	중앙집권적 표준화 선발, 지방분권적 비표준화 선발
선발 시기(When)	초등학교 졸업 단계 or 대학 단계 → 조기선발, 만기선발
선발 대상(Who)	대중평등주의 or 소수의 엘리트 → 보편주의, 특수주의
선발 기준(Why)	사회의 이익 or 개인의 자아실현 → 전체(집단)주의, 개인주의

㉢ 우리나라 교육선발(대입수능시험): 중앙집권적 표준화, 만기선발, 보편주의, 개인주의

④ 시험의 성격

교육적 기능 (Montgomery)	㉠ 자격 부여, ㉡ 경쟁 촉진(우리 교육의 당면 문제), ㉢ 선발, ㉣ 목표와 유인(학습목표 제시 및 동기 촉발하는 유인), ㉤ 교육과정 결정(예 중심과목과 주변과목), ㉥ 학업성취의 확인 및 미래 학습의 예언
사회적 기능	㉠ 사회적 선발, ㉡ 지식의 공식화와 위계화, ㉢ 사회통제(시험 지식을 통한 사회통제), ㉣ 사회질서의 정당화 및 재생산, ㉤ 문화의 형성과 변화

4. 사회집단으로서의 학교집단

(1) 특성

① 중간집단(Smith), 양차적 집단(Brown): ㉠ 집단의 크기가 중간, ㉡ 성원의 가입 방법 면에서 강제성과 선택성, 계약성이 혼합, ㉢ 성원 간의 접촉방식이 복합적(1차적 & 2차적), ㉣ 인간관계 결합성의 지속성이 큼.

② 전인구속적 조직: 고프만(Goffman), 일리치(Illich) → 학생의 행동 전반을 구속하는 기관

(2) 학교교육의 사회적 기능

문화전승	공인된 태도, 규범, 가치관 등의 생활양식과 행동양식을 포함하는 문화내용을 다음 세대에 전달하는 기능 → 교육의 1차적 기능
사회통합	• 여러 이질적인 요소들이 각기 고유의 기능을 유지하면서 전체적으로는 모순과 갈등이 없이 조화를 이루며 발전하는 기능 • 문화전승의 2차적 기능이라고도 하며, 문화전승 기능보다 강제성을 띠는 사회적 통제와 사회적 제재의 기능을 갖는다는 점에서 구분
사회적 선발	교육받은 수준에 따라 사회성원들에게 특정한 지위를 부여하는 기능
사회충원	사회의 존속과 발전을 위해 필요한 인력의 선발, 분류, 배치 기능 → 교육의 가장 현실적이고 구체적인 기능
사회이동	개인의 사회적 지위를 수직적으로 이동시켜 주는 중요한 도구이며, 고등교육기관이 몰려 있는 지역으로의 수평적 이동을 촉진하는 기능
사회개혁	새로운 문화를 창조하고 더 바람직한 방향으로 변화시켜 주는 기능

05 문화와 교육

1. **문화변화**: 한 문화유형이 다른 형으로 근본적으로 변화하는 것

(1) **문화접변**(이식): 한 문화가 다른 문화와 접촉, 한쪽 또는 양쪽 문화가 변화 → 문화 제국주의론(Carnoy)

✔ **문화전파**: 문화접변+문화전계

(2) **문화전계**: 한 문화가 다음 세대로 전수·계승되는 것 → 문화화, 사회화, 교육, 문화번식(Spranger)

cf 문화전계가 중심이고 문화접변이 부수적일 때 문화적 정체성 유지

(3) **문화지체**: 문화 구성 부분 간의 변동 속도의 차이로 생기는 시간적·문화적 격차(Ogburn), 문화요소 간의 부조화 현상

예 물질문화와 정신문화의 부조화

(4) **문화실조**: 문화적 요소의 결핍·과잉 및 시기적 부적절성으로 인한 지적·사회적·인간적 발달의 부분적 상실·지연·왜곡 → 보상교육(결과적 평등관) 실시로 보충

2. **문화기대**

문화가 그 속에 태어난 개인에게 기대하는 행동, '문화적 구속력'(Durkheim) → 교육은 문화기대에 어울리는 '평균인'을 양성

cf **주변인**: 각 문화의 주변을 서성이는 사람

06 학교교육과 사회평등

1. **평등화 기여론**

학교가 사회평등화를 실현할 수 있는 장치라는 생각 → 기능이론의 관점

(1) **평등주의적 관점**: 학교교육 자체가 계층 간 격차를 해소하고 사회평등화를 실현하는 장치

① **해비거스트(Havighurst)의 연구**: 교육은 직업능력 향상을 통한 계층상승에 기여

② **블라우와 던컨(Blau & Duncan)의 직업지위 획득 모형**: '본인의 교육(학력)'이 직업지위 획득에 가장 중요한 요인 → 교육을 통한 계층상승과 사회평등 기여가 가능하다.

③ **인간자본론**: 교육은 소득 분배 평등화의 중요 장치, 완전경쟁시장을 전제

㉠ **내용**: 개인의 특성(예 성별·인종·출신지 등)과는 관계없이 개인이 지닌 생산성, 즉 학력(學力)이 소득수준을 결정 → 교육은 개인의 생산성 증대 및 소득 증대의 요인이다.

ⓛ 비판

구분	인간자본론	비판적 주장(갈등이론)
기본 전제	완전경쟁시장	노동시장 분단론 • 중심시장 – 실력(능력)이 좌우 • 주변시장 – 인적 특성이 결정요소
가설	교육투자 → 생산성(학력, power) 향상 → 지위획득	선발가설이론(선별이론): 고용주들은 생산성이 아닌 상징(symbol, 졸업장)을 보고 선발·선별
결과	고학력자 고지위 획득	과잉학력 현상 발생

ⓐ **과잉학력 현상**: 고학력자가 자기 학력보다 낮은 수준의 직업에 종사 혹은 실직 상태

ⓑ **노동시장 분단론**: 노동시장이 분단(예 내부시장과 외부시장, 대기업과 중소기업)되어 노동시장마다 학력이 직업적 성취에 미치는 영향이 다르며, 인적 특성(예 성별, 인종)에 따른 차별도 존재한다. → 학교교육은 사회이동의 완전한 도구는 아니다. → 계층평등이 이루어지려면 교육정책뿐만 아니라 노동시장 정책도 중요하다.

ⓒ 선별이론(screening theory): 고용주들은 생산성(예 인지적 기술, 능력)보다 상징(예 비인지적 측면의 요소, 학교 졸업장, 출신 학과)을 고용이나 승진의 중요 요소로 본다. → 학력(學力)이 생산성 ×, 학력(學歷, 졸업장)은 상징적 지표이고 선별의 도구

(2) **능력주의 관점**: 계층 배치가 능력 본위로 이루어지면 개인의 노력에 따라 사회이동이 나타나 사회불평등이 해소될 수 있다.

2. (사회) **불평등 재생산론**: 학교가 사회 불평등을 재생산하는 장치라는 생각

갈등이론의 관점 → 보울스와 진티스(Bowles & Gintis), 카노이(Carnoy)의 연구, 라이트와 페론(Wright & Perrone)의 연구

(1) **보울스와 진티스**(Bowles & Gintis)

① 가정배경이 학업성취에 가장 큰 영향을 미치는 요인이다.

② 학교교육은 지배층의 이익에 봉사, 불평등 구조를 재생산 → 교육은 계급 간의 사회이동을 불가능하게 한다.

(2) **카노이(Carnoy)의 연구**: 교육 수익률(교육의 경제적 가치)의 교육단계별 변화 분석을 통해 교육이 지배층의 이익에 봉사한다는 것을 규명

① **교육 수익률이 높은 경우(학교발달 초기)는 학교교육기회가 제한**: 학교에 대한 경쟁이 치열하여 중상류층이 주로 다니고 하류층은 다니지 못한다. → 냉각 기능

② **교육 수익률이 낮은 경우(학교발달 후기)는 학교교육기회가 보편화**: 하류층에게도 교육기회 개방 → 가열 기능

③ 교육은 가진 자에게만 봉사하고 못 가진 자에게는 도움을 주지 못한다.

Tip 사회적 폐쇄(Parkin)

> 한 사회집단이 다른 집단들에 의한 '자원과 기회에의 접근'을 제한하는 여러 가지 과정들, 모든 불평등 구조의 이면에 존재하는 공통요소
> 예 생산적 재산에 대한 통제(자본가들이 노동자들을 이익 분배나 기업 결정 과정에서 배제), 특권적 지위에 대한 접근 차단(공식자격증, 학위 증명 획득에의 차단)

(3) **라이트와 페론(Wright & Perrone)의 연구**: 교육수준이 소득에 미치는 영향 연구

① 교육이 상층집단에게는 도움이 되나, 하층집단에게는 큰 의미가 없다.

② 직업집단별, 성별, 인종별로 교육수준이 소득에 미치는 영향을 비교·분석하여 교육과 계층구조와의 관계를 규명 → 교육의 수익은 노동계급보다 관리자계급, 백인 여성과 흑인 남성보다는 백인 남성에 있어서 더 크다.

3. 무효과론

(1) **내용**: 학교교육은 평등화에 관한 한 의미가 없다. 교육은 사회평등화보다 다른 가치를 추구한다.

(2) **대표자**: 젠크스(Jenks), 버그(Berg), 앤더슨(Anderson), 부동(Boudong), 치스위크와 민서(Chiswick & Mincer)

07 교육평등관

1. 법적 근거

「헌법」 제31조 제1항, 「교육기본법」 제4조 → 교육기회의 균등(허용적 평등)

2. 발전 과정

기회의 균등(허용적 평등 ⇨ 보장적 평등) ⇨ 내용의 평등(과정의 평등 ⇨ 결과의 평등)

3. 평등관의 유형: 기능이론의 입장

(1) **허용적 평등**: 모든 사람에게 동등한 취학기회 보장, 일체의 제도적 차별 철폐 예 의무교육제도

① **재능예비군, 인재군 제도**: 중등교육이나 고등교육은 능력 있는 인재에게만 주어져야 한다.

② 능력에 따른 결과의 차별 인정(능력주의), 보수주의 평등관

(2) **보장적 평등**: 취학을 가로막는 경제적·지리적·사회적 제반 장애 제거

① 취학기회의 실질적 보장

예 무상 의무교육제도, 1944년 영국의 교육법(중등교육의 보편화 & 무상화, 불우층 자녀에게 의복 및 학용품 지원, 복선형 학제에서 단선형 학제로 변화), 학비보조 및 장학금 제도, 미국의 star school, 학교를 지역별로 유형별로 균형 있게 설립

② 교육기회 확대에 기여, 결과(계층 간의 분배구조)는 여전히 차별

(3) **과정(교육여건)의 평등**: 학교의 교육조건(예 교사의 질, 교육과정, 학생수준, 학교시설, 교육방법 등)의 차이가 없어야 한다. → "교육기회의 평등은 단지 취학의 평등이 아니라 평등하게 효과적인 학교를 의미한다."(Coleman)

예 고교평준화 정책(1974, 교사·학생·시설·교육과정의 평준화)

① 지식이 조직, 분배되는 과정을 평등화해야 한다.

② **콜맨 보고서(1966)**: 학교환경은 학업성취에 영향 ×, 즉 학업성취에 있어 학교차의 영향은 미미하다. → 과정의 평등정책의 실패 증거, 보상적 평등의 등장배경 제공

Tip **콜맨 보고서**: 「교육기회의 평등」(1966)

1. 가정배경 변인 ⇨ 학생집단 변인 ⇨ 학교특성(학교환경) 변인순으로 학업성취에 영향을 미친다.
2. 학교환경 변인 중 교사의 질 ⇨ 학생 구성 특성 ⇨ 기타 변인(물리적 시설, 교육과정 등)순으로 학업성취에 영향을 미친다. → 전체 변량의 10% 정도에 불과함.

(4) **결과의(보상적) 평등**: 출발점행동의 문화실조에 대한 보상을 통해 교육의 결과를 같게 해야 한다. → 집단 간 교육의 결과(학력) 격차 축소, 가정배경으로 인한 불이익을 사회가 보상

① **롤즈(Rawls)의 정의론(제2원칙, 차등의 원칙)에 근거**: 공정성의 원리, 역차별의 원리(Mini-Max 원리) 적용(능력이 낮은 학생에게 더 많은 자본과 노력을 투입)

② **구현 사례**: ㉠ Head Start Project(미국), ㉡ Sure Start Program(영국), ㉢ Fair Start Program(캐나다), ㉣ Angel Plan Program(일본), ㉤ 교육 우선 지구(EPA, 영국 → EAZ & Eic), ㉥ 교육 우선 지역 정책(ZEP, 프랑스), ㉦ 한국의 교육복지 투자 우선지원사업, ㉧ WE start와 농어촌지역 학생 대학입학 특별전형제, ㉨ 기회균등 할당제(affirmative action, 할당제·가산점제·목표설정제 등을 통해 소수자에게 대학입학의 기회 부여), ㉩ 저소득층 취학 전 아동을 위한 보상교육, ㉪ 학습부진아에 대한 방과 후 보충학습 실시

③ **보장적 평등과 보상적 평등의 비교**

구분	실현 정책	비고
보장적 평등 (기회의 평등)	• 무상 의무교육의 실시 • 학비보조 및 장학금 제도 운영	경제적 장애 극복
	학교를 지역적으로 유형별 균형 있게 설립	지리적 장애 극복
	근로청소년을 위한 야간학급 및 방송통신학교의 설치	사회적 장애 극복
보상적 평등 (결과의 평등)	• 능력이 낮은 학생에게 더 좋은 교육 여건 제공 • 학습부진아에 대한 방과 후 보충지도	학생 간 격차 해소
	• 저소득층 취학 전 아동을 위한 보상교육 • 교육(복지) 투자 우선지역 사업	계층 간 격차 해소
	• 읍·면 지역의 중학교 의무교육 우선 실시 • 농어촌지역 학생의 대학입시 특별전형제	지역 간 격차 해소

4. 기타 평등관의 유형

⑴ **갈등이론의 평등관**: 구조적 평등 → 사회구조 개혁을 통한 평등실현

⑵ **교육평등의 원리**: 공정한 경쟁의 원리, 최대이익의 원리, 인간존중의 원리, 차등의 원칙의 원리

① 공정한 경쟁의 원리: 기능주의 이론의 입장

㉠ 자유주의에서 평등은 '공정한 경쟁'을 의미: 교육의 기회균등의 원리와 능력주의 중시

㉡ 공정한 경쟁에 따른 결과의 차별은 정당함.

② 최대이익의 원리: 공리주의의 원리

㉠ 최대 다수의 사람에게 최대의 행복, 혹은 최대의 이익이 돌아가게끔 하는 결정이 최선의 결정임.

㉡ 최선의 결정은 행복이라는 결과를 극대화하는 결정임.

③ 인간존중의 원리

㉠ 교육평등은 인간의 '동등한 가치(예 동등한 기본권 또는 이해관계)'를 존중하는 방식으로 행동하는 것임.

㉡ 황금률의 원리, 즉 "네가 대접받고 싶은 대로 남을 대접하라."는 것이 이 원리의 핵심임.

㉢ 인간존중의 원리는 다른 사람을 수단이 아닌 목적으로 대할 것을 요구함.

④ 차등의 원칙: 공리주의의 원리를 비판하는 논리

㉠ 롤즈(Rawls)가 제시한 원리로, 최소 극대화(Mini-Max)의 해결책을 통한 사회정의 실현을 중시함.

㉡ 차등의 원칙이 지닌 의미

ⓐ 모든 이익이 평등하게 분배되도록 요구하지는 않지만 불평등, 즉 평등한 분배로부터의 일탈은 결과적으로 모든 사람에게 이득이 될 경우에만 인정되어야 함을 요구함.

ⓑ 사회적으로 가장 불리한 입장에 있는 사람들의 필요에 특히 신경 쓸 것을 요구함.

ⓒ 모든 인간을 평등하게 존중할 것을 요구함.

⑶ **수평적 평등**: 수직적 평등 안에서 모든 사람을 공정하게 대우하는 평등 → 인종, 성별, 지연(地緣), 민족, 신체 상태의 차이에 관계없이 같게 대우하는 평등

5. 교육기회 분배의 측정: 취학률, 진급률, 탈락률, 교육선발지수, 지니(Gini) 계수

⑴ **교육선발지수**: 전체 학생에 대한 집단별 학생 구성비의 전체 인구에 대한 해당 집단인구 구성비의 비율 → 사회집단에 따른 교육기회의 인구비례 점유율

⑵ **지니 계수**: 경제적 소득의 분배상황을 말해주는 지표를 교육기회의 분배상황 측정에 적용한 것 → 수치가 0에 가까울수록 소득 균형(교육기회의 평등 분배)을 나타내고, 1에 가까울수록 소득 불균형(교육기회의 불평등 분배)을 나타냄.

08 교육격차(학업성취격차)이론 : 지능결핍론, 문화환경 결핍론, 교사결핍론

1. 지능결핍론

(1) 교육격차는 개인의 지능 차이로 발생

(2) **대표자 :** 젠센(Jensen), 아이젠크(Eysenck)

2. 문화환경 결핍론

교육격차는 부모의 사회·경제적 배경(예 가정의 문화환경, 언어 모형, 태도 등)에서 발생

(1) **콜맨**(Coleman) **보고서**(1966) : 가정배경이 학생의 학업성취에 가장 큰 영향 요인

더 알아보기

■ 콜맨(Coleman)의 가정배경과 관련된 자본

1. 경제적 자본 : 부모의 경제적 지원 능력 예 소득, 재산, 직업
2. 인적 자본 : 부모의 학력 예 지적 수준, 교육 수준
3. 사회적 자본 : 부모와 자식 간의 상호 작용 유무 → 학업성취에 가장 큰 변인
   예 • **가정 내 사회적 자본** : 자녀에 대한 부모의 관심, 조력, 교육적 노하우, 기대수준
   • **가정 밖 사회적 자본** : 부모의 친구관계, 어머니의 취업 여부, 이웃과의 교육정보 교류 정도

(2) **플라우덴**(Plowden) **보고서**(영국, 1967) : 부모의 태도, 가정환경, 학교 특성 순으로 교육격차에 영향을 줌.

(3) **젠크스**(Jencks) **연구**(1972) : 가정배경, 유전(인지능력)순으로 영향

3. 교사결핍론

교육격차는 교사 – 학생의 대인지각(교사의 학생관) 등 교육 내적 요인의 차이에서 발생, 상호 작용 이론에 기초

(1) **로젠탈과 제이콥슨**(Rosenthal & Jacobson)**의 피그말리온 효과** : 교사의 학생관(교사 – 학생의 대인지각)이 학업성취도를 결정 → 자성예언이론

(2) **블룸**(Bloom)**의 완전학습이론** : 교사의 교수학습 방법이 교육격차의 주 원인

(3) **리스트**(Rist)**의 연구** : 교사의 사회계층에 따른 학생 구분(예 우수학생, 중간학생, 열등학생)이 학업성취에 영향

(4) **브루크오버**(Brookover)**의 연구** : 학교풍토(school climate)가 학업성취에 영향

4. 교육격차의 설명 모형: 결핍 모형, 기회 모형

(1) **결핍 모형**: 학생이 지닌 속성의 차이로 교육격차의 발생 원인을 설명

지능이론	유전적 요소(생득적 능력)와 지적 능력의 차이 중시
문화실조론	후천적 요소(생후 경험)와 가정의 문화적 환경 차이 중시 → 학생의 문화적 경험 부족이 학습 실패의 중요 원인임.

(2) **기회 모형**: 교육에 투입되는 자원을 교육격차의 발생 원인으로 봄.

교육기회의 불평등	사교육 및 가정배경(경제적 자본, 사회적 자본)에 따른 교육기회의 불평등 중시
교육재원의 불평등	학교의 물질적 조건(예 시설, 기구, 도서)과 인적 조건(예 교사 1인당 학생 수, 학생집단의 구성형태)의 차이 중시

5. 문화실조론과 문화다원론

(1) **문화실조론**: 학업성취의 격차는 학생들의 사회문화적 환경의 차이에서 비롯 → 가장 이상적인 문화인 '서구 산업사회 백인 중산층 문화'의 실조가 학습결손의 주원인

예 농촌, 하류층, 흑인 집단의 학업성취도가 상대적으로 낮은 이유는 '백인 중산층 문화'의 결손 때문

① 이론의 전제: 환경론의 입장(환경의 차이가 교육격차의 차이 발생원인), 기능이론의 입장, 교육내용은 객관적 · 보편적 · 절대적 지식, 서구 중심적 세계관, 학교교육을 통한 계층 상승 가능 → 문화우월주의 입장

② 영향(학습결손 극복방안): 불우계층의 저학력 아동에 대한 보상교육 프로그램(예 Project Head Start, Middle Start Project) → 결과적 평등에 대한 정책 확대

(2) **문화다원론**: 학교가 특정계층의 문화를 가르침으로써 그 문화와 다른 문화권에서 살아와 그 문화에 익숙지 않은 학생들의 학업성취가 낮게 나타난다는 주장

① 이론의 전제: 현상학 · 해석학 · 상호작용이론 · 갈등이론의 입장. 문화에는 우열이 없고 다만 다를 뿐이다. → 문화상대주의 입장

예 학력이 낮은 집단의 아동들이 쓰는 언어나 그들의 가치, 인지 양식을 결핍으로 보지 않는다. 다만 학교에서 강조하는 내용과 그들의 문화가 다르기 때문에 학업성취가 낮게 나오는 것이므로, 그들의 학업성취가 낮은 것은 그들의 문제가 아니라 편향된 문화를 가르치는 학교의 문제라고 본다.

② 영향(학습결손 극복방안): 학교의 교육과정이 특정한 집단의 것으로 편향되지 않고, 여러 집단의 문화를 균형 있게 다루어 주어야 한다. → 교육과정의 재구성

09 학력상승(교육팽창)이론: 학력상승의 원인에 관한 이론

1. 학습욕구이론: 심리적 접근

(1) 자아실현욕구(지적 · 심미적 욕구) 추구 또는 인구의 증가와 경제 발전으로 인한 여유의 증대로 학력상승 발생

(2) **대표자**: 매슬로우(Maslow)

2. 기술기능이론: 경제적 접근

(1) 학교는 산업사회를 지탱하는 핵심적 장치 → 산업사회의 구조가 학력상승 유발

(2) 과학기술의 부단한 향상의 결과로 직업기술의 수준이 계속 높아져 사람들의 학력수준이 향상됨.

(3) **대표자**: 클라크(Clark), 커(Kerr)

3. (신)마르크스 이론: 경제적 접근

(1) 자본주의 경제체제를 유지하기 위한 자본가 계급의 노력(의무교육 실시)으로 학력상승

(2) **대표자**: 보울스와 진티스(Bowles & Gintis)

4. 지위(권력)경쟁이론: 사회적 접근

(1) 사회적 지위 획득 수단인 학력과 졸업장 획득을 위한 경쟁이 학력상승 원인

(2) **대표자**: 베버(Weber), 도어(Dore), 콜린스(Collins)

① 도어(Dore): 졸업장병 → 높은 지위를 상징하는 졸업장을 따기 위한 끊임없는 학력경쟁이 가속화되고 그로 인해 교육의 질이 떨어지는 학력의 평가절하 현상, 교육 인플레이션 현상

② 콜린스(Collins): 신임장 효과, 학력주의 사회(상징적 학력주의 사회)

㉠ 학력(學歷)이 사회적 지위를 결정하는 기준으로 작용하는 사회

㉡ 학력은 생산성의 의미가 아닌 '문화화폐'로서의 사회적 자산의 기능을 담당하며, 학력에 따른 임금격차를 '신임장 효과'로 설명

5. 국민통합론(국민형성론): 정치적 접근

(1) 근대국가의 형성 과정에서 국민 통합을 위한 의무교육 확대로 교육팽창

(2) **대표자**: 벤딕스(Bendix), 라미레즈(Ramirez)

학력상승(교육팽창)의 원인

강조점	이론	주장(학력상승의 원인)	대표자	비판
심리적 원인	학습욕구이론	• 성장욕구, 즉 자아실현의 욕구(인지적 욕구) 추구 • 인구의 증가와 경제발전으로 인한 경제적 여유의 증대	매슬로우(Maslow)	학교가 학습욕구를 충족시키는 기관임을 입증하기 어려움.
경제적 원인	기술기능이론	과학기술의 부단한 향상	• 클라크(Clark) • 커(Kerr)	과잉학력 현상을 설명하지 못함.
	신마르크스 이론(상응이론)	자본주의 경제체제 유지(자본가의 요구에 맞는 기술인력 공급 & 자본주의적 사회규범 주입)	보울스와 진티스(Bowles & Gintis)	자본계급의 이익 이외의 다른 측면(학습자)에 대한 고려가 없음.
사회적 원인	지위경쟁 이론	학력(學歷)은 사회적 지위 획득의 수단 → '졸업장병', '신임장 효과'	• 베버(Weber) • 도어(Dore) • 콜린스(Collins)	학교교육의 내용적 측면, 경쟁의 긍정적 측면에는 무관심
정치적 원인	국민통합론	국가의 형성과 이에 따른 국민통합의 필요성 → 초등교육의 의무화 & 중등교육의 확대	• 벤딕스(Bendix) • 라미레즈(Ramirez)	고등교육의 팽창과 과잉교육의 문제를 설명하지 못함.

6. 근대 공교육제도의 형성 및 팽창이론

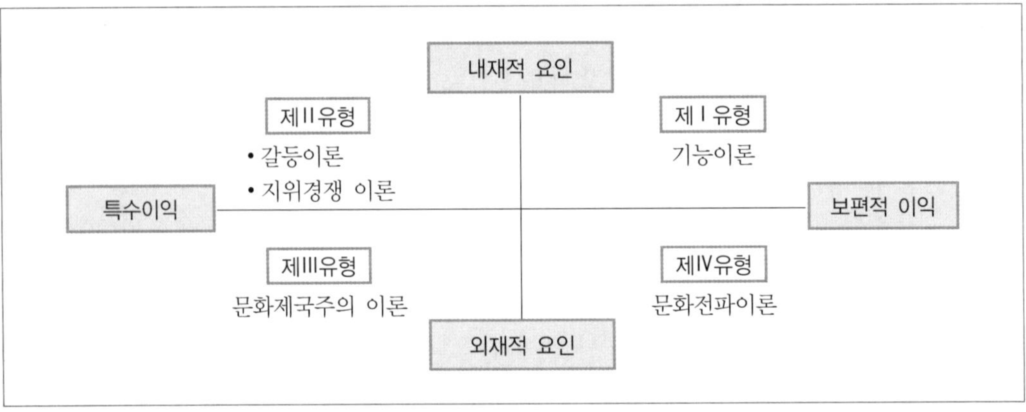

(1) **기능이론**: 근대 공교육제도는 근대사회가 요구하는 내재적 필요를 충족시키기 위한 효율적인 장치로 제도화된 것

(2) **갈등이론**: 근대 공교육제도는 자본주의 사회의 불평등구조를 재생산하고 정당화하기 위한 사회통제기제로서 제도화된 것

(3) **지위경쟁이론**: 상충되는 이해관계를 지닌 다양한 지위집단들의 기득권 수호 또는 합법적인 사회적 지위상승을 위한 경쟁수단으로 제도화된 것

(4) **문화제국주의 이론**

① 제3세계에서의 근대 교육체제의 형성 과정과 성격을 설명하는 데 적합: 마르크스주의와 신식민주의 이론에 바탕

② 제3세계의 교육제도는 식민지 교육의 유산을 거의 답습한 것이며, 과거의 식민지에 대한 정치적 및 경제적 영향력을 유지하기 위한 식민 지배국의 의도적 노력의 결과라는 것

(5) **문화전파이론**: 근대적인 공교육제도는 동일한 문화전파 원리에 따라 전 세계적으로 확산된 것

「평생교육법」 개정 내용

[개정 2023.4.18. & 2023.6.18. / 시행 2024.4.19.]

법률 조항	개정 사항	내용
제2조 제1호, 제6호 【정의】	(평생교육의) 영역에 ① '문자해득교육'을 '문해교육'으로 개정 ② '성인 진로개발역량 향상교육(성인진로교육)' 신설 포함	1. "평생교육"이란 학교의 정규교육과정을 제외한 학력보완교육, **성인 문해교육**, 직업능력 향상교육, **성인 진로개발역량 향상교육(성인진로교육)**, 인문교양교육, 문화예술교육, 시민참여교육 등을 포함하는 모든 형태의 조직적인 교육활동을 말한다. 6. "**성인 진로개발역량 향상교육**"(이하 "성인 진로교육"이라 한다)이란 성인이 자신에게 적합한 직업을 찾고 진로를 인식·탐색·준비·결정 및 관리할 수 있도록 진로수업·진로심리검사·진로상담·진로정보·진로체험 및 취업지원 등을 제공하는 활동을 말한다.
제15조 제1항, 제4항 【평생학습도시】	평생학습도시 재지정 가능	① 국가는 지역사회의 평생교육 활성화를 위하여 특별자치시, 시(「제주특별자치도 설치 및 국제자유도시 조성을 위한 특별법」 제10조 제2항에 따른 행정시를 포함한다. 이하 이 조 및 제15조의2에서 같다)·군 및 자치구를 대상으로 평생학습도시를 지정 및 지원할 수 있다. **이 경우 이미 지정된 평생학습도시에 대하여 평가를 거쳐 재지정 여부를 결정할 수 있다.** ④ 제1항에 따른 평생학습도시의 지정, 지원 및 **평가** 등에 필요한 사항은 교육부장관이 정한다.
제16조 【경비보조 및 지원】	평생교육진흥사업에 ① 온라인 기반 평생교육프로그램 개발 포함 ② 각급학교의 장의 평생교육과정 운영 포함	① 국가 및 지방자치단체는 이 법과 다른 법령으로 정하는 바에 따라 다음 각 호의 어느 하나에 해당하는 평생교육진흥사업을 실시 또는 지원할 수 있다. 1. 평생교육기관의 설치·운영 2. 제24조에 따른 평생교육사의 양성 및 배치 3. 평생교육프로그램의 개발(**온라인 기반의 평생교육프로그램의 개발 포함)** **4. 「초·중등교육법」 및 「고등교육법」에 따른 각급학교의 장의 평생교육과정의 운영** 5. 제16조의2에 따른 평생교육이용권의 발급 등 국민의 평생교육의 참여에 따른 비용의 지원 6. 그 밖에 국민의 평생교육 참여를 촉진하기 위하여 수행하는 사업 등

<table>
<tr><td>第19条
【국가평생
교육진흥원】</td><td>국가평생교육진흥원의 업무 강화</td><td>④ 국가평생교육진흥원은 다음 각 호의 업무를 수행한다.
1. 평생교육진흥을 위한 지원 및 조사 업무
2. 진흥위원회가 심의하는 기본계획 수립의 지원
2의2. 평생교육진흥정책의 개발·발전을 위하여 필요한 연구
3. 평생교육프로그램 개발(온라인 기반의 평생교육프로그램의 개발 포함)의 지원
4. 제24조에 따른 평생교육사를 포함한 평생교육 종사자의 양성·연수
5. 국내외 평생교육기관·단체 간 연계 및 협력체제의 구축
6. 제20조에 따른 시·도평생교육진흥원에 대한 지원 및 시·도평생교육진흥원과의 협력
7. 삭제 <2021.6.8.>
8. 「학점인정 등에 관한 법률」 및 「독학에 의한 학위취득에 관한 법률」에 따른 학점 또는 학력인정에 관한 사항
9. 제23조에 따른 학습계좌의 통합 관리·운영
10. 문해교육의 관리·운영에 관한 사항
11. 정보화 및 온라인 기반 관련 평생교육의 관리·운영에 관한 사항
12. 이 법 또는 다른 법령에 따라 위탁받은 업무
13. 그 밖에 진흥원의 목적수행을 위하여 필요한 사업</td></tr>
<tr><td>第20条
【시·도평생
교육진흥원의
운영 등】</td><td>① 시도지사의 진흥원 설치 또는 지정·운영 의무화
② 업무 강화
③ 전국시·도평생교육진흥원협의회 신설</td><td>① 시·도지사는 대통령령으로 정하는 바에 따라 시·도평생교육진흥원을 설치 또는 지정·운영하여야 한다.
② 시·도평생교육진흥원은 다음 각 호의 업무를 수행한다.
1. 해당 지역의 평생교육기회 및 정보의 제공
2. 평생교육 상담 및 컨설팅 지원
3. 평생교육프로그램 운영 및 지원
3의2. 장애인 대상 평생교육프로그램 운영 및 지원
4. 해당 지역의 평생교육기관간 연계체제 구축
5. 국가 및 시·군·구 간 협력·연계
6. 해당 지역의 평생교육 진흥을 위한 조사·연구
7. 시행계획 수립의 지원
8. 평생교육 관계자의 역량강화 지원
9. 그 밖에 평생교육진흥을 위하여 시·도지사가 필요하다고 인정하는 사항
③ 제1항에 따른 시·도평생교육진흥원 간의 연계·정보교류 및 사업의 공동 추진을 위하여 전국 시·도평생교육진흥원협의회를 둘 수 있다. <신설>
④ 제3항에 따른 전국 시·도평생교육진흥원협의회의 구성·운영에 필요한 사항은 대통령령으로 정한다. <신설></td></tr>
</table>

제20조의3 【노인평생 교육시설 설치 등】	노인평생교육시설 설치 신설	① **국가·지방자치단체 및 시·도교육감은 관할 구역 안의 노인을 대상으로 평생교육프로그램 운영과 평생교육 기회를 제공하기 위하여 노인평생교육시설을 설치 또는 지정·운영할 수 있다.** ② **평생교육기관은 노인의 평생교육 기회의 확대를 위하여 별도의 노인 평생교육과정을 설치·운영할 수 있다.** ③ **지방자치단체는 노인평생교육시설의 운영에 필요한 경비를 예산의 범위에서 지원할 수 있다.**
제21조 【시·군·구 평생학습관 등의 설치·운영 등】	① 시장·군수·자치구의 구청장 평생학습관 설치 또는 지정·운영권 부여 ② 시·도교육감 평생학습관 사업 실시권한 부여	① 시·도교육감 및 **시장·군수·자치구의 구청장**은 관할 구역 안의 주민을 대상으로 평생교육프로그램 운영과 평생교육 기회를 제공하기 위하여 평생학습관을 설치 또는 지정·운영하여야 한다. ② **시·도교육감** 및 시장·군수·자치구의 구청장은 평생학습관에 대한 재정적 지원 등 해당 지방자치단체의 평생교육을 진흥하기 위하여 필요한 사업을 실시할 수 있다.
제21조의3 【읍·면·동 평생학습센터의 운영】	권장사항을 강제사항으로 개정	① 시장·군수·자치구의 구청장은 읍·면·동별로 주민을 대상으로 하여 평생교육프로그램을 운영하고 상담을 제공하는 평생학습센터를 설치하거나 지정하여 **운영하여야 한다.**
제21조의4 【자발적 학습모임의 지원 등】	자발적 학습모임 지원 조항 신설	① **지방자치단체는 지역사회 주민이 평생학습을 주된 목적으로 자발적으로 참여하는 모임(이하 "자발적 학습모임"이라 한다)의 활동을 지원할 수 있다.** ② **지방자치단체는 자발적 학습모임이 창출한 성과를 활용하여 사회적 가치를 창출할 수 있도록 노력하여야 하고, 자발적 학습모임이 지역사회의 문제 해결에 참여할 수 있도록 지원하여야 한다.**
제23조 제3항~ 【학습계좌】	① 학습계좌제 이수결과를 학점·학력·자격인정 가능 조항 신설 ② 학습계좌 운영하는 평생교육기관 평가인정 취소 권한 강화	③ **교육부장관은 제2항에 따라 평가인정을 받은 학습과정의 이수결과를 학점이나 학력 또는 자격으로 인정할 수 있다. 이 경우 그 인정 절차 및 방식 등에 필요한 사항은 대통령령으로 정한다.** <신설> ④ 교육부장관은 제2항에 따라 평가인정을 받은 학습과정을 설치·운영하는 **평생교육기관**이 다음 각 호의 어느 하나에 해당하면 그 **평가인정을 취소할 수 있다. 다만, 제1호에 해당하는 경우에는 평가인정을 취소하여야 한다.** <신설> 1. **거짓이나 그 밖의 부정한 방법으로 평가인정을 받은 경우** 2. **제2항에 따라 평가인정 받은 내용을 위반하여 학습과정을 운영한 경우** 3. **제2항에 따른 평가인정의 기준에 이르지 못하게 된 경우** ⑤ 교육부장관은 제4항 제2호 및 제3호에 따라 평가인정을 취소하고자 할 경우에는 대통령령으로 정하는 기간과 절차에 따라 평생교육기관의 장에게 시정을 명하여야 한다.

第26조의2 【실태조사】	실태조사 조항 신설	① **교육부장관은 평생교육사의 배치 현황, 보수 수준 및 지급 실태 등에 관하여 3년마다 조사하여야 한다.** ② **제1항에 따른 조사의 방법과 내용 등에 필요한 사항은 대통령령으로 정한다.**
第32조 제1항 【사내대학 형태의 평생교육 시설】	사내대학 설치 조건 확대(산업단지 기업연합체, 산업별 협의체 포함)	① 다음 각 호의 어느 하나에 해당하는 자는 교육부장관의 인가를 받아 전문대학 또는 대학졸업자와 동등한 학력·학위가 인정되는 평생교육시설을 설치·운영하거나 「고등교육법」 제2조에 따른 학교에 위탁하여 운영할 수 있다. 1. 대통령령으로 정하는 규모 이상의 사업장(공동으로 참여하는 사업장도 포함한다)의 경영자 **2. 「산업입지 및 개발에 관한 법률」에 따라 설립된 산업단지 입주기업의 연합체(이하 "산업단지 기업연합체"라 한다). 이 경우 산업단지 기업연합체는 제1호에서 대통령령으로 정하는 규모 이상이어야 한다.** **3. 「산업발전법」 제12조 제2항에 따라 구성된 산업부문별 인적자원개발협의체(이하 "산업별 협의체"라 한다). 이 경우 산업별 협의체는 제1호에서 대통령령으로 정하는 규모 이상이어야 한다.**

MEMO

오현준

주요 약력

서울대학교 사범대학 교육학과 졸업

現) • 서울교육청, 강원교육청 핵심인재 특강 전임강사
• 박문각 임용고시학원 교육학 및 5급 교육사무관 승진 전임강사
• 박문각 행정고시학원 공무원 교육학 전임강사
• 창원중앙고시학원, 대구한국공무원학원, 유성제일고시학원, 청주행정고시학원 교육학 전임강사
• 서울교육청, 인천교육청, 강원교육청 5급 교육사무관 전임 출제위원

前) • 교육부 의뢰, 제7차 교육과정「특별활동 교사용 지침서」발간
• 22년간 중등교사로 서울에서 재직 활동(교육부총리, 교육감상 수상 / 교재연구 우수교원 교육부 장관상 수상 / 연구학교 우수교사 수상 / 교육복지투자 우선지역 사업 선도 교사)
• 매년 1급 정교사 자격연수 대상자들을 대상으로 교수법 특강
• 통일부 위촉, 통일 전문 강사 활동
• 광주교육청 주관, 학교교육복지 정책 관련 특강
• 중앙대 교원임용고시 대비 특강
• 5급 교육사무관 대비 교육학 및 역량평가, 심층면접 강의-전국 최대 사무관 배출
• 티처빌 교육전문직 대상 교육학 전임강사

주요 저서

• 오현준 정통교육학 (박문각, 2007~2024 刊)
• 오현준 교육학 단원별 기출문제 1344제 (박문각, 2016~2024 刊)
• 오현준 핵심교육학 (박문각, 2016~2024 刊)
• 오현준 교육학 끝짱노트(박문각, 2023 刊)
• 오현준 교육학 파이널 모의고사 (박문각, 2016~2023 刊)
• 오현준 명작교육학 (박문각, 2016~2022 刊)
• 오현준 교육학 논술 핵심 229제 (박문각, 2019~2022 刊)
• 오현준 끝짱교육학 (고시동네, 2020~2022 刊)
• 오현준 교육학 기출문제 종결자 (고시동네, 2014~2016 刊)
• TOPIC 교육학 (고시동네, 2013 刊))

인터넷 강의

박문각 www.pmg.co.kr

오현준
핵심교육학

핵심 요약집

초판인쇄 | 2023. 11. 1. **초판발행** | 2023. 11. 6. **편저자** | 오현준 **발행인** | 박 용 **발행처** | (주)박문각출판
등록 | 2015년 4월 29일 제2015-000104호 **주소** | 06654 서울시 서초구 효령로 283 서경 B/D 4층
팩스 | (02)584-2927 **전화** | 교재 주문·내용 문의 (02)6466-7202

저자와의 협의하에 인지생략

정가 23,000원 ISBN 979-11-6987-536-3

교재관련 문의 02-6466-7202 **홈페이지** www.pmg.co.kr **편지** 서울시 서초구 효령로 283 서경B/D 4층 **E-mail** team1@pmg.co.kr
동영상강의 문의 www.pmg.co.kr(Tel. 02-6466-7201)

* 본 교재의 정오표는 박문각출판 홈페이지에서 확인하실 수 있습니다.